采铜文丛

高波 著

天下之极
世界枢纽观念的古今之变

生活·讀書·新知 三联书店

Copyright © 2025 by SDX Joint Publishing Company.
All Rights Reserved.
本作品版权由生活·读书·新知三联书店所有。
未经许可，不得翻印。

图书在版编目（CIP）数据

天下之极：世界枢纽观念的古今之变/高波著.
北京：生活·读书·新知三联书店，2025.2. —（采铜文丛）. —ISBN 978-7-108-07913-8

Ⅰ．B2

中国国家版本馆 CIP 数据核字第 20243SR228 号

责任编辑　王婧娅
封面设计　崔欣晔
责任印制　洪江龙
出版发行　生活·讀書·新知 三联书店
　　　　　（北京市东城区美术馆东街 22 号）
邮　　编　100010
印　　刷　上海雅昌艺术印刷有限公司
版　　次　2025 年 2 月第 1 版
　　　　　2025 年 2 月第 1 次印刷
开　　本　720 毫米×1000 毫米　1/16　印张 27.75
字　　数　643 千字
定　　价　88.00 元

目 录

001		**解题**
001	第一节	天地之学、新儒学与科学史
010	第二节	天地、天下与天下之极
018	第三节	天下之极与近代
025	第四节	"帝国"主题的位置
031	第一章	**两汉典范的建立：天极与地极**
031	小　引	太极与"大恒"
033	第一节	永恒的"周行"
040	第二节	太极与北极
045	第三节	天地法象与天下之中
060	第四节	从天极到地极
068	第五节	"诸天下"与昆仑
084	第二章	**两汉典范的建立：地极与人极**
084	第一节	《禹贡》九州与河洛
091	第二节	天人法象：井田与宫室
105	第三节	轴线与朝向：东西还是南北
118	小　结	
121	第三章	**危机与过渡：汉宋间的天学与佛教**
121	第一节	天学危机下的天极与永恒运动观念

139	第二节	日下无影与天地之中
148	第三节	和合地理学：须弥与昆仑
165	小　结	

168	第四章	**宋明理学视野下的建极说**
168	第一节	二程：中的相对化
176	第二节	朱熹：中与极
195	第三节	从河洛到东南
215	第四节	理势、气脉与天下之极的古今之变
241	小　结	

244	第五章	**西学输入前后的天极观念**
244	第一节	岁差之为"大恒"
255	第二节	西方天学视野下的永恒的"周行"
267	第三节	天极的可见性
280	小　结	

283	第六章	**球形大地与天下之极**
283	第一节	"无适而不为中"
294	第二节	两半球：有对与相偶
316	第三节	南北正向与大地之极
322	第四节	"形之中"与"气之中"：温带与内海
332	第五节	东西轴线的兴起
350	小　结	

354	第七章	**明末以降的陆海观念与昆仑说**
354	第一节	昆仑观念的兴盛与泛化
372	第二节	诸宗教与诸天下的和合

391	第三节	近代的阐发：康有为与廖平
408	小　结	

412　结语

425　参考文献

436　后记

解　题

本书以天地观念为背景，探究天下观念的古今之变。包括两个各有脉络又互相联系的主题：第一，秦汉至晚清天地观念的演变，以及相应经学与理学的转型；第二，在天地之学与儒学的交互中，[①]"天下之极"（或者其近代表述："世界枢纽"）观念的演变。

近代以来，自然学与人文学日益分离，本书的这一设定，看起来颇不合时宜。因此先作一解题，针对近代中国学术潮流与趋势，简要说明本书的主题与方法。

第一节　天地之学、新儒学与科学史

自然与人文的两分，可上溯至五四新文化运动后的科玄论战时期。汪晖认为，该论战标志着现代性的主体性哲学与理性分立原则真正进入中国，为中国文明辩护者，也以科学与玄学二分为前提，承认科学的界域，而要求进

[①] 采用"天地之学"这一合称，而非分用天学与地学（或只称天学），是因为在古代，就义理学，"地"以"天"为本；就宇宙论，天、地相为对待（故有阳阴、乾坤、动静之别），且尺度接近（见盖天说与浑天说，详后）；自知识论，至迟至汉代，地学已相对天学独立。天地既然一本而对待，则当合称天地之学。当然，由于问题侧重不同，本书会根据具体场景而使用天学（天文学、天文历算学）、地学（地理学）与天地之学（天地学）三种名称。

一步的分化，实为启蒙理性的反向实现。①

玄学派主张自然科学以机械论宇宙观为基础，与真正的人生观相悖。②这种将科学异己化的态度，标示了晚清时期与五四新文化时期的一大分野。就在张君劢指斥科学为虚无的同时，已被视为落伍者的康有为与廖平，仍为西方天学的进展兴奋不已，并试图从其所展现的宇宙图景中，引申出对世界秩序与普遍历史的整体理解。③

两代人的思想距离，标示了儒学自我理解的断裂。民国以降的新儒家，多用人文主义理解古代儒家，④ 这一理解，部分渊源于近代欧洲启蒙主义者构造的基督教神学的对立面，以及启蒙自身的镜像：富有人文理性与宗教宽容精神的儒家乃至中国文明。在这种意义上，儒家人文主义，可以说是启蒙主义自我理解的投射，故新儒家与欧洲启蒙主义及其中国后继者（以陈独秀、胡适等为代表的新文化派）虽然文化观点迥异，精神实质则颇为一致：前者虽对启蒙运动持高度批评态度，但先定地将科学与儒学视为异质领域，却正是按照"中国的启蒙运动"——五四新文化运动⑤划定的整体观念格局来构想儒家的位置与功能。

---

① 汪晖：《现代中国思想的兴起》下卷第 2 部，生活·读书·新知三联书店，2008 年，第 1205 页。
② 张君劢：《再论人生观与科学并答丁在君》，《科学与人生观》，山东人民出版社，1997 年，第 99—100、109—110 页。
③ 康有为晚年沉迷于《诸天讲》的撰述，廖平自经学三变后以西方天地学发挥新天人学，两人的努力，在新文化运动后被认为迂曲怪变，不能索解亦不必索解。
④ 新儒家与人文主义的关系，见章可：《"儒学人文主义"概念源流论》，《中国学》第 4 辑，上海人民出版社，2014 年；章可：《当代新儒家的"儒学人文主义"概念建构初论：以唐君毅和牟宗三为例》，《新学衡》第 4 辑《新文化运动的异途》，南京大学出版社，2021 年。唐文明举出冯友兰、徐复观、李泽厚、陈来、余英时五人，说明这种"将超越性也一并突破了的、完全克服了宗教的人本主义"，在现代儒学解释中具有广泛影响力，并认为"这种看法包含着严重的时代错觉，其实是现代启蒙以来的人本主义思潮在文明史研究上的错误投射"。（见唐文明：《极高明与道中庸：补正沃格林对中国文明的秩序哲学分析》，生活·读书·新知三联书店，2023 年，第 338 页）
⑤ 关于五四新文化运动的西方镜像，存在文艺复兴与启蒙运动两说，代表不同的学术与政治筹划。见余英时：《文艺复兴乎？启蒙运动乎？：一个史学家对五四运动的反思》，《现代危机与思想人物》，生活·读书·新知三联书店，2004 年，第 75—99 页。

当然，启蒙乃至世俗化本身，也有自身的宗教性与神秘主义。故新儒家的启蒙主义，也不乏宗教神秘色彩。代表人物则是牟宗三。牟氏以康德这一启蒙运动的哲学立法者为对照，①据其纯粹理性与实践理性的两分，而翻转本体与价值的次第，以实践理性为第一义谛，建立儒家的道德形而上学。他虽然仍形式性地以"天"为其形而上学罩衣，但既然自然不过是非精神的"物"的集合，则作为道德根据的"天"，就必须被去形体化地理解为内在之"天"，是为"内在超越"。②

　　对此，近三十年来学界已颇有反思。郑家栋认为，牟宗三试图借助"内在超越"概念超越康德，回到前康德时期，但其说较康德的主体性哲学，却有强得多的"独立人极"倾向，毋宁说更近于后康德时期的人本主义哲学。③他甚至认为，牟宗三强调人的无限性，从道德实体"不受限制"出发论证其为宇宙实体，以保证道德命令为绝对命令，这一"实践理性充其极"，近于经院哲学中上帝本体论证明（以最完满属性推理上帝存在）的现代翻版。④而"内在超越"的对应概念"良知坎陷"——道坎陷自身，以涵摄民主与科学等次等价值，虽可以儒学"其次致曲""极高明而道中庸"自表，但精神已发生偏移。相较于新儒学与民主制的价值对张，古代儒家之道，自心性至政教为一体而非两截。故牟宗三的良知坎陷概念，更近于希腊哲学中哲人自真理的阳光下重回意见的洞穴，或基督教神学中上帝作为无限者与至高者，却以同体之耶稣伏首委身于有限者与人间，⑤抑或大乘佛教中觉者为救世放

---

① 可堪对比的是，同样是阐释古代儒学，丁耘即将对比对象前提至西方古典时代的亚里士多德。见丁耘：《道体学引论》，华东师范大学出版社，2019年，第3—79页。
② 将天地虚化，是现代新儒家的共识。除了心性理学传统，这也有取于基督教神-人模式，该模式主张上帝超绝于天地万物，后者为被动的受造物，并无内在的精神性。
③ 郑家栋的理由是牟宗三所主张的"'超越'在很大程度上成为人的自我超越，成为某种纯粹主观价值（境界）意义上的开显与提升。人不仅取代了'上帝'，也取代了任何意义上的'物自身'，因为后者也只是某种'价值意味'的概念"。（郑家栋：《"超越"与"内在超越"：牟宗三与康德之间》，《中国社会科学》2001年第4期，第50页）
④ 郑家栋：《本体与方法：从熊十力到牟宗三》，辽宁大学出版社，1992年，第341—343页。
⑤ 郑家栋认为，良知坎陷说深具黑格尔主义气味，以"坎陷"解释完满性的现实化，相当于引入了"要求一个与其本性相违反的东西"这种黑格尔式的辩证必然性。（见郑家［转下页］

弃成佛，回向世间（即"菩萨道"）。以上种种，都有以人拟至高者与无限者之嫌。故在唐文明看来，这隐秘地偏离了儒家绝不离天以言人的传统，①而不得不委身于民主与科学这一现世命运，又在义理上强烈否定二者的终极价值，则有着明确的灵知主义倾向。②

当然，不应将问题简化，这并非天人合一的中国与天人相分的西方，抑或天人合一的古代儒家与天人相分的现代儒家的区别。二战后，雅斯贝尔斯反思近代欧洲文明危机，提出轴心时代说，该说将古代各大文明原始、朴素的天人合一论被反思、质疑乃至瓦解，视为以精神超越、存在沉思为特征的轴心时代来临的标志，这也是人本身与超越者相对而立意义上"人的发现"，因此具有"立人极"的意味。在这一意义上，先秦诸子中已有天人相分思想酝酿与展开，即使在儒学内部，作为两汉礼学共同源头的《荀子》，其礼乐秩序即以天人相分观念为前提，这表明儒家也并不必然主张天人合一。另外，司马迁以"天人之际"作为《史记》所要探讨的首要主题，虽未明言天人相分，但也表明对天人关系各种可能性的沉思，是中国的普遍历史叙述（以及其"历史哲学"与"历史主义"）得以出现的首要观念前提。更切近的是，作为二十世纪新儒学的直接前身，以二程为代表的宋学中的心性理学一脉，在一定程度上即有将天去象数化（或者说内在化）的倾向，其去象数化的"天人合一"观念，虽经更富自然哲学气息的朱熹中和，但对天地之学与心性之学的关系，也只是从不相关，变为前者附属于后者。而宋元以降，心性理学官学化，这种边缘化天地之学的天人合一观念，直至晚清仍为思想主流。因此，现代新儒家将西方天地之学贬低为消解天道与价值的物化与异化，③虽

[接上页] 栋：《本体与方法：从熊十力到牟宗三》，第345—346页
① 唐文明认为，牟宗三的道德形而上学消解了古典天命论，是对古代儒学"隐秘的颠覆"。见唐文明：《隐秘的颠覆：牟宗三、康德与原始儒家》，生活·读书·新知三联书店，2012年，特别是第31—32、174—175页。
② 见唐文明：《乌托邦主义与古今儒家：评张灏的中国思想史研究》，《读书》2019年第8期，第59页。
③ 新儒家用"物化"（熊十力）或量化（牟宗三）来定义科学主义的根本特征。见郑家栋：《现代新儒家概论》，广西人民出版社，1990年，第49页。

取资于同时期西方反理性思潮，但也未尝不可以看作心性理学特定趋向的可能（虽然极端）展开。

考虑到现代新儒学的心性论，是沿着二程（尤其是程颢）至阳明心学一系而展开的，在一定程度上消解了朱熹的中心位置，因此，需要重新探讨宋明理学的多元可能，尤其是朱熹与二程的区别。相较于漠视象数的二程，①朱熹则在义理与象数、本体论与宇宙论、心性之学与天地之学间，始终保持着更为圆融的平衡。因此，回到朱熹，可能是在现代宇宙论冲击下重启儒学与天地之学双向涵化的一个途径。

另一途径，则是回到理学成立前的思想世界，构建更为本源性与整体性的思想图景，以探寻超越与涵容心性理学的可能。其典型之例，为近三十年来以两汉以上儒学为典范的政治儒学。其以对治心性儒学内在化之弊立义，但在我看来，真正的问题并非心性与政治、内在与外在的区别，而在于如何理解政治以及作为其基础的"天"与"自然"。政治儒学虽高张圣人改制称王之论，但对其"天命"本体与显现（如"获麟"），以及与自然世界的关系都闭口不言，则仍默认现代性的理性分立原则，将自然世界视为无关（抑或危险）之域，故其所要张扬的，在西学意义上，是没有（或默认不需要）"自然"的政治，更接近基督教传统下超越与否定自然（以天地为必朽的受造物，故不能为政治立基）的神学意志论，在中学意义上，是无"天"（或者将"天"虚化）的"人学"，与新儒学的心性趋向一样，难以避免"独立人极"的人义论危险。

大致可以说，儒学乃至中国文明在近代遭遇的一大挑战，即为科学（尤其是天文学、地理学与生物学）所提供的宇宙图景。现代新儒学的一大问题，在于事实上承认科学的空前力量，并对其宰制世界的现实深感畏惧，但只在纯粹义理层面展开批判，以求翻转其宰制。这是将朱熹"天理之胜人

---

① 如程颐即说自己在洛阳与邵雍"同里巷居三十余年，世间事无所不论，惟未尝一字及数"。（〔宋〕程颢、〔宋〕程颐撰，王孝鱼点校：《二程集·外书》卷一二《传闻杂记》，中华书局，2004年，第444页）

欲"以理言甚易、以事言甚难的思辨，① 转用于现代，但朱熹的思辨，针对的是心性理学不能开出外王的困局，更多是危机的症候而非解决。我认为，如果不能从心性儒学、政治儒学进展到天地儒学，就天汇通甚至容摄无限宇宙与超长自然史，就人汇通甚至容摄进化论，则任何以超越、对治科学乃至整个西方精神为名的儒学复兴论，其实质只能是比较文明论，并无普遍性可言。②

况且，近代无限宇宙论引发天下秩序观念危机，虽然范围、程度与影响都属空前，但宇宙论更革促进秩序观念变动，在古代已有先例。两汉以上的古典宇宙论，主张极星不动，诸天星辰随天运动，周而复始，这一均衡而对称的宇宙模型，由于汉魏以降极星动移、岁差以及日月五星非等速现象的发现，而陷于危机。两宋理学兴起，其回应、转化与涵摄的对象，一为佛教义理与伦理，另一即为这一宇宙论危机，故其基源性概念"天理"，不管是指"天的理"，"有天的理"还是"以天为根据的理"，"天"的在场都不容置疑。明末以降，耶稣会士将天球说与地圆说输入中国，极大地动摇了以浑天说为主的古代中国宇宙论，而清代理学的更新、汉学的兴起，都与回应、转化与涵摄这一新的宇宙论危机有关。

晚清时期，无限宇宙论与地动说输入中国，可以说是第三次宇宙论危机（以及第二次由西方天地之学输入引发的危机）。其深度与广度，较前两次更甚，似已造成古代宇宙观与义理论的崩解，但或许第三次思想转型的契机，也已隐伏于此。因此，回溯前两次宇宙论危机的背景与过程，探究相应思想

---

① 朱熹："以理言之，则正之胜邪，天理之胜人欲，甚易；而邪之胜正，人欲之胜天理，若甚难。以事言之，则正之胜邪，天理之胜人欲，甚难；而邪之胜正，人欲之胜天理，却甚易。盖才是蹉失一两件事，便被邪来胜将去。若以正胜邪，则须是做得十分工夫，方胜得他，然犹自恐怕胜他未尽。正如人身正气稍不足，邪便得以干之矣。"（〔宋〕黎靖德编，王星贤点校：《朱子语类》卷五九，中华书局，1986年，第1417页）
② 这不是将天贬低为外物、将天学贬低为物化之学就能解决的。虽可批评基督教在西方新天学（无限宇宙）与人学（进化论）的冲击下丧失精神主导权，但若儒学与中国文明不能汇通而容摄此新天学与人学，则其现代命运，就绝难较基督教更佳。毕竟，以上新天学与人学，大多有基督教渊源，而与儒学则几无关联。

转型的起承转合，就古典鉴戒史学，是鉴往事而知来者；自现代历史演变观念，则是明了当下中国思想的来源与位置。

这意味着自现代回溯约两千年，回到第一次宇宙论危机前的两汉时期，彼时，天地之学、宇宙论与儒学虽内蕴张力，而外表浑然，自然可为开端。同时，这也意味着激活在唐宋以降儒学中被边缘化的象数传统：它既是中国天地之学的母体，也是接引近代西方天地之学的中介。① 因此，激活该传统，探讨古代中国义理与象数消长、对张以及互塑的全幅过程，不管就古典还是现代史学，都是必要的。

与以上义理与象数的互塑不同的，自然是在中西思想中都极有影响的义理与象数对立观念。其现代代表，则是两种与启蒙观念同构的理性战胜非理性的目的论叙事。其一为现代新儒学以心性理学比附西方人文主义，主张古代儒学乃至思想史，是肇始于先秦的人文主义思想自我展开，并在随后文明演进中顿挫起伏的历史。其二则为现代中国科学史，试图依据启蒙观念，在古代中国世界观中抽离出科学理性自我开启与顿挫起伏的历史。因此，在新儒学与天地之学的关系外，还需探讨科学史与天地之学的关系。②

随着以五四新文化运动为标志的现代启蒙理性的胜利，中国科学史研究正式展开。这是横跨中国、欧美与日本的国际性事业，目标是打捞古代中国思想中可以被直接认定或引申、转化为科学的部分，通过分析、还原与适当推衍，构造中国自身的科学史。③

既然自起始即以启蒙主义为基础（典型如"李约瑟问题"），则科学史

---

① 如往往被脸谱化的杨光先，反对西方天文历算学，自白以"但知推步之理，不知推步之数"（〔清〕阮元：《畴人传》卷三六，彭卫国、王原华点校：《畴人传汇编》，广陵书社，2009年，第406页），也是将西方天学归入象数传统。
② 虽然心性理学兴起，意味着理数相分、理高于数的观念在儒学中取得主导地位，但不可将以上趋势简化为人文主义与理性主义的胜利。首先，心性理学本身有深刻的唯理神秘主义成分；其次，从两宋理学至清代汉学的一个隐伏脉络，即为从理数相分再至理数相即。元明时期，象数易学与天文历算学重新趋近理学正统，明末以降，西方天地之学输入，加速了这一理数相即乃至合一的思想过程。这显然不是理性战胜非理性的启蒙史所可涵括的。
③ 本书在知识与思想层面都受益于这一研究传统，尤其是中国科学院自然科学史研究所的几代研究者。

研究虽借助多元文明观念反思以西方为唯一标准的普世主义，但仍遵循启蒙的理性分立原则，要从古代中国总体思想中解离出符合"理性"的成分。因此，其复原与重建工作，有三个互相联系的特点：第一，核心问题是古代中国是否有科学，及其特征与发展程度，而何者可被视为科学，则以现代西方为准；第二，方法是抽离式分析，只关注可直接或间接归入科学的部分；第三，对不能抽离或引申、转化为科学的部分，则当作非理性冗余，不予讨论。而综合三者，中国从古代到近代的三次宇宙论危机，就被视为科学理性递进展开的过程。

但是启蒙主义的理性分立原则，乃至科学理性本身，只是十八世纪以来的现代现象，本身需要被语境化与历史化。因此，若要恰切地理解古代思想，就要将以上能够引申与转化为科学的部分，再放回其整体图景中，即要将思想的整体性而非"科学性"作为第一原则，以呈现其总体结构与演变的全幅过程。

需要说明的是，这并不是先验、本质论式地视古代思想为没有内在张力、矛盾乃至断裂的平滑整体。整体性绝不意味着完全的同质性或互通性，而是说，这些张力、矛盾乃至断裂，只有就思想的整体视野，才能得到恰如其分的理解（反过来，通过把握各部分的距离、间隔与层次，整体本身也才能得到恰如其分的理解）。例如，西方科学史参照希腊哲学-科学传统，将数理天文学与宇宙论的分离，视为近代科学革命的先声。而中国科学史家发现，汉魏以降的中国，也出现了类似现象，但其兴趣限定于为何这一"分离"未能导致科学兴起，或最多引入比较文明视角，探讨其是否只是西方传统下的独特现象，故并不关心那些难以转化为科学的部分，对古代思想的总体结构与演变脉络，也缺乏实质兴趣。

事实上，如本书将探讨的，汉魏以降中国数理天文学与宇宙论的分离，潜在呼应着从两汉经学到两宋理学的转换。两汉时期，天文历算、宇宙论与儒学义理联系极为紧密（往往见于一人之身，如刘歆）；两宋以降，三者中任两者，都已出现理论对张与担当者分离（往往表现为人员的专业化）。具体言之，以心性理学为主干的宋以后的儒学，视天文历算学为小道（典型如二程对"计算"以及更一般性的"象数"态度淡漠),只是天理流行之余事;而反过来,在现代科学史中,古代数术学也被视为非科学的前现代残余,不值得深究。结果,在儒学与科学间,出现了一个广大的中间地带,有大量双方认为价值低微的"剩余物":天文历算、阴阳五行、《易》图卦象乃至形势风水,其学术思想形态,基本偏于中国思想传统中"象数"一路。① 显然,只有恢复古代思想的整体视野,在天地之学与儒学的交互中,这些"剩余物"的意义与价值,才能被重新开显。

这种整体视野,对理解明末以降输入中国的西方天地之学,也是必要的。耶稣会士所主导的西学东渐,其宇宙秩序观念与世界起源学说,仍大体基于中世纪后期正统的亚里士多德-托勒密体系,再部分加入调和日心说与地心说的第谷等新说,② 且自然哲学与基督教信仰间,由于自然神学的中介,也仍然维持着充满张力的联合(直至十九世纪后期,方因理性分立原则与科学主义而解体),此时所谓"科学",自形式至于精神,都仍在哲学-神学体系内,故来华传教士以其宗教统摄主义(不管作为信仰还是策略),始终强调西方精神与知识传统的一体性,③ 将天地之学作为西方整体思想的一部分输入,则以科学为独立主体的现代科学史,并不切合西学进入中国的实际过程,很容易误解其(特别是那些难以被归入现代科学的部分)在明末以降思想转型中的真正位置与功能。

相较于科学史只打捞、发掘与拼接古代中国思想中的科学成分,而对思

---

① 当然,理学与科学双方,对象数也并非一概弃之不顾。基于去形象化的天理观念,心性理学一方面将古代象数学整体上边缘化,另一方面对不同象数类型又有所轩轾:有限借重《易》学象数,而对天地之学中的象数内容,则态度淡漠;反过来,现代科学史愿意容纳天地之学中的象数内容,对《易》学乃至阴阳五行中的象数,则视为前现代非理性思想,一概加以弃置。
② 见[日]山田庆儿:《近代科学的形成与东渐》,《古代东亚哲学与科技文化:山田庆儿论文集》,辽宁教育出版社,1996年,第338—349页。江晓原在关于西方天学东渐的多篇文章中,探讨了托勒密、第谷天文学说的西学脉络,以及明清时期中国思想界的接受与吸纳过程,见《天文西学东渐集》,上海书店出版社,2001年,第269—354、358—374页。
③ 何兆武甚至认为,耶稣会士传入的西学在很大程度上仍是神学性的,不宜视为现代科学。见何兆武:《明末清初西学之再评价》,《学术月刊》1999年第1期,第26—28页。

想整体的结构、脉络与命运并无太多兴趣,西学东渐史则视西学为文明启蒙乃至革命力量,主张西学的输入史,同时就是古代中国世界观的衰亡甚或崩解史。①这意味着,迟至十九世纪中后期才逐渐确立自身主体地位与自我意识的科学,被假定在十六世纪末就已经是西方总体精神与世界观的主宰;而面对这一因时代误置大大提前的"科学",以经学与理学为主干的古代中国世界观,又被认为被动而无抵抗力。这可谓双重解离:首先将天地之学从西方总体世界观中解离,接着将中国对西方天地之学的接受,从其总体世界观的演变中解离。双重解离的结果,自然是双重片面化。仅就中国思想的现代转型而论,明末以降西学输入,继之以清初程朱理学复兴。如果古代世界观已因西学输入而崩解,则这一理学的复兴何以可能?事实上,更可能的思想与历史过程是,如同之前面对佛学那样,儒学吸纳与涵摄了新输入的西方天地之学,并以此为契机实现转型。换言之,这是儒学乃至中国总体世界观的转型史,而非衰亡或崩解史。

第二节 天地、天下与天下之极

以天地观念(以及相应的天地之学)的古今之变为背景,方可探讨天下观念的古今之变。

虽然以"天下"规定人间秩序的场域,从字面上就提示了人居于天地间的处境,且在近代学术中,对天下观念的研究可谓汗牛充栋,不过,以天地观念(以及相应的天地之学)为背景探讨天下观念,就我所见,目前仍付之阙如。以下,我将从两个超越不同文明与政治立场的共通态度,探讨这一天地观念与天地之学的消隐问题。

在近代学术思想领域,对古代天下观念存在着观点看似高度对立的两极:一极以其为文明自我中心化的"虚假意识"的产物,另一极则以其为人

---

① 反过来也就是科学理性获得胜利,以科学为基础的新世界观得以建立的启蒙史。

类秩序的完满形态，蕴含着超克西方主导的当下国际秩序的潜能。两方文明与政治立场迥异，但有两点不言明的共识：第一，现代国际秩序以主权-民族国家并立为象，以多元与（至少形式上）平等为前提，天下秩序则从原理到制度都截然相反，是一元与等级制的；第二，现代国际秩序及其观念，与西方天地之学中的无限宇宙、地圆地动观念绝不矛盾。至于是主张二者在理与象上完全一致，还是主张主权-民族国家是纯粹人造、处于人间因此也只属于人的秩序，与天地之学毫无关系，且从天地中抽离以构造人间秩序（即从自然中"脱嵌"以"独立人极"），是现代性的根本特征，则因人因地而异。

先分析第二点：主张主权-民族国家观念与西方天地之学在理与象上完全一致，与主张二者完全无关，看似观点相反，但在思想实践中都指向对中国天下观念的否定。具体言之：前者若正确，则中国天下观念就与西方天地之学存在根本矛盾；后者若正确，则中国以自身的天地之学构想天下秩序，就是误解现代秩序性质的错误运思。

以上思辨，自西方天地之学传入即已出现。如明末忧惧地圆说者，即主张若此说为真，则以天尊地卑为基础的君臣秩序就将动摇；① 至近代，如高一涵这样的启蒙知识分子也主张，地圆地动说让破除上下尊卑的民主秩序成为可能甚至必然。② 至当代，葛兆光更将以上观念进一步学术化，主张地圆说与五大洲观念的输入，对中国世界观造成了"天崩地裂"的影响，具体言之，球形大地观念，让理学"无适而不为中"的义理有了世界秩序层面的实指，单中心与等级化的天下观念，就此失去了天地基础，被万国并立的新秩

---

① 如黎遂球批评利玛窦之说："而乃造为奇论，谓无东西南北上下之分，推而究之，若人皆倒悬于世，而《周易》所称天尊地卑以为贵贱之位者，皆无可定……吾盖忧其说之流以祸世，将来无君臣上下之分，皆此之阶矣。"（〔明〕黎遂球：《与陈乔生谈天书》，《莲须阁集》卷一三，《四库禁毁书丛刊》集部第183册，北京出版社，1997年，第138—139页）
② 高一涵："古者象天尊地卑，以定天泽之分，故君臣大义，无所逃于天地之间。今者地象圆球，飞悬太空，而无上下天下泽之判，随所在以观，皆觉平等……此道德取象天地之说也。"（高一涵：《共和国家与青年之自觉》，郭双林、高波编：《中国近代思想家文库：高一涵卷》，中国人民大学出版社，2015年，第16页）

序构想所取代。① 综合以上从明末到当代的论述，对等级秩序衰亡的忧惧，被转化为对政治民主与诸国并立的新秩序的礼赞，其间一以贯之的，则是人间秩序当以天地秩序为基础的信念。

但以上观点，存在着逻辑上的跳跃，即未加反思地将近代西方诸国并立、去中心化的主权-民族国家观念，与同样去中心化的无限宇宙与球形大地观念，这两个大体同时期从前现代精神秩序中"脱嵌"的思想现象，当作存在先定联系甚至先定和谐（可谓西方的天人合一）。但历史与思想层面共时发生的"脱嵌"现象，与义理层面的一体性并不存在必然的联系；且中国天下秩序在观念与事实上的瓦解，要迟至鸦片战争甚至甲午战争后，与西方天地之学输入，相隔超过二百年。

事实上，虽然主权-民族国家体系，是从基督教世界观念与神圣罗马帝国（越来越形式化）的普世王权的松散联合中裂解而出，该体系的观念表达，也与近代早期的自然状态说有千丝万缕的联系，但后者虽不脱自然学背景，其视人为漫游者，与天地并无内在联系，故着重致思人性本身的性质与可能性，而非作为人存在场域的天地的特征与结构。更直接的是，自我保存被视为人的本质处境与第一原则，以这种主体性与个体主义视角，人被从天地万物中离析出来。亦即，自然状态观念本身以将自然一定程度上对象化为前提，而政治秩序又被明确界定为以特定方式超克该状态的结果，则并此对象化的自然，也要被排除出人间秩序的范围。② 因此，就政治哲学而言，新生的主权-民族国家体系与天地之学的可能联系，不管就历史演变还是义理构造，都是晦暗不清的。

当然，当代学术对天下观念的研究，更多采取的，毋宁说是以上后一种理解的某种泛化版，即主权-民族国家体系为纯粹人造，与天地自然无关，

---

① 见葛兆光：《中国思想史》第 2 卷，复旦大学出版社，2013 年，第 291—336 页。
② 自然状态学说及其与现代人性论与政治理论的关联，见李猛：《自然社会：自然法与现代道德世界的形成》，生活·读书·新知三联书店，2015 年。

且这一人造性，正是一切现代政治构造的本质特征。① 如费正清学派视主权-民族国家体系为普世秩序，而称明清天下秩序为"朝贡体系"，反映的是文明自我中心下对真实世界的"虚假意识"。但这里的分疏，在于普世性与地方性，而非自然与人为：基于现代文明论立场，二者都是纯粹的人间现象，与各自的天地自然观念并无直接关系。反过来，儒学人文主义与以儒学为背景的"近世"观念，对当代天下观影响颇大，其表现之一，即是肯定天下秩序并试图以之超克主权-民族国家体系者，也大多独断地以某种去天地化的现代"人文"观念（如仁、大同等），作为构造新天下秩序的基础，而完全回避甚至根本不感到有必要探讨这一新"天下"如何在无限宇宙与球形大地中安顿自身。因此，不管名义上对儒学人文主义持何种保留态度，实际上都如后者一样，是"独立人极"的。②

再分析第一点：天下秩序的一元性与等级制假设。古代中国天下观念，以元始与整全意义上的"一"为基础，这与自古及今现实世界从未改变的诸政治体与文明体并立格局，存在着显而易见的矛盾。通行的解释，要么主张中国居亚欧大陆最东部，与世界其他文明距离遥远且地理隔绝，故自居为天下共主；要么主张中国虽至迟在秦汉时期已对其他文明有一定了解，明了在亚欧大陆南侧与西侧，存在印度、波斯与罗马等对等文明，但天下观念只是自我宣示性的政治与文明话语，与实际认知乃至实践，处于不同层面，故看似矛盾，实则可以并存。这两种解释，前者以中国自居唯一天下是因为知识有限，不了解世界的真实状况；后者则以唯一天下不过是意识形态宣示，并不追求甚至回避与真实世界互动。则它要么错误，要么虚假，甚至可能既错

---

① 这种理解带有强烈的基督教神学特征。其以天地自然为受造物，与人间秩序无涉，后者的唯一基础，是超越于天地人的上帝。近代新教革命，主张人绝对无法见闻与致思上帝，上帝消隐不见，则人间秩序就在形式上呈现为去天地、以人为唯一对象的"独立人极"式秩序。
② 当代学术思想界中的种种天下说，大都是以"一"与"整体"来超克主权-民族国家秩序的"多"与"分立"，但仍以某种去天地化的人文观念，填充此"天下"的精神内容，故而总体上依从这一天地与人间秩序二分的格局，以及"独立人极"的倾向。

误又虚假。

本书将阐明，中国不仅在大部分历史时期对亚欧大陆诸政治体与文明体并立的现实有相当了解，而且自义理上也绝不排斥甚至可以发展出"诸世界"观念。确实，不管是儒家还是道家，都将天地万物生生意义上的"元始"作为"一"的根本义，① 其义理指向，则是回返到最初的浑然未分状态。但将天下之"一"解释为先验与理念性的存在，② 不受现实地理、文明与政治格局影响，这只是"回返"的一种可能途径。且在天下当"定于一"、"天子无外"之类的观念外，始终存在着以诸天下并立模式理解天下之"一"的潜流。

首先，从义理上来讲，汉魏以降的道论乃至经疏，多将"道生一"之"一"，解释为"太极生两仪"之"太极"，③ 而"一生二"与"太极生阴阳"

---

① 儒家之例，如许慎："惟初太始，道立于一。造分天地，化成万物。"（〔汉〕许慎撰，〔宋〕徐铉校定：《说文解字》卷一上，中华书局，2005年，第7页）道家之例，如《道德经》第四十二章："道生一，一生二，二生三，三生万物。"（〔三国魏〕王弼注，楼宇烈校释：《老子道德经注校释》，中华书局，2008年，第117页）又《道德经》第三十九章"昔之得一者"王弼注："昔，始也。一，数之始而物之极也。"（同上书，第105—106页）

② 赵汀阳认为，天下作为先验概念，意指至大无边的世界，它不依赖于对世界的经验知识，故不受古代中国实际世界认知的限制。（见赵汀阳：《天下体系：世界制度哲学导论》，江苏教育出版社，2005年，第58—59页）不过，即使不考虑经验事实，单论概念所指，天下也绝非至大无边，而是有一定量级与界限。

③ 《道德经》第四十二章"道生一"，河上公注"道始所生者"；"一生二"，河上公注"一生阴与阳也"。（王卡点校：《老子道德经河上公章句》，中华书局，1993年，第168页）《礼记·月令》孔疏："按：《老子》云：'道生一，一生二，二生三，三生万物。'《易》云：'易有大极，是生两仪。'《礼运》云：'礼必本于大一，分而为天地。'《易乾凿度》云：'大极者，未见其气；大初者，气之始；大始者，形之始；大素者，质之始也。'此四者同论天地之前及天地之始。《老子》云'道生一'，道与大易，自然虚无之气，无象，不可以形求，不可以类取，强名曰道，强谓之大易也。'道生一'者，一则混元之气，与大初、大始、大素同，又与《易》之大极、《礼》之大一其义不殊，皆为气形之始也。一生二者，谓混元之气分为二，二则天地也，与《易》之两仪，又与《礼》之大一分而为天地同也。"（〔汉〕郑玄笺注，〔唐〕孔颖达正义：《礼记正义》卷一四，中华书局，影印阮元校刻《十三经注疏》本，2009年，第2927页）又《易·系辞上》"是故易有太极，是生两仪"，孔疏："太极谓天地未分之前，元气混而为一，即是太初、太一也。故《老子》云'道生一'，即此太极是也。又谓混元既分，即有天地，故曰'太极生两仪'，即《老子》（转下页）

的对应,在两宋理学中被发挥为一与二互为体用的"两一"(亦即阴阳互为体用的"阴阳一太极")。与这一义理趋向对应,就制度论,王为体,二伯(或相)为用,甚至就体用一源,可以王与二伯(相)互体;就天下论,有"二伯分陕"式的"分天下",与以昆仑为中心、四水分流四方的"诸天下"。则在秩序观念层面,同样存在一与二、一与多的辩证结构。

再者,也是更为直接的,明末以降西方新天地之学的输入,并非像主张一(天下)与多(万国)两极对立者所强调的,意味着天下一统模式被万国(主权-民族国家)并立模式彻底取代。事实上,就天下观念,单纯的"一"与绝对的"多"之间,始终存在着兼具现实性(相对于一)与生成性(相对于多)的"二"。这一"诸天下"的观念潜流,正呼应了明末以降天地观念的更新。如赵汀阳所说,唯一、无外的天下,以"同一片天"为前提。① 但问题是,西方新天地学中对中国思想界最具震撼力的地球说,主张南、北半球互为镜像,没有共同的"下";东、西半球昼夜相反,也没有同一且同时的"天"。但即使对天下秩序最不以为然者,也难以否认对大部分清朝士大夫来说,该秩序(不管是作为观念还是现实)仍继续存在。本书将阐明,必须考虑作为伏流的"诸天下"说,及其对西方新天地学的容摄,才能理解这一不符合衰亡或崩解史的"近代"现象何以可能。

限于学力,也出于对当代学术趋向的某种反省,本书无意探讨天下观念的全部,而是集中于一个更具体的主题:天下枢纽与中心观念(古人称"天下之中"或"天下之极","极""中"的分疏,详后)的演变。

需要分疏的是,探讨何谓"天下之中"(或"天下之极"),与探讨何谓"中国",在近代学术思想中指向不同。近三十年来,从上古至近代,学界对何谓"中国"的探讨可谓蔚为大观,个人目力所及,即有考古学试图确定

(接上页)云'一生二'也。不言天地,而言两仪者,指其物体,下与四象相对,故曰两仪,谓两体容仪也。"(〔三国魏〕王弼、〔晋〕韩康伯注,〔唐〕孔颖达正义:《周易正义》卷七,中华书局,影印阮元校刻《十三经注疏》本,2009年,第169—170页)
① 赵汀阳:《天下体系:世界制度哲学导论》,第53页。

"最早的中国",① 历史人类学以边缘地带人群的记忆与认同，考察"华夏"的内涵，② 政治史以王权郡县制界定"华夏"，③ 思想史追寻近代中国民族主义与民族国家的两宋起源，④ 发掘明清时期（尤其是清）帝国与民族国家的互相构造，⑤ 以及作为国号的"中国"的诞生⑥。以上探讨，虽然思想倾向、学术路向与具体观点都相当不同，但有个基本共同点，即试图通过或强或弱、或远或近、或直接或间接的溯源，寻找现代中国之为"中国"的前因。

确实，在古代，中国、天下之中、地中，均指天下枢极，故往往通用。具体说来，历代王朝的朝号，为其有天下之特称，⑦ 而"中国"，则是有天下之通称。又古代宇宙论、文明论与政治思想，都主张有天下者当居地中以应四方，故中国、天下之中、地中，是可以互补、互通乃至互换的表述，不必也不能严格分疏。但近代则不同，精英知识分子主张中国必须摆脱天下秩序的重负，转型为主权-民族国家，以在新世界中竞存乃至争胜。⑧ 这自然是现代中国的"根本性议程"，结果之一，是"中国"被明确为新主权-民族国家

---

① 许宏：《最早的中国：二里头文明的崛起》，生活·读书·新知三联书店，2021年，第1—9页。
② 王明珂：《华夏边缘：历史记忆与族群认同》序论一，浙江人民出版社，2013年，第4—8页。
③ 胡鸿：《能夏则大与渐慕华风：政治体视角下的华夏与华夏化》，北京师范大学出版社，2017年，第14—20页。
④ ［日］宫崎市定：《东洋的近世》，收入刘俊文主编：《日本学者研究中国史论著选译》第1卷《通论》，黄约瑟译，中华书局，1993年；葛兆光："中国"意识在宋代的凸显，《宅兹中国：重建有关"中国"的历史论述》，中华书局，2011年。
⑤ 纲领性阐述，见汪晖：《现代中国思想的兴起》上卷第1部之"导论"，第88—101页；具体阐述，见同书上卷第2部《帝国与国家》。
⑥ 黄兴涛：《重塑中华：近代中国"中华民族"观念研究》，北京师范大学出版社，2017年，第13—50页。
⑦ 朝号作为有天下之号，见［日］渡边信一郎：《中国古代的王权与天下秩序：从日中比较史的视角出发》，徐冲译，中华书局，2008年，第1—9页。
⑧ 见［美］列文森（Joseph Levenson）：《儒家中国及其现代命运》，刘文楠译，香港中文大学出版社，2023年，第132—144页。列文森言简意赅地指出："在很大程度上，近现代中国思想史是使'天下'成为'国家'的过程。"（第138页）

的国号（既是通称，也是简称）。而这意味着，作为有天下之通号的"中国"，其"中"被虚化，"国"则成为实指。

与此似相反而实相承的是，当主权-民族国家被明确为唯一合理且现实的政治形式，作为"中国"古义的"天下之中"乃至"天下"观念本身，就因被"去政治化"而落入非合理与现实之域。如费正清视朝贡体系为文化中心主义式的"虚假意识"；乃至古代中国的褒扬者如内藤湖南，主张政治与文化有别，前者为人类生活的低级形式，后者则是其高级形式，中国自宋代进入"文化"阶段，不能政治化，实为其文明程度高于西方的表现。[①] 两人虽态度不同，但都默认主权-民族国家是唯一能现实化的政治形式，中国是可政治化的实体，而天下之中则更多是文化性的构造。

以上主权-民族国家时代中国与天下之中观念的分离，相当程度上影响了近代学术探讨天下观念的方式。主权-民族国家特征有二：一为边界明确且唯一，内外之分绝对化，内部则同质化；二为以对等承认，实现自身的现实化与合理化，即所谓"承认的政治"。受其熏染，"天下"的边界与周边问题，也获得了远超古代时期的关注。[②] 结果，主权-民族国家通过他者界定自己，在"天下"观念研究中，就变为通过四周视野，将"天下之中"的自我声张相对化与虚化，应和自居"天下之中"者也不得不以主权-民族国家界定自身的现代宿命。且四周之于中心，不仅是认识次序，也标示了普遍历史意义上主动与被动、历史与无历史之别。如费正清以冲击-回应说解释朝贡体系的现代命运，主张中国自以为居于世界中心，陷于长期停滞，只有来自外周地带的冲击，才能推动其变革。则自命为天下之中者，不过是被动、虚假与非历史的存在，任何"天下之中"，在未转化为主权-民族国家前，也就

---

① 内藤湖南的相关表述以及其文化与政治含义，见钱婉约：《内藤湖南研究》，中华书局，2004年，第127—133页；［加］傅佛果（Joshua Fogel）：《内藤湖南：政治与汉学（1866—1934）》，陶德民译，江苏人民出版社，2016年，第211页。
② 从"四周"看天下的学术实践，典型如前述王明珂与葛兆光的研究。另葛兆光主导编纂的论文集，题目即为《从周边看中国》（复旦大学文史研究院编，中华书局，2009年）。

缺乏探讨价值。①

本书试图反拨以上当代"共识"。其方式，为直接探讨"中"而非"中国"，即不是将"从周边看中国"调整为"从中心看中国"，而是虚化作为观念与现实的"中国"，直接探讨"中"（"极"）与"天下之中"（"天下之极"）。

第三节　天下之极与近代

本书的问题意识与写作意图，都立足于现代而非古代。故就正文的时段设定，一个问题显而易见：为何选择从两汉开始，而不是更早或更晚？

以近代为导向深入古代，最具诱惑力的做法是溯源，即探寻近代中国（或更进一步，整个汉文世界）的本土起点，且其较近代西方至少要不更晚。对此，近代学术思想界大致发展出三种基本模式。第一，春秋战国近代论，最初见于同光时期改良派精英，主张十九世纪中后期的世界，如同春秋战国重现；② 入民国后，随着经学的解体，新兴的中国哲学以先秦诸子为开端，

---

① 与此相对，拉铁摩尔以农耕者与游牧者的互动，理解华夏世界的生成，（见［美］拉铁摩尔（Owen Lattimore）：《中国的亚洲内陆边疆》，唐晓峰译，江苏人民出版社，2005年）虽然在其论述中，自居中心者不再无历史，但也是用交互史取代冲击-回应史，并不涉及观念层面的"天下之极"问题。

② 晚清人的相关论述，见王尔敏：《十九世纪中国国际观念之演变》，《中国近代思想史论续集》，社会科学文献出版社，2005年，第93—104页；［日］佐藤慎一：《近代中国的知识分子与文明》，刘岳兵译，江苏人民出版社，2024年，第59—68页。最具理论意涵的论述，出见严复。他主张西方"春秋战国"状态的长期化，让"自由"得以成立，所谓"推求其故，盖彼以自由为体，以民主为用。一洲之民，散为七八，争雄并长，以相磨淬，始于相忌，终于相成，各殚智虑，此日异而彼月新。故能以法胜矣，而不至受法之弊，此其所以为可畏也"（严复：《原强》，《严复全集》卷七，福建教育出版社，2014年，第20页）。来华传教士也策略性地借用该说，如丁韪良（William Martin）翻译《万国公法》，即主张春秋战国时期曾有雏形的国际法秩序。见其《中国古世公法论略》，收入王健编：《西法东渐：外国人与中国法的近代变革》，中国政法大学出版社，2001年，第31—39页。

《战国策》派则以西周、春秋与战国三阶段构造普遍历史,都进一步扩展了该说的意涵;二十世纪七十年代后,经海外中国研究中介,该说又与"轴心时代"观念合流,后更伴随韦伯的中国解释(尤其是将春秋战国视为中国现代性早熟与挫败的关键阶段)的输入,① 进一步扩大了影响。第二,宋代近世论,雏形见于清末民初的保守与改良者,系统学说则出自内藤湖南与宫崎市定为代表的京都学派。第三,明清之际近代论(以及更广义的明清近代论)。该说可上溯至晚清革命者(主张近代共和革命与民族主义,以明清之际思想与实践为先导),随后在中、日两国学术思想界中反复出现,多对比明清时期与西方现代性的生成期,探讨中国的文艺复兴、启蒙运动等问题。近三十年来,该说更与欧美学界以多元现代性为背景的近代早期范式颇多交互。②

那么,以两汉为起点,与以上三种中国的现代性溯源学说(尤其是第一种)的可能关系是什么?

首先,在春秋战国近世论中,汉代是明确的反面。该说以哲学式反思衡量文明性,且将普世王权的不存在(城邦世界)或解体(后帝国时代诸强并立),当作精神自觉的政治前提。因此,从春秋战国到两汉,就被理解为如同从诸强并立的希腊城邦世界向马其顿、罗马(特别是后者)的世界帝国的演变,在政治与社会层面,是以主体分立为特征的理性化过程的倒退;在精神层面,则是从本体论向宇宙论、从哲学向神学甚至感应性思维的退化。而两汉所奠定的普世王朝体制,更被视为将一直持续到晚清的政治专制的基型。

---

① 韦伯以西方文明为基准,主张春秋战国阶段的提早结束与普世王权的来临,是政治、社会与经济理性化过程(尤其是资本主义)不能彻底甚至发生倒退的关键原因之一,也导致精神自主性发展受挫,以及传统主义复归,即将秦汉认定为理性化倒退的阶段。相关论述,见[德]韦伯(Max Weber):《中国的宗教:儒教与道教》,简惠美译,《韦伯作品集》V,广西师范大学出版社,2004年,第109—110、137—138、160—161、171—172、219—220页。
② 比较视野下的"近代早期"范式,一个纲领性阐述,见[美]傅礼初(Joseph F. Fletcher):《整体史:早期近代的平行现象与相互联系(1500—1800)》,董建中主编:《清史译丛》第11辑("中国与十七世纪危机"专辑),商务印书馆,2013年,第4—36页。

其次，在宋代近世论中，汉代也位置不高。京都学派第二代代表人物宫崎市定，将"东洋的近世"的政治内涵，点明为宋、辽、西夏、大理、高丽诸国并立（可称为东洋的民族国家时代），① 进而将政治分立与现代式精神自觉勾连起来。在该说中，两汉以上只是远景，东汉至唐，作为中古贵族制时期，也只是"东洋的近世"的超克对象，本身并无现代性可言。

最后，在同样起源于晚清的明清近代论中，汉代的位置则相对较高。当然，其普世王权的一面，也必须参照民族国家范式加以隐匿或改写。典型如梁启超以意大利摆脱罗马帝国模式、铸造现代民族国家为榜样；② 刘师培主张清朝之于中国，如土耳其之于东罗马，③ 其所属晚清国粹学派，多以文艺复兴为榜样，主张复兴周秦至两汉古学，以为新民族国家奠定学术思想基础。

这一将汉学关联于现代性的努力，入民国后有重要演变。胡适以清代汉学比附科学，梁启超则视其如文艺复兴，并以"近三百年"界定其范围，强调的都是清代汉学并非两汉学问的原样复兴，而是因西学输入获得"科学"精神与方法的新学问。

上述两种汉学立场的现代性构想，各有所见又各有所偏。晚清时期，梁启超、章太炎与刘师培参照罗马衰亡史构想中国的古学复兴，是明确意识到了古代与现代并非截然二分，复兴两汉以上古典，可能通向现代世界。不过，这一复兴模式以古典在汉代之后衰亡为前提，相当程度上抹杀了魏晋至晚清漫长历史时期的能动性；而将两汉理解为现代中国的古代典范，也是将

---

① 宫崎市定：《东洋的近世》，《日本学者研究中国史论述选译》第 1 卷《通论》，第 153—161、202—216 页。葛兆光接续京都学派，主张两宋时期，外周民族兴起，促使士人的夷夏观念发生转型，雏形的民族意识与民族主义由此出现。见葛兆光：《"中国"意识在宋代的凸显》，《宅兹中国：重建有关"中国"的历史论述》，第 41—65 页。
② 梁启超很推崇朱塞佩·马志尼（Giuseppe Mazzini），认为他自罗马帝国的阴影中复兴了意大利的民族精神。见梁启超：《少年中国说》，《饮冰室合集》（文集之五），中华书局，2015 年，第 10 页；又梁启超：《新民说》，《饮冰室合集》（专集之四），第 25 页。
③ 刘师培："今者寒带、热带之地皆为温带民族所并。其以寒带民族治温带土地者，仅满洲治中国、土耳其治东罗马而已。"（刘师培：《光汉室丛谈：五洲民族之性质》，《历史文献》第 17 辑，上海古籍出版社，2013 年，第 314 页）

以普世文明担当者自居的古代王朝，不恰当地对应于普世文明解体方能真正成立的民族国家。民初以降，胡适、梁启超以清代汉学为中国现代性的先声，虽然注意到了明末以降西学输入对中国学术思想转型的关键作用，但这一"转型史"甚少考虑秦汉以来中国思想演变的内在理路，就精神实质，仍是单向与单面的西学启蒙史。

综合来看，以上三种现代性溯源学说，虽然就背景、脉络与内涵都有诸多不同，但也有一个显见的共同点，即参照（不管是顺应还是超克）主权-民族国家观念，构想中国现代性的前史。而本书的目标，则为深入被以上现代性溯源方案边缘化的古代思想"剩余物"，通过完全悬搁主权-民族国家问题，来书写某种天下史。

本书以两汉为开端，即出于这一考虑。在我看来，只有到这时，中国思想才第一次具有了世界感（或者更准确地说，"诸世界"感）。具体言之，虽然"天下"就观念内容而言肯定是单数而非复数，但具有相当文明与政治理性的两汉以降精英，程度不一地承认印度、波斯、罗马等对等文明，因此，自居唯一"天下"的形式性宣示，虽然因为王朝政治这一"扩音器"以及历代正史的政治史特征而一直居于主流，但"诸天下"感以及相应的知识、观念与学说，也自两汉以降始终不绝如缕。

同样重要的是，作为天下观念基础的天地学说，也定型于两汉时期。此时，天地之学与宇宙论以及文明论间的张力，仍隐而未发，天学危机虽已在酝酿中，但尚未真正显现。故以天地人相即为特征的中国思想，仍保持着浑然未分的整体性。

当然，对两汉思想的浑然性，存在一种影响颇大的批评。中国哲学史区分本体论与宇宙论，以先秦哲学与魏晋玄学属于前者，两汉思想则属于后者，①

---

① 这一区分最早出自汤用彤，后被哲学界广泛接受。丁耘指出，在西方哲学传统中，本体论这一术语出自莱布尼茨-沃尔夫学派，与宇宙论并非对立关系。具体言之，二者都属于形而上学范畴，前者属于普遍形而上学，后者则属于特殊形而上学。（丁耘：《道体学引论》，第8页）唐文明也主张："汤用彤认为魏晋以前的中国思想只有宇宙论没有存在论（他译为'本体论'），到了魏晋才有了存在论。这个观察无疑是独特的，但可能并不（转下页）

则就本体论高于宇宙论的哲学立场,两汉就是先秦与魏晋两个思想高峰间的低谷,而从先秦诸子到两汉经学,实为精神的退化与变质。

显然,这一本体论与宇宙论的等级制,与前述春秋战国近代论存在呼应关系。二十世纪三十年代,冯友兰撰成中国哲学史,其中明确将春秋战国对应于希腊城邦时代(以主体的互相承认为特征),诸子学则为希腊哲学的中国对应。这同时呼应着近代人文主义"人的发现"的主题,将从既有自然-社会-政治秩序中抽离的反思性主体的出现,视为文明自觉的关键,而系统化的宇宙论,则因消解主体性与反思性,只是普遍历史从城邦退化到普世帝国的精神反映。

希腊主义对近代中国思想转型的影响,绝不仅限于哲学领域。深受德国历史哲学熏染的雷海宗,在二十世纪四十年代写就《中外的春秋时代》一文,其中用封建、春秋与战国三阶段解释人类精神与思想演进,主张在缺乏自由又扰攘不安的封建时代与过度自由而陷于普遍战争的战国间,存在着人类精神各方面最为平衡的、短暂而完满的春秋阶段,他将这一"春秋时代",对应于亚历山大崛起前三百余年的希腊史,① 其不以天下秩序为思想与制度的完满状态,实与中国哲学以希腊主义为背景的自我证成逻辑暗合。

这一存在与思想态度的当代版本,则是中文学界(先是海外汉学界,随后是中国哲学与新儒学界)对雅斯贝尔斯"轴心时代"观念的热情接受。② 雅氏用"存在的飞跃"界定其精神特征,主张在这一时期,人意识到存在的

(接上页)成立。"理由则是先秦诸子学中的"道",同时有本体论与宇宙论意涵;而在程朱理学中,"'天地之心'也很接近柏拉图所谓的'宇宙心灵',而根据朱熹的论述,天地之心最终归于至上神的主宰且呈现于宇宙中的万物,又接近于埃克哈特关于神与宇宙万物的关联的神秘主义体验"。(见唐文明:《极高明与道中庸:补正沃格林对中国文明的秩序哲学分析》,第362—363页)

① 雷海宗:《中外的春秋时代》,《雷海宗文集·雷海宗史论集》,天津人民出版社,2016年,第60—66页。
② 见李雪涛:《雅斯贝尔斯与中国:论哲学的世界史建构》,东方出版社,2021年,第112—146页。

有限性与思想本身的无限性，古代文明的平静与自足，被具有现代性特征的不安与斗争所取代，① 存在论意义上的现代人由此诞生。② 他将轴心时代的下限定于公元前200年，理由是西方、印度与中国此时都自城邦世界蜕变为世界帝国（罗马帝国、印度孔雀王朝与秦汉王朝）。③ 则参照雅氏设定，两汉就是轴心时代精神的消退期。

不过，这一主要以希腊城邦时代为参照的春秋战国近代论，在二战后西方政治哲学与思想中，开始出现重要修正。沃格林在《秩序与历史》第四卷中，大幅调整了前三卷以希腊与犹太世界为中心的论述，吸收并超越韦伯至雅斯贝尔斯的比较文明论，将诸古代社会发生精神突破的载体，由城邦政治体（不管是希腊、印度还是中国的春秋战国时代），变为试图或实际占有天下的帝国。④ 他主张，近东-地中海世界文明多元，由于诸文明与帝国的邻近，天下更多被理解为帝国相争之域，⑤ 普遍历史，即是诸帝国争夺天下的历史；中国文明则不同，帝国与天下的同一性（即宇宙论帝国状态），在精神突破发生后仍继续存在，⑥ 普遍历史，即是诸帝国相继领有天下的历史。而中国与近东-地中海世界的这一根本区别，则意味着存在"多

---

① ［德］雅斯贝尔斯（Karl Jaspers）：《论历史的起源与目标》，李雪涛译，华东师范大学出版社，2016年，第9—10页。
② 雅斯贝尔斯："人类靠当时所产生、所创造、所思考的一切生活到了今天。在人类每一新的飞跃之中，他们都会回忆起轴心时代，并在那里重燃火焰。"（同上书，第14页）故轴心突破标志着各轴心民族的第二次诞生，轴心时代与现代异代同时，可谓人类历史"永恒的当下"。（同上书，第62—67页）
③ 同上书，第11—13页。
④ 沃格林认为，中国古典中的"天下"，并非指"天底下的一切"，而是指"作为人类社会承载者的大地"，因此与西方oikoumene（可居世界）观念在文化上精确对等，可以译为"ecumene"。（见［美］沃格林（Eric Voegelin）：《秩序与历史》卷四《天下时代》，叶颖译，译林出版社，2018年，第384页）
⑤ 沃格林："宇宙论意义上的天下遭受到字面论畸变，变成作为帝国征服之潜在对象的天下。"（同上书，第371页）
⑥ 沃格林："中国的普世主义则是从作为母体的中国的宇宙论秩序本身发展出来的，它从不曾与该母体完全分离。"（同上书，第386页）

个天下"。①

对沃格林的以上观点，当代中文学界已有相当程度的回应。唐文明认为，沃格林之说，有助于纠正韦伯中国文明理性化不完全、不充分的旧说，以此为契机，可以进一步超越本体论与宇宙论之分，将古代中国的思想类型，定位为"以宇宙论风格表达出来的心性论秩序"（a psychological order by cosmological symbolizations），以及与西方"逃离的形而上学"（a metaphysics of escaping）相对的"回返的形而上学"（a metaphysics of returning）。②而这则意味着对两汉宇宙论精神深度与广度的重估。本书要补充的是，以近东-地中海世界对照中国文明，也异代同时地呼应了晚清士人对西方文明地理、政治与精神格局的即时观察。③且有记录的中国与近东-地中海世界的交通，即始于两汉，则以其而非春秋战国为开端，探讨"天下之极"观念的古今之变，可以说是一个更具"诸天下"感的选择。

当然，本书对沃格林"诸天下"观念的接受，仍有其限度，我不拟采用其帝国-天下模式，来理解中国天下之极观念的古今之变。帝国概念以及相应的普遍历史叙述，以希腊罗马史（尤其是罗马史）为背景，与中国自身的秩序观念与历史意识并不相合，相关问题，见下一节。

---

① 沃格林思想中关键的"居间"概念，即以"诸天下"为背景。具体言之，人的"居间"，是指其居于神与人、一与无定、无限与有限、永恒与有朽、生与死之间，而"多个天下时代与人类普遍性之间的冲突来自生存的居间结构"。（沃格林：《秩序与历史》卷四《天下时代》，第409页）
② 唐文明：《极高明与道中庸：补正沃格林对中国文明的秩序哲学分析》，第375—377页。
③ 康有为称近东-地中海区域为"五海三洲之地"，"界域于地中海、黑海、里海、红海、波斯海五海之中，连络于欧罗巴、亚细亚、亚非利加三洲之脉……与我国文明之早发则同，而情形亦多迥异者也"。（康有为：《意大利游记》，姜义华、张荣华编校：《康有为全集》第7集，中国人民大学出版社，2007年，第404页）

第四节　"帝国"主题的位置

已有学者通过文本与概念考察发现，称古代中国为帝国，出自传教士对明、清两朝的格义式理解，① 并指出"帝国"概念以罗马为典范，强调军事暴力与普世政体密切相关，而中国则以遮蔽军事与统治暴力的"文"，作为普世王权的观念基础。② 以上论述颇有所见，但尚有未尽之义，需要结合罗马史的几个关键特征做进一步阐发。

西方普遍历史，以罗马在其中独一无二的地位与命运为前提。这包括互相联系的四点：第一，作为自大西洋至印度河与葱岭的西方可居世界中的后来者，罗马征服了希腊、埃及、腓尼基、犹太等古老文明，第一次实现了地中海世界的长期一统。③ 第二，现代文明史以西欧为本位，强调这一普世的罗马文明，最终被渐次迁入的北方蛮族（日耳曼人）所终结，而后者正是欧洲文明（尤其是新教文明）乃至现代世界的担当者。④ 因此，若以古代中国夷夏论格义，则可以说现代性起源于夷夏翻转与终结大一统。⑤ 第三，以城邦为基本单位的古希腊，主张城邦是政治生活的自然场域，超城邦的帝国，

---

① "帝国"概念的西学源流及其被用来指称中国的过程，见曹新宇、黄兴涛：《欧洲称中国为"帝国"的早期历史考察》，《史学月刊》2015 年第 5 期，第 54—63 页；陈波：《西方"中华帝国"概念的起源（1516—1688）》，《四川大学学报（哲学社会科学版）》2017 年第 5 期，第 80—84 页。
② 见陈波：《西方"中华帝国"概念的起源（1516—1688）》，第 84—87 页。
③ 罗马人以大西洋至印度河为整个可居世界的范围，见［德］福格特（Joseph Vogt）撰，郑璐译：《古罗马的地球：从一个术语看罗马帝制》，刘小枫编：《西方古代的天下观》，华夏出版社，2018 年，第 192 页。
④ 孟德斯鸠即区分自由蛮族与专制蛮族，主张前者以日耳曼蛮族为代表，是现代政治与文明的创造者。见［法］孟德斯鸠（Baron de Montesquicu）：《论法的精神》上卷，许明龙译，商务印书馆，2010 年，第 288—290 页。这一点承田耕教授提示。
⑤ 这种解释在西方与中国都反复出现，较新的一种，见［美］沃特·席代尔（Walter Scheidel）：《大逃离：罗马帝国灭亡如何开启现代经济大分流》，黄煜文译，卫城出版社，2022 年，主张罗马大一统的终结是现代性诸要件得以形成的前提。以上文献承田耕教授提示。

解题　025

则是违反人性自然故只能依靠强力维持的政治单位,故普世帝国的出现,意味着人性的败坏与文明的衰颓。① 这种帝国观念,随着希腊对罗马的"文化的反征服",在帝国时代的罗马,仍保持着相当大的影响力。第四,由罗马世界边缘的犹太民族所创立的基督教,最终成为罗马国教,其神圣历史叙述,提供了另一种相对化普世帝国精神性的叙述,罗马的建立,被视为纯粹强力的结果,它不过是缺乏内在神圣性的世俗之城,只能在通向拯救的长途中暂时寄居与利用,绝非可以永久安居之所。②

以上第一点勉强与中国史相合,秦与汉(以及作为汉前身的楚),确实是周代文明世界中的后来者;后三点则无一相合。具体言之,针对第二点,颠覆大一统帝国的夷狄,却是新文明的开创者,这与古代中国夷夏论以及相应的普遍历史叙述截然相反,③ 且用罗马崩解后诸国并立模式长期化解释现代世界的诞生,表明普世王权是现代性的反面,而普世王权的断裂或连续相继(取决于采取何种正统论观点)是中国史的第一主题。针对第三点,古代中国视天下秩序为最符合天道的秩序,以可达方万里的天下为人性充分实现的安居之地;而古希腊则以尺度大致相当于百里之县的城邦,为符合人性自然的单位。二者对完满秩序的义理结构与空间尺度的看法,都存在根本区别。针对第四点,早期基督教不承认普世帝国的完满性,更进而言之,包括天地在内的整个世界都是被动、有朽的受造物,非可永久安居。这就让以天地的根源性与自足性为前提构想天下秩序变得不可能且不必要。④ 对应于古

---

① 虽然希腊化时期,斯多葛派发展出"宇宙城邦"观念,主张普世政体出于人性自然,但从长期来看,古典城邦观念(以亚里士多德《政治学》最为系统)的影响要更大。
② 见吴飞:《心灵秩序与世界历史:奥古斯丁对西方古典文明的终结》,生活·读书·新知三联书店,2013年,第282—332页。
③ 附带而论,这意味着中国必须经夷夏颠倒为特征的西洋普遍历史中介,方可能从古典夷夏论演进为现代民族主义。
④ 赵汀阳指出,西方没有发展出作为完满秩序的天下概念,是因为基督教打断了希腊思想的发展。它不承认人间秩序可以恒久而完满,世界一方面被贬低为无价值,另一方面被分裂为无整体(赵汀阳:《天下体系:世界制度哲学导论》,第49页),可以说是毁灭了先验与统一的"世界"概念。(同上书,第99—100页)

代中国，魏晋南北朝时期，佛教以缘起性空观念将天地自然暂时化与去本质化，[①] 或许曾有如同基督教般消解普世王权自足性与完满性的可能，但两宋理学对佛教的吸收与超克，阻断了这一可能。结果，古代中国思想的主流，始终视天下为可以安居之地与人性达至完满的场域。

另外，古代西方大体以近东为中心，其可居世界观念，意指大西洋至印度河与葱岭。这一宏阔的地理世界，包含着埃及、巴比伦、波斯、印度、犹太、希腊、罗马等文明，其相互交往与竞争，构成了某种共同史的基础。但这一西方可居世界及其共同史，与大致以葱岭为西界的华夏世界及其共同史，虽有小部分交错，但总体上关涉不大，[②] 故可以说，存在"两个天下"与两种共同史。因此，华夏世界大体上并不遵循西方的帝国-天下模式，而当其在近代被卷入这一世界秩序与世界历史，并因而不得不承受帝国-天下模式的观念重量与实践后果，一种较之埃及、巴比伦、波斯、印度等更深的古今之变就不可避免。

这一秩序观念与历史意识的古今之变，深刻影响了二十世纪的中国史叙述。从近代早期欧洲史来看，基督教对罗马帝国神圣性的解构，虽绝非自觉（更非自愿），但就其结果，为诸主权-民族国家并立的新秩序提供了正当性支持。而其中国回响，则是梁启超借公羊学"中国亦新夷狄"之说，填充以夷夏颠倒与终结普世王权方能开显现代性的西方普遍历史内容，通过在现代世界中自居于夷狄并否定古代中国的天下秩序，[③] 将以普世王朝更迭为表象

[①] 黑格尔注意到了这一点，他认为，中国"它缺少自由的因素，因为它的对象是一般的'自然原则'——'天'——'万物'。但是这种'精神'在本身外存在的真理便是理想的'统一'；不受'自然'和有限存在的限制的高超地位——回到灵魂内的意识。这种因素本来包含在佛教中，传播到了中国，使中国人觉察了他们生活状况的非精神性，和拘束他们意识的那种限制"。（［德］黑格尔（G. W. F. Hegel）：《历史哲学》，王造时译，上海书店出版社，2001年，第167页）
[②] 李猛明确指出了这一点。见李猛：《西学与我们的"西方"》，《北京大学学报（哲学社会科学版）》2017年第4期，第50页。
[③] 梁启超：《〈春秋中国夷狄辨〉序》，《饮冰室合集》（文集之二），第48—49页。

的天下史，革命性地改造为以主权-民族国家为主体的"国史"。①

既然新史学在起源处即以西方普遍历史为参照，则其后续展开，不能不受到作为其背景的罗马史的深刻影响。典型表现，则为民国时期学人以"野蛮"与"宗教"为线索重构中国史。如被当作兰克史学在中国代表人物的傅斯年，秉持历史为"种族与地理相乘之积"的观念，②不再视殷周相代为普世王权相继，而视为东、西两系民族自上古以来持续斗争的结果，文明相对落后的周民族反向征服商民族，并夺得华夏世界主导权，如同罗马征服希腊，③又如日耳曼征服罗马④。又如陈寅恪用塞外民族输血论解释华夏文明的隋唐新生，⑤宫崎市定则同时参照中国史的统一-分裂模式与西洋史的日耳曼-罗马模式，主张西方世界的演变线索，是从罗马大一统，到中世纪分裂，再到近代各日耳曼民族建立主权-民族国家，以民族帝国主义重新趋向大一统；而中西对照，五胡可被视为中国的日耳曼人，隋唐则相当于其以查理曼帝国复现罗马帝国，唐灭亡后，契丹、女真等北方民族兴起，则如同西方民族主义兴起与民族国家建国。⑥

较之形式上多以实证史学为主桌的民国新史学，同一时期，在历史哲学

---

① 梁启超：《新史学》，《饮冰室合集》（文集之九），第3页。
② 傅斯年：《中国历史分期之研究》，欧阳哲生编：《傅斯年全集》第1卷，湖南教育出版社，2000年，第33页。
③ 傅斯年：《大东小东说：兼论鲁燕齐初封在成周东南后乃东迁》，《傅斯年全集》第3卷，第62页。
④ 傅斯年：《周东封与殷遗民》，《傅斯年全集》第3卷，第245页。
⑤ 陈寅恪：《李唐氏族之推测后记》，《陈寅恪集·金明馆丛稿二编》，生活·读书·新知三联书店，2001年，第344页。故他特别重视李唐王室可能的鲜卑血统。
⑥ 宫崎市定：《东洋的近世》，《日本学者研究中国史论述选译》第1卷《通论》，第153—161页。此外，二十世纪三十年代魏特夫提出"征服王朝"说，近三十年来美国新清史强调内亚本位，其共同学术思想背景，即是这一日耳曼人终结罗马帝国并开创现代的"蛮族现代性"范式。又以宗教为线索重构中国史，情况略有不同。在上古史领域确实有所应用，如胡适主张儒教是周代商后殷遗民的宗教，其最终获得周王朝的精神主导权，是如同基督教之于罗马帝国般的"文化的反征服"。（见胡适：《说儒》，欧阳哲生编：《胡适文集》第5卷，北京大学出版社，1998年）不过，在中古史领域，以佛教为中心的"文化的反征服"式的解释在中国学界并未得到充分发展。

领域,"野蛮与宗教"模式的影响更为直接,典型表现为斯宾格勒与汤因比的文明论的流行。斯宾格勒根据十九世纪德国思想中文化与文明的二分,主张文明是文化的最后阶段,① 标志是占据整个天下的普世帝国(在东方是秦朝,在西方则是罗马帝国)的出现,② 历史就此退向无历史,③ 而"太平"(世界和平)即"历史的终结"。④ 汤因比则根据吉本以"野蛮"(日耳曼人)与"宗教"(基督教)解释罗马帝国衰亡,以及麦考莱认为普世帝国造成文明僵化,这一死局的历史出口则是蛮族,⑤ 主张普世帝国实现世界和平,会导致内部无产者(下层民众,孕育普世宗教)与外部无产者(帝国边境的蛮族)的出现,二者共同作用,导致普世帝国衰亡。⑥ 具体到中国,导致汉、晋王朝衰亡的"野蛮"与"宗教",则被明确指为北方诸族与大乘佛教。⑦

斯宾格勒与汤因比之说,被雷海宗充分吸收。他比较两汉与罗马后东西文明的不同走向,主张罗马帝国一衰不再兴,现代西方文明为日耳曼人创造,与罗马关系极少;⑧ 而中国则不同,古今文明及其担当者并无断裂。原因在于罗马人在阿德里安堡之战中被西哥特人击败,最终被"野蛮"压倒;而东晋则取得淝水之战的胜利,避免中国太早被胡族征服,从而有充分时间

---

① [德]斯宾格勒(Oswald Spengler):《西方的没落》第1卷"形式与现实",吴琼译,上海三联书店,2006年,第30页。
② 同上书,第35—36页。
③ 斯宾格勒:《西方的没落》第2卷"世界历史的透视",第42页。
④ 同上书,第165、409页。
⑤ 中西对比下的说法是:"为了避免中国的命运,欧洲付出了一千年野蛮生活的代价。"(见[英]汤因比(Arnold Toynbee):《历史研究》中册,曹未风等译,上海人民出版社,1986年,第153页)
⑥ 汤因比:《历史研究》下册,第18页。
⑦ 汤因比:《历史研究》中册,第25页。值得注意的是,汤因比虽形式上采取文明比较,但将出自罗马史的"野蛮"与"宗教"主题普遍化为诸文明的共同主题。故隋唐时期中国普世王朝强势复苏,以及大乘佛教未能夺得其精神主导权,只作为以上共同主题的例外,解释为普世帝国的恢复程度与普世宗教的主导程度成反比,且大乘佛教政治能力较基督教为低。(见汤因比:《历史研究》下册,第137、301页)
⑧ 雷海宗:《雷海宗文集·中国文化与中国的兵》,第119页。

吸纳"野蛮",在更合适的历史时期（隋唐）重建普世王权。① 这虽形式上是比较文明史,实则承认"野蛮"与"宗教"是人类文明的共同主题。②

以上近代中国新史学与历史哲学,都以罗马史为基点。本书探讨中国"天下之极"观念的演变,则欲平衡西方普遍历史无处不在的影响,尽力回返未受其浸染的明末以前,以及其仍作为"用"而非"体"存在的明末至晚清,像古人那样理解古人,故或悬置（明末以前）或适当安放（明末以降）以罗马为典范的普世秩序构想与历史叙述,依照古人自身的天下观念以及相应的天下史叙述展开探讨。具体说来,本书不使用"帝国"一词,至于"野蛮"与"宗教"主题的中国对应者"夷狄"（不管是北方诸族,还是西方列强）与西教（"佛教",魏晋以降；基督教,明末以降）,则也以天下史为本位予以安顿。

因此,本书虽大致以佛教与基督教东来分为三段（两汉,魏晋至元明,明末至晚清）,但"天下"以及"天下之极"的演变,仍以内在理路为主。即"野蛮"与"宗教"虽对华夏世界有深远影响,在近代更已自用及体,但从更长时段来看,它所真正造成的,并非华夏世界天下观念的衰亡,而是该观念的转型。

---

① 雷海宗:《雷海宗文集·中国文化与中国的兵》,第 121、129、149 页。他并据此主张抗战即为中国的新"淝水之战"。（同上书,第 148—149 页）
② 雷海宗将中国克服自身的"野蛮"与"宗教"危机而重建普世王权,视为"其他任何能比较持久的文化在帝国成立以后也没有能与中国第二周相比的伟大事业",并认为"中国文化的第二周在人类史上的确是一个特殊的例外","第二周仍可说是我们所独有的事业"。（雷海宗:《雷海宗文集·中国文化与中国的兵》,第 139—141 页）以中国为例外,则"野蛮"与"宗教"就被视为普遍历史的常态。

第一章
两汉典范的建立：天极与地极

小引　太极与"大恒"

1973年，长沙马王堆汉墓发现帛书本《易》，近二十年后（1992年），图录与释文公布，其中传世本《系辞》"《易》有太极"，① 在帛书本中作"《易》有大恒"。② 作为《易》学乃至古代中国思想中最核心的名相，"太极"的这一异名，引起《易》学、古文字学、儒学与道家等研究领域持久的兴趣与争论。代表性的观点大体有以下几种：一、帛书本《系辞》较今传世本为早，即"大恒"为原初名相，"太极"则为晚出。③ 大恒改为太极，可能是为了避汉文帝刘恒讳；④ 二、帛书本《系辞》与传世本《系辞》并非先后替代，而是代表大体同时并存的地域性《易》学学派。具体说来，帛书本《系辞》

---

① 古代"極""极"为互相独立的两字，新中国成立后经简化字改革合并为"极"字。本书中出现的"极"，除特别说明，都是指古代的"極"字。
② 傅举有、陈松长编：《马王堆汉墓文物》，湖南人民出版社，1992年，第123页。又见张政烺：《马王堆帛书〈周易·系辞〉校读》，陈鼓应主编：《道家文化研究》第3辑（马王堆帛书专号），上海古籍出版社，1993年，第31页。
③ 饶宗颐认为，帛书本《系辞》"是汉以前《系辞上传》的原来面目"。见饶宗颐：《帛书〈系辞传〉"大恒"说》，《道家文化研究》第3辑（马王堆帛书专号），第6页。又楼宇烈也倾向于"大恒"为早期名相，"太极"则为后起。见楼宇烈：《读帛书〈系辞〉杂记》，《道家文化研究》第3辑（马王堆帛书专号），第53页。
④ 王葆玹：《从马王堆帛书本看〈系辞〉与老子学派的关系》，收入陈鼓应主编：《道家文化研究》第1辑，上海古籍出版社，1992年，第184页。

代表《易》学中的南方学派,"大恒"这一名相,与可能同出于楚地的道家思想关系密切。① 三、帛书本《系辞》并非《系辞》的原初形态,"大恒"也不是南方《易》学的名相,真实情况是,汉代极、恒两者字形相近,导致抄写时出错。②

先秦两汉时期典籍寡少,传写难明,以上诸说各有所见,至今仍在争论中。不过,诸说大体都认为"太极"与"大恒"有时间、学派、地域或文字、《易》理上的区别。本书则尝试就其异而观其同,主张先秦至两汉《易》学虽传承有别,名相各异,但自根本义理上仍应当视为具有内在关联性的整体,可以借鉴概念史研究对"概念群"的探讨方式,视"太极"与"大恒"为"家族相似"式名相:虽未必可以直接互训,但指称与意义都有相当紧密的关联。③ 因此,可以借"大恒"这一名相深入两汉思想世界,探讨因为该名相的消隐而在后代"太极"观念乃至整个《易》学传统中未能得到更为直观呈现的那些象数与义理层次。

---

① 除饶宗颐、陈鼓应在散见于《道家文化研究》各辑中的多篇文章中都力持这一观点,其所编《道家文化研究》第3辑(马王堆帛书专号)中,也有多人主张此说,见许抗生:《略谈帛书〈老子〉与帛书〈易传·系辞〉》,该书第59—63页;李定生:《帛书〈系辞传〉与〈文子〉》,该书第166—167页;陈松长:《马王堆汉墓帛书的道家倾向》,该书第414页。
② 张政烺:"恒与极字形相近,致误。"(张政烺:《马王堆帛书〈周易·系辞〉校读》,《道家文化研究》第3辑[马王堆帛书专号],第31页)朱伯崑也主张"恒"为错字,"所以出现这一笔误,也是由于将古文篆文转抄为隶书造成的"。(朱伯崑:《帛书本〈系辞〉文读后》,《道家文化研究》第3辑[马王堆帛书专号],第38页)李学勤也认为:"此处'极'可写作'亟',故与当时所写'恒'形近。"(见李学勤:《帛书〈系辞〉上篇析论》,《江汉考古》1993年第1期,第81页)李学勤还认为:"错讹的例子,在帛书《系辞》上篇中也有许多。最突出的是'象'字都抄成'马',绝无道理可言。"(同文同页)
③ 概念史研究当借鉴分析哲学的"家族相似"说,注重研究"概念群",这一点我得自章可教授言谈。又陈伟主张在战国楚文字中,亘(恒)与亟(极)二字发音和构形都相似,在传世和出土文献中都大量通用;李零进一步指出,这种通用不是一般的语音或字形假借,而是同一意思的等同用法。以上研究脉络总结,见贾晋华:《战国宇宙论中的时间和空间》,贾晋华、曹峰编:《早期中国宇宙论研究新视野》,上海人民出版社,2021年,第142—143页。

第一节 永恒的"周行"

简要言之,我认为"恒"以及"大恒",提示的是作为《易》学以及儒、道思想共同基础的古代中国天学对天体"永恒运动"的观察与信念。这一"永恒运动"的取象,至战国时期已确定为圆周。① 而对古代中国诸家的"永恒运动"观念以及相应的西学对照,乃至"永恒运动"在中、西各自本体论中的核心地位,丁耘有精到阐述:

> 天之为天,在于其不殆不息不已的"永恒"运动。凡言天,必合流行不已而称。此于儒家原典中毕露无遗。《周易》"乾"卦之《象》曰"天行健",孔颖达《周易正义》云:"天行健者,谓天体之行,昼夜不息,周而复始,无时亏退。"《复》卦之《彖》云:"反复其道,七日来复,天行也。"故《周易》所谓"行健"相当于《老子》所谓"周行而不殆"。《中庸》则云:"诚者,天之道也。"而至诚不息,是亦以不息描述天行,而以至诚阐释天道。这与《物理学》拿来做出发点的"永恒运动"本无二致。与《易》《老》等强调周行、反复相同,亚里士多德认为运动之首为位移,而位移之永恒者为体现在天体运行中的圆周运动,圆周运动是永恒的……中国思想的贯通,是从同将永恒运动确立为首要现象线索开始的。而中西思想的分野,则是从对永恒运动的不同阐释开始的。②

> 亚里士多德哲学的真正努力,即从永恒运动(其范例为永恒的圆周运动)推演出作为第一本体的不动心体。而以《易》《庸》为典据的儒家义理学,亦无非从永恒的循环运动(反复其道、周行不殆),立寂然

---

① 《吕氏春秋·圜道》:"圜周复杂,无所稽留,故曰天道圜。"高诱注:"杂犹匝。无所稽留,运不止也。"(许维遹集释,梁运华整理:《吕氏春秋集释》卷三,中华书局,2009年,第79页)
② 丁耘:《道体学引论》,第45页。

不动之心体、性体而已。①

以上中西儒道以及丁耘个人对"永恒运动"的阐释,自义理与形象上都侧重于"不息""不已""不殆"意义上的"行健",以终始循环之"周行"来理解"永恒"。这一永恒的"周行",具有方位与时序意涵,以北斗绕北极自东而南而西而北旋转,斗柄所指,分别对应春夏秋冬,②即据华夏世界的天时与物候,将四方配拟于四时。③这一古代天文历算学上影响深远的"斗建"模式,可谓世界观层面的"时空体"结构,④将四时-四方(或五方)的对应,视为超越地域与古今的永恒法则⑤。而"时空体"的终始之端(一

---

① 丁耘:《道体学引论》,第40页。
② 《鹖冠子·环流》:"斗柄东指,天下皆春。斗柄南指,天下皆夏。斗柄西指,天下皆秋。斗柄北指,天下皆冬。"(黄怀信校注:《鹖冠子校注》卷上,中华书局,2014年,第70页)
③ 古代中国观念大体据《禹贡》九州的天时与物候,将四方与四时互相对应。经学依据,见《尚书·尧典》"乃命羲和,钦若昊天,历象日月星辰,敬授人时"以下,"平秩东作""以殷仲春","平秩南讹""以正仲夏","平秩西成""以殷仲秋","平在朔易""以正仲冬"([托]〔汉〕孔安国传,〔唐〕孔颖达正义:《尚书正义》卷二,中华书局,影印阮元校刻《十三经注疏》本,2009年,第251页),以及《礼记·月令》。冯友兰认为《月令》将春夏秋冬与东南西北配合起来,"这样的配合,也是可以理解的。在一日之中,上午太阳从东方出来,人们感觉舒畅;到下午,太阳在西方落了,人们就感觉到要收拾东西,准备过夜。古代的人认为春季有似于一天的上午,秋季有似于一天的下午,所以把春季配东方,秋季配西方。中国处在地球赤道以北,往北走越来越冷,往南走越来越热。所以古代的人把夏季配南方,冬天配北方。这样的配合实际上也反映了地理区域和气节变化的关系"。(冯友兰:《中国哲学史新编》第2册,《三松堂全集》第8卷,河南人民出版社,2000年,第528页)王葆玹也认为:"中国的气候正好是东温,南热,西凉,北寒,则五行、四时又可与东西南北中相配。"(王葆玹:《今古文经学新论》,中国社会科学出版社,2004年,第268页)
④ 冯时认为,古代中国用圭表测量二分与二至,时间与方位是同时获得的,这促使四时与四方观念结合,形成"四时主四方"或"四方主四时"的观念图式。见冯时:《中国古代的天文与人文》,中国社会科学出版社,2006年,第37页;冯时:《中国天文考古学》,中国社会科学出版社,2010年,第212、217页。上古时期的圭表测影法,见冯时:《中国古代的天文与人文》,第5—9页;冯时:《中国天文考古学》,第276—278页。李零则指出,时间序列与空间方位在义理与象数上对应,可以用来解释古代中国数学中四进制在其他领域都被十进制取代,唯独在时间系统中仍有存留。见李零:《中国方术考》,东方出版社,2001年,第142—143页。
⑤ 《管子·形势》:"天不变其常,地不易其则,春秋冬夏不更其节,古今一也。"房(转下页)

般指四时之冬至,①四方之北方,与十二支之子位),也自然就是天行之"极"(以及更偏向时间层面的"元")。

具体说来,自天学而言,日月五星虽相对于天运动速度与周期各不相同,但又有统一的"正位"(称"天位",指日月五星的起始之位,据西汉《太初历》与《三统历》,都在北方天区牵牛分度附近),②为天地开辟时刻日月五星所在分位,③故为天行的起点。④天行之"大恒",则有互相关联的两

(接上页)玄龄注:"今之天地即古之天地,今之四时即古之四时,故曰古今一也。"(黎翔凤校注,梁运华整理:《管子校注》卷一,中华书局,2004年,第21页)又《鹖冠子·王鈇》:"天者,诚其日德也,日诚出诚入,南北有极,故莫弗以为政。天者,信其月刑也,月信死信生,终则有始,故莫弗以为政。天者,明星其稽也,列星不乱,各以序行,故小大莫弗以章。天者,因时其则也,四时当名,代而不干,故莫弗以为必然。天者,一法其同也。前、后、左、右,古自如,故莫弗以为常。天诚、信、明、因、一,不为众父易一,故莫能与争先。易一非一,故不可尊增。成鸠得一,故不仰制焉。"(《鹖冠子校注》卷中,第163—167页)又《韩诗外传》:"人事备乎下,天道应乎上,故天不变经,地不易形,日月昭明,列宿有常。"(〔汉〕韩婴撰,许维遹校释:《韩诗外传集释》卷三,中华书局,1980年,第102页)

① 冬至之"至",即取"极"之义。《淮南子·天文训》:"日冬至则斗北中绳,阴气极,阳气萌,故曰冬至。"(刘文典集解,冯逸、乔华点校:《淮南鸿烈集解》卷三,中华书局,2013年,第97页)又《岁时广记·冬至》引《历义疏》:"冬至,十一月之中气也。言冬至者,极也,太阴之气,上干于阳,太阳之气,下极于地,寒气已极,故曰冬至。"(〔宋〕陈元靓撰,许逸民点校:《岁时广记》卷三八,中华书局,2020年,第687页)

② 《汉书·律历志》颜师古注引孟康:"织女之纪指牵牛之初,以纪日月,故曰星纪。五星起其初,日月起其中。是谓天之纲纪也。"(〔汉〕班固撰:《汉书》卷二一上,中华书局,1962年,第966页)《汉书·天文志》:"牵牛,日、月、五星所从起,历数之元,三正之始。"(《汉书》卷二六,第1312页)《汉书·天文志》颜师古注引孟康:"日、月、五星起于牵牛,故为天位。"(《汉书》卷二六,第1296页)又《周髀算经》卷下:"日复星为一岁",赵爽等注:"冬至日出在牵牛,从牵牛周牵牛,则为一岁也。"(钱宝琮点校,中华书局,2021年,第75页)《尔雅·释天》郭璞注:"牵牛斗者,日月五星之所终始,故谓之星纪。"(〔晋〕郭璞注,〔宋〕邢昺疏:《尔雅注疏》卷六,中华书局,影印阮元校刻《十三经注疏》本,2009年,第5675页)冬至日在牵牛分度,实为战国时期天文实测的结果,后为西汉历法所沿用。见中国天文学史整理研究小组:《中国天文学史》,科学出版社,1981年,第48、91页。

③ 《尚书考灵曜》:"天地开辟,七曜满舒光,元历记名,月首甲子冬至,日月五纬,俱起牵牛初,日月若悬璧,五星若连珠。"另有多条异文,意思相近,文辞小异,以上所引是内容最为完全的一条。均见〔日〕安居香山、〔日〕中村璋八辑:《纬书集成》上册,河北人民出版社,1994年,第343—344页。

④ 许慎:"物,万物也。牛为大物。天地之数,起于牵牛,故从牛。"(《说文解字》〔转下页〕

义。首先，日月五星各自以不同的运行周期，复返此"天位";① 其次，也是更重要的，经过虽相当漫长但又恒定不变且可以推算的周期，日月五星会在甲子夜半朔旦冬至这一神圣时刻同时复返于牵牛星所在分度，而成日月合璧、五星连珠之象，② 这标志着宇宙循环中一个"上元"周期的开始，③ 也即为天地终始之"极"。④

以上为天学层面的"永恒运动"。自小学而言，冬训为终，⑤ 指万物伏藏

［接上页］卷二上，第 30 页）又《河图括地象》:"天左动，起于牵牛，地右动，起于毕。"（《纬书集成》下册，第 1090 页）又《尸子》卷下:"天左舒而起牵牛，地右辟而起毕、昴。"（黄曙辉注解，华东师范大学出版社，2009 年，第 40 页）

① 《汉书·律历志》载有汉儒推定的日月五星周期，见《汉书》卷二下，第 991—1000 页。

② 《汉书·律历志》载汉人认为"太初历朔弦望，皆最密，日月如合璧，五星如连珠"。颜师古注:"孟康曰：谓太初上元甲子夜半朔旦冬至时，七曜皆会聚斗、牵牛分度，夜尽如合璧连珠也。"（《汉书》卷二一上，第 976—977 页）

③ 上元概念的出现与演变，见陈美东:《中国古代天文学思想》，中国科学技术出版社，2012 年，第 54—55、350—354 页。陈遵妫颇为形象地说:"一部中国历法史，几乎可以说是上元的演算史。"（陈遵妫:《中国天文学史》第 3 册，上海人民出版社，1984 年，第 1391 页）古代天文历算学推算上元积年的方法，见李文林、袁向东:《论汉历上元积年的计算》，中国自然科学史研究所编:《科技史文集》第 3 辑，上海科学技术出版社，1980 年，第 70—76 页;［日］薮内清:《中国的天文历法》，杜石然译，北京大学出版社，2017 年，第 216—218 页;更详尽的探讨，见曲安京:《中国历法与数学》，科学出版社，2006 年，第 24—91 页。上元积年在中国古代星占中的各种应用，见卢央:《中国古代星占学》，中国科学技术出版社，2008 年，第 303—378 页。

④ 《周髀算经》将日月五星同归本位的循环周期，称谓一极。换算规则为（大体以汉代《四分历》为本）:1 极 = 7 首 = 21 遂 = 420 蔀 = 1 680 章 = 31 920 岁。赵爽注:"章，条也;闰余尽，为历法章条也……蔀之言齐同日月之分为一蔀……遂者竟也。言五行之德，一终竟极，日月辰终极……首，始也;言日月五星，终而复始也……极，终也;言日月星辰，弦望晦朔，寒暑推移，万物生育皆复始，故谓之极。"（见陈遵妫:《中国天文学史》第 1 册，上海人民出版社，1980 年，第 150 页）

⑤ 见许慎:"冬，四时尽也。从仌从夂。夂，古文终字。"（《说文解字》卷一一下，第 240 页）《白虎通·五行》:"冬之为言终也。"（〔汉〕班固撰集，〔清〕陈立疏证，吴则虞点校:《白虎通疏证》卷四，中华书局，1994 年，第 180 页）《释名·释天》:"冬，终也，物终成也。"（〔汉〕刘熙撰，〔清〕毕沅疏证，〔清〕王先谦补，祝敏彻、孙玉文点校:《释名疏证补》卷一，中华书局，2008 年，第 8 页）当代学者认为以冬为终，可上溯至商代，甲骨文中，冬字均取"终"义。见于省吾:《岁、时起源初考》，《历史研究》1961 年第 4 期，第 102 页。

于北方，故有恒、有常，①而终与极互训，②则极之为终始循环，在时空体意义上就对应于冬天与北方。又自《易》学而言，《易》终始之义，以气主阴阳，③以象主日月，④以辞则可参《易》恒卦与蛊卦之象传。恒卦象传"天地之道恒久而不已也，利有攸往，终则有始也"，王弼注："得其常道，故终则复始，往无穷也。""日月得天而能久照，四时变化而能久成，圣人久于其道，而天下化成"，王弼注："言各得其所恒，故皆能长久。"⑤又蛊卦象传"先甲三日，后甲三日，终则有始，天行也"，王弼注："终则复始，若天之行用四时也。"⑥而在《易》经传之外，《白虎通》也将日月五星乃至全天星辰每日周行不已、终则复始之象，取义于乾卦象传之"终日乾乾反覆道"，⑦即昼夜与四时终而复始，为贯通天学与《易》学的"大象"⑧。

---

① 《白虎通·巡狩》："恒者，常也，万物伏藏于北方，有常也。"（《白虎通疏证》卷六，第300页）
② 《吕氏春秋·制乐》："众人焉知其极。"高诱注："极，犹终。"（《吕氏春秋集释》卷六，第144页）《周髀算经》卷上："昼夜长短之所极"，赵爽、李淳风注："极，终也。"（第36页）《广雅·释诂》："终……极也。"（〔三国魏〕张揖撰，〔清〕王念孙疏证，张其昀点校：《广雅疏证》卷一上，中华书局，2019年，第41页）《庄子·达生》："游乎万物之所终始。"向秀、郭象注："终始者，物之极。"（〔清〕郭庆藩集释，王孝鱼点校：《庄子集释》卷七上，中华书局，1961年，第634—635页）以上三条注释中冬、终、恒、极诸字训义的文献，我大部分是从连劭名《论太极与大恒》（《周易研究》1995年第3期）一文中注意到的。
③ 《春秋繁露·阴阳终始》："天之道，终而复始。故北方者，天之所终始也，阴阳之所合别也。"（〔清〕苏舆义证，钟哲点校：《春秋繁露义证》卷一二，中华书局，1992年，第339页）
④ 许慎："秘书说：日月为易，象阴阳也。"（《说文解字》卷九下，第198页）
⑤ 《周易正义》卷四，第97页。
⑥ 《周易正义》卷三，第70页。除恒、蛊两卦之外，连劭名主张复卦之"复"，归妹卦之"归"，皆以四时为象，以终而复始为义。见连劭名：《论太极与大恒》，第17—21页。
⑦ 《白虎通·天地》："君舒臣疾，卑者宜劳，天所以反常行何？以为阳不动无以行其教，阴不静无以成其化。虽终日乾乾，亦不离其处也。故《易》曰：终日乾乾，反覆道也。"（《白虎通疏证》卷八，第423页）
⑧ 刘歆即主张这一终而复始的循环，是《易》与《春秋》共通的"理象"。见《汉书·律历志》："经元一以统始，《易》太极之首也。春、秋二以目岁，《易》两仪之中也。于春每月书王，《易》三极之统也。于四时虽亡事必书时月，《易》四象之节也。时月以建business至启闭之分，《易》八卦之位也。象事成败，《易》吉凶之效也。朝聘会盟，《易》大业之本也。故《易》与《春秋》，天人之道也。"（《汉书》卷二一上，第981页）

《易》学之中，对这一终则复始的"大恒"天象以及对应的《易》象，阐释最为系统的，自然是《易·说卦》：

> 帝出乎震，齐乎巽，相见乎离，致役乎坤，说言乎兑，战乎乾，劳乎坎，成言乎艮。
>
> 万物出乎震，震，东方也。齐乎巽，巽，东南也，齐也者，言万物之絜齐也。离也者，明也，万物皆相见，南方之卦也，圣人南面而听天下，向明而治，盖取诸此也。坤也者，地也，万物皆致养焉，故曰致役乎坤。兑，正秋也，万物之所说也，故曰说言乎兑。战乎乾，乾，西北之卦也，言阴阳相薄也。坎者，水也，正北方之卦也，劳卦也，万物之所归也，故曰劳乎坎。艮，东北之卦也，万物之所成终而所成始也，故曰成言乎艮。①

《易纬乾凿度》则将以上《说卦》所列八卦与八方的配位，再配以四时与月名，成一完整的时空体：

> 孔子曰：易始于太极。太极分而为二，故生天地。天地有春秋冬夏之节，故生四时。四时各有阴阳刚柔之分，故生八卦。八卦成列，天地之道立，雷风水火山泽之象定矣。其布散用事也，震生物于东方，位在二月。巽散之于东南，位在四月。离长之于南方，位在五月。坤养之于西南方，位在六月。兑收之于西方，位在八月。乾制之于西北方，位在十月。坎藏之于北方，位在十一月。艮终始之于东北方，位在十二月。八卦之气终，则四正四维之分明，生长收藏之道备，阴阳之体定，神明之德通，而万物各以其类成矣，皆易之所包也，至矣哉易之德也。②

---

① 《周易正义》卷九，第196—197页。
② 《易纬乾凿度》卷上，《纬书集成》上册，第7—8页。

八卦自震位起而周行，其中对应北方的坎卦，与对应东北方的艮卦，卦辞都明言终始之义。西汉人魏相以日之运动解释为何以八卦象四时，主张"天地变化，必由阴阳。阴阳之分，以日为纪。日冬夏至，则八风之序立，万物之性成"。① 孟喜、京房一派《易》学则有十二辟卦之说，以复、临、泰、大壮、夬、乾、姤、遁、否、观、剥、坤十二卦，对应自子（十一月）至亥（十月）的十二月。② 虞翻"日月在天成八卦"之说，也以朔望月终而复始的运动理解八卦。③ 东汉以降，《易》学有三《易》（《连山》《归藏》《周易》）之说，郑玄等将三《易》对应于夏商周三代，其中连山为夏《易》，归藏为殷《易》。④ 郑玄《易赞》云："'连山'者，象山之出云，连连不绝。'归藏'者，万物莫不归藏于其中。'周易'者，言易道周普，无所不备。"⑤ 即《周易》之"周"，义为"周普"。此处虽以"连连不绝""归藏于其中"与"周普"分释三《易》，似调用终而复始的天行之象，但毕竟尚未明言；⑥

---

① 《汉书》卷七四《魏相、丙吉传》，第3139页。
② 以十二辟卦为基础，孟喜、京房进一步以六十四卦拟象一年，并发展为易纬之爻辰说，以六十四卦拟象三十二年。见朱伯崑：《易学哲学史》第1卷，华夏出版社，1995年，第182—187页。关于两汉易学与历学的关系，卢央指出："历法是天地人三界的一个接合部。而《易经》卦爻系统被认为是更本质的宇宙万有的一种符号表示，用《易经》系统来描绘或融合历法是很自然的，而且在古代《易》学家、历法家看来，两者若不能融合或互相描述，那才是不可思议的。"（卢央：《易学与天文学》，中国书店，2003年，第172页）
③ 同上书，第66—73页。
④ 孔颖达："郑玄《易赞》及《易论》云：夏曰连山，殷曰归藏，周曰周易。"（孔颖达：《〈周易正义〉序》，《周易正义》，第17页）程二行、彭公璞、辛亚民等学者都主张三易对应夏商周三代之说，肇始于杜子春而完成于郑玄，是东汉古文经学兴盛的产物。见程二行、彭公璞：《〈归藏〉非殷人之易考》，《中国哲学史》2004年第2期，第101—102页；辛亚民："'〈归藏〉殷易说'考辨"，《中国哲学史》2017年第1期，第48—49页。
⑤ 见孔颖达：《〈周易正义〉序》，《周易正义》，第17页。
⑥ 至唐代，贾公彦为《周礼》本文与郑玄笺注作疏，方将这一"周行"之义点出。《周礼·春官·太卜》贾公彦疏："郑虽不解《周易》，其名《周易》者，连山、归藏，皆不言地号，以义名《易》，则周非地号，不以《周易》以纯乾为首，乾为天，天能周匝于四时，故名《易》为周也。"（〔汉〕郑玄笺注，〔唐〕贾公彦疏：《周礼注疏》卷二四，中华书局，影印阮元校刻《十三经注疏》本，2009年，第1733页）近代学者尚秉和亦以循环往复、周而复始解"周易"之"周"。见尚秉和："按《三易》之名，皆缘首卦，《连山》（转下页）

至干宝，则基于《易》、历一体，将三《易》进一步对应于历学之建子、建丑、建寅三正与天、地、人三统，所谓"夏得人统，故岁首建寅而卦首《艮》；商得地统，故岁首建丑而卦首《坤》；周得天统，故岁首建子而卦首《乾》"，①明确将《易》卦与历运终则复始这一"大恒"之象联系在一起。②

第二节　太极与北极

以上为"恒"与"极"的第一重共同含义：天学与《易》学上永恒的终始循环。需要补充的是，在秦汉时期的天学家与经学家看来，"大恒"在天学上另有三种表现：第一，诸天体无生灭，即所谓"星无进退"，③"海田可

（接上页）以艮为首，上艮下艮，故曰《连山》。《归藏》以坤为首，万物皆归藏于地，故曰《归藏》。《周易》以乾为首，乾元亨利贞，即春夏秋冬，周而复始，无有穷极，故曰《周易》。"（尚秉和：《周易尚氏学》，中华书局，1979年，"总论"第1页）

① 干宝又主张《易·说卦》所载"帝出乎震"至"成言乎艮"即为连山易，所谓"'天地定位，山泽通气，雷风相薄，水火不相射'，此小成之易也。'帝出乎震，齐乎巽，相见乎离，致役乎坤，说言乎兑，战乎乾，劳乎坎，成言乎艮'，此《连山》之易也。初乾初舆，初艮初兑，初荦初离，初厘初巽，此《归藏》之易也。小成者，伏羲之《易》也，而文王因之。《连山》者，烈山氏之书也，而夏人因之。《归藏》者，轩辕氏之书也，而商人因之"。（〔清〕胡煦：《三易考》，程林点校：《周易函书》卷八，中华书局，2008年，第247页）当代学者翟奎凤指出："后世一般都认为《连山》首《艮》、《归藏》首《坤》、《周易》首《乾》，而且和夏、商、周历法的建寅、建丑、建子三正说联系起来。这在易学史上后来几乎成了常识而为很多《易》书所引用，但是秦汉时期并没有这种说法，这种观点也当从干宝开始。"（见《〈易〉学史上的三易说》，《中国典籍与文化》2009年第2期，第50页）

② 连劭名也认为："夏《易》名《连山》，以艮为首，《周易·说卦》云：'艮，东北之卦也，万物之所成终而所成始也。故言成言乎艮。'殷《易》名归藏，以坤为首，《归藏》义同于《归妹》。因《易》名周易，取天道周还之义，终始相应，反复运行。"见连劭名：《论太极与大恒》，第18页。

③ 《颜氏家训·归心》："天地初开，便有星宿……国有增减，星无进退。"（〔北齐〕颜之推撰，王利器集解：《颜氏家训集解》卷五，中华书局，1993年，第373页）

变,而景纬无易";① 第二,除日月五星这七颗动星外,诸天体相对于天的位置永远固定,因此可以二十八宿作为全天的恒定参照系;第三,也是天道"大恒"的最集中体现,北辰为天枢,居所不移而为众星所环拱。② 统而言之,天上星辰皆无生灭、无动移;诸星辰以北辰为枢,皆有其"定位"。而这一体、象与位诸层面的"大恒",被进一步理解为本体论意义上作为"变易"之体的"不易"。③

北辰作为大恒-太极的"大象",引出了"恒"与"极"的第二重含义:居中不动,而为宇宙的永恒枢轴。自天学而言,两汉互相竞争的两种宇宙论:盖天说与浑天说,虽然对天地结构与运行解释相异,但都以北极为天枢,其义与象更已见于盖天、浑天之名。具体言之,"盖天"之"盖",取象于车盖或斗笠,皆为枢轴不动而四围周行;④ 而"浑天"之

---

① 刘知几以此主张国史不必每代皆载《天文志》,《史通·内篇·书志》:"夫两曜百星,丽于玄象,非如九州万国,废置无恒。故海田可变,而景纬无易。古之天犹今之天也,今之天即古之天也,必欲刊之国史,施于何代不可也?"(〔唐〕刘知几撰,张振珮笺注:《史通笺注》卷三,中华书局,2022年,第83页)
② 贾晋华综合近代科学史与哲学史研究,将北极为天枢之象,与见于多种先秦出土文献与传世典籍中的"恒"与"恒先"等名相联系起来,认为对后者的思考,起源于古代哲人对北极/北极星的观察与信仰。(贾晋华:《战国宇宙论中的时间和空间》,《早期中国宇宙论研究新视野》,第143—148页)
③ 汉儒有"易有三义"之说,《易纬乾凿度》卷上作:"孔子曰:易者,易也,变易也,不易也。"(《纬书集成》上册,第3页)郑玄《六艺论》作:"易之为名也,一言而函三义。简易一也,变易二也,不易三也。"(皮锡瑞疏证:《六艺论疏证》,《续修四库全书》第171册,上海古籍出版社,2002年,第272页)其中"不易"的含义,《易纬乾凿度》卷上作:"不易也者,其位也:天在上,地在下,君南面,臣北面,父坐子伏,此其不易也。"(《纬书集成》上册,第5页)郑玄作:"(《系辞》)'天尊地卑,乾坤定矣。卑高以陈,贵贱位矣。动静有常,刚柔断矣。'此则言其张设布列不易者也。"(《六艺论疏证》,《续修四库全书》第171册,第272页)二者都将"不易"解释为"位"的不易。这是用体用之别解释不易与变易,前者为体,后者为用。另一种观点,则将"变易"与"不易"当作"反训",钱锺书所谓:"赅众理而约一字,并行或歧出之分训得以同时合训焉,使不倍者交协、相反者成成。"合于从反题到合题的德国哲学精义。见钱锺书:《论易之三名》,《管锥编》第1册,中华书局,1979年,第1—8页(引文在第2页)。
④ 祖暅《天文录》总论盖天诸说:"盖天之说,又有三体。一云天如车盖,游乎八极之中;一云天形如笠,中央高而四边低;亦云天如欹车盖,南高北下。"(〔宋〕李昉〔转下页〕

"浑",①《九章算术》卷四刘徽注引张衡"立圆为浑",②又张衡在《浑天仪图注》中言之更详:"天转,如车毂之运也,周旋无端,其形浑浑,故曰浑天也。"③

另外,自小学而言,两汉经学大体都以"极,中也"为训,④后代经师主张此为贯通诸经之"常训"。⑤而以极与中互训,在天人法象的意义上,提示了两汉以上北极观念的两个关键内涵:首先,北极作为天枢之端当不离其所;其次,这一"不离其所"的北极,是构造昊天之下、大地之上的人间秩序的基础。如《论语·为政》载孔子言"为政以德,譬如北辰,居其所而星共之。"何晏注:"包曰:德者无为,犹北辰之不移而众星共之。"⑥这一经典与注疏传统,自天学有三层互相关联的含义:第一,北极作为枢轴,是天上诸星辰运动得以可能的前提;第二,北极作为全天独一无二的不动者,是衡

[接上页] 等编:《太平御览》卷二,中华书局,1960年,第9页)赵爽认为车盖或斗笠为象天之形,《周髀算经》卷上"笠以写天",赵爽注:"笠亦如盖,其形正圆,戴之所以象天。写犹象也,言笠之体象天之形。《诗》云'何蓑何笠',此之义也。"(第23页)桓谭说得更深入:"北斗极,天枢,枢,天轴也,犹盖有保斗矣。盖虽转而保斗不移,天亦转周匝,斗极常在,知为天之中也。"(朱谦之校辑:《新辑本桓谭新论》卷七《启寤》,中华书局,2009年,第29页)即拟象天为车盖,是因为天有北极为枢。

① 杨泉:"儒家立浑天以追天形,从车轮焉……浑天说天,言天如车轮。"(〔三国吴〕杨泉:《物理论》,中国科学院哲学研究所中国哲学史组、北京大学哲学系中国哲学史教研室编:《中国哲学史资料简编〔两汉—隋唐部分〕》,中华书局,1963年,第359页)
② 李继闵校证:《九章算术校证》,陕西科学技术出版社,1993年,第262页。
③ 〔清〕严可均编:《全上古三代秦汉三国六朝文·全后汉文》卷五五,中华书局,1958年,第1554页。又班固云"浑元运物,流不处兮",班昭注:"浑,大也。元,气。运,转也。物,万物也。言元气周行,终始无已,如水之流,不得独处也。"(〔汉〕班固:《幽通赋》,〔梁〕萧统编,〔唐〕李善注:《文选》卷一四,上海古籍出版社,1986年,第646页)也以"浑"为元气周行之象。
④ 相关训诂,见饶宗颐:《帛书〈系辞传〉"大恒"说》,《道家文化研究》第3辑(马王堆帛书专号),第15—16页。
⑤ 《尚书·洪范》:"次五曰建用皇极。"伪孔传:"皇,大。极,中也。凡立事当用大中之道。"孔颖达正义:"'皇,大',《释诂》文。'极'之为中,常训也。"(《尚书正义》卷一二,第398页)
⑥ 〔三国魏〕何晏集解,〔宋〕邢昺疏:《论语注疏》卷二,中华书局,影印阮元校刻《十三经注疏》本,2009年,第5346页。

量天上诸星辰运动的合适乃至唯一的参照点;① 第三,全天星辰围绕北极的运动,呈现为四方向中心"环拱"这一具有明确秩序意涵的"大象"。而在天人合一的意义上,这象征着无为之德。②但不管是"天学"意义上的"不移"还是"人学"意义上的"无为",都绝没有"无象"的意涵:北极是有象有形者,且与其他有象有形者只有等级之差,而无绝对的性质之分。具体言之,两汉时期的天学与经学,都主张北极为星辰之名,甚至直接将太极视为北辰或太一星。③《易·系辞上》:"大衍之数五十,其用四十有九。"孔颖达疏:

> 京房云:五十者,谓十日、十二辰、二十八宿也。凡五十,其一不用者,天之生气,将欲以虚来实,故用四十九焉。马季长云:《易》有太极,谓北辰也。太极生两仪,两仪生日月,日月生四时,四时生五行,五行生十二月,十二月生二十四气,北辰居位不动,其余四十九转

---

① 中国古代宇宙论以北极为枢轴,天文历算学采取以北极为参照的赤道坐标系,见近代科学史家的论述。如新城新藏以大角、牵牛、织女、瓠瓜等远离黄道的星宿被纳入二十八宿,说明中国天文历算学采用赤道坐标系,与采用黄道坐标系的巴比伦、希腊天文历算学不同,当是起源于本土而非自西方传入。见〔日〕新城新藏:《东洋天文学史研究》,沈璿译,上海中华学艺社,1933年,第279页。李约瑟也强调中国天文历算学围绕北极与天球赤道(见〔英〕李约瑟 [Joseph Needham]:《中国科学技术史》第3卷《数学、天学和地学》,科学出版社、上海古籍出版社,2018年,第208—251页),他进而指出:"北极星是中国天文学的基本根据,这一点和小宇宙-大宇宙思想的背景有关。天上的北极星相当于地上的帝王,庞大的官僚政治的农业国家体系,自然并不由自主地围绕着帝王旋转。"(同上书第210页)后续中国、西方与日本的天文史家、星占学家与思想史家,大体都持以上观点。
② 除以上何晏引包咸注,又见《论语·为政》皇侃义疏:"北辰者,北极紫微星也。所,犹地也。众星,谓五星及二十八宿以下之星也。北辰镇居一地而不移动,故众星共宗之以为主也。譬人君若无为而御民以德,则民共尊奉之而不违背,犹如众星之共尊北辰也。"(〔梁〕皇侃义疏,高尚榘校点:《论语义疏》卷一,中华书局,2013年,第23页)
③ 以太极指北辰,见张衡:"天有两仪,以舞道中。其可睹,枢星是也,谓之北极。"(〔汉〕张衡:《灵宪》,《全上古三代秦汉三国六朝文·全后汉文》卷五五,第1553页)以太极指太一,见《易·系辞上》:"是故易有太极,是生两仪。"集解:"虞翻曰:太极,太一也。分为天地,故'生两仪'也。"(〔唐〕李鼎祚集解,王丰先点校:《周易集解》卷一四,中华书局,2016年,第435页)以上太极与北极互指,同时见于两汉时期天文地理仪器:在日晷、浑天仪、司南与栻占盘中,太极与北极都重合于中位。(见葛兆光:《众妙之门:北极与太一、道、太极》,《中国文化》第3期,第59—61页)

运而用也。①

又《易纬乾凿度》卷下：

> 大衍之数必五十，所以成变化而行鬼神也。故曰：日十者，五音也；辰十二者，六律；星二十八者，七宿也。凡五十，所以大阂物而出之者。②

太极生生之象，即为十日、十二辰、二十八宿绕北辰"周行"。这一解释以秦汉时期十分流行的气化宇宙论为基础。许慎："万物之精，上为列星。"③星辰为气之精，故有神，极星则为气之至精者，故至有神，而其虽为天枢，但既然为星，则与全天星辰仍为同类。这一宇宙图式所对应的人间秩序观念，则是两汉时期"天子一爵"④与"有地者皆曰君"之说。⑤ 具体言之，《易·系辞》所载一万一千五百二十这一"大衍数"，即为全天星辰之数，⑥

---

① 《周易正义》卷七，第 165 页。
② 《易纬乾凿度》卷下，《纬书集成》上册，第 34 页。
③ 《说文解字》卷七上，第 141 页。
④ 《白虎通》开篇即为"天子者，爵称也"。陈立疏："此《易》说，《春秋》今文说也。"（《白虎通疏证》卷一，第 1 页）
⑤ 《尔雅·释诂》："林、烝、天、帝、皇、王、后、辟、公、侯，君也。"（《尔雅注疏》卷一，第 5583 页）五等爵之公、侯两级可称君，未论及伯、子、男三级。《仪礼·丧服》："君，至尊也。"郑玄笺注："天子、诸侯及卿大夫有地者，皆曰君。"（〔汉〕郑玄笺注，〔唐〕贾公彦疏：《仪礼注疏》卷二九，中华书局，影印阮元校刻《十三经注疏》本，2009 年，第 2381 页）则包括伯、子、男三级在内的五等诸侯乃至作为诸侯家臣的大夫，若有地皆可称君。清儒凌廷堪据郑玄之说，而引《论语》"雍也可使南面"为证："是有地、有爵者，皆得南面称君而治人也。"（〔清〕凌廷堪撰，纪健生校点：《礼经释例》卷八，《凌廷堪全集》第 1 册，黄山书社，2009 年，第 298 页）
⑥ 《易·系辞上》："《乾》之策二百一十有六，《坤》之策百四十有四，凡三百有六十，当期之日，二篇之策，万有一千五百二十，当万物之数也。"（《周易正义》卷七，第 166 页）又张衡："中外之官，常明者百有二十四，可名者三百二十，为星二千五百，而海人之占未存焉。微星之数，盖万一千五百二十。"（张衡：《灵宪》，《全上古三代秦汉三国六朝文·全后汉文》卷五五，第 777 页）

亦对应于经典所载尧舜时代"万国封建"之"万国"。而星辰也被认为与人间诸等封国大小相似，《孟子》与《王制》中载封国三等，分别为方百里、七十里与五十里，汉儒以为这正是尧舜时代万国封建的等第，① 故日月之外，② 天空星辰的尺度，也被认为大体以方百里为极至。③

第三节　天地法象与天下之中

那么，北极（天中）与地极（地中）关系如何？在大地之上居中建极，所借重的观念图式，大致可以分为两种，分别是五行说与象数《易》学。先述五行说。在当代学术中甚至被上溯至商周时期的四时-四方（以及其延

---

① 许慎《五经异义》卷下："《公羊》说：殷三千诸侯，周千八百诸侯。古《春秋左氏传》说：禹会诸侯于涂山，执玉帛者万国。唐虞之地万里，容百里地万国，其侯伯七十里、子男五十里，余为天子闲田。谨案：《易》曰：万国咸宁。《书》云：协和万邦。从《左氏》说。"（〔清〕陈寿祺疏证，王丰先整理：《五经异义疏证》，中华书局，2014年，第183页）主张"万国"符合易道。郑玄《驳五经异义》："诸侯多少，异世不同。万国者，谓唐虞之制也。"（《五经异义疏证》，第183页）虽用"三代异制"调停今、古文关于封国数量的异说，但也承认"万国"是尧舜时代典范封建的格局。

② 日、月被认为直径千里，与地上王畿等齐。见《白虎通·日月》："日月径皆千里也。"（《白虎通疏证》卷九，第425页）《礼记·王制》："天子之田方千里。"郑玄笺注："象日月之大，亦取晷同也。"孔颖达正义："按：《元命包》云'日圆，望之广尺，以应千里'，故云'象日月之大，亦取晷同也'者。"（《礼记正义》卷一一，第2861—2862页）《周礼·地官·大司徒》："日至之景，尺有五寸，谓之地中。"郑玄笺注："畿方千里，取象于日，一寸为正。"（《周礼注疏》卷十，第1517页）蔡邕："天子之畿内千里，象日月，日月躔次千里。"（〔汉〕蔡邕：《独断》卷上，文渊阁《四库全书》第850册，台湾商务印书馆，1986年，第79页）即王畿千里，象日、月躔次千里。又《周髀算经》卷上："日径千二百五十里。"（第28页）较千里稍大，但仍在同一尺度。

③ 《礼记·王制》："公侯田方百里，伯七十里，子男五十里。不能五十里者，不合于天子，附于诸侯曰附庸。"郑玄笺注："皆象星辰之大小也。"（《礼记正义》卷一一，第2861—2862页）又《北堂书钞》卷一五〇载徐整《长历》："大星径百里，次星五十里，小星三十里。"（〔唐〕虞世南编撰，中国书店影印，1989年，第638页）秦汉时期封国等级另有载于《周礼》的五等说，自方五百里逐次递降为方百里。（《周礼注疏》卷十，第1518页）这一学说对星辰大小等级观念的影响较小。

伸：四时-五方）模式，在先秦两汉时期，被进一步对应于五行。郭静云指出，战国秦汉时期与五行说相匹配的五帝模式，用五位（东南西北中）取代了六位（上下东南西北），是"将'六帝'概念内虚无之'中'，改成重实之'中'的形象"，"把天下视为互补关联并系紧于中的上下四方，把天下的历史也认同为系紧于中的上下四方的整体"，可谓秦汉大一统体制的意识形态投射，① 而王朝循环意义上的五德终始论，以东方之木德为始，北方之水德为终，顺次相生，循环一周，则是天运"周行"之象所对应的普遍历史。②

但这只是问题的一个方面；另一方面，如王爱和所指出的，以五行说为背景的"中"观念，同时意味着"中"在世界图式内的降格。③ 具体说来，五行说以土对应中位，而不管采取相克说还是相生说，土都与木、火、金、土四行并列，可变易且就在不断地变易之中。因此，五行对应五位，中位就绝非超越于四方之上，而是与四方同格且可相互转换。④

这与北辰不动、诸星环拱下的中位，不管自义理还是法象，都存在着显见的不同。因此，自先秦至两汉，伴随着五行配四方与四时模式的确立，在五德对等循环的观念之外，另一种对五德关系的解释也逐渐成形。居中之土

---

① ［以色列］郭静云（Olga Rapoport）：《"三皇五帝"和"六帝"作为哲学范畴的意义》，《史林》2017年第1期，第52页。
② 巫鸿：《中国古代艺术与建筑中的"纪念碑性"》，李清泉、郑岩等译，上海人民出版社，2017年，第313—316页。
③ 王爱和指出了"五行"将"中"等夷于四方这一点，并认为，"五行"观念是在商周时期的中央-四方秩序衰败后，新兴政治群体挑战观念上被认为绝对与永恒的中央权威并正当化剧烈的社会与政治变革的产物。（见王爱和：《中国古代宇宙观与政治文化》，金蕾、徐峰译，上海古籍出版社，2011年，第96—99、115—125页）
④ 典型如《春秋繁露·五行之义》："天有五行：一曰木，二曰火，三曰土，四曰金，五曰水。木，五行之始也；水，五行之终也；土，五行之中也。此其天次之序也。木生火，火生土，土生金，金生水，水生木，此其父子也。木居左，金居右，火居前，水居后，土居中央，此其父子之序，相受而布……诸授之者，皆其父也；受之者，皆其子也。常因其父以使其子，天之道也。是故木已生而火养之，金已死而水藏之，火乐木而养以阳，水克金而丧以阴，土之事火竭其忠。故五行者，乃孝子忠臣之行也。"（《春秋繁露义证》卷一一，第321页）

德，从五德之首，① 进一步提升为四德的统合者乃至五德循环本身得以可能的前提。② 其典型，则为土兼四时之说。该说可上溯至先秦，《管子·四时》即主张相较于木、火、金、水各只对应一时，土德则辅助四时，故是"岁德"而非一时之德，③ 清华简《五纪》等中，也不乏土为其他四德基础与前提的论说。④ 至两汉时期，该说被进一步发展。《淮南子》据流行的五德对应五方、五帝之说，主张太皞、炎帝、少昊、颛顼四帝按照春夏秋冬、东南西北的顺序各居其时，各治其方，对应土德的黄帝则不同，居于中央，"执绳而制四方"。⑤《春秋繁露》也主张土居中央，兼四时，立四方，如甘成五味，如相总百官。⑥ 至东汉，《白虎通》主张黄帝居中，象征着"万世常存"的"中和"之德，⑦ 土不名时，则为君臣异道意义上的君主不居部职，⑧ 即土统

---

① 在五行与五味、五声、五虫、五脏的匹配中，居中之土德，被对应于五味之甘、五声之宫、五虫之倮虫、五脏之心，皆为其类之居首者。相关分析，见吴飞：《董仲舒的五行说与中和论》，《中国哲学史》2020 年第 4 期。
② 王爱和认为这种中央与土德居于枢纽位置的五行观念，是汉儒重建大一统意识形态的产物。（王爱和：《中国古代宇宙观与政治文化》，第 125 页）
③《管子·四时》："土德实辅四时入出，以风雨节土益力，土生皮肌肤，其德和平用均，中正无私，实辅四时，春嬴育，夏养长，秋聚收，冬闭藏。大寒乃极，国家乃昌，四方乃服，此谓岁德。"（《管子校注》卷一四，第 847 页）
④ 见曹峰：《清华简〈五纪〉的"中"观念研究》，《江淮论坛》2022 年第 3 期。曹峰指出："《五纪》的五行意识显然是'四加一'类型的五行，即其中一种元素凌驾于其他四者之上，居于统率和支配的地位。"（第 13 页）
⑤《淮南子·天文训》，《淮南鸿烈集解》卷三，第 88—89 页。
⑥《春秋繁露·五行之义》："土居中央，为之天润。土者，天之股肱也，其德茂美，不可名以一时之事，故五行而四时者，土兼之也。金木水火虽各职，不因土，方不立，若酸咸辛苦之不因甘肥不能成味也。甘者，五味之本也；土者，五行之主也。五行之主土气也，犹五味之有甘肥也，不得不成。是故圣人之行，莫贵于忠，土德之谓也。人官之大者，不名所职，相其是矣。天官之大者，不名所生，土是矣。"（《春秋繁露义证》卷一一，第 322—323 页）
⑦《白虎通·号》："黄者，中和之色，自然之性，万世不易。黄帝始作制度，得其中和，万世常存。故称黄帝也。"（《白虎通疏证》卷二，第 53 页）
⑧《白虎通·五行》："中央者土，主吐含万物，土之为言吐也。何以知东方生？《乐记》曰：'春生，夏长，秋收，冬藏。'土所以不名时者，地，土别名也，比于五行最尊，故不自居部职也。《元命苞》曰：'土无位而道在，故大一不兴化，人主不任部职。'"行有五，时有四何？四时为时，五行为节。故木王即谓之春，金王即谓之秋，土尊不任职，君不居部，故时有四也。"（《白虎通疏证》卷四，第 168—169、194 页）

四德，如君统诸臣，此即"土王四季"之"王"的意涵①。则以土为象的中位，就成为四方得以存在并循环不息的前提。这可谓土德的本体论化，②虽自义理上接近了北极为天枢的中位观念，但绝非全无代价：土作为"象"的一面被削弱了。③ 更重要的是，不管如何提升土德相对于其他四德的地位，只要仍取五德终始模式，中位就仍然是可变易的，这与无变易、不移其所甚至完全静止不动的天极，有着本质的区别。则以四时-五行模式法象天极，就存在着根本的困难。

再论象数《易》学。时空一体的四时-四方（以及其延伸：四时-五方）模式，按照加一倍（四方加倍为四正四隅）原则，自然发展出中央-八方模式（即九宫式）。这一华夏世界八方各自相异而又有一贯之理与共通之运的观念图式，在两汉时期日益兴盛的象数《易》学中，存在一个显见的对应图式：八卦图。④《易·系辞》："易与天地准，故能弥纶天地之道。""是故易

---

① 《白虎通·五行》："土所以王四季何？木非土不生，火非土不荣，金非土不成，水无土不高。土扶微助衰，历成其道，故五行更王，亦须土也。王四季，居中央，不名时。"（《白虎通疏证》卷四，第190页）
② 当代科学史家陈遵妫主张："今把土配居中央，是对东南西北都不偏倚，因而，在春夏秋冬的末尾，各设有叫做'罜'的期间，罜是配为土的作用的意思，它不属于春夏秋冬任何季节。从古以来，就已认为土的性质，不偏于阴阳任何方面，这和太极或太一不偏于阴阳任何方面的思想一致，因而可以说土是太极或太一的一种表现。"（陈遵妫：《中国天文学史》第1册，第97页）山田庆儿也认为："中央作为使四方之气存在者，正好像大地般地躺卧着土之气……土之气关系到四季，是其存在的基础。"（[日]山田庆儿：《传统性自然哲学的思考方法》，《古代东亚哲学与科技文化：山田庆儿论文集》，第5页）都是认为"土王四季"说将土当作五行生化的根源。
③ 卢央从象数的角度探讨了这一问题，他梳理了秦汉时期诸种解决五数（五行）配四数（四时）的方案，认为它们形式上将土德与中位特殊化甚至独尊化，实质上是将土德与中位的象数内涵虚化。（见卢央：《中国古代星占学》，第23—25页）其观点与陈遵妫可以互补。又山田庆儿也指出，土被当作五行循环得以可能的前提，则作为"象"的土就被虚化了，"五行实质上变成了四行"。（见山田庆儿：《空间分类范畴：科学思考的原始基础性形态》，《古代东亚哲学与科技文化：山田庆儿论文集》，第66—67页）将"中"去形象化与遍在化，与"中"相较于四方在义理上的提升，可以看作同一个过程的两个方面。
④ 冯友兰主张汉代谶纬"此以八卦为骨干之宇宙间架，比以五行为骨干者，较为后起。以八卦配入四方，尚余四卦，位于东北、东南、西南、西北四隅，所谓'四正四维'也。以八卦所表示之阴阳消长，说明四时寒暑之所以变迁，较易明显；故此后起之说大（转下页）

有太极，是生两仪，两仪生四象，四象生八卦。"①《易》八主卦（乾坤震巽坎离艮兑）象、辞、数、义各自有别，又皆自"弥纶天地"的太极而出，且虽然象数学有不止一种八卦递演模式，但其中颇具影响力的，即是具载于《易·说卦》与《黄帝内经·灵枢》中的八卦"周行"模式。② 因此，以八卦对应八方，作为华夏世界的"大象"，就象与理，都是相当自然的。而从历史进程来看，至迟到东汉时期，这一结合已初步完成，标志则是发展出上古圣王据斗建（北斗绕北辰旋转，以斗柄朝向定方位与岁时）这一"理象"而顺次制作八卦与九宫的神圣历史。③

以上两种法象模式，虽然理与象皆有别，但都采取季节与方位对应的时空体结构，因此具有以下两个共同特征：第一，四时阴阳消息不同，天气与物候有别，以四方（以及进一步引申的八方）对应四时，则各方自理与象上就有明确区别；第二，这一四方配四时模式，以东南西北顺次对应春夏秋冬，④ 相继而生，周而复始，是谓"周行"，四方遵循这一"周行"之序，则

（接上页）行。然以前以五行配四时之说，亦不废"。（冯友兰：《中国哲学史》下册，《三松堂全集》第 3 册，第 55 页）

① 山田庆儿简捷明了地指出了这一点，他说，九宫式"与《易》之八卦的结合，几乎是必然的"。（山田庆儿：《九宫八风说与少师派的立场》，《古代东亚哲学与科技文化：山田庆儿论文集》，第 271 页）

② 《周易·说卦》见前文。《灵枢·九宫八风》："太一常以冬至之日，居叶蛰之宫四十六日，明日居天留四十六日，明日居仓门四十六日，明日居阴洛四十五日，明日居天宫四十六日，明日居玄委四十六日，明日居仓果四十六日，明日居新洛四十五日，明日复居叶蛰之宫，曰冬至矣。"（姚春鹏译：《黄帝内经》卷一一，中华书局，2010 年，第 1414—1415 页）八卦"周行"模式外，另一较有影响力的，是载于《易纬乾凿度》并为郑玄笺注的"飞九宫"模式。以上两种模式的比较，见卢央：《中国古代星占学》，第 135—139 页。又太一下行九宫模式在汉代之后官方祭祀与方术之学中的演变，见顾颉刚：《三皇考》，《古史辨自序》上册，商务印书馆，2017 年，第 353—366 页。

③ 《易乾凿度》："昔燧人氏仰观斗极，以定方名，庖羲因之而画八卦。黄帝受命，使大挠造甲子，容成作历数。五行九宫之说，自此而兴。"（见《广弘明集》卷一三载〔唐〕法琳《辩正论》，《大正新修大藏经》第 52 册，台湾佛陀教育基金会出版部，1990 年，第 187 页）

④ 山田庆儿："无论是四方还是四土都是按东→南→西→北的顺序而排列着的。这个顺序显示方位和时间紧密结合在一起。"（山田庆儿：《空间分类范畴：科学思考的原始基础性形态》，《古代东亚哲学与科技文化：山田庆儿论文集》，第 42 页）

是天人合一意义上的"大顺"之德。①

具体到天地各自的"大象",首先,全天星辰以北辰为枢轴,其分布并不是各向对称的,二十八宿的星数、形状以及取义,都各不相同。则取法天极的大地秩序,就绝不应该以绝对的几何对称为象。其次,华夏世界就天时则西、北方寒冷干燥,东、南方温暖湿润,就地势则西北高而东南下(从西北到东南的高差达四五千米,为可居世界之最),西北远海而东南近海,都是有向而不对称的。九州八方冷暖燥湿不同,土宇阔狭、地势夷险、壤地高下有异,自然人情各别,方物各殊。因此,虽然《尚书》五服或《周礼》九服制,具有纯形式化与几何对称特征,但同载于《尚书》的《禹贡》九州图式则承认各方之不齐,并有制度与观念层面的安顿。② 具体说来,《禹贡》就九州天时、地理、人物之别,而定厥田、厥赋之差,自上上至于下下为九等,以"任土作贡",③ 篇末述及九州四至,区分禹迹与禹之声教,前者唯独"东渐于海",后者方才真正"讫于四海"④。这是默认四海相对于华夏世界的中央并非对称分布。而古代思想以天地人相即甚至合一为主调,因此构造天下秩序的"一贯之理"及其相应的"大象",就要以东南西北"周行"融摄不齐之诸方,以成九州"多"中之"一",如《礼记·月令》载圣王照十二月之序(自孟春至于季冬),始东终北顺次居于明堂十二室以行政教,⑤《尚

---

① 《史记·太史公自序》:"夫阴阳四时、八位、十二度、二十四节各有教令,顺之者昌,逆之者不死则亡。未必然也,故曰'使人拘而多畏'。夫春生夏长,秋收冬藏,此天道之大经也,弗顺则无以为天下纲纪,故曰'四时之大顺,不可失也'。【集解】:张晏曰:"八位,八卦位也。十二度,十二次也。二十四节,就中气也。各有禁忌,谓日月也。"(〔汉〕司马迁:《史记》卷一三〇,中华书局,1982年,第3290页)
② 周振鹤在《中国历史上两种基本政治地理格局的分析》(《历史地理》第20辑,上海人民出版社,2004年)一文中指出,五服(以及九服制)是理想化的,《禹贡》九州则注重实际的山川形变,是两种不同的政治地理格局。
③ 《尚书·禹贡》:"任土作贡。"伪孔传:"任其土地所有,定其贡赋之差。"(《尚书正义》卷六,第307页)
④ 《尚书·禹贡》:"东渐于海,西被于流沙,朔南暨声教,讫于四海。"(同上书,第323页)
⑤ 对这一明堂"周行"的宇宙论意涵的分析,见巫鸿:《中国古代艺术与建筑中的"纪念碑性"》,第304—307页。

书·舜典》载天子五岁一巡守，按照春夏秋冬、东南西北的顺序周行四岳。①

当然，以八卦为象的"周行"图式，与以五行为象的"周行"图式，又存在着重要的区别。第一，后者土德居中，前者中位则大体无象对应。② 第二，五行大致可同态替换，而居中的太极之于八卦，却是绝对非同等的。因此，以八卦为象，图式化华夏世界，其天下之中的含义，就与四时-五行图式有根本不同。

山田庆儿主张，中国古代世界图式分两种，分别为以上下为基本样式的二级构造（对应于四方与八卦系统），以及以内外为基本样式的三极构造（对应于五方与五行系统）。前者用二元（天地、阴阳、奇偶、南北）对立与相克消解了"内"或"中"的存在；后者则保留了超越二元对立的"内"或"中"，将二元性因素限制于世界图式的外半部。他并且将这两种世界图式，对应于可能上溯至殷商时期的两种天下模式：没有绝对的"内"或"中"存在的两极或四方模式，自己与异己同格；有超越二元对立的"内"或"中"存在的三极或五方模式，外附属于内。③

山田庆儿的这一分类，深具反思与洞察力，但也存在根本矛盾。他将三

---

① 《尚书·舜典》："岁二月，东巡守，至于岱宗……五月，南巡守，至于南岳，如岱礼；八月，西巡守，至于西岳，如初；十有一月，朔巡守，至于北岳，如西礼。归，格于艺祖，用特。五载一巡守，群后四朝。敷奏以言，明试以功，车服以庸。"关于巡守路线，有两说，郑玄主张天子每至一岳即复归京师，伪孔传则主张天子自东岳至于南岳、西岳、北岳，巡行一周后方归于京师。孔颖达正义："四巡之后乃云'归，格'，则是一出而周四岳。故知自东岳即南行，以五月至也。王者顺天道以行人事，故四时之月各当其时之中，故以仲月至其岳……郑玄以为'每岳礼毕而归，仲月乃复更去'。若如郑言，当于东巡之下即言'归，格'，后以'如初'包之，何当北巡之后始言归乎？且若来而复去，计程不得周遍，此事不必然也。"（《尚书正义》卷三，第268、270页）此处取孔颖达义。又郑玄与伪孔传对天子巡守路线的不同观点，各有其《易》象基础。郑玄主张天子巡守每至一方岳即复归京师，《易》象基础为八卦"飞九宫"模式；伪孔传主张天子巡守四岳一周毕，方复归京师，《易》象基础则为八卦"周行"模式。
② 反例如魏相以八卦配五方与五帝，"中央之神黄帝，乘坤、艮，执绳司下土"。（《汉书》卷七四《魏相、丙吉传》，第3139页）以坤卦与艮卦对应中央。
③ 具体阐述，见山田庆儿：《传统性自然哲学的思考方法》《空间分类范畴：科学思考的原始基础性形态》，《古代东亚哲学与科技文化：山田庆儿论文集》。

极构造型追溯于《老子》"道生一，一生二，二生三"的宇宙本体论，以及《庄子》中央之帝为混沌、南北之帝为倏与忽的神话式世界图式，主张"在三极构造型中，内部空间决不被分割。自身决不被分类、被认知，而且，内部空间作为使被分类、被认识之外部空间存在的根据，而持续存在。这是将最初的姿态保留到现在的未分化的根源性存在，不是认识的对象，而是使认识赖以成立的根据"，因此，《庄子》神话中"不具七穴"的中央之帝，因南、北二帝日凿一穴，至第七日，最终流血而死，其含义则是"作为Cosmos的外部空间要将世界作为一个整体加以秩序化时，消灭了内部空间的Chaos，三极构造转向二极构造。因此，神话才会有以下内容：对于浑沌，必须从外部给他感觉器官、必须用外之眼来看内，换句话说，必须将内看成是与外属同一级别之物。反之，只要拒绝以外之眼来看内时，三极构造就是可以延续的"。① "内"绝对自足，不被任何外部所定义，且因此是外部得以存在的根本前提。对对于古人之论，混沌在两汉纬学中被理解为"万物相浑沦而未相离"，② 在魏晋以降玄学中则被理解为非暗非明、非无非有，③ 都更接近于无象而非有象，可以算是以上绝对自足与不被定义的"内"的本体论特征的"形象"表达。如此则八卦模式下"内"或"中"无象对应，以魏晋玄学（以《易》《老子》《庄子》为一体）的立场，就是世界图式的自然之义。而这意味着，道家作为"内"或"中"的混沌，直接对应于《易》之"太极"，而非山田庆儿归入三级构造型的居中之土德：后者有明确的性质、形象与功能，在任何意义上都不是超越具体区分的"非无非有"。

为何山田庆儿会误判太极与混沌的关系？他自然明了在道家乃至中国整

---

① 山田庆儿：《空间分类范畴：科学思考的原始基础性形态》，《古代东亚哲学与科技文化：山田庆儿论文集》，第6—8页。
② 《易纬乾凿度》卷下："气形质具而未相离，故曰浑沦，言万物相浑沦而未相离。视之不见，听之不闻，循之不得，故曰易也。"（《纬书集成》上册，第29页。又见《列子·天瑞》，杨伯峻集释：《列子集释》卷一，中华书局，2012年，第6页。文字小异）
③ 《庄子·应帝王》："南海之帝为倏，北海之帝为忽，中央之帝为浑沌。"成玄英疏："南海是显明之方，故以倏为有。北是幽暗之域，故以忽为无。中央既非北非南，故以浑沌为非无非有者也。"（《庄子集释》卷三下，第309页）

体思想传统中,混沌是先于、高于秩序的根源性存在,这与希腊思想传统下的Chaos观念有相通之处,但与基督教思想传统以Chaos为存在论意义上的虚无与价值论意义上的坏恶,有着根本区别。但作为近代科学史家,他又将混沌不加说明地直接对应于Chaos,并用Cosmos与Chaos二元对立、Cosmos消灭Chaos以创造秩序的思想格式,格义《庄子》中的混沌神话,以发掘中国思想传统中科学因素的可能起源。这种潜藏的科学史本位,让他得出结论:"相对于二极构造是稳定构造,可以说三极构造是极不稳定的构造。"① 这在科学史的目的论下,可谓自成一说,但对整体理解古代中国世界图式的观念意涵与现实指向,则有一定的误导性。

这里还存在另一个问题。李约瑟将中国科学的源头主要追溯于道家,② 后续科学史家,都颇为重视道家本体论与宇宙论;但就思想史来说,以《易》《老子》与《庄子》为一体的魏晋玄学视角,是否适合用来阐述两汉儒学乃至更一般的古代儒学传统的天下之中观念,仍是个争议性问题。具体说来,《说文解字》曰"中,内也",③ 用缺乏明确界分的"混沌",甚至本体而非运用(指无为)意义的"无",④ 来把握这"内"的义理与象数含义,并不完全恰当。毕竟,汉儒北极居内为天中、诸星居外成环拱的世界图式,其"中"或"内",有明确界分的象与数;而现实中的天下秩序,更不可能以去法则化、去形象化与原则上即不可知的混沌,来奠定(实为悬置)自身秩序

---

① 山田庆儿:《空间分类范畴:科学思考的原始基础性形态》,《古代东亚哲学与科技文化:山田庆儿论文集》,第6—8页。
② 李约瑟在《中国科学技术史》第2卷《科学思想史》(科学出版社、上海古籍出版社,1990年)开篇即说:"我们将从儒家开始,以示尊崇,因为它在后来一直支配着整个中国的思想,虽然它对于科学的贡献几乎全是消极的。从儒家很容易转向它的劲敌道家。道家对自然界的推究和洞察完全可与亚里士多德以前的希腊思想相媲美,而且成为整个中国科学的基础。"(第1页)接下来,他花了约四倍于儒家部分的篇幅,论述道家对中国古代科学的影响。(第35—179页)
③《说文解字》卷一上,第14页。
④《易·系辞上》:"是故易有太极,是生两仪。"韩康伯注:"夫有必始于无,故太极生两仪也。太极者,无称之称,不可得而名,取有之所极,况之太极者也。"(《周易正义》卷七,第169页)

中心的观念基础。因此，与其绕道老庄之学，不如回到以天文历算与宇宙论为背景的两汉经学（尤其是《易》学）中，从极、太极与北极的关系来理解这一问题。

首先需要指出的是，两汉时期"极"之义训，存在着类似理学兴起后明确化的"先天"与"后天"之别。从"后天"层面理解"极"，指不探讨天、地本身的创生，而聚焦于天地剖判、列星定位、山川分峙甚至人极已立的宇宙与人间秩序。典型即为《说文解字》"极，栋也"，① 以宫室拟象宇宙，北极为天区中宫与宇宙枢轴，则是这一训诂推展于极致的"大象"。而从"先天"层面理解"极"，则见于刘歆所定之三统历：

> 三统者，天施，地化，人事之纪也（961）……太极元气，函三为一。极，中也。元，始也（964）……天统之正，始施于子半，日萌色赤。地统受之于丑初，日肇化而黄，至丑半，日牙化而白。人统受之于寅初，日孳成而黑，至寅半，日生成而青。天施复于子，地化自丑毕于辰，人生自寅成于申。故历数三统，天以甲子，地以甲辰，人以甲申。孟、仲、季迭用事为统首。（984—985）
>
> 颜师古注"太极元气，函三为一"："孟康曰：元气始起于子，未分之时，天地人混合为一，故子数独一也。"（965）②

又《易纬乾凿度》本文及郑注：

> 孔子曰：易始于太极。气象未分之时，天地之所始也。太极分而为二，七九、八六。故生天地。清轻者上为天，重浊者下为地……夫有形生于无形，乾坤安从生？天地本无形，而得有形，则有形生于无形矣。

---

① 《说文解字》卷六上，第120页。
② 《汉书》卷二一上《律历志》，第961、964—965、984—985页。古代经典中的后儒笺注，本书用楷体表示，以与经典本文区别。之后不再一一出注。——编者注

故《系辞》曰："形而上者谓之道。"夫乾坤者，法天地之象，质然则有天地，则有乾坤矣。将明天地之由，故先设问乾坤安从生也。故曰：有太易，有太初，有太始，有太素也。太易者，未见气也；以其寂然无物，故名之为太易。太初者，气之始也；元气之所本始。太易既自寂然无物矣，焉能生此太初哉？则太初者，亦忽然而自生。太始者，形之始也；形见此天象，形见之所本始也。太素者，质之始也。地质之所本始也。气形质具而未离，故曰浑沦。虽舍此三始，而犹未有分判。《老子》曰："有物浑成，先天地生。"浑沦者，言万物相浑成，而未相离。言万物莫不资此三者也。视之不见，听之不闻，循之不得，故曰易也。易无形畔。此明太易无形之时，虚豁寂寞，不可以视听寻，《系辞》曰"易无体"，此之谓也。易变而为一，一主北方，气渐生之始，此则太初气之所生也。一变而为七，七主南方，阳气壮盛之始也，万物皆形见焉，此则太始气之所生者也。七变而为九，西方阳气所终，究之始也，此则太素气之所生也。九者，气变之究也，乃复变而为一。此一，则元气形见而未分者。夫阳气内动，周流终始，然后化生一之形气也。一者，形变之始。清轻者上为天，象形见矣。浊重者下为地。质形见矣。①

刘歆主张，将天、地、人"函三为一"的太极元气，按照子、丑、寅之序相继而生天、地、人三极，《易纬乾凿度》则先总言太极，然后述及天地剖判之前太易、太初、太始、太素诸阶段，具体解说此先天层面的太极生生。②

---

① 《易纬乾凿度》上，《纬书集成》上册，第7、10—12页。又《礼含文嘉》："推之以上元为始，起十一月甲子朔旦夜半冬至，日月五星，俱起牵牛之初。"郑玄注："上元太素以来，至所求年。"（《纬书集成》中册，第493页）即作为先天与后天分界的上元时刻，是从太素起算。
② "函三为一"之义，孟康以为是指太极函天、地、人三才为一。钱大昕则主张据《易纬乾凿度》太易、太初、太始、太素之四分，太极函"太初""太始""太素"三者为一。汤用彤指出，按照后一种理解，太极即指太易浑沦。见汤用彤：《王弼大衍义略释》，《魏晋玄学论稿》，上海古籍出版社，2001年，第59—60页。

结合刘歆以"中央元气"释"太极",① 以及郑玄《易》注对太极的直接定义"极中之道,淳和未分之气也",② 则汉儒的太极生生论,有两个关键点:第一,太极自体而言,是未分、至大且包含天地人整体在内的"一"(太一),③无象可拟,超出人的见闻之外,而为可见可闻的天地四时万物的本源;第二,太极自用而言,按子、丑、寅之序生天、地、人三极,子、丑、寅三正乃至天、地、人三统,都取法于此。又《易纬乾凿度》载有太极以"周行"生天地、四时、万物(自北方顺时针旋转一周),而天地剖判之后,北斗或二十八宿绕北极"周行",可以看作法象这一宇宙创生意义上的太极自我展开的运动。综合以上,汉儒不管如何在本体上强调太极超绝形象、超越觉知,与混沌有相通之义,一旦落实到生成意义上,即使不是在"太极生两仪,两仪生四象,四象生八卦"的"后天"阶段,而是在"太极元气,函三为一"抑或"太易、太初、太始、太素"的"先天"阶段,也倾向于根据"太极"之"极"固有的法则性,将太极生生按照某种含有象数因素的模式加以展现。

因此,对两汉天学家与经学家来说,太极生天地万物,不是道家本体论意义上的有生于无、动本于静,也不是混沌生发万有,而是具有明确象数意涵且仍可参照以见闻之知的自内至外、自微至著、自不可见至可见的过程。因此,汉代天学与经学中的三统论,主张四时"周行"有三个顺次相继的开端,分别对应于自北方至于东北方的子、丑、寅之位,具体论述,见《春秋繁露·三代改制质文》:

> 然则其略说奈何?曰:三正以黑统初。正日月朔于营室,斗建寅。天统气始通化物,物见萌达,其色黑……亲赤统,故日分平明,平明朝

---

① 《汉书》卷二一上《律历志》,第981页。
② 〔宋〕王应麟辑:《周易郑注·系辞上》之"是故易有太极"条,《续修四库全书》第1册,第109页。
③ 两汉以上太极与太一意指相通,甚至可以互训。见陈壁生:《礼以则天:郑玄礼学的天学依据》,《美学研究》2022年第1期。

正。正白统奈何？曰：正白统者，历正日月朔于虚，斗建丑。天统气始蜕化物，物始芽，其色白……亲黑统，故日分鸣晨，鸣晨朝正。正赤统奈何？曰：正赤统者，历正日月朔于牵牛，斗建子。天统气始施化物，物始动，其色赤……亲白统，故日分夜半，夜半朝正……其谓统三正者，曰：正者，正也，统致其气，万物皆应，而正统正，其余皆正，凡岁之要，在正月也。①

又《白虎通·三正》：

> 正朔有三何？本天有三统，谓三微之月也……《礼·三正记》曰：正朔三而改，文质再而复也。三微者，何谓也？阳气始施黄泉，动微而未著也。十一月之时，阳气始养根株，黄泉之下，万物皆赤。赤者，盛阳之气也。故周为天正，色尚赤也。十二月之时，万物始牙而白。白者，阴气，故殷为地正，色尚白也。十三月之时，万物始达，孚甲而出，皆黑，人得加功，故夏为人正，色尚黑。《尚书大传》曰：夏以孟春月为正，殷以季冬月为正，周以仲冬月为正。夏以十三月为正，色尚黑，以平旦为朔。殷以十二月为正，色尚白，以鸡鸣为朔。周以十一月为正，色尚赤，以夜半为朔。不以二月后为正者，万物不齐，莫适所统。故必以三微之月也。三正之相承，若顺连环也。②

天地在建子与建丑之月，皆已有生生之迹，但微在地下，不可见，自建寅之月，方出地而著。故以一月对应一日，建子之月，对应于最为晦暗与不可见的夜半子时，建丑之月，对应于万物介于可见与不可见之间的鸡鸣之时，建寅之月，则对应于万物确然可见的平旦之时。进而言之，《说文解字》："中，内也。"这一作为"内"的中，就是指有之端、动之始，含万

---

① 《春秋繁露义证》卷七，第191—197页。
② 《白虎通疏证》卷八，第362—364页。

有而未见，含万动而"未发"。① 董仲舒主张人之喜怒哀乐以天之春夏秋冬为法象，② 喜怒哀乐作为未发之中，则对应于冬至与夏至这两个阴阳消长而未显的天时之"中"，③ 这除了天人相应的意涵，也是根据天学上终而复始的"周行"图式，将"中"理解为自内而外、自微而著、自无象而有象、自不可见而可见的宇宙秩序开端与临界处的动势。而至为幽微与无方所的太极，与至为显明且居中不动的北极，即为太极生生之理似相反而实相承的两面。

因此，两汉天学家与经学家虽然在推阐义理时不避深入天道幽微之域，但一旦据太极之理自内而外、自微而著以构造天下秩序，则就倾向于以天学与人学中的有象者为元始以建"人极"。《论语·卫灵公》载孔子主张为邦当"行夏之时"，何晏注："据见万物之生以为四时之始，取其易知。"④ 此种易见易知，自天象指斗建，自人事则指万物出地，⑤ 都是以著明可见之时为开

---

① 《礼记·中庸》："喜怒哀乐之未发谓之中，发而皆中节谓之和。中也者，天下之大本也。和也者，天下之达道也。"郑玄笺注："中为大本者，以其含喜怒哀乐，礼之所由生，政教自此出也。"（《礼记正义》卷五二，第3527页）
② 《春秋繁露·如天之为》："人有喜怒哀乐，犹天之有春夏秋冬也。喜怒哀乐之至其时而欲发也，若春夏秋冬之至其时而欲出也，皆天气之然也。"（《春秋繁露义证》卷一七，第465页）
③ 《春秋繁露·循天之道》："天有两和，以成二中。岁立其中，用之无穷。是北方之中用合阴，而物始动于下；南方之中用合阳，而养始孚于上。其动于下者，不得东方之和不能生，中春是也。其养于上者，不得西方之和不能成，中秋是也。然则天地之美恶，在两和之处，二中之所来归而遂其为也。是故东方生而西方成，东方和生北方之所起，西方和成南方之所养长。起之，不至于和之所不能生；养长之，不至于和之所不能成。成于和，生必和也；始于中，止必中也。中者，天地之所终始也；而和者，天地之所生成也。夫德莫大于和，而道莫正于中。中者，天地之美达理也，圣人之所保守也。"（《春秋繁露义证》卷一六，第444页）俞樾："'天有两和，以成二中。'（《循天之道》）樾谨按：'两和谓春分、秋分，二中谓冬至、夏至。'"（〔清〕俞樾撰，张道勤点校：《诸子平议》卷二六，浙江古籍出版社，2017年，第581页）吴飞指出："《中庸》里的中和之论可以与此处对观……今人读此中和之论，往往易受程朱之说影响，而专注其性情论的内涵，忽视其天道观的背景。文中之'喜怒哀乐'固然为人之喜怒哀乐，然董仲舒谓春夏秋冬即天之喜怒哀乐，而天道运行皆在四时之间。"（吴飞：《董仲舒的五行说与中和论》，第80页）
④ 《论语注疏》卷一五，第5468页。
⑤ 见《易纬乾凿度》："三王之郊，一用夏正，天气三微而成一著，三著而成一体。"郑玄注："五日为一微，十五日为一著，故五日有一候，十五日成一气也。冬至阳始生，积十五日，至小寒，为一著，至大寒，为二著，至立春，为三著，凡四十五日而成一节，故曰三著而成体也。正月则泰卦用事，故曰成体而郊也。"（《纬书集成》上册，第17页）

端。事实上，在汉魏经学与小学中，生生之"生"，即指草木出地，① 又春训为出，② 为推，③ 为蠢，④ 寅月名正月，⑤ 皆取万物出地之象以为元始。而两汉时期不仅计岁以寅月为始，记四时以春为始，纪日也以平旦（朝）为始（故有元旦之名）。⑥ 这一以著明可见的万物出地之象为天地之极与四时之元的观念，从象数论上被认为合乎"天之大数毕于十"，⑦ 并将夏历正月之"正"的含义显明为"得四时之正"，⑧ 关键则在于斗柄周行，东南西北正好

---

① 许慎："生，进也。象艸木生出土上。"（《说文解字》卷六下，第127页）又《易·说卦》"万物出乎震，震，东方也"，集解："虞翻曰：出，生也。震初不见东，故不称东方卦也。"（李鼎祚：《周易集解》卷一七，第508页）

② 伏生："东方者何也？动方也。物之动也，何以谓之春？春，出也。故谓：东方，春也。"（〔汉〕伏生撰，〔清〕皮锡瑞疏证：《尚书大传疏证》卷一，中华书局，2015年，第16页）

③ 许慎："春，推也。从艸从日，艸春时生也。"（《说文解字》卷一下，第27页）又许慎："子，十一月，阳气动，万物滋，人以为称。"（《说文解字》卷一四下，第309页）虽将万物之生追溯于子位，但似有一不可见的"滋"与可见的"生"的区别。

④ 《礼记·乡饮酒义》："东方者春，春之为言蠢也，产万物者，圣也。"郑玄笺注："春犹蠢也，蠢，动生之貌也，圣之言生也。"（《礼记正义》卷六一，第3656页）《释名·释天》："春，蠢也，万物蠢然而生也。"（《释名疏证补》卷一，第7页）

⑤ 《汉书·律历志》刘歆论三正："正月，'乾'之九三，万物棣通，族出于寅。"（《汉书》卷二一上，第961页）许慎："寅，髌也。正月阳气动，去黄泉，欲上出。"（《说文解字》卷一四下，第310页）

⑥ 《说文解字》："旦，明也。"段玉裁注："明当作朝。下文云。朝者，旦也。二字互训。"又《说文解字》："朝，旦也。"段玉裁注："旦者，朝也。以形声会意分别。《庸风》：崇朝其雨。传云：崇，终也。从旦至食时为终朝。此谓至食时乃终其朝。其实朝之义主谓日出地时也。《周礼》：春见曰朝。注曰：朝犹朝也，欲其来之早。"（〔汉〕许慎撰，〔清〕段玉裁注：《说文解字注》，上海古籍出版社，2011年，第308页）又《汉书·谷永、杜邺传》"三朝之会"，颜师古注："岁、月、日三者之始，故云三朝。"（《汉书》卷八五，第3468—3469页）

⑦ 《春秋繁露·阳尊阴卑》："天之大数，毕于十旬，旬天地之间，十而毕举，旬生长之功，十毕成也。十者，天数之所止也……是故阳气以正月始出于地，生育长养于上，至其功必成也，而积十月。人亦十月而生，合于天数也。是故天道十月而成，人亦十月而成，合于天道也。故阳气出于东北，入于西北，发于孟春，毕于孟冬，而物莫不应也。阳始出，物亦始出；阳方盛，物亦方盛；阳初衰，物亦初衰。物随阳而出入，数随阳而终始，三王之正随阳而更起。以此见之，贵阳而贱阴也。"（《春秋繁露义证》卷一一，第323—324页）

⑧ 《汉书·律历志》引《左传》"火出，于夏为三月，商为四月，周为五月，夏数得天"，而继以"得四时之正也"。（《汉书》卷二一上，第984页）又《逸周书·周月解》："万物春生、夏长、秋收、冬藏，天地之正，四时之极，不易之道。夏数得天，百王所（转下页）

对应于春夏秋冬。①

因此，以上对两汉时期天极（以及相应的天下之中）观念的探讨，始终试图结合中位无定象的太极八卦图，以及中位有至定之象的北辰居所、北斗与二十八宿"周行"的天学图式，在经学与天学的交界面上展开论述。② 以下探讨两汉时期的两种代表性地极观念：与盖天说关系密切的昆仑地中说以及与浑天说关系密切的河洛地中说，也将遵循这一原则。

第四节　从天极到地极

地极（地中）③的确定，初看起来并不复杂，根据古代中国主导性的天圆地平说，既然宇宙枢轴贯通南、北两天极，则该枢轴与平面大地相交之处，自然就是地中。但两汉时期，相较于天极（主要指北极）毫无争议，地中的位置、内涵与形象，却有着彼此差别极大的多种异说，这是为什么？

《白虎通·天地》在解释天地之别时，提及一个有趣的问题，男女总

（接上页）同。"（黄怀信、张懋镕、田旭东集注，黄怀信修订，李学勤审定：《逸周书汇校集注》卷六，上海古籍出版社，2013年，第579页）又《论语·卫灵公》"行夏之时"，皇侃义疏："孔子此答，举鲁旧法以为答也。'行夏之时'，谓用夏家时节以行事也。三王所尚正朔、服色虽异，而田猎祭祀播种并用夏时，夏时得天之正故也。鲁家行事亦用夏时，故云'行夏之时'也。"（《论语义疏》卷八，第399页）

① 《春秋左氏传·昭公十七年》："火出，于夏为三月，于商为四月，于周为五月，夏数得天。"杜注："得天正。"孔疏："斗柄所指，一岁十二月，分为四时，夏以建寅为正，则斗柄东指为春，南指为夏，是为得天四时之正也。若殷周之正则不得正。"（〔晋〕杜预注，〔唐〕孔颖达正义：《春秋左传正义》卷四八，中华书局，影印阮元校刻《十三经注疏》本，2009年，第4526页）

② 古代中国天学与经学的内在勾连，见〔日〕池田知久：《中国科学与天文历数学》，收入〔日〕沟口雄三、〔日〕小岛毅编：《中国的思维世界》，孙歌等译，江苏人民出版社，2006年，第106—109页。

③ 如前所述，在两汉"极，中也"的训诂传统下，地极与地中，在指大地的唯一枢轴时，基本同义。以下根据行文需要交替使用。

名为人,而天地却无总名,并给出了自己的回答:"天圆地方,不相类,故无总名也。"① 不管是否赞同这一答案,至少可以看出,两汉人已有地与天遵循不同法则的观念。因此,确定与理解地极的方式,也就可以与天极不同。

我认为,理解两汉以上的地极观念,最需要考虑的是以下三个因素:第一,古代中国宇宙论的某些观念前提,导致地极在天文、地理之学中难以目验、测算或推定;第二,人栖息于大地之上这一处境,令人极与地极的关系,显著不同于人极与天极;第三,华夏世界特定的天时与地理,以及相应的文明构造,内在地影响着地极的取象与义涵。

先谈第一点。虽然在《尚书考灵曜》等秦汉典籍中,确实载有雏形的地动之说,且近代科学史主张通过引申解释等方式,可以在古代文献中发现地圆说,②但大致可以说在明末以前,与世界诸古代文明类似,天圆地平、天动地静,一直是古代中国宇宙论的主导性观念。③另外,江晓原指出,近代科学史中的古代中国地圆说(如张衡《浑天仪图注》与王蕃《浑天象说》中的宇宙模型),与近代西方地圆说存在本质区别:前者虽主张天大地小,但天和地尺度相近,大地在几何宇宙体系中不能被简化为点,就无法导向数理化的球面天文学。④ 结果,诸种据北极位置或日运动而求地中的尝试,

---

① 《白虎通疏证》卷八,第 422 页。
② 见郑文光:《中国天文学源流》,科学出版社,1979 年,第 208—219 页;陈美东:《中国古代天文学思想》,第 158—167、293—316 页。
③ 陈美东即指出:"地平是中国古代占主导地位的大地观,盖天、宣夜、浑天三大学派都曾以之为说,但大地为曲面的观念亦有一定影响。《周髀算经》盖天说的'地法覆盘',刘宋何承天的'地中高外卑',唐代李淳风的地'中高而四隤',五代邱光庭的'地形中耸而边下',南宋朱熹的'地形如馒头',等等,都表明了这一思想在时断时续地向前发展。至于大地为球形的观念,则居于次要的地位,它往往处于被忽视、被批评的境地。"(陈美东:《中国古代天文学思想》,第 158—159 页)又地平说在前近代欧洲也有很大影响,如基督教宇宙论即长期以类似古代中国的"天圆地方"观念为基础。相关问题,见〔美〕安德鲁·怀特(Andrew White):《科学-神学论战史》第 1 卷,鲁旭东译,商务印书馆,2012 年,第 124—134 页。
④ 见江晓原:《古代中国人的宇宙》《明清之际中国学者对西方宇宙模型之研究及态度》,《天文西学东渐集》,第 98—100、366—367 页。

要么无法得到确定结果，要么结果确定却不能唯一化，甚至多个结果互相矛盾。

第二，可能也是更重要的，即人与大地、人极与地极的关系。虽然古代中国的天人合一观念，自名相上就隐去了地的存在，秦汉以降经学中，也颇有主张天、地非互相对待，而是前者主宰后者，① 但只要不限于本体论，而具象化与在地化为特定的天下结构，则不管是自义理还是象数，地极与人极的关系都绝非天极与人极关系的附庸。一方面，人栖居于大地之上，相较至高至远之天，② 大地为"万物所陈列"之处、③ 万物"交易变化"之所，④ 亦即人的生活世界切近而直接的基底，⑤ 而人对大地的经验性了解，也要大大超过天。这意味着，文明自我立法意义上的"人极"，与"地极"的关联要远高于"天极"。但另一方面，大地相对于古人的行动能力仍过于广阔而崎岖，且正因为人栖居于大地之上，与静夜仰观即可得其一半"大象"⑥ 且可以浑仪、日晷度量的天不同，作为整体的大地之象，却绝对超出人目视可及的范围，既难以"一目了然"，而以身经步历的方式经验性地积累对大地整体的认知，并通过地志与地图等方式加以间接呈现，则需要举国累代的努力，且由于人生存固有的在地性，对大地的认识更多是以所在文明

---

① 如《春秋繁露·基义》："天为君而覆露之，地为臣而持载之。"（《春秋繁露义证》卷一二，第351页）用天地拟象君臣。不过，《易传》对这种天一本论似有保留。《易·说卦》："乾为天，为圜，为君，为父"，"坤为地，为母"。（《周易正义》卷九，第198页）坤只言为地而不言为臣，又似地之与臣，自理与象仍有区别。
② 许慎："天，颠也。至高无上，从一大。"（《说文解字》卷一上，第7页）
③ 许慎："地，元气初分，轻清阳为天，重浊阴为地。万物所陈列也。"（《说文解字》卷一三下，第286页）
④ 《白虎通·天地》："地者，易也。万物怀任，交易变化。"（《白虎通疏证》卷八，第420页）
⑤ 《释名·释地》："地，底也，其体底下载万物也。"（《释名疏证补》卷一，第24页）
⑥ 《释名·释天》："天，显也，在上高显也。""天，坦也，坦然高而远也。"（同上书，第1—2页）扬雄反对盖天说，一条理由是："周天二十八宿，以盖图视天，星见者当少，不见者当多。今见与不见等"。（〔汉〕扬雄：《难盖天八事》，《全上古三代秦汉三国六朝文·全汉文》卷五三，第823页）汉魏之后取得主导地位的浑天说，则明确主张天"半见半隐"，见张衡："周天三百六十五度四分度之一，又中分之，则一百八十二度八分之五覆地上，一百八十二度八分之五绕地下，故二十八宿半见半隐，其两端谓之南北极。"（张衡：《浑天仪图注》，《全上古三代秦汉三国六朝文·全后汉文》卷五五，第1554页）

为中心逐级外推，关注与认识程度都逐级递减，① 则所建立的大地图式，也多会放大自身文明与地理空间在整个大地结构中的位置，甚至直接宣示所处文明区域的中心即为大地的中心（即以人极为地极，如河洛地中说），以此确立该文明为天道秩序的唯一担当者。②

第三，具体到华夏世界的天文、地理处境，以下四个因素对其地中观念有深远影响：一、北极目视在华夏世界北方（而非正上方），亦即华夏世界与天中的关系，并非上下正对，而是南北斜对；二、华夏世界主体在北回归线以北，在一年夏至正午，自北侧仍有日影可见，即日与华夏世界亦非正对，而是大体恒在其南；三、华夏世界各朝向地势与山川并不对称，具体言之，地势西北高而东南下，山川大体自西而东；四、虽然海洋被认为应当对称分布于大地四方（即"四海"），但华夏世界东方与南方邻海，西方与北方则距海十分遥远。

要评估以上四点对华夏世界地极观念的影响，需要兼顾古代中国自我认知中的两方面：总体上自居为唯一的普世文明，但又对其他文明的存在有着相当程度的认知与一定程度的承认，甚至有着雏形的"诸天下"的意识。

首先，华夏文明，如同绝大部分古代文明一样，大多时候自视为唯一的普世文明，因此，以上天学与地学中的非对称现象，被认为并非宇宙的局部现象，而是宇宙整体结构的象征。因此，它们与其说挑战了人极即为大地（至少可居世界）之极的观念，不如说更多影响的是以河洛为中心的宇宙图式的具体样式：为解释华夏世界西北高而东南下、山川大体自西而东的地势，以及北极为何为天中却位于人居世界北方，秦汉以上即出现多种天倾西

---

① 罗志田称这一认识倾向为"详近略远、重中央轻边缘"。见罗志田：《先秦的五服制与古代的天下中国观》，《民族主义与近代中国思想》，台北东大图书有限公司，1998年，第2页。
② 当然，另一方面，天坦然高显，无分别、无差等地高居于诸文明之上，故以天一本论为基础的地极观念，也始终存在。该地主张地当法天，地极应该如天极一般，在难以达到甚至难以接近之处（如《周髀算经》所定之"地极"），即可望而不可即，甚至不可望亦不可即。代表即为昆仑地中说，详后。

北、地陷东南的天地构造说,① 而两汉时期,不管是盖天说还是浑天说,都主张天地为斜对而非正对。②

其次,不容忽视的是,见于五经及传注的典范天下秩序,以万里为上限,③ 而秦汉时期对大地尺度的诸种估算,虽然具体值相差颇大,但都大大超过万里,而同一时期的战争、贸易与文化交流,也让中国对印度、波斯、罗马等西域以外的古代文明有了雏形的认识,因此虽然"天下"就观念内容

---

① 《楚辞·天问》已有"东南何亏""何故以东南倾"之问,(〔宋〕洪兴祖补注,白化文等点校:《楚辞补注》卷三,中华书局,1983年,第87、91页)两汉时期具体化为神话式的天倾地陷说。如《淮南子·天文训》:"昔者共工与颛顼争为帝,怒而触不周之山,天柱折,地维绝,天倾西北,故日月星辰移焉;地不满东南,故水潦尘埃归焉。"(《淮南鸿烈集解》卷三,第80页)又《河图括地象》:"天不足西北,地不足东南。西北为天门,东南为地户。天门无上,地户无下。"(《纬书集成》下册,第1090页)又《论衡·谈天》:"儒书言:'共工与颛顼争为天子,不胜,怒而触不周之山,使天柱折,地维绝。女娲销炼五色石以补苍天,断鳌足以立四极。天不足西北,故日月移焉,地不足东南,故百川注焉。'此久远之文。"(〔汉〕王充撰,黄晖校释:《论衡校释》卷一一,中华书局,1990年,第469—470页)大体同一时期,在人法象天地的意义上,亦有典籍主张人身也存在西北-东南二分构造。见《素问·阴阳应象大论》:"天不足西北,故西北方阴也,而人右耳目不如左明也。地不满东南,故东南方阳也,而人左手足不如右强也。"(《黄帝内经》卷二,第65页)又《素问·五常政大论》:"天不足西北,左寒而右凉;地不满东南,右热而左温。"(《黄帝内经》卷二十,第613页)

② 盖天说今存略有不同的两说,分别为《周髀算经》所载的盖天说,以及见于《论衡》、后收入《晋》《隋书》"天文志"的周髀家盖天说。前者的天地模式非斜对而是平行(详后),后者则主张天地斜对。见《论衡·说日》:"或曰:天高南方,下北方,日出高,故见;入下,故不见。天之居若倚盖矣,故极在人之北,是其效也。极在天下之中,今在人北,其若倚盖,明矣。"(《论衡校释》卷一一,第489页)浑天说主张天地斜对,见张衡:天"其两端谓之南北极。北极乃天之中也,在正北,出地上三十六度。然则北极上规经七十二度,常见不隐。南极,天之中也,在正南,入地三十六度,南极下规七十二度,常伏不见"。(张衡:《浑天仪图注》,《全上古三代秦汉三国六朝文·全后汉文》卷五五,第1554—1555页)

③ 《周礼·夏官·职方氏》郑玄笺注:"周九州之界方七千里。"贾公彦疏:"云'周九州之界方七千里'者,以先王之作土有三焉,若太平之时,土广万里,中国七千;中平之世,土广七千,中国五千;衰末之世,土广五千,中国三千。"(《周礼注疏》卷三三,第1864页)五经中所载天下尺度主要有以上三说,分见于《周礼·夏官·职方氏》《尚书·禹贡》与《礼记·王制》。相关分析,见渡边信一郎:《中国古代的王权与天下秩序:从日中比较史的视角出发》,第45—60页。

来说肯定是单数而非复数，自居唯一"天下"的形式性宣示，也因为王朝政治这一"扩音器"以及历代正史的政治史特征而似乎始终居于主流，但"诸天下"并立的意识以及相应的知识、观念与学说（最具刺激性的自然是邹衍的"大九州"说），也自两汉以降始终不绝如缕地存在于中国思想内部，因此，华夏世界主体不能包括正对北极之地或日下无影之地这些天学与地学事实，也就始终为其他的地极理解留下了空间。

从秦汉至晚清地中观念的演变来看，以下四个地极非常重要：正当日下、日中无影的常夏之地，正对北辰、万物不生的永冬之地，位于华夏世界西北、为大地之上至高之丘的昆仑之地，以及大体位于《禹贡》九州几何中心、风雨所会、阴阳所和的河洛之地。综合而论，第一说主要出现于魏晋，与佛教世界观的输入关系密切；第二说虽主体出自秦汉时期，但在明末西方新天学与地学输入中国之前一直位置边缘。后两说则不同，特别是河洛地中说，是宋元以前中国地极观念的主导性学说。因此，以下对第一说先存而不论，简略探讨第二说，再集中探讨后两说。

正对北辰、万物不生的永冬之地，其详见《周髀算经》卷上：

> 春分之日夜分以至秋分之日夜分，极下常有日光，秋分之日夜分以至春分之日夜分，极下常无日光，故春秋分之日夜分之时，日光所照适至极，阴阳之分等也。冬至、夏至者，日道发敛之所至，昼夜长短之所极。春秋分者，阴阳之修，昼夜之象，昼者阳，夜者阴，注：以明暗之差为阴阳之象。春分以至秋分，昼之象。注：北极下见日光也。日永主物生，故象昼也。秋分以至春分，夜之象。注：北极下不见日光也。日短主物死，故象夜也。故春秋分之日中光之所照北至极下，夜半日光之所照亦南至极，此日夜分之时也。故曰：日照四旁各十六万七千里。注：至极者，谓璇玑之际为阳绝阴彰，以日夜分之时而日光有所不逮，故知日旁照十六万七千里，不及天中一万一千五百里也。①

---

① 《周髀算经》卷上，第36—37页。

又同书卷下：

> 璇玑径二万三千里，周六万九千里。此阳绝阴彰，故不生万物……冬至之日去夏至十一万九千里，万物尽死；夏至之日去北极十一万九千里，是以知极下不生万物。北极左右，夏有不释之冰……凡北极之左右，物有朝生暮获。注：北极之下，从春分至秋分为昼，从秋分至春分为夜。物有朝生暮获者，亦有春乌而秋熟……言左右者，不在璇玑二万三千里之内也。此阳微阴彰，故无夏长之类。①

《周髀算经》中的"北极璇玑"所指为何，近代科学史家颇有争议。但不管视其为假想之星，② 还是真实存在的北极星，③ 抑或不指特定之星，而是指自大地上指北极的圆柱体区域，④ 都赞同其"大象"为璇玑绕天极旋转，而北极璇玑所对应的直径二万三千里的圆形大地区域，一年之中有半年（秋分至春分）为日照所不及，其内万物不生。⑤

综合《周髀算经》以上论述，可以发现几个重要的观念特征：第一，天地尺度高达数十万里，⑥ 大大超过《周礼》所载以河洛为中心、以方万里为上限的华夏世界；第二，根据"日影千里差一寸"的推算法，正对北辰的永

---

① 《周髀算经》卷下，第 56—58 页。
② 钱宝琮：《盖天说源流考》，《钱宝琮科学史论文选集》，科学出版社，1983 年，第 402 页。
③ 陈遵妫主张，根据《吕氏春秋》与《尚书大传》所载，《周髀算经》中的北极璇玑指北极星，它离极点有一定距离并做绕转运动。见《中国天文学史》第 1 册，第 137—138、172—174 页。
④ 江晓原：《〈周髀算经〉盖天宇宙结构》，《自然科学史研究》1996 年第 3 期，第 249—251 页。
⑤ 这一直径二万三千里的"不生万物"的区域，是通过对盖天说宇宙图式下日照所及范围的计算而得出的。盖天说相关数据的物理意涵与演算方式，见陈遵妫：《中国天文学史》第 1 册，第 121—187 页。
⑥ 直径为八十一万里。具体算法，见钱宝琮：《盖天说源流考》，《钱宝琮科学史论文选集》，第 385—386 页。钱宝琮指出，八十一为九的自乘数，在象数学上被认为最为完满。（同上书，第 386 页）薄树人也认为《周髀算经》采用十六万七千里的日照半径，是为了凑合出天地直径八十一万里这个大数。见薄树人：《再谈〈周髀算经〉中的盖天说》，《自然科学史研究》1989 年第 4 期，第 300—301 页。

冬之地，距周之王城十万三千里，在华夏世界范围之外，① 亦即既然华夏世界只是大地的一小部分，则北辰目视在北这一现象，所提示的并非天地的整体结构与相对位置，而不过是华夏世界并不在大地中心这一局部事实；第三，北极璇玑之下为北方永冬之地，与昼夜交替、春夏秋冬四时大体等长的华夏世界典范天时不合，因此，该地中观念并不遵从四时对应四方（或五方）的观念图式（后者只适合以周王城为中心的方万里天下）。

这可谓将中国相对化与去中心化的世界构造学说。② 那是否可以说，就是由于这一点，正对北辰、万物不生的永冬之地，在明末以前的中国地极观念中，始终处于相对边缘的位置？问题并非如此简单。一方面，确实自两汉至于宋元，河洛地中说在观念与实践中始终居于主流地位，这表明以自身文明为中心构造地极乃至天地秩序，要较将自身文明视点相对化更占优势；但另一方面，同样只将华夏世界视为天地间诸文明世界之一的昆仑地中说，在秦汉以后影响力始终不衰，这又表明将自身文明视点相对化，只是以上地极观念从两汉至明末在观念上地位边缘的部分原因。

---

① 先秦两汉时期，另有《吕氏春秋》与《淮南子》，也论及北极之下的无昼夜之地，以及正当日下的无影之地。见《吕氏春秋·有始览》："当枢之下无昼夜。白民之南，建木之下，日中无影，呼而无响，盖天地之中也。"（《吕氏春秋集释》卷一三，第282—283页）又《淮南子·地形训》："建木在都广，众帝所自上下，日中无景，呼而无响，盖天地之中也。"（《淮南鸿烈集解》卷四，第136页）以上建木、都广之地，蒙文通指其在上古巴蜀之地。（见蒙文通：《略论〈山海经〉的写作时代及其产生地域》，蒙默编：《蒙文通全集》第2卷《诸子甄微》，巴蜀书社，2015年，第124—125页；《再论昆仑为天下之中》，《蒙文通全集》第4卷《古地甄微》，第492—493页）闻一多则主张"建木"即建表。见闻一多："直立如建表，故曰'建木'，表所以测日影，故曰'日中无影'。"（《天问疏证》，生活·读书·新知三联书店，1980年，第42页）但证据不足，总体上难有定论。

② 当代学者金祖孟即盛赞盖天说的这一特点，主张该说超越了以自身文明与地域为中心的狭隘视点，是真正的世界性学说。见金祖孟：《三谈〈周髀算经〉中的盖天说》，《自然科学史研究》1991年第2期，第114页。反过来，由于盖天说的空间尺度显著超过了秦汉时期天文地理知识的范围，且不少数值与当时观测有较大差距，钱宝琮、薄树人等怀疑该说中一些数值（如夏至正午日影长尺六寸，日照范围十六万七千里，北极璇玑半径一万一千五百里，以及天地直径八十一万里）与当时的天地观测无关，只是理论推衍或为凑合其他实测数据。见钱宝琮：《盖天说源流考》，《钱宝琮科学史论文选集》，第378—387页；薄树人：《再谈〈周髀算经〉中的盖天说》，第297—302页。

本书认为，另外的原因是义理性的，与秦汉以降本体论与宇宙论思想对"中"以及"周行"的理解有关。具体说来，既然在训诂与义理上都以"中"为内，为未发，则在宇宙论上不管采取五行图式还是八卦九宫图式，不管认为中位有象还是无象，都会在"生生之谓易"的意义上，将"中"视为四时、五行、八卦"周行不殆"、万化生生不息的根据与本源。而根据古代中国天学图式，四季与四方围绕此中和之位"周行"，春夏秋冬顺次对应于东南西北，为天地秩序的基本"大象"，则地中就不能偏居于四季中的任何一季。但正对北辰的永冬之地，阴彰而阳微，万物不能生，正是"一阴一阳之谓道""生生之谓易"的反面，则该处就不可能是以"生生"为德的太极观念在天地之间的显象。而超越中国自身文明视点又兼有地中之位和太极之象与理者，则是昆仑地中说。

第五节 "诸天下"与昆仑

古代中国的天文、地理观念，几乎没有像昆仑这样自名称、位置以至于形象都始终异说纷呈、莫衷一是的了。① 勉强可称为共识的，是昆仑为大地之上的至高巨山，② 大体在华夏世界西北方，③ 为天地交通之所④。民国时期

---

① 自秦汉以来历代关于昆仑位置的各种异说，以及近代学者的相关研究，见顾颉刚：《昆仑传说与羌戎文化》，《古史辨自序》下册，第 684—953 页；唐兰：《昆仑所在考》，《国学季刊》1936 年第 6 卷 2 期；苏雪林：《昆仑之谜》，《苏雪林文集》第 4 卷，安徽文艺出版社，1996 年，第 153—164 页；方豪：《中西交通史》上册，上海人民出版社，2008 年，第 27—28 页；岑仲勉：《昆仑一元说》，《中外史地考证》上册，中华书局，1962 年，第 42—47 页。
② 当然，古今皆存在不以昆仑为山的观点。昆仑之名，于五经仅见于《尚书·禹贡》之"雍州"部分，其文曰："织皮、昆仑、析支、渠搜，西戎即叙。"伪孔传："有此四国，在荒服之外，流沙之内。"孔颖达疏："孔意或是地名、国号，不必为山也。"（《尚书正义》卷六，第 317 页）凌纯声以昆仑为封禅之所。（见凌纯声：《中国的封禅与两河流域的昆仑文化》，《中国边疆民族与环太平洋文化》下册，联经出版事业公司，1979 年）又当代学者刘宗迪据《山海经》（尤其是海经），主张昆仑非山名，而为明堂，故不系于一方—（转下页）

的古代中国神话研究者（如茅盾、苏雪林等），已指出至高之山为天地枢纽，这一观念不仅见于华夏世界，也见于包括巴比伦、印度乃至希腊在内的亚欧大陆各古代文明。① 同一时期的西方，伊利亚德（Mircea Eliade）在其比较宗教与神话学研究中，则将这一遍见于上古各文明的观念系统化与理论化。② 由此可见，昆仑在古代中国宇宙秩序中具有关键位置，绝非偶然。

关于昆仑的研究，可谓汗牛充栋，本书仅从一个限定的角度（昆仑之为地极的天地之学与小学、经学背景）来探讨这一问题。首先，昆仑为山，为丘，《说文解字》："山，宣也。宣气散生万物，有石而高。"③ 同书："丘，土之高也，非人所为也。从北从一。一，地也，人居在丘南，故从北。中邦之居，在昆仑东南。"④ 根据以上字训与义解，可以看出先秦至两汉思想中昆仑之为地极的几个关键特征：昆仑为大地之上至高之处；昆仑出于自然而非人为；昆仑在华夏世界边界处甚至外部；昆仑能生万物。以下详述其义。

昆仑为山，《易》艮象山，取时止其所之义，⑤ 又《说卦》以艮卦为"万

（接上页）处。而海经所记，则为围绕昆仑明堂的明堂月令图。见刘宗迪：《失落的天书：〈山海经〉与古代华夏世界观》，商务印书馆，2006年，第446—518页。

③ 顾颉刚即认为：《山海经》"昆仑区的地理和人物都是从西北传进来的，这些人物是西北民族的想象力所构成，其地理则确实含有西北的实际背景"。（顾颉刚：《〈山海经〉中的昆仑区》，《中国社会科学》1982年第1期，第30页）

④ 张光直认为中国可能在殷周时期即已出现通过高山进入神界的观念。见张光直：《商代的巫与巫术》，《中国青铜时代（二集）》，生活·读书·新知三联书店，1990年，第52—53页。

① 茅盾比较了中国与希腊的古代神话，主张中国神话传说中的昆仑，即相当于希腊神话传说中的奥林匹斯山。见茅盾：《中国神话研究初探》，上海古籍出版社，2011年，第37—41页。苏雪林广引印度、巴比伦与中亚等地神话，主张至高之山为天神所居的观念遍见古代各文明与民族。苏雪林：《昆仑之谜》，《苏雪林文集》第4卷，第122—129页。

② 简要总结，见［美］伊利亚德（Mircea Eliade）：《神圣的存在：比较宗教的范型》，晏可佳、姚蓓琴译，广西师范大学出版社，2008年，第346—361页。

③ 《说文解字》卷九下，第190页。又《韩诗外传》："夫山者，万民之所瞻仰也。"（《韩诗外传集释》卷三，第111页）

④ 《说文解字》卷八上，第169页。

⑤ 《易·艮卦》"彖传"："艮，止也。时止则止，时行则行，动静不失其时，其道光明。"王弼注："止道不可常用，必施于不可行。适于其时，道乃光明也。"（《周易正（转下页）

物之所成终而所成始","终万物始万物者,莫盛乎艮"。①《论语·雍也》"知者乐水"章及何晏注,对山以止之德而能生万物,释之更详:

> 子曰:"知者乐水,包曰:'知者乐运其才知以治世,如水流而不知已。'仁者乐山。仁者乐如山之安固,自然不动,而万物生焉。知者动,包曰:'日进故动。'仁者静。孔曰:'无欲故静。'知者乐,郑曰:'知者自役,得其志,故乐。'仁者寿。"包曰:"性静者多寿考。"②

以上《论语》本文以及何注,点出山以"止"为本源的诸般德行,自足不动,则性静,性静则能生物;自足不动,则有恒,有恒故能久。又山自足而静,则能生万物,昆仑为天下至高至巨之山,自然最能生物。③故《山海经·大荒西经》说昆仑"此山万物尽有"。④

同时,昆仑在早期中国神话中有两个基本形象,分别为耸立于大地之上、支撑天穹的"天柱",以及沟通天地的"天梯"。⑤虽然作为盖天说核心经典的《周髀算经》通篇没有提及昆仑之名,《周髀算经》"极下之地"万物

(接上页)义》卷五,第 129 页)又《易·说卦》:"艮,止也。"孔颖达疏:"艮象山,山体静止,故为止也。"(《周易正义》卷九,第 197—198 页)

① 《周易正义》卷九,第 197 页。
② 《论语注疏》卷六,第 5384 页。
③ 不过需要说明的是,自唐宋以降,山能生万物的观念逐渐式微。《易·说卦》"终万物始万物者,莫盛乎艮",孔颖达疏解为何乾、坤、震、巽、坎、离、兑七卦皆举卦象(分别为天、地、雷、风、水、火、泽),而"艮不言山,独举卦名者,动梡燥润之功,是雷、风、水、火,至于终始万物,于山义为微,故言卦而不言山也"(《周易正义》卷九,第 197 页)即山与万物生生关系微弱。崔憬用孔颖达之义而加强为:"至于终始万物,于山义则不然,故言卦,而余皆称物,各取便而论也。"(见李鼎祚:《周易集解》卷一七,第 511—512 页)直以山无万物生生之义。至朱熹释"仁者乐山",则为"仁者安于义理,而厚重不迁,有似于山,故乐山"(〔宋〕朱熹:《四书章句集注·论语集注》卷三,中华书局,1983 年,第 90 页),已只取厚重不迁之义。
④ 〔清〕郝懿行笺疏,栾保群点校:《山海经笺疏》卷一六,中华书局,2021 年,第 263 页。
⑤ 见袁珂:《中国神话史》,上海文艺出版社,1988 年,第 33—36、51—55 页;袁珂:《中国神话通论》,四川人民出版社,2019 年,第 96—97 页;王孝廉:《中国神话世界》下编《中原民族的神话与信仰》,台北洪叶文化事业有限公司,2006 年,第 90—98 页。

不生，与"万物尽有"的昆仑也差异颇大，但可能由于昆仑在古代神话观念中有支撑与沟通两重功能，又具生生之德，与《易》之"太极"与天之北极自义理至于象数都更为相合，魏晋以降，昆仑与盖天说逐渐结合，被当作"极下之地"。具体说来，《周髀算经》卷下："极下者，其地高人所居六万里，滂沲四隤而下。"① 又《晋书·天文志》载《周髀算经》盖天说："北极之下为天地之中，其地最高，而滂沲四隤，三光隐映，以为昼夜。"② 皆以北极之下为大地至高之处。而两汉时期论天地形势，多以北极与昆仑对举，③昆仑上对北极，为天地枢轴，巨山耸峙，上临天际，则是这一天地枢轴直接而清晰的"大象"，而大地之中即为大地至高之处，则将至高至远这一"北极"之"极"的含义，与地中之"中"自形象至义理都关联在了一起。

以华夏世界西北方的昆仑为大地中轴，则华夏世界就只是大地的一部分；二者西北-东南的相对方位，更提示了中央-四正四隅的九宫式结构。在秦汉时期，这一超越中国九州范围的九宫式地理，最可能的所指自然是邹衍的"大九州"说。④ 而各种对邹衍学说的转述，仍以司马迁最为详尽。《史

---

① 《周髀算经》卷下，第53页。
② 〔唐〕房玄龄等：《晋书》卷一一，中华书局，1974年，第278页。
③ 《周礼·春官·大宗伯》："以苍璧礼天，以黄琮礼地。"郑玄笺注："此礼天以冬至，谓天皇大帝在北极者也。礼地以夏至，谓神在昆仑者也。"（《周礼注疏》卷一八，第1644页）又《春秋命历序》："天地开辟，万物浑浑，无知无识，阴阳所凭。天体始于北极之野，地形起于昆仑之墟。"宋均注："北极为天之枢，昆仑为地之柄。"（《纬书集成》中册，第885页）又〔隋〕萧吉《五行大义》卷四引《尚书纬》："北斗居天之中，当昆仑之上，运转所指，随二十四气，正十二辰，建十二月，又州国、分野、年命莫不政之，故为七政。"（《续修四库全书》第1060册，第250页）
④ 邹衍所主张的五德终始、大九州等说，至两汉仍相当流行，但由于系其名下的著作在东汉之后全部散佚，当今已很难了解他学说的全貌。以下据相关文献与近代研究推测邹衍"大九州"说的大体内容与性质，以此为基础，探讨邹衍之说与昆仑地中观念的可能关系。邹衍的著述情况，见钱穆：《先秦诸子系年考辨》之《附邹衍著书考》，上海书店出版社，1992年，第404—406页。秦汉以降文献中邹衍遗说的考辨与推测，见刘师培：《西汉今文学多采邹衍说考》，《刘申叔遗书》下册，江苏古籍出版社，1997年，第1227—1229页；杨树达：《邹衍九州考》，《积微居小学述林全编》上册，上海古籍出版社，2007年，第377—378页；陈槃：《论早期谶纬及其与邹衍书说之关系》，《中央研究院历史语言研究所集刊》1948年第20本上册；王梦鸥：《邹衍遗说考》，台湾商务印书馆，1966年。

记·孟子荀卿列传》载：

> 驺衍，后孟子。驺衍睹有国者益淫侈，不能尚德，若《大雅》整之于身，施及黎庶矣。乃深观阴阳消息而作怪迂之变，《终始》《大圣》之篇十余万言。其语闳大不经，必先验小物，推而大之，至于无垠。先序今以上至黄帝，学者所共术，大并世盛衰，因载其禨祥度制，推而远之，至天地未生，窈冥不可考而原也。先列中国名山大川，通谷禽兽，水土所殖，物类所珍，因而推之，及海外人之所不能睹。称引天地剖判以来，五德转移，治各有宜，而符应若兹。以为儒者所谓中国者，于天下乃八十一分居其一分耳。中国名曰赤县神州。赤县神州内自有九州，禹之序九州是也，不得为州数。中国外如赤县神州者九，乃所谓九州也。于是有裨海环之，人民禽兽莫能相通者，如一区中者，乃为一州。如此者九，乃有大瀛海环其外，天地之际焉。其术皆此类也。然要其归，必止乎仁义节俭、君臣上下、六亲之施，始也滥耳。王公大人初见其术，惧然顾化，其后不能行之。①

以上邹衍"大九州"之说，与本书主题相关的有两点：第一，中国与世界比例悬殊，前者不过为后者的八十一分之一；第二，获取以上知识的方法，是由近及远、由小及大的"验推"，而上限为八十一（九九相乘），是因为就律历一体之学，这既是律数，② 也是自一日至于一元大化的天地循环的基数，③

---

① 《史记》卷七四，第 2344 页。
② 《史记·律书》："律数：九九八十一以为宫。"（《史记》卷二五，第 1249 页）《礼记·月令》"其音宫"，郑注："声始于宫，宫数八十一，属土者，以其最浊，君之象也。"孔疏："按，《律历志》：五声始于宫，阳数极于九，九九相乘，故数八十一，以五声中最尊，故云'以其最浊，君之象也'。"（《礼记正义》卷一六，第 2970 页）
③ 《汉书·律历志》载西汉制太初历，即采用以律起历原则："律容一龠，积八十一寸，则一日之分也。与长相终。"被称为"八十一分律历"。（《汉书》卷二一上，第 975—976 页）一元大化亦以八十一为基数，见《汉书·律历志》："《易》曰：'参天两地而倚数。'天之数始于一，终于二十有五。其义纪之以三，故置一得三，又二十五分之六，凡二十五置，终天之数，得八十一，以天地五位之合终于十者乘之，为八百一十分，应历一统（转下页）

而在《易》学上，这又是"太极中央元气"之数①。

虽然以上司马迁转述的邹衍"大九州"之说，其中没有直接提及昆仑，但被认为存有不少邹衍遗说的《河图括地象》，则将昆仑与"大九州"之说联系在一起：

> 地部之位，起形高大者，有昆仑山，广万里，高万一千里，神物之所生，圣人仙人之所集也，出五色云气，五色流水，其泉东南流入中国，名曰河也。其山中应于天，最居中，八十城市绕之。中国东南隅，居其一分。②

> 地中央曰昆仑，昆仑东南，地方五千里，名曰神州。③

根据《河图括地象》，大地中心为昆仑，华夏世界则位于其东南。这两点不管为邹衍原说，还是两汉时期的新发展，都表明九九相推、象数化的"大九州"说，可以解释为何华夏世界不符合中央对称的九州-四海模式（自西北至于东南地势与陆海都非对称分布，西北高而东南下，西北远海而东南近海）。④ 而其远超《禹贡》九州的尺度，将中国相对化了，作为《禹贡》九州之中的河洛之地，也随之被降格为地方性的"极"。

这提示了秦汉以降构造普世王权一个自观念颇具经学与小学基础、自实

（接上页）千五百三十九岁之章数，黄钟之实也。"颜师古注："孟康曰：'十九岁为一章，一统凡八十一章。'"（《汉书》卷二一上，第963页）
① 《汉书·律历志》："太极中央元气，故为黄钟，其实一龠，以其长自乘，故八十一为日法，所以生权衡度量，礼乐之所由出也。"（同上书，第981页）
② 《纬书集成》下册，第1095页。
③ 同上书，第1089页。关于《河图括地象》相关论述与邹衍大九州之说的关系，见陈槃：《论早期谶纬及其与邹衍书说之关系》，第173—174、178—179页。
④ 顾颉刚认为邹衍之所以将神州置于大地东南，是因为"中国的海岸线在东和南两方，这个海即是他所说的'裨海'"。（顾颉刚：《昆仑传说和羌戎文化》，《古史辨自序》下册，第924页）

践则充满争议的方向。《说文解字》:"水中可居曰州。"①《诗·小雅·北山》:"溥天之下,莫非王土。率土之滨,莫非王臣。"毛传:"溥,大。率,循。滨,涯也。"孔疏:"居不尽近水,而以滨为言者,古先圣人谓中国为九州者,以水中可居曰洲,言民居之外皆有水也。邹子曰:'中国名赤县,赤县内自有九州,禹之序九州是也。其(外?——作者补)有瀛海环之。'是地之四畔皆至水也。滨是四畔近水之处。言'率土之滨',举其四方所至之内,见其广也。"②而不管是将以上以四海为界的四至,界定为"人迹所至,舟车所通",还是甚至"日月所照,风雨所至",③在两汉时期凿通西域,确认西北方向存在广大的可至乃至可居之地后,向该方向扩展,以发现并达至真正的"地极"——昆仑,乃至进一步越过昆仑,达至西方与北方对称位置的"水滨"——西海与北海,可谓自视为"溥天之下,莫非王土"的华夏文明的应然之义。

事实上,以昆仑为大地之上至高之处的观念,在两汉时期确乎发展出一个确定其位置的兼具观念与实践意涵的大地图式,即昆仑当为诸水分流之处。具体说来,伴随着张骞凿通西域以及丝绸之路的开辟,汉朝使节、商人多次跨过葱岭,甚至及于两河流域乃至地中海东岸,汉朝军事力量也向葱岭一线扩展,在部分时期更越过葱岭(如汉武帝毁多于誉的征伐大宛之役),这一大大扩展的地理与政治视野,对华夏世界观念乃至更一般的天地观念的影响是深刻而长久的,绝非此处可以尽述。④仅述及与昆仑之为地极观念相

---

① 《说文解字》卷一一下,第239页。
② 〔汉〕毛公传,〔汉〕郑玄笺注,〔唐〕孔颖达正义:《毛诗正义》卷一三,中华书局,影印阮元校刻《十三经注疏》本,2009年,第994页。
③ 秦汉时期用人迹、舟车、日月、风雨等界定天下之四至,文献颇多,见顾颉刚:《古史中的地域扩张》《汉代以前中国人的世界观念与域外交通的故事》,《顾颉刚全集》卷五《顾颉刚古史论文集》,中华书局,2010年,第77—80、82—83页。
④ 贺昌群即将《史记·大宛列传》与《汉书·西域传》视为以身经目验为基础的官书系统地理知识的起点,与以想象为主的《山海经》与《穆天子传》不同。见贺昌群:《汉代以后中国人对于世界地理知识之演进》,《贺昌群文集》第1卷《史学丛论》,商务印书馆,2003年,第417—418页。

关的一点：虽然《山海经》即载有昆仑为包括黄河在内的诸水分流之处（详后），但该书自出现以来即因颇多不雅驯之辞而为儒生与经师所诟病，因此，除黄河之外，其他诸水所指乃至分流事实是否存在，仍在疑信之间；而西汉中期以后，在华夏世界诸水皆自西而东这一先秦时期即被视为天地自然之序的地理现象之外，华夏文明中的探险者，终于以身经步历的方式，确认了自东向西诸水的存在，并进而明确了西向与东向诸水的分水岭——葱岭。①

这表明，昆仑之为地极，与前述正对北辰的永冬之地或日中无影的常夏之地存在根本不同，它的基础是大地形势，而非特定的天象与天时。而华夏世界西北高而东南下的地势，不仅提示了昆仑之为地极的性质与形态，也提示了寻找它的方向与方法。汉武帝时期，汉朝向西展开外交与征伐，在遏制匈奴、彰显王朝声威这些军事、政治目的之外，还附带着寻找河源并据以确定昆仑位置的任务。《史记·大宛列传》即载："汉使穷河源，河源出于寘，其山多玉石，采来，天子案古图书，名河所出山曰昆仑云。"② 以帝王裁断的形式，确定了昆仑就在于寘。这一昆仑为于寘南山之说，至东汉，被调整为河分两源（于寘南山与葱岭）之说，形式上尊重先代帝王的裁断，实际将葱岭也加入了昆仑的范围，《汉书》所载汉之西域，亦以葱岭为西界，③ 这都表

---

① 《史记·大宛列传》："于寘之西，则水皆西流，注西海；其东水东流，注盐泽。盐泽潜行地下，其南则河源出焉。"（《史记》卷一二三，第3160页）似据汉武帝定于寘南山为昆仑之说，以于寘为东、西海分水岭。《汉书·西域传》全采以上《史记》之文。至魏晋以降，于寘分水说进一步明确化为葱岭分水说。《水经注·河水》："《凉土异物志》曰：葱岭之水，分流东西，西入大海，东为河源，《禹记》所云昆仑者焉。张骞使大宛而穷河源，谓极于此，而不达于昆仑也。"（〔北魏〕郦道元撰，陈桥驿校证：《水经注校证》卷二，中华书局，2007年，第36页）又《洛阳伽蓝记》："自葱岭已西，水皆西流。世人云是天地之中。"（〔北魏〕杨衒之撰，杨勇校笺：《洛阳伽蓝记校笺》卷五，中华书局，2006年，第211页）
② 《史记》卷一二三，第3173页。
③ 《汉书·西域传》："西域以孝武时始通，本三十六国，其后稍分至五十余，皆在匈奴之西，乌孙之南。南北有大山，中央有河，东西六千余里，南北千余里。东则接汉，厄以玉门、阳关，西则限以葱岭。其南山，东出金城，与汉南山属焉。其河有两原：一出葱岭山，一出于寘。于寘在南山下，其河北流，与葱岭河合，东注蒲昌海。蒲昌海，一名盐泽者也，去玉门、阳关三百余里，广袤三百里。其水亭居，冬夏不增减，皆以为潜行地下，南出于积石，为中国河云。"（《汉书》卷九六上，第3871页）

明了昆仑为大地之上诸水分流之处这一观念在当时的影响力。

因此,"大九州"与昆仑确实与否,及其具体形态与位置,就直接影响着华夏世界"天下"秩序的结构,以及想要实现此秩序的君主与士大夫展开行动的方式。汉武帝时期凿空西域乃至进一步向葱岭之外征伐,其经学基础,为《春秋》公羊学的"三世说"(详后),相应的大地图式,则为邹衍"大九州"之说。而大九州、昆仑地中观念与秦汉时期华夏世界实际状况间的矛盾,又让据昆仑为地极以立人极,进而尝试构造普世王权的行动,即使仅仅是雏形与试探性的,也代价高昂而充满争议。①

首先,如前所述,昆仑之为地极,以整个大地形势为基础。设想大地结构为"中高四下",并据昆仑为诸水分流之处这一"大象",逆黄河而上,至于河源,即可达至昆仑,② 这自理论上虽然颇可自圆其说,但一方面,在世界上气候、地理与民情最为复杂的亚欧大陆中部寻找大河源头,其所需的技术与组织条件,很大程度上超过了古代王朝的能力上限;另一方面,何谓"源头",并非可以身经目验完全确定的简单而透明的"事实",而是受到华夏世界乃至整个大地的尺度与结构观念的巨大影响,典型如自秦汉至明清始终不衰的"伏流重源"说,将黄河通过地下"伏流"追溯向特定巨山,③ 让

---

① 典型见《盐铁论·论邹》载汉宣帝时期关于汉武帝外攘四夷的功过辩论,"大夫"一方引述邹衍"大九州"之说,以秦皇喻汉武,主张汉武帝开拓西域乃至越过葱岭、征伐大宛,是要将仅为大地八十一分之一的华夏世界,自大九州东南一隅,向西、向北扩展,覆盖整个大地,达于瀛海,以真正实现据九州而方四海的普世王权格局。而"文学"一方则主张邹衍之说将天下中心自华夏世界引向西北方若明若暗的鬼神之域,违反了儒家由内而外、由近而远、先人而后鬼神的治道精神,达至昆仑地极乃至进一步扩展向大地边界瀛海之处的冲动,可能导致华夏世界的毁灭。(〔汉〕桓宽撰集,王利器校注:《盐铁论校注》卷九,中华书局,1992年,第551—552页)两方持论,态度截然相反,但都承认汉武帝的开边举动是以邹衍"大九州"之说为基础。
② 谭其骧认为:"古人不知河水真源,推想河为中原第一大水,则其发源处必为西方最高大的山岳,河出昆仑之说殆由此而起。"(谭其骧:《论〈五藏山经〉的地域范围》,《长水集续编》,人民出版社,1994年,第390—391页)
③ 《山海经·北山经》:"敦薨之山……敦薨之水出焉,而流注于泑泽,出于昆仑之东北隅,实惟河原。"(《山海经笺疏》卷三,第69页)对"伏流重源"说的产生原因与内涵,说有多家,岑仲勉主张河出昆仑与"伏流重源"说出于西北民族,与沙漠地区的特殊(转下页)

河源的确定始终摇摆于地理实证主义与观念性的大地图式两极之间。结果河源以及昆仑所在,始终不能达至确定无疑的结论。

再者,也是更重要的,秦汉时期文献所载的大地尺度,有方十万里、① 方二十余万里、② 近六十万里③以至九十万里④等多种,即使根据西汉中期以后至少扩展至葱岭的地理视野,参考相应的天学与经学,而采取最下限估算,大地尺度也有约方三万。⑤ 而五经所载天下方里的上限,是《周礼》中

(接上页)环境有关,其对象不限于黄河。(见岑仲勉:《黄河变迁史》,人民出版社,1957年,第32—45页)刘迎胜认为"伏流重源"说的产生,与古代连接西域与中原的玉石贸易有关。(见刘迎胜:《西北民族史与察合台汗国史研究》,南京大学出版社,1994年,第209—211页)冯令晏指出"伏流"之说与道教洞天观念相似,是中古时期神话与传说的一种固定套式。(见冯令晏:《元前文献图籍所载黄河河源》,《云南大学学报(社会科学版)》2020年第2期,第74—75页)成一农、陈松则借鉴托马斯·库恩的"范式"概念,主张"伏流重源"说是古代理解黄河源头问题的主导性范式,它富有弹性地吸纳历代的实地考察结果,直至近代始终居于主流地位。(见成一农、陈松:《中国古代的河源图研究:基于知识史的一些解读》,《学术研究》2020年第6期)

① 《论衡·谈天》:极下"以至日南五万里,极北亦五万里也。极北亦五万里,极东西亦皆五万里焉。东西十万,南北十万,相承百万里"。(《论衡校释》卷一一,第480页)

② 《淮南子·地形训》:"禹乃使太章步自东极,至于西极,二亿三万三千五百里七十五步;使竖亥步自北极,至于南极,二亿三万三千五百里七十五步。"(《淮南鸿烈集解》卷四,第132页)又张衡:"八极之维,径二亿三万二千三百里。南北则短减千里,东西则广增千里。"(张衡:《灵宪》,严可均编:《全上古三代秦汉三国六朝文·全后汉文》卷五五,第776页)又《河图括地象》:"八极之广,东西二亿三万三千里,南北二亿三万一千五百里。"(《纬书集成》下册,第1094页)

③ 《吕氏春秋·有始览》:"凡四极之内,东西五亿有九万七千里,南北亦五亿有九万七千里。"(《吕氏春秋集释》卷一三,第281页)

④ 《春秋命历序》:"神农始立地形,甄度四海,东西九十万里,南北八十一万里。"(《纬书集成》中册,第880页)

⑤ 先秦至两汉典籍,如《淮南子·地形训》《管子·地数》《山海经·中山经》《河图括地象》以及《尸子》,都载有大地尺度为"东西二万八千里,南北二万六千里"。蒙文通据今文经学天下方三千里之说,合以邹衍"大九州"之说,主张九九相乘而推,大地尺度为方二万七千里,与此相合。(见蒙文通:《再论昆仑为天下之中》,《蒙文通全集》第4卷《古地甄微》,第494—496页;《略论〈山海经〉的写作时代及其产生地域》,《蒙文通全集》第2卷《诸子甄微》,第134—135页)又丁山也认为邹衍"大九州"约方三万里,但理由出于科学而非经学,具体说来,这一大地尺度与明末以降传入中国的西学地球直径大致近似,可视为古代中国的"科学"学说,而东西径较南北径为长,则表明当时人已明了地球赤道半径长于两极半径。(见丁山:《古代神话与民族》,商务印书馆,2005年,第479—[转下页]

第一章 两汉典范的建立:天极与地极

的"方万里",至西汉末年,汉之四至也才大致达至这一方里数,①但这一经传所载且为汉朝用时近两百年方才达至的天下上限,不过是大地面积下限的九分之一。又昆仑在华夏世界西北,汉武帝定其在于阗南山,而于阗国都至位于《禹贡》九州西偏之地的长安,已有近万里,②葱岭之外的大宛,其国都更距长安一万二千余里(离大致在《禹贡》九州几何中心处的洛阳自然更远)。③且自长安向西,经河西走廊至于西域,干燥而寒冷的气候,高峻而崎岖的地势,广阔的沙漠,万物罕生且难以接近的巨山,以及与以农业为主的黄河流域生计和风俗都大不相同的游牧人群,让维持一条外交与贸易通道都成本高昂,更不用说建立某种以普世王权为目标的政治统治。

可以说,秦汉时期普世王权的发展与本当作为其背景的大地观念与地理探索间已经出现紧张。《春秋公羊传》何休解诂据乱、升平、太平三世之说,太平之世"著治大平,夷狄进至于爵,天下远近小大若一",④陈苏镇主张,公羊学自汉武帝时代兴起为解释"汉道"的主导性学说,汉武帝出师四方,

---

[接上页]484)当代学者高建文则认为,蒙文通与丁山对大九州验推方式的解释,都只考虑大地整体面积为《禹贡》九州的八十一倍,而没有考虑邹衍原说中裨海与大瀛海的面积问题。若加入二者,则邹衍大九州的尺度当为方二十余万里。见高建文:《邹衍"大九州"神话宇宙观生成考》,《民俗研究》2016年第6期,第81—85页。

① 《汉书·地理志》:"讫于孝平,凡郡国一百三,县邑千三百一十四,道三十二,侯国二百四十一。地东西九千三百二里,南北万三千三百六十八里。"(《汉书》卷二八下,第1639—1640页)

② 《汉书·西域传》:"于阗国,王治西城,去长安九千六百七十里。"(《汉书》卷九六上,第3881页)

③ 《汉书·西域传》:"大宛国,王治贵山城,去长安万二千五百五十里。"(同上书,第3894页)以上里数,是实际行道里程(人迹),而非几何化的方里(鸟迹)。《周礼·夏官·大司马》贾公彦疏:"若据鸟飞直路,此周之九服亦止五千,若随山川屈曲,则《禹贡》(方五千里——作者注)亦万里,彼此不异也。"(《周礼注疏》卷二九,第1804页)则二者的换算比例约为二比一。且即使不考虑贾公彦按照"鸟飞直路"所定的天下尺度不过方五千里,仍采用《周礼》方万里之说,以洛阳而非长安为起算点,按照二比一折算,不仅大宛,稍近的于阗与洛阳的距离,也仍超过了方万里天下单面距离的上限——五千里。

④ 〔汉〕何休解诂,吴迎龙整理:《春秋公羊经传解诂》上册"隐公元年",商务印书馆,2023年,第26页。

即是本公羊学"必世而后仁"之说，准备在一世（三十年）之内，实现"天下远近小大若一""不外夷狄"的理想。① 但公羊三世说所论的天下，自经学而言，大体以《禹贡》九州为范围，以万里为上限，而汉武帝时期凿空西域后的天下，却须据西域乃至葱岭之外广阔的地理世界，以邹衍"大九州"之说，将上限至少增至方三万里。这一尺度剧增的地理空间，意味着要实现公羊学"致太平"之义，向西的外交与征伐就不得不长期化，在这种意义上，征伐大宛，是达至"天下远近小大若一"的必要步骤，但也正是这一不断向西的征伐，让汉武帝"必世而后仁"的"致太平"计划无法完成，并由于极大地透支民力与国力，结果"天下骚动"，引发以巫蛊之祸为顶点的严重的政治危机。②

这提示了纯据地极以立人极的危险与限度。事实上，在征伐与统治成本高昂之外，仅仅是大地尺度以及与之相应的昆仑位置的不确定性，已经足以对以昆仑为中心构造大地秩序乃至普世王权的任何努力构成重大阻碍。田余庆指出"汉武帝对开边之事心中无数，不知道该在什么地方适可而止"，③ 这种"心中无数"与难以"适可而止"，若仅解释为统治者难以自制其征服欲，仍显单面，事实上，多种对大地尺度的估算以及对昆仑的特殊位置与神异形态的描述，不仅与汉人在西域实地所见不能相合，而有"不雅驯"之讥，④

---

① 《春秋》公羊学在西汉中期兴起的过程，以及该学说对汉武帝时期内外政策的影响，见陈苏镇：《〈春秋〉与"汉道"：两汉政治与政治文化研究》，中华书局，2011年，第205—272页。
② 见陈苏镇：《〈春秋〉与"汉道"：两汉政治与政治文化研究》，第272—289页。又较陈苏镇著作早约二十年的田余庆《论〈轮台诏〉》一文，虽指出征伐大宛之役是加剧武帝一朝内外矛盾的关键原因，但也通过对汉武帝开拓西域步骤与措施的详细分析，主张征伐大宛是汉朝开拓西域的一贯战略的自然结果，并非意外或临时起意之举。见田余庆：《论〈轮台诏〉》，《历史研究》1984年第2期，第11—14页。
③ 田余庆：《论〈轮台诏〉》，第5页。
④ 如司马迁即在《大宛列传》末尾的论赞中，针对汉武帝定于阗南山为昆仑，语带讽刺地评论道："《禹本纪》言：'河出昆仑。昆仑其高二千五百余里，日月所相避隐为光明也。其上有醴泉、瑶池。'今自张骞使大夏之后也，穷河源，恶睹《本纪》所谓昆仑者乎？故言九州山川，《尚书》近之矣。至《禹本纪》《山海经》所有怪物，余不敢言之也。"（转下页）

且由于各说差异极大，难以调和，导致相应的大地结构与地极观念颇显混乱，"适可而止"之"可"自然也就难以确定。

综合以上，虽然根据古代观念，只有在地中进行天文观测，所制历法才能精确，① 但即使在盖天说仍有相当影响的两汉时期，也未见要在昆仑观测天象以制历明时的实践甚或言论；② 而即使如汉武帝这样野心勃勃的开拓之主，也从未尝试甚或提及遵循王者居天下之中的理想，将王都迁至被视为"帝之下都"的昆仑附近，③ 以重新准定天下山岳祭祀体系，展开封禅与巡守。④ 因此，虽然汉武帝做过种种构造以昆仑为中心的天下秩序的象征性举

(接上页)（《史记》卷一二三，第3179页）又《论衡·谈天》："昆仑之高，玉泉、华池，世所共闻，张骞亲行有其实。案《禹贡》，九州山川，怪奇之物，金玉之珍，莫不悉载，不言昆仑山上有玉泉、华池。案太史公之言，《山经》《禹纪》，虚妄之言。凡事难知，是非难测。"（《论衡校释》卷一一，第476页）

① 关增建："地中说对中国古代天文学的影响主要表现在测量思想上。古人从比例对应测量思想出发，认为只有在地中进行的测量才最具权威性，数据才最可靠。"（关增建：《中国天文学史上的地中概念》，《自然科学史研究》2000年第3期，第262页）以这一宇宙论与天文历算观念为基础，近数十年有多名考古与古文字学者提出"中"字的字形即取象于测日影所用的主表。见何驽：《陶寺圭尺"中"与"中国"概念由来新探》，《三代考古》第4辑，科学出版社，2011年，第96—97页。又有学者主张"中"在先秦以上指测风工具，或"中"即指"中气"，虽解释不一，但都主张"中"与历法测量有关。相关研究脉络与观点，见颜世铉：《再谈"中"的实体形态和观念形态意义：从〈论语·尧曰〉"允执其中"说起》，《早期中国宇宙论研究新视野》，第100—109页。

② 关增建认为这是由于根据盖天说，地中正当北极之下，离华夏世界太过遥远，人无法到达。（关增建：《中国天文学史上的地中概念》，第254页）张强也指出："《周髀算经》中的地中必然是处于覆盘的最顶端：即地面的最高处，而这一最高点显然又无法进行实地测量。"（见张强：《天下之中与周公测影辨疑》，《自然辩证法研究》2013年第7期，第85页）

③ 昆仑被视为"帝之下都"，见《山海经·西山经》："西南四百里，曰昆仑之丘，是实惟帝之下都。"（《山海经笺疏》卷二，第43页）以及《山海经·海内西经》："海内昆仑之虚，在西北，帝之下都。"（《山海经笺疏》卷一一，第211页）

④ 《史记·封禅书》："今上封禅，其后十二岁而还，遍于五岳、四渎矣。"（《史记》卷二八，第1403页）似指汉武帝封禅与巡守仍围绕《禹贡》九州内的五岳展开。当代学者牛敬飞商榷道："其实在汉武帝封禅求仙所历名山中，儒家经典规定的'五岳'从未成为过中心。"（牛敬飞：《古代五岳祭祀演变考论》，中华书局，2020年，第34页）但即使根据牛敬飞之说，汉武帝所历之山也未出《禹贡》九州范围。

动,如采纳青齐方士主张,命名明堂中央为昆仑,① 又如司马相如作《上林赋》,夸饰自东西则日出至于日落,南北则永夏至于永冬,皆当是天子苑囿,即以日月所照、风雨所至为界限的至少方三万里的大地,都应当为华夏王朝所有,② 汉武帝闻之大悦,而进用其人。但高寒而干燥的气候,贫瘠而陌生的风土,万物罕生且难以接近的巨山,以匈奴为首的游牧政权的威胁,葱岭之外其他文明世界的存在,尤其是与黄河中下游定居农业区的遥远距离,任何一条都足以打消居昆仑以对称而均衡地领有"大九州"、彻底实现"溥天之下,莫非王土"的宇宙论迷狂与政治美学偏好了。

事实上,虽然西汉中期以后,汉朝的商旅、使节乃至军队,已远及于葱岭之外,地中海地区的方物也已达至中国,③ 但据邹衍"大九州"之说,以昆仑为大地中轴以及天下诸水分流之处,始终并非汉唐时期昆仑观念的唯一

---

① 《史记·孝武本纪》:"济南人公玉带上黄帝时明堂图。明堂图中有一殿,四面无壁,以茅盖,通水,圜宫垣为复道,上有楼,从西南入,命曰昆仑,天子从之入,以拜祠上帝焉。于是上令奉高作明堂汶上,如带图。"【索隐】:"王带明堂图中为复道,有楼从西南入,名其道曰昆仑。言其似昆仑山之五城十二楼,故名之也。"(《史记》卷一二,第480—481页)

② 《史记·司马相如列传》载《上林赋》:"君未睹夫巨丽也,独不闻天子之上林乎?左苍梧,右西极,丹水更其南,紫渊径其北……于是乎周览泛观,瞋盼轧沕,芒芒恍忽,视之无端,察之无厓。日出东沼,入于西陂。其南则隆冬生长,踊水跃波……其北则盛夏含冻裂地,涉冰揭河。"司马迁批评此赋:"侈靡过其实,且非义理所尚。"(《史记》卷一一七,第3016—3017、3025、3043页)宋人程大昌则指明司马相如此赋是要在观念上超越《禹贡》九州以"达于四海",他说:"亡是公赋上林,盖该四海言之。其叙分界,则曰:'左苍梧,右西极。'其举四方,则曰:'日出东沼,入乎西陂。南则隆冬生长,涌水跃波,北则盛夏含冻裂地,涉冰揭河。'至论猎之所及,则曰:'江河为陉,太山为橹。'此言环四海皆天子园囿,使齐、楚所夸,俱在包笼中。彼于日月所照,霜露所坠,凡土毛川珍,孰非园囿中物,叙而置之,何一非实?"(见〔宋〕程大昌撰,许沛藻、刘宇整理:《演繁露》卷一一之《上林赋》,大象出版社,2019年,第195页)我是从巫鸿的著述中注意到《上林赋》以及相关评论的。(见巫鸿:《中国古代艺术与建筑中的"纪念碑性"》,第287—289页)又关于上林苑与昆仑的关系,巫鸿猜测,上林苑中的"建章宫位于长安西部,这一位置可能和西方的神山昆仑有联系。司马相如在赋中就将昆仑看作是天庭之基。武帝将自己的陵墓建在长安正西,或许出于同样的原因。"(同上书,第297页)

③ 见班固:(上林苑)"其中乃有九真之麟,大宛之马,黄支之犀,条支之鸟。逾昆仑,越巨海,殊方异类,至于三万里。"〔汉〕班固:《两都赋·西都赋》,《全上古三代秦汉三国六朝文·全后汉文》卷二四,第1205页)

"取象",昆仑为大地西极的观念以及相应的取象,也同时并存。① 这一观念的宇宙论基础,显然就是前述秦汉时期多种天倾西北、地陷东南之说,以天地西北有作为天柱的巨山名"不周",山折而天地倾。在两汉时期,昆仑被与不周山联系起来,虽或以昆仑在不周之外,② 或以不周在昆仑之外,③ 但都是倾向于将昆仑理解为大地西北之极而非中央之极。④

应该如何理解两种昆仑方位与取象的并存?显然,二者都以大地为本位,据大地本身的形状与尺度以确定地极,并附带假定地极之上必为天极,而非根据天极所在向下确定大地的对应点。因此,二者的根本区别就不在于所依据的天学,而在于所结合的人学。关键则是如何理解华夏世界与整个大地的关系,或者更明确地说,如何在大地图式中安顿华夏文明自身的视点。

如前所述,大地作为人的栖居地,不可能像天空一般将其整体"一目了然"地向人显象,因此,对大地形势与结构,只能根据本文明所居的部分以推测整体。若将华夏文明的视点相对化,主张大地尺度要大大超过自西域至于东海的范围,则华夏世界西北高而东南下的地势,就不过是昆仑居于大地中心并为诸水分流之处这一"大象"的一部分;而若采取华夏文明自我中心视点,并因此必然采用较低的大地尺度估算,以使华夏世界得以覆盖大地的主要部分,则华夏世界西北高而东南下的地势,就被理解为大地的总体形势,而位居西北的昆仑也自然只是大地的"西极"。

不管在何种意义上抬高西北之位的义理与象数重要性,有一点都是明确

---

① 顾颉刚即指出,根据中国本位,以昆仑在西北,与以昆仑自身为中心,在古代文献中往往并行。见顾颉刚:《昆仑传说和羌戎文化》,《古史辨自序》下册,第930页。
② 《汉书·司马相如传》"绝道不周",颜师古注:"张揖曰:不周山,在昆仑东南二千三百里也。"(《汉书》卷五七下,第2598页)
③ 《吕氏春秋·孝行览》"不周之粟",高诱注:"不周,山名,在西北方,昆仑之西北。"(《吕氏春秋集释》卷一四,第319页)《楚辞·离骚》"路不周以左转兮",王逸注:"不周,山名,在昆仑西。"(《楚辞补注》卷一,第45页)
④ 汉武帝君臣有时也主张昆仑为西极。汉武帝自大宛得汗血马,使人作天马歌,其中即有"天马来兮从西极。"(《史记》卷二四《乐书》,第1178页)又小南一郎猜测昆仑与海中三仙山(蓬莱、方丈、瀛洲)起源于同一宇宙山观念,东西分而为二。见[日]小南一郎:《中国的神话传说与古小说》,孙昌武译,中华书局,1993年,第72—73页。

的：在以"中"训"极"的两汉学术、思想与政治传统中，只有中位才是天地人秩序的枢轴与万化生生的本源，以九宫式为基础的大地图式，乃至相应普世王权的构造，都必须围绕天地中位展开。在这种意义上，位于华夏世界西北的昆仑，就如同位于东南的大海一般，只是可居世界的边界，即使在天人相即的意义上，被理解为"天门"或"天梯"，也只是个人解脱的途径，而与在大地之上构造普世文明秩序关系不大。①

既然以昆仑为地极构造大地秩序以及相应的普世文明，在观念与实践上都面临着难以解决的困难，则自汉魏以降，昆仑观念先与道教全面结合、后与佛教部分结合，也就是可以理解的了。② 昆仑在河洛西北万里之外，这一超过"方万里"天下上限的空间距离，让道、佛两教的"方外"之义有了明确的地理意涵。进而言之，汉魏以降，佛、道两教逐渐离开城镇，以山林为修道与存身之所，③ 而介于天地之间、人迹罕至的巨山昆仑，与遍布田畴、人居与宫室的河洛之地，可以看作古代中国社会领域中山林与城镇之别的典范象，④ 则只要汉魏以降逐渐形成的三教并立格局还存在，昆仑之为地极，就始终与河洛处于既相即又相远的并存状态。

---

① 如前述汉武帝时期征伐大宛一事，两汉以来始终存有一解，即汉武帝欲获得天马以登昆仑升仙。当代学术中的阐述，见张维华：《汉武帝伐大宛与方士思想》，《汉史论集》，齐鲁书社，1980年。
② 如《太平经》："中极一名昆仑"，"神仙之录在北极，相连昆仑，昆仑之墟有真人，上下有常"。（王明：《太平经合校》卷一一○、一一二，中华书局，1979年，第532、583页）福永光司指出："把昆仑山作为'天地之中'，使之与天枢——北极星相对应，与作为'太帝之居'的北极紫微宫相对应的广大的世界地理学说，就原封不动地成为六朝时期以后道教宇宙构造论的原型。"（《道家的气论和〈淮南子〉的气》，收入〔日〕小野泽精一等编：《气的思想：中国自然观与人的观念的发展》，李庆译，上海人民出版社，1990年，136—137页）道教神仙体系中的西王母与昆仑观念，见张泽洪：《道教神仙学说与西王母形象的建构》，《中国社会历史中的道教》，宗教文化出版社，2022年，第109—123页。
③ 见魏斌：《"山中"的六朝史》，生活·读书·新知三联书店，2019年，第384—416页。
④ 钱穆将古代中国社会分为四个部分，分别为城市、乡镇、山林与江湖。其中乡镇环绕城市，关系密切，江湖则被视为山林中具有流动性的部分。因此，若采用二分法，则当为城镇与山林。见钱穆：《略论中国社会学》，《现代中国学术论衡》，生活·读书·新知三联书店，2001年，第227—233页。

第二章
两汉典范的建立：地极与人极

第一节 《禹贡》九州与河洛

东汉以降，浑天说取代盖天说，成为古代中国的主导性宇宙论。① 浑天说主张地平，则不管大地是方形平面还是圆形平面，② 其几何中心就是地极。且既然大地总体上为平面，则地极就可能在地势相对较低的平原地区。问题在于确定这一地极的位置：不可能如盖天说般以地极为诸水分流之地，自下而上确定其位置；而通过达至大地"四至"以确定中央所在，虽理论上可行，但就古人的交通方式与测量技术，大地显然过于广阔，地势也过于崎岖而复杂，因此在实践中绝无可能。

另外，以河洛为地极，并不意味着估算的大地尺度降低。具体言之，浑天说取代盖天说，只关乎天地结构，③ 扬雄《难盖天八事》所举八个盖天说

---

① 东汉以降，由于对天象（尤其是日月运行）解释力更强，矛盾更少，浑天说逐渐取得主导地位。古代浑天说的兴起与演变，见陈美东：《中国古代天文学思想》，第 121—167 页。
② 地为方形平面还是圆形平面，自秦汉以即有争议。《大戴礼记·曾子天圆》载曾子反驳地方之说："天之所生上首，地之所生下首，上首谓之圆，下首谓之方，如诚天圆而地方，则是四角之不掩也。"并主张"天道曰圆，地道曰方。"南北朝卢辩注："道曰方圆耳，非形也。"（〔清〕孔广森补注，王树枏校正，王丰先点校：《大戴礼记补注》卷五，中华书局，2013 年，第 109 页）
③ 马伯乐即指出，盖天说与浑天说对天地距离与天球直径的估算是相同的。见〔法〕马伯乐（Henri Maspero）：《汉代以前的中国天文学》，《马伯乐汉学论著选译》，佉晓笛、（转下页）

无法解释的天象,无一项关涉大地尺度与地极位置;①《周髀算经》所载作为大地测算基础的"日影千里差一寸"原则,原封不动地被浑天说采用;而作为该说的代表人物,张衡本人即采信方二十余万里的天地尺度。② 同一时期的经学巨擘郑玄也主张浑天说,③ 其经注所记大地尺度,至少也有方三万里。④ 既然在浑天说中,《禹贡》九州也只是大地的一小部分,那么,河洛之为地极,其可能解释绝非浑天说的大地尺度显著小于盖天说,因此《禹贡》九州已可以覆盖大地的绝大部分甚至全部。

同样,以河洛而非昆仑为地极,也绝不意味着对域外地理与文明认知程度的下降。汉和帝永元九年(97),班超遣甘英出使罗马,至今波斯湾,听闻渡海道远而还;汉桓帝延熹九年(166),罗马皇帝安东尼遣使至中国。两事皆为中西交通史上的重大事件,表明东汉时期对葱岭以外远至罗马的广大区域的了解,当较之前更为加详。《后汉书·西域传》,以罗马为海西"几于日所入"之地,"其人民皆长大平正,有类中国,故谓之大秦",直接认可罗

(接上页) 盛丰等译,中华书局,2014年,第201页。

① 见扬雄:《难盖天八事》,《全上古三代秦汉三国六朝文·全汉文》卷五三,第823页。
② 张衡:"八极之维,径二亿三万二千三百里。南北则短减千里,东西则广增千里。"(张衡:《灵宪》,《全上古三代秦汉三国六朝文·全后汉文》卷五五,第1552页)
③ 郑玄主张浑天说,证据颇多,《礼记·月令》孔颖达疏载两汉人论宇宙起源,"说有多家,形状之殊,凡有六等。一曰盖天,文见《周髀》,如盖在上。二曰浑天,形如弹丸,地在其中,天包其外,犹如鸡卵白之绕黄,杨雄、桓谭、张衡、蔡邕、陆绩、王肃、郑玄之徒并所依用"。(《礼记正义》卷一四,第2927页)可见郑玄用浑天说。又《宋书·天文志》:"郑玄又难其二事。为盖天之学者,不能通也。"([南朝宋]沈约:《宋书》卷二三,中华书局,1974年,第679页)《隋书·天文志》也说:"其后桓谭、郑玄、蔡邕、陆绩,各陈《周髀》,考验天状,多有所违。"([唐]魏徵等:《隋书》卷一九,中华书局,1973年,第507页)则郑玄参与过当时浑天说与盖天说何者为是的辩论。
④ 郑玄根据"日影千里差一寸"原则,主张夏至日影尺五寸的河洛之地,距南戴日下处万五千里。见《周礼·地官·大司徒》:"日至之景尺有五寸,谓之地中。"郑玄笺注:"景尺有五寸者,南戴日下万五千里,地与星辰四游升降于三万里之中,是以半之,得地之中也。"(《周礼注疏》卷十,第1517页)又郑玄主张大地的厚度也是三万里,见《尚书考灵曜》:"地与星辰四游,升降于三万里之中。"郑注:"地盖厚三万里。"(《纬书集成》上册,第344—345页)

马与中国的文明对等性。① 又佛教传入中国的最初时间虽难以精确，但大体是在东汉时期，诸种说法中，也以《后汉书·西域传》所载的"永平传法"说（汉明帝在永平年间梦见西方之神，故遣使天竺，求佛道法）影响最大。② 虽然《后汉书》成于南朝时期，容有后代的知识与观念掺入，但从其中对罗马、印度等的记载，也可以部分看出东汉时期对罗马、印度等葱岭之外文明世界的了解程度。

因此，以河洛之地（洛阳或阳城）为地极，就不可能如昆仑之为地极一样，是根据当时的地理知识、以大地为本位的学说，而是将地极问题转变为可以完全不考虑大地状况的天极或只考虑局部大地状况的人极问题，以天学或人学定其所在。

以天学而定河洛为地极，指参照圭表测定的日影。河洛夏至日影长尺五寸（相对于八尺之表），即被指为地极处的影长。而地极处日中有影，则表明天地是斜对而非正对。但这一据天学定地极，只是形式性的：要晚至南北朝时期，才发展出系统的测量日影以定地极的方法（且事实上该方法并不能确定地极，详后），则河洛之为地极，更可能是先据其为华夏文明中心，再参照河洛之地的天学与地学特征，调整相应的天地位置与结构。③ 因此，在本书看来，河洛与其说是地极，不如说是以地极的形式出现的人极。

这里需要考虑上古历史演变与华夏世界空间秩序的重整。河洛之为人极，在近代学术中，被解释为自三代至东汉二千余年变迁的结果。二十世纪三十年代，傅斯年在综论中国上古民族与地理演变的《夷夏东西说》一文中，据中国总体上西高东低、西为山地东为平原的地势，主张三代以降历史

---

① 东汉以上与葱岭以外文明和民族交往的史事与记载，见张星烺编注：《中西交通史料汇编》第 1 册，中华书局，1977 年，第 11—29 页。
② 古代中国对佛教传入时间的诸种说法，以及永平传法说本身的谱系与真伪，见汤用彤：《汉魏两晋南北朝佛教史》，北京大学出版社，1998 年，第 3—22 页。
③ 具体说来，在洛阳或阳城处，北极都目视在北，两地的北极出地度数（若取周天为 365.25 度，则洛阳约为 36 度，阳城约为 35 度）与天顶（北极出地 91 度强）的差值，就被认为是天地相倾斜的角度。

演变的格局是东西两系并立,① 这一格局在战国表现为六国与秦东西对立,在西汉表现为诸封国与汉廷东西并立,② 又在文化中心在东(齐鲁)而帝都在西(关中)的意义上,表现为文化与政治中心的东西分离。至东汉,伴随着关东的郡县化,各区域文化的交流与融合以及战国时代文化习惯的隐去,南方在经济与文化上的崛起,特别是东汉以降河洛之地在文化上成为全国中心,以南阳为根据地的刘秀集团又选择定都于此,在东的文化中心,与在西的政治中心合一于河洛之地,延续两千余年的东西二元并立格局,才最终转变为以河洛为唯一中心的中央-四方格局。③

事实上,若纯粹就天地之学,在不能进行精确的大地测量也没有可行的

---

① 见傅斯年:《夷夏东西说》,《民族与古代中国史》,河北教育出版社,2002年,特别是第53—58页。又西周地缘与政治结构中的东西二元性,见李峰:《西周的灭亡:中国早期国家的地理和政治危机》,上海古籍出版社,2016年,第31—97页。
② 战国时期铜陶器物、器用制度、墓葬等级序列、都城形态、城址等级序列等方面的东西差异,见梁云:《战国时代的东西差别:考古学的视野》,文物出版社,2008年。田余庆用楚与秦自政治至文化的东西对立,解释秦亡汉兴的总过程,见田余庆:《说张楚:关于"亡秦必楚"问题的探讨》,《历史研究》1989年第2期。陈苏镇接续田氏思路并加以扩展与深化,指出秦统一关东六国后不过十五年即覆灭,是因为从区域文化的差异与冲突看,秦与六国差别巨大,秦东西一律实行郡县制,违背了战国以来这一根深蒂固的东西二元格局。随后汉吸取秦的教训,在秦地实行郡县制,在关东则实行封国制,通过东西异制缓解文化冲突,实现王朝统治的巩固。相应从秦至西汉中期的观念与历史过程,见陈苏镇:《〈春秋〉与"汉道":两汉政治与政治文化研究》,第5—107页。李开元观点与陈苏镇大体类似,并将从秦至西汉中期统称为"后战国时代"。见李开元:《汉帝国建立与刘邦集团:军功受益阶层研究》,生活·读书·新知三联书店,2000年,第74—75页;李开元:《后战国时代论:秦帝国崩溃后的断裂与转型》,收入王晴佳、李隆国编:《断裂与转型:帝国之后的欧亚历史与史学》,上海古籍出版社,2017年。
③ 胡宝国发现,《史记》籍贯书法仍多依从战国习俗,单书县名,而至《汉书》,则多单书郡名,可见两汉时期战国文化影响逐渐消退。见胡宝国:《〈史记〉〈汉书〉籍贯书法与区域观念变动》,《将无同:中古史研究论文集》,中华书局,2020年,第1—8页。齐地为东汉以前中国文化中心,见胡宝国:《汉代齐地政治文化说略》,《学人》第9辑,江苏文艺出版社,1996年;胡宝国另撰有《汉代政治文化中心的转移》一文,全面阐述两汉时期区域观念与政治、文化中心的离合,主张自西汉至于东汉,政治中心在西、文化中心在东的局面,转变为政治与文化中心合一,"关中的政治中心地位与齐地的文化中心地位统统让位于中州地区",而这"从一个侧面宣告了战国文化的最终结束"。(《将无同:中古史研究论文集》,第62页)

系统算法推算地极的情况下，平面大地上的任何一点，原则上都可以自身为中心上对北极，以立地中。①但由于华夏世界在东汉时期已有政治与文化合一的唯一人极——河洛之地，则就天、地、人相即观念，以河洛上对北极为地中，就是虽数与象皆不必然却理上有据的选择。因此，虽然自汉魏以降，以浑天说为背景，河洛之地被视为大地之上进行天文观测的最佳地点，实际的天文观测，也几乎都在此进行，②但这与其说是当时天地之学的结果，不如说浑天说兴起与河洛之地成为政治与文化合一的中心，这两个独立发展的观念与历史过程在东汉时期机缘性地凑合在一起。简言之，是天极与人极的机缘性凑合，而非浑天说义理与象数的自然发展，最终奠定了河洛上对北极这一主导性的天地枢轴模式。

河洛地极之说，也见于同一时期的经学与文学中。《周礼》开首"惟王建国，辨方正位，体国经野，设官分职，以为民极"，郑玄注明此"建国"即指周公营洛，③在洛阳立"民极"，则是因为："日至之景尺有五寸，谓之地中：天地之所合也，四时之所交也，风雨之所会也，阴阳之所和也。然则

---

① 如齐地也被当作上对天极的地中。《史记·封禅书》："齐所以为齐，以天齐也。"【集解】苏林曰："当天中央齐。"同书同卷："祠天齐，天齐渊。"【索隐】顾氏案，解道彪《齐记》云："临菑城南有天齐泉，五泉并出，有异于常，言如天之腹齐也。"（《史记》卷二八，第1367—1368页）又"齐"在古代就被训诂为"中"，相关字词之例，见〔清〕王引之：《经义述闻》卷二七"齐中也"条，江苏古籍出版社，2000年，第634页。
② 洛阳为制历的最佳观测点，见关增建：《中国天文学史上的地中概念》，第254—260页；孙英刚：《洛阳测影与"洛州无影"：中古知识世界与政治中心观》，《复旦学报（社会科学版）》2014年第1期。第4—5页。这一测日影必在河洛地中的原则，被当代学者用来判定上古文献中记载的晷影长度是否为实测。如钱宝琮认为《周髀算经》中冬、夏二至日影长度值，推算对应纬度明显高于周都洛阳，数值应非实测所得；（见钱宝琮：《盖天说源流考》，《钱宝琮科学史论文选集》，第378—379页）赵永恒则认为《周髀算经》中的数值是在公元前六世纪左右在阳城（而非洛阳）实测的。（见赵永恒：《〈周髀算经〉与阳城》，《中国科技史杂志》2009年第30卷1期）虽然二人观点有异，但都赞同古代测日影当在地中（洛阳或阳城）进行。
③ 《周礼·天官·冢宰》"惟王建国"，郑玄笺注："建，立也。周公居摄，而作六典之职，谓之《周礼》。营邑于土中。七年，致政成王，以此礼授之，使居雒邑，治天下。"（《周礼注疏》卷一，第1373页）

百物阜安，乃建王国焉，制其畿方千里，而封树之。"① 张衡也说："昔先王之经邑也，掩观九隩，靡地不营：土圭测景，不缩不盈，总风雨之所交，然后以建王城。"② 即洛阳为《禹贡》九州天时物候最中和之处，最符合天地生生之德。推而广之，洛阳之于《禹贡》九州，正如《禹贡》九州之于大地，张衡《灵宪》所谓赤县之州"风雨有时，寒暑有节。苟非此土，南则多暑，北则多寒，东则多风，西则多阴。故圣王不处焉"。③ 在汉唐经师与儒生看来，中国虽然不在大地中央，四海亦非对称分布，但由于浑天说天地相斜的结构，反而是大地之上天时物候最为中和之处。"分野止系中国"④ 的星野说，即是这种以《禹贡》九州为大地之上唯一文明区观念的集中反映。⑤

在生生之仁的意义上，地极的标志，不是地势的"中高四下"，而是以上《周礼》所述阴阳和合之象，则居此地之人，自气体至于文明都最为完满，四方之民，则因阴阳不和，而各有其缺。这意味着，地学意义上的九州-四海之分，要转化为人学意义上的华夏-夷狄之分，以中国之民相对于四方在气体与文明上的优越性，作为河洛地极的标志。⑥ 具体说来，《尔雅·释地》

---

① 《周礼·地官·大司徒》，《周礼注疏》卷十，第1517页。又同卷："以土圭之法测土深，正日景，以求地中。日南则景短多暑，日北则景长多寒，日东则景夕多风，日西则景朝多阴。"（第1516—1517页）
② 张衡：《东京赋》，《全上古三代秦汉三国六朝文·全后汉文》卷五三，第1530页。
③ 张衡：《灵宪》，《全上古三代秦汉三国六朝文·全后汉文》卷五五，第1552页。
④ 见颜之推：《颜氏家训·归心》，《颜氏家训集解》卷五，第373页。"分野止系中国"的观念理由，见邱靖嘉：《天地之间：天文分野的历史学研究》，中华书局，2020年，第257—267页。
⑤ 星野说兴起于两汉而衰落于宋元，与河洛地中说相首尾，这不是偶然的。
⑥ 《淮南子·地形训》："东方川谷之所注，日月之所出，其人兑形小头，隆鼻大口，鸢肩企行，窍通于目，筋气属焉，苍色主肝，长大早知而不寿；其地宜麦，多虎豹。南方阳气之所积，暑湿居之，其人修形兑上，大口决眦，窍通于耳，血脉属焉，赤色主心，早壮而夭；其地宜稻，多兕象。西方高土，川谷出焉，日月入焉，其人面末偻，修颈印行，窍通于鼻，皮革属焉，白色主肺，勇敢不仁；其地宜黍，多旄犀。北方幽晦不明，天之所闭也，寒冰之所积也，蛰虫之所伏也，其人翕形短颈，大肩下尻，窍通于阴，骨干属焉，黑色主肾，其人蠢愚，禽兽而寿；其地宜菽，多犬马。中央四达，风气之所通，雨露之所会也，其人大面短颐，美须恶肥，窍通于口，肤肉属焉，黄色主胃，慧圣而好治；其地宜禾，多牛羊及六畜。"（《淮南鸿烈集解》卷四，第145—146页）又李淳风："昔（转下页）

所说"九夷，八狄，七戎，六蛮，谓之四海"，① "四海"并非指地理意义上的海，而是夷狄所居的外周区域。② 又星野说中夷蛮戎狄对应于星空四方，③ 以四夷朝宗中国，拟象众星环拱北辰，④ 但四夷所对应的，并非二十八宿中的主星，而只是四方边缘处的少量分星；与此对应，历代正史以夷狄居于列传末尾，后发展为形式性对称的四夷列传，⑤ 所占篇幅不过为正史的一小部分。以上华夏与夷狄悬殊的比例，都与地学上的方里广狭无关，而是基于人

（接上页）者周公列圣之所宗也，夹辅成王，定鼎河洛，辩方正位，处厥中土，都之以阴阳，隔之以寒暑，以为四交之中，当两仪之正，是以建国焉。故知华夏者，道德礼乐忠信之秀气也，圣人所处焉，君子生焉；彼四夷者，北狄冻寒，穷庐野牧，南蛮水族，暑湿郁蒸，东夷穴处，寄迹海隅，西戎毡裘，爰居瀚海，莫不残暴狼戾，鸟语兽音，炎凉气偏，风声浇薄，人面兽心，宴安鸩毒。以此而言，岂得与中国同日语哉？"（〔唐〕李淳风：《乙巳占》卷三《分野》，《续修四库全书》第1049册，第68页）

① 《尔雅注疏》卷七，第5690页。关于四夷的名与数，两汉文献中有异说，相关问题，见胡鸿：《能夏则大与渐慕华风：政治体视角下的华夏与华夏化》，第124—129页。
② 《史记·大宛列传》司马贞索隐："《太康地记》云：'河北得水为河，塞外得水为海'也。"（《史记》卷一二三，第3160页）即海为只见于塞外夷狄之地的名称。又《尚书考灵曜》："七戎、六蛮、九夷、八狄，形类不同，而总谓之四海，言皆近海。海之言晦，昏无所睹也。"（《纬书集成》上册，第346页）渡边信一郎用古今文之别解释海的训义，他认为今文学将海解释为大海，古文学则将海解释为夷狄所居之域。（见渡边信一郎：《中国古代的王权与天下秩序：从日中比较史的视角出发》，第54—57页）
③ 邱靖嘉详细列举了十余种包含夷狄在内的星野说，除见于《史记》的天街二星分野说，都是对称分列四方夷狄，或至少胡、越对举（即分列北狄与南蛮）。见邱靖嘉：《天地之间：天文分野的历史学研究》，第49—51、58—62页。夷狄的对称分布，也见于星野说的引申形式干支分野说，见上书，第71—75页。
④ 李淳风《乙巳占》卷三《分野》："是故越裳重译，匈奴稽颡，肃慎献矢，西戎听律，莫不航海梯山，远方致贡，人备内首，殊类宅心，以此而言，四夷，中国之验也。故孔子曰：'为政以德，譬如北辰，居其所而众星共之。'"（《续修四库全书》第1049册，第68页）
⑤ 自《汉书》之后，四夷多列于正史类传的最末，（具体分析，见胡鸿：《能夏则大与渐慕华风：政治体视角下的华夏与华夏化》，第139—140页）典志体史书与类书也是如此。如杜佑《通典·边防典》以及《太平御览·四夷部》皆严格按照东南西北排列四夷。胡鸿认为正史四夷传的成立，是魏晋以降史学受经学影响（或者说经史合流）的结果，且主要体现在大量保留了东汉以上经学的北方史学（而非受以玄学为代表的魏晋新学浸染的南方史学）中。另外，魏晋南北朝时期北方史学四夷传的齐整，除以上经史合流趋势，也与入主中原的异族试图借助四夷传建立自身的华夏身份（宣示自己并非夷狄）有关，是攀附华夏秩序的表现。见上书，第142—148页。

学上的文明高低。

当然，这里说的"人极"，与现代意义上人从天地秩序中彻底脱嵌有本质区别，它仍以天地之学为背景，将天、地、人相即甚至一体，当作不容置疑的前提。也因此，以人极而立地极，只是法象天极方式的改变，即要更多以人的"制作"（而非如昆仑这样的自然物）取象于天极。具体说来，以洛阳为地极，是因为根据天、地、人三才说，人本身就是与天地并立的至贵者，既然"天地之大德曰生"，而又"天地之性人为贵"，① 则田畴最富庶、宫室最盛大、生人最繁密之地，自然最应该被视为上应天极的地极。而这种法象天极意义上的"制作"的两个典范象，则为井田与宫室。以下分述之。

第二节　天人法象：井田与宫室

前述周公以洛阳为土中而营建王都，《周礼》以此为天地、阴阳、四时、风雨和合交会之地，这具有明确的法象意涵。具体言之，洛阳居于《禹贡》九州的几何中点，建都于此，可以均四方之政。② 《尚书》五服制，以及《周礼》九服制，虽然天下方里、服数多少与封国大小都不同，但就"大象"而言，都采取这一几何对称的"均政"图式：自内而外，各"服"以五百里为

---

① 〔唐〕李隆基注，〔宋〕邢昺疏：《孝经注疏》卷五《圣治章》，中华书局，影印阮元校刻《十三经注疏》本，2009年，第5551页。

② 《周礼·天官·冢宰》"惟王建国"，贾公彦疏："必居地中者，案，《尚书·康诰》云：'惟三月哉生魄，周王初基，作新大邑于东国洛。'郑注云：'岐、镐之域，处五岳之外，周公于政不均，故东行于洛邑，令诸侯谋作天子之居。'"（《周礼注疏》卷一，第1373页）这一"政"的具体含义是需要转输的"贡"与因距离而不同的"职"，见《史记·周本纪》："成王在丰，使召公复营洛邑，如武王之意。周公复卜申视，卒营筑，居九鼎焉。曰：'此天下之中，四方入贡道里均。'"（《史记》卷四，第133页）《史记·刘敬叔孙通列传》："成王即位，周公之属傅焉，乃营成周洛邑，以此为天下之中也，诸侯四方纳贡职，道里均矣。"（《史记》卷九九，第2716页）《帝王世纪》用以上郑玄说："周公相成王，以丰、镐偏在西方，职贡不均，乃使召公卜居涧水东，瀍水之阳，以即中土，而为洛邑，而为成周王都，今苑内王城是也。"（〔晋〕皇甫谧撰，徐宗元辑：《帝王世纪辑存》，中华书局，1964年，第91页）

差递推递远，自外而内，各服则如同车轴般向心"辐辏"。①

自天时以洛阳为阴阳四时风雨和合交会之地，自人事则以洛阳为"万方辐辏"的均政之所，这都是四方朝向中央，与诸星环拱北极的天空图式，可以说互为法象。因此，洛阳上对北极，为天地枢轴，相较于昆仑上升至高至远以上通北极，更多取遥为法象而非互相连通之义。

在两汉时期，以上立人极以效天极的一个典型，即为"田"。于省吾引述裘锡圭的研究，主张古代耕田之田与田猎之田实为一字，表明当时地广人稀，农田与猎场往往交叠，且更有以狩猎造出农田（主要指以火焚烧树木杂草为空地，并驱除兽害）。② 侯旭东指出，直至两汉时期，农耕方在文明观念与政治实践上被确立为最符合天地之道的谋生方式，③ 以上司马相如所述皆可为天子猎场的方三万里大地，也才被在观念上遍布井田、最多方万里的九州天下所取代。耕田之田成为华夏文明之象，则田之义、德与象，自然要发生调整。如《释名·释地》："田，填也。五稼填满其中也。"④ 又《易·乾卦》"见龙在田"孔疏，以耕稼益于万物，如圣人之德。⑤ 又《说文解字》："田，陈也。树谷曰田。象四口。十，阡陌之制也。"⑥

这一十字交叉的"田"象，可谓古代中国文明最基本的"制作"。因此，

---

① 班固比较长安与洛阳："且夫僻界西戎，险阻四塞，修其防御，孰与处乎土中，平夷洞达，万方辐凑。"（班固：《两都赋·东都赋》；《全上古三代秦汉三国六朝文·全后汉文》卷二四，第1210页）但更早的扬雄已指出，万方辐辏以天如车盖为象，出于盖天说，但"视盖橑与车辐间，近杠毂即密，益远益疏。今北极为天杠毂，二十八宿为天橑辐。以星度度天，南方次地星间当数倍。今交密，何也？"（扬雄：《难盖天八事》，《全上古三代秦汉三国六朝文·全汉文》卷五三，第823页）即万方辐辏并不合乎二十八宿拱北极的实象。
② 于省吾主编：《甲骨文字诂林》第3册，中华书局，1996年，第2108—2109页。
③ 侯旭东：《渔采狩猎与秦汉北方民众生计：兼论以农立国传统的形成与农民的普遍化》，《历史研究》2010年第5期。
④《释名疏证补》卷一，第25页。
⑤《易·乾卦》"见龙在田"，王弼注："出潜离隐，故曰'见龙'，处于地上，故曰'在田'。"孔颖达疏："所田食之处，唯在地上，所以称'田'也。观辅嗣之注意唯取地上称田，诸儒更广而称之，言田之耕稼，利益及于万物，盈满有益于人，犹若圣人益于万物，故称'田'也。"（《周易正义》卷一，第21—22页）
⑥《说文解字》卷一三下，第290页。

天以北极为中，地以河洛为中，据此二"中"各自建极，基本结构都是纵横交叉的午贯（十字）形，相应图式则为中央与四方的五位图。两个五位图相错，则为中央与八方的九宫图。①《五行大义》："九宫者，上分于天，下别于地，各以九位。天则二十八宿，北斗九星，地则四方四维及中央……宫唯有九，不十者，八方与中央，数终于九。"②清儒胡渭指出，这一九宫图，是人间诸种法象天极的制度的共通图式，所谓"古之制度，大而分州，小而井田，莫不以九为则，明堂亦然"③。但值得注意的是，最基本的九宫图，则是只能出现于适宜农业的平原地带的井田。位于井田中央的庐舍与公田，九州中央的王畿，明堂中央的太室，都被当作若北辰般位于十字交会处而被八方环拱与辐辏的"中极"。④而八州如藩篱般环拱王畿，并行职贡于王都，则如井田中八方私田环拱并同养此公田。⑤

这种几何化、各向对称的九宫图，可谓古代中国"公"与"平"观念的

---

① 李零：《中国方术考》，第151—154页。
② 萧吉：《五行大义》卷一，《续修四库全书》第1060册，第208、211页。
③ 〔清〕胡渭撰，郑万耕点校：《易图明辨》卷二之"九宫"条，中华书局，2008年，第43页。
④ 九州与明堂详他处。井田之"井"以九宫为象，见程瑶田："井之名，命于疆，别九夫，二纵二横，如井字也。"（〔清〕程瑶田：《沟洫疆理小记·井田沟洫名义记》，陈冠明等校点：《通艺录》，黄山书社，2008年，第339页）井田制下庐舍与公田为八方私田所环拱，见《孟子·滕文公章句上》："方里而井，井九百亩，其中为公田。八家皆私百亩，同养公田，公事毕，然后敢治私事。所以别野人也。"（《孟子注疏》卷五上，中华书局，影印阮元校刻《十三经注疏》本，2009年，第5878页）《春秋公羊传·宣公十五年》传："什一者，天下之中正也。什一行而颂声作矣。"何休解诂："庐舍在内，贵人也。公田次之，重公也。"（《春秋公羊经传解诂》下册，第423页）又《易·井卦》象传："木上有水，井，君子以劳民劝相。"梁锡玙解："公田环中以制外，即封建之良规。"（〔清〕梁锡玙：《易经揆一》卷八，《续修四库全书》第23册，第543页）需要说明的是，许慎："八家一井，象构韩形，罋之象也。古者伯益初作井。"（《说文解字》卷五下，第106页）以井田之"井"为水井之"井"，本书不取此训。
⑤ 傅寅："窃尝计之，九州之别，盖仿井田之法（井田之法，始于黄帝）。方里而井，井九百亩，中为公田，八家皆私百亩，同养公田。而九州之制，一州为王畿，八州建国，以蕃王室，是同养公田之义也。"（〔宋〕傅寅：《九州辨》，赵晓斌点校，张涌泉整理：《杏溪傅氏禹贡集解》卷二，中华书局，2021年，第231页）

"理象"。《说文解字》:"公,平分也。"① 又"平,语平舒也",② 又"均,平遍也。从土从匀"。段玉裁注:"平者,语平舒也。引申为凡平舒之称。徧者,帀也。平遍者,平而帀也。言无所不平也。《小雅·节南山》传曰:均、平也。"③ 综合以上诸义,则大公、太平的理想,就自然以平原地区方可能实现的平正而规整的井田为象,其上方百里的封国、方千里的王畿与最高方万里的天下,④ 自象数至于义理,都以"田"为唯一基础。

作为人的"制作","田"与"井田"对构造天下秩序的基础地位,特别见于探讨井田、封国与天下比例关系时的三分去一原则。《春秋繁露·爵国》:

> 大国十六万口而立口军三,何以言之?曰:以井田准数之。方里而一井,一井而九百亩而立口……率百亩而三口,方里而二十四口。方里者十,得二百四十口。方十里为方里者百,得二千四百口。方百里为方里者万,得二十四万口。法三分而除其一。城池、郭邑、屋室、闾巷、街路市、官府、园囿、委巷、台沼、椽采……定率得十六万口,三分之,则各五万三千三百三十三口,为大口军三。此公侯也。⑤

又《礼记·王制》:

> 方一里者,为田九百亩。方十里者,为方一里者百,为田九万亩。方百里者,为方十里者百,为田九十亿亩。方千里者,为方百里者百,

---

① 《说文解字》卷二上,第28页。
② 《说文解字》卷五上,第101页。
③ 段玉裁:《说文解字注》,第683页。
④ 现存两汉时期文献,对井田的构造以及与国、天下的比例关系探讨最为详尽的,是《周礼·地官·小司徒》:"乃经土地而井牧其田野,九夫为井,四井为邑,四邑为丘,四丘为甸,四甸为县,四县为都。"郑玄笺注。《周礼注疏》卷一一,第1533—1534页。
⑤ 《春秋繁露义证》卷八,第239—241页。

为田九万亿亩……凡四海之内，断长补短，方三千里，为田八十万亿一万亿亩。方百里者，为田九十亿亩。山陵、林麓、川泽、沟渎、城郭、宫室、涂巷，三分去一，其余六十亿亩。郑玄笺注："以一大国为率，其余所以授民也。"①

以上所述，看似考虑到了九州非尽为田亩，而是有自然物"山陵、林麓、川泽"，人造物"沟渎、城郭、宫室、涂巷"，以及田亩有生熟高下，但以方百里之国全为田亩作为前提，且这一"三分去一"原则，虽如贾公彦所指出的，即使对以洛阳为中心的千里王畿，似乎也不能完全成立，②但却被推衍为九州一律的普遍原则，并不考虑各州间天时、地势与人物的差别。又"三分去一"本是律数自宫至羽顺次相推的比例，③则仍是将均衡对称的井田当作天下的基本象，且将九州视为九个按照三分去一原则构造的"大象"的拼合。推而进之，《禹贡》九州大小不一，也被解释为各州地形有别，为保证其井田亩数相同，故土地面积有差。④则九州内的民田而非土地全体，才是九宫图的内容。

既然九州法象井田，则九州封国的等第与数量，也当遵循九州一律的普遍原则。《周礼·夏官·职方氏》条本文与郑玄笺注：

---

① 《礼记正义》卷一三，第2916—2917页。郑玄分九州田地为三等："不易""一易"与"再易"，也以三分去一为比例。《周礼·地官·载师》郑玄笺注："凡王畿内方千里，积百同，九百万夫之地也。有山陵、林麓、川泽、沟渎、城郭、宫室、涂巷，三分去一，余六百万夫。又以田不易、一易、再易，上中下相通，定受田者三百万家也。"（《周礼注疏》卷一三，第1561页）
② 《周礼·地官·充人》贾公彦疏："案：洛邑千里之中，山林之等多于平地，而郑以三分去一，据大较而言也。"（《周礼注疏》卷一三，第1563页）
③ 《史记·律书》："律数：九九八十一以为宫。三分去一，五十四以为徵。三分益一，七十二以为商。三分去一，四十八以为羽。三分益一，六十四以为角。"（《史记》卷二五，第1249页）
④ 傅寅："故其区别境壤，不因土宇之小大，不限山川之间阻，唯据民田多寡而均之耳……九州之别，惟民田是均。"（傅寅：《九州辨》，《杏溪傅氏禹贡集解》卷二，第231—232页）

凡邦国，千里封公，以方五百里则四公，方四百里则六侯，方三百里则七伯，方二百里则二十五子，方百另则百男，以周知天下。

郑玄笺注："以此率遍知四海九州邦国多少之数也。方千里者，为方百里者百。以方三百里之积，以九约之，得十一有奇。云'七伯'者，字之误也。周九州之界方七千里，七七四十九，方千里者四十九，其一为畿内，余四十八。八州各有方千里者六。周公变殷汤之制，虽小国，地皆方百里。是每事言'则'者，设法也。设法者，以待有功而大其封。一州之中，以其千里封公，则可四。又以其千里封侯，则可六。又以其千里封伯，则可十一。又以其千里封子，则可二十五。又以其千里封男，则可百。公侯伯子男，亦不是过也。州二百一十国，以男备其数焉。其余以为附庸。四海之封，黜陟之功，亦如之。虽有大国，爵称子而已。"①

孙明根据汉宋儒者的经学与政论，阐释郑玄笺注中"设法"二字，主张以上固定、比例化的分封等第与数量，是"虚拟之原则"，体现的是"师其意不师其迹"的圣人之"法意"，现实中既不必完全实现，也不必固守不变。② 值得注意的是，郑玄三礼注中述及"设法"，皆只关于封国，而无关于井田，似乎默认在三代时期，井田并非"设法"，而是观念与实践一体的"制作"。则引申这一主题，从三代至两汉，作为人间秩序基础的井田，是否已只是"虚拟之原则"，而非可以在现实中复兴的圣王"制作"？

郑玄乃至东汉经学的最直接背景，是王莽以复兴三代为目标的改制运动的失败。王莽变法的关键措施，即以王田之名实行井田，以抑制当时严重的土地兼并。蒙文通主张，王莽所行，实为以复兴三代为志的先秦以来儒家之公义，而其惨烈失败，则决定性地改变了儒家的气质，让复古改制精神自此

---

① 《周礼注疏》卷三三，第 1864 页。
② 孙明：《"设法"：中国传统制度思想中的"假设"意涵——以郑玄〈周礼〉〈王制〉注中的"设法"为例》，《学术月刊》2019 年第 3 期。

消沉。① 蒙氏所论，虽略有据近代革命观念"格义"秦汉儒学之嫌，但自东汉以降，经师与儒生对复兴井田这一事关立"人极"基础的"制作"信心严重下降，则是确凿无疑的。

在这种意义上，东汉以降以河洛为人极，并据以立地极，自一开始，就面临着井田这一基础性的"制作"可能难以重现的难题。因此，虽然完满的河洛地中说当以井田为基础象，但汉魏以降该说的观念与现实构造，却更多围绕王都宫室而展开。

王都宫室当法象天极，在两汉小学、天学与经学中，证据并不比井田为少。《史记》载箕子过殷墟，而作《麦秀》，②《诗经·王风·黍离》篇，毛传以为宗周士大夫过其故都所作，③ 都是视宫室荒为田亩为王都衰毁之象，则宫室而非田亩，方是王都的象征。

汉人训"极"，在"中"之外，另有一更质朴的义训，《说文解字》卷六上："极，栋也。"④ 又同卷："栋，极也。"段玉裁注："极者，谓屋至高之处。《系辞》曰：上栋下宇。五架之屋，正中曰栋。《释名》曰：栋，中也。居屋之中。"⑤ 以极为屋梁，至高而居中。而这一人间"小象"引申至于极

---

① 蒙文通的阐述散见于多处，最系统的是《儒家政治思想之发展》一文（见《蒙文通全集》第 1 卷《儒学甄微》，又同文讲义本，见《蒙文通全集》第 6 卷《甄微别集》）。周展安将近代学人对王莽与古代儒学关系的重估，自蒙文通扩展至同时代的吕思勉、钱穆乃至李源澄、陶希圣等人。（见周展安：《古典经史与理想政治：中国现代思想史上的"王莽问题"》，《开放时代》2020 年第 5 期）又阎步克直接用"乌托邦精神"定性王莽变法，在井田不能行于当代这一"古义"外，还加上了在三代也从未实现过这一现代"新义"。（见阎步克：《王莽变法与中国文化的乌托邦精神》，《阎步克自选集》，广西师范大学出版社，1997 年）
② 《史记·宋微子世家》："其后箕子朝周，过故殷虚，感宫室毁坏，生禾黍，箕子伤之，欲哭则不可，欲泣为其近妇人，乃作《麦秀》之诗以歌咏之。其诗曰：'麦秀渐渐兮，禾黍油油。彼狡僮兮，不与我好兮！'所谓狡童者，纣也。殷民闻之，皆为流涕。"（《史记》卷三八，第 1620—1621 页）
③ 《诗·王风·黍离》大传："《黍离》，闵宗周也。周大夫行役至于宗周，过故宗庙宫室，尽为禾黍。闵周室之颠覆，彷徨不忍去，而作是诗也。"（《毛诗正义》卷四，第 697 页）
④ 《说文解字》卷六上，第 120 页。
⑤ 段玉裁：《说文解字注》，第 253 页。

致,则是"北极"作为天地之"栋"这一至高至远的"大象"。① 北极所在天区,目视常见不隐,被视为天之中宫,② 而周天以至高而居中的北辰为"栋",则提示了"观象制器"之理。具体说来,《易·系辞下》将宫室起源追溯于黄帝、尧、舜等圣王法"大壮"之卦而制作,所谓"上古穴居而野处,后世圣人易之以宫室,上栋下宇,以待风雨,盖取诸大壮"。③《易·大壮卦》彖辞:"大者正也,正大而天地之情可见矣。"王弼注:"天地之情,正大而已矣。弘正极大,则天地之情可见矣。"④ 王弼注《易》,以扫除象数、纯本义理为宗旨,故此处"大壮"卦注,也止于发挥"弘正极大"之理,而未言及此理所对应的"大象"。孔颖达综合汉魏至隋唐《易》学中义理与象数两端,主张对比"咸""恒"两卦彖辞,"大壮"彖辞不用见"天地万物之情",而用更为简省的见"天地之情","不言万物者,壮大之名,

---

① 宇宙若取无限之义,则没有形象可以模拟。张衡所谓:"过此(指天地——作者注)而往者,未之或知也。未之或知者,宇宙之谓也。宇之表无极,宙之端无穷。"(张衡:《灵宪》,《全上古三代秦汉三国六朝文·全后汉文》卷五五,第1553页)《易·系辞上》"法象莫大乎天地,"(《周易正义》卷七,第170页)又《列子·天瑞》:"夫天地,空中之一细物,有中之最巨者。"(《列子集释》卷一,第31页)即有象以天地为最大。又本书对"极"的引申理解,基于段玉裁。《说文解字》卷六:"极,栋也。段玉裁注:按:《丧大纪》注曰:危,栋上也。引伸之义,凡至高至远皆谓之极。"(段玉裁:《说文解字注》,第253页)当然,就平实质朴的本义,推阐更具义理性的引申义,这在清代汉学内部,也是个争议问题。如桂馥义证"极"字,唯取其本义,不取"至高至远"这一引申义。(见〔汉〕许慎撰,〔清〕桂馥义证:《说文解字义证》上册,中华书局,1998年,第493页)
② 《史记·天官书》:"中宫天极星,其一明者,太一常居也。"(《史记》卷二七,第1289页)"中宫"又称"紫宫"。张衡:"紫宫为皇极之居,太微为帝王之庭。"(张衡:《灵宪》,《全上古三代秦汉三国六朝文·全后汉文》卷五五,第1553页)又《周礼·春官·大宗伯》贾公彦疏引《元命包》:"天生大列为中宫大极星,星其一明者,大一常居,傍两星巨辰子位,故为北辰,以起节度。亦为紫微宫,紫之言中,此宫之中,天神图法,阴阳开闭,皆在此中。"(《周礼注疏》卷一八,第1634页)东汉之后天文历算学以河洛之地(约北纬36度)为符合天地之道的观测点。在这种情况下,中宫就是指以北极为中心、距其36度圈内的诸星座(因其恒在地平线之上)而言。见山田庆儿:《空间分类范畴:科学思考的原始基础性形态》,《古代东亚哲学与科技文化》,第49—50页。
③ 《周易正义》卷八,第181页。
④ 《周易正义》卷四,第99页。

义归天极"。① 即主张北极（在一定程度上也包括南极）才是"弘正极大"的大壮之义所对应的"大象"。因此，王都宫室即为天极的当然"法象"。②

据汉唐时期的文献与考古资料，秦咸阳与汉长安，其宫室乃至城墙，都以天极为法象。③ 其中最典型者，自然非明堂莫属。作为天下政教的中心，④明堂在古代经学中虽充满争议，⑤ 但历代经师与儒者所争者，在其位置、形制与功能（特别是明堂与太庙、路寝、辟雍、太学、灵台等的关系），⑥ 对明

---

① 《周易正义》卷四，第99页。同卷咸卦象辞，"圣人感人心而天下和平。观其所感，而天地万物之情可见矣。"恒卦象辞："观其所恒，而天地万物之情可见矣。"（第95—96页）
② 当代学者卢央主张宫室的圆形屋顶即以天为法象。（见卢央：《易学与天文学》，第65页）故栋为屋之极，如北辰为天之极。
③ 相关文献见于《史记》《三辅黄图》以及汉赋等。见葛兆光：《众妙之门：北极与太一、道、太极》，第54页。近代学者对秦汉都城与宫室法象天极的可能方式的重构，见〔美〕班大卫（David Pankenier）：《北极的发现与应用》，《自然科学史研究》2008年第3期，第284—286页。
④ 金鹗："古之宫室莫重于明堂，其次为庙，其次为寝，故明堂惟天子有之，庙则下达于士，寝则达于庶人。"（〔清〕金鹗：《庙寝宫室制度考》，《求古录礼说》卷二，《续修四库全书》第110册，第215页）又蒙文通："儒家之义，莫重于明堂……凡儒者言禅让、言封建、言议政、言选举学校，莫不归本于明堂……儒家理想之政治，以明堂为最备。"（蒙文通：《儒家政治思想之发展》，《蒙文通全集》第1卷《儒学甄微》，第76—77页）
⑤ 王国维："古制中之聚讼不决者，未有如明堂之甚者也。"（王国维：《明堂庙寝通考》，《观堂集林（外二种）》，河北教育出版社，2003年，第59页）
⑥ 两汉经学中大体有两说，郑玄主张明堂与宗庙、路寝，形制虽同，位置则异。《诗·小雅·斯干》"筑室百堵，西南其户"，郑笺："南其户者，宗庙及路寝，制如明堂，每室四户，是室一南户尔。"（《毛诗正义》卷一一，第934页）《礼记·玉藻》"玄端而朝日于东门之外，听朔于南门之外"，郑笺："东门，南门，皆谓国门也。天子庙及路寝皆如明堂制，明堂在国之阳，每月就其时之堂而听朔焉，卒事反宿。路寝亦如之。"（《礼记正义》二九，第3191页）另一说主张明堂与宗庙、路寝、太学乃至灵台同处同制，异名同实。该说在两汉支持者颇多，一个综合性论述，见《诗·大雅·灵台》孔颖达疏："案，《大戴礼·盛德篇》云：明堂者，所以明诸侯尊卑也。外水名曰辟雍。《政穆篇》云：大学，明堂之东序也。如此文，则辟雍、明堂同处矣，故诸儒多用之。卢植《礼记注》云：明堂即大庙也。天子太庙，上可以望气，故谓之灵台；中可以序昭穆，故谓之太庙；圆之以水，似璧，故谓之辟雍。古法皆同一处，近世殊异，分为三耳。蔡邕《月令论》云：取其宗庙之清貌则曰清庙，取其正室之貌则曰太庙，取其堂则曰明堂，取其四门之学则曰太学，取其周水圆如璧则曰辟雍，异名而同耳，其实一也。颖子容《春秋释例》云：太庙有八名，其体一也。肃然清静谓之清庙，行禘祫、序昭穆谓之太庙，告朔行政谓之明堂，（转下页）

堂当法象天地,则从无异议。① 两汉时期,对明堂法象天地之制,蔡邕《明堂论》述之最详:

> 明堂者,天子太庙,所以宗嗣其祖以配上帝者也……故为大教之宫,而四学具焉,官司备焉。譬如北辰,居其所而众星拱之。万象翼之,政教之所由生,变化之所由来,明一统也……《月令记》曰:明堂者,所以明天地,统万物。明堂上通于天,象日辰,故下十二宫,象日辰也。水环四周,言王者动作法天地,德广及四海,方此水也。《礼记·盛德篇》曰:明堂九室,以茅盖屋,上圆下方……其制度之数,各有所依,堂方百四十四尺,坤之策也。屋圜,屋径二百一十六尺,乾之策也。太庙明堂方三十六丈,通天屋径九丈,阴阳九六之变也。圜盖方载,六九之道也。八闼以象八卦,九室以象九州,十二宫以应十二辰,三十六户七十二牖,以四户八牖乘九室之数也。户皆外设而不闭,示天下不藏也。通天屋高八十一尺,黄钟九九之实也,二十八柱列于四方,亦七宿之象也。堂高三丈,以应三统,四乡五色者,象其行,外广二十四丈,应一岁二十四气,四周以水,象四海。王者之大礼也。②

又班固《西都赋》李善注引刘歆《七略》:

> 《七略》曰:王者师天地,体天而行。是以明堂之制,内有太室,

(接上页)行飨射、养国老谓之辟雍,占云物、望气祥谓之灵台,其四门之学谓之太学,其中室谓之太室,总谓之宫。贾逵、服虔注《左传》,亦云灵台在太庙明堂之中。此等诸儒,皆以庙、学、明堂、灵台为一。"(《毛诗正义》卷一六,第1129页)魏晋以降诸儒多本郑玄之说。
① 当代学者也主张明堂侧视为上圆下方之形,法象天地,是古代中国神话宇宙观的集中体现。见叶舒宪:《中国神话哲学》,陕西人民出版社,2005年,第160—164页。
② 〔汉〕蔡邕:《明堂论》,《全上古三代秦汉三国六朝文·全后汉文》卷八十,第902—903页。

象紫微宫。南出明堂，象太微。①

又《礼记·明堂阴阳录》：

> 明堂阴阳，王者之所以应天也。明堂之制，周旋以水，水行左旋以象天。内有太室，象紫宫；南出明堂，象太微；西出总章，象五潢；北出玄堂，象营室；东出青阳，象天市。上帝四时各治其宫，王者承天统物，亦于其方以听国事。②

又桓谭《新论》：

> 天称明，故命曰明堂。为四面堂，各从其色，以仿四方。上圆法天，下方法地，八窗法八风，四达法四时，九室法九州，十二坐法十二月，三十六户法三十六雨，七十二牖法七十二风。③

明堂为天下政教枢机，正如北极为天地枢轴。在太极生生的意义上，天地万物皆以北极为本源，诸星以"周行"环拱北极，即是此义所对应的"大象"。而明堂既然为其在人间的对应象，则就当以此一宫形制，法象天地、四时、四方与万物。④

但较之昆仑，河洛与"大恒"的关系则曲折很多。昆仑之为地极，除了"与天地际"这一绝高之象，还有"与天地同寿"这一不朽之质。而即使是

---

① 〔梁〕萧统编，〔唐〕李善注，高步瀛义疏，曹道衡、沈玉成点校：《文选李注义疏》卷一，中华书局，1985年，第77页。
② 《太平御览》卷五三三，第2418页。
③ 《新辑本桓谭新论》卷一一《离事》，第46—47页。
④ 宫室法象天极，虽然以明堂最具经学典范意涵，但并不限于明堂。如班固铺陈西汉甘泉宫："其宫室也，体象乎天地，经纬乎阴阳，据坤灵之正位，仿太紫之圆方。"（班固：《两都赋·西都赋》，《全上古三代秦汉三国六朝文·全后汉文》卷二四，第1205页）

高贵如明堂般的制作，像古代中国大部分建筑一样，也是木制的，因此自物质形态上就不可能长久。巫鸿指出，虽然两汉以降，石制建筑兴起，但其使用领域与木制建筑有明显区别："石头所有的自然属性（坚硬、素朴，尤其是坚实耐久）使其与'永恒'的概念相连；木头则因其脆弱易损的性质而与'暂时'的概念相关。从这种差异中产生出两类建筑：木构建筑供生者之用，石质建筑则属于神祇、仙人与死者。"① 木构脆弱易损，意味着明堂不可能如石制建筑般抵御水火灾害乃至时间流逝本身的侵蚀，在缓慢的衰朽中呈现永恒。而这提示了古代中国以人之制作表征永恒的特定方式。

巫鸿在对古代中国丘与墟观念的考察中，探讨了消逝与永恒主题的呈现问题。他指出："在典型的欧洲浪漫主义视野中，废墟同时象征着对'瞬间'和对'时间之流'的执着"，"欧洲废墟的这两个方面（它的废墟化及持久存在）都是建立在一个简单的事实之上，即这些古典或中世纪的建筑及其遗存都是石制的"，"把半毁的建筑（或其复制品）定义成了浪漫主义艺术与文学里的审美客体，同时，这种观赏也暗示了木质结构由于其物质性的短命无常，永远无法变成可以与石质相提并论的审美客体"。而巫鸿反对此说，主张木制建筑同样可以提示永恒，它"是建立在'取消'（erasure）这个观念之上的。废墟所指的常常是消失了的木质结构所留下的'空无'（void），正是这种'空无'引发了对往昔的哀伤"。② 即不是以物质性的持存模拟永恒，而是以持存的反面——"取消"与"空无"提示永恒。

巫鸿的中西对比颇见巧思，但尚有未尽之义。确实，丘墟在宫室已毁的意义上是"空无"，《广雅》中亦有"丘，空也"的字训，③ 但此处作为宫室地基的"丘"，与宫室本身一样，也不一定是自然之物。《说文解字》区分丘与

---

① 巫鸿：《中国古代艺术与建筑中的"纪念碑性"》，第 210 页。
② 巫鸿：《废墟的故事：中国美术和视觉文化中的"在场"与"缺席"》，肖铁译，上海人民出版社，2012 年，第 18—21 页。
③ 巫鸿即强调丘的这一训义，认为这是中国本土废墟概念的基础之一。（同上书，第 21 页）不过，巫鸿承认，以旷野为象的"墟"，而非以土墩为象的"丘"，更明确地表现了这一空无的含义。（同上书，第 23—24 页）

京为二物："丘，土之高也，非人所为也。"① "京，人所为绝高丘也。"②《尔雅·释丘》则主张"绝高为之京，非人为之丘"。③ 两说在"京"是自然还是人为这一点上意见相反，在后代经传注疏中也始终并存，④ 综合起来，可以说王者当据人力而营高丘，以法象自然中的绝高之丘。这种人所制作的高丘，随着时间的流逝，虽然表面磨损且逐渐被草木或禾黍覆盖，但形制犹存，而这一仍可见其形状与规模的丘与完全消失不见的宫室的对比，则提示了永恒。

另外，即使考虑宫室本身与永恒的关系，也非"空无"一义可以概括。哀伤宫室毁灭者，从箕子、周无名大夫、屈原，到明清之际遗民，无不以旧朝人自居，故借宫室毁灭，哀伤旧朝衰亡。但若在五德终始的意义上调用新朝视点，观念与态度就会相当不同。

旧朝与新朝视点，甚至会见于同一个人，典型如身当汉魏之际的曹植。汉建安十六年（211），他作《送应氏诗二首》，其一曰：

> 步登北邙阪，遥望洛阳山。洛阳何寂寞，宫室尽烧焚。垣墙皆顿擗，荆棘上参天。不见旧耆老，但睹新少年。侧足无行径，荒畴不复田。游子久不归，不识陌与阡。中野何萧条，千里无人烟。念我平常居，气结不能言。⑤

---

① 《说文解字》卷八上，第169页。
② 《说文解字》卷五下，第111页。
③ 《尔雅注疏》卷七，第5691页。
④ 汉晋时期，郭璞注《尔雅》而用许慎之义，《尔雅·释丘》："绝高为之京。"郭璞注："人力所作。"（同上书，第5691页）应劭《风俗通义·山泽》则用《尔雅》之说："京。谨按：《尔雅》：'丘之绝高大者为京。'谓非人力所能成，乃天地性自然也。《春秋左氏传》：'莫之与京。'《国语》：'赵文子与叔向游于九京。'今京兆、京师，其义取于此。"（〔汉〕应劭撰，王利器校注：《风俗通义校注》卷十，中华书局，2010年，第465页）至清代，段玉裁注《说文解字》，也并存《尔雅》与《说文解字》两说。见段玉裁："京，人所为绝高丘也。《释丘》曰：绝高为之京，非人为之丘。郭云：为之者，人力所作也。"（段玉裁：《说文解字注》，第229页）
⑤ 〔三国魏〕曹植：《送应氏诗二首》其一，〔清〕沈德潜选：《古诗源》卷五，中华书局，1963年，第123页。

曹操称魏公，公然显示禅代之意，尚在两年后（建安十八年，213）。故曹植作此诗时，仍以汉臣自居，哀悯王都洛阳的荒毁。但汉魏禅代之后，他再作《毁甄城故殿令》，观念与态度已截然不同：

> 令：鄄城有故殿，名汉武帝殿。昔武帝好游行，或所幸处也。梁桷倾顿，栋宇零落。修之不成良宅，置之终于毁坏，故颇撤取，以备官舍……昔汤之隆也，则夏馆无余迹；武之兴也，则殷台无遗基；周之亡也，则伊洛无只椽；秦之灭也，则阿房无尺桷。汉道衰则建章撤，灵帝崩则两宫燔。高祖之魂不能□未央，教明之神不能救德阳。天子之存也，必居名邦□土；则死有知，亦当逍遥于华都，留神于旧室。则甘泉通天之台，云阳九层之阁，足以绥神育灵。夫何恋于下县，而居灵于朽宅哉？以生谕死，则不然也，况于死者之无知乎！且圣帝明王顾宫阙之泰，苑囿之侈，有妨于时者，或省于惠人。况汉氏绝业，大魏龙兴，只人尺土，非复汉有。是以咸阳则魏之西都，伊洛为魏之东京，故夷朱雀而树阊阖，平德阳而建泰极，况下县腐殿为狐狸之窟藏者乎！今将撤坏，以修殿舍，恐无知之人，坐自生疑，故为此令，亦足以反惑而解迷焉！①

自新朝的视点，既然天命已去，则曾作为天命之宅的旧朝宫室，就不能久存亦不必久存。新帝以改制上应天命，为彰显不同于旧朝的德运，弃旧（更多是拆旧）筑新，以一新人耳目，亦是顺天应人之举，故自三代以来莫不如此。②也就是说，在普遍历史领域，以五德终始意义上的"周行"法象

---

① 〔三国魏〕曹植：《毁甄城故殿令》，赵幼文校注：《曹植集校注》卷二，中华书局，2016年，第368—369页。
② 《礼记·大传》："圣人南面而治天下，必自人道始矣。立权度量、考文章、改正朔、易服色、殊徽号、异器械、别衣服，此其所得与民变革者也。"（《礼记正义》卷三四，第3265页）所载新朝改制并未提及宫室，则是沿用旧朝宫室抑或改作新宫，义存两可。但即使沿用，也当自正朔、服色、文章、徽号、器械、衣服等节文处依新朝而改作，而绝不可能原样保存。

永恒的天行，则包括明堂在内的宫室的拆毁与重建，就是这一永恒的"周行"之象的一部分。宋元以前，洛阳城几经衰毁，又几度重建，始终保持着"天下之中"的地位，在复杂的经济、政治与文化因素外，五德终始意义上的永恒的"周行"，也在观念与象数层面提供了一定的支持。

第三节　轴线与朝向：东西还是南北

以上探讨两汉时期的天极、地极与人极观念，始终强调北辰作为天之"大象"，对理解秦汉时期"极"观念十分重要。但尚有一个遗留问题，即作为天上最显明的大象，太阳对"天下之极"的观念有何影响？具体言之，太阳每天东升西落，以成昼夜；就北半球视点，日照点以年为周期南北向往复运动，以成四季。这两个"大恒"之象的天学与经学含义，以及对两汉时期天下之极观念影响为何？

如前所述，中国主体在北回归线以北，日恒在其南。针对这一点，秦汉时期已出现相应的地极观念：在遥远的南方当有日中无影的常夏之地。但该学说在明末以前始终位置边缘。而两种主流的地极观念——昆仑基于地学而非天学，与日的运动方式以及相对于华夏世界的方位无关；河洛则基于人学而非天学，通过天地斜对，解释河洛为地中却并非正当日下——即以补充性的天地结构学说，消融日恒在南这一"大象"与地极在《禹贡》九州之内的可能矛盾。那么，作为天上最显明大象的太阳，对两汉时期天下之极观念的实质影响，究竟是什么？

本书的观点是，两汉时期，太阳作为天象所真正影响的，并非天下之极的位置，而是其构型与居极者的朝向。更明确地说，周秦时期，东西向为天下秩序主向，这与太阳以一日为周期的东西向运动密切相关；秦汉以降，基于日在南以南北向运动而成四季，南北向逐渐取代东西向，成为构造天下秩序的主向，相应地，居北面南而非坐西面东，逐渐成为居天下之极者最主要的朝向。以下具体阐述这一历史与观念过程。

古代礼仪空间以西为上,以坐西面东为主向,这是唐宋以后经学与理学的共识。朱熹即说"古人神位皆西坐东向,故献官皆西向拜",① 罗大经据此主张宗庙之礼亦以坐西面东为上向,② 元人陈世隆则将这一原则进一步扩展:"盖古人之席以东向为尊,宾、师祭礼皆正东向之席,惟人主立朝则南面耳。"③ 至明清之际,顾炎武也说"古人之坐,以东向为尊,故宗庙之祭,太祖之位东向。即交际之礼,亦宾东向而主人西向",④ 清人孙希旦发挥为"凡位以西为尊",⑤ 即所有礼仪空间都遵循坐西面东原则。

又秦汉都城与陵寝建筑的轴线,也以东西向为主。⑥ 杨宽指出,早期都城以东向为尊,实即室以东向为尊原则的放大,⑦ 而陵寝可视为君主在死后

---

① 《朱子语类》卷九十,第2293页。
② 罗大经:"四方以西为尊。王者之庙,太祖坐西,所谓正太祖东向之位是也。"(〔宋〕罗大经撰,刘友智校注:《鹤林玉露》丙编卷一之"西为尊"条,齐鲁书社,2017年,第443页)古代庙主以东向为上向,明清时期论述颇多,如吕柟:"古礼庙主皆东向,今朝廷太庙亦南向。"(〔明〕吕柟撰,赵瑞民点校:《泾野子内篇》卷二六,中华书局,1992年,第266页)王元启:"古者庙制尊东向之位,后世率以南向为尊。"(〔清〕王元启:《先圣贤位次考》,《祇平居士集》卷五,《续修四库全书》第1430册,第515页)
③ 〔元〕陈世隆:《北轩笔记》,文渊阁《四库全书》第866册,第626页。
④ 〔明〕顾炎武撰,陈垣校注:《日知录校注》下册,安徽大学出版社,2007年,第1612—1613页。
⑤ 《礼记·杂记》"复西上",孙希旦集解:"郑氏曰:'北面而西上,阳长左也。'愚谓凡位以西为尊,西上,谓衣之尊者在西也。"(〔清〕孙希旦撰,沈啸寰、王星贤点校:《礼记集解》卷三九,中华书局,1989年,第1051页)
⑥ 关于西汉都城是否为东西向,学界有不小争议。杨宽持东西向之说(见杨宽:《西汉长安布局结构的探讨》,《文博》1984年创刊号;杨宽:《中国古代都城制度研究》,上海古籍出版社,1993年),刘庆柱、史念海则主张当为南北向。(见刘庆柱:《汉长安城的考古发现及相关问题研究:纪念汉长安城考古工作四十年》,《考古》1996年第10期;史念海:《汉代长安城的营建规模》,《中国历史地理论丛》1998年第2期)近年来,刘瑞综合考察西汉长安城两百余年的建造与演变过程,主张其可划分为东向与南向两个阶段,自初期至中期为自西向东,中后期转为自北向南。见刘瑞:《汉长安城的朝向、轴线与南郊礼制建筑》,北京:中国社会科学出版社,2011年,第1—48页。许宏也支持刘瑞这一观点。见许宏:《大都无城:中国古都的动态解读》,生活·读书·新知三联书店,2016年,第53—57页。我采纳刘瑞之说。
⑦ 杨宽:"古代都城的设计者,就是把整个都城看作一'室',因而把尊长所居的宫城或宫室造在西南隅,整个都城的布局都是坐西朝东的。"(杨宽:《中国古代都城制度研究》,第194页)

世界中的都城与宫廷，也按照"事死如事生"的原则，以东向为尊。① 另外，秦汉王朝都以关中为本以制御东方，都城与陵寝坐西面东，也是遵循这一临御天下的形势。②

不过，两汉时期也是古代中国中轴线构造的转变期，都城与陵寝的朝向，逐渐自东西变为南北，相应的朝会与祭祀，也调整为以南北为正向。具体而言，田天指出，秦汉时期（特别是两汉之际）国家祭祀发生重要变化，王都南郊升格为天地秩序中最神圣之所，之前遍布华夏世界各方的祠畤，被集中于此的郊祀所取代，③ 天地祭祀亦以南向为上向。④ 延及唐宋以后，这一居北面南原则，更自朝会与天地祭祀，延及一切公私礼仪。这可谓古代中国天下之极构型与居极者朝向的一个根本变化。该如何理解其原因与意涵？

一种解释诉诸秦汉至唐宋宫室结构的变化。唐宋以降的经学与理学，将坐西面东与居北面南，视为古代宫室结构中后室与前堂两个礼仪空间各自遵循的原则。具体说来，以宗庙之礼为代表的室中之礼，以东向为上向，以朝会之礼为典型的堂上之礼，则以南面为上向。⑤ 因此，秦汉以降居

---

① 杨宽：《中国古代陵寝制度史研究》，上海古籍出版社，1993年，第161—162、190—191、200—202页。
② 同上书，第191—192页。
③ 田天：《西汉末年的国家祭祀改革》，《历史研究》2014年第2期。田天总结这一变革有三个关键特征，分别为"去个人化""去方士化"以及"空间紧缩化"（第38—39页）。或可补充第四点，即南北向神圣化。
④ 《汉书·郊祀志》载元始仪："天地合精，夫妇判合。祭天南郊，则以地配，一体之谊也。天地位皆南乡。"（《汉书》卷二五下，第1266页）
⑤ 朱熹："室中之位固以东向为尊矣……本庙之主在其庙室中皆东向……堂上之位，则以南向为尊……今沈存中说祭礼朝践于堂，亦以南向为尊。"（〔宋〕朱熹：《答王子合》，《晦庵先生朱文公文集》卷四九，朱杰人、严佐之、刘永翔主编：《朱子全书》第22册，上海古籍出版社、安徽教育出版社，2010年，第2252页）朱熹："古人惟朝践在堂，它祭皆在室中……其祭逐庙以东向为尊，配位南向。若朝践以南向为尊，则配位西向矣。"（《朱子语类》卷一一七，第2662页）又《尚书·顾命》"牖间南向"，金履祥注："此平时见群臣觐诸侯之坐。古者前为堂，后为室，室中以东向为尊，户在其东南，牖在其南，户牖之外为堂，以南向为尊。其位在户外之西，牖外之南，故《尔雅》'户牖之间谓之扆'，谓（转下页）

第二章　两汉典范的建立：地极与人极　107

北面南地位逐渐上升,是宫室结构发生变化且室中礼仪被移至堂上举行的结果。①

在以上礼制解释外,近代学者杨宽提出了一个政治性解释。他根据宗庙

(接上页)设扆之处也。此所谓'牖间南向'之坐也。"(〔宋〕金履祥撰,鲍有为整理:《尚书注·尚书表注》卷一一,上海古籍出版社,2022年,第339页)以上宋元儒用前堂后室之分解释古礼南向与东向之别,为清代朴学加以继承与发挥,凌廷堪则发凡起例,主张"凡室中、房中拜,以西面为敬;堂下拜,以北面为敬",并解释道:"盖堂上以南乡为尊,故拜以北面为敬。室中以东乡为尊,故拜以西面为敬。"(凌廷堪:《礼经释例》卷一《通例上》,《凌廷堪全集》第1册,第37、39页)王鸣盛则将南堂、北室礼仪方向的不同,与堂、室二者的结构差异联系在一起:"人君在堂上南面临群臣,自然东为尊、西为卑。及入户至室中,在东者近户出入处,其势又以坐西而东向者为尊矣。"(〔清〕王鸣盛:《十七史商榷》卷二三"尚右"条,陈文和编:《嘉定王鸣盛全集》第4册,中华书局,2010年,第254页)

① 后代宫室格局改变,让室中祭礼无法居西面东,明清经师与儒者论述颇多,见王廷相:"古者庙制,大夫士东房西室,见于《仪礼》者可考,其庙皆有堂……栋后楣之下为壁,而开户牖,为房室,户在东,近房;牖在西,直室。户牖之间谓之依,乃堂之正中,尊者所处,所谓客位是也。户既偏东,则室最深隐,故西南隅谓之奥,东南隅谓之爻,而祭祀及尊者常处焉。是以寝庙以室为主,而神坐东向,祭者西向以从事,由其事势不得不然尔。后世之庙,既无房室之制,皆南向中门,如古之堂焉。若如《家礼》,高曾祖考之位以次自西而东,不惟与古人神坐东向之礼不合,且于今之庙制无所取义,岂事体之所宜乎?……况生时所处,燕宾客,奉亲长,训子姓,莫不于中堂取正而居之,没乃偏于室之一隅而祭之,又岂事死如事生之义哉?徒泥夫古人神道尚右之说,而不达夫因时制宜之义,皆信古不通之过也。"(〔明〕王廷相:《祠庙神位图说》,王孝鱼点校:《王廷相集》,中华书局,1989年,第633—634页)又夏言:"古人庙制,前堂后室,与今制不同,故有南牖北牖以列昭穆之主,而太祖之主则以东向为尊。今屋制既与古殊,乃欲泥古东向之文,则太祖之主当该于西旁中柱之下,又当改易庙门,别开南北之牖而后可,泥古非今,变更制度,莫此为甚。其欲天子亲迎群庙之主,一时出就前庙,恐迂回曲折;往复出入,势所不能,劳亦不胜。"(〔明〕夏言:《南宫奏稿》卷三,文渊阁《四库全书》第429册,第489页)又江永:"朱子排祖先位以西为上,盖谓神道尚右也。然古人祫祭,尸在室,则以东向为尊,南向昭而北向穆;尸在堂,则以南向为尊,亦左昭而右穆。今人祭皆在堂,宜以最尊者居中南向,余则左右对排,似理得而心安。盖今人习于东上,若以尊者居西,反若不安也。"(〔清〕江永集注,严佐之校点:《近思录集注》卷九,华东师范大学出版社,2015年,第210页)又沈自南:"古人宫室门东偏向,故谓西南为奥,西北曰屋漏,不愧屋漏,犹曰不愧暗室也。则其制可知矣。故祀礼以西为尊,南向为昭,北向为穆。今制门中开,西南非奥,则不尊矣。犹袭尚右,不反卑耶?"(〔清〕沈自南:《艺林汇考·栋宇篇》卷八,文渊阁《四库全书》第859册,第82页)

礼尊祖而朝会礼尊君的二分，① 主张东向为宗法礼制朝向，南向则为皇权礼制朝向，东汉以降，南郊祭天与朝会礼（元会仪）超过宗庙礼，成为王朝主礼，朝廷取代宗庙，成为都城礼制空间的中心，乃至南向超过东向成为主向，这都是汉魏以降皇权加强的表现。②

以上两说，各有所见。本书要强调的是，居极者的朝向，以天学观念以及相应的天人关系为背景，因此，东汉以降居北面南取代坐西面东，成为礼制空间的主向，不应忽略同一时期天学观念的演变。

首先，秦汉以上礼仪空间中的坐西面东原则，与同一时期天地结构观念有何种联系？明清经师与儒者主张，在天人法象的意义上，坐西面东对应于两个天学"大象"：天左旋、日月五星右转，和中宫紫薇垣东向；一个地学"大象"：华夏世界西高东低、山水东向；③ 以及一个人学"大象"：周代天子居西，东向而朝诸侯。④

以上解释所调用的，是两宋以降更具地学背景的"形势"说反格天学而形成的天地新观念（详后），故未必契合两汉时期。近代学者以比较文明视

---

① 秦蕙田："三代盛时，无所谓朝贺也。每日则有视朝之仪，月朔则有听朔之礼……但古者于庙行告朔之礼，所以尊祖；后世于朝举贺岁之礼，乃以尊君。名同而实异。"（〔清〕秦蕙田：《五礼通考》卷一三六，方向东、王锷点校，中华书局，2020年，第6284页）
② 杨宽对都城礼制空间从东西向变为南北向及其原因的论述，见《中国古代都城制度研究》，第137、184—200页。
③ 吕坤即主张："古人是天道自中极而左旋，起向右也；地道自西北而东南，高在右也。神道坐西东向，尊在右也。人道右手用事，权在右，故行步右足先发，而左足次之，起拜左足先屈，而右足先伸。八卦之位《乾》在右，古今简册之序往为右。古人重右，因其自然，顺其当然也。"（见〔明〕吕坤：《南礼辨》，王国轩、王秀梅整理：《去伪斋文集》卷六，《吕坤全集》第1册，中华书局，2008年，第309页）胡承诺则说："古之神位以东向为尊，盖天之紫垣向东，天下山川之势自地络而分，北至巫闾，南极闽海，缭绕如周墙，而泰山当其前，若树屏然，亦东向也。"（〔清〕胡承诺：《绎志》卷一六，《续修四库全书》第945册，第218页）
④ 俞樾主张，宗周居于天下之西，古人以西为尊，是"尊周"原则的体现。见俞樾："古以东向为尊……（齐景——作者补）公问晏子曰：'先ъ太公立城，曷为夕？'对曰：'周之建国，国之西方，以尊周也。夫天子之国在西，而诸侯不敢背之建国。'"（〔清〕俞樾：《太上感应篇缵义》下篇，汪少华、王华宝主编：《俞樾全集》第30册，浙江古籍出版社，2017年，第59页）

点解释中国上古文献与考古材料,可能更接近当时的本相。具体说来,鲜卑、契丹与蒙古等民族,其礼仪与日常生活皆以西为上。① 这表明,重视东西轴线并以坐西面东为主向,是古代北方各民族的通例。②

另外,古代天文历算学相当重视日东升西落这一最显明的天象。唐晓峰据吉德炜对商代地理空间观念的研究,主张由太阳一日间的视运动而定的东西向,是最早的方向轴线,越接近历史早期,这一轴线就越重要。③ 又针对《春秋》之名不及夏冬,杜预认为是"错举四时",当代学者则指出这可能与四时名称的出现顺序有关,相较春、秋二时,冬、夏为后起。④ 而春秋之所以先得名,则与古代天文历算学的测量方式有关。土圭测影先定东西,再定南北,通过确定春分点与秋分点,进而确定包括冬至与夏至在内的其他

---

① 李零根据历代文献记载以及唐宋碑碣与建筑,指出突厥、契丹有坐西面东的习惯。(见李零:《中国方术续考》,东方出版社,2000 年,第 277—279 页)康乐参考凌纯声等近代人类学家的民族志研究,指出北方各民族的礼仪与日常生活大体都以西为上。(见康乐:《从西郊到南郊:国家祭典与北魏政治》,稻乡出版社,1995 年,第 167—171 页)又宋人即注意到这一现象,欧阳修:"契丹好鬼而贵日,每月朔旦,东向而拜日,其大会聚、视国事,皆以东向为尊,四楼门屋皆东向。"(见〔宋〕欧阳修撰,〔宋〕徐无党注:《新五代史》卷七二《四夷附录》,中华书局,1974 年,第 888 页)

② 对北方各民族为何始终保持以西为上传统,而没有像秦汉以后的汉族一样改为重视冬、夏二至,以居北面南为上向,康乐指出,东北与蒙古高原季节与长城以南不同,四季不均衡,夏季最短,春、秋也较短,冬天则严寒而漫长,中原王朝以冬至为中心的历法与祭祀(如郊祀)无法进行。又匈奴有正月龙祠之制,江上波夫认为冬季非北亚游牧民社交与礼仪的季节,因此怀疑这一典礼来自南方汉朝的正月朝会制度。(见康乐:《从西郊到南郊:国家祭典与北魏政治》,第 174—175 页)

③ 唐晓峰并且主张重视东西向还是南北向,代表着自然与人文之别。见唐晓峰:《从混沌到秩序:中国上古地理思想史述论》,中华书局,2010 年,第 189—194 页。

④ 对于冬、夏二时出现的具体时期,当代学者略有争议,关键是西周时是否有冬、夏观念。于省吾认为甲骨卜辞中只有春、秋而无冬、夏字,再参以《尚书》《诗经》等经典以及金文鼎彝(于省吾称此为"卜辞和早期典籍的二重证明"),表明商代乃至西周初尚只有春、秋二时。(见于省吾:《岁、时起源初考》,《历史研究》1961 年第 4 期,第 101—104 页)郭沫若也认为西周无四时观念。(见郭沫若:《金文所无考》之"四时"条,《金文丛考》,人民出版社,1954 年,第 29—31 页)杨伯峻则主张金文中有"冬"字,至西周已出现四时之分,因此赞同杜预以《春秋》之名为"错举四时"之说。见杨伯峻:《春秋左传注》上册"前言"之"春秋名义",中华书局,2018 年,第 2—4 页。

节气。① 这一古代传统，在文字中似也有遗留。《说文解字》"正，是也"，而"是，直也，从日正"。段玉裁注："十目烛隐则曰直，以日为正则曰是。从日正会意。天下之物莫正于日也。"② 似即有取于以日正天下之向的古代实践。③

但至迟至秦汉时期，天文历算学中南北向开始超越东西向而居于主导地位。首先，日的直射点在南北回归线间以年为周期做往复运动，中国主体在北回归线以北，因这一日照点的年运动而形成四季，则日的南北向运动，就是四时均衡、寒温得正的前提条件。④ 这一"大象"并不直观，必须通过冬至与夏至间日影长短的变化推求而得，⑤ 其取代日东升西落这一直观"大象"，成为构造天地秩序的基础"象"，在天文历算学之外，还有着《易》学象数论意涵。具体言之，第一，作为南北向日运动的两端，晷影最长的冬至与晷影最短的夏至，逐渐超越春、秋二分，在天文历算学中居于关键

---

① 天文历算学上先定东西后定南北的经学依据，见《诗·鄘风·定之方中》"定之方中，作于楚宫"，毛传："定，营室也。方中，昏正四方。"又"揆之以日，作于楚室"，毛传："揆，度也。度日出日入，以知东西。南视定，北准极，以正南北。"（《毛诗正义》卷三，第665页）据其文序，似先定东西，再定南北。《周礼·考工记·匠人》："为规，识日出之景与日入之景"，郑玄笺注："日出日入之景，其端则东西正也。又为规以识之者，为其难审也。自日出而画其景端，以至日入，既觊为规测景两端之内规之规之交，乃审也。度两交之间，中屈之以指臬，则南北正。"（《周礼注疏》卷四一，第2005页）另如《汉书·律历志》载汉武帝时期"议造《汉历》。乃定东西，立晷仪，下漏刻，以追二十八宿相距于四方，举终以定朔晦分至，躔离弦望"。（《汉书》卷二一上，第975页）当代学者冯时认为，古代中国历法测定春分、秋分先于夏至、冬至。见冯时：《中国天文考古学》，第208—209页。对古代天文历算学中东西先于南北的更详细论述，见冯时：《文明以止：上古的天文、思想与制度》，中国社会科学出版社，2018年，第46—58页。
② 段玉裁：《说文解字注》，第69页。
③ 以上《说文解字》对"正""是"两字的训诂以及相应解释，我得自班大卫：《北极的发现与应用》，第287页。
④ 《汉书·天文志》："冬至日南极，晷长，南不极则温为害；夏至日北极，晷短，北不极则寒为害。故《书》曰：'日月之行。则有冬有夏也。'"（《汉书》卷二六，第1296页）
⑤ 《汉书·天文志》："晷景者，所以知日之南北也。日，阳也。阳阴事则日进而北，昼进而长，阳胜，故为温暑；阴事则日退而南，昼退而短，阴胜，故为凉寒也。故日进为暑，退为寒。"（同上书，第1294页）又《尚书考灵曜》郑注："日之行，冬至之后，渐差向北，夏至之后，渐向南。"（《纬书集成》上册，第347页）

第二章　两汉典范的建立：地极与人极　*111*

地位,①天文历算学家据日间晷影与昏时"中星"(昏时现于南中天的星宿),发展出测定冬、夏二至的方法,并在天文测算外,参照冬至一阳生、夏至一阴生的消息之理,发展出更具天人感应色彩的探求二至法——候气。②第二,通过观测中星,以确定日躔,推求分至,由于观测点的位置,古代即有解释为圣人坐北面南以观象,③这为同样坐北面南的宫室与君主朝位,提供了天学意义上的支持。④第三,南北向以及坐北面南观念的重要性,与《易》学关系颇深。《周髀算经》将日的"南北行"关联于《易》的卦位,⑤《易·说卦》:"离也者,明也。万物皆相见,南方之卦也。圣人南面而听天下,向明

---

① 孙小淳指出,《周髀算经》《汉书·律历志》《易纬》中所载的二十四节气影长,除了冬、夏二至为实测,其他都是从二至影中推算出来的。(见孙小淳:《关于汉代的黄道坐标测量及其天文学意义》,《自然科学史研究》2000年第2期,第146、151页)又黎耕、孙小淳指出,秦汉以上典籍通常只载冬、夏二至晷影,东汉以下典籍方备载二十四节气晷影。(见黎耕、孙小淳:《汉唐之际的表影测量与浑盖转变》,《中国科技史杂志》2009年第1期,第121页)

② 《史记·天官书》:"冬至短极,县土炭,炭动,鹿解角,兰根出,泉水跃,略以知日至,要决晷景。"(《史记》卷二七,第1342页)又《汉书·李寻传》颜师古注:"孟康曰:《天文志》云:县土炭也,以铁易土耳。先冬夏至,县铁炭于衡,各一端,令适停。冬,阳气至,炭仰而铁低。夏,阴气至,炭低而铁仰。以此候二至也。"(《汉书》卷七五,第3183页)又《后汉书·律历志》:"天子常以日冬夏至御前殿,合八能之士,陈八音,听乐均,度晷景,候钟律,权土炭,效阴阳。冬至阳气应,则乐均清,景长极,黄钟通,土炭轻而衡仰。夏至阴气应,则乐均浊,景短极,蕤宾通,土炭重而衡低。"(〔南朝宋〕范晔撰,〔唐〕李贤等注:《后汉书》卷九一,中华书局,1965年,第3016页)历代对候气说的批评,见戴念祖:《中国音乐声学史》,中国科学技术出版社,2018年,第409—416页。

③ 《宋书·律历志》:"(祖——作者补)冲之曰:'《书》以四星昏中审分至者,据人君南面而言也。'"(《宋书》卷一三,第309页)章如愚:"中星:圣人南面而听天下,占星以授人时。"(〔宋〕章如愚:《群书考索》前集卷二《六经门》,文渊阁《四库全书》第936册,第21页)王应麟:"然《尧典》时取其见于午者,何哉?盖'圣人南面而听天下',以答阳为义也。"(〔宋〕王应麟撰,郑振峰等点校:《六经天文编》卷上之"七月流火"条,中华书局,2012年,第160页)

④ 见冯时:《文明以止:上古的天文、思想与制度》,第73页。

⑤ 《周髀算经》卷下:"日出左而入右,南北行。注:圣人南面而治天下,故以东为左,西为右。日冬至从南而北,夏至从北而南,故曰南北行。故冬至从坎,阳在子,日出巽而入坤,见日光少,故曰寒。夏至从离,阴在午,日出艮而入乾,见日光多,故曰暑。"(第74页)

而治，盖取诸此也。"① 对中国绝大部分地域（尤其是河洛），日恒在南（即阳光永远不会从北方至），则南方就是绝对的阳方，北方则为绝对的阴方，南面而听天下，向明而治，就是符合永恒天行的人间法象。而这一法象的最集中体现，自然是明堂。

明堂与南方以及日在南这一"大象"的关系，汉代有颇多讨论。明堂得名于《孝经·圣治章》邢昺疏引郑玄："明堂居国之南，南是明阳之地，故曰'明堂'。"② 又《礼记·明堂位》孔颖达疏引淳于登："明堂在国之阳，三里之外，七里之内，丙巳之地，就阳位，上圆下方，八窗四闼，布政之宫，故称明堂。"③ 综合两说，则明堂为南向堂，当盛阳，且在国都南方，就阳位，不管就建筑朝向还是位置，皆应日在南之象，④ 合乎《易》传"向明而治"之理。故蔡邕《明堂论》有：

> 明堂者，天子太庙，所以宗祀其祖以配上帝者也。夏后氏曰世室，殷人曰重屋，周人曰明堂。东曰青阳，南曰明堂，西曰总章，北曰玄堂，中央曰太室。《易》曰："离也者，明也，南方之卦也，圣人南面而听天下，向明而治。"人君之位，莫正于此焉。故虽有五名，而主以明堂也。⑤

日恒在南，则南方为明方，面南为向明，为人君正向，故明堂为天子太庙的主名，居北面南为天下秩序的主向。但秦汉时期，华夏世界南界已经越过北回归线，达于今越南中部，其地日可在北，户亦可在北，故地名

---

① 《周易正义》卷九，第197页。
② 《孝经注疏》卷五，第5552页。
③ 《礼记正义》卷三一，第3223页。
④ 对明堂与日在南关系的论述，并不限于儒家。《太平经》："惟天地之明，为在南方，巳午同家，离为正目，当明堂之事，日照明以南向北，阳气进退，亦不失常，阴阳相薄，以至子乡，寒温相直，照彻自然，甚可喜。"（《太平经合校》卷五六至六四，第213页）
⑤ 蔡邕：《明堂论》，《全上古三代秦汉三国六朝文·全后汉文》卷八十，第902页。

北户,① 郡名日南,② 县则名比影,③ 更有人据此主张南北可变易,南冥可与幽都同。④ 则居北面南这一华夏世界天下秩序的主向,与以上"北户""日南""比影"之地,是何种关系?

秦汉时期对日下无影之地最具宇宙论意涵的探讨,见于《周髀算经》:

> 日夏至南万六千里,日冬至南十三万五千里,日中无影。以此观之,从极南至夏至之日中十一万九千里。注:诸言极者,斥天之中。极去周十万三千里,亦谓极与天中齐时,更加南万六千里是也。⑤

又同书:

> 春分、秋分,日在中衡,春分以往日益北,五万九千五百里而夏至。秋分以往日益南,五万九千五百里而冬至。注:并冬至、夏至相去

---

① 《吕氏春秋·离俗览》:"北至大夏,南至北户,西至三危,东至扶木。"(《吕氏春秋集释》卷一九,第532—533页)《史记·秦始皇本纪》:"六合之内,皇帝之土,西涉流沙,南尽北户,东有东海,北过大夏。人迹所至,无不臣者。"(《史记》卷六,第245页)又《史记·秦始皇本纪》"南至北向户",裴骃集解:"《吴都赋》曰:'开北户以向日。'刘逵曰:'日南之北户,犹日北之南户也。'"(同上书,第239、241页)

② 《汉书·地理志》"日南郡",颜师古注:"言其在日之南,所谓开北户以向日者。"(《汉书》卷二八下,第1630页)又《水经注·温水》:"建八尺表,日影度南八寸。自此影以南在日之南,故以名郡。望北辰星,落在天际。日在北,故开北户以向日。此其大较也。"(《水经注校证》卷三六,第834页)

③ 《汉书·地理志》载日南郡"县五:朱吾,比景,卢容,西卷,象林",颜师古注:"如淳曰:'日中于头上,景在己下,故名之。'"(《汉书》卷二八下,第1630页)《水经注·温水》:"阚骃曰:比,读荫庇之庇,影在己下,言为身所庇也。"(《水经注校证》卷三六,第836页)又"比影"另解作"北影",《文选·京都下·吴都赋》"结根比景之阴",李善注:比影"一作北景。云汉武时日南置北景县,言在日之南,向北看日,故名。"(《文选李注义疏》卷五,第1110页)

④ 《文选·京都下·吴都赋》"开北户以向日,齐南冥于幽都",李善注:"日南人北户,犹日北人南户也。善曰:《尚书》曰:宅朔方曰幽都。谓日既在北,则南冥与幽都同。"(同上书,第1119—1120页)

⑤ 《周髀算经》卷上,第34—35页。

十一万九千里。冬至以往日益北近中衡,夏至以往日益南近中衡。

中衡去周七万五千五百里。中衡左右冬有不死之草,夏长之类。
注:此欲以内衡之外、外衡之内,常为夏也。然其修广,(赵——作者补)爽未之前闻。此阳彰阴微,故万物不死,五谷一岁再熟。①

陈遵妫指出,《周髀算经》"中衡"之下为真正的常夏之地,是因为该书以周王城为参照点。根据影长千里差一寸的原则,周王城夏至日影长尺六寸,冬至日影长丈三尺五寸,则夏至距日(以内衡为道)之直射点万六千里,冬至距日(以外衡为道)之直射点十三万五千里,春、秋二分则距日(以中衡为道)之直射点七万五千五百里。而大地正当中衡之处,冬至时与日直射点的距离(五万九千五百里),较周王城春、秋二分时距离更近,则该地一年四季,都将较周王城春、秋二分时更热,故为常夏。②

根据《周髀算经》,则日内衡与外衡间的十一万九千里之地,皆可能日下无影。但这日下无影之地与华夏世界的关系,则颇显若即若离甚至可望而不可即。首先,最近的日下无影之地(日"内衡"下对之地),也在华夏世界王城以南万五千里(据河洛地中说③)或万六千里(据《周髀算经》所载盖天说),因此就不在以方万里为上限的天下范围内。其次,如前所述,不管是盖天说还是浑天说,不管对大地整体尺度采取何种估算,大体都承认大地存在包括华夏世界在内、约方三万里的中心区域,④ 即使

---

① 《周髀算经》卷下,第56—57页。
② 见陈遵妫:《中国天文学史》第1册,第138—139页。
③ 郑玄根据"日影千里差一寸"原则,主张河洛夏至日影尺五寸,离南戴日下之处万五千里。见《周礼·地官·大司徒》"日至之景尺有五寸,谓之地中",郑玄笺注:"景尺有五寸者,南戴日下万五千里,地与星辰四游升降于三万里之中,是以半之,得地之中也。"(《周礼注疏》卷十,第1517页)这并非郑玄个人观点,而是汉魏经学通说。《隋书·天文志》载刘焯:"《周官》夏至日影,尺有五寸,张衡、郑玄、王蕃、陆绩先儒等,皆以为影千里差一寸。言南戴日下万五千里,表影正同,天高乃异。"(《隋书》卷一九,第521页)
④ 其中一种界定该中心区域的方式,是主张其内都有君长之治。见《尸子》卷下:"八极之内,有君长者,东西二万八千里,南北二万六千里。"(第40页)《河图括地象》:(转下页)

以这一"大九州"视野,日下无影之地,也只在这一放大的"天下"的边界处。

两汉时期对日南、北户、比影等现象的解释,就以上述天地观念为背景。根据现代天文地理知识,日恒在南,见于北回归线以北;日恒在北,则见于南回归线以南;两回归线之间,一年之中,日有时在北,有时在南,且自北回归线越向南,日在北时间越长。魏晋以上位于华夏世界极南的日南郡,在北纬十五度左右,每年夏季约有两个月日在北方。由于一年大部分时间日仍在南方,且日南郡离河洛之地超过万里,绝大部分士人都不能亲至其地,且既然"南戴日下"处当距离河洛地中万五千里,日南郡虽超过万里,① 毕竟尚未及于此万五千里之数。故综合以上多种天文、地理因素,当时士人即有言及日南之地表影并非在北,② 其南尚存丹穴、炎风之野等正当日下、有暑无寒的永夏之地。③

更具观念性的是,由于不愿意违背"居北面南"为天下秩序主向的原则,即使亲至其地者,也多不肯承认日南真是指在日之南。④ 且即使承认该

(接上页)"地广东西二万八千,南北二万六千,有君长之州有九,阻中土之文德,及而不治。"(《纬书集成》下册,第1094页)

① 《后汉书·郡国志》"日南郡",李贤等注:"秦象郡,武帝更名。洛阳南万三千四百里。"(《后汉书》卷一一三,第3532页)《旧唐书·地理志》载日南"至京师一万一千五百里"。(〔后晋〕刘昫等撰:《旧唐书》卷四一,中华书局,1975年,第1757页)

② 如《论衡·谈天》:"日南之郡,去雒且万里,徙民还者,问之,言日中之时,所居之地,未能在日南也。"(《论衡校释》卷一一,第479页)赵一清解释说:"王充谓从日南还者问之,云不尽然。盖惟五月日影在南,常时则不然也。"(〔清〕赵一清:《水经注释》卷三六,文渊阁《四库全书》第575册,第601页)

③ 《尔雅·释地》"岠齐州以南戴日为丹穴",郭璞注:"岠,去也,齐,中也。"(《尔雅注疏》卷七,第5690页)伏生:"南方之极,自北户南至炎风之野,帝炎帝、神祝融司之。"(皮锡瑞:《尚书大传疏证》卷三,第216页)又《雪赋》"炎风不兴",李善注:"炎风在南海外,常有火风。夏日则蒸杀其过鸟也。"(《文选》卷一三,第593页)

④ 《水经注·温水》:"范泰《古今善言》曰:日南张重,举计入洛,正旦大会。明帝问:日南郡北向视日邪?重曰:今郡有云中、金城者,不必皆有其实,日亦俱出于东耳。"(《水经注校证》卷三六,第834页)又《太平御览》卷四引《后汉书》:"张重字仲笃,明帝时举孝廉,帝曰:'何郡小吏?'答曰:'臣日南吏。'帝曰:'日南郡人应向北看日。'答曰:'臣闻雁门不见全雁为门,金城郡不见积金为郡,臣虽居日南,未尝向北看日。'"(转下页)

地日下无影,有在日之南之时,也往往就华夷论,主张该地日在南北之间游弋,日既无定向,则人情亦无定向,故不能遵从居北面南、"向明而治"的华夏世界礼法,屡陷于蛮夷之域。① 日南郡终年常夏,也被当作其男女无别,不忌裸体,以及君臣、父子、夫妇共浴等"野蛮"风俗的天时背景,表明其民是不合三纲之教的化外之民。② 而《尔雅》中载有九州、四海、四荒、四极的内外远近之序,"北户"为九州之外的四荒之一,③ 则为这一以日南、北户与比影为夷狄标志的天学解释,加上了地学支持。

概而言之,由于河洛在东汉以降成为华夏世界的唯一中心,该地恒在太阳直射点的北方,则正当日下之地,就被认为并非地中,而是大地的南界。因此,虽然河洛为地中,是用夏至日中暑影尺五寸来操作性定义的,但太阳位置所真正影响的,并非地中的位置,而是居地中者当以居北面南为主向。

(接上页)(第19页,此不见于今范晔本《后汉书》,疑为他氏所作)汉代元会是一年中最重要、最盛大的朝会,也是天子居北面南之仪的最集中展现,在这一场合,作为日南郡计吏,承认所居之地不符合"向明而治"原则,显然是不适当的。又该地有史所载的第一次官方测影活动要迟至晋朝,《旧唐书·地理志》:"晋将灌邃攻林邑王范佛,破其国,遂于其国五月五日立表,北景在表南九寸一分,故自北景已南,皆北户以日向也。"(《旧唐书》卷四一,第1757页)

① 《水经注·温水》:日南郡"至于风气暄暖,日影仰当,官民居止随情,面向东西南北,回背无定,人性凶悍,果于战斗,便山习水,不闲平地。古人云:五岭者,天地以隔内外。况绵途于海表,顾九岭而弥邈,非复行路之径阻,信幽荒之冥域者矣"。(《水经注校证》卷三六,第834页)

② 日南郡、林邑国附近人民居处、衣服与中原大异,见《梁书·诸夷列传》载林邑"其国俗:居处为阁,名曰干阑,门户皆北向,书树叶为纸,男女皆以横幅吉贝绕腰以下,谓之干漫,亦曰都缦"。(〔唐〕姚思廉撰:《梁书》卷五四,中华书局,1973年,第785页)这种服饰被斥为近乎裸体,《后汉书·郡国志》李贤等注:"《博物记》曰:日南出野女,群行不见夫,其状晶且白,裸袒无衣襦。"(《后汉书》卷一一三,第3533页)又《后汉书·南蛮西南夷列传》:"《礼记》称'南方曰蛮,雕题交趾'。其俗男女同川而浴,故曰交趾。"(范晔:《后汉书》卷八六,第2834页)又《三国志·吴书八》:"珠崖除州县嫁娶,皆须八月引户,人民集会之时,男女自相可适,乃为夫妻,父母不能止。交阯糜泠、九真都庞二县,皆兄死弟妻其嫂,世以此为俗,长吏恣听,不能禁制。日南郡男女倮体,不以为羞。由此言之,可谓虫豸,有靦面目耳。"(〔晋〕陈寿撰,〔南朝宋〕裴松之注:《三国志》卷五三,中华书局,1982年,第1251—1252页)指其男女嫁娶不合礼教。

③ 《尔雅·释地》:"觚竹、北户、西王母、日下,谓之四荒。"郭璞注:"觚竹在北,北户在南,西王母在西,日下在东,皆四方昏荒之国,次四极者。"(《尔雅注疏》卷七,第5690页)

事实上，根据《禹贡》九州的天时物候，将一年均衡地分为春夏秋冬四季，且将此四季对应于东南西北四方，这一时空体结构，将夏与冬永恒地与南方与北方关联起来，则日下无影的永夏之地，就只能作为大地南界与蛮夷所居之地存在。这种观念，在日下无影之域并未出现与中国可相匹敌的文明时，大体上可以自圆其说。但魏晋以降，随着佛教的东传，印度作为与中国对等的文明世界，再也无法被忽视。而该地正当华夏世界西南的无影之地，则日与地中的关系，乃至地中本身的含义，也就有了进一步探讨的必要与可能。

小结

两汉集先秦以上学术之大成，为古代中国宇宙论与经学的定型期。华夏世界的天下构想与实践，也在此时全面铺开。本章与上章所述，举凡以北极为枢轴的永恒运动学说，以昆仑为枢轴的大地观念，以及以河洛为中心的文明论述，都是要将三才（三极）说展开为系统的宇宙与世界图式。

这种秩序构造的象数主义，与同一时期天地之学的进展大体协调。观测日月五星运动轨迹与二十八宿相对位置，以确定节气与历法，既是以北极为枢轴的永恒运动以及四时与四方匹配的时空体结构得以成立的实践前提，也是其理论结果。秦统一九州，汉向西北扩张，甚至交通地中海世界，既明确了华夏世界西北高而东南下的地势，又初步感知到以葱岭为中心的诸文明并立格局，从而让见载于《山海经》等上古文献的昆仑说（尤其是昆仑为诸水分流之处这一"大象"），开始与实证地理学发生联系。

两汉宇宙论与天下观的浑然性，在学术上表现为宇宙论、天地之学与经学的一体，在历史叙述上则表现为两汉与先秦以上世界的相续。这种古今一体意识，深刻影响了两汉天学与经学的形态。刘歆解说冬至点位置，直接以古测为今测，这不仅是基于经书无谬的立场，[①] 也是根据"天不变，道亦不

---

① 薮内清：《中国的天文历法》，第20页。

变"的观念,直接以尚古为求是。又西汉士人将六经事义直接运用于当下,有《春秋》决狱、《禹贡》治河、《诗》三百篇作谏书等举动。① 下及东汉,郑玄笺注六经,亦每每以汉制比况甚至训诂三代之制,② 而其背后观念,也是汉之天即古之天,汉之地即古之地,则汉之制,亦可通于古之制。

当然,这种自然与文明、秩序与历史浑然一体的结构,并非全无内在张力。两汉时期,各种从后来看可算是有待"拯救"的现象已被渐次发现。冬至点古今观测位置有差,且时代越后,越是如此;月行亦非匀速,不合正圆运动的恒态。则作为天下秩序基础的永恒运动模式,似有可议之处。

但就像托马斯·库恩所指出的,科学从常规研究(所谓"解谜")到范式革命,是个颇为曲折与反复的过程,反常现象的出现,并不意味着范式失效。③ 汉人根据尚古主义,怀疑冬至点今测(即汉测)的可靠性;根据天人感应,将月行迟疾有差,解释为回应人事(详下章)。结果,这些反常现象,在一定时限内,不是减弱而是加强了以年为周期的永恒运动模式。这表明,浑然一体而又富有弹性的两汉宇宙观,离范式危机尚有相当距离。

当然,若就大地理论,情况要相对不同。确实,东汉以降,因为可以更好地解释天体运动与天文现象,浑天说逐渐取代盖天说,但在解释大地尺度与形状方面,二者并无绝对的高下。由于早期地理探测的限制,两汉时期大地学说异说纷呈,大地尺度是方万里还是方数十万里,形状是西北高、东南下,还是中高四下,作为地极的昆仑到底位于何方(甚至是否存在),都始终难有定论。

---

① 〔清〕惠栋:《九曜斋笔记》卷二"经术"条引阎若璩语,见《丛书集成续编》第20册,新文丰出版公司,1989年,第629页。
② 郑玄以汉制训诂或比况三代之制,多以"今即""今之""如今""盖如今""今时"等发语,散见于其三礼笺注。又与郑玄大致同时的何休,主张孔子作《春秋》,是"为汉制法",故亦引汉法比况三代之制。相关例证与分析,见〔日〕吉川忠夫:《党锢与学问:特别以何休为例》,《六朝精神史研究》,王启发译,江苏人民出版社,2014年,第58页。
③ 托马斯·库恩:《科学革命的结构》,金吾伦、胡新和译,北京大学出版社,2003年,第9—122页。

这种多学说竞争的状态（略近于库恩所说的前范式状态），将一直持续到明末西方地圆说输入。那么，其世界观含义为何？显然，这里存在着两种天下与文明图景，较低的大地尺度与西北高而东南下的地势，意味着华夏世界占可居世界大部，华夏文明则为唯一的高等文明；较高的大地尺度与中高四下的地势，则意味着华夏世界只是可居世界诸文明之一，而"大九州"乃至昆仑为四水（或五水）分流之地，则是这一"诸天下"的"大象"。

当然，自两汉至明末，以上两种图景并非全无主次之分。较低的大地尺度以及西北高而东南下的地势，因与河洛地中说颇相匹配，故总体上居于主流；但值得注意的是，以昆仑为中心的"诸天下"构想，始终不绝如缕地存在于中国思想内部，并先后与盖天说、佛道思想乃至西方天地之学结合，在不同历史时期间断性地突显其存在。则两汉所定型的天地范式，从一开始，就蕴含着转型的契机。

第三章
危机与过渡：汉宋间的天学与佛教

第一节　天学危机下的天极与永恒运动观念

两汉时期的永恒运动与天之正位观念，指北辰居所不移，为天地枢轴，包括二十八宿在内的全天星辰随天做圆周运动（周行），其相对于天以及相互间的位置，都恒定不变；日月五星（七曜）也围绕北辰做周期各不相同的圆周运动，其视运动与天行方向相反，因此相对于天以及相互间的位置，都在变化之中。不过，由于日、月、五星运动模式恒定，经过漫长的天文时间，这七个天体会在甲子日冬至夜半这一时刻，同时回到北方星空牵牛分度附近，成日月合璧、五星连珠之象，这一时刻，即为天地循环意义上一个新的上元周期的开始，而这一位置，则是日、月、五星在天上的共同"正位"。

这一永恒运动与天之正位观念，是两汉《易》学推阐太极之象与理的背景，也是确立天下地极与人极的基础。但是，自汉魏至于两宋，随着古代天学的进展与演变，以上诸"大恒"之象，时序不一地遭遇到观测与理论上的质疑与修正。近代科学史家，通过对历史文献的考辨以及对相应天文测算的复原，已大体确定了这种种质疑与修正的科学背景、过程与意涵，但天学诸"大恒"之象各自与同一时期经学的关系，以及对古代中国世界观念的影响，实各不相同，而由于此类问题被认为缺乏"科学性"，又不在以政治史为基轴的中古史视野的中心，故所受关注仍相对较少。以下本书先略述汉魏以降天学对诸"大恒"之象的质疑与修正，然后探讨这些天学新进展与同一时期经学、玄学以及世界观念的可能关系。

汉魏至唐宋冲击永恒运动与天之正位观念的天学新发现，举其要者，大致有以下八项：

一、日、月与五星视运动非均匀。月视运动非均匀现象发现较早，至迟于东汉时期已确认其存在，并体现于历法制定中。① 日与五星视运动非均匀现象则发现较晚，要迟至六世纪中叶，张子信才通过长期的天文观测确认其存在，② 随后被刘焯用以制定历法。③

二、一年日数（岁实）非恒定。西汉末年，刘歆制《三统历》，据《太初历》定岁实与朔策（一月日数），并以律起历，再以历合《易》，据九九相乘的律数，分一日为八十一分，为历之本母；④ 又以一月日数，制闰之法与一年日数，皆合于《易》大衍之数。⑤ 但至东汉以降，由于与实际日、月周

---

① 钱宝琮、陈遵妫、陈美东都指出，东汉时期，李梵、苏统、贾逵等人已经在天文学上明确月视运动非均匀，刘洪更根据这一现象发展出用于制定历法（乾象历）的系统算法。见钱宝琮：《汉人月行研究》，《钱宝琮科学史论文选集》，第190—192页；陈遵妫：《中国天文学史》第1册，第220—221页，第3册，第1437—1439页；陈美东：《中国科学技术史（天文学卷）》，科学出版社，2003年，第182—183页。薮内清考证相关文献，主张对月视运动非均匀现象的雏形认识，可以前推至西汉中后期。见薮内清：《中国的天文历法》，第25页。
② 《隋书·天文志》载：张子信"积三十许年，专以浑仪测候日月五星差变之数，以算步之，始悟日月交道，有表里迟速，五星见伏，有感召向背。言日行在春分后则迟，秋分后则速。合朔月在日道里则日食，若在日道外，虽交不亏。月望值交则亏，不问表里。又月行遇木、火、土、金四星，向之则速，背之则迟。五星行四方列宿，各有所好恶。所居遇其好者，则留多行迟，见早。遇其恶者，则留少行速，见迟。与常数并差，少者差至五度，多者差至三十许度。其辰星之行，见伏尤异"。（《隋书》卷二十，第561页）张子信对太阳与五星视运动非均匀的发现及其天文意义，见陈美东：《中国科学技术史（天文学卷）》，第298—301页。该现象的雏形发现被追溯至刘洪，参同书，第217页。
③ 陈遵妫：《中国天文学史》第3册，第1457—1461页。
④ 《汉书·律历志》："日法八十一。元始黄钟初九自乘，一龠之数，得日法。"颜师古注："孟康曰：'分一日为八十一分，为三统之本母也。'"（《汉书》卷二一下，第991页）
⑤ 《汉书·律历志》："是故元始有象一也，春秋二也，三统三也，四时四也，合而为十，成五体。以五乘十，大衍之数也，而道据其一，其余四十九，所用也，故著以为数。以象两两之，又以象三三之，又以象四四之，又归奇象闰十九及所据一加之，因以再扐两之，是为月法之实。如日法得一，则一月之日数也，而三辰之会交矣，是以能生吉凶。故易曰：'天一地二，天三地四，天五地六，天七地八，天九地十。天数五，地数五，（转下页）

期不能相合,不得不改历,放弃上述律、历与《易》一体的朔策与岁实。汉以下历代改历,朔策与岁实更动频繁,但仍被归咎于观测与推算不够精密,故唐僧一行乃至五代王朴,仍以律、《易》合历,① 至北宋,杨忠辅制《统天历》,方正式提出岁实本身即非恒定之数,而是有古今之差。②

三、冬至点动移(即冬至岁差)。东汉以上天文历算学主张冬至点在北方牵牛初度,至东汉中期,修历时已遵循当前实测,改冬至点为北方斗二十一度,③ 但尚是归咎于古今观测精度有别。至魏晋南北朝时期,虞喜、何承天与祖冲之等,以当前实测结合历史记载,先后发现冬至点并非固定不变,而是自古至今始终动移,当前冬至点位置,与《太初历》《三统历》所载的牵牛初度已差十度左右,反推《尚书·尧典》所载,更已相差数十度。④ 这

(接上页)五位相得而各有合。天数二十有五,地数三十,凡天地之数五十有五,此所以成变化而行鬼神也。'而终数为十九,易穷则变,故为闰法。参天九,两地十,是为会数。参天数二十五,两地数三十,是为朔望之会。"(《汉书》卷二一上,第 983 页)三统历的朔策、闰法与岁实合于大衍之数的具体算法复原,见陈遵妫:《中国天文学史》第 3 册,第 1432—1433 页;陈美东:《中国古代天文学思想》,第 342—343 页。

① 僧一行:《历本议》,〔宋〕欧阳修、宋祁撰:《新唐书》卷二七上《历志》,中华书局,1975 年,第 588—591 页;王朴:《《钦天历》表》,〔宋〕薛居正撰:《旧五代史》卷一四〇《历志》,中华书局,1976 年,第 1863—1867 页。
② 陈遵妫:《中国天文学史》第 3 册,第 1476—1478 页;陈美东:《中国科学技术史(天文学卷)》,第 510—511 页。
③ 陈遵妫:《中国天文学史》第 1 册,第 219 页。
④ 《宋书·律历志》载何承天:"《尧典》云:'日永星火,以正仲夏。'今季夏则火中。又:'宵中星虚,以殷仲秋。'今季秋则虚中。尔来二千七百余年,以中星检之,所差二十七八度。则尧令冬至,日在须女十度左右也。汉之《太初历》,冬至在牵牛初,后汉《四分》及魏《景初》法,同在斗二十一。臣以月蚀检之,则《景初》今之冬至,应在斗十七。又史官受诏,以土圭测景,考校二至,差三日有余。从来积岁及交州所上,检其增减,亦相符验。然则今之二至,非天之二至也。"(《宋书》卷一二,第 261 页)《宋书·律历志》载祖冲之:"以《尧典》云:'日短星昴,以正仲冬。'以此推之,唐代冬至,日在今宿之左五十许度。汉代之初,即用秦历,冬至日在牵牛六度。汉武改立《太初历》,冬至日在牛初。后汉《四分》法,冬至日在斗二十一。晋时姜岌以月蚀检日,知冬至在斗十七。今参以中星,课以蚀望,冬至之日,在斗十一。通而计之,未盈百载,所差二度。旧法并令冬至日有定处,天数既差,则七曜宿度渐与历舛。乖谬既著,辄应改制,仅合一时,莫能通远,迁革不已,又由此条。今令冬至所在,岁岁微差,却检汉注,并皆审密,将来久用,无烦屡改。"(《宋书》卷一三,第 289—290 页)

是在天文历算学领域确认了岁差现象的存在。①

四、极星动移。南朝齐、梁间数学家与天文学家祖暅发现，天真正的不动处距极星尚一度有余。则极星本身可能也在动移之中。但唐人于正史中记述这一发现，发语为"天运无穷，三光迭耀，而极星不移"，②则对祖暅之说，仍是疑多于信。至五百余年后的北宋中期，沈括以精密的观测，确定极星距离天之不动处已三度有余，③方最终确定祖暅发现的正确性。

五、二十八宿与其他星辰皆无定位。唐开元时，僧一行发现周天不少星辰的赤纬、黄纬与相对位置都有古今变化，④特别是作为全天星辰参照系的二十八宿，其毕、觜、参、鬼四宿的位置，增减已达一度。至北宋皇祐时

---

① 岁差现象在中国的发现过程，见何妙福：《岁差在中国的发现及其分析》，《科技史文集》第 1 辑（天文学史专辑），上海科学技术出版社，1978 年，第 22—30 页；李鉴澄：《岁差在我国的发现、测定和历代冬至日所在的考证》，《中国天文学史文集》第 3 册，科学出版社，1984 年，第 124—137 页；陈美东：《古历新探》，辽宁教育出版社，1995 年，第 261—265 页。岁差常数的计算方法与古历岁差常数复原，见曲安京：《中国历法与数学》，第 128—166 页。李约瑟认为中国发现岁差较西方为晚，是因为古代中国天文学使用赤道坐标而非黄道坐标，不利于观测到该现象。（见李约瑟：《中国科学技术史》第 3 卷《数学、天学和地学》，第 249—250 页）吴守贤、全和钧不赞同李约瑟此说，主张中国发现岁差较晚，并非由于采用赤道坐标系，而是由于古代中国天文学具有星占特征，更注重恒星分类而非星体的精确坐标。（见吴守贤、全和钧主编：《中国古代天体测量学及天文仪器》，中国科学技术出版社，2008 年，第 274—275 页）

② 《隋书·天文志》："北极五星，钩陈六星，皆在紫宫中。北极，辰也。其纽星，天之枢也。天运无穷，三光迭耀，而极星不移。故曰：'居其所而众星共之。'贾逵、张衡、蔡邕、王蕃、陆绩，皆以北极纽星为枢，是不动处也。祖暅以仪准候，不动处在纽星之末犹一度有余。"（《隋书》卷一九，第 529 页）

③ 沈括："汉以前皆以北辰居天中，故谓之极星。自祖暅以玑衡考验天极不动处，乃在极星之末犹一度有余。熙宁中，余受诏典领历官，考杂星历，以玑衡求极星，初夜在窥管中，少时复出，以此知窥管小，不能容极星游转，乃稍稍展窥管候之。几历三月，极星方游于窥管之内，常见不隐，然后知天极不动处，远极星犹三度有余。"（〔宋〕沈括撰，诸雨辰译注：《梦溪笔谈》卷七，中华书局，2016 年，第 153 页）后南宋邵谔通过观测，修正这一数值为四度余。（见〔元〕脱脱等撰：《宋史》卷四八《天文志》，中华书局，1985 年，第 967 页）沈括所用的观测仪器"窥管"，被宋代尚书学家林之奇指为"璇玑玉衡"的"玉衡"。见〔宋〕林之奇：《尚书全解》卷二之"在璇玑玉衡以齐七政"条，文渊阁《四库全书》第 55 册，第 35 页。

④ 陈遵妫：《中国天文学史》第 2 册，上海人民出版社，1982 年，第 816—817 页。

期，更已有十四宿位置与僧一行所测不同，最明显的是觜、参两宿有前后易位之势，至明代，二者位置最终对换，自觜前参后，变为参前觜后。①

六、北极出地度数非恒定。东汉以降，浑天说成为古代中国主导性的宇宙论。该说与河洛地中观念结合，主张河洛之地北极出地约三十六度，即为整个大地恒定不变的度数。②唐开元时，僧一行为制定新历，组织全国性的天文观测，并系统比对自刘宋至于唐中叶，南至林邑、北达铁勒的观测数据，指出极高南北可相差三十余度。③则浑天说对天地结构与尺度的解释，正确性存疑。④

七、"日影千里差一寸"非事实。如前所述，自东汉以降，盖天、浑天两说，所述宇宙结构与天体运行方式颇为不同，但都以"日影千里差一寸"作为测算原则。⑤该原则又被用来解释王畿为何方千里，⑥因此也是典范的

---

① 陈遵妫：《中国天文学史》第1册，第322—327页。明清时期士大夫对这一反常天象的探讨，见黄一农：《清前期对觜、参两宿先后次序的争执：社会天文学史之一个案研究》，《社会天文学史十讲》，复旦大学出版社，2004年，第239—267页。
② 郑文光指出，若主张球面大地，则随着南北距离的变化，北极出地度数变动较快。但浑天说主张大地为平面，向南两千里，北极出地度数才会从三十六度减为三十五度，变动很小，这可能是古代中国天文学家主张北极出地度数为恒定的原因。见郑文光：《中国天文学源流》，第206—207页。毛丹、江晓原则猜测浑天说固守北极出地三十六度乃至该说的兴起本身，都可能与两汉中西交通后受希腊天文学的影响有关。见毛丹、江晓原：《从北极出地设定看浑天说与希腊宇宙论之相应内容》，《自然辩证法研究》2017年第9期。
③ 《新唐书·天文志》："其北极去地，虽秒分微有盈缩，难以目校，大率三百五十一里八十步，而极差一度。"（《新唐书》卷三一，第813页）郭津嵩结合前人研究，指出僧一行所列最北铁勒之地的北极出地度数为推算而非实测，（见郭津嵩：《元初"四海测验"地点与意图辨证：兼及唐开元测影》，《文史》2021年第2辑，第169—172页）但使用推算，也从侧面表明僧一行对北极出地度数南北不同的信心。
④ 《新唐书·天文志》载僧一行："果以为浑天邪？则北方之极浸高。"（《新唐书》卷三一，第816页）
⑤ 汪小虎指出，这一原则要对天地测量普遍适用，要以天地为平行平面为前提，浑天说主张天为球形，因此"日影千里差一寸"，只对夏至日中时地中子午线上的测量有效。见汪小虎：《"日影千里差一寸"学说的历史演变》，《上海交通大学学报（哲学社会科学版）》2008年第4期，第76—78页。
⑥ 《旧唐书·天文志》："先儒以为王畿千里，影移一寸。"（《旧唐书》卷三五，第1304页）《新唐书·天文志》："旧说：王畿千里，影差一寸。"（《新唐书》卷三一，第813页）

封建秩序的天学基础之一。但自魏晋以降的诸种观测，尤其是唐开元时僧一行所组织的全国性晷影测量，越来越表明影差一寸远小于千里，李淳风、僧一行等更指出日影寸差与大地距离并非线性关系。这都否定了"日影千里差一寸"原则的有效性。①

八、地中位置就浑天说难以测定。如前所述，主张地中夏至日影尺五寸，是因为东汉以降，河洛成为华夏世界的唯一中心，据人极而定地极，再以该地晷影（以及北极出地度数）上应天极。因此，河洛之为地中，并非浑天说理论与测算的必然结果。②南北朝时期，部分可能出于从天学上明确两汉经学所载的洛阳地中说与阳城地中说孰是孰非，③祖暅发展出自浑天说理论而言无懈可击的"五表法"以测地中，贾公彦更将其写入《周礼》经疏，当作周公定地中之法。但由于该方法仍以平面大地为前提，故实际测量根本不能得出确定且唯一的结果。④

从东汉至北宋近一千年的以上八项天学发现，大致可以分为三组：第一至第三项为日月五星运动与相关历法问题；第四、五两项，关乎以北辰为代表的诸天星辰的位置与运动；第六至第八项，则为与浑天说相关的天地测量问题。它们是否足以造成一场动摇甚至推翻永恒运动与天之正位观念的天学危机？席文（Nathan Sivin）认为，秦汉时期，中国的代数推算与宇宙论观念协同发展，至唐中叶以后，天文学从代数-物理式，变为纯粹代数式的，不再关心宇宙论，而只探讨数学结构。对这一天文学与宇宙论的分离，席文

---

① 但值得注意的是，作为这一线性关系前提的平面大地说，在明末以前始终未被正面质疑。见陈美东：《中国古代天文学思想》，第143—145页；汪小虎：《"日影千里差一寸"学说的历史演变》，第78—80页。
② 事实上，由于大地为球形，即使承认晷影尺五寸处为地中，所确定的也是一条纬度线，而不是唯一定点。见关增建：《中国天文学史上的地中概念》，第257页。
③ 《周髀算经》卷上注："《周礼》'大司徒'职曰：'夏至之影尺有五寸。'马融以为洛阳，郑玄以为阳城。"（第30页）
④ 关增建指出："祖暅的五表之法尽管在数学模型构造上十分严谨，但它的前提（大地是平的，有个中心）是错误的。因此如果真正用这一方法进行测量，将会发现处处皆是地中。"又宋人赵友钦发展出类似于祖暅的测量地中方法，弊病也相同。见关增建：《中国天文学史上的地中概念》，第258页。

在通常的两种解释（中国官僚制度阻碍科学发展，以及儒学垄断对天的解释）之外，提出了第三种解释，即中国天文学的原初性格及其发展过程中的内在矛盾，造成它最后放弃宇宙论探索。具体说来，两汉时期，由于天文观测相对初步，日、月、五星被认为做匀速圆周运动，这一天学模式，与同一时期的本体论与形而上学（指《易》学与阴阳五行学说）深度结合，发展出以永恒的圆周运动为"大象"的宇宙论。但这一天学与宇宙论合一的格局，在南北朝隋唐时期受到严重挑战。由于天文观测的进步与历算学的发展，天文学家发现日、月、五星视运动均非均匀，随后应用于历法制定，以达成更高的精度与预测能力。但以上新发现，与以永恒的圆周运动为前提的两汉宇宙论，存在根本矛盾，而中国天文学自始即有以实用性的历算学为本位的倾向，自此转向只专注历法数据的拟合与预测，而忽视相应的物理结构与机制。①

席文所指出的现象是确实存在的。问题在于该如何解释。需要首先探讨的是，从天学的角度，动摇天文历算学与宇宙论一体性的，是日月五星视运动非均匀的发现吗？确实，日月五星（尤其是日月）的视运动，是制定历法需参照的最重要天象，因此，日月五星视运动非均匀的发现，对预测日、月食并据此判定历法的精确程度有划时代意义。②但这并不意味着该事实的发现，就会威胁到永恒运动观念本身。本书认为，中国的永恒运动观念，既不以日月五星的圆周运动为"大象"，也不以"匀速"为标志。（甚至可以说，非匀速才合乎永恒的"周行"的时空体特征。）

---

① 这一天文历算学与宇宙论分离，要比西方的对应现象（托勒密天文学与希腊宇宙论的分离）程度更深，托勒密天文学以几何学为基础，以本轮与均轮嵌套的几何图式，呼应亚里士多德圆周运动为完满运动的宇宙论观念，但古代中国天文历算学则是代数性的，只关注天文数值的准确性与预测力，不仅不关心其物理意涵，甚至不关心相应的几何结构。见 Nathan Sivin, " Cosmos and Computation in Early Chinese Mathematical Astronomy", T'oung Pao, Vol. 55(1969), especially pp. 64 - 69; 以及 Nathan Sivin, "Copernicus in China", Science in Ancient China: Researches and Reflections, Aldershot: Variorum, 1995, pp. 10 - 11。池田知久也简要地指出了这一点。见池田知久：《中国科学与天文历数学》，收入《中国的思维世界》，第 106 页。
② 《晋书·律历志》载徐岳："效历之要，要在日蚀。"（《晋书》卷一七，第 500 页）

具体说来,第一,永恒运动的基本"大象",是天携诸恒星绕北辰周而复始的"旋转",日月五星绕北极"周行",则不过是这一基本"大象"下的次级现象,且日、月并非恒星,相对于天本有动移,①故即使运动小有迟疾之差,也无关天之"大恒"。第二,永恒的"周行"在历法中的体现,是春夏秋冬、东南西北顺次循环,四时与四方自天时、地气与人物皆不齐,又以此不齐,而成生生不息的"大象"。日行有迟疾,在阴阳寒暑往来的意义上,也可以被理解为类似的"以不齐为齐"。②第三,天道"大恒"之象,关键在周而复始的圆运动,匀速与否,非其要害。日月"周行"经各时、过各方有迟疾之差,却又能分毫不差地复返于天之"正位",则较之匀速,更可视为天行"大恒"之象的表现。第四,这种迟疾之差,自东汉至于隋唐,其变化模式逐渐被天学家所掌握,大体自偶然与不可预测的天行之变,回归于天行之常的范围。而其中仍未被天学所完全掌握的部分,则可解释为天体互相感应或天人相感的结果。③不管将这种解释看作天文学家承认天体运动的极端

---

① 《春秋左氏传·隐公三年》:经"二月己巳日有食之",杜预注:"日行迟,一岁一周天,月行疾,一月一周天,一岁凡十二交会。然日月动物,虽行度有大量,不能不小有盈缩,故有虽交会而不食者,或有频交而食者。"(《春秋左传正义》卷三,第3738页)

② 《新唐书·历志》载僧一行《日躔盈缩略例》:"凡阴阳往来,皆驯积而变。日南至,其行最急,急而渐损,至春分及中而后迟。迨日北至,其行最舒,而渐益之,以至秋分又及中而后益急。急极而寒若,舒极而燠若,及中而雨旸之气交,自然之数也。"(《新唐书》卷二七下,第621页)

③ 见《汉书·五行志》:"成帝建始元年八月戊午,晨漏未尽三刻,有两月重见。京房易传曰:'妇贞厉,月几望,君子征,凶。言君弱而妇强,为阴所乘,则月并出。晦而月见西方谓之朓,朔而月见东方谓之仄慝,仄慝则侯王其肃,朓则侯王其舒。'刘向以为朓者疾也,君舒缓则臣骄慢,故日行迟而月行疾也。仄慝者不进之意,君肃急则臣恐惧,故日行疾而月行迟,不敢迫近君也。不舒不急,以正失之者,食朔日。刘歆以为舒者侯王展意颛事,臣下促急,故月行疾也。肃者王侯缩朒不任事,臣下弛纵,故月行迟也。当春秋时,侯王率多缩朒不任事,故食二日仄慝者十八,食晦日朓者一,此其效也。"颜师古注:"孟康曰:'朓者,月行疾在日前,故早见。仄慝者,行迟在日后,当没而更见。'"(《汉书》卷二七下,第1506页)汉代的相关争论,见钱宝琮:《汉人月行研究》,《钱宝琮科学史论文选集》,第182—183页;卢央:《中国古代星占学》,第241—242页。历代对日月五星失行与暑影失行的天人感应论解释以及相关争论,见陈美东:《中国古代天文学思想》,第438—454页;陈侃理:《儒学、数术与政治:灾异的政治文化史》,北京大学出版社,2015年,第210—257页。

复杂性与自身理解和预测的限度，故要在天行之外，为政教留下空间，[1] 还是认为这是理性对神秘思想的退让，是对科学研究"极危险的侵蚀"，[2] 但用灾异论解释以上日月之变，恰是承认存在天行之常（否则无所谓"灾""异"可言），[3] 可以看作从相反方向支持着以"周行"为象的永恒运动观念。

本书认为，天文历算学放弃探求宇宙论，如果要寻找天学内部的原因，最值得注意的仍是僧一行的观点，见《新唐书·天文志》：

> 原古人所以步圭影之意，将以节宣和气，转相物宜，不在于辰次之周径。其所以重历数之意，将欲恭授人时，钦若乾象，不在于浑、盖之是非。若乃述无稽之法于视听之所不及，则君子当阙疑而不议也。而或者各封所传之器以术天体，谓浑元可任数而测，大象可运算而窥。终以六家之说，迭为矛楯，诚以为盖天邪？则南方之度渐狭；果以为浑天邪？则北方之极浸高。此二者，又浑、盖之家尽智毕议，未能有以通其说也。则王仲任、葛稚川之徒，区区于异同之辨，何益人伦之化哉？[4]

在僧一行看来，历算学以日月五星运动为中心，宇宙结构为何，只是背景性问题。随着汉魏以降日月五星视运动非均匀的发现，制历精度得到很大提升；与此同时，浑天说无法解释北极出地度数非恒定等现象，又难以找到可行的替代方案；由于平面大地观念的制约，以盖天说为代表的其他宇宙论，也各自存在无法解释的现象；另外，以"日影千里差一寸"为基础的勾

---

[1] 陈侃理：《儒学、数术与政治：灾异的政治文化史》，第 220—228 页。
[2] 陈美东：《中国古代天文学思想》，第 443 页。
[3] 僧一行即用常、变二分划定历与占的范围。见《新唐书·历志》载僧一行《日蚀议》："故较历必稽古史，亏蚀深浅、加时朓朒阴阳，其数相叶者，反覆相求，由历数之中，以合辰象之变；观辰象之变，反求历数之中。类其所同，而中可知矣；辨其所异，而变可知矣。其循度则合于历，失行则合于占。占道顺成，常执中以追变；历道逆数，常执中以俟变。知此之说者，天道如视诸掌。""使日蚀皆不可以常数求，则无以稽历数之疏密。若皆可以常数求，则无以知政教之休咎。"（《新唐书》卷二七下，第 627 页）
[4]《新唐书》卷三一，第 816 页。

股测量法,被证明不合天地二者的比例,又缺乏替代性的测量手段,结果,测定地中的种种尝试,始终难以获得无矛盾的唯一解。历算学的极大进展,却伴随着宇宙论的长期停滞,在这一日渐失衡的局面下,天学家越来越多地趋向于宇宙不可知论,不再试图以数算窥测天之浑元大象,而收缩至围绕日月之运、以人伦日用为第一目标的历算学范围。

这一时期天文历算领域对永恒运动与天之正位观念的最大冲击,则为岁差的发现。作为岁首与日月五星行度的起算点,冬至点在历法制定中位置关键。前述四时与四方相配为时空体,进而配以五行、八卦以及十天干、十二地支等,成天地人合一的大系统,而恒定的冬至点位置,是这一系统性匹配得以可能的前提。但岁差的发现,表明冬至点在动移之中,则以上正位与匹配观念,都面临着失去天学基础的危险。

自然,对冬至岁差,历代都不乏反对之辞,尤以南朝时期戴法兴最为系统。《宋书·律历志》载其批评祖冲之:

> 夫二至发敛,南北之极,日有恒度,而宿无改位。古历冬至,皆在建星。战国横骛,史官丧纪,爰及汉初,格候莫审,后杂觇知在南斗二十一度,元和所用,即与古历相符也。逮至景初,而终无毫忒。《书》云:"日短星昴,以正仲冬。"直以月维四仲,则中宿常在卫阳,羲、和所以正时,取其万世不易也。冲之以为唐代冬至日在今宿之左五十许度,遂虚加度分,空撇天路。其置法所在,近违半次,则四十五年九月,率移一度。在《诗》"七月流火",此夏正建申之时也。"定之方中",又小雪之节也。若冬至审差,则鲁公火流,暑长一尺五寸,楚宫之作,昼漏五十三刻,此诡之甚也。仲尼曰:"丘闻之,火伏而后蛰者毕。今火犹西流,司历过也。"就如冲之所误,则星无定次,卦有差方。名号之正,古今必殊,典诰之音,代不通轨,尧之开、闭,今成建、除。今之寿星,乃周之鹑尾,即时东壁,已非玄武,轸星顿属苍龙,诬

天背经,乃至于此。①

针对以上戴法兴的批评,祖冲之的反驳之辞,则强调北辰而非日才是天地秩序的关键:

> 辰极居中,而列曜贞观,群像殊体,而阴阳区别,故羽介咸陈,则水火有位,苍素齐设,则东西可准,非以日之所在,定其名号也。何以明之?夫阳爻初九,气始正北,玄武七列,虚当子位。若圆仪辨方,以日为主,冬至所舍,当在玄枵;而今之南极,乃处东维,违体失中,其义何附。若南北以冬夏禀称,则卯酉以生杀定号,岂得春躔义方,秋丽仁域,名舛理乖,若此之反哉!因兹以言,因知天以列宿分方,而不在于四时,景纬环序,日不独守故辙矣……次随方名,义合宿体,分至虽迁,而厥位不改,岂谓龙火贸处,金水乱列,名号乖殊之讥,抑未详究……诬背之诮,实此之谓。②

又至唐代,僧一行延续祖冲之的观点:

> 古历,日有常度,天周为岁终,故系星度于节气。其说似是而非,故久而益差。虞喜觉之,使天为天,岁为岁,乃立差以追其变,使五十年退一度。何承天以为太过,乃倍其年,而反不及。《皇极》取二家中

---

① 《宋书》卷一三,第304—305页。又《新唐书·历志》载王孝通:"《月令》仲冬'昏东壁中',明昴中非为常准。若尧时星昴昏中,差至东壁,然则尧前七千余载,冬至昏翼中,日应在东井。井极北,去人最近,故暑;斗极南,去人最远,故寒。寒暑易位,必不然矣。"(《新唐书》卷二五,第534—535页)

② 《宋书》卷一三《律历志》,第311—312页。在祖冲之之前,何承天已用日月五星运动久则有误差,解释岁差的产生。《宋书·律历志》:"夫圆极常动,七曜运行,离合去来,虽有定势,以新故相涉,自然有毫末之差,连日累岁,积微成著。是以《虞书》著钦若之典,《周易》明治历之训,言当顺天以求合,非为合以验天也。"(《宋书》卷一二,第261页)实为主张七曜既然相对于天为"动物",其"大恒"之德不能与北辰等恒星相比,久则有差,自属当然。

数为七十五年,盖近之矣。①

根据祖冲之与僧一行,日行无常度,宇宙论意义上的天行与历算学意义上的岁行为二事。至北宋,岁实古长今短现象被确认,以岁实为天地大数的观念,乃至诸种以《易》、律合岁实之数的努力,都失去了天学基础。

初看起来,这一天学挑战并不严重:日的圆周运动丧失了"大恒"之义,不过是进一步明确了诸星辰以北极为枢轴的"周行",才是天唯一的"大恒"之象。但问题在于,若冬至岁差为真,则日"周行"而成四时,无法与以北辰为定位的四方匹配,则北辰之为天极,与据四时"周行"之运而为"四时之所交""阴阳之所和"的河洛地中(如前所述,这是以地极形式出现的人极),二者并不存在对应与法象关系。因此,岁差的发现,让历法的精确性大大提升,但也让历算学与古代中国天人观念的矛盾变得难以调和。中唐之后历算学家回避宇宙论,关键原因即在于此。

相对于岁差,极星动移与二十八宿非定位现象对永恒运动与天之正位观念的影响,则要更微妙一些。初看起来,二十八宿是古代中国天空秩序的参照物,极星更被视为宇宙的枢轴,二者在唐宋时期最终被确认都在动移之中,似乎可能造成永恒运动与天之正位观念的根本动摇。但从唐宋以降理学宇宙论与世界观的发展来看,以上发现的实质影响,不过是星辰地位的降格:它们不再被认为与天极同体,或可以担当永恒运动,而被认为不过是不可见的"天行"暂时与不完全的提示物,苍茫而浩渺的天本身,才是从观念上把握"天行"的唯一对象。

相关问题关涉颇广,容后再述。此处先对以上八项天学新发现的观念性质与影响略做总结。首先,这是一场足以动摇甚至推翻以北极为枢轴的永恒运动与天之正位观念的天学危机吗?既是又不是。一系列浑天说难以解释的现象,不管是北极出地度数非恒定、"日影千里差一寸"非事实,还是以平面大地为前提测定地中之不可能,都表明浑天说存在根本弱点,以其为背景

---

① 《新唐书》卷二七上《天文志》载僧一行《日度议》,第600页。

构造华夏世界秩序,自理与象上都不能完全安妥。冬至岁差的发现,更表明作为华夏世界观念基础的四时配四方结构,其天学基础也存在疑问。结果,显著的危机征候出现了,两汉时期天学-宇宙论-经学的浑然整体面临分裂,中唐以降天文历算学家总体上对宇宙论的回避态度,即是典型表现。

但是,天学与总体世界观的演变,并不是简单的冲击-回应关系。汉魏以降,经学本身也在发生深刻变化。一方面,作为古代世界观集大成者的经学,确乎会吸纳某些天学进展并调适自身;但另一方面,汉唐经学以三代为典范,以经典无谬误、无矛盾为前提,以注不破经传、疏不破注为原则,这一尚古主义,与注重实测与实用因而对古今差异采取灵活态度的天文历算学,存在着学问品格的不同。

这并不是说经学因注疏的因袭性,会排斥某些违反经典的天学新义,而是说,以经学为背景的义理调整,形式、过程与结果都与天学不同。乔秀岩主张,汉魏以降居于主导地位的郑玄经学,以"结构取义"为原则,以随文求义为方法,注重上下文语境以及不同经文间照应,一面探索贯通一经甚至诸经的"凡""例",一面又根据上下文义与情境,调整"凡""例"的适用范围与方式。[1] 这一通则(经)与变例(权)的辩证,在作为郑玄经学后继者的南北朝章句学中,演变为不同层次通例与变例的决疑,注重在形式上弥合或只是悬置经文内部以及经文与注疏间的矛盾;但这只是一半图景,另一方面,对诸经整体性的信念与追求,面对章句日益烦琐化的压力,转而以"大义"甚至微言超越经文字面含义间的矛盾,回归诸经传本文,摆脱或系统性地更动旧注,发展出新的学问形态。从两汉经学到魏晋玄学的演变,即可以看作典型例证。[2]

---

[1] 这一观点见于乔秀岩近二十余年的一系列经学研究。代表论述,见以其博士学位论文(北京大学中文系,1999年)为基础修订而成的《义疏学衰亡史论》(生活·读书·新知三联书店,2017年,该书以日文初版于2001年),另见《郑学第一原理》,收入[日]乔秀岩、叶纯芳:《学术史读书记》,生活·读书·新知三联书店,2019年。汉唐经学探求"凡""例"的具体方式,见马楠:《比经推例:汉唐经学导论》,新世界出版社,2011年。

[2] 汤用彤:《王弼之〈周易〉、〈论语〉新义》,《魏晋玄学论稿》,第76—80页。

简言之，经学与天学的学问品格不同，二者的演变方向与节奏，也就有着相当大的差异。经学形式上唯古代、经典与圣人是尚的因袭性，由于自身的内在张力，反而蕴含着"范式革命"的动力，更具断裂性的整体观念变革，也往往是以经学的自我更新为背景；而天学因为对古今差异的灵活调和，则更可能保持相对连续的演变节奏与大体稳定的基础范式。对本书而言，既然经学与天学的演变节奏与性质都相当不同，探讨二者在汉魏以降天极、地极与人极观念演变中的相互关系以及各自所起的作用，就不能采取任何单向的"冲击-回应"式思路，而是要在经学（以及继起的玄学）与天学间反覆取义。

以下探讨汉魏以降经学中星辰地位的降格与"天极"观念的演变。以中宫星辰象天，其来颇早，秦汉以上星经即多有记载。① 该说对两汉经学影响颇大，《尚书·舜典》："在璇玑玉衡，以齐七政。"西汉时期，大体以璇玑玉衡为星名，具体则或以璇玑玉衡为北斗，或分璇玑与玉衡为二，璇玑为北辰，玉衡则为北斗，璇玑玉衡，即为北斗绕北辰"周行"，斗柄指二十八宿以定四时（"斗建"）。② 又郑玄主张《月令》所载四时迎气礼中祭祀的五帝，为五天帝，③ 合昊天上帝为六，后者对应北辰，五帝则对应太微宫五帝坐星。④ 由此看来，以中宫星辰象天，为两汉经学通例。

魏晋以降冬至岁差与二十八宿非定位现象的发现，意味着"斗建"作为

---

① 相关文献与梳理，见陈赟：《郑玄的"六天"说与禘礼的类型及其天道论依据》，《陕西师范大学学报（哲学社会科学版）》2016年第2期，第95页。
② 汉代以璇玑玉衡为星名，其详见〔清〕孙星衍编撰，陈抗、盛冬铃点校：《尚书今古文注疏》卷一，中华书局，2004年，第36—37页。
③ 《礼记·大传》："礼，不王不禘。王者禘其祖之所自出，以其祖配之。"郑玄笺注："凡大祭曰禘。自，由也。大祭其先祖所由生，谓郊祀天也。王者之先祖，皆感大微五帝之精以生，苍则灵威仰，赤则赤熛怒，黄则含枢纽，白则白招拒，黑则汁光纪，皆用正岁之正月郊祭之，盖特尊焉。"（《礼记正义》卷三四，第3264页）又《礼记·月令》郑玄笺注："迎春，祭仓帝灵威仰于东郊之兆也……迎夏，祭赤帝赤熛怒于南郊之兆也……迎秋者，祭白帝白招拒于西郊之兆也……迎冬者，祭黑帝叶光纪于北郊之兆也。"（《礼记正义》卷一四，第2935、2956、2972、2990页）
④ 郑玄相关笺注散见于诸经、纬，孔颖达、贾公彦又各有总结性疏解。相关文献梳理，见陈赟：《郑玄的"六天"说与禘礼的类型及其天道论依据》，第87—88页。

"大恒"之象的天学基础被动摇,① 这不利于星辰象天之说,但也最多只是该说在魏晋以降经学中逐渐边缘的后因。事实上,经学中星辰宇宙论地位的下降,要更早于以上天学新说。汉魏时期,"璇玑"或"璇玑玉衡"的含义,已出现新解。古文经学家多主张璇玑玉衡非星名,而是测天之器(如浑天仪)的名称,此后直至晚清今文学兴起,该说始终保持着主流地位。②

魏晋经学的第一主题,是郑玄与王肃之争。二人皆为集大成式的经学家,异见及于大部分重要经学主题,而其要者,则在礼学(尤其是祭礼)。祭礼以天为本,故必须述及天地结构与天人法象问题。前述郑玄以五天帝合昊天上帝而为六,分别对应北辰等中宫星辰;魏晋以降,王肃则主张五帝为应五行之运的人帝,与中宫星辰无关,又天是浑一的整体,不当分而为六。③

---

① 二十八宿既然非定位,则就无法作为度量天行的精确坐标。冬至岁差的发现,对"斗建"之说冲击更大,如《宋书·律历志》载祖冲之:"月位称建,谅以气之所本,名随实著,非谓斗杓所指。近校汉时,已差半次,审斗节时,其效安在?"(《宋书》卷一三,第311页)又隋唐时期,二十八宿与北斗在圜丘祭中的等级也较前代下降,东汉时,二十八宿较日、月低一级,唐时则低两级;东汉时,北斗与日、月同级,唐时则低日、月一级。(见渡边信一郎:《中国古代的王权与天下秩序:从日中比较史的视角出发》,第136—139页)事实上,二十八宿与北斗在圜丘祭中等级下降,至少可以上溯到隋代,见《隋书·礼仪志》:"再岁冬至之日,祀昊天上帝于其上,以太祖武元皇帝配……上帝、日月在丘之第二等,北斗五星、十二辰、河汉、内官在丘第三等,二十八宿、中官在丘第四等。外官在内墠之内,众星在内墠之外。"(《隋书》卷六,第116页)
② 《尚书·舜典》"在璇玑玉衡,以齐七政",伪孔传:"在,察也。璇,美玉。玑衡,王者正天之器,可运转者。"孔颖达疏:"玑衡者,玑为转运,衡为横箫,运玑使动于下以衡望之,是'王者正天文之器'。汉世以来,谓之浑天仪者是也。马融云:'浑天仪可旋转,故曰玑;衡,其横箫,所以视星宿也。以璇为玑,以玉为衡,盖贵天象也。'蔡邕云:'玉衡长八尺,孔径一寸,下端望之,以视星辰。盖悬玑以象天而衡望之,转玑窥衡以知星宿。'是其说也。"(阮元校刻:《尚书正义》卷三,第265—266页)代表宋元尚书学的蔡沈在注释"在璇玑玉衡,以齐七政"时大体采用伪孔传与孔疏,而对北斗为玑衡这一异说,蔡沈则说:"历家之说,又以北斗魁四星为玑,杓三星为衡。今详经文简质,不应北斗二字乃用寓名,恐未必然。"(〔宋〕蔡沈撰,〔宋〕朱熹授旨:《书集传》卷一,华东师范大学出版社,2010年,第11页)
③ 《礼记·郊特牲》孔颖达疏引王肃:"《圣证论》以天体无二……天为至极之尊,其体只应是一。"(《礼记正义》卷二五,第3129页)《礼记·祭法》孔颖达疏引王肃:"《易》:'帝出乎震。'震,东方,生万物之初,故王者制之。初以木德王天下,非谓木精之所生。五帝皆黄帝之子孙,各改号代变,而以五行为次焉。何大微之精所生乎?……又天唯一而已,何得有六?"(《礼记正义》卷四六,第3444页)

第三章 危机与过渡:汉宋间的天学与佛教

孔颖达则调停道:"郑氏以为六者,指其尊极清虚之体,其实是一;论其五时生育之功,其别有五。以五配一,故为六天。"①"郑注《考灵曜》云:'天者纯阳,清明无形。圣人则之,制璇玑玉衡,以度其象。'如郑此言,则天是大虚,本无形体,但指诸星运转以为天耳。"②

  孔颖达疏解郑笺,已在魏晋玄学大兴、佛教东传以后。其中以汉儒因天无形体,故指诸星运转为权立之象,实以魏晋玄学首倡的言意之辨为背景。③汤用彤主张,王弼注《易》扫除象数,纯主义理,且申引《庄子·外物》言、象、意之别,主张得象忘言,得意忘象,这一新方法,促成了中国思想从两汉的宇宙论形态到魏晋以降的本体论形态的转变。④具体言之,王弼有言:"处璇玑以观大运,则天地之动未足怪也;据会要以观方来,则六合辐辏未足多也。"⑤王葆玹认为,此处璇玑指浑天仪,会要、辐辏指天体如车轮,北极为其轮毂。而王弼"一方面用毂轴比喻太极,另一方面却又以太极为无",则为引《老子》"三十辐共一毂,当其无,有车之用",以毂中空为无,则天的中心,也当为中空之无。这可谓宇宙构成论与本体论的结合。⑥而再进一步,则是用本体论消解宇宙论。《易·系辞上》:

---

① 《礼记正义》卷二五,第3129页。
② 《礼记正义》卷一四孔颖达疏。陈赟与褚叶儿根据以上疏解,主张郑玄以天为体称,帝为德称,天地"清明无形",诸星则有确定形象,运转以指示天体。故昊天上帝为体,五天帝为用,二者不一不二,是从不同层面对天的指称。见陈赟:《郑玄的"六天"说与禘礼的类型及其天道论依据》,第96—99页;褚叶儿:《郑玄的六天说与阴阳五行》,《中国哲学史》2020年第4期,第87—90页。
③ 关于魏晋玄学与两汉经学的关系,蒙文通用清儒张惠言之说,主张王弼注《易》有取于王肃,为魏晋经学中南学一系;(见蒙文通:《经学抉原》,《蒙文通全集》第1卷《儒学甄微》,第259—261页)汤用彤则将王肃、王弼之学追溯至汉末以宋衷为代表的荆州学派,即魏晋玄学实自两汉经学而出。(见汤用彤:《王弼之〈周易〉、〈论语〉新义》,《魏晋玄学论稿》,第76—80页)
④ 汤用彤:《言意之辨》《魏晋玄学流别略论》《王弼大衍义略释》《向、郭义之庄周与孔子》,均收入《魏晋玄学论稿》,第23—24、43—44、60—61、99页。
⑤ 〔三国魏〕王弼撰,楼宇烈校释:《周易略例·明象》(《周易注》附),中华书局,2011年,第395页。
⑥ 王葆玹:《通论玄学》,中国社会科学出版社,2023年,第421—423页。

> 大衍之数五十，其用四十有九。王弼曰：演天地之数，所赖者五十也。其用四十有九，则其一不用也。不用而用以之通，非数而数以之成，斯易之太极也。四十有九，数之极也。夫无不可以无明，必因于有，故常于有物之极，而必明其所由之宗也。①

又同书同卷：

> 是故易有太极，是生两仪。夫有必始于无，故太极生两仪也。太极者，无称之称，不可得而名，取有之所极，况之太极者也。②

王弼主张，"无"为本体之虚无，无名、无象、无数，无所不通，无所不由，而又无适无莫，③ 故以北辰配拟，只是就"有物之极"权立名象。万物虽有高低大小久暂之殊，但皆有其性，各适其性，则为道自足，即为不齐之齐。④ 且既然得意忘象，则即使"大恒"之象，也不过是通达"意"的暂时手段。因此，在"见体""适性自足""忘象"的意义上，北辰就与天地间普通一物无别。

再进而言之，就"见体"而言，即使天地本身，也与普通一物无别。王弼《易》乾卦注："天也者，形之名也。健也者，用形者也。"⑤ 坤卦注："地

---

① 《周易正义》卷七，第165页。
② 同上书，第169页。
③ 汤用彤：《王弼大衍义略释》，《魏晋玄学论稿》，第61—62页。
④ 《庄子·逍遥游》"去以六月息者也"，向秀、郭象注："夫大鸟一去半岁，至天池而息；小鸟一飞半朝，抢榆枋而止。此比所能则有间矣；其于适性一也。"（《庄子集释》卷一上，第4—5页）又《逍遥游》"蜩与学鸠笑之曰……"，向秀、郭象注："苟足于其性，则虽大鹏无以自贵于小鸟，小鸟无羡于天池，而荣愿有余矣。故小大虽殊，逍遥一也。"（《庄子集释》卷一上，第9页）又《齐物论》"天下莫大于秋毫之末……"，向秀、郭象注："夫以形相对，则大山大于秋毫也。若各据其性分，物冥其极，则形大未为有余，形小不为不足……苟足于天然而安其性命，故虽天地未足为寿而与我并生，万物未足为异而与我同得。"（《庄子集释》卷一下，第79、81页）向秀、郭象以"适性"释《庄子》"逍遥"义，见冯友兰：《中国哲学史》下册，《三松堂全集》第3册，第133—135页。
⑤ 《周易正义》卷一，第23页。

也者，形之名也。坤也者，用地者也。"① 天地亦不过是德所用之形。又汤用彤指出，"郑（玄——作者补）、虞（翻——作者补）旧义于恒卦仅训为久。王氏乃进而言所久所恒。其言曰……'言各得其所恒，故皆能长久'，'天地万物之情见于所恒也'"。② 则象数意义上的"恒"，仍属表面，"所恒"之理才是根本。

魏晋南北朝时期的天极观念，不可能不受到这一弥散性的玄学背景的浸润。玄学强调太极即为天地万物的本体之"无"与永恒运动的本体之"静"，③ 这一理解，从义理层面冲击了将北辰等同于天极的两汉观念，同时又为两汉时期另一种天极理解提供了兴起的可能。《春秋公羊传·昭公十七年》：

> 传：大辰者何？大火也。大火为大辰，伐为大辰，北辰亦为大辰。
> 何休解诂：北辰，北极，天之中也，常居其所，迷惑不知东西者须视北辰，以别心伐所在，故加亦，亦者，两相须之意。
> 徐彦疏：然则谓之极者，取于居中之义矣。而《春秋说》云"北者，高也，极者，藏也，言大一之星高居深藏，故名北极也"者，与先儒说违。其何氏两解乎？④

何休解诂，仍以北辰有象且居所不移，故可以目视而定位；而徐彦引纬

---

① 《周易正义》卷一，第31页。
② 汤用彤：《王弼之〈周易〉〈论语〉新义》，《魏晋玄学论稿》，第84—86页。
③ 《易·复卦》象传"复，其见天地之心乎"，王弼注："复者，反本之谓也。天地，以本为心者也。凡动息则静，静非对动者也；语息则默，默非对语者也。然则天地虽大，富有万物，雷动风行，运化万变，寂然至无，是其本矣。"孔颖达疏："天地以本为心者，本谓静也，言天地寂然不动，是以本为心者也。凡动息则静，静非对动者也，天地之动，静为其本，动为其末，言静时多也，动时少也。若暂时而动，止息则归静，是静非对动。言静之为本，自然而有，非对动而生静，故曰：静非对动者也。语息则默，默非对语者，语则声之动，默则口之静，是不语之时，恒常默也，非是对语有默。以动静语默而无别体，故云非对也。"（《周易正义》卷三，第78页）
④ 《春秋公羊传注疏》卷二三，第5048页。

书《春秋说》,根据前述王弼以宇宙中心为中空之无,故太极以无与静为本,并可能有取于北极附近并无亮星这一天学事实,主张"大一之星高居深藏",则极星星光暗淡,即为对天极不可见性质的提示。①

南北朝至北宋极星动移的发现,也从不同的方向,呼应了玄学本无、主静、得意忘象的新说。如上所述,玄学主张一切有象(无论高低大小久暂)都以"无"为本体,这在相当程度上削弱了北辰在理解宇宙与世界秩序时的首要地位。而魏晋以降极星动移、二十八宿非定位乃至冬至岁差等现象的发现,则表明以居所不移的北辰为枢轴的永恒运动之象,不仅在义理上是第二义的,在象数上也有可议之处。具体言之,有象且动移的极星,可以看作玄学本体论有无动静之别的天学提示,是明了天极本无、本静之意后所当忘之象,真正的体天者正不必拘泥于此。

这也就是说,一方面,由于魏晋玄学的出现,两汉思想中象数与义理的一体结构开始松动;但另一方面,渐显疏离的象数与义理,在天极问题上,却从不同层面互相呼应。二者的合力,并非指向永恒运动与天极观念的衰亡,而是它的转型。

第二节　日下无影与天地之中

佛教东传,是中国古代思想史上的"一大事因缘",影响之广,几于无所弗届。本书所述主题自然不能例外。不过,佛教对古代中国"极"观念的影响,大体并非出自佛教本身的义理,而是出自两个比较文明事实。第一,佛教自汉魏以降输入,最终被确立为"三教"之一。这种华夏文明精神与文

---

① 邵晋涵即说:"后儒谓北极不可见,识一小星以为辨,本于《公羊疏》。"(〔清〕邵晋涵正义,李嘉翼、祝鸿杰点校:《尔雅正义》卷九《释天》,中华书局,2017年,第525页)马伯乐则认为,《周髀算经》中所载北极璇玑距极度较大(约15度),是因为在古代天文学中指示北极的极星亮度较低,肉眼观测困难,故改用距极较远但亮度较高的星体。(见马伯乐:《汉代以前的中国天文学》,《马伯乐汉学论著选译》,第191—193页)

明格局的调整，与自四方（尤其是西方）夷狄之地输入的各种动植物与器物所造成的影响有根本不同；即使坚持夷夏之防者，也无法否认印度的高度文明性。而这一对等文明体在西南方向若隐若现的存在，潜在地影响着作为华夏世界"极"观念前提的"世界感"。第二，佛教所承载的印度世界观念，以其特定的天时与风土为基础。因此，经佛教浸润后的华夏世界"极"观念，潜在地就要融摄印度的天时与风土。具体言之，印度主体在亚热带与热带，暑热多雨，四季如夏，这与主体在北温带、四季分明的中国颇为不同。受容这一经佛教中介的印度世界观念，以夏至日中影长尺五寸为象的地中观念，乃至春夏秋冬四时循环这一"大象"，就都有被重新致思的可能。

佛教思想对华夏世界地中观念的一大冲击，在以夏至日下无影而非影长尺五寸定地中。如前所述，秦汉时期，随着华夏世界南界越过北回归线，达于今越南中部，已发现日下无影现象，但这只被当作边地夷狄之象；而在秦汉方术思想中，华夏中心之地日必有影，若日下无影，则表明寒暑不时。①但佛教对日下无影现象的看法则不同。《高僧传·慧严传》：

> 东海何承天以博物著名，乃问严佛国将用何历。严云："天竺夏至之日，方中无影，所谓天中，于五行土德，色尚黄，数尚五，八寸为一尺，十两当此土十二两，建辰之月为岁首。"及讨核分至，推校薄蚀、顾步光影，其法甚详，宿度年纪，咸有条例，承天无所厝难。后婆利国人来，果同严说。②

婆利国，一般认为在今印度尼西亚加里曼丹岛，地近赤道，确证日下无影现象，自属当然。这一何承天问佛国历数的故事，随后载于多种佛教文

---

① 《汉书·五行志》："元帝永光元年四月，日色青白，亡景，正中时有景亡光。是夏寒，至九月，日乃有光。"颜师古注："韦昭曰：'日下无景也。无景，谓唯质见耳。'"（《汉书》卷二七下，第1507页）
② 〔梁〕慧皎撰，汤用彤校注：《高僧传》卷七，中华书局，1992年，第262页。

献，并自探问印度的历法情况，推衍为探讨天下之中的标准，① 较有代表性的，见道宣：

> 案，《高僧传》云：昔晋何承天善明纬候，无二晷景，与智严法师共详偏正。严云："余曾游天竺，备谒圣仪，至于晷克，颇怀通览，中天竺国，夏至之日，方中无影，良是地中故也。此方洛南测影台者，至夏至日，终有余分。故非大夏，但名东夏也。"承天闻此，无以抗言。②

以夏至时日下无影作为地中标志，则在南北回归线间的印度，较之在北回归线以北的河洛之地，自然更可能是地中。而作为南北朝时期重要历法家的何承天，在故事中的表现是"无以抗言"，则是从佛教本位立场，构想了华夏士大夫对日下无影方为地中这一新标准的全盘接受（甚至放弃了自东汉以来一直处于主导地位的河洛地中说）。

如果将佛教本位适当相对化，从当时思想的总体图景来看，如何理解这一故事？何承天虽以反佛著称，但对印度天文历算学颇有吸纳，③ 且提出从北极扶天而南五十五度余为天顶，正下之处为地中，④ 日过天顶，则正下无影，这表明，何承天的地中观念与日下无影说颇为相似。⑤

不过，以上佛教文献中何承天对日下无影即为地中观念的接受，并非其天学观念的自然结果，而是有着更多层面的历史背景。今存何承天故事的第一个版本，见于南朝梁代僧人慧皎编订的《高僧传》。南朝齐、梁时期，正

---

① 何承天问印度历数故事的文献源流与人物、内容演变，见郑诚、江晓原：《何承天问佛国历术故事的源流及影响》，《中国文化》第 25、26 期，第 61—66 页。
② 〔唐〕道宣：《释迦氏谱》，《大正新修大藏经》第 50 册，第 87 页。
③ 见钮卫星：《西望梵天：汉译佛经中的天文学源流》，上海交通大学出版社，2004 年，第 149—155 页。
④ 《隋书·天文志》载何承天主张："从北极扶天而南五十五度强，则居天四维之中，最高处也，即天顶也。其下则地中也。"（《隋书》卷一九，第 512 页）
⑤ 见谢一峰：《关于"洛州无影"问题的几点看法：兼与王邦维等先生商榷》，《传承》2009 年第 5 期，第 105 页。

是华夏世界正统观念的关键转换期。自西晋灭亡、东晋南迁后,北方陷于长期混乱,北魏虽实现了持续百余年的统一,但长期以平城为都,视中原如边地,则就当时士大夫的观感,华夏世界的正统,更多仍在偏安江南的东晋以及后续的宋、齐两朝。但北魏孝文帝最终选择迁都洛阳,以居天下之中的姿态推动彻底的华夏化。结果在汉末、晋末两度丘墟化的洛阳,再次恢复为华夏世界的第一巨城。

　　这无疑大大加强了北朝为华夏世界正统的主张。① 具体言之,与孝文帝大致同时的《易》学家关朗,在与王虬、王彦父子探讨华夏世界之运时,即主张此时南朝已至久废而不能兴的关口,天命必将转移。② 后至隋唐之际,王通以"家国一体"观念,暗示先祖王虬在北魏孝文帝太和年间因南朝内乱而北奔,为华夏世界天命与正统自南而北之兆。③ 其作《元经》,本自王虬以来家学,将正统自南而北转移的历史时刻,系于孝文帝太和时期。① 即自孝

---

① 陈寅恪即指出:"洛阳为东汉、魏、晋故都,北朝汉人有认庙不认神的观念,谁能定鼎嵩洛,谁便是文化正统的所在。正统论中也有这样一种说法,谁能得到中原的地方,谁便是正统。如果想被人们认为是文化正统的代表,假定不能并吞南朝,也要定鼎嵩洛。"(见陈寅恪:《魏晋南北朝史讲演录》,万绳楠整理,黄山书社,1987年,第234页)孙英刚也指出:"孝文帝迁都时,洛阳和邺都是可以选择的地点,不过自'永嘉之乱'以来,洛阳屡遭战乱,几为荒土,邺城显得更加合适。然而孝文帝坚持迁都洛阳。其秉持的,正是洛阳为'土中'的理论。"(见孙英刚:《洛阳测影与"洛州无影":中古知识世界与政治中心观》,第5—6页)
② 关朗:"东南,中国之旧主也。中国之废久矣,天之所废,孰能兴之?"(〔隋〕王通:《叙篇·录关子明事》,张沛校注:《中说校注》,中华书局,2013年,第277页)
③ 王通:"先是,穆公之在江左也,不平袁粲之死,耻食齐粟,故萧氏受禅而穆公北奔,即齐建元元年,魏太和三年也,时穆公春秋五十二矣。奏事曰:'大安四载,微臣始生。'盖宋大明二年也。既北游河东,人莫之知,惟卢阳乌深奇之,曰:'王佐才也。'太和八年,征为秘书郎,迁给事黄门侍郎,以谓孝文有康世之意而经制不立,从容闲宴,多所奏议,帝虚心纳之。迁都雒邑,进用王肃,由穆公之潜策也。又荐子明,帝亦敬服,谓穆公曰:'嘉谋长策,勿虑不行。朕南征还日,当共论道,以究治体。'穆公与朗欣然相贺曰:'千载一时也。'"(〔隋〕王通:《叙篇·录关子明事》,《中说校注》,第275—276页)
① 《中说·周公》:"元经之有主,其孝文之所为乎? 中国之道不坠,孝文之力也。"(《中说校注》卷四,第107页)《中说·问易》:"子谓:'太和之政近雅矣,一明中国之有法,惜也不得行穆公之道。'"又"子曰:'《元经》其正名乎? 皇始之帝,征天以授之也。晋宋之王,近于正体,于是乎未忘中国,穆公之志也。齐梁陈之德,斥之于四夷也,以明中国之代,太和之力也。'"(《中说校注》卷五,第134、149页)

文帝入居洛阳，北魏就自名与实全幅承当了汉魏以来的华夏正统。①

反过来，既然河洛地中说与南朝的神圣性存在着显见的张力，则南朝的正统性叙述，就更多诉诸"东南"这一方位在天地循环中的特殊位置。事实上，秦汉时期即存在东南有天子气的传言，②司马迁将其发挥为"作始东南"之论，③该观念在汉魏时期进一步与象数《易》学结合，以《说卦》"帝出乎震"，为天子出自东南之象。

但以上"东南"观念，相较于河洛地中说，有着天然的局限性。具体说来，"东南"只被视为天子兴起之地，而非其一统天下后的建极之所，孙权以郊祀必在"土中"，建业非其地，④孙皓信奉"青盖入洛阳"的预言，⑤都仍承认洛阳为王都所在。而至《高僧传》所作成的萧梁时代，南朝的长期延续，终于酝酿出修正河洛地中观念的思想迹象。东魏使臣李谐出使萧梁，梁武帝萧衍派遣主客郎范胥接待，《魏书·李谐传》载有二人对话：

> 胥问曰："今犹尚暖，北间当小寒于此？"谐答曰："地居阴阳之正，寒暑适时，不知多少。"胥曰："所访邺下，岂是测影之地？"曰："皆是皇居帝里，相去不远，可得统而言之。"……胥曰："金陵王气兆于先代，黄旗紫盖，本出东南，君临万邦，故宜在此。"谐答曰："帝王符

---

① 此说至近代仍有相当影响，陈寅恪分析隋唐制度的三个渊源，最重要的一源即为北魏、北齐，所谓："凡江左承袭汉、魏、西晋之礼乐政刑典章文物，自东晋至南齐其间所发展变迁，而为北魏孝文帝及其子孙摹仿采用，传至北齐成一大结集者是也。""又西晋永嘉之乱，中原魏晋以降之文化转移保存于凉州一隅，至北魏取凉州，而河西文化遂输入于魏，其后北魏孝文、宣武两代所制定之典章制度遂深受其影响。故此（北）魏、（北）齐之源其中亦有河西之一支派。"（见陈寅恪：《陈寅恪集·隋唐制度渊源略论稿》，生活·读书·新知三联书店，2001年，第3—4页）
② 《史记·高祖本纪》："秦始皇帝常曰'东南有天子气'，于是因东游以厌之。"（《史记》卷八，第348页）
③ 《史记·六国年表》："或曰'东方物所始生，西方物之成孰'。夫作事者必于东南，收功实者常于西北。"（《史记》卷一五，第686页）
④ 见《三国志》卷四七《吴书二》裴松之注引《江表传》，第1136页。
⑤ 见《三国志》卷四八《吴书三》裴松之注引《江表传》，第1168页。

命,岂得与中国比隆? 紫盖黄旗,终于入洛,无乃自害也? 有口之说,乃是俳谐,亦何足道!"①

范胥以邺城非测影之地问难东魏迁邺,则仍承认洛阳是当然的测影之所。李谐以"紫盖黄旗,终于入洛"为结语,范胥无驳,也暗示南朝士人仍接受洛阳为华夏世界毫无争议的王都。②但若考虑到自东吴至萧梁,已有五个王朝继起于南方,基于这一自秦汉以来数百年的华夏化过程,再参以同一时期佛教的本土化历程,则以上对话的意蕴,就不限于再次肯定洛阳地中说。

关键是第一问:范胥主张建康气候较洛阳更为和暖,李谐则根据《周礼》所载洛阳为"四时之所交""阴阳之所和"之地,强调天下之中当"地居阴阳之正,寒暑适时",而非有暖无寒。对比二者,在以北方天时风土为基础的天下之中当四时分明、寒暑均衡的经典表述外,偏于南方天时风土的"和暖",开始试探性地出现在对何谓天下之中的探讨里。

当然,以上范胥对南方风土的肯定,仍是相当初步的。自秦汉以来,在多为北方士人所作的史传文籍中,对南方的描述,充斥着"江南卑湿,丈夫早夭"③之类的否定之辞。自汉魏至隋唐,随着人口的南迁与开发的深入,南方(特别是江南之地)逐渐被华夏化,相较于第一代南来之人,世居南方者更为适应本地气候与疾病,以此为背景,以南方风土为本位的观念与话语兴起,逐渐削弱了北方观念与话语的宰制。④

---

① 〔北齐〕魏收撰:《魏书》卷六五,中华书局,1974 年,第 1460—1461 页。
② 《魏书》为历仕东魏、北齐的魏收所作,自然以北朝为本位。所述二人问答,以阐扬李谐答语睿智合时为主。如李谐不顾古代天文测量对地中位置的精确要求,以及五经经传明确强调测影之地只能在洛阳或阳城,以相距三百多公里的邺城与洛阳仍可称为"相去不远",而范胥对这一牵强解释,竟完全不加驳斥,不能排除其驳议被魏收删而不载的可能性。
③ 《史记》卷一二九《货殖列传》,第 3268 页。
④ 见萧璠:《汉宋间文献所见古代中国南方的地理环境与地方病及其影响》,《"中央研究院"历史语言研究所集刊》1993 年第 63 本第 1 分;于赓哲:《疾病、卑湿与中古族群边界》,《民族研究》2010 年第 1 期。

佛教传入前后，对较中国南方更为暑热的印度天时气候的描述，也发生了类似的变化。《史记》据张骞所得的传闻，载印度（名为"身毒"）"卑湿暑热"；① 从东汉至南北朝早期，虽然由于西域的开辟与佛教的传入，华夏士人对印度天时、地理的知识已有很大扩展，但班固《汉书》的印度部分（见《汉书·张骞李广利传》）仍全本以上司马迁之文；至范晔作《后汉书》，虽因佛教而肯定印度的文明性，但对其气候"卑湿暑热"的定位，也仍相沿不改。② 不过，晋宋以降，以印度为圣地的中国佛教徒，开始提出彻底正面化印度天时的论述。如《牟子理惑论》载释迦牟尼"所以孟夏之月生者，不寒不热，草木华英，释狐裘，衣絺绤，中吕之时也。所以生天竺者，天地之中，处其中和也"；③ 法显主张"中国（指中印度——作者注）寒暑调和，无霜、雪，人民殷乐"。④ 道宣也说"谓雪山以南名为中国，坦然平正，冬夏和调，卉木常荣，流霜不降。自余边鄙，安足语哉？"⑤，以"中和""寒暑调和"或"冬夏和调"描述印度，显然是在模仿性地调用河洛"四时之所交""阴阳之所和"这一对华夏世界地中的描述，⑥ 但这一调用，又暗含着季节感

---

① 《史记·大宛列传》载，骞曰："臣在大夏时，见邛竹杖、蜀布。问曰：'安得此？'大夏国人曰：'吾贾人往市之身毒。身毒在大夏东南可数千里。其俗土著，大与大夏同，而卑湿暑热云。其人民乘象以战。其国临大水焉。'"（《史记》卷一二三，第3166页）
② 《后汉书·西域传》："天竺国一名身毒，在月氏之东南数千里。俗与月氏同，而卑湿暑热。其国临大水。乘象而战。其人弱于月氏，修浮图道，不杀伐，遂以成俗。"（《后汉书》卷八八，第2921页）又同卷《〈西域传〉论》："至于佛道神化，兴自身毒，而二汉方志莫有称焉。张骞但著地多暑湿，乘象而战，班勇虽列其奉浮图，不杀伐，而精文善法导达之功，靡所传述。余闻之后说也，其国则殷乎中土，玉烛和气。灵圣之所〔降〕集，贤懿之所挺生，神迹诡怪，则理绝人区，感验明显，则事出天外。而骞、超无闻焉，岂其道闭往运，数开叔叶乎？不然，何诬异之甚也！汉自楚英始盛斋戒之祀，桓帝又修华盖之饰。将微义未译，而但神明之邪？详其清心释累之训，空有兼遣之宗，道书之流也。且好仁恶杀，蠲敝崇善，所以贤达君子多爱其法焉。"（第2931—2932页）
③ 〔汉〕牟融或牟子博撰：《理惑论》，见石峻等编：《中国佛教思想资料选编》（汉魏六朝卷），中华书局，2014年，第3页。
④ 〔晋〕法显撰，章巽校注：《法显传校注》，中华书局，2008年，第46页。
⑤ 〔唐〕道宣：《释迦方志》卷上，《大正新修大藏经》第51册，第949页。
⑥ 《后汉书·〈西域传〉论》：印度"其国则殷乎中土，玉烛和气，灵圣之所〔降〕集，贤懿之所挺生"。（《后汉书》卷八八，第2932页）汤用彤认为对照佛教徒的类似表（转下页）

的改易。河洛地中观念，以秋霜、冬雪为四时和调的表现，以冬无雪为灾异，其背景是华夏世界北方的季节感；① 而以上印度地中观念，以"无霜雪""流霜不降"为象，则是有春夏而无秋冬，显然更接近华夏世界南方的季节感。

这也就是说，东汉以降，中国南方逐渐华夏化，同一时期，主体在亚热带、热带的印度佛教传入中土，伴随输入了以暑热之地天时为背景的世界观念。这两个共时现象，共同推动了南方季节感在华夏世界观念中地位上升。

这是否足以让夏至日下无影说取代夏至日影尺五寸说，或至少成为足以与后者竞争的新说？答案是否定的。何承天的天顶观念，已经为以日下无影定地中做好了天学准备，但南朝虽然正统性受到河洛地中说的巨大威胁，却从东吴到南陈数百年间，始终没有出现要借用日下无影说正当化自身地位的任何尝试。确实，至隋唐时期，在中国与印度哪一方是世界中心的争论中，"中印度"夏至日下无影，河洛之地夏至则影有余分，被当作印度地中说的重要证据，但此类论述的提出者，几乎无一例外都是佛教徒，目的则是证明佛教的殊胜性（前述道宣对何承天故事的修正性重述即典型代表）。②

这表明了华夏世界天时、风土、人情与义理诸方面与日下无影说的距离。第一，由于主体在北温带，华夏世界的日下无影之地，要南至广州附近

（接上页）述，可以看出二者都渊源于中国以天地之中当在"中和"之境的观念。（见汤用彤：《汉魏两晋南北朝佛教史》，第 77 页；汤用彤：《读〈太平经〉书所见》，《汤用彤学术论文集》，中华书局，2016 年，第 74—75 页）

① 闵祥鹏指出，"冬无雪"为灾异，与西汉以后宿麦种植推广以及天人感应思想的流行有关。且由于冬无雪是南方气候的常态，因此记录该灾异的地域，主要在华夏世界北方，特别是王都所在的关中、河洛与北京地区。见闵祥鹏：《灾异政治与汉唐"冬无雪"史料的文本反思》，《清华大学学报（哲学社会科学版）》2023 年第 2 期。

② 隋唐时期印度与中国孰为中土的争论，参看吉川忠夫：《中土边土的论争》，《六朝精神史研究》，第 353—373 页；王邦维：《佛教的"中心观"与古代中国的文化优越感》，《跨文化的想象：文献、神话与历史》，中国大百科全书出版社，2017 年，第 27—54 页；陈金华：《东亚佛教中的"边地情结"：论圣地及祖谱的建构》，《佛学研究》2012 年总第 21 期；李智君：《天竺与中土：何为天地之中央——唐代僧人运用佛教空间结构系统整合中土空间的方法研究》，《学术月刊》2016 年第 6 期。

（在《尚书·禹贡》所载九州南界之外），① 若以此近海的边地为地中，就与九州居中、外环四海的"大象"根本矛盾。第二，虽然隋唐时期南方的华夏化已有很大进展，但主要仍限于江南地区，岭南之地，在经济、政治与文化上，仍相当边缘。则以夏至日下无影之地为地中，就意味着大地之极与华夏世界的人极（大体仍在河洛附近）彻底分离，这显然不合乎儒学天地人相即的基本观念。第三，亚热带、热带地区纬度较低，极星离地平线不远，北极所在区域，随着天地的相对运动，会隐入地平线以下。北极之为象，既位置边缘，又非恒见不隐，虽也被当作全天定位的参照点之一，但难有古代中国天文学中的独尊地位。而日则接近天顶，形象醒目，更容易被当作奠定天地秩序的基础性"大象"。以上两点，都与主体居于温带的中国有明显不同，后者纬度适中，北极出地度数不高不低，北极所在天区终岁可见；而日离天顶较远，且冬夏日运差别巨大，自不如北极般恒定且恒在。

夏至日下无影说不能主流化，第四也是最后一点，则关乎儒道释三教义理的根本差异。影不可自存，必依形而立，对这一显见的自然事实，三教的义理发挥各不相同。儒家以形影相须，如阴阳相偶，夏至日影尺五寸，与土圭等长，② 为阴阳相和之象，故为地中。道家（以及深受道家影响的玄学）也赞同形影相须，但主张"太极"以"无"为本体，形与影只是显现此无形本体的暂时的"迹"，而"无影"这一无象之象，更可能提示此无形之极。

---

① 《周礼·夏官·职方氏》："正南曰荆州。"（《周礼注疏》卷三三，第 1862 页）荆州南界，《尚书·禹贡》："荆及衡阳惟荆州。"伪孔传："北据荆山，南及衡山之阳。"（《尚书正义》卷六，第 313 页）又《礼记·王制》"九州千七百七十三国"，孔颖达疏引许慎《五经异义》："'又《异义》今《尚书》欧阳、夏侯说：中国方五千里。古《尚书》说：五服旁五千里，相距万里。许慎谨按：以今汉地考之，自黑水至东海，衡山之阳至于朔方，经略万里。从古《尚书》说。'郑氏无驳，与许同。"（《礼记正义》卷一一，第 2868 页）又《尔雅·释地》："汉南曰荆州。"郭璞注："自汉南至衡山之阳。"（《尔雅注疏》卷七，第 5687 页）以上汉晋经师，大体皆以衡山而非南海为九州南界。则广州已在九州之外。
② 《周礼·地官·大司徒》："日至之景尺有五寸，谓之地中。"郑玄笺注："郑司农云：土圭之长尺有五寸，以夏至之日，立八尺之表，其景适与土圭等，谓之地中。"（《周礼注疏》卷十，第 1517 页）

佛教则主张一切有为法皆虚幻不实,生灭无常,形影相须,如业报相随。①因此,"无影"这一无象之象,在"去形"的意义上,就有勘破万法性空、脱离业报轮回的解脱意味。对比以上三者,显然,只有佛、道思想真正成为构造华夏世界观念的主导性力量,日下无影这一无象之象才能真正在义理上被正当化。隋唐以降,伴随着理学的兴起,儒家在中国思想中重新居于主导地位,日下无影说自然只能被边缘化。但反过来,虽然有主宾之别,但只要三教并立的格局仍形式上保存着,在夏至日影尺五寸这一主流观念外,夏至日下无影之说,也就借助佛、道义理的加持,始终在华夏世界观念中保持着一定程度的存在。②

三、 和合地理学:须弥与昆仑

相较于夏至日下无影为地中之说,佛教对华夏世界天地之极观念的更明显影响,则在于须弥山(或阿耨达山)地中说的引入。印度古代宗教与神话载其北侧有巨山(或名须弥,或名阿耨达),为日月隐蔽之所,四方山水之

---

① 《北山录·释宾问》:"去形方影灭,除业方报亡。"(〔唐〕神清撰,〔宋〕慧宝注,〔宋〕德珪注解,富世平校注:《北山录校注》卷五,中华书局,2014年,第390页)
② 这种存在多是通过儒、佛调和实现的。一个典型例证,是唐代僧人义净在《南海寄归内法传》主张"洛州无影,与余不同",日本学者高楠顺次郎认为这里的"洛州",只是对中印度的比拟性说法。王邦维通过实地考察,发现今登封市告成镇有名为"周公测影台"者,建造成特定的斜度,从而能够在夏至日中时达到"无影"的效果。义净所说的"洛州无影,与余不同",可能就是根据类似测影台而得。又元代郭守敬造测影台,仍遵循前制,通过刻意制造倾角而达成无影的效果。(见王邦维:《关于"洛州无影"》,《文史》2000年第3辑;王邦维:《再说"洛州无影"》,《唐研究》第10卷,北京大学出版社,2004年;王邦维:《"洛州无影"与"天下之中"》,《四川大学学报(哲学社会科学版)》2005年第4期)张强指出,早在清代,梅文鼎已发现登封告成周公测影台以斜角制造无影的现象。(见张强:《天下之中与周公测影辨疑》,第87页)孙英刚则认为义净以无影神圣化洛阳,是为了正当化武则天的统治,并借助王法确立佛教的地位。(见孙英刚:《洛阳测影与"洛州无影":中古知识世界与政治中心观》,第7—9页)不过,也有学者针对周公测影台的建造时间等问题提出异议,认为义净所说的无影之地"洛州",更可能是用典,而非实指洛阳。(见王绍峰:《初唐佛典词汇研究》,安徽教育出版社,2004年,第25—28页;郑诚、江晓原:《何承天问佛国历术故事的源流及影响》,第66—67页)

源，百神所居之地，这与华夏世界观念中位于西北的昆仑山，不管自方位、形态还是功能，都高度相似。故汉晋时期的译经与传教者，直接将须弥山（阿耨达山）等同于昆仑山，①并通过这一连接点，将印度与中国各自的大地图式整合在一起。

这可谓早期佛经传译与佛教艺术中十分流行的"格义"方法在地理领域的应用（可称为和合地理学），②但与日下无影为地中之说长期局限于佛教徒内部不同，至迟至北魏郦道元时期，须弥山（阿耨达山）即昆仑山的观念，已经进入《水经注》这样的主流地理志书，为士大夫所广泛接受。③

这一接受，与魏晋南北朝时期东西交往的总体形势有密切关系。自东汉开始，由于王都东移（自长安至洛阳）与政治文化变迁，中原王朝对西域以及葱岭之外的兴趣与影响逐渐下降，魏晋以降，北方陷入持久的战乱，自东

---

① 相关文献与表述的演变，见吕建福：《佛教世界观对中国古代地理中心观念的影响》，《陕西师范大学学报（哲学社会科学版）》2005年第4期，第76—79页；孙健：《圣山重塑：中古以降佛教须弥山世界与西域地理意象》，《地域文化研究》2018年第6期，第37—40页；分析较为深入的，见沈婉婷、刘宗迪：《须弥与昆仑：佛教神话宇宙观的中国化》，《广西民族大学学报（哲学社会科学版）》2022年第6期，第99—103页。

② 佛经传译中佛学与玄学的"格义"及其问题，见陈寅恪：《支愍度学说考》，《陈寅恪集·金明馆丛稿初编》，第167—173页；汤用彤主张"格义"并非佛教引入的新方法，而是来自汉代学术传统，从"格义"到"言意之辨"的演变，是文化与哲学自两汉形态转变为魏晋形态的标志。见汤用彤：《论"格义"：最早一种融合印度佛教和中国思想的方法》，《理学·佛学·玄学》，北京大学出版社，1991年，第286—294页。早期佛教壁画与造像中将佛与西王母并置乃至混同的情况，见巫鸿：《早期中国艺术中的佛教因素（二、三世纪）》，《礼仪中的美术：巫鸿中国古代美术史文编》下卷，郑岩等译，生活·读书·新知三联书店，2005年，第290—305页。

③ 《水经注·河水》："释氏（指道安——作者注）《西域记》曰：阿耨达太山，其上有大渊水，宫殿楼观甚大焉。山，即昆仑山也。"（《水经注校证》卷一，第3页）又王嘉："昆仑山者，西方曰须弥山。"（〔晋〕王嘉撰，〔梁〕萧绮录，齐治平校注：《拾遗记校注》卷十《昆仑山》，中华书局，1981年，第221页）稍后该说进入正史注疏体系。见《史记·大宛列传》张守节正义："阿耨达山即昆仑山也。"（《史记》卷一二三，第3164页）当代学者沈婉婷、刘宗迪指出，须弥地中说在南北朝之后影响广泛："官修地理书《括地志》，综合性政典、史书《通典》《通志》《文献通考》都采纳了阿耨达山为昆仑山说。《朱子语类》《扪虱新话》《黄氏日抄》等精英著作中亦有昆仑山与须弥山（阿耨达山）为一山的议论。"见沈婉婷、刘宗迪：《须弥与昆仑：佛教神话宇宙观的中国化》，第105页。

而西的官方地理探索大大减少。这一时期，影响华夏世界地理视野的，更多是东来西去的传教者与求法者。① 其记述虽以佛教为本位且不乏神异色彩，但由于有东西路程中的身经目验，且在形式与内容上接续着两汉时期以长安或洛阳为起点、以葱岭为枢纽的地理记录，② 仍被同一时期的主流地理学所选择性吸纳，《水经注》对须弥山（阿耨达山）即昆仑山这一佛教观念的接受，即是典型之例。

另一个原因是观念性的。以夏至日下无影之地为地中，直接威胁到了河洛为天下之中这一华夏世界主导性观念的天学前提，而须弥山之为昆仑山，从表面上看起来，是以域外之说进一步加强了昆仑为天下之中的确实性。此外，河洛地中说本来就是据华夏世界人极所立的天地之极，以华夏文明为大地之上唯一的高级文明为前提；而昆仑大体在华夏世界西北，以昆仑为地中，华夏文明就被相对化为大地之上诸文明之一，自然更可能将印度文明作为华夏文明的对等者纳入天地之极的构造中。

当然，须弥（或阿耨达）与昆仑的格义，本质上是发生在两个文明间的涵化现象，并非昆仑地中说单向吸纳与消融须弥地中说。秦汉时期的昆仑地中说，虽然大体以西北-东南方向来定位昆仑与华夏世界的方位关系，但伴随着汉朝向西扩展而部分获得地理实感的昆仑，其观念内涵，也受到这一自河洛、关中横贯亚欧大陆的东西轴线（后以丝绸之路而著称）的制约。具体说来，两汉向西域以及葱岭之外扩展，次第及于大月氏（后为贵霜）、条支

---

① 见桑原骘藏：《佛教の東漸と歴史地理學上における佛教徒の功勞》，《桑原骘藏全集》第1卷，岩波書店，1968年，第292—334页；烈维：《大藏方等部之西域佛教史料》，中文译本见冯承钧：《史地丛考·史地丛考续编》，上海古籍出版社，2014年，第206—253页。我是通过葛兆光《传统中国史学中的世界认识》（《文史哲》2021年第3期）一文注意到以上两种文献的。

② 典型如《洛阳伽蓝记》载北魏时期敦煌人宋云与僧人惠生赴印度求法，从"初发京师"开始，详细记载经过各国的时日与里程，并载葱岭"山路歁侧，长坂千里，悬崖万仞，极天之阻，实在于斯。太行、孟门，匹兹非险；崤关、垄坂，方此则夷。自发葱岭，步步渐高。如此四日，乃得至岭，依约中下，实半天矣。汉盘陀国正在山顶。自葱岭已西，水皆西流。世人云是天地之中"。（《洛阳伽蓝记校笺》卷五，第209—211页）从形式到内容，都接续着两汉地理学。

（塞琉古）乃至大秦（罗马），明确以自东向西为主向。大体位于西域正南方的印度，虽然已见于汉朝使节所得的传闻中，但自葱岭向南达至印度，并非两汉时期贸易、政治与文化扩展的主向。① 基于这一地理视野，作为汉朝西界的葱岭，在当时地理志书中，强调的是其地至高，为东西之中。因此，葱岭的"诸水分流"，也实指东西而非南北分流。②

观念性的四水分流学说，则出自与两汉地理视野的扩展若即若离的《山海经》与《淮南子》。

《山海经·海内西经》：

> 海内昆仑之虚，在西北，帝之下都。昆仑之虚方八百里，高万仞……赤水出东南隅，以行其东北。河水出东北隅，以行其北，西南又入渤海，又出海外，即西而北，入禹所导积石山。洋水、黑水出西北隅以东，东行，又东北，南入海，羽民南。弱水、青水出西南隅以东，又北，又西南过毕方鸟东。③

又《淮南子·地形训》：

---

① 唯一一次试图达至印度的官方努力，是在张骞的建议下，汉武帝派使团自蜀地探索通向印度的道路，不过未能达成目标。见《史记》卷一一六《西南夷列传》以及卷一二三《大宛列传》，第2995—2996、3166—3167页。《〈大唐西域记〉序一》评价东汉以上印度与中国的隔绝，即说："然事绝于曩代，壤隔于中土，《山经》莫之纪，《王会》所不书。博望凿空，徒置怀于邛竹，昆明道闭，谬肆力于神池。"（〔唐〕玄奘、〔唐〕辩机撰，季羡林等校注：《大唐西域记校注》，中华书局，1985年，第2页）

② 见《史记·大宛列传》："于阗之西，则水皆西流，注西海；其东水东流，注盐泽。盐泽潜行地下，其南则河源出焉。"（《史记》卷一二三，第3160页）又《水经注·河水》："《凉土异物志》曰：'葱岭之水，分流东西，西入大海，东为河源。'"（《水经注校证》卷二，第36页）

③ 《山海经笺疏》卷一一，第211—213页。另《山海经·西山经》："西南四百里曰昆仑之丘，是实惟帝之下都，神陆吾司之……河水出焉，而南流，东注于无达。赤水出焉，而东南流，注于汜天之水。洋水出焉，而西南流，注于丑涂之水。黑水出焉，而西流于大杅。是多怪鸟兽。"（《山海经笺疏》卷二，第43—45页）其中可以实指的"河水"，与《海内西经》所载流向不同。

河水出昆仑东北陬，贯渤海，入禹所导积石山。赤水出其东南陬，西南注南海丹泽之东。赤水之东，弱水出自穷石，至于合黎，余波入于流沙，绝流沙南至南海。洋水出其西北陬，入于南海羽民之南。凡四水者，帝之神泉，以和百药，以润万物。①

海野一隆指出，以上《山海经》《淮南子》所载昆仑四水分流之说，具有很强的观念性与想象性，除黄河（河水）之外，其他三水无法实指。② 这也就意味着，以昆仑为中心的四水分流图式，与更注重身经目验与实际山川走向的地学，除了河出昆仑这一点，其他部分颇显疏离。而佛教所传入的印度版本的四水分流说，则由于引入印度地理世界以及相应的南方诸水系，在一定程度上拉近了四水分流图式与当时地学的距离。

具体说来，佛教版本的四水分流说，指四水均发源于巨山之中的阿耨达池，分注于东南西北四海。③ 海野一隆根据印度与中国版本的四水分流说形式与内容上的相似性，并考虑到《圣经》中记载有两河流域的四水分流说，猜测三者并非偶然相似，而是可能有更古老的共同源头：中亚附近某部落向东、西、南三个方向迁移，并将四水分流说带入中国、巴比伦与印度三地。④ 此说像近代以来众多的文明起源于中亚巨山之说一样，运之于虚而不能证之以实，且即使确切，也不意味着印度版本的四水分流说的传入，是与昆仑四水分流说回返于二者共同的"原型"。事实上，两种四水分流说，已经与印度与中国各自的文明观念融合在一起，因此，这仍是印度地理与华夏地理的

---

① 《淮南鸿烈集解》卷四，第134—135页。
② 海野一隆：《崑崙四水説の地理思想史的考察：仏典及び旧約聖書の四河説との関連において》，《史林》第41卷第5号，第380—384页。
③ 饶宗颐指出，四水分流说出自佛教法藏部经典，另有五水分流说，出自说一切有部经典。见饶宗颐：《论释氏之昆仑说》，《饶宗颐东方学论集》，汕头大学出版社，1999年，第181—182页。又徐帆指出，大乘佛教兴起后，在以上四水、五水分流说外，又出现结合二者的"八河"体系，不过并非主流。见徐帆：《天竺地理观念在中土的传播与接受：以"佛教圣山河源说"为例》，《中国历史地理论丛》2024年第2辑，第69—70页。
④ 海野一隆：《崑崙四水説の地理思想史的考察：仏典及び旧約聖書の四河説との関連において》，第388—390页。

格义，目的是构造兼容两者各自方位与视野的山水图式。

具体说来，在传译的佛教经论中，四河以东向的恒河为首，① 另外三河之一则被指为黄河。② 这一纳入黄河的四水分流模式，在佛教之外影响最大的，自然当属玄奘的《大唐西域记》。玄奘参考中国经典中对昆仑四水的记述，并考虑到了中国与印度的相对方位关系，出水采取佛典所载的东南西北四正之向，入海则调整为《山海经》与《淮南子》所载的东北、东南、西北、西南的四隅之向，以恒河东出而流向东南，黄河北出而流向东北。③ 道

---

① 典型如《起世经》卷一："阿耨达多池东有恒伽河（即恒河——作者注），从象口出，与五百河俱流入东海。阿耨达多池南有辛头河，从牛口出，与五百河俱流入南海。阿耨达多池西有薄叉河，从马口出，与五百河俱流入西海。阿耨达多池北有斯陀河，从狮子口出，与五百河俱流入北海。"（〔隋〕阇那崛多等译，《大正新修大藏经》第 1 册，第 313 页）又《大智度论》卷七："阎浮提四大河北边出，入四方大海中。北边雪山中，有阿那婆达多池……是池四边有四流水……是四河皆出北山，恒河出北山入东海，辛头河出北山入南海，婆叉河出北山入西海，私陀河出北山入北海，是四河中恒河最大。"（〔印〕龙树撰，〔后秦〕鸠摩罗什译，《大正新修大藏经》第 25 册，第 114 页）又《阿毗达磨顺正理论》卷三一："此赡部洲……大雪山北，有香醉山。雪北香南，有大池水，名无热恼，出四大河，从四面流，趣四大海，一殑伽河，二信度河，三私多河，四缚刍河。"（〔印〕众贤撰，〔唐〕玄奘译，《大正新修大藏经》第 29 册，第 516 页）

② 最早的表述，见东汉佛教徒与译师康孟详之《〈佛说兴起行经〉序》："所谓昆仑山者，则阎浮利地之中心也……阿耨大泉，外周围山，山内平地，泉处其中，泉岸皆黄金，以四兽头，各出水其口，各绕一匝已，还复其方，出投四海。象口所出者，则黄河是也。"（《佛说兴起行经》，《大正新修大藏经》第 4 册，第 163 页）

③ 玄奘："赡部洲之中地者，阿那婆答多池也，在香山之南，大雪山之北，周八百里矣……出清泠水，给赡部洲。是以池东面银牛口，流出殑伽河，绕池一匝，入东南海；池南面金象口，流出信度河，绕池一匝，入西南海；池西面琉璃马口，流出缚刍河，绕池一匝，入西北海；池北面颇胝师子口，流出徙多河，绕池一匝，入东北海。或曰潜流地下出积石山，即徙多河之流，为中国之河源云。"（《大唐西域记校注》卷一，第 39 页）《玄应音义》："强伽，旧名恒河是也，亦名殑伽，从阿耨大池东面象口流出，入东海。"（转引自《大唐西域记校注》卷一，第 42 页）又道宣："故佛经云：此无热池，东有银牛口出殑伽河，即古所谓恒河也，右绕池匝流入东南海。南有金象口出信度河，即古辛头河也，右绕池匝流入西南海。西有瑠璃马口出缚刍河，即古博叉河也，如上绕池入西北海。北有颇胝师子口出徙多河，即古私陀河也，如上绕池入东北海。"（道宣：《释迦方志》卷上，《大正新修大藏经》第 51 册，第 949—950 页）刘迎胜指出，这是将印度版本四水分流说中北流的徙多河顺时针旋转四十五度，指为两汉以来"伏流重源"说中作为黄河上源的塔里木河，实为印度与中国地理观念的和合。（见刘迎胜：《西北民族史与察合台汗国史研究》，第 219—220 页）

第三章 危机与过渡：汉宋间的天学与佛教

宣则根据当时对西藏至帕米尔高原的山川水系分布的了解，尤其是恒河、印度河、阿姆河与黄河（当时被认为以今塔里木河为上源）源头各相距数百公里，难以被归入同一湖泊，因此主张阿耨达池通过中间川地连接到葱岭地区湖泉，共同作为四水分流的出水之地。因此，作为四水分流之所的中央巨山，就被指为以葱岭为东界、达侎为南界、雪山为西界、大秦为北界的广大高原地区。①

印度版本的四水分流说的影响尚不止于此。喜马拉雅山南侧的印度文明，基于自身的文明视点，主张文明世界在南方，巨山在北方，故以该世界观为基础的汉译佛教经传，指称大地中心巨山为北山，② 四大洲中以南瞻部洲为首，印度则在瞻部洲中的大雪山之南，③ 则虽同样是以巨山为地中，明显更侧重南北而非东西轴线。而须弥与昆仑的和合，就是将这一南北轴线与昆仑地中说的东西（或者说东南-西北）轴线交错起来。

---

① 道宣："此洲中心有一大池，名阿那陀答多，唐言无热恼也，即经所谓阿耨达池。在香山南，大雪山北。居山顶上，非凡所至。池周八百里……又池正南当洲尖处，其北当谜罗川，即北又当葱岭北千泉也……然四海为壑，水趣所极，故此一池分出四河，各随地势而注一海，故葱岭以东水注东海，达侎以南水注南海，雪山以西水注西海，大秦以北水注北海。"（道宣：《释迦方志》卷上，《大正新修大藏经》第51册，第949页）
② 《大智度论》卷七，《大正新修大藏经》第25册，第114页。
③ 玄奘："五印之境，周九万余里。三垂大海，北背雪山。北广南狭，形如半月。"（《大唐西域记校注》卷二，第164页）道宣："此池神居，非人所及，又是北天雪山之域，南接中土佛生之地，以处高胜，故非边矣。"（道宣：《释迦方志》卷上，《大正新修大藏经》第51册，第950页）这与当时中国对印度的方位感不同。《汉书》与《后汉书》将印度附载于《西域传》中（《史记》则附载于《大宛列传》）。佛教最初从西方传入，在汉魏时期主要是西域侨民的宗教，因此佛教长期被与西戎绑定在一起（所谓"佛是戎神，正所应奉"。见慧皎：《高僧传》卷九，第352页）。佛教徒反对当时士大夫将佛教归入夷狄，即强调佛教虽然自西方传入，但并非来自西戎，而是来自西戎之南的"梵"地（"南梵"），是文明之邦。典型如道宣："又指西蕃，例为胡国。然佛生游履雪山以南，名婆罗门国，与胡隔绝，书语不同。故五天竺诸婆罗门，书为天书，语为天语，谓劫初成梵天来下，因味地肥，便有人焉。从本语书，天法不断，故彼风俗，事天者多，以生有所因故也。胡本西戎，无闻道术，书语国别，传译方通。"（道宣：《释迦方志》卷上，《大正新修大藏经》第51册，第950页）相关分析，见吉川忠夫：《中土边土的论争》，《六朝精神史研究》，第357—358页。就中国的视点，南方为"蛮"所居，则将南方与印度的文明性联系起来，参照的是印度自身的文明地理视野。

这一中国与印度对等交错的大地山水结构，在佛教世界观中，进一步推衍出可居世界四天子分立的政治与文明结构。系统论述，见玄奘：

> 时无轮王应运，赡部洲地有四主焉。南象主则暑湿宜象，西宝主乃临海盈宝，北马主寒劲宜马，东人主和畅多人。故象主之国，躁烈笃学，特闲异术，服则横巾右袒，首则中髻四垂，族类邑居，室宇重阁。宝主之乡，无礼义，重财贿，短制左衽，断发长髭，有城郭之居，务殖货之利。马主之俗，天资犷暴，情忍杀戮，毳帐穹庐，鸟居逐牧。人主之地，风俗机慧，仁义照明，冠带右衽，车服有序，安土重迁，务资有类。三主之俗，东方为上。其居室则东辟其户，旦日则东向以拜。人主之地，南面为尊。方俗殊风，斯其大概。至于君臣上下之礼，宪章文轨之仪，人主之地无以加也。清心释累之训，出离生死之教，象主之国其理优矣。①

稍后，道宣接续玄奘所述，将四天子分别对应于当时亚欧大陆上的主要文明与政治体：

> 此洲四主所统。雪山已南至于南海，名象主也。地惟暑湿，偏宜象住，故王以象兵而安其国。风俗躁烈，笃学异术，是为印度国……雪山之西至于西海，名宝主也。地接西海，偏饶异珍，而轻礼重货，是为胡国。雪山以北至于北海，地寒宜马，名马主也。其俗凶暴，忍杀衣毛，是突厥国。雪山以东至于东海，名人主也。地惟和畅，俗行仁义，安土重迁，是至那国，即古所谓振旦国也。上列四主，且据一洲，分界而王。以洲定中，轮王为正，居中王边，古今不改。②

---

① 《大唐西域记校注》卷一，第42—43页。
② 道宣：《释迦方志》卷上，《大正新修大藏经》第51册，第950页。

伯希和考证"四天子说"源流，主张其就文献可上溯至《十二游经》，其中载有东方"晋"、南方"天竺"、西方"大秦"与西北方"月支"并立之说，根据各地情形略有调整的版本，先后见于印度、中国与阿拉伯世界，是物质交换之外，东西方思想故事交换的典型例子。① 各版本或以印度居首，或以阿拉伯居首，或以中国为首，都是在承认其他各方文明性的前提下，构想以己居首而非独尊（即为平等者中的第一位）的世界秩序。

当然，在佛教徒的世界观念中，四天子并立的格局，并非世界秩序的最高形态，其上还有转轮王的统治：

> 转轮王，施设足中说有四种：金、银、铜、铁轮应别，故如其次第，胜、上、中、下；逆次能王，领一、二、三、四洲。谓铁轮王王一洲界，铜轮王二，银轮王三，若金轮王，王四洲界。②

玄奘根据《俱舍论》之说，论之更详：

> 苏迷卢山四宝合成，在大海中，据金轮上，日月之所照回，诸天之所游舍……海中可居者，大略有四洲焉。东毗提诃洲，南赡部洲，西瞿陀尼洲，北拘卢洲。金轮王乃化被四天下，银轮王则政隔北拘卢，铜轮王除北拘卢及西瞿陀尼，铁轮王则唯赡部洲。夫轮王者，将即大位，随福所感，有大轮宝浮空来应，感有金银铜铁之异，境乃四三二一之差，

---

① 东晋时期，西域沙门迦留陀伽译《佛说十二游经》："阎浮提中有十六大国，八万四千城，有八国王，四天子。东有晋天子，人民炽盛；南有天竺国天子，土地多名象；西有大秦国天子，土地饶金银璧玉；西北有月支天子，土地多好马。"（〔晋〕迦留陀伽译，《大正新修大藏经》第4册，第147页）四天子说的可能起源以及在亚欧大陆上的传播，见伯希和：《四天子说》，冯承钧译，《西域南海史地译丛三编》，商务印书馆，1962年，第84—103页。王永平主体延续伯希和，更多从两河流域的视角，对比了阿拉伯世界的五王说与出自印度的四天子说在亚欧大陆上的互动。见王永平："五王"与"四天子"说：一种"世界观念"在亚欧大陆的流动，《世界历史》2015年第3期。
② 《阿毗达磨俱舍论》卷一二，《大正新修大藏经》第29册，第64页。

因其先瑞，即以为号。①

结合前述瞻部洲内四天子说，这一以轮王为世界秩序最高形态的观念，有三个显著特点：第一，一统在价值序列上高于并立，四天子并立，不过是铁轮王（只为南瞻部一洲之王）亦不在世间时更等而下之的世界秩序形式；第二，世界虽分四大洲，但印度、中国、波斯、阿拉伯乃至东罗马等当时可知的文明世界，都被归入南瞻部一洲中，则该洲即为当时实际地理认知中可居世界的范围，而另外三洲，则更多是提示世界的象数对称结构的观念性存在；第三，在南瞻部洲内，从四天子并立四方，向居于大洲之中的轮王统治的演进，意味着依据四水分流的格局，将按照东南西北之序，分别位于阿耨达池四方的中国、印度、波斯与阿拉伯（乃至罗马）以及游牧政权归于居中者的一统，这也就是说，即使在佛教轮王序列中最下一层的铁轮王的统治，也意味着覆盖整个可居世界的"普世王权"的出现。

显然，这一普世王权的空间尺度，会大大超过儒家经传中以万里为上限的天下格局。具体说来，在汉魏至隋唐的佛教文献中，印度即有近三万方里之广，② 南瞻部洲更约方二十余万里，③ 洲中可居世界，也有约十余万方里。④

---

① 《大唐西域记校注》卷一，第35页。
② 《史记·大宛列传》：（大夏）"其东南有身毒国。"索隐："万震《南州志》云：'地方三万里，佛道所出。'……《括地志》……又云：'天竺国有东、西、南、北、中央天竺国，国方三万里，去月氏七千里。大国隶属凡二十一。'"（《史记》卷一二三，第3164—3165页）又玄奘："五印度之境，周九万余里。三垂大海，北背雪山。北广南狭，形如半月。"（《大唐西域记校注》卷二，第164页）周长九万余里，则近三万方里。
③ 《长阿含经》卷一八："须弥山南有天下，名阎浮提。其土南狭北广，纵广七千由旬。"（〔后秦〕佛陀耶舍、〔后秦〕竺佛念译，《大正新修大藏经》第1册，第115页）一由旬四十里，则南瞻部洲大约方二十八万里。一"由旬"的长度，见〔汉〕徐岳《数术记遗》引《楞伽经》，文渊阁《四库全书》第797册，第165页。
④ 道宣："此一洲则在苏迷山南之海中也，水陆所经东西二十四万里，南北二十八万里。又依论说，三边等量二千由旬，南边三由旬半，是则北阔而南狭，人面象之。又依凡记，人物所居则东西一十一万六千里，南北远近略亦同之。"（道宣：《释迦方志》卷上，《大正新修大藏经》第51册，第948—949页）

以上佛教徒内部对大地尺度与普世王权形态的构想，与隋唐时期华夏世界的大地图式以及相应的政治观念有何关系？魏晋以降（尤其是隋唐时期）君主多有借助转轮王名号以加强自身神圣性的，① 但康乐指出，转轮王信仰对中古君主制的影响有限，"佛教治国"说略显牵强。② 葛兆光从宋代理学回溯，认为从长时段来看，儒学一直居于主导地位，因此佛教地理与政治观念对华夏世界的影响，仍是相对表面的。③ 以上四天子说，在佛教颇盛的隋唐时期，仍只限于佛教徒内部，而不见士大夫有所征用与发挥，似表明葛兆光之说更近于实景。

　　与此相关的，则是夷夏之别与隋唐王朝性质的关系。唐初平定东突厥，唐太宗接受诸蕃君长所奉"天可汗"之号，从民国直到当下，多有学者主张这表明唐朝是胡、汉二元王朝。④ 相应地，更多接续古典中国史学的学术论述，则主张唐朝以汉朝为前导与典范，在华夏世界担当者的意义上，是后者的当然继承者。

　　这可谓华夏世界历史叙述中的"野蛮与宗教"问题，不仅关涉古代中国的夷夏儒释之别，更与近代中国受容以希腊罗马史为基型的西洋文明观念密切相关。本书仅就与"天下之极"观念相关的内容略作探讨。第一，唐中前期武功鼎盛，先后平定突厥与西域，影响及于葱岭之外。不管是"天可汗"称号的获得，还是根据安西四镇进一步以葱岭以西为西域（汉朝以葱岭以东、敦煌以西为西域），⑤ 都表明唐朝世界秩序中的北方与西方，就名与实都

---

① 相关研究较多，较为综合的论述，见［新加坡］古正美：《从天王传统到佛王传统：中国中世佛教治国意识形态研究》，台北商周出版社，1996年；孙英刚：《转轮王与皇帝：佛教对中古君主概念的影响》，《社会科学战线》2013年第11期。
② 康乐：《转轮王观念与中国中古的佛教政治》，《"中央研究院"历史语言研究所集刊》1996年第67本第1分，第117—130页。
③ 葛兆光：《宅兹中国：重建关于"中国"的历史论述》，第111—116页。
④ 相关文献与学术脉络的简要梳理，见钟焓：《"唐朝系拓跋国家论"命题辨析：以中古民族史上"阴山贵种"问题的检讨为切入点》，《学术月刊》2021年第7期，第38页；刘子凡：《"天可汗"称号与唐代国家建构》，《历史研究》2021年第6期，第187—188页。
⑤ 汉代"西域"仅指葱岭以东，见杨建新：《"西域"辩正》，《新疆大学学报（哲学社会科学版）》1981年第1期。唐代"西域"指葱岭以西，见荣新江、文欣：《"西域"（转下页）

较汉朝颇有扩展;而印度则在笈多王朝衰亡后,一直在诸国并立之中,故在部分中国佛教徒看来,中国而非印度更可能是一统瞻部洲的转轮王的降世之所。① 第二,自主流观点,佛教在东汉时期方传入中国,自魏晋以来,一直有反佛者主张,佛教传入与魏晋以降五胡颠覆华夏相继发生,绝非偶然。② 虽然佛教可以万法皆空之理,主张王朝不过是偶然缘起的产物,其生灭都不必执着,但相较于这种彻底消解人间秩序意义的姿态,主张佛教传入中国,其后即有轮王降世,实现可居世界大一统,显然是更合乎华夏世界理法的传教方式。

将唐王朝的兴盛与佛教的传入联系起来,意味着要在一定程度上斩断唐与佛教传入前王朝的关联。当时佛教徒强调唐与汉有品质差异,秦始皇乃至汉武帝,都不过是"唯王震旦"因而"威德最劣"的"粟散王",③ 理由则是汉仍局限于万里天下,而至唐代,由于佛教的传入以及对印度文明的察知,天下尺度已远远超过万里。④

(接上页) 概念的变化与唐朝"边境"的西移:兼谈安西都护府在唐政治体系中的地位》,《北京大学学报(哲学社会科学版)》2012年第4期。季羡林之前已指出,《大唐西域记》的"西域",包括葱岭以外广大地域,相较于汉代西域仅指葱岭以东,是广义的西域观念。见季羡林:《西域在文化交流中的地位》,《季羡林全集》第14卷,外语教学与研究出版社,2010年,第295—296页。

① 主要见于玄奘及其追随者。相关文献与分析,见孙英刚:《转轮王与皇帝:佛教对中古君主概念的影响》,第85—88页。

② 唐初著名的反佛者傅奕即主张此说。《旧唐书·傅奕传》载其言:"降自牺、农,至于汉、魏,皆无佛法,君明臣忠,祚长年久。汉明帝假托梦想,始立胡神,西域桑门,自传其法。西晋以上,国有严科,不许中国之人,辄行髡发之事。泊于苻、石,羌胡乱华,主庸臣佞,政虐祚短,皆由佛教致灾也。梁武、齐襄,足为明镜。"(《旧唐书》卷七九,第2715—2716页)

③ 明槩:"案《仁王经》,世间帝王有其五种:一粟散王,威德最劣;二铁轮王,治阎浮提;三铜轮王,兼二天下;四银轮王,化三天下;五金轮王,统四天下。此之五王,论其位上下不同,语其德胜劣有异。推秦皇、汉武,阎浮提内唯王震旦,五种王中粟散王也。斯乃德劣而居胜殿,位卑而处高台,不以恩惠感人,专以鞭挞使物。致神祇愤责,民庶呼嗟,故史官贬之,以为无道。"〔唐〕明槩:《决对傅奕废佛僧事(并表)》,《广弘明集》卷一二,《大正新修大藏经》第52册,第170页)

④ 志磐:"从辽东西行,出阳关,逾葱岭,经五竺,尽西海际;从南海北行,出雁门,逾沙漠,极北至瀚海。纵横皆可九万里。而世人乏通识,见汉时四履之盛,不出万里,(转下页)

唐中前期佛教徒的以上论述，在"不依国主则法事难立"的传教策略外，确实有对转轮王降生于中国的殷切期待，但其影响大体局限于佛教范围内，未能及于中国政治文化的主流。而且，随着安史之乱的爆发以及唐后期灭佛运动的发生，这一期待在佛教内部也随之低落。事实上，九世纪以后，吐蕃、唐、阿拉伯等亚欧大陆主要文明与政治体，纷纷陷入严重的内乱与衰退之中，以四天子并立为象的诸王共治趋向瓦解，合四天子为一的转轮王之治，自然更不可能。十世纪以后，随着佛教在中亚和印度本土的衰落，以及理学思想的兴起，这一以佛教普世主义为底色的转轮王居大洲之中、总领四方的政治理想，在汉文文献中更是接近消隐。

那么，该如何看待佛教天地观念对中国思想的影响？本书认为，相较于以天地观念为背景的政治性预言，真正对中国思想产生长期作用的，是佛教传入附带的一个简单事实：有与华夏世界对等的域外文明存在。在此前提下，经佛教中介的印度文明的方位感，与华夏世界自身的方位感在龃龉中互相涵化，共同重塑了中国的"极"观念。

让我们回到天地之学的范围。在佛教中国化过程中位置关键的梁武帝，又因主张盖天说而被视为"正史中留名的最后的盖天说的信奉者"，[①] 他将须弥地中说与盖天说拼合在一起，并通过建造法象天地的庭园与天文仪器，试图将这一兼容印度宇宙论与古代中国天学的天地图式真正具象化。虽然不少当代科学史家都主张印度宇宙论与盖天说颇为相合，[②] 但具体到梁武帝的这

（接上页）以故乍闻此说，莫之能信。须知此方居东，天竺居中。自此方西至天竺，为四万五千里；自天竺西向尽西海，亦四万五千里。如此则此地为阎浮之东方，信矣。世儒谓之中国，且据此地自论四方之中耳。儒家谈地止及万里，则不知天竺之殷盛、西海之有截也。"（〔宋〕志磐：《佛祖统纪》卷三二，《大正新修大藏经》第49册，第313页）

① 山田庆儿：《梁武帝的盖天说与世界庭园》，《古代东亚哲学与科技文化：山田庆儿论文集》，第149页。
② 如陈美东指出，佛教以须弥山为中心的宇宙构造，与盖天说颇为相合。（见陈美东：《中国科学技术史（天文学卷）》，第257—258页）又江晓原列举了古代印度宇宙论与盖天说的七个相似点，（见江晓原：《周髀算经与古代域外天学》，《天文西学东渐集》，第34—36页）钮卫星则列举了两者的五个相似点，（见钮卫星：《西望梵天：汉译佛经中的天文学源流》，第129—132页）都是主张两种学说总体上同构。

一努力，则评价不一。陈寅恪认为梁武帝所本，为印度天学影响下所形成的新盖天说，较旧盖天说为精密；① 薮内清、能田忠亮认为，梁武帝的这一作为，是基于盖天说与印度宇宙观的相似性而展开儒佛调和尝试；山田庆儿则主张，由于不能解释日月星辰的运动，盖天说在南朝之后已经在中国思想界（尤其是专业天文学家群体）式微，且须弥山宇宙观注重地理而非天文，与盖天说的侧重点相当不同。因此需要考虑天学与地学之分，须弥山与盖天说背景下的昆仑山的"融合"，是在地学而非天学意义上的，唐宋以后以须弥山或昆仑山为中心的地图，即体现了这一"融合"的地学特征。②

山田庆儿所指出的两点（盖天说在天学上存在根本弱点，以及须弥地中说并非严谨的天学学说）确乎存在，但若以比较文明的视野，则这一拼合的意味与影响都有所不同。如前所述，任何自居普世的古代文明，都会根据自身视野中的天象与地理，将作为人间生活基础的方位感系统化。如前所述，由于纬度较低，就印度天学的视野，相较于接近地平线且其所在天区并非常见不隐的北辰，正当天顶的太阳，更适合被视为天地秩序的基点。

但这并不意味着极星在印度宇宙论中地位不高。事实上，须弥山宇宙说即主张极星正当须弥山之上，③ 而中国佛教徒更用昆仑地中说模式下北辰在中国西北，主张这一"斜对"表明中国绝非地中。④ 本书认为，与其说关键

---

① 陈寅恪：《崔浩与寇谦之》，《陈寅恪集·金明馆丛稿初编》，第130—132页。
② 相关争论，见山田庆儿：《梁武帝的盖天说与世界庭园》，《古代东亚哲学与科技文化：山田庆儿论文集》，第149—179页。山田庆儿与薮内清、能田忠亮的分歧，特别见第149、174页。又唐晓峰也指出，虽然在天文学领域，浑天说要较盖天说主流得多，但在地理学领域，盖天说的影响则要更大。（见唐晓峰：《从混沌到秩序：中国上古地理思想史述论》，第116页）昆仑（须弥）地中说对古代中国地图学的影响，见李约瑟：《中国科学技术史》第3卷《数学、天学和地学》，第589—594页。这种影响伴随佛教的传播而扩展至整个汉字文化圈。古代日本的不少世界地图也以须弥山为中心。见山田庆儿：《梁武帝的盖天说与世界庭园》，《古代东亚哲学与科技文化：山田庆儿论文集》，第174、178页。
③ David Pingree, *History of Mathematical Astronomy in India*, Dictionary of Scientific Biography, Vol. 15&16, Charles Coulston Gillispie ed., Charles Scribner's Sons, 1981, pp. 554–555.
④ 僧祐："且夫厚载无疆，寰域异统。北辰西北，故知天竺居中。"（〔梁〕僧祐：《〈弘明集〉后序》，《弘明集》卷一四，《大正新修大藏经》第52册，第95页）

在以极星还是日作为天地秩序的基点，不如说在对天地整体的方位感：在良好的宇宙秩序中，天地是正对还是斜对，这是印度与中国主流宇宙观的一个根本区别。具体言之，参照日居天顶、正对大地这一"大象"，印度宇宙观天然倾向于天地正对，并以此解释为何佛不能生于边地（佛体至重，居边地则大地将为之倾斜）；① 而华夏世界主体位于北温带，日不能高至天顶，而是恒在天区南方，北极则在天区北方且常见不隐，故以北极为天地枢轴，自然要用天地相倾解释此枢轴为何偏在北方。而既然"天下"观念以居于同一片天之下（所谓"山川异域，风月同天"②）为前提，则中国与印度各自对天地的方位感差别如此之大，二者的宇宙难以合为同一个"天下"，也属当然。

在这里，盖天说与华夏世界主导性方位感的张力显现了出来：北极璇玑正对极下之地（在汉魏以后文献中多指为昆仑），即为出于盖天说的主张。可以说，主张天地正对，从而将华夏世界局限于大地东南区域，这种对自身文明的相对化，而非在天学上的严谨性与可靠性，才是盖天说与须弥山宇宙观能够拼合的根本原因。

印度与中国地理视野的差异，并不较天地观念为小，故将华夏文明相对化，也见于这一时期地理视野的调整。作为印度文明中心之地，不管是印度河还是恒河中游，北距喀喇昆仑与喜马拉雅山脉不过数百公里（在距离合适与天气较佳时北方雪山甚至目视可见），而华夏世界的中心则在河洛地区，距离葱岭（最被接受的昆仑所在地）有数千公里之遥。因此，须弥地中说之于印度世界，就与昆仑地中说之于华夏世界有根本不同，对前者来说，既然

---

① 《佛说太子瑞应本起经》卷上："佛之威神，至尊至重，不可生边地。地为倾邪，故处其中，周化十方。往古诸佛兴，皆出于此。"（〔三国吴〕支谦译，《大正新修大藏经》第3册，第473页）法琳："《娄炭经》曰：葱河以东名为震旦。以日初出耀于东隅，故得名也。诸佛出世皆在中州，不生边邑，边邑若生，地为之倾。"（法琳：《辩正论》，《广弘明集》卷一三，《大正新修大藏经》第52册，第176页）又道宣："佛所生国迦毗罗城，应是其中，谓居四重铁围之内，故经云：三千日月、万二千天之中央也。佛之威神，不生边地，地为倾斜。故中天竺国如来成道树下，有金刚座，用承佛焉。据此为论，约余天下，以定其中。"（道宣：《释迦方志》卷上，《大正新修大藏经》第51册，第949页）

② 〔宋〕赞宁等：《宋高僧传》卷一四，《大正新修大藏经》第50册，第797页。

文明中心（人极）较为接近作为"地中"的巨山（地极），则据地极而立人极，其张力就远小于后者。① 具体到四水分流说，对印度来说，文明中心接近四水分流之所且在其正南，表明自身正当大地的南北轴线，甚至就在四海中央；而对中国来说，可能的四水分流之地距离文明中心如此之远，且东侧与南侧即邻近大海，因此，接受四水分流为地中之说，就必须承认华夏世界居于大地东南偏方。②

简言之，秦汉时期，由于如罗马这样的对等文明过于遥远，盖天说与昆仑地中说暗含的"诸世界"结构更多仍是观念性与想象性的，缺乏现实所指。但由于佛教的传入，印度文明在华夏世界中明确且持续的在场，让盖天说与昆仑地中说对华夏文明的相对化，有了确实的所指：印度而非中国才是大地的中心，甚至作为华夏世界至高理法的《易》，也可能只是适用于葱岭以东山水格局的局部之理。③ 因此，须弥地中说与昆仑地中说的格义式交叠，在天学与地学上或许只是简单的拼合，但在比较文明意义上，却意味着作为华夏世界秩序基础的方位感面临根本挑战。

最简单的回应方式，自然是退回以河洛为中心、《禹贡》九州为范围的王朝地理学。宋人欧阳修述唐朝疆域，即说："举唐之盛时，开元、天宝之

---

① 如《广弘明集》卷六："故崆峒非九州之限，昆仑乃五竺之地。"（《大正新修大藏经》第52册，第127页）
② 中国东南近海，不在四海的正中央，这是佛教徒在主张印度而非中国为大地中心时常引用的例证。见《广弘明集》卷六："佛则通据阎浮一洲，以此为边地也。即目而叙，斯国东据海岸，三方则无，无则不可谓无边可见也。此洲而谈，四周环海，天竺地之中心，夏至北行，方中无影，则天地之正国也，故佛生焉。"（《大正新修大藏经》第52册，第126页）又法琳："中天竺国则地之中心，方别拒海五万余里，若准此土，东约海滨便可，震旦本自居东，迦维未肯为西，其理验矣。"（法琳：《辩正论》，《广弘明集》卷一三，《大正新修大藏经》第52册，第176页）又道宣："严师（指慧严）云：中国（指中天竺——作者注）之中，剡洲之中心也，四方距海，各十有余万，故彼夏至之日，方中无影，此方缘边海隅，岂同日而语乎？故洛阳赤县之中也，至期犹有残影。故《河图》云：昆仑山东南方五千里亦号神州，又称赤县。既曰东南，明非中矣。"（道宣：《量处轻重仪》，《大正新修大藏经》第45册，第841页）又道宣："此居海滨，边名难夺。"（道宣：《释迦方志》卷上，《大正新修大藏经》第51册，第949页）
③《魏书·儒林列传》载游雅之言："《易》讼卦'天与水违行'，雅曰：'自葱岭以西，水皆西流。推此而言，《易》之所及自葱岭以东耳。'"（《魏书》卷八四，第1846页）

际，东至安东，西至安西，南至日南，北至单于府，盖南北如汉之盛，东不及而西过之。"① 这是参照五经所载的方万里天下，将唐与汉看作大体相似而小有参差的同类王朝，完全忽略佛教传入导致的世界尺度与方位感的变化。可堪对比的是，相较于两汉时期昆仑地中说在王朝礼仪中的边缘位置，隋唐时期，在佛教世界观的推动下，在仅次于圜丘祭天的方丘祭地礼中，华夏世界所在的"神州"被置于方丘坛东南方，这意味着昆仑地中说已经进入宇宙论化的王朝祭祀中。② 但至明代，方丘祭又退回到《禹贡》九州的范围，只以其中的"五岳、五镇、四海、四渎"从祀。③

当然，在两宋以降这种正统而缺乏思想活力的回应外，唐中后期即已出现更主动调整华夏世界大地观念与方位感的尝试。在《通典·边防》序"覆载之内，日月所临，华夏居土中，生物受气正"一句下，杜佑进一步解释道：

> 以度数推之，则华夏居天地之中也。又历代史，倭国一名日本，在中国直东；扶桑国复在倭国之东，约去中国三万里，盖近于日出处。贞观中，骨利幹国献马，使云，其国在京师西北二万余里，夜短昼长，从天色暝时煮羊胛，才熟而东方已曙，盖近于日入处。今崖州直南水行便风十余日到赤土国，其国到五月，亭午表影却在南，一日三食，饭皆旋炊，不然，逡巡过时，即便臭败。热气特甚，盖去日较近。其地渐远转寒，盖去日稍远。则洛阳告成县土圭居覆载之中明矣。唯释氏一家论天

---

① 《新唐书》卷三七《地理志》，第960页。
② 隋唐两代又略有不同。隋代方丘祭地以"大九州"从祀，《隋书·礼仪志》："九州神座于第二等八陛之间：神州东南方，迎州南方，冀州、戎州西南方，拾州西方，柱州西北方，营州北方，咸州东北方，阳州东方。"（《隋书》卷六，第117页）唐代则只以神州从祀于东南方，不列其他八州。见《大唐郊祀录》卷八"夏至祭皇地祇"条载从祀"坛之第一等祭神州地祇于东南方之□"。（〔唐〕张说、〔唐〕萧嵩等撰：《大唐开元礼》，民族出版社，2000年，第782页）唐代方丘祭神座构成与方位，见渡边信一郎：《中国古代的王权与天下秩序：从日中比较史的视角出发》，第137—138页。
③ 《明集礼》卷三《吉礼》："国朝惟以五岳、五镇、四海、四渎四位从祀方丘。"（〔明〕徐一夔等撰，文渊阁《四库全书》第649册，第114页）

地日月，怪诞不可知也。①

杜佑的天下之极观念，虽仍以河洛为中心，但与两汉河洛地中说以《禹贡》九州为范围，已大有不同。首先，东方海中三万里有扶桑国，西北二万余里有骨利幹国，则天下的尺度就从方万里，扩展至于面三万里；其次，东方与南方所邻之海，其外更有倭国、扶桑国以及赤土国，则河洛之为地中，并非仅就陆地四至而言，而是就这一合地与海的整体空间而言。这是以调和秦汉时期互相对立的"大九州"说与河洛地中说的方式，②回应佛教世界观对河洛为"天下之极"观念的挑战。

当然，这只是反佛者对他们看来"怪诞不可知"的佛教世界观一种回应，更多、更复杂的回应，则要等到两宋理学兴起之后。

小结

相较于两汉天学与经学的直接一体，魏晋以降玄学与同一时期天学的关系，要更微妙一些。玄学以扫除象数立说，虽然其所扫除者，为《易》象与易数，但就两汉《易》、历一体的格局，则同一时期天学中的诸"大恒"之象，举凡北辰居所，二十八宿定位，日月五星周行，其在玄学中地位存疑，也是可以想见的。

但汉魏以降天学的演变，又从外部呼应了玄学这一独尊义理的趋势。二十八宿非定位、冬至岁差以及极星动移的发现，似表明可以目视直观的永恒运动诸"大象"，更多是表象而非理象。结果，相较于两汉经学与天学自象数至义理的一体格局，魏晋玄学确实与同时期的天学日渐疏远，但这一疏

---

① 〔唐〕杜佑撰，王文锦等点校：《通典》卷一八五，中华书局，2007年，第4978—4979页。
② 两说天下尺度差异很大，高建文即认为，邹衍在战国中后期提出"大九州"说，是要以昆仑地中否定作为周王朝正当性基础的河洛地中观念。（见高建文：《邹衍"大九州"神话宇宙观生成考》，第85—88页）

远,更多是"迹"上的,就本无之理与主静之意,二者仍可视为一体。

另外,人不是无形体、纯粹精神性的存在,必须生活在一个有着可见、可感形式的世界中,无所不在而又所在皆无的本体,只能在一定程度上相对化,但绝对无法彻底消解世界秩序意义上的中极、朝向与时序感。义理性的完全超越形象以显现本体的努力,一旦落实到构造世界秩序的层面,最终多会回返到构想作为可居世界基础的"大象"的观念活动。在这种意义上,由于玄学革命的先发,天学新说就被降格为事后的确证,但也正因为这种降格,极星动移、二十八宿非定位等现象,得以更为静谧的方式影响唐宋以降的新天下之极观念。因此,不管是魏晋以降玄学的非象数甚至反象数倾向,还是中唐以降天学中数显而象晦的趋势,从长远来看,仍更多作为构想"天下之极"的观念活动的反题存在,而重新结合义理与象数的合题,则要等到两宋理学成型之后。

当然,较之玄学,东来的佛教对中国天下观念影响更大。佛教所输入的天下之中当日下无影之说,结合魏晋以降南方的开发以及南北朝格局,多次挑战天下之中日影尺五寸的旧说;佛学以影为形之业报的缘起观念,也冲击着形影相须的儒学主张。但从长远来看,相较这种颇具挑战性的新说,佛教对中国天地观念的更大影响,是通过更合乎华夏世界地中观念的须弥山说来实现的,昆仑与须弥的和合地理学,借助以葱岭为中心的四水或五水分流图式,使两汉时期即有雏形的"诸天下"观念得以进一步发展。这表明,以巨山为世界中心这一共通观念,让文明间和合可以相对不引人瞩目但也因此更为平稳与持久的方式展开。

以基督教为参照点之一的"野蛮与宗教"范式,主张外来宗教决定性地改变了古典文明的精神气质与世界构造。就佛教对汉宋间天下之极观念的影响,这一范式并不适合中国。确实,天下之中当在日下无影之地的观念,冲击了河洛地中说,但与罗马帝国衰落后以自身为主体构造新王权与天下秩序的基督教不同,佛教带来的新世界构想,仍大体限于奉佛者,且多见于中、印文明优劣的争辩中,从未能向政治性的天下秩序转化。而须弥与昆仑的和合地理,虽然表明佛教所负载的印度文明的世界构想,已经与中国自身的世界构想重叠交错，但二者的关系，毕竟并非颠覆与替代，而是补充与联合。

统而言之，魏晋以降异族入主、诸国并立、南北分治的政治格局，域外宗教的传入，古典宇宙论的危机，都并未真正动摇古代中国天下秩序在观念层面的自足性与完整性。而中国的古今观念，以及相应的古今之变，也与西方不同。汉人以战国以来为"近世"，① 唐人以魏以来为"近世"，② 但以上介于古、今间的"近世"，并非将二者隔开、自成一体的"中间"，而是指"古"的最后阶段与"今"的直接前身，古今之变，并非自义理至历史都绝对无法跨越的古今断裂，而是古今间的移步换形。因此可以说，这个往往以"中古"为名的时段，与西方"中世纪"实形同而实异。

---

① 《史记·天官书》："近世十二诸侯七国相王，言从衡者继踵。"（《史记》卷二七，第 1344 页）
② 唐太宗："至如佛教之兴，基于西域，逮于后汉，方被中土，神变之理多方，报应之缘匪一，洎乎近世，崇信滋深。"（见道宣：《广弘明集》卷二五，《大正新修大藏经》第 52 册，第 283 页）

第四章
宋明理学视野下的建极说

第一节 二程：中的相对化

北宋时期，身居河洛之地且被后世尊为洛学代表的程颢与程颐，对何谓天下之中，提出了有趣的思辨：

> 极为天地中，是也。然论地中尽有说。据测景，以三万里为中，若有穷，然有至一边已及一万五千里，而天地之运盖如初也。然则中者，亦"时中"耳。地形有高下，无适而不为中，故其中不可定下。譬如杨氏"为我"，墨氏"兼爱"，子莫于此二者以执其中，则中者适未足为中也。故曰："执中无权，犹执一也。"若是因地形高下，无适而不为中，则天地之化不可穷也。若定下不易之中，则须有左有右，有前有后，四隅既定，则各有远近之限，便至百千万亿，亦犹是有数。盖有数则终有尽处，不知如何为尽也。①

> 极须为天下之中。天地之中，理必相直。今人所定天体，只是且以眼定，视所极处不见，遂以为尽。然向曾有于海上见南极下有大星十，

---

① 〔宋〕程颢、〔宋〕程颐撰，〔宋〕李籲、〔宋〕吕大临等辑录：《程氏遗书》卷二上，华东师范大学出版社，2010年，第54页。李申对两宋时期河洛地中观念的动摇已有先行分析。见李申：《中国科学史》，广西师范大学出版社，2018年，第622—629页。

则今所见天体盖未定。虽似不可穷，然以土圭之法验之，日月升降不过三万里中。故以尺五之表测之，每一寸当一千里。然而中国只到鄯善、莎车，已是一万五千里，若就彼观日，尚只是三万里中也。天下之或寒或暖，只缘地形高下。如屋阴则寒，屋阳则燠，不可言于此所寒矣，屋之西北又益寒。伯淳在泽州，尝三次食韭黄，始食怀州韭，次食泽州，又次食并州，则知数百里间气候争三月矣。若都以此差之，则须争半岁。如是则有在此冬至，在彼夏至者。虽然，又没此事，只是一般为冬为夏而已。①

极，无适而不为中。②

二程的以上论述，基于汉唐以来天地之学的进展，以及理学对"中和""太极"与"无极"关系的思辨，本身在心性理学传统中并无特殊地位；但若放在明末以降儒学与西方天地之学交互以至交融的视域中，则地位就相当重要。因此，要恰当理解其含义，须在天地之学与理学的交界面上展开工作。以下先就二程之说所依据的汉唐天地之学略作疏解，再尝试在两宋理学的义理体系中把握其含义与指向。

二程论述大地似有穷而实无穷，因此"无适而不为中"，类似表述已见于晋人司马彪。③ 天学证据有二：一、自距中国万五千里之遥的西域观日，所见无二致，天地之运亦无不同；二、在南方海上，可见南极附近大星，在中国之地，此大星则常隐不见。前者实出于王充，他论述天地尺度，即主张东海与流沙之地相距万里，而日轮大小相同，④ 又东海、河洛与流沙之地三

---

① 《程氏遗书》卷二下，第80—81页。
② 《程氏遗书》卷一五，第218页。
③ 《庄子·天下》："我知天下之中央，燕之北越之南是也。"《经典释文》载司马彪："燕之去越有数，而南北之远无穷，由无穷观有数，则燕越之间未始有分也。天下无方，故所在为中，循环无端，故所在为始也。"（见《庄子集释》卷十下，第1102、1105页）
④ 《论衡·谈天》："邹衍曰：'方今天下，在地东南，名赤县神州。'……如在东南，近日所出时，日如出时，其光宜大。今从东海上察日，及从流沙之地视日，小大同也。相去万里，小大不变，方今天下，得地之广，少矣。"（《论衡校释》卷一一，第478页）

处，北辰都取正北向。这都表明华夏世界尺度有限，只是整个大地的一小部分。① 后者则出于僧一行所主导的"四海测验"，"八月海中望老人星下列星粲然，明大者甚众，古所未识，乃浑天家以为常没地中者也"。②

　　王充与僧一行，这两位在任何一种版本的理学史中都不会有多少位置的人物，看起来倒为二程对中极观念的思考提供了重要助力。但这种助力在运思过程中有多重要，在运思结果中就消解得多彻底。二程的中极之理，是以目视所得之象与数不可靠与互相矛盾为前提（这也是他们征引王充与僧一行的目的所在）：土圭测影算得大地方三万里，但既然在相距万里的东海与流沙之地，日与北极并无变化，则大地就不可能仅方三万里；常人以目视所及定天体之界，但南极大星的存在，表明天地之界超乎目视之外。结果，通过征引汉唐新说，作为天地之学基础的天象观测与计算（即"象数"）都被相对化了，它们不过是提示"无适而不为中"之理的"迹"，不能深究亦不必深究，否则就违背了玄学首倡而为心性理学所继承的"得意忘象"的妙义。

　　因此，二程对汉唐天地之学的征引，反而显示出作为义理之学的心性理学与作为象数之学的天地之学的错位与矛盾。如二程征引僧一行对南极大星的观测，却仍理所当然地调用"日影千里差一寸"之说，完全忽略就在同一次"四海测验"中，僧一行决定性地否定了该说；又二程主张鄯善、莎车离河洛万五千里，日之大小却相同，实为间接征引王充之说而稍变其地点，但王充对日与北极位置的断言，以从东海至流沙方万里天下为尺度，这也正是东汉天下实际之所及；但北宋时期，陇右也已陷于西夏，更不用说遥远的西

---

① 《论衡·谈天》："雒阳，九州之中也。从雒阳北顾，极正在北。东海之上，去雒阳三千里，视极亦在北。推此以度，从流沙之地视极，亦必复在北焉。东海、流沙，九州东西之际也，相去万里，视极犹在北者，地小居狭，未能辟离极也。"（《论衡校释》卷一一，第478—479页）
② 《新唐书》卷三一《天文志》，第812页。李约瑟甚至认为以上天象的实际观测地点可能在交州以南的马来亚、苏门答腊岛一带。见李约瑟：《中国科学技术史》第3卷《数学、天学和地学》，第254—255页。

域,二程实为就北宋疆域所不及之地立说。① 更不用说鄯善与莎车一在西域极东,一在极西,相距数千里,无论如何不能算作一地,且即使以距河洛最为遥远的莎车起算,根据历代正史所载的距长安或洛阳的方里数,也与万五千里尚有距离。因此二程所述万五千里之数,以及鄯善、莎车等假想的观测地点,都不具有任何天地之学意义上的严格性,而是为"得意"与"见理"而临时设置的"数"与"象",以意拟之,得其大略即可,不必亦不能深究。②

这种超越象数而见理的倾向,甚至会达到否定目视所见最显明大象——日形如圆轮的程度。二程在阐述大地"无适而不为中"后,接着就阐发了"日无适而不为精"之理:

> 日之形,人莫不见似轮似饼,其形若有限,则其光亦须有限。若只在三万里中升降出没,则须有光所不到处。又安有此理?今天之苍苍,岂是天之形?视下也,亦须如是。日固阳精也,然不如旧说周回而行,中心是须弥山,日无适而不为精也。地既无适而不为中,则日无适而不为精也。气行满天地之中,然气须有精处,故其见如轮如饼。譬之铺一溜柴薪,从头爇着,火到处其光皆一般,非是有一块物推着行将去,气行到寅则寅上有光,行到卯则卯上有光,气充塞无所不到。若这上头得个意思,便知得生物之理。③

---

① 北宋时期当然也有对西域颇感兴趣的人士,如试图讨伐西夏、恢复陇右乃至西域等"汉唐故土"的宋神宗。(见潘晟:《宋代地理学的观念、体系与知识兴趣》,商务印书馆,2014年,第346—347页)但问题在于,南宋以降,不管就理学还是政治文化,宋神宗的以上兴趣与努力,多被视为负面的。
② 北宋时期,由于陇右与河西走廊被西夏控制,北宋与西域联系不多,加之丝绸之路衰落,佛教东传也接近结束,宋人因不能达至西域而觉其遥远,也让二程高估西域与河洛距离的做法,显得颇为自然。另外,这种颇显随意的对地点与距离的挪用与改写,就心性理学逻辑,倒正是因能见天理而不拘泥于象数。
③《程氏遗书》卷二上,第54页。李光地辑《御纂性理精义》卷十即指出,二程是"引之以明天是气非形,则日亦是气非形,故继之曰:日固阳精也"。(文渊阁《四库全书》第719册,第765页)

明末以降，接受西方地圆说的中国儒者，援引二程之说，主张理学正统早已明了大地为球形、河洛乃至中国并非地中（详后）。针对以上西学中源式的解释，近代科学史家指出，"无适而不为中"的前提，既可以是大地为球形，也可以是大地为无限平面。二程对大地形状与尺度的认识，犹疑于两说之间。① 但根据本书的分析，二程对地体形状的矛盾表述，与其说是不能求得定解，不如说是认为即使是天、地这样宇宙间至大之物的形与象，就义理而言也并不重要，对天地形象的不同说法，自消极而言，在义理上并没有特意澄清的必要；自积极而言，异说纷呈，正好显示了通过唯一、确定的形象呈现天理是不可能的，从而用"以象遣象"的方式，消解了对有形之象与有定之数的执着。

毫不奇怪，二程在谈到任何层面的有形象意味的"中"时，都采用这种"以象遣象"的方法：

> 问："时中如何？"曰："中字最难识，须是默识心通。且试言：一厅则中央为中；一家则厅中非中，而堂为中；言一国，则堂非中，而国之中为中。推此类可见矣。"②

《大学》中有修身、齐家、治国、平天下的次第，二程以上论述，也循此展开。家之中非国之中，国之中亦非天下之中。各有其中，是为时中。而即使能达到天下这一对人来说至大的尺度，"中"也仍不能确定：

---

① 陈美东："程颢还反对阳城为地中之说，以为'地形有高下，无适而不为中，故其中不可定下。'既然认为地是天中一物，则其形体必有限。对于一个有限的物体，要满足无适而不为中的条件，只能是一个正圆体，因为正圆体表面的任意一点，都可视为该正圆体的中心，作为一位著名哲学家的程颢大约应该对此有明确的概念。由此，我们似乎可以认为，程颢是认为地体为球形。"但他随后指出："当然，对于一个向四方无限延展的平面而言也并不重要，程颢兄弟对此似乎也有所描述……他们似又把地体认定为向四方无限延展的平面，这却同他们认为地体有限的观念是不相容的。"因此，二程对地体形状的认识存在矛盾："欲论地为球体，天圆地方，却不可违，阳城地中，实不可依；喻无限平面，地体却是有限。"（陈美东：《中国古代天文学思想》，第149—150页）
② 朱熹、吕祖谦编：《近思录》卷一《道体》，《朱子全书》第13册，第172页。

且唤做中,若以四方之中为中,则四边无中乎?若以中外之中为中,则外面无中乎?如"生生之谓易","天地设位,而易行乎其中",岂可只以今之《易》书为易乎?中者且谓之中,不可捉一个中来为中。①

则不仅作为至大之物的天地,不能根据形象定其中,甚至作为义理典范的《易》,也不过是对无形无象、弥纶天地的易道的暂时描摹,不可执以立为定说。则相较于天理,五经本身也要在一定程度上被相对化。

二程对以象显理不表认可,对同一时期以数见理的邵雍《易》学,也颇有保留。二程认为:"天地之化既是二物,必动已不齐……从此参差万变,巧历不能穷也。"②"命之曰易,便有理。若安排定,则更有甚理",③ 不过是"空中楼阁"。④ 其对象数《易》学的漠视可见一斑。循着这一否定象与数的义理倾向,二程对与地中之象关联密切的井田制度,态度也不甚积极。张载力倡复井田,并在关中有所尝试,二程则谓"地形不必谓宽平可以画方,只可用算法折计地亩以授民",⑤ 又表示"洛俗恐难化于秦人",⑥ 在另一处,更是说"必井田,必封建,必肉刑,非圣人之道也。善治者,放井田而行之而民不病,放封建而使之而民不劳,放肉刑而用之而民不怨。故善学者,得圣人之意而不取其迹也。迹也者,圣人因一时之利而制之也"。⑦ 带有明确天

---

① 《程氏遗书》卷一二,第175—176页。
② 《程氏遗书》卷二上,第48—49页。
③ 同上书,第50页。
④ 《程氏遗书》卷七,第129页。二程对邵雍易学的批评,见朱伯崑:《易学哲学史》第2卷,第209—212页;又朱熹易学兼理与数(或者说兼二程与邵雍),是宋元以降之通说。同上书,第324—325页。
⑤ 《程氏遗书》卷十,第145页。
⑥ 同上书,第151页。卢国龙认为:"对于关学在敦化礼俗方面的成就,程颐非但不欣赏,而且强调洛阳与关中的风俗差别,所谓'洛俗恐难化于秦人',可以理解为对张载的委婉拒绝,因为这个缘故而只谈张载'理一分殊'的哲学,免谈其具有文化实感的礼学,亦自不难理解。"(见卢国龙:《宋儒微言:多元政治哲学的批判与重建》,华夏出版社,2001年,第285页)
⑦ 《程氏遗书》卷二五,第407页。

人法象意味的井田，在二程看来，只是不必过于胶着的治迹，必行井田而后可，反而是不能得圣人之意的表现。

虽然从留存至今的文献来看，二程从未直接对河洛地中说表示异议，但这种去位置、去形象化的天理观念，实与该说（或任何一种天下之中学说）不可避免的象数倾向，既显疏离，又存紧张。初看起来，二程所传名为洛学，道统名为"伊洛道统"，与洛阳为天下之中相当一致，但作为理学道统论核心的，并非道统重起于河洛，而是其在两宋之际向南移动，① 二程"无适而不为中"的"时中"观，则为这种移动提供了义理支持。

更具提示性的，是朱熹将道统的开端自二程前推至出于湖南道州的周敦颐。近代宋学研究者都强调这是因为周敦颐以《太极图说》为代表的《易》学新说，对朱熹构建的义理体系有奠基作用，② 朱熹自己在叙述周敦颐之于理学与道统的意义时，也确实并不强调地域（尤其是南方）因素，但宋元以降的道统论者，则将这一层意思挑明。朱熹弟子黄榦主张自古道统圣人无出于南方者，至宋方有周敦颐与朱熹先后兴起，③ 刘岳申将道统以周敦颐为始，类比为《诗》以二《南》为始，均表明南方在道统教化中居于关键位置。④

---

① 所谓"道南"，若以道统圣人为据天极以立人极者，则在引申的意义上，就是暗指"天下之中"已自河洛向南方移动。
② 关于周程授受的争议，自朱熹至当代不熄。一种观点根据文本与实际历史过程，主张周程授受是朱熹的构造，与实际情况有相当距离。见陈植锷：《周、程授受辨》，《文献》1994年第2期，第60—77页；[日]土田健次郎：《道学之形成》，朱刚译，上海古籍出版社，2010年，第119—163页。另一种观点认为二程与周敦颐就人脉与思想都有相当的连续性，师承关系就人情与义理皆可通。见[日]吾妻重二：《朱子学的新研究：近世士大夫思想的展开》，傅锡洪等译，商务印书馆，2017年，第31—45页。
③ 黄榦："窃惟自昔圣贤之生，率五百余年而一遇，孟子既殁，千有五百余年无闻焉。考其世系，则又皆中土之所生，而南方则又无闻焉。历世之久，舆地之广，其间岂无闳博俊伟之士，而不足以与闻斯道之传。至我本朝，周、程、张子既相望于一时，而文公复兴于未及百年之后。周子既生于舂陵，而文公复生于新安，岂非治教休明，文风周浃，天运之所开，地灵之所萃，旷古之创见，而一代之极盛者欤？"（黄榦：《徽州朱文公祠堂记》，曾枣庄、刘琳主编：《全宋文》第288册（卷六五五六），上海辞书出版社，2006年，第388—389页）
④ 刘岳申："盖古之论声教者称朔南，论王化者称自北而南。使夫子薄南国，则二南不得为风之始；使夫子薄南士，则子游不得为文学之先。又使圣世终薄南士，则舂陵周氏之学，其传于河南者不足尚；而建安朱氏之学，亦不足行于天下矣。"（刘岳申：《赠安［转下页］

胡炳文更将二程的祖籍上推至徽州，让道统在宋代的授受谱系，变为纯以南方为主，并进而主张自尧舜以来，道统圣人的出现，不仅自时序合于五百年之运，且自方位合于自北而南之运。① 则道统圣人在两宋时期于南方重现，虽然在宋元时期多被用来谀扬宋朝（尤其是南宋）的正统性，② 但从更长时段来看，是南方而宋朝，才体现了道统观念的义理内涵——"无适而不为中"。

"天下之中"非必指河洛，而是可因天运、地气移动；与此相对，另一种形式的"无适而不为中"，则在观念上更为彻底：南北无处不为中。这多见于潜在反对河洛乃至中原文化主导权的场合，如家铉翁以宋遗民身份而稽留北方，不能公然批评河洛地中说，故题元好问所编《中州集》，表面上承认"中州""中州人物"的优先性，而以"壤地有南北，而人物无南北，道统文脉无南北，虽在万里外，皆中州也"结题，③ 对河洛地中说看似顺应，实则潜改。又陈藻以策问的形式，一面表示河洛"盖阴阳之所交、和气之所

［接上页］成刘玉成赴都》，李修生主编：《全元文》卷六六三，江苏古籍出版社，1998年，第448页）

① 胡炳文："新安为河南所出，何疑哉？或曰：朱子自书新安，程子不书何？盖由新安而建宁，一世而近，故书。由新安而河南，凡二十余世，中间迁徙不常，故不得独书。然程子可不书新安，纪新安之人物而不书程子，是谱宋之后而不书孔子，系鲁公族而不书孟子，非厥典欤？近有为道统之说者曰：圣贤之生，天地气化，相为循环，冀在北，岐周在西，鲁在东，舂陵、新安在南。夫斯道绝续，天也。自北而南，迭生圣贤，以续道统之传，非偶然也。"（胡炳文：《乡贤祠记》，《全元文》卷五五一，第145—146页）

② 将周敦颐、二程与朱熹等道统圣人的出现，归因于宋朝的德运与文明，这在宋元时期颇为流行，相关论述很多，最典型的自然是元人杨维桢以"道统者，治统之所在"为理由，主张排除辽、金，以南宋独当正统。相关例证与分析，见江湄：《正统、道统与华夷之辨：论南宋的"中国"认同及其历史意义》，《中国哲学史》2022年第3期。

③ 家铉翁："世之治也，三光五岳之气，钟而为一代人物。其生乎中原，奋乎齐、鲁、汴、洛之间者，固中州人物也。亦有生于四方，奋于遐外，而道学文章，为世所宗，功化德业，被于海内，虽谓之中州人物，可也。盖天为斯世而生斯人，气化之全，光岳之英，实萃于是，一方岂得而私其有哉？迨夫宇县中分，南北异壤，而论道统之所自来，必曰宗于某；言文脉之所从出，必曰派于某，又莫非盛时人物范模宽度之所流衍。故壤地有南北，而人物无南北，道统文脉无南北，虽在万里外，皆中州也，况于在中州者乎！"（〔宋〕家铉翁：《题〈中州诗集〉后》，见〔金〕元好问撰，周烈孙、王斌校注：《元遗山文集校补》，巴蜀书社，2013年，第595页）

萃，非四方比也"，一面又根据孔子兴起于东方，发出疑问："吾道主盟于东鲁，三千、七十，济济彬彬，以子贡货殖而销铄于夫子炉锤之中，继而子思、孟子皆传道之宗。自唐以来，至于今日，则七闽之儒风为盛，且骎骎而逾广矣。是又何欤？曹奢魏褊，以至桑间濮上之淫声，则自古中州之文，其未粹如此。"①他又据周代二伯分陕之制，质疑为何天下之中不在分陕之地，而在更偏东的洛阳，②都是对河洛为天下之中意存保留。又北宋反对都开封者，每每主张虽同处河洛，但开封无险可守，洛阳则有险可守。但至南宋，章如愚论洛阳（在北宋属京西北路）与开封（属京西南北路），强调的重点，已是二者都是四面受兵的无险可守之地，这可谓洛阳的"开封化"。③可以看出，在南宋中后期，当恢复中原、还于旧都彻底变得不可能甚至不必要后，南方士人对河洛之为天下之中的义理态度，也开始发生微妙变化。

第二节 朱熹：中与极

当然，只有在朱熹这里，程朱理学的义理体系才真正完整地建立起来。作为两宋理学的集大成者，朱熹虽以心性理学为本，但对象、数与理的关系，态度更为圆融，④对同一时期天地之学的吸纳，也远比二程及其亲传弟

---

① 陈藻：《乐轩集》卷七《策问》之"地理"条，《全宋文》第287册（卷六五一九），第117—118页。
② 陈藻："西河之会，周人分陕之所也，何诸侯之会不于此，而于东都欤？虢之与洛，相去几何，秦总之为三川一郡，汉则析为弘农，又逾河南郡而后为陈留，则视之亦远矣。然则虢果中耶？洛果中耶？"（同上书，第118页）
③ 章如愚："京西北路。河南之地，天下之中，其民生禀中和性理，安舒乐逸豫而不能为乱，故古名其州为豫。自秦汉以还，天下有变，常为兵冲，而其民不工战斗，大抵易为戡定，王师甫至，则箪食交迎，虽有奸雄，不能割据，岂非习俗和平、不能为乱故邪？""京西南北路。河南豫州之地，平夷洞达，万有一毂，八面受敌之场也。而战国之时，韩魏以区区陋邦，北萦南带，环绕数千里，界于秦、楚、齐、赵四大国之间，无再会不受敌。"（章如愚：《群书考索》续集卷五一《舆地门》，文渊阁《四库全书》第938册，第619页）
④ 与二程排遣象数、一本义理不同，朱熹主张《易》本为占筮之书，解易当兼容象数与义理。朱熹易学本末及其与《程氏易传》的异同，见钱穆：《朱子新学案》第4册，（转下页）

子充分。因此，对"极"观念，两汉时期北极下定地中为正题，二程彻底解构象数因素的"无适而不为中"说为反题，至朱熹，在兼容二程一系的心性理学、邵雍一系的象数《易》学、张载一系的气学，并吸纳同时期天地之学的基础上，理学的天下之极观念，才达至于义理与象数兼综的合题："极"相对于"中"的独立。

朱熹对"天下之极"观念的集中论述，见其约作于淳熙十六年（1189）的《皇极辨》：[①]

> 皇者，君之称也；极者，至极之义、标准之名，常在物之中央，而四外望之以取正焉者也。故以极为在中之至则可，而直谓极为中则不可。若北辰之为天极，屋栋之为屋极，其义皆然。而《周礼》所谓"民极"者，于皇极之义为尤近……人君以一身立乎天下之中，而能修其身以为天下至极之标准，则天下之事固莫不协于此而得其本然之正，天下之人亦莫不观于此而得其固有之善焉……但先儒昧于训义之实，且未尝讲于人君修身立道之本，既误以"皇极"为"大中"，又见其词多为含洪宽大之意，因复误认，以为所谓中者不过如此。殊不知居中之中既与无过不及之〔中〕不同，而无过不及之中乃义理精微之极，有不可以毫厘之差者，又非含糊苟且、不分善恶之名也。今以误认之"中"为误认之"极"，不谨乎至严至密之体，而务为至宽至广之量，则汉元帝之优游、唐代宗之姑息，皆是物也。彼是非杂糅，贤不肖混淆，方且昏乱陵夷之不暇，尚何敛福锡民之可望哉！……或曰："皇极之为至极，何也？"予应之曰："人君中天下而立，四方面内而观仰之者，至此辐凑于此而皆极焉。自东而望者不能过此而西也，自西而望者不能逾此而东也……此人

（接上页）《钱宾四先生全集》第 14 册，联经出版事业公司，1998 年，第 1—40 页；吾妻重二：《朱子学的新研究：近世士大夫思想的展开》，第 178—183 页。

[①]《皇极辨》写作时间的考订，见束景南：《朱熹年谱长编》，华东师范大学出版社，2001 年，第 963—964 页；陈来：《"一破千古之惑"：朱子对〈洪范〉皇极说的解释》，《北京大学学报（哲学社会科学版）》2013 年第 2 期，第 5—7 页。

第四章　宋明理学视野下的建极说

君之位之德所以为天下之至极，而皇极所以得名之本意也。①

两汉经学与小学以中训极，故以北极定地中。这一训诂，以《尚书》伪孔传训"皇极"为"大中"在后世影响最大，②而朱熹改为以"标准"训"极"，常在中央，而非即为"中"，事实上推翻了两汉经学、小学与天学的这一共识。③

朱熹在与陆九渊辩论以及回答门人提问时，对这一"极"的新解，有更为生动的阐发。《文集·答陆子静》云：

> 至如"北极"之"极"，"屋极"之"极"，"皇极"之"极"，"民极"之"极"，诸儒虽有解为中者，盖以此物之极常在此物之中，非指"极"字而训之以中也。极者，至极而已。以有形者言之，则其四方八面合辏将来，到此筑底，更无去处；从此推出，四方八面都无向背，一切停匀，故谓之极耳。后人以其居中而能应四外，故指其处而以中言之，非以其义为可训中也。④

又同卷致陆九渊另一书：

> "极"是名此理之至极，"中"是状此理之不偏，虽然同是此理，然其名义各有攸当，虽圣贤言之，亦未尝敢有所差互也。若"皇极"之"极"、"民极"之"极"，乃为标准之意，犹曰立于此而示于彼，使其有

---

① 朱熹：《皇极辨初稿》，《朱子全书》第 26 册，第 687、689—690 页。
② 《尚书正义》卷一二，第 398 页。
③ 吴震指出，朱熹弟子蔡沈作《书经传》，释"皇极"："皇，君；建，立也。极犹北极之极，至极之义，标准之名。"全本朱说。《书经传》在明清时期为科举用书，则朱熹的"皇极"新解已成官方定论。（见吴震：《宋代政治思想史上的"皇极"解释：以朱熹〈皇极辨〉为中心》，《复旦学报（社会科学版）》2012 年第 6 期，第 8 页）
④ 朱熹：《答陆子静》，《晦庵先生朱文公集》卷三六，《朱子全书》第 21 册，第 1567 页。

所向望而取正焉耳，非以其中而命之也……"中者天下之大本"，乃以喜怒哀乐之未发，此理浑然，无所偏倚而言，太极固无偏倚而为万化之本，然其得名自为"至极"之"极"，而兼有"标准"之义，初不以中而得名也。①

又《朱子语类》卷七九：

"极，尽也。"先生指前面香桌："四边尽处是极，所以谓之四极。四边视中央，中央即是极也。尧都平阳，舜都蒲坂，四边望之，一齐看着平阳、蒲坂。如屋之极，极高之处，四边到此尽了，去不得，故谓之'极'。宸极亦然。至善亦如此。应于事到至善，是极尽了，更无去处。'故君子无所不用其极'。《书》之'皇极'，亦是四方所瞻仰者。"②

综合以上诸说，朱熹对"极"的新解，有互相联系的四层含义：一、极以屋栋为象，即《说文解字》"极，栋也"为极之本训；二、这一训诂，是指极为人、物不可不止之处；三、既然不可不止，则为四方合凑、统会乃至枢纽；四、作为会凑与枢纽，不管是屋极还是天极，都居至高之位，有四方瞻示取法之象。

显然，这指向一种强调典范与标准的君道论。余英时主张朱熹反对汉唐经学主流的皇极为大中说，是因为宋孝宗后期，官僚派代表人物王淮执政，以皇极为大中之义，反对理学家的君子、小人二分，以弥缝新旧，"维持安静"，这与朱熹等人希望宋孝宗立圣君标准、行大有为之政，存在着巨大冲突。因此朱熹要通过重新阐述皇极观念，提出对南宋一朝"国是"的修正。③

---

① 朱熹：《答陆子静》，《晦庵先生朱文公文集》卷三六，《朱子全书》第21册，第1572页。
②《朱子语类》卷七九，第2046页。
③ 余英时：《朱熹的历史世界：宋代士大夫政治文化的研究》，生活·读书·新知三联书店，2011年，第804—848页。吴震也持类似观点，见吴震：《宋代政治思想史上的"皇极"解释：以朱熹〈皇极辨〉为中心》。

这是侧重政治面的解释，另一种解释则侧重理学自身发展的脉络。陈来通过比对《皇极辨》的初本与后本，并参照朱熹与陆九渊辩论、与门人探讨等相关内容，主张朱熹的皇极论，不管是就自身思想还是两宋理学经典与解释的脉络，都是作为程朱理学核心的太极论的一部分，主要是为了回应他所推重的"无极而太极"说在南宋儒学界引发的争议。①

该如何理解以上两种解释的关系？朱熹将周敦颐"无极而太极"一句，置于《近思录》之首，作为道体之端与理学的最根本义理，又《太极图说解》起首解说"无极而太极"：

> 上天之载，无声无臭，而实造化之枢纽、品汇之根柢也。故曰："无极而太极。"非太极之外，复有无极也。②

《文集·答陆子静》：

> 故语道体之至极，则谓之太极；语太极之流行，则谓之道。虽有二名，初无两体。周子所以谓之"无极"，正以其无方所、无形状，以为在无物之前，而未尝不立于有物之后；以为在阴阳之外，而未尝不行乎阴阳之中；以为通贯全体，无乎不在，则又初无声臭影响之可言也。③

《文集·答杨子直》：

---

① 见陈来：《"一破千古之惑"：朱子对〈洪范〉皇极说的解释》。陈来认为："朱熹在朱陆之辩中对'极'及皇极的解释正是他其后不久撰写《皇极辨》的直接基础。在这个意义上说，《皇极辨》对于朱子而言本是朱陆太极之辩的一个余波，是朱子在理论上反对以中训极的解释学实践的进一步扩大。"（第14页）
② 朱熹：《〈太极图说〉解》，《朱子全书》第13册，第72页。
③ 朱熹：《答陆子静》，《晦庵先生朱文公文集》卷三六，《朱子全书》第21册，第1568页。朱熹对"无极而太极"的论述相当多，义理线索颇为繁密，见钱穆：《朱子新学案》第1册，《钱宾四先生全集》第11册，第297—319页。

盖天地之间，只有动静两端，循环不已，更无余事，此之谓易。而其动其静，则必有所以动静之理焉，是则所谓太极者也……原"极"之所以得名，盖取枢极之义，圣人谓之"太极"者，所以指夫天地万物之根也。周子因之而又谓之"无极"者，所以著夫无声无臭之妙也。然曰无极而太极，太极本无极，则非无极之后别生太极，而太极之上先有无极也。又曰五行阴阳，阴阳太极，则非太极之后别生二五，而二五之上先有太极也。以至于成男成女，化生万物，而无极之妙盖未始不在是焉。此一图之纲领，大易之遗意，与老子所谓物生于有，有生于无，而以造化为真有始终者，正南北矣。①

《文集·隆兴府学濂溪先生祠记》：

盖其所谓太极云者，合天地万物之理而一名之耳，以其无器与形，而天地万物之理无不在是，故曰无极而太极。以其具天地万物之理，而无器与形，故曰太极本无极也。②

朱熹主张，无极而太极，是说太极"无方所、无形状"，"通贯全体，无乎不在"，正合乎二程"无适而不为中"之义，而这与自居至高、唯一且绝对之位，因而至有方所、有形象的皇极，存在着显然的不一致。③ 不过，这

---

① 朱熹：《答杨子直》，《晦庵先生朱文公文集》卷四五，《朱子全书》第22册，第2071—2072页。
② 朱熹：《隆兴府学濂溪先生祠记》，《晦庵先生朱文公文集》卷七八，《朱子全书》第24册，第3748页。
③ 吴澄后来甚至说，太极之极，因为有形象意涵，所以也是对不可名之道的假借之辞。见吴澄："太极者何也？曰：道也。道而称之曰太极，何也？曰：假借之辞也。道不可名也，故假借可名之器以名之也……极，屋栋之名也。屋之脊檩曰栋，就一屋而言，惟脊檩至高至上，无以加之，故曰极。而凡物之统会处，因假借其义而名为极焉，辰极、皇极之类是也。道者，天地万物之统会，至尊至贵，无以加者，故亦假借屋栋之名而称之曰极也。"（〔明〕黄宗羲撰，吴光点校：《宋元学案》卷一二《濂溪学案》下，沈善洪主编：《黄宗羲全集》第3册，浙江古籍出版社，2012年，第598页）

种不一致，正是朱熹区分道与器、形而上与形而下的必然结果：太极是形而上之理，而皇极作为君之则，虽然为人间至高、至大的事与象，但也仍是"形而下者之谓器"意义上的存在。再推而广之，朱熹在阐述太极与皇极时所征引的诸种"极"，如日常生活层面的屋极，天下秩序层面的民极，天地秩序层面的北极，虽小大有别，但人间至大不过天下，宇宙至大不过天地，都仍是形器意义上的"物"，以极为中，仍是"以此物之极常在此物之中"，①而真正的"极"，则是作为天地万物存在根据的形而上之理。②

将天地与人间都降低为纯粹形而下的存在，朱熹得以开出一个无方所、无形状也就不可以在象数层面有任何规定性的纯理的领域，③虽然他立即就用"理不外物"④、理在气中⑤之类的论说，弥合二者间的裂缝，但问题不仅在于义理上的统一性，也在于工夫论中的次第与着重。人作为有象与位的存在，置身于充斥着象与位的天地之间，如何才能达至并开显这一无象且无位的形而上之理，并以此理奠定人间秩序的基础？

朱熹的解释，具见于《大学》"格致"章补传：

> 所谓致知在格物者，言欲致吾之知，在即物而穷其理也。盖人心之灵莫不有知，而天下之物莫不有理，惟于理有未穷，故其知有不尽也。

---

① 对这一道理的阐发，见吴澄："然则何以谓之太？曰：太之为言大之至甚也。夫屋极者，屋栋为一屋之极而已；辰极者，北辰为天体之极而已；皇极者，人君一身为天下众人之极而已。以至设官为民之极，京师为四方之极，皆不过指一物一处而言也。道者，天地万物之极也，虽假借极之一字强为称号，而曾何足以拟议其仿佛哉！"（《宋元学案》卷一二《濂溪学案》下，沈善洪主编：《黄宗羲全集》第3册，浙江古籍出版社，2012年，第598页）
② 因此朱熹批评陆九渊："今乃深诋无极之不然，则是直以太极为有形状、有方所矣。直以阴阳为形而上者，则又昧于道器之分矣。"（《朱熹答陆九渊书》之五，收入〔宋〕陆九渊撰，钟哲点校：《陆九渊集》附录二，中华书局，1980年，第553页）
③ 朱熹："未有天地之先，毕竟也只是理，有此理，便有此天地；若无此理，便亦无天地。"（《朱子语类》卷一，第1页）朱熹："未有这事，先有这理。"（《朱子语类》卷九五，第2436页）
④《朱子语类》卷五八，第1363页。
⑤ 朱熹表示理若不在气与心中，则"无所附着"，"无挂搭处"。转引自〔韩〕金永植：《朱熹的自然哲学》，潘文国译，华东师范大学出版社，2003年，第31页。

是以《大学》始教，必使学者即凡天下之物，莫不因其已知之理而益穷之，以求至乎其极。至于用力之久，而一旦豁然贯通焉，则众物之表里精粗无不到，而吾心之全体大用无不明矣。此谓物格，此谓知之至也。①

《大学》为四书之首，"格物"则是作为《大学》纲领的"八条目"之首，以补经阐述"格物"之理，提示了该说在朱熹思想中的重要性，如钱穆指出："此番（格物——作者注）理论，最值重视。朱子学之最著精神处正在此。朱子于宋明理学中所以特具精采处亦在此。"②但这一理学传统中的紧要且"精采"之处，也是聚讼之所在，钱穆同时即承认："朱子思想，以论格物穷理为最受后人之重视，亦最为后人所争论。"③陈荣捷也说，朱熹的格物致知论"为影响中国思想甚大而为后人攻击甚力者"。④嵇文甫则说："自宋以后，几乎有一家宗旨，就有一家的格物说。"⑤事实上，明中叶以后激烈化的理学-心学之争，一大关节点就是王守仁主张格物致知非如朱熹所言，为向外推求万物之理，而是向内致本心之良知。

不过，与本书主旨相关的"格物"，要害并不在于外内之别，而在于朱熹"格物"说所划定的"物"的范围与"格"的次第。朱熹在《大学》"格致"章补中称"天下之物"，又言"凡天地之间眼前所接之事，皆是物"，⑥"盖天下之事，皆谓之物，而物之所在，莫不有理。且如草木禽兽，虽是至微至贱，亦皆有理……今且自近以及远，由粗以至精"。⑦而格物之序，则当自日常生活中、眼前应接者为始。所谓"眼前凡所应接底都是物，事事都有

---

① 朱熹：《四书章句集注·大学章句》，第6—7页。朱熹构思与写作《大学》"格致"章补传的过程，见戴鹤白：《论朱熹在〈大学或问〉中对"格物致知"的补传及其对门人后学的影响》，朱人求、［德］苏费翔（Christian Soffel）编：《朱子学与朱子后学》，商务印书馆，2021年，第99—120页。
② 钱穆：《朱子新学案》第2册，《钱宾四先生全集》第12册，第670页。
③ 同上书，第665页。
④ 转引自乐爱国：《朱子格物致知论研究》，岳麓书社，2010年，第8页。
⑤ 嵇文甫：《晚明思想史论》，东方出版社，2013年，第171页。
⑥《朱子语类》卷五七，第1348页。
⑦《朱子语类》卷一五，第295页。

个极至之理",①"不要高看,只就眼前看,便都是义理,都是众人公共物事"②。"圣贤千言万语,教人且从近处做去。如洒扫大厅、大廊,亦只是如洒扫小室模样,扫得小处净洁,大处亦然。若有大处开拓不去,即是于小处便不曾尽心。学者贪高慕远,不肯从近处做去,如何理会得大头项底!"③

朱熹将格物的对象设定为"天下之物",极言其多且广,且呼应《大学》八句教的终极目标"平天下",但值得注意的是,根据这一理解,万物就不存在任何先定的等级。具体说来,"凡眼前无非是物,物物皆有理",④"万物分之以为体,万物之中又各具一理。所谓'乾道变化,各正性命',然总又只是一个理……物物各有理,总只是一个理"⑤。这种存在的等夷化,甚至天地亦不例外,"天地、阴阳、生死、昼夜、鬼神,只是一理",⑥则物从至大到至微,从至高到至低,都平等地呈现天理,且这一呈现天理的过程,与任何宇宙和自然秩序意义上的方位与处所(如地中)都毫无关系。

汪晖指出,"格物"之所以对宋代儒学如此重要,是因为唐宋变革后,古代礼乐与制度的一体性在事实与观念上都已瓦解,理学家欲对抗并更革这一断裂之局,就需要以抽离任何礼乐规定性的"物"为对象,以开显超越具体礼乐与制度,因而可以在更根本层面上实现二者的重新合一的天理。⑦

以上礼乐与制度、应然与实然的断裂,确实是两宋时期去位置化、去等级化的万物观念生成的前提之一。可以设想,既然认定在当下世界中,先定的自然秩序已处于消隐状态,万物间并不存在无须"格致"即可呈现或开显

---

① 《朱子语类》卷一五,第282页。
② 《朱子语类》卷五九,第1391页。
③ 《朱子语类》卷八,第131页。钱穆因此总结道:"朱子教人格物,从切己处,近处,小处,粗处,眼前公共处,浅处,分明易理会处,常处,正经处,其言亦若有拣择,实则是无拣择。当时学者好求大处远处,朱子教以从小处近处入,亦非只管小处近处,更不管大处远处。故曰无拣择,却是有一先后。"(钱穆:《朱子新学案》第2册,《钱宾四先生全集》第12册,第674页)
④ 《程氏遗书》卷一九,第312页。
⑤ 《朱子语类》卷九四,第2374页。
⑥ 《朱子语类》卷二五,第618页。
⑦ 汪晖:《现代中国思想的兴起》上卷第1部,第260—269页。

的等级与位置，则有多少种不同的生活世界与人物性情，就会有多少种不同的格致次序与开显天理的可能性。当然，这并不是"格物"的无政府状态，既然"格致"的最终目标仍是平治天下，则就只有两种"格物"具有主导性，其担当者分别是以科举制为依托、兼具社会流动性与身份制意识的士大夫群体，以及中古门阀解体后天下唯一的世袭制贵族：郡县制下乾纲独揽的君主。

士与君的分离与并立，是一个相当漫长与曲折但又总体上不可逆的历史过程。如阎步克所述，士、王自起源上当为一体,[①] 虽然典范的封建社会自周末已经解体，但封建制的政治变形（汉以来的王侯）与社会变形（魏晋以来的门阀）仍一直存在，封建制下"有地者皆曰君"的传统得以部分保持，如汉魏时期郡守皆可称君，与其僚属有君臣之谊（在东汉时期甚至有服制），而最顶级的门阀，则自拟亦被拟为诸侯，甚至可以尧舜禅让与文王受命之名化家为国。因此，魏晋至隋唐时期的士大夫，仍兼有君-士二重性，或者说，非统治性的士，仍未从作为统治阶级的"君"中彻底分离出来。

而至两宋时期，伴随着春秋战国以来千余年的郡县制过程，特别是中古门阀解体与科举制兴起，君与士自生活世界、行动方式乃至自我认同的分离大致完成。在士大夫丧失"君"的身份与认同的同时，则是钱穆所论唐宋郡县制下"一王孤立于上"局面的形成,[②] 君主的政治主动性与历史能动性都大大提升。[③] 又自春秋至秦汉，文武有别而无隔，但唐宋以降文武分途，士

[①] 阎步克：《士大夫政治演生史稿》，北京大学出版社，2015年，第25—50页。
[②] 钱穆："窃谓国史自中唐以下，为一大变局。一王孤立于上，不能如古之贵族世家相分峙；众民散处于下，不能如今欧西诸邦小国寡民，以舆论众意为治法。"（钱穆：《中国近三百年学术史》下册，商务印书馆，1997年，第653页）
[③] 宋代郡县制下权力向上集中，但内部层层分权制衡，只有到了最顶端君主这里，决断权才唯一化与至高化。这意味着统治天下的压力，大部分集中于最顶端。二程比较封建制与郡县制，主张封建时代"盖天下之势，正如稻塍，各有限隔，则卒不能坏。今天下却似一个万顷陂，要起一起不得，及一起则汹涌，遂奈何不得"。（《程氏遗书》卷二上，第63页）即郡县制下，应对内外风险的弹性与容错率降低，发生普遍崩溃的风险则升高。宋代的解决之法，为"求其无事"，以安静为务，集权而不用，当代学者卢国龙称此为"高度集权"而"轻度用权"。（见卢国龙：《宋儒微言：多元政治哲学的批判与重建》，第5页）（转下页）

大夫例不习武,则皇帝就成为唯一的兼文武者。而若以三代为文武一体,则此时,君主已成为整个政治与文明体中唯一的"古人"。

凡此,都意味着士大夫与君主生活世界的完全分离。而理学强调格物必以各自的切近处为始。则士大夫与君主处于完全不同的生活世界中,其境遇、遭际与格物次序自然大不相同。具体言之,理学以"极高明而道中庸"为宗旨,以日常生活为背景理解格物与成圣,① 结果,"日常"从一个"日常"概念变为关键的义理概念。但必须进一步追问的是,这是谁的日常?又是何种日常?显然,不可能忽略前述唐宋以降士与君分离的背景来探讨以上问题。门阀的解体与社会一定程度上的平民化,意味着中小地主、小自耕农与佃农的生活世界及其感觉,正成为"日常"的基本内容。其中要害,在于修身齐家治国平天下的格局中,"家"不再具有政治与历史含义,而变为纯粹的"日常"性存在。显然,这是以日(日日劳作)与年(四季循环)为基本节奏的"日常",它在相当程度上规定了理学"圣人可学至"的基调:格物当以常见准不常见,以可行准难行,从"不大不小""不高不低"的日常事物开始,"致广大而尽精微",最终又回向日常("极高明而道中庸")。具体言之,朱熹以洒扫应对进退为小学,② 命名入道之书为《近思录》,注重日

(接上页)但反过来,由于朝廷集权而不用,天下则如万顷陂,撬动体制的支点又只能来自君主,则一旦出现强势君主,其所能动用的权力与造成的影响都将十分惊人。也因此,自北宋中期以后,治国平天下之道,前所未有地集中于新君的心术问题,"格君心"成为最根本的"格物"。而心术之微,间不容发,故据此"格物"展开的斗争,也就相当激烈与尖锐。

① 朱熹以"中庸"之"庸"为"平常"。(见《四书章句集注·中庸章句》,第17页)《中庸或问》有进一步解释:"曰:庸字之意,子程子以不易言之,而子以为平常,何也?曰:唯其平常,故可常而不可易,若惊世骇俗之事,则可暂而不得为常矣。二说虽殊,其致一也。"(《朱子全书》第6册,第549页)

② 朱熹:"古者小学教人以洒扫、应对、进退之节,爱亲、敬长、隆师、亲友之道。"(朱熹:《题小学》,《晦庵先生朱文公文集》卷七六,《朱子全书》第24册,第3671页)又朱熹:"古人只从幼子常视毋诳以上、洒扫应对进退之间,便是做涵养底工夫了。此岂待先识端倪而后加涵养哉?但从此涵养中渐渐体出这端倪来,则一一便为己物。又只如平常地涵养将去,自然纯熟。"(朱熹:《答林择之》,《晦庵先生朱文公文集》卷四三,《朱子全书》第22册,第1980页)

常与身边事物,以及理学家重视语录(即言辞)而非文字,① 都可以看作这种"日常"观念的体现。

这种"日常"的形而上解读,则见朱熹释《易·乾卦》象传"天行健,君子以自强不息":"但言天行,则见其一日一周,而明日又一周。若重复之象,非至健不能也。君子法之,不以人欲害其天德之刚,则自强而不息矣。"② 以日常为重复,较之汉易(虞氏易)以年为单位的"日进一度",③ 朱熹的"日常"时段更短,更专注于当下,也更接近日常的本意:一日之常。

但这不是君主的生活世界与日常。理学以修身、齐家、治国、平天下为次第,但随着封建时代的结束,与"天子建国"相继的"诸侯立家"(《春秋左氏传·桓公二年》)不再可能,"家"去政治化为纯粹的日常领域,则从齐家到治国,就变成从日常世界到政治世界的飞跃。④ 另一变化则在于,郡县天下中君主的独一化,意味着士人日常生活中君的"在场"方式发生根本变化:除了少数高级臣僚,不再有人能与其名义上的"君"有实际接触。君不再可亲可感,则君在士人世界中的在场方式,就从互动性的变为呈现性的

---

① 理学家重视语录,如《论语》被视为孔子的语录,故尊为四书之一。土田健次郎因此说:"说到口语的语录,那不妨说是道学这一学派的特征。"(土田健次郎:《道学之形成》,第21页)"追求精神境地的道学与号称不立文字的禅宗一样,都十分看重语录。比如游酢没有语录流传,就表示他的学统断绝了。此事被朱熹表述为'游定夫学无人传,无语录。'语录既传播了思想的核心部分,又显示了学统继承人的存在。"(同上书,第452页)是否有语录,被视为是否证道以及学派是否有传承的标志。
② 〔宋〕朱熹撰,廖名春点校:《周易本义》卷一,中华书局,2009年,第34页。又朱熹:"《乾》重卦,上下皆《乾》,不可言两天。昨日行,一天也;今日又行,亦一天也。其实一天,而行健不已,有重天之象,此所以为'天行健'。"(《朱子语类》卷六八,第1701页)
③ 《易·乾卦》象传"天行健",注:"消息之卦,故曰天行。"惠栋疏:"虞注《说卦》云:精刚自胜,动行不休,故健。乾健,故强。《太玄》准之以强,强亦健也。天一日一夜过周一度,此虞义也。"(〔清〕惠栋撰,郑万耕点校:《周易述》卷一一,中华书局,2007年,第184页)
④ 如陈亮认为《曲礼》"其所载不过日用饮食、洒扫应对之事要,圣人之极致安在?"(〔宋〕陈亮撰,邓广铭点校:《陈亮集》卷十,中华书局,1987年,第106页)即显示了士人观念中日常世界与圣王政教世界的疏离。

（如牌位、画像、文字等），君主乃至忠君本身，也自然就理念化了。"理"上升为儒学的核心观念，三纲论以父子拟君臣，不再就人情立论，而是强调此为"天理"，都体现了这一点。

但问题在于，虽然明确存在士人与君主两种生活世界与两种日常，但根据"自天子以至于庶人，壹是皆以修身为本"的义理，必须绝对反对有两种"格物"（即在士人的"格物"外，并没有君主的"格物"）。在两宋士人看来，君主由于其生长于深宫之中、妇人阉宦之手的处境，不能自主，因此必须接受士人的指导，从生活到认同都士人化，才有可能真正"格物"。典型如朱熹接续欧阳修"君子之朋"之说，① 要将君主也纳入以宰相为首的"君子之党"。② 而这则意味着君主的去主体化：君主本身，被以格正君心为名降格为士人所格之物（当然是天下秩序中最重要的"物"）。

将君主的生活世界与人性处境负面化，以否定君主自主"格物"的可能性，这从义理上似可自解，但由于理学又以三代圣王政治为典范，因此，以圣王为格物主体的针锋相对的观念，即使在程朱理学取得主导地位后也始终存在。而一旦进入现实政教领域，二者的冲突就不可避免。余英时主张，不仅皇极之辨，朱熹、陆九渊更早围绕"无极而太极"问题展开的辩论，也有其政治意味。朱熹强调无极为太极之首，主张君主为虚君，唯以任用宰相为事；陆九渊则认为如此理解太极，有导向无君的危险，故坚决反对在太极之

---

① 欧阳修在《朋党论》中主张唯君子有朋，将尧舜三代盛衰归因于是否能用此君子之朋，所谓"更相称美推让而不自疑，莫如舜之二十二臣，舜亦不疑，而皆用之。然而后世不诮舜为二十二人朋党所欺，而称舜为聪明之圣者，以辨君子与小人也。周武之世，举其国之臣三千人共为一朋，自古为朋之多且大莫如周。然周用此以兴者，善人虽多而不厌也。""故为人君者，但当退小人之伪朋，用君子之真朋，则天下治矣。"（〔宋〕欧阳修撰，李之亮笺注：《欧阳修集编年笺注》卷一七，巴蜀书社，2007年，第69—70页）

② 朱熹："夫杜门自守、孤立无朋者，此一介之行也。延纳贤能，黜退奸险，合天下之人以济天下之事者，宰相之职也。奚必以无党者为是而有党者为非哉？……其果贤且忠耶，则显然进之，惟恐其党之不众而无与共图天下之事也……不惟不疾君子之为党，不惮以身为之党；不惟不惮以身为之党，是又将引其君以为党而不惮也。如此，则天下之事其庶几乎？"（朱熹：《与留丞相书》，《晦庵先生朱文公文集》卷二八，《朱子全书》第21册，第1244页）欧阳修、朱熹的君子有朋论及其与宋代政治的关系，见余英时：《朱熹的历史世界：宋代士大夫政治文化的研究》，第315—384页。

上再加无极二字。① 又叶适强调君与臣都可以建极，故只言极不言皇；陈亮则强调君主才是建极的真正主体。② 以上诸人，都在广义的南宋理学运动内，矛盾尚如此尖锐，则朱熹等理学家建"皇极"的努力归于失败，也是可以想见的。

这也就是说，士人的日常世界，君主的政治世界，以及无极而太极的义理世界，三者距离太过遥远。士人与君主的生活世界需要共同的背景，太极之下、政教之上的广阔中间地带，也需要义理与象数的中介与过渡。

在《大学章句》的格物论中，并没有对这一难题的直接解答。毕竟，朱熹将格物对象设定为"天下之物"，而"天下"这一属人的至大领域，自语义上就不包含天上之物乃至天本身。循朱熹的"格物"观念，人虽抬首即可见天，但天至高至远，不可阶登，而格物次序，"只就眼前看"，故洒扫庭除，无一不是低首向下之事，与仰观天文正好相反。因此，从修身至于平天下，从近至远、从眼前（家）至于视线尽处（国）乃至步历尽处（天下）的层层外推式"格物"，需要以平视为特征的地学，却似乎并不需要以仰观为特征的天学。③

但值得注意的是，朱熹晚年的"格物"实践，与这一忽视天学的格物论正好相反，大体正是从写作《皇极辨》前后直至去世，朱熹对天学的兴趣，较之前大大加强。他反复提及并确实使用浑天仪观测天象，④ 今存关于天学

---

① 余英时：《朱熹的历史世界：宋代士大夫政治文化的研究》，第 178—181 页。
② 同上书，第 831—832 页。
③ 《中庸》第二十章："故君子不可以不修身；思修身，不可以不事亲；思事亲，不可以不知人；思知人，不可以不知天。"以"知天"为格物之终。但朱熹注此"知天"为："亲亲之杀，尊贤之等，皆天理也，故又当知天。"（《四书章句集注·中庸章句》，第 28 页）所指为内在于伦理秩序中的天，而非具有象数含义的高悬之天。
④ 《宋史·天文志》载："朱熹家有浑仪，颇考水运制度。"（《宋史》卷四八，第 966 页）乐爱国根据朱熹书信以及《语类》中的记载，认为他大致是在淳熙十五年（1188）至十六年间获得浑天仪的。（见乐爱国、胡行华：《略论朱熹对浑仪的研究》，《上饶师范学院学报》2004 年第 5 期，第 18 页）时间上与写作《皇极辨》相先后。事实上，完全不考虑是否居于地中即使用浑天仪进行观测，这一行为本身就是摆脱了"极，中也"这一两汉观念的标志。

的探讨，也多作于这一时期。①

此时正值庆元党禁，皇极问题，则是这一政治迫害的观念背景。但用遁入与现实无涉的迂远之学以纾死来解释朱熹晚年转向天学，本身并不恰切：在古代中国，天学恰恰是与政治关系最为密切的领域之一。在我看来，实际情形正相反，转向天学，更可能是朱熹为弥合士人与君主的"格物"不能一致，以及万物毕陈的政教世界与无极而太极的玄妙义理间距离遥远，所做的最后尝试的一部分（虽然不一定指为"晚年定论"）。

为什么朱熹在格物问题上会有这一表达与实践的错位？我认为，原因之一是天、地作为"物"的差异，以及天、地二者与人关系模式的不同。首先，天与地虽也是有形之物，②但毕竟尺度远超一般之物，"天地万物"的表述，即表明天地是万物之外的特殊物类；③其次，作为特殊物类，天与地又有重要不同。人栖居于大地之上，所属群体视听言动所及，划定了自身生活世界的范围。因此，特定生活世界，只能覆盖大地相当有限的部分。但天与生活世界的关系则不同。根据当时流行的平面大地观念，天平等地高踞于诸生活世界之上，令包含多个生活世界的"天下"成为可能。因此，只有以这一共同仰观的天为格物对象，超越各自有限视野的统一的"格物"，才有可能。

另外，朱熹的格物论，本身就强调要即物而见理，以免陷于佛老悬空虚无之弊，④但理学"无极而太极"之说，主张太极无方所、无形象，这与有

---

① 多记载于《朱子语类》中。使用《朱子语类》重建朱熹宇宙观与天学的方法论问题，见山田慶兒：《朱子の自然学》，岩波書店，1968 年，第 55—80 頁。
② 朱熹："天地虽大，要是有形之物。"（朱熹：《答汪长孺》，《晦庵先生朱文公文集》卷五二，《朱子全书》第 22 册，第 2463 页）
③ 关于古代中国思想中"万物"的含义，王葆玹指出："它的外延不能包括天地阴阳五行等，而只不过是动物、植物等的集合概念，几乎不能算是类名。"（王葆玹：《通论玄学》，第 414 页）
④ 《朱子语类》卷一五："人多把这道理作一个悬空底物，《大学》不说穷理，只说个格物，便是要人就事物上理会，如此方见得实体。所谓实体，非就事物上见不得。""不说穷理，却言格物。盖言理，则无可捉摸，物有时而离；言物，则理自在，自是离不得。释氏只说见性，下梢寻得一个空洞无稽底性，亦由他说，于事上更动不得。"（第 288—289 页）《朱子语类》卷九四："太极是五行阴阳之理皆有，不是空底物事。若是空时，如释氏说性相似。"（第 2367 页）

方所、有形象的万物，自名与象都颇为疏离。以"无极而太极"之理，构建至有形象与方所的皇极，这一努力在现实中遭到迅速而彻底的失败，原因当然是复杂的，但理、物二元导致义理与具体政治实践间的疏离，也起了不容忽视的作用。而要通过中介性存在克服或至少缓解二元性问题，转向自象而言至为显明、自理而言又至为幽微的苍苍之天，是一个并不意外的选择。①

那么，朱熹晚年根据天学而对"极"观念可能的新认识是什么？他在《皇极辨》中将屋极与北极并列，但屋脊在房屋至高之处，望之一目了然；而魏晋以降经学用"高居深藏"解释北辰，越来越倾向于以北极为无象而非有象，同一时期天学，也为这种理解提供了支持：沈括最终确认的极星动移现象，意味着北极作为不动的秩序枢轴，有定位而无定象，极星只是它的暂时提示。

在完成《皇极辨》两年后或更晚一些，朱熹在与门人弟子的问答中，正式谈及沈括发现极星动移一事。②《朱子语类》卷二三：

> 安卿问北辰。曰："北辰是那中间无星处，这些子不动，是天之枢纽。北辰无星，缘是人要取此为极，不可无个记认，故就其傍取一小星谓之极星。这是天之枢纽，如那门笋子样。又似个轮藏心，藏在外面动，这里面心都不动。"义刚问："极星动不动？"曰："极星也动。只是它近那辰后，虽动而不觉。如那射糖盘子样，那北辰便是中心椿子。极星便是近椿底点子，虽也随那盘子转，却近那椿子，转得不觉。今人以管去窥那极星，见其动来动去，只在管里面，不动出去。向来人说北极便是北辰，皆只说北极不动。至本朝人方去推得是北极只是北辰头边，

---

① 山川涌注意到朱熹的"天"观念有时会逸出其理气哲学的范围，即无法彻底将"天"作为"物"来理解。见山川涌：《朱子哲学中的"太极"》，吴震、[日] 吾妻重二主编：《思想与文献：日本学者宋明儒学研究》，华东师范大学出版社，2010年，第81—83页。
② 朱熹对沈括学说的兴趣并不是从晚年才开始，他中年就对《梦溪笔谈》有研究，并在经传集注与论说中多有征引。见胡道静：《朱子对沈括科学学说的钻研与发展》，收入《朱熹与中国文化》，学林出版社，1989年；乐爱国：《朱子格物致知论研究》，第206—210页。

而极星依旧动。"（义刚）①

《史记》载北极有五星，太一常居中，是极星也。辰非星，只是星中间界分。其极星亦微动，惟辰不动，乃天之中，犹磨之心也。沈存中谓始以管窥，其极星不入管，后旋大其管，方见极星在管弦上转。（一之）②

极星动移的发现，表明永恒运动的"大象"需要做出调整，首先是对不动的枢轴的新理解：全天星辰"周行"所绕的不动点，从可见的极星变为不可见的北极。其次则是"周行"内涵的变化：在全天星辰的"周行"之外，更增加了极星本身围绕北极点的"周行"。

又赵友钦：

以衡管窥之，众星无有不转，但有一星旋转最密，循环不出于管中，名曰纽星者是也。古人以旋磨比天，则磨脐比为天之不动处，此即纽星旋转之所，名曰北极。③

又王夫之：

《集注》云"北辰，北极，天之枢也"，于义自明；小注纷纭，乃指为天枢星，误矣。辰者次舍之名，辰非星，星非辰也。北极有其所而无

---

① 《朱子语类》卷二三，第534—535页。安卿为陈淳字，约1190年从学朱熹。（见陈荣捷：《朱子门人》，台湾学生书局，1982年，第220—221页）又该条为黄义刚所录，其从学朱熹不早于1193年，（同上书，第260—261页）则该对话当发生在1193年以后。
② 《朱子语类》卷二三，第536页。在朱熹门人中，林易简与林夔均字"一之"，据陈荣捷考证，《朱子语类》中的"一之"为前者，他于1191年从学朱熹，（见上书，第150—151、154页）则对话当发生在该年之后。
③ 〔宋〕赵友钦：《革象新书》卷一之"天道左旋"条，文渊阁《四库全书》，第786册，第223页。

其迹，可以仪测而不可以象观，与南极对立，而为天旋运之纽。以浑仪言，凡星之属皆在第八重宿曜天，而北极则在第九重宗动天。若天枢之为星，乃北斗杓星，斗移而杓不动，然亦随斗左旋，不能常居其所。又紫微垣中有极星者，以去极得名。极无可见，观象者因此星以仿佛其处，此星轮转于极之四围，非能与极而皆不动。极以其柱天而言，枢以其为运动之主而言，辰则以其为十二舍之中而言也。①

王夫之用耶稣会士输入的西方九重天球说，解释北极（在第九重宗动天）与极星（在第八重宿曜天）的不同，北极被理解为"有其所而无其迹"，极星围绕北极的"周行"，则被解释为对这一"不可以象观"的北极"仿佛其处"的近似之知。② 而这一极星围绕北极的"周行"，更被用来解释《尚书·洪范》"皇极"之义，魏源即说："所谓五皇极者，乃皇天所建其自有之极，即北极也。二气、五行，无此北极不能自立，人君虽尊，犹如帝星绕极而动，当思皇天所建之极，以为极主。"③ "帝星绕极而动"这一"大象"，被对应于"皇极"之义。

稍早，大致在完成《皇极辨》的同一年（1189 年），朱熹在致蔡季通的信中，提到河洛与东南两处北极出地度数不同，并猜测地中可能自河洛移到了闽浙：

> 极星出地之度，赵君云福州只廿四度，不知何故自福州至此已差四度，而自此至岳台，却只差八度也。子半之说尤可疑，岂非天旋地转，

---

① 〔明〕王夫之：《四书稗疏》卷一之"北辰"条，《船山全书》第 6 册，岳麓书社，2011 年，第 27—28 页。
② 清代天文历算学家主张，通过测算极星圆周运动的圆心，可以确定北极点的位置。如陈懋龄即说："北辰非北极小星也。古人指星所在处为天所在处，其实北辰是无星处。今人测极星所在，昼夜环行，折中取之是也。"（见〔清〕夏炘：《释夜考之极星以正朝夕》，《学礼管释》卷一六，《续修四库全书》第 93 册，第 204 页）
③ 〔清〕魏源：《书古微》卷八，《魏源全集》第 2 册，岳麓书社，2004 年，第 243 页。

闽浙却是天地之中也耶？①

综合以上，君主与士大夫生活世界不同，但共戴一天，因此，无象而有位的北极，就可能成为打通君主与士大夫"格物"隔阂的入手点。具体而言，极星动移的发现，可能令朱熹注意到了这一克服理、物二元论的关键性中介，北极无形而有位，正好介于无形、无位的太极与有形、有位的万物之间，故皇极以北极为准的，因后者无象，避免了等夷自身于万物的弊病；又因其有位，避免了陷自身于佛老式虚无的指责。而极星动移本身，又提示了以北极（而非极星）对应皇极的必要性：非如此则不能保证皇极"不可以毫厘之差"的"至严至密之体"。故朱熹学派的太极阐释也随之调整，在去方位化的"通贯全体，无乎不在"外，重新引入带有方位与形象意涵的万理之所止、万化之枢机。②

但这并不是两汉以北极定地中模式的简单回归。《论语》"为政"章"譬如北辰，居其所而众星拱之"，朱熹注："北辰，北极，天之枢也。居其所，不动也。"③ 明确北辰非星，而为北极之位。在《四书或问》中，他更主张北极不动，与其居天之中并无关系。④ 落实到实践，他完全不顾天文观测当在

---

① 朱熹：《答蔡季通》，《晦庵先生朱文公续集》卷二，《朱子全书》第25册，第4678页。此信学界定于1189年，相应依据，见陈来：《朱子书信编年考证》，生活·读书·新知三联书店，2011年，第310页。
② 见朱熹弟子陈淳："太极只是以理言也。理缘何又谓之极？极，至也。以其在中，有枢纽之义，如皇极、北极等，皆有在中之义，不可训极为中。盖极之为物，常在物之中，四面到此都极至，都去不得，如屋脊梁谓之屋极者，亦只是屋之众材四面凑合，到此处皆极其中，就此处分出去，布为众材，四面又皆停匀，无偏剩、偏欠之处，如塔之尖处，偏是极，如北极，四面星宿皆运转，惟此不动，所以为天之枢。若太极云者，乃是就理论，天所以万古常运，地所以万古常存，人物所以万古生生不息，不是各自恁地，都是此理在中为之主宰，便自然如此，就其为天地主宰处论，恁地浑沦极至，故以太极名之。盖总天地万物之理到此凑合，皆极其至，更无去处，及散而为天地，为人物，又皆一一停匀，无少亏欠，所以谓之太极。"（〔宋〕陈淳：《北溪字义》卷下，文渊阁《四库全书》第709册，第36页）
③ 朱熹：《四书章句集注·论语集注》卷一，第53页。
④ 朱熹："杨氏所谓中心守正，周氏所谓居中不移，似皆便以居其所为有德之譬，亦恐未然。详圣人之意，但以为有德，然后能无为而天下归之，如北辰之不动，而众星拱之（转下页）

地中进行的唐宋以上观念,自由地在东南方的武夷山用浑天仪观测,因为在他看来,皇极与几何对称意义上的地中没有实质联系。

最后,朱熹试图在大地东南建极的努力,提示了一种新的世界观念与历史意识:东南而非河洛,才更可能是两宋时期的天下之极。为何此时会有东南为天下之极观念的兴起?相较于理学义理的内在演变,魏晋至两宋千年间南北盛衰形势以及相应的地学与人学的演进,显然与此更为相关:这也是本书接下来一节的主题。

第三节 从河洛到东南

两宋时期华夏世界的最大变化,是秦汉以来持续一千余年的南方开发,终于在经济层面达到南北持衡甚至逆转的程度(户口、商业与赋税中心,均从黄河流域南移至长江流域),这一在近代学术中表述为"中国古代经济重心南移"的"大事因缘",影响当然绝不限于经济,而是弥散于自地方社会至王朝政治、自日常生活至华夏世界秩序的一切领域。与本书主题相关的是以下几点:第一,古代中国的天极、地极与人极观念,乃至五经本身,都以华夏世界北方的风土与季节感为背景,南方兴起之后如何容纳其风土与季节感?第二,南方经济与文化地位上升乃至南北逆转,对应以两宋时期北方疆域的收缩以及经济、文化地位的下降,如何就天地之道理解这一变化?第三,虽然北宋定都开封,仍在河洛范围内,但面对以上北缩而南展的地运,尤其是人口、经济与文教重心南移,自东汉以来为经学与天学共同加持的河洛地中观念,是否有必要调整?若加以调整,又当如何在天道常与变的辩证中,维持经学与天学的永恒性?

在进一步展开论述之前,让我们先看看宋人对南北盛衰这一"大事因

(接上页)耳。非以北辰为有居中之德也。"(朱熹:《论语或问》卷二,《朱子全书》第6册,第637—638页)

缘"的描述与解释。较朱熹约晚一代的理学家章如愚，综合时人论南北之说：

> 观秦汉以前，天运旺于北方，故天下之美举萃于西北，其冠冕之盛，风化之美，谷粟之丰，机巧之利，财用之饶，户口之登，举在淮海以北，才越淮汉以南，顿然陵替。故帝王之兴，举在西北，而谓之中国；淮汉以南，尽为蛮夷之域。是以舜分天下为十二州，淮汉以北居其九（兖豫青徐雍冀幽并营），淮汉以南止居其三（荆扬益）。周公分天下为九州，淮汉以北居其七（兖豫青幽并雍冀），淮汉以南居其二（荆扬）。汉武分天下为十三郡（"郡"应为"部"——作者注），淮海以北居其九（兖豫青徐雍冀幽并司隶），淮汉以南止居其四（荆扬益交）。元始中，总天下千有二百余万户，而淮汉以北当千有余万户，淮汉以南止当二百万户。是秦汉以前，万里南邦，仅能当天下四分之一而已。

唐宋以来，则大不相同：

> （东南——作者补）夺往古西北之美而尽有之。是以鲁邹多儒，古所同也，至于宋朝，则移在闽浙之间，而洙泗寂然矣。关辅饶谷，古所同也，至于宋朝，则移在江浙之间，而雍土荒凉矣。青齐冠盖衣履天下，亦古所同也，至于宋朝，则移在蜀汉之间，而海岱萧然矣。古之赋于民者，惟桑麻所出，而桑麻之饶，关河为甚，东南无足进焉，宋朝则异然，酒茶盐铁香药关津之利，岁入不赀，虽两税所及，殆不能加，国家利源莫重于此，而大半在于江淮闽浙川广之间，西北无足进焉。是以熙丰盛时，分天下为二十三路，淮汉以北止居其八（京西北路、京东两路、陕西两路、河北两路、河东路，共八路），淮汉以南乃居其十有五（即东晋、南朝十五路之地），总天下余千有六百五十万，而淮汉以北才当五百余万户……淮汉以南乃当千有百万余户……大率当天下三之二，是不出东晋、南朝之地，而增十五倍之人，以十五倍之人，而增三十倍

之利。举天下之美尽萃于南夏，其古今相反，若此之甚，是岂非天运回旋，物莫两大，故轻重夺移，一至此也。①

章如愚编订《群书考索》，已在宋南渡近百年后。他将户口、财赋与文教的南盛北衰，视为自秦汉以来天运循环的结果，这是在"天视自我民视，天听自我民听"的意义上，以民户盛衰，觇天命转移。也是暗示宋的南渡，与仓皇逃死的晋不同，实为担当天命者循这一南移天运而在东南重立天下之极。②

古今南北之别，甚至要将五经也在一定程度上相对化。典型如《尚书·禹贡》详载三代以上九州田土等第，以辅助圣王行井田、封建之制而"平治天下"，但这一以北方为上的田土等第，至两宋时期已经翻转："《禹贡》扬州之田第九，梁州之田第七，是二州之田在九州之中等最为下，而乃今以沃衍称"，③又雍州"厥土惟黄壤，厥田惟上上"，荆州"厥土惟涂泥，厥田惟

---

① 章如愚：《群书考索》续集卷五一《舆地门》，文渊阁《四库全书》第 938 册，第 623—624 页。《群书考索》为章氏编订的类书，所录大多未注明原作者，本书所引内容，若通过《群书考索》本文或其他途径可以确定原出处，则注明。若不能确定，则为行文方便，仍将引文系于章如愚名下，但这并非他个人作品，而应视为两宋时期士人群体的某种共识。
② 章如愚特意比较了地近洛阳与开封的汉颍川郡与杭州所在的汉会稽郡："汉会稽治县，一县也；宋朝乃为福建一路，凡四十五县。汉颍川一郡余四十三万户，宋朝为许、颍二州，民户才赢十万而已……盛衰相反如此，然则中原安得不益轻，而偏方安得不益重？"（章如愚：《群书考索》续集卷四七《舆地门》，文渊阁《四库全书》第 938 册，第 590—591 页）钱锺书指出，同样为北族入主，魏晋南北朝时期北朝有称南朝为夷（所谓"岛夷"），而金、宋对峙时期金则并不以夷称南宋。（见钱锺书：《管锥编》第 4 册，第 1487 页）。这与其解释为向金称臣纳贡的南宋正统性较屡屡北伐的南朝更佳，不如说是唐宋以后南方在经济与文化上的主导地位，使北方不能再指斥南方为夷。
③ 〔宋〕秦观：《淮海集》卷一五《财用下》，文渊阁《四库全书》第 1115 册，第 504 页。又吴澥："扬州为古瘠薄，而近世乃为衍沃。按：《禹贡》扬州厥田下下，是南东之地，天下最瘠薄者也。而《隋志》乃称江浙之间川泽衍沃，有陆海之饶，与古相反如此。"（吴澥：《宇内辨》，见章如愚：《群书考索》续集卷四六《财用门》，文渊阁《四库全书》第 938 册，第 578 页）又至明代，左光斗也说扬州"三江震泽，《禹贡》所称，厥土涂泥，厥田下下。昔之污莱，今之沃壤，何常之有？"（〔明〕左光斗：《足饷无过屯田疏》，吴纯生点校：《左光斗诗文集》，合肥工业大学出版社，2017 年，第 52 页）

下中"，而经汉、晋至唐，已翻转为荆州土沃而雍州土塉。① 古今南北田土差别如此之大，则显然不能胶柱鼓瑟，直接以《禹贡》平治天下。

章如愚更上溯至五帝、三王时期，将北宋不能恢复燕云、陇右之地，解释为天运自西北而东南的结果：

> 魏晋而下，西北之地浸没于羌狄，至于宋朝，而有虞十二州之地，几失其三（幽州、并州、营州），而元丰二十三路，三代以前，犬羊为蛮夷之域，大抵东南衣冠之地，皆往古之蛮夷，而西北左衽之乡，尽先王之都邑。是以有志之士深切叹恨……不能复先王之都邑，往往指燕云河湟为重，指江湖川广为轻，而不知地无常利，天运实衡其胜衰，凡日月所照，可以驱蛇龙剪荆棘而人其居者，皆可为中国，皆可以为夷狄，苟天之所弃，何有于华夏？天之所祐，何有于蛮荒？如海表蟠木之地，高阳之疆理也，而唐虞弃之，无害其为荡荡巍巍之功；辽东营州之地，唐虞之疆理也，而隋唐弃之，无害其为开皇、贞观之隆；燕云河湟之地，隋唐之疆理也，而宋朝弃之，无害其为圣圣承承百有七十年太平极治之烈。然则先王之地固有不必重矣。如陕右、山南之地，夏商以前蛮夷之域也，而姬周资之以兴王业；剑南岭表之地，姬周以前蛮夷之域也，而秦汉辟之资以富强；海隅七闽之地，秦汉以前蛮夷之域也，而隋唐理之，遂隆美化。然则蛮荒之地固有不必轻矣。盖三代以前，天运王

---

① 吴澂："据《禹贡》，荆州厥土涂泥，厥田下中，而武昌乃荆州之壤，即宋朝之鄂州，则是鄂州之塉，振古则然矣。然而李唐长庆中，崔郾为观察，治陕以宽，继治鄂以严，或问其故，曰：'陕土塉而民劳，吾抚之不暇；鄂土沃而民剽，非用威莫治也。'夫陕郡，古雍州之界，厥土黄壤，厥田上上，而鄂土比之，犹且为沃，则土腴可知矣。"（吴澂：《宇内辨》，见章如愚：《群书考索》续集卷四六《财用门》，文渊阁《四库全书》第938册，第578页）宋元时期，金履祥在注释《尚书·禹贡》雍州"厥土惟黄壤，厥田惟上上"一句时，也说："汉衰，地力耗。自唐渐复，然不能及东南。至宋朝滋不及。然雍、冀之非古，西以夏、北以契丹也。扬州厥田下下，而赋下上。自唐以来，虽关中亦仰东南之粟，至宋朝则军国之需皆仰给于东南矣。生聚之繁，于此为盛。古今地力风土其不同，盖有由矣。"（金履祥：《尚书注·尚书表注》卷三，第92页）

于西北,而废弃东南,故戎狄折北不支,而蛮夷得以徼幸,当时帝王有作,则利于西北,而不利于东南,故高阳疆蟠木,宅龙城(唐营州,宋朝弃于东夷),黄帝逐獯房而邑涿鹿(唐幽州,宋朝弃于北狄),高宗震伐于鬼方(西戎之远也),文王远城于朔野(唐云夏之间,宋弃于北狄),莫不集厥殊勋,讫无后患。至虞舜南巡,则终于苍梧,夏禹东巡,则殁于会稽(宋越州)。有苗之征,既以逆命,昭王南巡,亦复不反。大抵经略东南未尝有所济也。逮秦汉而下,天运稍回,滋眷佑于东南,而西北代以陵替。故蛮夷折北不支,而戎狄得以徼幸。当时帝王有作,则不利于西北,而利于东南。是以秦汉开万里之封,而川广悉为郡县,隋唐阐海隅之化,而闽浙尽为衣冠。蠢尔蛮荒,于变中华,当时既赫厥灵,后世益蒙其利。至于晋招五部则变生刘石,唐开四镇则祸极吐蕃,汉将屯田于葱岭,重困华人,唐宗列郡于阴山,终为异域。大抵开羌狄为郡县者未尝有所济也。是岂非天运回旋而有至此也?①

这就是说,燕云与陇右之地,虽载于《禹贡》九州与有虞氏十二州范围,但北宋无力恢复以上经典所载的理想方域,却并非缺陷,它与同一时期南方尤其是江南的华夏化,都是自西北至东南天运地气推迁的结果,体现的是"地无常利,天运实衡其胜衰"这一"天下大势",及其背后更根本的"天人否泰之理"。②

该如何理解《群书考索》以上洋洋洒洒的铺陈与巨细无遗的解说?因为是宋朝人,所以要绞尽脑汁、挖空心思地开脱本朝不堪的武功,抑或因为是南方人,出于地域认同必须回护偏安江左的南宋?在这些一时一地的偏曲之情外,还有什么更具思想性的线索?

---

① 章如愚:《群书考索》续集卷四八《舆地门》,文渊阁《四库全书》第938册,第593—594页。
② 同上书,第595页。

让我们回到当时的历史现场。南宋与金、元先后持续近一百五十年的南北对峙（大致沿秦岭-淮河一线），以及宋金、金元与宋元间的大规模战争，让河洛从传统意义上的天下之中，变为两方拉锯区，黄河泛滥，田地荒芜，户口大减，几成草莽，①被时人认为"残都废邑，土脉绝，水泉卤，不足复兴"。②王都的丘墟化，可谓天下之中的"虚化"。但河洛（尤其是洛阳）自汉魏以降，已经多次因为王朝更迭所伴生的大规模战争与灾疫而化为丘墟，又多次重建，洛阳为天下之中的观念，始终岿然不动，为何北宋灭亡这一次会显得不同？

对以上问题，刘子健提出了一个经典解释：北宋骤亡于金人之手，南宋复国不成，更不得不向金称臣，这夷夏的倒转，极大打击了两宋士大夫平治天下的信念，促使儒学在两宋之际发生根本转变，道德保守主义兴起，对内在心性的重视压倒了对外在秩序的关注，结果则是以心性理学独尊为标志的"中国转向内在"。③

以"内在化"理解中国思想在两宋时期的转变，颇具提示性，但本书认为，只要回到天下秩序的构造领域，任何彻底去除象数因素的"内在化"，都不可能持久，且不应只在仅关乎有宋一朝的政治事件（金灭北宋）中寻找天下之中观念转变的原因，而必须考虑到南北盛衰之势对两宋人天下秩序观

---

① 张端义："燕、赵、青、齐之野，皆成草莽。"（〔宋〕张端义：《贵耳集》卷上，中华书局，1958 年，第 10 页）又南宋后期陈藻："西晋之末，中原云扰，瓜剖豆分，几三百年而后熄。靖康之祸且九十载矣，又沦为兵战之区，其文安在耶？"（陈藻：《乐轩集》卷七策问"地理"条，《全宋文》第 287 册［卷六五一九］，第 118 页）又元人杨维祯："徐、豫为中土，而鞠为山莽者十六七，一邑生齿，有弗敌江以南一旅之聚，民望南而流，如水之欲东，司牧者弗能禁也。"（〔元〕杨维祯：《送徐州路总管雷侯序》，孙小力校笺：《杨维祯全集校笺》第 5 册，上海古籍出版社，2019 年，第 1952 页）
② 〔宋〕郑樵：《〈都邑〉序》，王树民点校：《通志二十略·都邑略》，中华书局，1995 年，第 563 页。
③ 刘子健：《中国转向内在：两宋之际的文化转向》，赵冬梅译，江苏人民出版社，2002 年，第 47—71、124—144 页。即将心性理学的兴起，当作对政治分立现实的逃避，则其实质，就不是文明自觉，而是主体性缺失：自身无力担当普世文明，只能遁入内在心性之域。相较于宫崎市定等以外周（尤其北方）民族的觉醒定义"东洋的近世"，这是从华夏中心视角探讨两宋时期的转折。

念与普遍历史意识的影响。

具体言之,通过天地对应模式确立天下之中以及九州高下等第,不管采取河洛地中说还是星土分野说,其前提都是世界的恒定感。显然,南北经济的对等化甚至逆转,古今区划的巨大变化,让两宋士人对天运地气推移下人极的转移,有了明确的体认,则前述世界的恒定感,就逐渐被世界的变异感所取代。

当然,以上南北经济与文化的演变,只是现代学术归入"唐宋变革"名下的巨变的一部分,从均田制的解体,佃耕的普遍化,贸易的兴盛,人口流动的加速,城市的转型,到门阀与身份制社会的衰落,以科举为中心的新型士大夫阶级的形成,君主集权的进一步加强,无一不可以催生普遍历史层面的变异感。但我想强调的是,以上的变异,大体都是在人间秩序范围内,虽然在天地人相即的意义上,也不妨看作天地之运的象征,但毕竟不直接关涉到天地结构的调整。南北经济与文化的持衡甚至逆转则不同,作为华夏文明基础的经学与天学,尤其是四时与四方匹配的"时空体"结构与"周行"模式,以及相应的天下之中观念,都以中原地区的季节与风土为背景,两宋以降,季节与风土大为不同的南方成为华夏文明的主要载体,则以上经典的意涵与相应的世界图式,就都有调整的必要。

另外,《群书考索》所呈现的变异观念,是变而有常,南北天运地气的推迁以及相应人极的转移,是上古以来自西北而东南的普遍历史运动的结果,机理、方向与节奏都相当明确。林駧即说:

> 夫天无常时,地无常势,民物无常,盛衰非无常也。运于天者无常,则亦不可得而常也。是故天运所在,虽丘墟而金汤,瓦砾而甍栋,被发左衽之乡,而为冠带衣履之地;天运不留,虽膏腴而斥卤,桑麻而丘壑,诗书礼乐之俗,而为干戈战斗之场。皆天也,非人之所能为也。尝推古今旺气往来之变矣,自黄唐至夏商,王气在乎东,自周初至秦汉,王气在乎西,自汉末至隋唐,王气在乎北,自唐中叶而后,王气始

转而南，至于今日，王气始盛于南矣。①

天运无常，不过是指其就形势"不可得而常"，但这一形势本身，却有明确的方向与模式：以秦汉为界，秦汉以上，王气自东而西，秦汉以下，王气则自北而南。

以上章如愚、林駉等所述古今南北之运，若隐若现地呼应着两宋理学的推演：在北宋理学中仍大体上各立其义甚至互相拮抗的"理"与"势"，在南宋理学中，合一为"理势"，② 不管是指"理之势"，还是"有理之势"，都是认为在普遍历史的整体动势中，天理方得以呈现，故虽然往往内在地理解为理学义理自我开展的结果，但以上因为宋南渡而被在观念上自觉化的华夏世界人极的向南移动，无疑也为这一合理与势为一的"理势"概念的出现，提供了外在的助力。

另外，南方的季节与风土感，对理学义理尤其是"生生"意义上的"极"观念的影响，也是不容忽视的。宋人以洛阳牡丹为天下第一，出于江西庐陵的欧阳修，壮年入洛，作《洛阳牡丹记》，借花之绝艳，质疑洛阳"四时之所交""阴阳之所和"这一经典旧说：

> 说者多言洛阳于三河间，古善地。昔周公以尺寸考日出没，测知寒暑风雨乖与顺于此，此盖天地之中，草木之华得中气之和者多，故独与他方异。予甚以为不然。夫洛阳于周所有之土，四方入贡，道里远近均，乃九州之中；在天地昆仑旁礴之间，未必中也。又况天地之和气，宜遍被四方上下，不宜限其中以自私。夫中与和者，有常之气。其推于物也，亦宜为有常之形。物之常者，不甚美，亦不甚恶。及元气之病

---

① 〔宋〕林駉：《东南旺气》，《新笺决科古今源流至论》后集卷之四（第 7 册），元延祐四年圆沙书院刻本（中华再造善本），北京图书馆出版社，2005 年。该书收入《四库全书》时，《东南旺气》一文被删除，见文渊阁《四库全书》第 942 册。
② "理势"概念的起源与在程朱理学中的含义，见赵金刚：《朱熹的历史观：天理视域下的历史世界》，生活·读书·新知三联书店，2018 年，第 178—204 页。

也,美恶骈并而不相和入。故物有极美与极恶者,皆得于气之偏也。花之钟其美,与夫瘿木拥肿之钟其恶,丑好虽异,而得分气之偏病则均。洛阳城围数十里,而诸县之花莫及城中者,出其境则不可植焉,岂又偏气之美者独聚此数十里之地乎?此又天地之大,不可考也已。凡物不常有而为害乎人者曰灾;不常有而徒可怪骇不为害者曰妖。语曰:"天反时为灾,地反物为妖。"此亦草木之妖而万物之一怪也。然比夫瘿木拥肿者,窃独钟其美而见幸于人焉。①

欧阳修主张,中和之道开展的世界,是常形、常情、常理的世界,超出这一"不甚美,亦不甚恶"的"日常",都是违反中和之道的偏气。他更将中和遍在天下,与唯以洛阳为地中之说,看作公私之别:中和流行于两间,方为"平分"之公,将天下之中局限于洛阳一处,则是自环之私。②

欧阳修主张中和之气当遍在于天下,正如二程的"无适而不为中"论,看似直接否定了河洛地中说,并为南方义理地位的上升提供了条件,但毕竟仍是辩驳性的反题,并未正面提出当根据何种义理与象数理解普遍历史演变并构造天下秩序。更接近合题的思想趋势,则在两宋生生观念与象喻的演变之中。

南宋以降,素雅的梅花取代艳丽的牡丹,逐渐在百花之中独尊,并成为士大夫艺术、文化与精神的最重要象喻。③ 其典型物象为盛开于冬季,被认

---

① 欧阳修:《洛阳牡丹记》,《欧阳修集编年笺注》卷七二,第 373—374 页。
② 欧阳修以日常为边界理解"大中",另一表现为区分可知与不可知,"治其可知者,置其不可知者"。卢国龙指出,这一"大中之道"凸现出重建儒家文化以急乎世用的紧迫感,而且启示了一种政治新思维,即对于政治最高原则的'道',只可能产生近似之知,不可能获得终极之知,所以政治决策的真实依据,是皎然明白的人情风俗、历史理势,所谓'道',便存在于人情风俗、历史理势之中,逾越这个界限凿凿然称言其终极之道,都是发挥解释随意性的结果。"(见卢国龙:《宋儒微言:多元政治哲学的批判与重建》,第 64 页)
③ 宋人的解释,见罗大经:"《书》曰:'若作和羹,尔惟盐梅。'《诗》曰:'摽有梅,其实七兮。'又曰:'终南何有?有条有梅。'毛氏曰:'梅,楠也。'陆玑曰:'似杏而实酸。'盖但取其实与材而已,未尝及其花也。至六朝时,乃略有咏之者。及唐而吟咏滋多。(转下页)

为是"钟南方之气",① 即体现的是南方的风土与物候(若在北方,梅花要晚至春季才会盛开)。刘培指出,唐宋以降,南方在经济与文化上兴起,加之宋室南迁后士人夷夏意识高涨,南方与华夏正统关联在一起,结果,梅花"凌寒独自开"这一象喻被义理化为华夏文明生生不已精神的体现,而梅雪相斗,则被认为是华夏与夷狄盛衰消长的标志。②

显然,梅花与理学的义理性勾连,在于"生生"这一观念。刘培即指出,梅花多在冬季夜间开放,在理学家看来,此时一阳初动,万物将生而未生,为天地生生之所系。③ 这里有一个关键的疑问,汉《易》已相当推重生生之德,为何不以梅花为喻?若推究其故,北方与南方季节感的差异实不容忽视。汉代的"生生"观念,仍主体以中原地区的季节感与农业活动为基础,不仅以春天河水解冻、万物萌生为象,且将冬天雪覆大地、水冻物藏,也视为此生生循环中不可或缺的阶段。典型如《易·说卦》释"劳乎坎",以其当正北,为万物归于大地之时,汉唐注疏强调既是归藏之时,故有劳。④《尚书·尧典》"平在朔易",汉唐传疏以"朔"为尽,"易"为自野入

(接上页)至本朝,则诗与歌词,连篇累牍,推为群芳之首,至恨《离骚》集众香草而不应遗梅。余观三百五篇,如桃、李、芍药、棠棣、兰之类,无不歌咏,如梅之清香玉色,复出桃李之上,岂独取其材与实而遗其花哉?或者古之梅花,其色香之奇,未必如后世,亦未可知也。盖天地之气,腾降变易,不常其所,而物亦随之。故或昔有而今无,或昔无而今有,或昔庸凡而今瑰异,或昔瑰异而今庸凡,要皆难以一定言。"(罗大经:《鹤林玉露》丙编卷四之"物产不常"条,第516—517页)

① 刘辰翁:"物莫盛于东南,而其盛于冬者,以其钟南方之气也,故梅尤盛于南,而号之者皆南人也。是其盛也,地也,号之者,亦地也。"(〔宋〕刘辰翁:《梅轩记》,《须溪集》卷三,文渊阁《四库全书》第1186册,第451页)
② 刘培:《牡丹梅花之地位升降与宋代政教精神的嬗变》,《济南大学学报(哲学社会科学版)》2021年第31卷4期,第22—23页。
③ 见刘培:《南宋华夷观念的转变与梅花象喻的生成》,《文学评论》2021年第5期,第60—61页。梅花象喻冬至一阳生,让梅花在冬至前开放成为一个需要解决的义理问题。如二程即说:"早梅冬至已前发,方一阳未生,然则发生者何也?"(《程氏遗书》卷二上,第58页)
④ 《易·说卦》:"坎者,水也,正北方之卦也。劳卦也,万物之所归也,故曰劳乎坎。"孔颖达疏:"正北方之卦,斗柄指北,于时为冬,冬时万物闭藏,纳受为劳,是坎为劳卦也。"(《周易正义》卷九,第197页)

室而藏。① 又岁训为遂，② 冬训为终、为尽（见本书第一章第 36 页注⑤），指万物伏藏于北方，故有恒有常，③ 都以四时分工意义上的"岁尽"与"冬藏"理解生生之德。但两宋理学则同时吸纳北方与南方的季节感，且在"生生"观念这一点上，似更多以南方的季节感为基调。具体说来，南方四时常绿，河水不冻，冬天亦可生物，则就没有万物终尽、伏藏于地意义上的"冬"，宋人理解《尚书·尧典》"平在朔易"，即不再循伪孔传与孔疏以"朔"为尽、为藏，改以其苏、为初。④ 调用冬藏之象时，也往往将其解释为理一分殊意义上的种子入地而生生不绝。⑤

---

① 《尚书·尧典》"平在朔易"，伪孔传："北称朔，亦称方，言一方则三方见矣……易，谓岁改易为北方。平，均。在，察其政，以顺天常。"孔疏："《释训》云：'朔，北方也。'舍人曰：'朔，尽也。北方万物尽，故言朔也。'李巡曰：'万物尽于北方，苏而复生，故言北方。'是'北称朔'也……'易，谓岁改易于北方'者，人则三时在野，冬入隩室，物则三时生长，冬入困仓，是人之与物皆改易也。王肃云：'改易者，谨约盖藏，循行积聚。'引《诗》：'嗟我妇子，曰为改岁，入此室处。'王肃言人物皆易，孔意亦当然也……三时皆言'平秩'，此独言'平在'者，以三时乃役力田野，当次序之，冬则物皆藏入，须省察之，故异其文。秋日物成就，故传言'助成物'，冬曰盖藏，天之常道，故言'顺天常'。因明'东作''南讹'亦是助生物类，常，道也。"（《尚书正义》卷二，第 251、255 页）
② 《白虎通·四时》："所以名为岁何？岁者，遂也。三百六十六日一周天，万物毕成，故为一岁也。"（《白虎通疏证》卷八，第 428 页）
③ 《白虎通·巡狩》："恒者，常也，万物伏藏于北方，有常也。"（《白虎通疏证》卷六，第 300 页）《尚书》孔疏引此文释北岳恒山之名。（见《尚书正义》卷三，第 5695 页）
④ 二程："北方曰朔方者，朔，初也，阳生于子，谓阳初始生之方也……或以为朔，初也，平在其来岁初始变易之事耳，如此则不能包，是其冬为岁之初也。或又以为来岁更易之事，自是春官所职，此亦不然。古者功作之事，皆于冬月闲暇之际，如修完室庐墙垣之类，非今岁之用，皆为来岁计耳。皆是一岁之事既终，则虑及其始也。若畜种实，修耒耜，器备用，不可俟来春农事既兴，而春官遽为之也。"（《二程集·经说》卷二《书解》，第 1036—1037 页）程颐与其兄程颢虽然成年后长居于洛阳，并于此建立理学中洛学一系，但二人出生于湖北黄陂，并在这里度过了少年时期，因此相当熟悉南方的季节与风土。又蔡沈："谓之朔者，朔之为言苏也。万物至此死而复苏，犹月之晦而有朔也……朔易，冬月岁事已毕，除旧更新，所当改易之事也。"（蔡沈：《书集传》卷一，第 4 页）
⑤ 《朱子语类》卷九四："自上推而下来，只是此一个理。万物分之以为体，万物之中又各具一理。所谓'乾道变化，各正性命'，然总又只是一个理。此理处处皆浑沦，如一粒粟生为苗，苗便生花，花便结实，又成粟，还复本形。一穗有百粒，每粒个个完全；将此百粒去种，又各成百粒。生生只管不已，初间只是这一粒分去。物物各有理，总只是一个理。"（第 2374 页）

这一更多以南方季节感为参照的生生观念,最具义理性表述,自然见于两宋《易》学。象数易以复卦对应冬至之时、北方建子之位,程颐强调,生生之道无一时或息,故自太极阴阳之理,复卦之前的坤卦(对应十月)并非六爻纯阴,而是剥卦(坤卦上一卦)最上阳爻消尽,即有"复"之意酝酿,①故坤卦虽无生生之象,而有生生之理,可当"天地之心"(至复卦,则"见天地之心")。②朱熹则据"无极而太极"之理,主张太极无声无臭、无形无象,其行健之德,则无一时而或息。故坤卦自形而言为纯阴,而实已有不可见之阳复于下,至复卦,此生生不息之阳方积至一爻而见。而其所举之象,则为更多见于南方的树木于秋、冬时一面落叶,一面生叶。③则程颐纯义理性的生生不息之德,就被南方的物候特征所加强。

　　我不准备将南方与北方的季节与风土之别,以及相应的群体性感受,作为解释汉宋"生生"观念流变的唯一原因。观念与生活世界的关系,尤其是落实到个人层面的义理倾向与他/她所在区域季节与风土的关系,是复杂而

---

① 《近思录》卷一《道体》载程颐:"剥之为卦,诸阳消剥已尽,独有上九一爻尚存,如硕大之果不见食,将有复生之理。上九亦变,则纯阴矣。然阳无可尽之理。变于上,则生于下,无间可容息也。圣人发明此理,以见阳与君子之道不可亡也。或曰:剥尽则为纯坤,岂复有阳乎?曰:以卦配月,则坤当十月。以气消息言,则阳剥为坤,阳来为复,阳未尝尽也。剥尽于上,则复生于下矣。故十月谓之阳月,恐疑其无阳也。阴亦然,圣人不言耳。"(《朱子全书》第13册,第168页)又同卷载周敦颐:"发微不可见、充周不可穷之谓神。"(同上书,第167页)
② 《程氏遗书》卷六,第115页。
③ 《朱子语类》卷七一:(或问):"'硕果不食',伊川谓'阳无可尽之理,剥上则生于下,无间可容息也'。变于上则生于下,乃剥复相因之理。毕竟须经由坤,坤卦纯阴无阳;如此阳有断灭也,何以能生于复?"曰:"凡阴阳之生,一爻当一月,须是满三十日,方满得那腔子,做得一画成。今坤卦非是无阳,阳始生甚微,未满那腔子,做一画未成。非是坤卦纯阴,便无阳也。"(第1785页)又《朱子语类》卷七一:义刚曰:"十月为阳月,不应一月无阳。一阳是生于此月,但未成体耳。"曰:"十月阴极,则下已阳生。谓如六阳成六段,而一段又分为三十小段,从十月积起,至冬至积成一爻。不成一阳是陡顿生,亦须以分毫积起。且如天运流行,本无一息间断,岂解一月无阳!且如木之黄落时,萌芽已生了。不特如此,木之冬青者,必先萌芽而后旧叶方落。若论变时,天地无时不变。"(第1788页)

微妙的，建立直接联系的尝试，大多时候都是鲁莽而不恰当的。① 这里要指出的只是，在理解两宋以降天下之极观念时，不应忽略南方地位上升这一因素的潜在影响。

如前所述，自秦汉以降，南方就一直被视为"土薄水浅"之地，与"土厚水深"的北方或地气温厚的河洛，有着地理与文明等级上的差距。魏晋南北朝时期，经过长期开发，江南在农耕的意义上逐渐变为宜居之地。同一时期，佛教自身处热带、亚热带地区的印度传入中国，并随之将印度为天下之中的观念带入。这都有利于江南气候与风土的正面化。至两宋，虽然佛教影响减退，但随着南北盛衰形势的逆转，不仅对南方"气候暑湿""土薄水浅"的描述逐渐减少，② 江南的气候与风土，更被视为在义理上较他方为优。典型如《礼记·乡饮酒义》："天地严凝之气，始于西南，而盛于西北，此天地之尊严气也，此天地之义气也；天地温厚之气，始于东北，而盛于东南，此天地之盛德气也，此天地之仁气也。"③ 朱熹节引此文为："《乡饮酒义》云：'温厚之气盛于东南，此天地之仁气也。严凝之气盛于西北，此天地之

---

① 如终生都居于东南之地的蔡元定，以四时消息述大衍之数虚一不用之理，即说"五十之蓍，虚一分二，挂一揲四，为奇者三，为偶者二，是天三地二，自然之数……故四时春夏秋生物，而冬不生物；天地东西南可见，而北不可见；人之瞻视，亦前与左右可见，而背不可见也"。（见〔元〕胡方平：《易学启蒙通释》卷下，文渊阁《四库全书》第20册，第706页）对有与无、可见与不可见的义理兴趣，显然遮蔽了南方的季节感。
② 即使仍认为东南"土薄水浅"，意义也可能转向正面。宋朝代表性的山水画论，按照西北-东南二分来划分天下山脉的形态，主张西北之山多浑厚，东南之山多奇秀，此奇秀，正因其"土薄水浅"而成，故在美学上，南方（东南）"土薄水浅"，竟与北方（西北）"土厚水深"完全对等。见郭熙："东南之山多奇秀，天地非为东南私也。东南之地极下，水潦之所归，以漱濯开露之所出，故其地薄，其水浅，其山多奇峰峭壁而斗出霄汉之外，瀑布千丈，飞落于霞云之表……西北之山多浑厚，天地非为西北偏也。西北之地极高，水源之所出，以冈陇臃肿之所埋，故其地厚，其水深，其山多堆阜盘磅而连延不断于千里之外，介丘有顶而迤逦拔萃于四达之野。"（〔宋〕郭熙撰，〔宋〕郭思编，储玲玲整理：《林泉高致集》，大象出版社，2019年，第10页）元明以降绘画与书法领域推崇"奇崛""枯瘦"等审美意趣，也可以看作南方"土薄水浅"的境况在美学上的正当化。又郭熙山水画作与画论的文明意涵，见渠敬东：《山水天地间：郭熙〈早春图〉中的世界观》，生活·读书·新知三联书店，2021年。
③ 《礼记正义》卷六一，第3653页。

义气也。'"① 独以东南对应生生不息的仁气。

随着东南义理地位的提升,扬州之名的含义,也开始出现新解。《尔雅》"江南曰扬州",李巡注:"江南其气燥劲,厥性轻扬。"杜佑以"扬州人性轻扬,而尚鬼好祀",② 李匡乂以"扬州者,以其风俗轻扬,故号其州",③ 皆取此说。但这一"扬"为鄙名之说,至宋代开始遇到挑战。邢昺疏《尔雅》,在引李巡之说外,另引《太康地记》:"以扬州渐太阳位,天气奋扬,履正含文,故取名焉。"④ 王观国主张:"古人建立州县,或由山名,或因水名,或因事迹而为之名,非此三者,而以意创立,则必取美名。若以风俗轻扬而取州名,是鄙之也。九州,扬居一焉,岂有九州之大,而扬独得鄙名耶?《说文》《玉篇》曰:'扬,举也。'当取明扬轩举之义。"⑤ 沈括则采前代以扬为杨柳之杨的观点,主张蓟州、荆州与扬州皆为以其方土之树而名州。⑥ 以上宋人或以"扬"为美名,或以其为常名,皆反对"扬"为鄙名说。

与此相应,既然东南为温厚之地,西北就被视为苦寒之地。如丘濬主张南方"所生之物,无间冬夏",纵有荒欠,亦无大患,而关中则"地气高寒,物生不多",易遭饥荒而生流民。⑦ 更进一步,传统上认为"土厚水深"的

---

① 《朱子语类》卷六,第 106 页。
② 杜佑:《通典》卷一八二,第 4849 页。
③ 〔唐〕李匡乂:《资暇集》卷中,文渊阁《四库全书》第 850 册,第 153 页。又洪迈:"扬州取轻扬之义,从木者非。"(〔宋〕洪迈撰,孔凡礼点校:《容斋随笔·四笔》卷一二,中华书局,2005 年,第 771 页)
④ 《尔雅·释地》,《尔雅注疏》卷七,第 5687 页。
⑤ 〔宋〕王观国:《学林》卷六之"扬"条。他接着举出一个旁证:"《后汉·扬雄传》,其先封于晋之扬而得姓,其地在河东扬县,若以江淮风俗轻扬而名扬州,则河东之扬亦以轻扬而得名耶?"(王建、田吉点校,岳麓书社,2010 年,第 178—179 页)
⑥ 沈括:"予使虏,至古契丹界,大蓟茇如车盖,中国无此大者。其地名蓟,恐其因此也。如扬州宜杨、荆州宜荆之类。荆或为楚,楚亦荆木之别名也。"(沈括:《梦溪笔谈》卷二五,第 564 页)
⑦ 丘濬:"今天下大势,南北异域,江以南地多山泽,所生之物,无间冬夏;且多通舟楫,纵有荒歉,山泽所生,可食者众;而商贾通舟,贩易为易……惟山西、陕右之地,皆是平原,古时运道,今皆湮塞;虽有河山,地气高寒,物生不多,一遇荒岁,所资者草叶木皮而已,所以其民尤易为流徙。"(〔明〕丘濬:《大学衍义补》卷一六,周伟民、王瑞明等点校:《丘濬集》第 1 册,海南出版社,2006 年,第 322 页)又明清士人多有西北(转下页)

北方冀州之地，为尧舜时期王都之所在，"厥赋惟上上错，厥田惟中中"，① 但在朱熹看来，冀州实"硗瘠不生物"，② 在王夫之看来，更不过是北方"斥卤"之地。③ 甚至居于天下之中、地气"温厚"的河洛，在宋元以降，也开始被指为土薄水浅的盐卤之地。④ 这表明，两宋以降，以南方为本位的季节与风土感，开始重塑对经典以及天下秩序的整体认知。

那么，这种东南而非河洛为本位的季节与风土感，对天下之极观念的真正影响是什么？表面上，似乎是主张东南而非河洛才是当下华夏世界的"中原"，⑤ 但东南之为中，实为据该地文明鼎盛而立人极，已经不再具有居天下四至之中的地学意味，⑥ 则地学上的居中，已与人学上的建极分离。而根据这一背景，由终生居于东南之地的朱熹来否定皇极为大中之说，就显得相当自然。

（接上页）"荒凉""土瘠""民贫"的观察与感慨。见赵园：《明清之际士大夫研究》，北京大学出版社，1999年，第95页。

① 《尚书·禹贡》，《尚书正义》卷六，第308—309页。
② 《朱子语类》卷二："又问：'平阳、蒲坂，自尧舜后，何故无人建都？'曰：'其地硗瘠不生物，人民朴陋俭啬，故惟尧舜能都之。后世侈泰，如何都得。'"（第29页）
③ 王夫之："安邑之斥卤，两河之沙淤，夏、商之裔，保旧物以配天者，此土也。藉令周公挟管辂、郭璞、蔡伯靖之术，翱翔天下，睨奥区而据之，斯亦陋矣。术士之小慧，移于经国，而大道隐，故曰夸妄而不实也。"（王夫之：《尚书引义》卷五"召诰"条，《船山全书》第2册，第373页）
④ 如《元史·姚枢列传》："宪宗大封同姓，敕世祖于南京（指开封——作者注）、关中自择其一，枢曰：'南京河徙无常，土薄水浅，舃卤生之，不若关中厥田上上，古名天府陆海。'于是世祖愿有关中。"（〔明〕宋濂等：《元史》一五八，中华书局，1976年，第3713页）"土薄水浅"本是河洛视角下对南方的否定性描述，这时转而指向自身。
⑤ 章如愚："然自新室而下，更历魏晋南北隋唐五季之乱，三河乱离实亟，郡邑名物，代不如昨，中原之名虽因于古，而中原之实已非古矣……盖自秦汉以前，天下蕃庶举在中原，而江淮闽浙川广之间，荒凉为甚；汉魏而下，三河浸以荒凉，而中原蕃庶反移于江淮闽浙川广之间。暨于我宋朝，虚实推迁，不啻十倍……故今之中原非古之中原，今日之中原已与古偏方无异，而古之中原乃在今东南偏方之域矣。徇名而责实，必轻重之当，议者可不深考云。"（章如愚：《群书考索》续集卷四七《舆地门》，文渊阁《四库全书》第938册，第590—591页）
⑥ 如丘濬："朱子曰：'岂非天旋地转，闽浙反为天地之中。'闽浙在东南海尽处，难以为中。朱子盖以声明文物通论天下，非论地势也。"（丘濬：《大学衍义补》卷八六，《丘濬集》第3册，第1323页）

另外，两宋时期，"天下之极"虽仍以井田为象，采取几何对称的九宫式，但具体构造与运行方式，则已有重要改变。关键在对"权"这一观念的新理解。如前所述，二程的"无适而不为中"论，在其自身的义理结构中，是为了否定执中（执一定之位与德以为中）之说。不过，二程自己，已为这一反题提供了合题：

> 欲知中庸无如权，须是时而为中。若以手足胼胝、闭户不出二者之间取中，便不是中。若当手足胼胝，则于此为中；当闭户不出，则于此为中。权之为言秤锤之义也。何物为权？义也。①

二程以"各得其所"为义，所谓"万物无一物失所，便是天理时中"，②而这一合宜状态，必须通过"权"方能开显。不过，二程虽已点出"权"的物象即为秤锤，但所称量的，仍侧重时间之流中的事，而非空间结构中的物。因此，这里的"权"，仍主要参照"时""时势"定位自身，空间意涵仍不明显。

二程的弟子杨时，则从作为称量之器的权，进一步推展为物自身的"权"：

> 问："或曰：中所以立常，权所以尽变。不知权，则不足以应物；知权，则中有时乎不必用矣。是否？"曰："知中则知权，不知权，是不知中也。"……曰："犹坐于此室，室自有中。移而坐于堂，则向之所谓中者，今不中矣，堂固自有中。合堂室而观之，盖又有堂室之中焉。若居今之所，守向之中，是不知权，岂非不知中乎？又如以一尺之物，约五寸而执之，中也。一尺而厚薄小大之体殊，则所执者轻重不等矣；犹执五寸以为中，是无权也。盖五寸之执，长短多寡之中，而非厚薄小大

---

① 《程氏遗书》卷一五，第208页。
② 《程氏遗书》卷五，第105页。

之中也。欲求厚薄小大之中，则释五寸之约，唯轻重之知，而其中得矣。故权以中行，中因权立。《中庸》之书不言权，其曰'君子而时中'，盖所谓权也。"①

在杨时看来，中与权不能理解为常与变，二者实为一体。物之"中"并不一定在它的几何中心，而是必须考虑其四边厚薄，以轻重之权定"中"之所在。天理无分小大，则推及于人间至大的天下，也要根据四方形势以定"天下之权"，而此即为"天下之极"。

这一作为天下权衡的"天下之极"观念，被南宋诸儒进一步推阐。吴澥即说：

> 自晋南渡之后，东南渐重，而西北渐轻……天下之势正犹持衡，此首重则彼尾轻，故自东南渐重，则西北渐轻，以至宋，东南愈重，而西北愈轻。②

天下如秤，西北与东南各在一端，此重则彼轻，轻重之权同时也就是天下之"极"。而由于自上古以来，西北渐轻而东南渐重，至两宋则东南已远重于西北，则此天下之极，就当近于东南而远于西北。而这一建极模式，对应于普遍历史，则为元气守恒，故天地气化亦如持衡，此盛则彼衰。西北与东南迭为极，被解释为"天运回旋，物莫两大"之理的体现，具体言之西北与东南如同在普遍历史不同时刻出生、壮盛又衰老的人，西北早盛而早衰，及其衰，正当东南壮盛之时。③

---

① 〔宋〕杨时撰，林海权整理：《杨时集》卷十《语录一》，中华书局，2018年，第230—231页。
② 见章如愚：《群书考索》续集卷四六《财用门》，文渊阁《四库全书》第938册，第575页。
③ 章如愚："古今推迁，轻重夺移，不可不审也。盖普率之间覆载长育各有定限，旺于此则彼衰，盛于彼则此谢，虽先后不齐，其有兴废一也。是皆天地自然之数，有非人（转下页）

这也就是说，西北与东南为普遍历史不同时期华夏世界的担当者，在相继建极的意义上，平等接续着华夏世界的天运。且衰老与壮盛，都是生命的自然环节，因此，西北衰而东南盛，只是天运转移，无关乎善恶。

以上程颐与杨时的天下观念，以天下之极如权衡，居无过与不及之位，而得物之平，并因此等视西北与东南。相较于此，朱熹提出了一种影响更为深远的天下权衡观念：

> 不唯阴之与阳既为二物而迭为消长，而其一物之中，此二端者，又各自为一物而迭为消长。其相与低昂如权衡，其相与判合如符契，固有非人之私智所能取舍而有无者。①

又《朱子语类》卷四一：

> 贺孙问："如今所以难克，也是习于私欲之深。今虽知义理，而旧所好乐，未免沉伏于方寸之间，所以外物才诱，里面便为之动，所以要紧只在'克'字上。克者，胜也。日用之间，只要胜得他。天理才胜，私欲便消；私欲才长，天理便被遮了。要紧最是胜得去，始得。"曰："固是如此。如权衡之设，若不低便昂，不昂便低，凡天地阴阳之消长，日月之盈缩，莫不皆然。"②

（接上页）力所能为者。观秦汉以前，天运旺于北方，故天下之美举萃于西北……（两宋时期——作者注）举天下之美尽萃于南夏，其古今相反若此之甚，是岂非天运回旋，物莫两大，故轻重夺移，一至此也。抑尝譬之人之生世，有幼必有壮，有壮必有老，秦汉以前，西北壮而东南之稚也，魏晋而下，壮者之齿益衰，稚者之年方长，至于宋朝，而壮者已老，稚者已壮矣。人犹以其昔日之壮也，而未敢轻其老；以其昔日之稚也，而未知畏其壮。是又可以为常乎？故曰：古今推迁，轻重夺移，不可不审也。"（章如愚：《群书考索》续集卷五一《舆地门》，文渊阁《四库全书》第938册，第623—624页）
① 朱熹、蔡元定：《易学启蒙》卷三，《朱子全书》第1册，第253页。
② 《朱子语类》卷四一，第1063页。

在朱熹看来，权衡随物轻重而为低昂上下，正合阴与阳、人欲与天理迭为消长。推阐其义，东南盛而西北衰，就在天理人欲相克的意义上，可以当作君子胜小人，乃至华夏胜夷狄。

西北与东南并非相继，而是相克，这不仅是观点不同，也提示了视角的转换。前者更近于超然第三方对天运转移的观察，后者则体现了以东南为本位的自我防卫意识，而这种东南本位，其政治意涵，则为若季汉在益州而延汉统，要在北方沦陷于夷狄之手后以江东"一州御极"（钱谦益语），① 其文明意涵，则为从明中后期（尤其是明清易代后）开始得到充分展开的观念：东南（乃至整个南方）为华夏文明托命之地。②

建极者要将自身与可居世界融为一体，而托命者则将可居世界视为异域，首先希求自存于一隅。则从建极东南到托命东南的转变，就体现了东南

---

① 钱谦益："唐一行谓天下山河之象，存乎两戒。北戒自三危、积石负终南地络之阴，乃至东循塞垣，抵秽貊、朝鲜，是谓北纪，所以限戎狄也。南戒自岷山、嶓冢负地络之阳，乃至东循岭徼，达东瓯、闽中，是谓南纪，所以限蛮夷也。自晋以前，秦、雒为中夏，淮、楚为偏方，南纪微而北纪独尊。自晋以降，幽、并则神州陆沈，江东则一州御极，北纪溃而南纪犹在。"（〔清〕钱谦益：《赠愚山子序》，〔清〕钱曾笺注，钱仲联标校：《钱牧斋全集》第5册，上海古籍出版社，2003年，第901页）

② 江南士人对东南文化、人物乃至武力的正面评述，以及由此引申出的文明托命观念，见赵园：《明清之际士大夫研究》，第98—108页。赵园特别指出："如黄宗羲等人的创伤感、文化忧虑，又基于东南人士的使命自觉：不但以存东南为存'明'，更以其为存'斯文'、存汉族士大夫文化，以至存华夏文明一忧虑正与文化自豪相表里。他们的以东南士文化为华夏文明存亡所系，也自有其根据。"（同上书，第103页）杨念群指出，清朝也承认这一江南为华夏文明托命地的观念，并在与该观念的斗争中，塑造自身的正统性。（杨念群：《何处是"江南"？：清朝正统观的确立和士林精神世界的变异》，生活·读书·新知三联书店，2017年，第12—15页）又日本在明清易代后逐渐产生"华夷变态"观念，其重点虽是因为北方民族入侵，华夏文明在大陆上无法自存，故托命地已跨海东移至日本，但也承认江南为华夏文明在大陆上的代表。如中井曾弘："北京、盛京之间，民俗名物重于满也，纯矣。西南方，或大满而小汉矣，其小满而大汉，可以观唐宋遗风者，独有闽浙而已。"（〔日〕中井曾弘：《〈清俗纪闻〉序》，〔日〕中川忠英编撰：《清俗纪闻》第1册，文物出版社，2020年，第14页）而整个南方为华夏文明托命之地，则以王夫之的论述最为典型："故三代以上，华、夷之分在燕山，三代以后在大河……夫江、淮以南，米粟鱼盐金锡卉木蔬果丝枲之资，彼岂不知其利；而欲存余地以自全其类也，则去之若惊。然则天固珍惜此土以延衣冠礼乐之慧命，明矣。"（王夫之：《读通鉴论》卷一二，《船山全书》第10册，第454—455页）

为天下之极说的内在紧张。如前所述,在南北盛衰背景下展开的东南为天下之极说,本质上是据人极以立天地之极。但相较于人极与地极一体的河洛之地,建极于东南,意味着人极与地极的分离。具体说来,两汉所奠定的三种基本大地图式,第一种用九宫对应九州,主张天下之极当在九宫之中宫,如此方可均四方之政;第二种据华夏世界山水形势,主张可居世界西北高而东南下,天下之极当在西北与东南之间。第三种则主张可居世界以昆仑为地极,而中国则在昆仑东南。若根据前两种大地图式,以河洛为地极,就是自然甚至唯一的选择。而滨海的东南之地,若取几何对称的九宫式,则不过是边方一隅,若取西北高而东南下的图式,更是可居世界最为低洼之处,更可能是夷狄之所。

只有在最后一种大地图式中,建极东南才能在天地形势上被一定程度地正当化。既然华夏世界本身就在大地之极的东南方向,则根据华夏文明为大地之上最卓越文明的自我中心立场,东南方就是文明之方,因此,华夏世界最文明之所,也就在自身的东南一隅。但问题在于,既然华夏世界在大地之极东南,则作为地极的昆仑,就在华夏世界西北。以"东南展而西北缩"理解秦汉以降普遍历史的演变趋势,[①] 并主张当建文明之极于东南,就是承认华夏文明自上古以来在不可逆地远离大地之极,则甚至可以说,夷狄而非华夏才是大地之上真正的居极者(这显然是不可接受的)。因此,要么只能根本否认西北方向有大地之极存在,要么就必须承认华夏世界东南不可能是涵摄整个可居世界的建极之地,而只是自身文明的托命之所。

这显示了纯据人极以立天地之极的限度。因此,在元明以降,在以上以南方为本位的从建极东南到托命东南的观念演变外,另一条构造华夏世界图式的路径,则是和融南北地理与文明视野,兼综理学、经学、象数《易》学与堪舆数术,以天地大形势之说建天下之极。

---

① 应麟:"自秦而上,西北袤而东南蹙;自秦而下,东南展而西北缩。古今之疆理,天地之大运,中国夷狄之消长,大略可见。"(见〔宋〕王应麟撰,傅林祥点校:《通鉴地理通释》卷一之"五服"条,中华书局,2013年,第5页)

第四节　理势、气脉与天下之极的古今之变

如前所述，两汉以降，华夏世界图式的一大张力，在于若根据这一时期已达葱岭以外的地理知识，则以四水分流为象的昆仑，较之正当中原富庶之地的河洛，更可能是大地之极，而二者距离太过遥远（一般估算超过万里），因此，非置先秦以来逐渐积累的域外地理知识于不顾，并将《禹贡》九州权宜性地理解为整个可居世界，就不可能实现人极与地极的相即乃至合一。这一问题，随着华夏世界的人极自河洛移至江南，以及华夏世界自身在政治上分裂为南北两部分（宋先后与辽、金、元南北对峙），① 看起来变得更为严重。是在华夏世界东南独立人极以当天极，甚至不惜将西方与北方一概贬斥为夷狄之域，还是承认必须以新的理与象平衡地极与人极，即使代价是承认天下之极不在南宋境内，因此威胁到这一偏安王朝的正统性？

朱熹，作为理学乃至古代中国学术思想的集大成者，像在大部分重要问题上那样，为矛盾甚至对立的双方都提供了思路乃至解答。与前述根据人欲、天理两立而绝对地肯定东南完全不同，在另外的场合，他则形式上超脱于南宋人的处境以及东南本位意识，以整个华夏文明担当者的视点，探讨从昆仑至于东海的整个华夏世界的结构问题。

这首先意味着承认北方乃至塞外的华夏性。朱熹关注黄河流向，认为"神宗时，河北流，故房人盛；今却南来，故其势亦衰"，② 以黄河北流与南流觇视宋与辽、金的盛衰，实为默认本来处于华夏世界腹心的黄河，已经为契丹、女真等所共有。他论大禹治水，疆理九州，则说："天下惟三水最大：

---

① 宋与辽、金、元被视为第二个"南北朝"，见李治安：《两个南北朝与中古以来的历史发展线索》，《文史哲》2009 年第 6 期。韦兵也强调古代中国天下观念丰富而有弹性，需要在中原王朝视角外，结合北族王朝视角，才能得其全体。（见韦兵：《完整的天下经验：宋辽夏金元之间的互动》，北京师范大学出版社，2017 年）
② 《朱子语类》卷二，第 31 页。另一记录作："元丰间河北流，自后中原多事；后来南流，房人亦多事。近来又北流。"（同页）

江、河与混同江。混同江不知其所出,虏旧巢正临此江,斜迤东南流入海。"① 直接以北方民族所居的混同江与黄河、长江并列,共同作为华夏世界的"大形势"。

当然,朱熹所面对的思想"形势",与汉唐时期已有很大不同。由于两宋武功不振,加之丝绸之路衰落,探讨昆仑之为地极,已经不再具有汉唐时期构造覆盖整个大地的普世王权的负担;且此时佛教在印度本土也走向衰落,东来传法大体结束,探讨昆仑之为地极,也已不必再面对中古儒佛相争时期印度大地观念的挑战。

朱熹的大地之极观念,确实与昆仑有密切关系。就象数而言,宋元以降以昆仑为发脉的风水堪舆之学(尤其是龙脉学说),推尊朱熹为祖师;就义理而言,朱熹以至高、至极、无去处理解"极",而大地之上,还有哪里能比昆仑更为至高而无去处?② 看起来,这是天理与世界秩序的对应乃至同一:正如太极为阴阳万化的枢纽,昆仑则为世界秩序的枢纽。

---

① 《朱子语类》卷七九,第 2027 页。同卷另一记录作:"天下有三大水:江、河、混同江是也。混同江在房中,房人之都,见滨此江。"(第 2028 页)又《朱子语类》卷八六:"女真起处有鸭绿江。传云,天下有三处大水:曰黄河,曰长江,并鸭绿是也。"(第 2214 页)段志强指出,朱熹的天下三大水说是要将金也纳入华夏世界,并认为这是一种不再受王朝疆域变化影响的政治地理学。(见段志强:《经学、政治与堪舆:中国龙脉理论的形成》,《历史研究》2021 年第 2 期,第 116—118 页)总体来看,南宋而非北宋人更可能承认北族王朝分有华夏世界,如唐晓峰探讨两幅宋代的"一行山河图",一幅初刻于北宋,为税安礼所作的《唐一行山河两戒图》,另一幅为南宋唐仲友所作的《唐一行山河分野图》,前者不顾阴山与燕山的真实走向,将已落入契丹之手的幽云十六州画在其外,后者则重新将燕云十六州画在以上北戒山系以南。(唐晓峰:《两幅宋代"一行山河图"及僧一行的地理观念》,《自然科学史研究》1998 年第 17 卷 4 期)邱靖嘉认为,北宋人通过调整九州分野,标示国家疆界,是雏形的国家主权意识的体现。(邱靖嘉:《天地之间:天文分野的历史学研究》,第 271—272 页)反过来说,或许正因为已经丧失了整个中原,无论如何不能掩盖华夏世界已事实上分裂,南宋人的反应就更可能两极化:要么绝对否定整个西方与北方的华夏性,要么默认辽、金已分有华夏世界。

② 朱熹:"昆仑大无外,旁薄下深广。阴阳无停机,寒暑互来往。皇牺古神圣,妙契一俯仰。不待窥马图,人文已宣朗。浑然一理贯,昭晰非象罔。珍重无极翁,为我重指掌。"秦家懿认为,该诗中的"昆仑"即象喻太极。(见〔加〕秦家懿:《朱熹的宗教思想》,曹剑波译,厦门大学出版社,2010 年,第 62—63 页)

但在另一处，朱熹论述昆仑之为地极，表述则略有不同。《朱子语类》卷八六：

> 佛经所说阿耨山，即昆仑也，云山顶有阿耨大池，池水分流四面去，为四大水，入中国者为黄河，入东海；其三面各入南西北海，如弱水黑水之类。大抵地之形如馒头，其捻尖处则昆仑也。①

这看起来就是在调用昆仑为大地至高之所与四水分流之处的汉唐时期观念。不过，一个新的象喻出现了：大地形如馒头，昆仑则为其捻尖。以天下至理在日常之中，故用身边之物象喻天下至高、至远之物，这颇显"极高明而道中庸"的理学义趣。但颇具提示性的是，馒头与捻尖这一象喻，又见于朱熹论述理学义理与工夫的关系：

> （陈淳——作者注）因问："向来所呈与点说一段如何？"曰："某平生便是不爱人说此话。《论语》一部自'学而时习之'至'尧曰'，都是做工夫处。不成只说了'与点'，便将许多都掉了。圣贤说事亲便要如此，事君便要如此，事长便要如此，言便要如此，行便要如此，都是好用工夫处。通贯浃洽，自然见得在面前。若都掉了，只管说'与点'，正如吃馒头，只撮个尖处，不吃下面馅子，许多滋味都不见。"②

《论语·先进》载曾晳与子路、冉有、公西华侍孔子坐，而各言其志。子路等人都以治国、行礼为务，颇合"国之大事，在祀与戎"，但不为孔子所许，唯独曾晳舍瑟言志："莫春者，春服既成，冠者五六人，童子六七人，浴乎沂，风乎舞雩，咏而归。"结果"夫子喟然叹曰：'吾与点也！'"汉魏

---

① 《朱子语类》卷八六，第2212页。
② 《朱子语类》卷一一七，第2820页。

儒者主张孔子"与点",是因为春秋为乱世,不足以有为,故"善点独知时";① 但至两宋理学,则主张孔子"与点",与天下形势无关,而是由于曾点"风乎舞雩,咏而归"的人生姿态,直见天理流行之本体。朱熹阐述尤为精详:

> 曾点之学,盖有以见夫人欲尽处,天理流行,随处充满,无少欠阙。故其动静之际,从容如此。而其言志,则又不过即其所居之位,乐其日用之常,初无舍己为人之意,而其胸次悠然,直与天地万物上下同流,各得其所之妙,隐然自见于言外。视三子规规于事为之末者,其气象不侔矣,故夫子叹息而深许之。②

《集注》与《语类》对"曾点言志"解说不同,自朱熹的格物穷理论,并不难解。"风乎舞雩,咏而归",直见天理流行之本体,故自义理必须肯定;但就工夫而言,跳过"今日格一物,明日格一物"的艰辛与曲折,只提示"一旦豁然贯通"之后"表里精粗无不到,全体大用无不明"的境界,对修道者而言,有躐等与空疏之嫌。而这一义理与工夫的分疏,正如朱熹一面肯定圣人可学而至,③ 一面又承认做圣人千难万难,④ 都是他平衡理势、天人而行其中道的体现,也表明了程朱理学本身的思想弹性。

这里真正需要注意的是,馒头与捻尖这一象喻,表明对朱熹来说,昆仑观念是"曾子言志"式的孤高之理,就义理当肯定,就工夫则必须有所保留。首先,朱熹的格物论,本身即强调从切近处、平易处入手,下学而上

---

① 《论语注疏》卷一一,第 5430 页。
② 朱熹:《四书章句集注·论语集注》卷六,第 130 页。
③ 吴震认为:"从某种意义上可以说,宋代道学之所以不同于宋代之前的儒学,其因之一就在于宋代道学首先倡导的这一'圣人可学论'。"(吴震:《中国思想史上的"圣人"概念》,《儒学思想十论》,孔学堂书局有限公司,2016 年,第 41 页)
④ 《朱子语类》卷九十,第 2301 页;卷一〇四,第 2611 页;卷一一五,第 2784 页。王宇认为朱熹主张的是"工夫无期论",理论上人人皆可成圣,现实中则无人真能成圣。(见王宇:《道行天地:南宋浙东学派论》,中国社会科学出版社,2012 年,第 164—166 页)

达，反对就高远处、本根处而展开直见本体式的"格物"。他主张"极"，"以有形者言之，则其四方八面合辏将来，到此筑底，更无去处；从此推出，四方八面都无向背，一切停匀"，①但"理一"不可以顿悟直达，而必须渐积而至，因为"万理虽只是一理，学者且要去万理中千头百绪都理会，四面凑合来，自见得是一理"。②则作为太极之象的昆仑，就次序而言不当是直接的格物对象。其次，即使不考虑儒学对这种超出自身生活世界的探索活动颇有保留，两宋时期，以昆仑为直接对象的"格物"，由于政治、商业与宗教形势，本身也缺乏现实可能。具体说来，陇右被西夏隔断，开拓商业路线、探寻河源、西行求法之类的活动均较前代转弱，则西域乃至昆仑，都颇难身经目验。因此，在天下山水共源的意义上，以昆仑象喻太极确乎是理（天理）与势（大地形势）的合一，但居于"西北缩而东南展"的新形势中的宋代士大夫，要开显这理势合一的境界，就必须在身经目验昆仑之外另循格物致知的途径。

这部分解释了探讨"天下大形势"的大地气脉论的兴起。朱熹赞同气一元论，他说"天只是气"，③"其运转者亦无形质，但如劲风之旋"，④"地虽是坚实，然却虚，所以天之气流行乎地之中，皆从地里发出来"，⑤"地形如肺，形质虽硬，而中本虚，故阳气升降乎其中，无所障碍"⑥。即在天地皆气的意义上，二者实为一体。天地既为一体，则地运即天运，有形与界的大地，也因天气流行而为贯通的整体。⑦而昆仑之为大地之极，也是这种"通

---

① 朱熹：《答陆子静》，《晦庵先生朱文公文集》卷三六，《朱子全书》第 21 册，第 1567 页。
② 《朱子语类》卷一一七，第 2820 页。
③ 《朱子语类》卷一八，第 395 页。
④ 朱熹：《楚辞集注》卷三，《朱子全书》第 19 册，第 66 页。
⑤ 《朱子语类》卷七四，第 1904 页。
⑥ 同上。这是其门人刘砺（字用之）的观点，朱熹表示赞同。
⑦ 我是从陈美东处注意到本段的几条文献。陈美东认为朱熹的以上见解，体现了古代宇宙论从旧浑天说到新浑天说的转变。（见陈美东：《中国古代天文学思想》，第 150—152 页）另外，不管是天地一气观念还是大地气脉论，都非宋儒首创，而是对先秦以降思想的创造性转化。先秦以降的气论，见杨儒宾编：《中国古代思想中的气论及身体观》，巨流图书公司，1997 年。秦汉以降的地脉观念，见王子今：《蒙恬悲剧与大一统初期的地脉（转下页）

第四章　宋明理学视野下的建极说

贯全体，无乎不在"意义上的"极"。因此，虽然有形与位的昆仑，绝对不在两宋时期大大收缩的西北方向版图之内，但既然两宋版图仍是这"通贯全体、无乎不在"的大地整体的一部分，则就其内山水形势理解天下大形势乃至天地之"理一"，至少就义理并不牵强。

朱熹在另一处再引馒头之喻，具体言及当如何以当下山川为对象展开"格物"。《朱子语类》卷三二：

> 子善问"知者乐水，仁者乐山"。曰："看圣人言，须知其味。如今只看定'乐山、乐水'字，将仁、知来比类，凑合圣言而不知味也。譬如吃馒头，只吃些皮，元不曾吃馅，谓之知馒头之味，可乎？今且以'知者乐水'言之，须要仔细看这水到隈深处时如何，到峻处时如何，到浅处时如何，到曲折处时如何。地有不同，而水随之以为态度，必至于达而后已，此可见知者处事处。'仁者乐山'，亦以此推之。"①

朱熹所述格物之法，当究天下山川"隈深处""峻处""浅处""曲折处"，唯独不提当上溯至源头处。则作为天下山川总汇的昆仑，就不在直接的格物范围内。但既然天下是一个气脉贯通的整体，在"物物各有理，总只是一个理"②的意义上，就可以自眼前之水理解大海，自眼前之山理解昆仑，而不必实至大海与昆仑之处。

这里将大海与昆仑相对，显示了两宋昆仑观念的一个新特点。相较于唐宋以上昆仑以"四水分流"为象，两宋以降的昆仑观念，则以大地气脉论为基础，更侧重其为天下诸山之总起，与此相对，大海则为天下诸川之共归。蔡发所谓："凡山皆祖昆仑，分支分脉，愈繁愈细，此一本而万殊

（接上页）意识》，《首都师范大学学报（社会科学版）》2016年第4期。魏晋以降风水堪舆、道教中的大地形势与气脉说，见段志强：《经学、政治与堪舆：中国龙脉理论的形成》，第112—114页。
① 《朱子语类》卷三二，第822页。
② 《朱子语类》卷九四，第2374页。

也;凡水皆宗大海,异派同流,愈合愈广,此万殊而一本也。"① 昆仑与大海,前者自理一至于分殊,后者则自分殊至于理一,实为相反相成的两个大象。②

即使两宋时期海运远较前代发达,但大海总体上仍是士大夫不肯亲至其处的凶险之地。③ 欧阳修言之最切:

> 象、犀、虎、豹,蛮夷山海杀人之兽,然其齿角皮革,可聚而有也。玉出昆仑流沙万里之外,经十余译乃至乎中国。珠出南海,常生深渊,采者腰絙而入水,形色非人,往往不出,则下饱蛟鱼……其远且难而又多死祸,常如此……汤盘,孔鼎,岐阳之鼓、岱山、邹峄、会稽之刻石,与夫汉、魏已来圣君贤士桓碑、彝器、铭诗、序记,下至古文、籀篆、分隶诸家之字书,皆三代以来至宝,怪奇伟丽、工妙可喜之物。其去人不远,其取之无祸。④

相较于"格"远难而多祸的昆仑与大海,金石之学以《禹贡》九州为范围,方符合儒家自近而远层层外推的训诫。因此,以昆仑与大海相对,就是视昆仑为自义理上或可高崇、自实践上则当敬而远之甚至畏而远之的场所。宋元以降深受朱熹、蔡元定一系影响的堪舆数术之学,在天地人合一的意义上,以宗族秩序类比天下山川源流与等第,特重"祖山",《博山篇·论龙》所谓"寻龙法,寻祖宗,寻父母",要寻"祖宗所居极高之方"以及"父母

---

① 〔宋〕蔡发:《地理发微·刚柔篇》,蔡有鹍编:《蔡氏九儒书》卷一,《宋集珍本丛刊》第106册,线装书局,2004年,第235—236页。
② 段志强指出,蔡发的《地理发微》,是"将'理一分殊'的理学核心观念引入地理学和堪舆术,成为理解山川形势的理论基础。其实是河洛纬书地理学的理学化"。(段志强:《经学、政治与堪舆:中国龙脉理论的形成》,第119页)
③ 针对《论语·公冶长》载孔子"道不行,乘桴浮于海"之言,朱熹特意解释道:"只是见道不行,偶然发此叹。"(《朱子语类》卷三六,第972页)"夫子浮海,假设之言,且如此说,非是必要去。"(《朱子语类》卷二八,第718页)
④ 欧阳修:《〈集古录〉目序》,《欧阳修集编年笺注》卷四一,第139页。

所居中高之方",①《人子须知》亦载"大抵龙之起身发脉处,必有高大山峦谓之太祖"。②但两宋时期的宗族秩序,毕竟与封建时代不同,后者以明确的上下等级秩序为基础,以天子为本,自上而下,层层外推,达至万殊;而由于唐宋以降门阀社会的解体与社会的平民化,宗族秩序以天下诸姓各自"敬宗收族"的方式建立,这一自下而上的过程,虽自义理上被解释为要自万殊而达至一本,但礼经规定的以百世不迁之宗为枢的宗法制度,事实上绝不可能原样恢复。则此"理一"意义上的"一本",更多仍是借助"民胞物与""万物一体之仁"之类的表述,主张天下各宗族不管如何分殊,自气体上毕竟仍属一体,而非真正追溯至某一共同先祖。

既极为神圣,又很少落实,这也正是作为华夏世界共同祖山的昆仑,在两宋"天地大形势"说中的位置。堪舆数术所注重的,是大体在《禹贡》九州范围内诸山的高下、远近、断续与等第,诸山与昆仑的关系,大多以笼统的"西北发脉"之类的说法略做交代,如同在宗祠祭祀中只能祭及自家先祖,并不会公开设置生民共祖之位。

事实上,两宋的天地大形势之说,虽形式上以作为天下山川之首的昆仑为中心,但真正着力阐发的,是自昆仑发脉而引出华夏世界诸山水重重环绕的"结局"之地,并将这一"终始相应"意义的"结局",当作华夏世界的"极"。《朱子语类》卷七九:

> 太行山自西北发脉来为天下之脊,此是中国大形势。其底柱王屋等山皆是太行山脚。③

---

① (托)〔唐〕黄妙应撰,郑同校:《博山篇·论龙》,收入《四库存目青囊汇刊》第1册《青囊秘要》,华龄出版社,2017年,第169页。
② 〔明〕徐善继、〔明〕徐善述:《重刊人子须知资孝地理心学统宗·龙法》卷一,《故宫珍本丛刊》第411册,海南出版社,2000年,第67页。两宋的祖山观念与山脉的宗族化,见刘沛林:《风水·中国人的环境观》,上海三联书店,1995年,第57页;张杰:《中国古代空间文化溯源》,清华大学出版社,2012年,第325—328页;周星:《三座昆仑山与中国大风水》,《民俗研究》2019年第3期,第72—73页。
③《朱子语类》卷七九,第2025页。

《朱子语类》卷二：

> 上党，太行山之极高处。平阳、晋州、蒲阪，山之尽头，尧舜之所都也。

又同卷：

> 冀都是正天地中间，好个风水……前面一条黄河环绕，右畔是华山耸立，为虎。自华来至中，为嵩山，是为前案。遂过去为泰山，耸于左，是为龙。淮南诸山是第二重案。江南诸山及五岭，又为第三、四重案。①

在朱熹看来，天下山川自西北方的昆仑发脉，最终结局于河东太行之地，华夏世界内诸山，皆朝向这一地极而成环拱之势。这是要以古人认为"千古不易"的山川（尤其是山）而定天下之极，以成不受任何王朝兴亡影响的"居其所而众星拱之"之象。

当朱熹提出河东太行之地为华夏世界之极时，传统上被视为天下之中的河洛之地，已经完全落入金人之手。另外，从长远来看可能更重要的是，自东汉王景治河后，黄河进入近千年安流期，② 而至北宋中期，河患再次变得严重，改道范围北至京津，南达淮泗，最具破坏性的是，两宋之交（南宋建

---

① 《朱子语类》卷二，第29页。
② 王景治河所定河道，从公元70年（汉明帝永平十三年）起，一直维持到1048年（宋仁宗庆历八年），共计978年。这一近千年的安流局面，谭其骧认为原因是黄河中游黄土高原区自东汉之后趋于畜牧业，导致水土流失减少。（见谭其骧：《何以黄河在东汉以后会出现一个长期安流的局面》，《长水集》下册，人民出版社，1987年，第1—32页）这一观点在历史地理学界颇有争论，相关问题与学术脉络的简要梳理，见辛德勇：《由元光河决与所谓王景治河重论东汉以后黄河长期安流的原因》，《旧史舆地文编》，中西书局，2015年，第12—16页。

炎二年，1128），杜充为抵挡金军南下而人为掘河，中原水患大兴，①以开封为枢纽的水系受到彻底破坏，唐宋以上被认为天气温和、土厚水深的河洛之地，逐渐变为宋元以降士人眼中"土薄水浅"的盐卤之地。这一河洛的丘墟化，在王朝衰亡之外，更意味着北宋时期以天下通漕为象的开封地中说的衰落。具体来说，北宋定都开封，只以洛阳为留都，主要即在于唐宋之后漕运主国计，不仅地居西偏、表里山河的长安，即使地当九州之中的洛阳，也因四周多山而艰于水运，只有开封四面平夷，当水路之冲，转运简便，故定都于此。②北宋中期，一种在唐代即已出现的对天下之中的新观点开始取得主导地位，向地中辐辏的贡道，被理解为就是漕道，经典中周公定都洛阳以均四方贡赋，即为以水路通漕四方。③章如愚言之颇详：

> 呜呼！天生民而立之君，所以均调而齐一之也。故王者之作，必中天下而立，定四海之民，俾其贡赋于是而易输，冤抑于是而易诉，朝觐会同于是而易期，赴调上计于是而易达，故布德行仁则易以均被，发号施令则易以敷锡，皆所以均惠斯民也。若夫洛邑之地，当天下之中，大

---

① 关于两宋之交河决南流后河道变化的情况，见姚汉源：《黄河水利史研究》，黄河水利出版社，2003年，第176—265页。对宋金以降历朝河患与治河的通贯性论述，见岑仲勉：《黄河变迁史》，第394—659页。
② 两宋主张定都开封者多以开封便于漕运、长安与洛阳则通漕不便为由。如王旦："长安、洛阳，虽云故都，然地险而隘，去东夏辽远……加其转漕非便，仰给四方，常苦牵费。今国家始封于宋，开国于梁，实四方之要会，万世之福壤也。"（见〔宋〕李焘撰，上海师范大学古籍整理研究所、华东师范大学古籍整理研究所点校：《续资治通鉴长编》卷八五，中华书局，2004年，第1956—1957页）又张方平："故国家于漕事至急至重。京，大也；师，众也。大众所聚，故谓之京师。有食，则京师可立；汴河废，则大众不可聚。汴河之于京师，乃是建国之本，非可与区区沟洫水利同言也。"（李焘：《续资治通鉴长编》卷二六九，第6952页）另外，宋代正统论将开封与洛阳一并归入"中夏"或"中区"，也有利于开封地中说的兴起。见卢振涛：《宋代的"天下之中"观念》，《中国历史地理论丛》2024年第2辑，第60页。
③ 唐人论天下之中在通漕四方之地，见杜佑："夫土中，风雨所交，宜乎建都立社，均天下之漕输，便万国之享献。"（杜佑：《通典》卷一七七，第4678页）又刘宽夫："大梁当天下之要，总舟车之繁，控河朔之咽喉，通荆湖之运漕。"（〔唐〕刘宽夫：《汴州纠曹厅壁记》，〔宋〕李昉等编：《文苑英华》第5册〔卷八〇三〕，中华书局，1982年，第4246页）

梁坐水路之冲，其所以惠利斯民，孰便于此？传曰"譬如北辰，居其所而众星拱之"，洛邑之谓也。又曰"三十辐共一毂"，大梁之谓也。①

洛阳与开封，分别对应于"天下之中"与"水路之冲"，前者以诸山"环拱"为象，后者则以诸水"辐辏"为象。北宋《禹贡》学，主张《禹贡》首列冀州，是以疏通王都（位于冀州）贡道为第一要务，②当代学者潘晟称其为"水学"。③而这一以水学定位的《禹贡》学以及相应的天下之中观念，甚至将隋炀帝开凿大运河以通漕洛阳，也加以正当化：

爰自隋炀帝大开汴河，直达淮泗，而大梁实坐要会，振南北水陆之冲，形势百倍……呜乎！古先哲王所以更都三河之间者，盖务求水陆便利之乡，所以便国用而纾民力也。尝考尧都平阳，命夏禹治水，每一州功毕，必导决川流，直通于河，以达平阳，皆所以便诸侯之职贡也。圣祖（指宋太祖——作者注）之兴，混一宇内，而犹都大梁，诚得唐尧之遗志焉。④

唐尧建都太行山麓，通漕相当困难，汉、唐建都洛阳，虽地居平野，但四面环山，通漕仍颇不易，只有建都开封，才真正实现了万水辐辏意义上的天下通漕。⑤

不过，朱熹以河东为天下之极，思路与以上以开封为中心、据水路而成

---

① 见章如愚：《群书考索》续集卷五十《舆地门》，文渊阁《四库全书》第938册，第616页。
② 见段志强：《经学、政治与堪舆：中国龙脉理论的形成》，第120—121页。
③ 见潘晟：《宋代地理学的观念、体系与知识兴趣》，第365—374页。不过，潘晟主张北宋《禹贡》学之所以具有水学特征，是因为此时河患严重，使《禹贡》治水的一面得以凸显。我认为，需要考虑另一个关键因素，即开封作为王都而以天下通漕为象。
④ 章如愚：《群书考索》续集卷五十《舆地门》，文渊阁《四库全书》第938册，第610页。
⑤ 需要说明的是，宋人极端地强调通漕之于天下之极的重要性，最初不过是截取经典之义以解释宋朝为何不定都于尧舜旧都，但却附带造成了本朝盛于尧舜时代的话语效果。

万方辐辏之象截然不同。段志强指出,朱熹"以河东为天下最大吉地,也就意味着无论是北宋汴梁、南宋临安,还是汉唐旧都长安、洛阳,都变成了临时首都,只有晋南的一小块区域,理应成为永久不移的华夏政治中心",①这一学说"完全无视宋、金、西夏各自建立政权的政治现实,这自然是'恢复'的地理宣示,更显见一种包容整个华夏地理区域的政治地理学在此时已经定型,不再受王朝疆域变化的影响",②"朱熹眼中的天下山川是高度中心化的,但他所强调的并非具体的本朝王权,而是以尧、舜、禹为代表的抽象的华夏王权,寄托了儒家对文明延续的期待"③。换言之,朱熹以河东高地为天下之极,是要通过"千古不易"的"自然"而非河洛之地的"制作"(以理想中当如井字排列的田畴或向王都辐辏的水道为象),构造不会因王朝兴衰而周期性成毁的恒久的"天下之极"。

当然,这一思想动向,并不始于朱熹,而是可以上溯至隋唐。邱靖嘉指出,大致于汉代成型的二十八宿及十二次分野说,都采取十三国与十二州地理系统,大致代表着以两汉政区为基础的区域地理观念。但魏晋以降,朝代更迭频繁,地理政区变动极大,以上星土分野系统与实际逐渐脱节。故自隋唐以来,出现了"以山川定经界"的新说,而不管是复兴《禹贡》九州,还是僧一行另立天下山河两戒说,都是要用被认为与天地相始终的巨山与大川,取代人为设定、随朝代更改的政区。④郑樵将这一原则说得相当清楚:

> 州县之设,有时而更。山川之形,千古不易。所以《禹贡》分州,必以山川定经界。使兖州可移,而济、河之兖不能移。使梁州可迁,而华阳、黑水之梁不能迁。是故《禹贡》为万世不易之书。后之史家主于

---

① 段志强:《经学、政治与堪舆:中国龙脉理论的形成》,第117页。
② 同上书,第118页。
③ 同上书,第121页。
④ 见邱靖嘉:《天地之间:天文分野的历史学研究》,第155页。如何用"以山川定经界"复兴古九州说或立山河两戒说,见同书,第155—173页。

州县，州县移易，其书遂废。①

罗泌更将据"千古不易"的山川而定九州，与王者因俗而治以致太平联系起来：

  《王制》曰："广谷大川异制，民生其间者异俗。先王修其教不易其俗，齐其政不易其宜。"夫风俗之所以异，由广谷大川之异制也。是故鸿水平，九州之地失疆理，伯禹定之，必以高山大川为之准者，本风俗之异也。济、河为兖州，则专以大川为之界；荆、衡为荆州，则专以高山为之界；荆、河为豫，华、黑为梁，则兼以高山、大川为之界也……盖以其地命州，而不以其州分地。有如兖、济，皆当时所命之名，后世安知其在北与在南哉？云"济、河为兖州"，"荆及衡阳为荆州"，则以济水、河水之间为兖，而荆山、衡山之阳为荆矣。盖荆、衡者，万古不徙之山；而河、济者，万古不泯之水也。以故荆、兖之名得附河、济、荆、衡而不灭，万世而下，求《禹贡》九州之分域者，皆可得而考矣。②

以上据山川定九州，多取五岳与四渎为标识，但问题在于，也正是在两宋时期，山川的恒久性这一隋唐以上不言自明的前提，开始受到观念与现实的挑战。随着河患的加剧，自隋唐时期即已因黄河影响而水量微弱、若断若续的济水最终消失，四渎已缺其一，而既然在天地法象中有特殊位置的四渎都并非"千古不易"，则以五岳四渎而定的《禹贡》九州，也就失去了自然秩序意义上的恒久性。

郑樵与罗泌终生居于南方，或并不了解两宋之际因河患而在北方发生的四渎之变。但同样终生未履北土的朱熹，则以超乎同代人的广博视野，注意到了济水的消失。《朱子语类》卷七九：

---

① 郑樵：《〈地里〉序》，《通志二十略·地里略》，第509页。
② 〔宋〕罗泌撰，王彦坤校注：《路史校注》卷四六，中华书局，2023年，第3081—3082页。

第四章　宋明理学视野下的建极说　　227

>《禹贡》地理，不须大段用心，以今山川都不同了。理会《禹贡》，不如理会如今地理。如《禹贡》济水，今皆变尽了。①

朱熹又根据黄河决口南行之势，指出未来黄河必与淮河合流，② 如此则根据"渎之言独也，不因余水，独能赴海者也"，③ 淮河也将失去"四渎"的资格。④

水随物赋形，本无定体，则水的古今变异，尚属自然；而山以土石为体，与水有静动刚柔之别，更可能永恒不变。朱熹释《论语》"仁者乐山，智者乐水"，皆以山体安静不迁为义，⑤ 以太行山麓的河东之地为天下之极，似即有取于此义。但问题是，沈括已发现，山亦有古今陆海陵谷之变：

>予奉使河北，边太行而北，山崖之间，往往衔螺蚌壳及石子如鸟卵者，横亘石壁如带。此乃昔之海滨，今东距海已近千里。所谓大陆者，皆浊泥所湮耳。⑥

---

① 《朱子语类》卷七九，第 2025 页。
② 《朱子语类》卷二：先生谓张倅云："向于某人家看华夷图，因指某水云：'此水将有入淮之势。'其人曰：'今其势已自如此。'"先生因言，河本东流入海，后来北流。当时亦有填河之议，今乃向南流矣。（第 31 页）又："某说道：'后来黄河必与淮河相并。'伯恭说：'今已如此。'问他：'如何见得？'伯恭说：'见薛某说。'"（同页）
③ 隋唐时期即有质疑济水微弱，为何能列名四渎。见唐高宗与许敬宗对话："帝曰：'天下洪流巨谷，不载祀典，济甚细而在四渎，何哉？'对曰：'渎之言独也。不因余水，独能赴海者也。且天有五星，运而为四时；地有五岳，流而为四渎；人有五事，用而为四支。五，阳数也，四，阴数也，有奇偶、阴阳焉。阳者光曜，阴者晦昧，故辰隐而难见。济潜流屡绝，状虽微细，独而尊也。"（《新唐书》卷二二三上，第 6337 页）
④ 朱熹又指出，由于南北隔绝，居南者不能履北土，所言北方地理无从核验，往往出错，虽博学广闻如郑樵亦不能免。（见《朱子语类》卷七九，第 2025 页）
⑤ 朱熹："乐，喜好也。知者达于事理而周流无滞，有似于水，故乐水；仁者安于义理而厚重不迁，有似于山，故乐山。"（朱熹：《四书章句集注·论语集注》卷三，第 90 页）又《朱子语类》卷三二："'知者乐水，仁者乐山'……且看水之为体，运用不穷，或浅或深，或流或激；山之安静笃实，观之尽有余味。"（第 822 页）
⑥ 沈括：《梦溪笔谈》卷二四，第 526 页。

则朱熹视为天下之脊的太行山,也并非恒久不迁。朱熹相当赞赏《梦溪笔谈》一书,且确实征引了以上太行山曾为海滨之说。既然最应该"千古不易"的太行山,尚且不能有永恒之体,以太行山麓的河东之地为天下之极,其恒久性该当如何理解?

让我们具体来看朱熹征引沈括的上下文。《朱子语类》卷九四:

> "无极而太极",不是太极之外别有无极,无中自有此理。又不可将无极便做太极。"无极而太极",此"而"字轻,无次序故也。"动而生阳,静而生阴",动即太极之动,静即太极之静。动而后生阳,静而后生阴,生此阴阳之气。谓之"动而生","静而生",则有渐次也。"一动一静,互为其根",动而静,静而动,辟阖往来,更无休息。"分阴分阳,两仪立焉",两仪是天地,与画卦两仪意思又别。动静如昼夜,阴阳如东西南北,分从四方去。"一动一静"以时言,"分阴分阳"以位言。方浑沦未判,阴阳之气,混合幽暗。及其既分,中间放得宽阔光朗,而两仪始立。康节以十二万九千六百年为一元,则是十二万九千六百年之前,又是一个大辟阖,更以上亦复如此,直是"动静无端,阴阳无始"。小者大之影,只昼夜便可见。五峰所谓"一气大息,震荡无垠,海宇变动,山勃川湮,人物消尽,旧迹大灭,是谓洪荒之世"。常见高山有螺蚌壳,或生石中,此石即旧日之土,螺蚌即水中之物。下者却变而为高,柔者变而为刚,此事思之至深,有可验者。①

又同一对话的另一记述:

> 程子云:"动静无端,阴阳无始。"此语见得分明。今高山上多有石上蛎壳之类,是低处成高。又蛎须生于泥沙中,今乃在石上,则是柔化

---

① 《朱子语类》卷九四,第2367页。

为刚。天地变迁，何常之有？①

　　在以上对话中，朱熹首述周敦颐"无极而太极"之理，次述邵雍以十二万九千六百年为周期的一元循环，末述沈括所见的山海之变，三者相对，则太行山曾为海滨，是在天地一元大化意义上的阴阳高下柔刚之变，是"一动一静，互为其根""动静无端，阴阳无始"的"无极而太极"之理的体现。因此首先，太行的山海之变，以及这一变迁所提示的"无恒""何常之有"，自义理而言，不过表明有形气之物必有坏灭，虽天地之大，亦不能免；② 自象数而言，这是十数万年尺度上的一元大化、天地成毁之变，相对于自尧舜以来不过数千年的文明历程，它仍是足以建极的"大恒"之象。而不管是就阴阳静动柔刚互为其体之理，还是就自气而水、自水而山的大化生生之序，③ 山水分刚柔而又兼刚柔，④ 山含水质，水蕴山形，太行山之为天下之极，实为山水一体之极。因此，朱熹以太行山麓的河东之地为天下之极，就不同于隋唐以来直接根据"山川之形千古不易"观念而重建华夏世界秩序的种种尝试，因为他是要在山川形体上的恒久性受到严重挑战的背景下，以"无极而太极"之理与一元大化之数，构造超越王朝成毁乃至文明兴衰的天下之极。

　　以上述探讨为背景，尧舜建都于河东，也就在义理与普遍历史上变得极为关键：只有在这一时期，圣人立人极，才真正与天地之极合一。故朱熹感叹"河东奥区，尧禹所居，后世德薄不能有"，⑤ 看似平常，实意蕴深沉。具

---

① 《朱子语类》卷九四，第 2369 页。
② 《朱子语类》卷四五："问：'不知人物消靡尽时，天地坏也不坏？'曰：'也须一场鹘突。既有形气，如何得不坏？但一个坏了，又有一个。'"（第 1155 页）
③ 《朱子语类》卷一："水之滓脚便成地。今登高而望，群山皆为波浪之状，便是水泛如此。"（第 7 页）《朱子语类》卷四五："淳曰：'每常见山形如水漾沙之势，想初间地未成质之时，只是水。后来渐渐凝结，势自如此。凡物皆然。如鸡子壳之类，自气而水，水而质，尤分晓。'曰：'是。'"（第 1156 页）
④ 如蔡发所说："山体刚而用柔"，"水体柔而用刚"。（蔡发：《地理发微·刚柔篇》，《蔡氏九儒书》卷一，《宋集珍本丛刊》第 106 册，第 236 页）
⑤ 《朱子语类》卷七九，第 2028 页。

体言之，朱熹表示：

> 十二万九千六百年为一元。岁月日时，元会运世，皆自十二而三十，自三十而十二。至尧时会在巳、午之间，今则及未矣。①

尧舜之时正当午会，为一元大化之中数。此说出自邵雍及其子邵伯温，邵雍以皇帝王伯对应春夏秋冬，尧舜当五帝之末，为夏至极盛而衰之时，故有诗云："五帝之时似日中，声明文物正融融。古今世盛无如此，过此其来便不同。"② 邵伯温则推阐更详：

> 唐尧起于月之巳、星之癸一百八十、辰之二千一百五十七，推而上之，尧得天地之中数也。故孔子赞尧曰：唯天为大，唯尧则之。荡荡乎民无得名焉，巍巍乎其有成功，焕乎其有文章。扬雄亦谓法始乎伏羲，而成乎尧。盖自极治之盛，莫过乎尧。先乎此者有所未至，后乎此者有所不及，考之历数，稽之天时，质之人事，若合符节。呜呼，盛哉！③

> 唐虞者，其中天而兴乎？尧舜者，其应运而生乎？何天时人事之相验欤？先之者则未之或至，后之者则无以尚之，其犹夏之将至、日之向中乎？故圣人删《书》，断自唐虞，时之盛也。④

尧舜时期，就一年为夏阳极盛之日，就一日为正午日中之时。⑤ 朱熹相

---

① 《朱子语类》卷四五，第1155页。
② 〔宋〕邵雍撰：《伊川击壤集》卷一三，郭彧整理：《邵雍集》，中华书局，2010年，第388页。罗泌甚至认为："近世邵尧夫以十二万四千五百年为一会，云自开辟至尧，正当其中数，故名雍，字尧夫。"（罗泌：《路史校注》卷三八，第2778页）
③ 胡广：《性理大全书》卷八，文渊阁《四库全书》第710册，第189页。
④ 同上书，第210页。
⑤ 邵雍学说中元会运世、皇帝王伯与盛衰问题的关系，参看陈睿超：《邵雍〈观物内篇〉元会运世之数的价值意涵》，《周易研究》2015年第5期。

当熟悉邵雍学派的这一观念,并将其与自己的建极河东说结合起来,一年之中、一日之中短暂不可再,正如尧舜文明不能复归,而其典型表现,自然是作为天下之极的"河东奥区",在尧舜之后再也未能建极为王都。

虽然宋元以降,朱熹逐渐被推尊为风水堪舆学祖师,但朱熹以河东奥区建超越王朝成毁乃至文明兴衰的恒久之极的观念,却并未被后世所遵循。①宋元之际,金履祥征引太行的山海之变,虽仍以此讲述山川无恒之理,但时间尺度已与朱熹不同:

> 盖有天地自然之变者,如河徙而南,泲(即济水——作者注)涸而洑,而冀、兖、青、豫、徐之支流水泽,皆易其源委。甚至九河沦而为小海,碣石陷而在海中,此尤其变之大者也。大抵天地之间,山陵土石自有消长,顾其消长之数甚长,而人之年寿有限,则不及见其消长,遂以为古今有定形尔。山与土石且有消长,而况水乎?昔沈存中奉使河北,边太行而北,山崖之间,往往衔螺蚌之壳及石子,横亘石壁如带,谓必昔之海滨。今东距海已千里,以愚观之,此即昔之河滨也。所谓自东河至东海,千里而遥者也。夫以昔之河滨,而今在山崖石壁之间,即河日迁、山日长、石日凝,盖可知也。此皆天地之间,今人尚可考见,其类非一,而人鲜不谓迁者,朝菌不知晦朔,夏虫不可语冰,其斯之谓矣。然则《禹贡》地理古今之不同,又安知其非天地之变迁消长,若河、碣之比耶?②

在金履祥看来,虽然太行确实如朱熹所说为天下之脊,但其曾为海滨,仍只是与此时正在发生的黄河改道、济水消失同一时间尺度的现象,并非一元大化、天地成毁尺度上的恒久之象。更扩而言之,古今地理的变异,是《禹贡》山水世界的常态,所需的时间尺度,虽大大超过个体生命,但并未超出自尧舜以来华夏世界的文明史。而这意味着,在《禹贡》的山水世界

---

① 段志强:《经学、政治与堪舆:中国龙脉理论的形成》,第121—124页。
② 金履祥:《尚书注·尚书表注》卷三,第109页。

中,并不存在超越华夏文明时间尺度的恒久且唯一之"极"。

较金履祥稍晚的郑思肖,甚至不再明确区分一元大化与王朝更迭两种时间尺度,直接以天地尚有成毁,说明王都不能恒久不迁:

> 自古帝王建都,下而小邦外化立国,往往不同,原于天时、地利、人和,各各与其主盛衰,气数之所感召,三者有一不完,则王气衰歇。古今天下三才万物盛衰生死之运,处处亦各各不同。天地日月尚终归于坏,特岁月劫运久近不同耳。安有一定不易之人事!亦安有一定不易之乾坤邪!①

具体到尧舜之后为何无法建都河东,托名于北宋张洞玄而大致为宋末元初作品的《玉髓真经》,②承认诸山自昆仑发脉,大尽于太行,③但"其一是王化自北而南,其二是迫近夷狄,其三是不居天下之中,而朝贡者远,其四是河水为患益甚……其五是山水变迁",④五条不能建都的理由,皆为古今形势变化,而独不言朱熹所主张的后世德薄,故不能立此与一元大化相始终的恒久之极。

宋元以降的天地大形势之说,真正主流的是将自尧舜三代至当下的王都全都囊括在内的三龙说。该说雏形见于金履祥的天下山脉三络说,而大成于明代后期徐善继、徐善述所著的《人子须知》,并经王士性所作的《五岳游草》(收入顾炎武《天下郡国利病书》),而得到主流儒学的有限度承认。

---

① 〔宋〕郑思肖:《答吴山人问远游观地理书》,陈福康校点:《郑思肖集》,上海古籍出版社,1991年,第269—270页。
② 以上对《玉髓真经》著作年代的判断,见段志强:《经学、政治与堪舆:中国龙脉理论的形成》,第123页。
③〔托〕张洞玄:"冀州之地……姑以古都言之,则三面距河,一面背山,其龙发于昆仑,而大尽于此……发挥曰:冀州分昆仑之左脉……出夷入貊,始回中国,而尽于冀州。"(〔托〕〔宋〕张洞玄撰,〔宋〕刘允中注释,〔宋〕蔡元定发挥:《玉髓真经》卷一八,《续修四库全书》第1053册,第656—657页)
④ 同上书,第656页。

《人子须知》主张天下山脉起于昆仑，分北、中、南三络入中国，北龙首结于北京，次结于平阳、蒲坂、安邑；中龙首结于丰镐、咸阳、长安，次结于洛阳，再次结于开封；南龙首结于南京，次结于临安。① 三龙之发，又有先后之次，王士性言之颇详：

> 古今王气，中龙最先发，最盛而长，北龙次之，南龙向未发，自宋南渡始。发而久者宜其少间歇，其新发者其当垄涌何疑。何以见其然也？洪荒方辟，伏羲都陈，少昊都曲阜，颛顼都牧野，周自后稷以来起岐山、丰、镐，生周公、孔子，秦又都关中，汉又都之，唐又都之，宋又都汴，故曰中龙先而久。黄帝始起涿鹿，尧都平阳，舜都蒲坂，禹都安邑，其后尽发于塞外猃狁、冒顿、突厥夷狄之王，最后辽、金至元而亦入主中国，故曰北龙次之。吴、越当太伯时，犹然被发文身，楚入春秋尚为夷服，孙吴、司马晋、六朝稍稍王建康，仅偏安一隅，亦无百年之主，至宋高南渡，立国百余年，我太祖方才混一，故曰南龙王方始也。②

在朱熹看来是华夏世界恒久且独一之极的"河东奥区"，在三龙说中，不过是北龙次结，且就历史演变而言，已过了发验之时。

宋元以降堪舆地理中的天地大形势说，为何会对朱熹的经典论述做出选择性接受？唐晓峰认为，中国古代地理学本质上是王朝地理学，是为了证成王朝的空间秩序。③ 段志强赞同此说，并进而主张，宋元以降堪舆地理放弃朱熹的河东为天下之极说，转而采取将历代王都均包络在内的三龙说，主要是为后代王朝提供堪舆论证，尤其是解释其建都地点的变迁。④ 唐晓峰、段

---

① 徐善继、徐善述：《重刊人子须知资孝地理心学统宗·龙法》卷一，《故宫珍本丛刊》第411册，第37—45页。
② 〔明〕王士性：《五岳游草》卷一一《地脉》，见〔明〕顾炎武撰，黄珅、顾宏义校点：《顾炎武全集》第12册《天下郡国利病书》，上海古籍出版社，2012年，第17页。
③ 唐晓峰：《从混沌到秩序：中国上古地理思想史述论》，第286—287页。
④ 段志强：《经学、政治与堪舆：中国龙脉理论的形成》，第123—126、131—132页。

志强侧重于天地大形势说的意识形态目标与功能，颇言之成理，确实，堪舆地理学本身具有肯定当朝与现世倾向，而程朱理学，则以三代以后圣王不再、孟子之后道统中绝的文明衰亡观念为底色，二者精神气质存在相当差异。但元明时期，与程朱理学官学化相伴而生的，是肯定秦汉之后诸王朝（尤其是当朝）观念的兴起，典型如以汉唐宋为堪与夏商周相比拟的"后三代"，① 明清时期，更发展为推尊本朝君主为重新实现道治合一的圣王。② 而既然秦汉之后"三代"仍持存于世，甚至道统论所推崇的尧舜之君也已重临，则天地大形势说放弃朱熹主张的后世不能在"河东奥区"建都，表明其德行薄弱，转而通过"天下之极"的转移，将自尧舜至于元明的所有王都均同等神圣化，自王朝历史与当朝本位，都是颇为自然的。

在地理学的王朝属性外，段志强又指出三龙说兴起的另一原因，即唐宋之后南方经济与文明地位的上升。虽然朱熹的天地大形势之说，已将南方诸山纳入，但毕竟只是环拱"河东奥区"的外围案山，仍然是默认天下之极当在中原与北方。而龙脉说北、南、中三龙并立的格局，事实上承认了南方与北方以及中原的对等性。③ 但相较于长安、洛阳、北京等大一统王朝的都城，作为南龙之"发"的南京与杭州，除明初数十年，都是作为偏安王朝的都城。则主张南龙也可以立天下之极，显然是基于唐宋以降立极东南的文明论与以南朝独当正统（特别见于元初修宋、辽、金三史时主张以南宋独当正统④）的种种观念。

我想要强调的是，就理解宋元以降天下之极观念的演变，在以上意识形

---

① 余英时认为"后三代"是一个宋居主位、汉唐居宾位的概念；（见余英时：《朱熹的历史世界：宋代士大夫政治文化的研究》，第 186 页）华喆在其为该书所撰的阅读札记中对此问题略有引申。（见华喆：《〈朱熹的历史世界〉读书札记二则》，朱刚、刘宁主编：《思想史研究》第 4 辑《欧阳修与宋代士大夫》，世界出版集团，2007 年，第 382—383 页）
② 这一思想与历史过程，见孙明：《治道之统：传统中国政治思想的原型与定型》，生活·读书·新知三联书店，2023 年，第 377—566 页。
③ 段志强：《经学、政治与堪舆：中国龙脉理论的形成》，129—132 页。
④ 刘浦江：《德运之争与辽金王朝的正统性问题》，《正统与华夷：中国传统政治文化研究》，中华书局，2017 年，第 103—107 页。

态目标与功能外，更不应忽视的，是朱熹的天地大形势说与宋元以降三龙说在观念形态与义理性质的差别。朱熹虽然被堪舆地理学者推尊为祖师，但这种推尊，不乏借助官学以张目的意味，事实上，朱熹虽然对当时流行的江西形势派风水堪舆之学颇为了解，在相阴宅与阳宅时也偶尔使用穴、龙脉等术语，① 但在阐述以华夏世界整体为对象的天地大形势时，则从未加以使用。② 太行尽处的"河东奥区"为天下之极，更多基于其皇极观念：极当取"至极之义，标准之名"，立极是令"四外望之以取正"。而天下诸山对"河东奥区"的重重环拱，则正是这一"望之以取正"的大象。相较于朱熹的恒久之极，三龙说则将"天下之极"看作龙脉生气形势性与时机性的聚结与发露，这除了调用《中庸》"未发"为"中"、"已发"为"和"的训解，更潜在地呼应了二程对"中"的理解："无适而不为中"。而天下之极的不能恒久与频繁移动，正是极本身的形势性与时机性的必然结果。

另外，朱熹及其后学的天地大形势说，仍大体取"极，栋也"之义，以天下为一大礼仪空间，以诸山环拱河东，如诸臣朝揖君主；③ 三龙说则以一种特殊动物（龙）的身体拟象华夏世界以及建极本身。龙之为物，古人多有阐述。马融主张："物莫大于龙，故借龙以喻天之阳气也。"④ 以龙为万物之

---

① 朱熹借用"穴"以及相应的形势派风水堪舆说，见其《山陵议状》，《朱子全书》第 20 册，第 729—733 页。相关分析，见许怀林：《朱熹的〈山陵议状〉及其风水观》，《宋史研究论丛》第 10 辑，第 313—340 页。朱熹直接使用"龙脉"一词，见张瑞：《朱熹风水思想的历史学研究》，山东大学历史文化学院博士学位论文，2014 年，第 199 页。值得注意的是，张瑞指出，朱熹使用"龙脉"一词，见于 2002 年新发现的《泉州同安鹤浦祖祠堂记》，学界对其真伪存在争议，有学者认为"龙脉"所在段落为后人伪托。而朱熹"补龙脉"之类的传说，更是只见于清代文献。（同文同页）
② 在与弟子的对话中，朱熹明确指出："'穴'是陷处，唤做'所安'处不得。分明有个'坎，陷也'一句。"（《朱子语类》卷七十，第 1748 页）即穴有坎陷之义，非生人安居之所。
③ 陈著："天下有大阴阳、大器局，朱文公所谓在冀州之野，坐常山、太行之所盘结，左泰右华，以受嵩、衡诸山之朝揖，而长江、大河横贯于前，此则方为有所见。"（陈著：《见山说》，《全宋文》第 351 册［卷八一一三］，第 73 页）
④ 见李鼎祚：《周易集解》卷一，第 2 页。

至大者。许慎则以龙为"鳞虫之长。能幽，能明，能细，能巨，能短，能长"，① 又《尚书大传》郑玄注："龙，虫之生于渊、行于无形、游于天者也。"②《易·乾卦》"潜龙勿用"，孔颖达疏："龙者，变化之物。"③ 同卦辞李鼎祚集解："沈驎士曰：'称龙者，假象也。天地之气有升降，君子之道有行藏。龙之为物，能飞能潜，故借龙比君子之德也。'"④ 皆以龙为至无定象的动物。又《易·乾卦》"潜龙勿用"，朱熹解："龙，阳物也。"⑤ 综合以上诸说，则龙至大至动，且以阳为体，故以龙名山，取其动势。⑥ 山在汉魏以降儒学中，以"安固，自然不动"为象与德，⑦ 则龙之名山，与此正相反，蔡发论其理甚详：

> 动静者，言乎其变通也。大概天下之理，欲向动中求静、静中求动，不欲静愈静、动愈动。古语云"水本动，欲其静；山本静，欲其动"，此达理之言也。夫山以静为常，是谓无动，动则成龙矣；水以动为常，是谓无静，静则结地矣。故成龙之山必踊跃翔舞，结地之水必湾环悠洋。若其偃硬侧勒，冲激牵射，则动不离动，静不离静，山水之不融结者也。然一动一静，互相循环。山亦有动极而静，水亦有静极而动。不可执一而论，又在人融化之为妙也。⑧

---

① 《说文解字》卷一一下，第245页。
② 皮锡瑞：《尚书大传疏证》卷四，第184页。
③ 《周易正义》卷一，第21页。
④ 李鼎祚：《周易集解》卷一，第2页。
⑤ 朱熹：《周易本义》卷一，第30页。
⑥ 孟浩："龙者山之行度，起伏转折，变化多端，有似如龙，故以'龙'名之。"（[托]〔唐〕卜则巍撰，〔明〕徐试可、〔清〕孟浩注，宋政隆点校：《地理雪心赋集解·论地理要略篇》，《四库存目青囊汇刊》第15册，华龄出版社，2021年，第9页）
⑦ 《论语·雍也》"仁者乐山"何晏注，《论语注疏》卷六，第5384页。朱熹也大体赞同此说，以山"厚重不迁"。（见朱熹：《四书章句集注·论语注集》卷三，第90页）
⑧ 蔡发：《地理发微·动静篇》，《蔡氏九儒书》卷一，《宋集珍本丛刊》第106册，第236—237页。

视山为有不息动势、至无定形的龙,这种对华夏世界"大形势"的理解,有两点值得注意。首先,山被理解为就形静止不迁,就气则有生生不息的动势,这实为宋明理学中虽非正统却始终相承不绝的气论传统的产物。丁耘指出,宋明理学中的"气",不宜用形式-质料二分法格义,相较于纯粹被动性的"质料",更合适的西方哲学对应概念,是"能"与"力",而就中国自身的思想传统,无形的气,实为蕴含生生不息动势的"道之体"。① 我认为,元明时期龙脉说的兴起,即以这一气论传统为背景:龙无定形而有不息的动势,正象征着这一以气为本的"道之体"。其次,古代中国礼学中有"礼者体也"之说,其所述之体,实为人之身体。② 值得注意的是,按古代自然学,人为裸虫之长,龙则为麟虫之长,但二者有一重要不同,龙体至无定形,人体则至有定形。这提示了三龙说与以礼学为背景的天地大形势说的不同:后者探讨的是有定的人体在礼仪空间中的活动,并据此定体建立唯一无二、恒久不迁的天下秩序;而前者,则是以龙的动而不息且至无定形,容纳华夏世界古往今来天时、地气与人事的推迁,以实现天理与历史一体意义上的天人合一。

朱熹的天地大形势说与三龙说的最后一点不同,则为前者以太行山为昆仑发脉尽处,因此,若不考虑以一元大化为尺度的太行为海滨问题,就生人可及的文明史视野,天下之极就与海无关。因此,朱熹虽然主张极为"标准之名",非必在大地的几何中心,但在陆海问题上,仍然采取经典的九州-四海模式,以九州定地中,而四海不过是九州之外的边缘区域,无关于天下建

---

① 丁耘:《论心性:道体学气论导言》,《哲学研究》2022年第5期,第82—83页;丁耘:《心物问题与气论》,《中国社会科学》2022年第6期,第86页。
② 《礼记·礼器》:"礼也者,犹体也。体不备,君子谓之不成人。设之不当,犹不备也。"郑注:"若人身体。"孔疏:"'礼也者,犹体也'者,犹若人身体也。'体不备,君子谓之不成人',释体也。人身体、发肤、骨肉、筋脉备足,乃为成人。若片许不备,便不为成人也。'设之不当,犹不备也'者,合譬也。礼既犹如人之有体,体虽备,但设之不当,则不成人,则设礼不当,亦不成礼,犹人体之不当也。"(《礼记正义》卷二三,第3108页)郑玄礼学对"礼者体也"的阐述,及其在宗法结构中的体现,见吴飞:《郑玄"礼者体也"释义》,《励耘语言学刊》2020年第1辑。

极。三龙说则呼应了唐宋以后王都东迁的大趋势,其南、北两龙,皆延伸至海,山海相逆,以成气脉聚结之地,故王都(北京、南京)邻近海滨,就其说绝非偶然。

因此,在三龙说中,东南之海,被指为环绕华夏世界的"大水",它与西北诸山相逆,构成了华夏世界的"大形势"。这一观念,在明清时期具有跨越儒学与数术的影响力。其前身,已见于蔡发:

> 雌雄者,言乎其配合也。夫孤阴不生,独阳不成。天地之物,莫不要相配对。地理家以雌雄言之,大概不过相对待之理。何以言之?山属阴,水属阳,故山水相对有雌雄,而山之与水,各有雌雄。①

> 脉有顺逆,龙有顺逆。顺龙之结穴必逆,逆龙之结穴必顺。此亦山川自然之势也。②

又郑思肖:

> 山体虽镇静,其势则活动;水势虽浮动,其体则平静。东土水势虽东流,东海潮势则西上。③

明人魏校,将以上堪舆数术中的"相逆以成",结合象数《易》学与天学,视为贯通天地人之理:

> 《易》曰:"天与水违行。"天文起于东南角宿,而西北阊阖为天门,昆仑发源西北乾维,而东南薄大海,盖相首尾矣,此天地相逆以成造化

---

① 蔡发:《地理发微·雌雄篇》,《蔡氏九儒书》卷一,《宋集珍本丛刊》第106册,第237—238页。
② 蔡发:《地理发微·顺逆篇》,同上书,第239页。
③ 郑思肖:《答吴山人问远游观地理书》,《郑思肖集》,第251页。

也。天文亦自为逆，日月五星逆天右行而成岁；地理逆则气固，大逆则气大聚，小逆则气小聚；近取诸身，一呼一吸，与天地通，呼出，顺也，吸入，逆也，心之神光，顺则发见，逆则收藏，而其机在目矣。①

昆仑为天门，大海为地户，相逆以成造化，这是华夏世界的"大形势"与"大气机"。《大明一统赋》称此为"大抵中国之势，前临大海，后倚长城，西北多山，东南多水，如此而已"。②而王夫之则参照华夏世界这一山海围聚的"大形势"，解释普遍历史的演变，他以玉门为华夏西界，反对汉武帝向西域扩张，理由即"玉门以西水西流，而不可合于中国，天地之势，即天地之情也。张骞恃其才力强通之，固为乱天地之纪"。③而出于同一理由，他支持汉向东南与西南的扩展，主张"越之不可不收为中国"，因为不可"分割天地于山海围聚之中"。具体说来：

> 天地固然之形势，即有天下者固然之理也。天地之情，形见于山川，而情寓焉。水之所绕，山之所蟠，合为一区，民气即能以相感。中国之形，北阻沙漠，西北界河、湟，西隔大山，南穷炎海，自合浦而北至于碣石，皆海之所环也。形势合，则风气相为嘘吸；风气相为嘘吸，则人之生质相为侔类；生质相为侔类，则性情相属而感以必通。南越固海内之壤也。五岭者，培塿高下之恒也，未能逾夫大行、殽函、剑阁、黾厄之险也。若夫东瓯之接吴、会，闽、越之连余干，尤股掌之相属也。其民鸡犬相闻，田畴相入，市贾相易，昏姻相通，而画之以为化外，则生类之性睽，而天地之气阏矣。
>
> ……
>
> 顾使山围海绕、天合地属之人民，先王声教所及者，悍然于彝伦之

---

① 〔明〕魏校：《地理说》，《庄渠遗书》卷五，文渊阁《四库全书》第1267册，第802页。
② 莫旦：《大明一统赋》卷上，《四库禁毁书丛刊》史部第21册，第9页。
③ 王夫之：《读通鉴论》卷三，《船山全书》第10册，第137页。

外，弗能格焉，代天子民者，其容恝弃之哉！①

南方的华夏化，被视作山海围聚、天合地属的"中国之形"的自然结果。② 理学以阴阳柔刚静动互为其体，参照这一观念，"海"不再是九州-四海模式中无关紧要的外围部分，而是与"山"一道，被视为构造华夏世界的基本"形势"。当然，这一新的天下图式，只有当近代中国被卷入全球海陆秩序后，才会激发出其全部思想潜能。

小结

虽然在南宋中期正式成型的理学道统论中，周敦颐、二程与朱熹一系相承为道统之圣，但就象数观，朱熹与二程的差异，要较与被排斥在道统论外的邵雍、王安石与司马光等人更大。二程深受玄学"得意忘象""以象遣象"的思想风格的影响，视以象数确定天下之极为泥于形迹，不明"无适而不为中"之理。朱熹则不同，其学兼义理与象数，训"极"以"至极之义，标准之名"，其体"至严至密"，"不可以毫厘之差"，③ 故对天下的尺度与形势，北极、河洛与昆仑的位置与形象，都有明确兴趣与深入探讨，允为宋学乃至古代学术的集大成者。

朱熹对两宋以降天下之极观念的最大影响，在于自象与义解脱"极"与"中"的绑定，再以"理势"观念结合同一时期更具堪舆数术背景的天地大形势说，让构建以天下之极为对象的普遍历史得以可能。总体来看，唐宋以降，河洛逐渐失去华夏世界中心地位，与此同时，南方人口、经济与文明自

---

① 王夫之：《读通鉴论》卷三，《船山全书》第10册，第126—127页。
② 段志强指出，王夫之用山脉与海岸线界定华夏世界，视其为最符合天地之道的"中区"，这与同一时期堪舆数术以明两京十三省为一大穴场，存在着呼应关系。见段志强：《"中区"与王夫之的中国观》，《中国文化研究》2016年第4期，第14页。
③ 朱熹：《皇极辨初稿》，《朱子全书》第26册，第687、690页。

秦汉以来持续一千年余年的上升趋势，也终于达至南北逆转的程度，而这一南北、中边的文明之运，被宋元以降士人解释为天地气运推迁这一"理势"的必然结果，至于是借助象数《易》学的卦变说、天学的岁差循环论，还是堪舆数术的天地大形势与龙脉说，则因时、因地、因人而异。

在以上种种天下学说的背后，是弥漫于宋元以降士人中的古今变易感。近代学术以"唐宋变革论"把握的种种上古至两宋的制度之变，当时人多已有所觉知，以上南北升降，乃至黄河改道、济水消失，更表明制度之外，尚有古今文明与自然之变。而探究这种种古今之变背后的不易之理、大恒之象，自然是该时期儒学的根本议程。

议程一致，但运思方向并不唯一，既可以如二程般独以心性通达天理，将以上制度、文明与自然之变视为无关于根本义理的"迹"，从而以一定程度的"内在化"，疏离乃至悬置古今世界及其普遍历史；也可以如朱熹般在古今之变的洪流中，尽力保持外在与内在、存在与超越、象数与义理的平衡，以万殊的"变易"为"格物"对象，通过静动、常变、理势、体用的辩证，在变易世界中立大恒之象，显不易之体。在这种意义上，二程与朱熹，确乎代表着理学构想天下秩序的两条道路。

确实，正是在两宋时期，永恒的"周行"在普遍历史领域的投射——五德终始论，开始出现衰落之势，[1] 以天下诸方气运升降、天下之极随之移动为主题的普遍历史，则随之兴起。不过，这一历史领域永恒运动观念的变更，所提示的并非古今断裂，正如中古拉丁史家以"帝权转移"（translatio imperii）解释三世纪以降地中海世界的演变，主张基督与奉教蛮族王权联合，继承并光大了罗马帝国，从而让罗马（乃至整个古典文明）分裂与衰亡的历史主题难以主流化。[2] 以上诸方气运升降、文明之极移动的历史主题，

---

[1] 见刘浦江：《"五德终始"说之终结：兼论宋代以降传统政治文化的嬗变》，《正统与华夷：中国传统政治文化研究》。

[2] J. G. A Pocock, *Barbarism and Religion, Volume 3 (The First Decline and Fall)*, Cambridge University Press, 2003, pp. 127-150. 李隆国：《从罗马帝国到神圣的罗马帝国：3—9世纪的欧洲政治与政治观念》，北京大学出版社，2024年，第9页。

也让任何否认华夏世界整体性与其普遍历史连续性的主张,只能作为伏流存在。① 因此,不必用"人文主义""理性化"之类的比附性历史论,解释五德终始说的衰亡。毕竟,与以天地大形势说解释天下之极移动大致同时且互相印证的,是以先、后天卦图配拟天下诸方,抑或以太乙行九宫或易卦爻象、辞对应上古以来历史,② 而这些学说,自表面即与人文主义、理性化不合。

事实上,参以同一时期的相关学术思想现象,尤其是以自然山川而非王朝政区划分天下,以及区分一代之政与百世之制,以立典制之体,③ 则可以说,五德终始说衰落的真正含义,是王朝在天下秩序与普遍历史中地位的下降。而上述种种在古今制度与文明的更迭中,探寻较王朝更为恒久的秩序结构与更符合天理的普遍历史周期的努力,与其单向解读为政治理性兴起的表现,不如说是兼具理性与非理性特征的观念在类型、应用领域与应用方式上发生了变化。而这一点,在下章所论述的宋元以降天学领域永恒运动观念的演变中,将得到更清楚的呈现。

---

① 一个极端的例子,是内藤湖南借助地气移动说,主张华夏世界的文明中心,在近代已从中国东移至日本。该说的学术思想内涵与政治性,见钱婉约:《内藤湖南研究》,第123—144页。
② 以太乙行九宫配拟上古以来历史,至少可上溯至南北朝时期。见何丙郁:《太乙术数与〈南齐书·高帝本纪上〉史臣曰章》,《"中央研究院"历史语言研究所集刊》1996年第67本第2分;宋元以降,太乙行九宫进一步与易卦爻象、辞结合,见晓山老人(秦晓山)所著之《太乙统宗宝鉴》(《续修四库全书》第1061册)。其说经胡翰影响到黄宗羲。相关脉络,见王汎森:《〈明夷待访录·题辞〉中的十二运》,《"中央研究院"历史语言研究所集刊》2013年第84本第3分。
③〔唐〕柳宗元:《封建论》,尹占华、韩文奇校注:《柳宗元集校注》第1册,中华书局,2013年,第186—188页;〔宋〕马端临:《〈文献通考〉自序》,上海师范大学古籍研究所、华东师范大学古籍研究所点校:《文献通考》第1册,中华书局,2011年,第1页。

第五章
西学输入前后的天极观念

第一节 岁差之为"大恒"

两宋以降,在地极与人极观念变动的同时,天极观念也在发生重要变化。南北朝时期即已发现的岁差现象,长期只是附属于上元观念、并无宇宙论内涵的修正常数,[①] 至宋元之后,伴随着上元观念的衰落,岁差最终排除种种"诬天背经"的争议,上升为解释宇宙秩序与演化的关键,[②] 乃至永恒的"周行"意义上的"大象"。而这则意味着以年为周期、四时与四方相匹配的时空体结构面临根本调整。

宋元时期对岁差含义的认识,仍当上溯至沈括:

> 若尽理言之,并月建亦须移易。缘目今斗杓昏刻已不当月建,须当随黄道岁差。今则雨水后一日方合建寅,春分后四日方合建卯,谷雨后五日方合建辰,如此始与太阳相符,复会为一说。然须大改历法,事事厘正,如东方苍龙七宿,当起于亢,终于斗;南方朱鸟七宿,起于牛,终于奎;西方白虎七宿,起于娄,终于舆鬼;北方真武七宿,起于东

[①] 见曲安京等:《中国古代数理天文学探析》,西北大学出版社,1994年,第115—137页。
[②] 王锦瑞接续曲安京的工作,主张天文历算学中岁差脱离上元观念而独立,可见于北宋周琮的《明天历》。(见王锦瑞、曲安京:《〈明天历〉岁差与上元积年》,《自然科学史研究》2019年第38卷4期)

井，终于角。如此历法始正。①

　　盖古人未有岁差之法，《颛帝历》"冬至日宿牛初"，今宿斗六度。古者正月斗杓建寅，今则正月建丑矣。又岁与岁合，今亦差一辰。《尧典》曰"日短星昴"，今乃日短星东壁。此皆随岁差移也。②

唐宋以上，天文历算学以斗建定月，以四方匹配四时（乃至二十四节气），以北方为冬至建子之位。但岁差现象的发现，表明冬至点在不断移动中，以上方位与季节乃至节气匹配的时空体结构，至南北朝时期，已与天文历算学的观测与计算不能相合；至北宋，在沈括看来，二者差异之大，更是已到了绝对不能两立的程度。

沈括的解决方案，是承认"事固有古人所未至而俟后世者，如岁差之类，方出于近世，此固无古今之嫌也"，③不从天文历算学中有相当势力的崇古主义，放弃斗建定月以及相应的方位与节气的匹配，而行"十二气历"，纯粹依据太阳运行确定节气与岁时。④沈括新历只考虑日行而不考虑月行，可谓有阳而无阴，又放弃方位与节气的匹配，则"天之正位"观念也被动摇。自然，该说在当时争议极大。⑤即使对沈括颇有征引的朱熹，也从未提及其以岁差否定斗建之说，对十二气历，也不以为然。⑥事实上，即使博学如他，也不完全了解天学上岁差的真义，而误以为是天行与日行速度不同

---

① 沈括：《梦溪笔谈》卷七，第137页。
② 同上书，第151页。
③ 沈括：《梦溪笔谈·补笔谈》卷二，第658页。
④ 沈括："今为术，莫若用十二气为一年，更不用十二月。直以立春之日为孟春之一日，惊蛰为仲春之一日，大尽三十一日，小尽三十日，岁岁齐尽，永无闰余。十二月常一大、一小相间，纵有两小相并，一岁不过一次。如此，则四时之气常正，岁政不相凌夺。"（同上书，第660页）
⑤ 沈括即说，自己"谓十二次斗建当随岁差迁徙，人愈骇之。今此历论，尤当取怪怒攻骂"。（同上）
⑥ 《朱子语类》卷二："沈存中欲以节气定晦朔，不知交节之时适在亥，此日当如何分。"（第26页）

第五章　西学输入前后的天极观念

（日差一度）所致，① 当时理学总体上与天学的隔膜，可以想见。

不过，也是在两宋时期，部分理学家开始注意到岁差之说，并尝试将其与天下秩序联系起来。司马光即说：

> 地中者，非地体之中，乃其地得寒、暑、风、雨之中……冬至，汉丈三尺，唐丈二尺七寸一分。夏至，汉尺五寸，唐尺四寸七分。夫日行有远近，土深有南北，气应有早晏，故其景不能不小有出入也。日行黄道，每岁有差，地中亦当随而转移。故周在洛邑，汉在颍川阳城，唐在汴州浚仪。②

岁差以约二万六千年为周期，自周至宋约两千年，诸天星宿位置之差仍不显明。故司马光对岁差与天下之中移动关系的看法，带有猜测意味。更具理论性的探讨，仍有待于朱熹。朱熹一般性地探讨天文历算中的差数，主张要发现其背后隐藏的天行之常：

> "今之地中，与古已不同。汉时阳城是地之中，本朝岳台是地之中，已自差许多。"问："地何故有差？"曰："想是天运有差，地随天转而差。今坐于此，但知地之不动耳，安知天运于外，而地不随之以转耶？天运之差，如古今昏旦中星之不同，是也。"又问："历所以数差，古今岂无人考得精者？"曰："便是无人考得精细而不易，所以数差。若考得精密，有个定数，永不会差。伊川说康节历不会差。"……"只有季通说得好，当初造历，便合并天运所差之度都算在里。几年后差几分，几年后差几度，将这差数都算做正数，直推到尽头，如此庶几历可以正而不

---

① 《朱子语类》卷二："天行至健，一日一夜一周，天必差过一度。日一日一夜一周恰好，月却不及十三度有奇。只是天行极速，日稍迟一度，月必迟十三度有奇耳……天行只管差过，故历法亦只管差。尧时昏旦星中于午，《月令》差于未，汉、晋以来又差，今比尧时似差及四分之一。古时冬至日在牵牛，今却在斗。"（第 13 页）
② 见王应麟：《六经天文编》卷上之"土中"条，第 146—147 页。

差。今人都不曾得个大统正,只管说天之运行有差,造历以求合乎天,而历愈差。元不知天如何会有差,自是天之运行合当如此。此说极是。"①

从汉至北宋地中(即正对北极的测影地)的移动,被认为是天运有差的结果。此差以古今昏旦中星的不同为代表(这正是岁差的典型现象)。朱熹的这一理解,无意中将岁差与地中的移动联系起来,若稍加引申,可以说根据北极下定地中模式,他不期然触及了明末以降随着西方天学东来方才显豁的一个关键问题:岁差与极星动移这两个幽微天象,其实是同一天行过程的不同表现(在明末都被解释为全天恒星东行的结果,详后)。

不过,从前引朱熹对岁差的错误理解,以及此处的上下文来看,以上颇适合被明末以降调和西方天学与本土理学者发挥的解释,并非朱熹真正的运思指向。他真正要做的,是超越天文历算学的实用主义,求天运所以然之理,并据此"直推到尽头",所举典型之例,则是邵雍的元会运世说。

邵雍《易》学虽以"数"为本,但他对"数"的理解,与天学有重要分殊。其元会运世说的基数,是三十与十二交乘之"年",② 这一在历法中并无精确对应的三百六十之数,解释颇多:或认为对应的是《易传》乾坤三百六十策;③ 或被当作易三百八十四爻这一体数的用数,④ 或以日月为易,日为

---

① 《朱子语类》卷八六,第2212—2213页。朱熹对历差的理论反思,见山田慶兒:《朱子の自然学》,第279—301頁。
② 《性理大全书》卷十邵伯温注:"《皇极经世》但著一元之数,使人引而伸之,可至于终而复始也。其法皆以十二、三十相乘,十二、三十,日月之数也……其消息盈亏之说,不著于书,使人求而得之,盖藏诸用也。此易所谓天地之数也。"(文渊阁《四库全书》第710册,第251页)
③ 《易·系辞上》:"《乾》之策二百一十有六,《坤》之策百四十有四,凡三百有六十,当期之日,二篇之策,万有一千五百二十,当万物之数也。"(《周易正义》卷七,第166页)
④ 邵雍:"体有三百八十四,而用止于三百六十,何也?以乾、坤、坎、离之不用也。乾、坤、坎、离之不用,何也?乾、坤、坎、离之不用,所以成三百六十之用也。故万物变易,而四者不变也。夫惟不变,是以能变也。用止于三百六十,而有三百六十六,何也?数之赢也。数之赢则何用也?乾之全用也。乾、坤不用,则离、坎用半也。乾全用者,何也?阳主赢也。乾坤不用者,何也?独阳不生,专阴不成也。"(邵雍:《观物外篇》上之中,《邵雍集》,第80—81页)

第五章 西学输入前后的天极观念 247

阳而月为阴，阳数以三十起，阴数以十二起，阴阳交乘而为三百六十，① 合乎"阴阳一太极"之理；或主张日月并举，取以太阳为基准的岁实（古代认为约 365.25 日）与以月亮为基准的十二朔实（一朔望月约 29.53 日，十二朔望月则约 354.36 日），求其平均，② 与岁实与十二朔实均差约六日，则为昭示天理之变的"余分"，③ 抑或偏离天行之常的气盈与朔虚。④ 而不管采取何种解释，三百六十都被视为"阴阳一太极"意义上的"理数"。

---

① 张行成："日月为易。易之数，日月之变也。日以三十而变，月以十二而变，故阳之分数一分而三十，阴之长数一长而十二。天以一而包三，则十二与三十之变，尽具乎一之中，故十二会、三百六十运共成一元，十二世、三百六十年共成一运，十二月、三百六十日共成一年也。"（〔宋〕张行成：《易通变》卷一一，文渊阁《四库全书》第 804 册，第 328—329 页）又："元会运世数者，经世之数也……运行之数在其中，则月之变十二，日之变三十是也。"（〔宋〕张行成：《皇极经世索隐》卷下，文渊阁《四库全书》第 804 册，第 28 页）又《性理大全书》卷八载蔡元定："阳数以三十起者，一月有三十日，一世有三十年也。阴数以十二起者，一日有十二辰，一岁有十二月也。"（文渊阁《四库全书》第 710 册，第 186 页）

② 《礼记·月令》孔颖达正义："郑注云：'中数曰岁，朔数曰年。'中数者，谓十二月中气一周总三百六十五日四分之一，谓之一岁。朔数者，朔十二月之朔，一周谓三百五十四日，谓之为年，此是岁、年相对，故有朔数、中数之别。若散而言之，岁亦年也。故《尔雅·释天》云'唐虞曰载'，'夏曰岁，商日祀，周曰年'，是也。"（《礼记正义》卷一四，第 2935 页）秦蕙田："蔡氏元定曰：阳数以三十起者，一月有三十日，一世有三十年也。阴数以十二起者，一日有十二辰，一岁有十二月也。或曰：气盈于三百六十六，朔虚于三百五十四。今经世之数，概以三百六十为率，何也？曰：所以藏诸用也，消息盈虚之法在其间矣。"（秦蕙田：《五礼通考》卷一八二，第 8516 页）当代学者高怀民也指出邵雍学说中的"年"与历法中的"年"并非一回事。他说："'十二万九千六百年'之'年'，是'元会运世年月日时'排比下来的中间的一个数值，与实际我们生活中的'年'是两件事，用在历史治乱的演进中，二者可以相比合，但不尽相同。"（高怀民：《宋元明易学史》，广西师范大学出版社，2007 年，第 58—59 页）

③ 张行成释邵雍"进退六日"："盖天道以六而变，必有余分……是故大运以六十而变，六变通余分得三百六十六；小运以六而变，六十变通余分亦成三百六十六也。"（〔宋〕张行成：《皇极经世观物外篇衍义》卷一，见〔宋〕邵雍：《皇极经世书》第 3 册，上海古籍出版社，2017 年，第 1267 页）

④ 邵雍："阳数于三百六十上盈，阴数于三百六十上缩。"（邵雍：《观物外篇》上之下，《邵雍集》，第 105 页）又《朱子语类》卷二："岁有十二月，月有三十日。三百六十者，一岁之常数也。故日与天会，而多五日九百四十分日之二百三十五者，为气盈。月与日会，而少五日九百四十分日之五百九十二者，为朔虚。合气盈朔虚而闰生焉。"（第 16 页）

在邵雍及其后学看来，数高于象而不从属于理，故虽然作为天地秩序基础的三百六十之数，与岁实以及十二朔实均不一致，但这不一致，乃至邵雍学派"将整齐之数，推不齐之运"的活动，① 正表明象必须借助数方可与天理同体。而历家以绝对吻合日月五星运行周期为目标确定岁差以及推算上元，实将数附属于象，是不符合天理自然的"智营力索"，结果只能"附会牵合"。② 因此，天文历算学追求精确观测与推算，不仅就义理，甚至就象数也并无根本价值。

两宋理学与天学的疏离，在理学传统中对天学兴趣最大、态度最为包容的朱熹这里，也有明确体现。一个典型之例是，他反对唐宋以前天学与经学天左旋、日月五星右转的主流观点，而阐扬发于张载的日月五星左旋说。③《朱子语类》卷二：

问："天道左旋，自东而西，日月右行，则如何？"曰："横渠说日

---

① 这是赵友钦出于天学立场对邵雍学说的批评之辞。见赵友钦："历家虽约三十日为一月，气盈朔虚却多寡不齐，盖一年计三百六十五日余四分之一，均为二十四气，则每月之两气该三十日四十三分有奇，两月相距则该二十九日五十三分有余。康节乃例以三十为用，是将整齐之数，推不齐之运，犹月皆大尽而无小尽，亦不置闰矣，造历者不取其说，良有以夫。"（〔宋〕赵友钦：《革象新书》卷二之"元会运世"条，文渊阁《四库全书》第786册，第236页）
② 蔡元定："元会运世之数，大而不可见；分厘丝毫之数，小而不可察。所可得而数者，即岁月日辰而知之也……皆天地之自然，非假智营力索，而天地之运，日月之行，气朔之盈虚，五星之伏见，胱朒屈伸、交食浅深之数，莫不由此。由汉以来，以历数名家者，惟太初、大衍耳。太初以四千六百一十七岁为元，以八十一为分，大衍之历乃以一百六十三亿七千四百五十九万五千二百为元，三千四十为分，皆附会牵合，以此求天地之数，安得无差？"（〔宋〕蔡元定撰：《经世书纂图指要说》，王梓材、冯云濠编，沈芝盈、梁运华点校：《宋元学案补遗》卷六二，中华书局，2012年，第3436—3437页）
③ 张载："天左旋，处其中者顺之，少迟则反右矣。"（〔宋〕张载：《正蒙·参两》，章锡琛点校：《张载集》，中华书局，1978年，第11页）左旋与右旋之争不始于张载与朱熹，而是自秦汉即已出现。但秦汉以降，右旋说始终居于优势，张载与朱熹以理学观念重释左旋说，让左旋与右旋之争重新激烈化。自秦汉至明清左旋与右旋说的内涵与演变脉络，见陈美东：《中国古代天文学思想》，第199—215页。朱熹对张载左旋说的阐发，见山田慶兒：《朱子の自然学》，第242—250页。

月皆是左旋,说得好。盖天行甚健,一日一夜周三百六十五度四分度之一,又进过一度。日行速,健次于天,一日一夜周三百六十五度四分度之一,正恰好。比天进一度,则日为退一度。二日天进二度,则日为退二度。积至三百六十五日四分日之一,则天所进过之度,又恰周得本数;而日所退之度,亦恰退尽本数,遂与天会而成一年。月行迟,一日一夜三百六十五度四分度之一行不尽,比天为退了十三度有奇。进数为顺天而左,退数为逆天而右。历家以进数难算,只以退数算之,故谓之右行。"①

朱熹主张,右旋说只是根据目视经验对日月五星相对二十八宿自西而东(右旋)运动的直观描述,但目验本身并不可靠,日月五星自西而东的视运动实为假象,其真实运动,是随天左旋而较天稍迟。不过,他判断右旋为假象,并非根据何种新的观测与计算,而是基于《易》"天行健"与万物本天之理:既然天行至健,则天行当较日行为速;② 既然天为体而日月五星为用,则后者的运动并非自主,而是随天而行。

以上邵雍、朱熹之说,大体为元明时期儒学的主流观点。进一步的推阐——如主张天理当为一本而非二本,顺天则为万化生生之源,③ 又如天体左旋,合于后天八卦"帝出乎震"之象,而坐北面南、自东而西则为易、历一体的定理④——解释虽异,但都是要以《易》学的"所以然之理"超越目

---

① 《朱子语类》卷二,第13—14页。
② 朱熹所谓:"天行健,这个物事极是转得速。"(同上书,第14页)
③ 秦蕙田:"在今日,则左旋为儒者之说,右旋为历家之说。夫日月五星,附丽于天,何至与天行相反?故以为顺天左旋,况昼夜见之,左旋不已也。此儒者所守之理。"(《五礼通考》卷一八一,第8488页)《畴人传》卷二记张载"因有天左旋,处其中者顺之之说。当时儒者皆主张子,盖谓七政当顺天,不当逆天也。"(《畴人传汇编》,第16页)
④ 秦蕙田:"天体左旋,运行不息,《乾·象传》提揭最明。盖易有太极,是生两仪。太极动而生阳,合下便是乾体,故其性纯阳而至健。自东而西,西而复东,旋转如轮,昼夜不舍。其所以必自东而西者,《易·说卦》曰:'帝出乎震,齐乎巽,相见乎离,致役乎坤,说言乎兑,战乎乾,劳乎坎,成言乎艮。'东南阳方,西北阴方,自阳处动起,盖其性然也,后之人因名曰左旋,左右者,本因人身之手而得名。南北东西,随其所向,(转下页)

视直观乃至天学,① 而这表明,元明儒学总体上疏离于天学,儒者之历与历家之历的区分,② 即是明确体现。

当然,作为宋学乃至整个古典传统的集大成者,朱熹学术思想中更重视天学的部分,也为以天学为本思考天地秩序与华夏世界构造留下了空间。如前所述,朱熹晚年的格物论,有回向天学的趋势,而这开显于其闽地后学陈普,宋元之际,他对岁差的义理含义做出了明确阐述:

> 天,万化之祖,日,万化之宗。天运每日过一度,为欲与日会也;日运每日溯天一度,为欲与天会也。天日胥会则为一年,而万化成,古今之行,信有常矣。然有岁差之法,谓天与日每年各退若干分,天以左旋退而东,日以右行退而西。以唐一行之法推之,不满八十三年,天日相差共一度,历减半日。天官灵台积候验之,盖信然也。其法可晓,而谈经儒者多未察。盖不但《尧典》中星与日合日,在今皆不然,如《七月流火》《定之方中》之类,今皆不可据矣……孟子曰:"苟求其故,千岁之日至,可坐而致也。"天七月而火流,所谓"故"也,"故"则可求,而今不可求也。日丽中街,小暑已至,而火犹未中也;秋风既生,寒蝉已鸣,而火犹未流也……本以候寒暑,而渐与寒暑不应,可疑也。非但今可疑也,循今已往,千载之后,复如公刘至今,则当八月中而九

(接上页)反复出入,更迭互用,原无定体。此所以名曰左者,万物负阴而抱阳,圣人南面而听天下,向明而治。天之运行,恰自左而右,故曰左旋。凡日月五星,悉随而转,故《离·象传》曰:'日月丽乎天。'《中庸》谓:'日月星辰系焉。'系也,丽也,明与天为体,而无异理。《礼记》曰:'大明生于东,月生于西。'此阴阳之分,顺逆之理也。"(秦蕙田:《五礼通考》卷一八一,第8493页)

① 宁晓玉:《明清时期中西宇宙观念的会通:以日月五星左右旋问题为例》,《中国科技史杂志》2009年第30卷1期,第155—156页。宁晓玉认为:"如两汉时期的左旋说一样,从宋代张载、朱熹到明末黄润玉的左旋说仍然没有和天文观测结合,没有把解释行星的运动当作核心问题去解决,这成了左旋说最大的缺憾。"(同上书,第156页)

② 王锡阐:"至宋而历分两途,有儒家之历,有历家之历。儒者不知历数,而援虚理以立说;术士不知历理,而为定法以验天。天经地纬躔离违合之原,概未有得也。"(见阮元:《畴人传》卷三四,《畴人传汇编》,第380页)

第五章 西学输入前后的天极观念

月流。又千载后，则九月中而十月流。又千载后，则十月中而十一月流，益可疑也……定方中而宫室作，今农功毕，而定犹在未也。犹有可疑者，北斗，天之纲纪，十二月杓建各指地之十二辰，所以应天运而昭万目也。自岁差以来……雨水犹未建寅，春分犹未建卯，千载之后，其违又远，此不可之尤者也……《易》曰：观其所恒，而天地万物之情可见矣。此非所谓不恒者乎？切尝妄论，所谓常者，有小有大，有一日一月之常，有一岁一世之常，有千万世之大常。岁差者，天之大常也，以八十三年一度推之，盖三万年而差一周。自尧以后三万年，二至二分日在与四仲鸟虚火昴依然子午卯酉四正复如尧时，然则尧舜禹之精一执中与时雍之治可复见也，但吾党不得而与尔。此岂天地之一大常乎？《孟子》之言，《易传》之说，千载亦可，万世亦可，固不可以一世观也。①

"七月流火，九月授衣"，见于《诗·豳风·七月》，两宋经学多根据其中天象物候，主张其地所行为"夏正"，周地而行夏正，可见三代皆"行夏之时"。唯不曾注意或有意回避由于古今星宿有差，"七月流火"之象，非后世所可见。相较朱熹，陈普正确地指出，天行与日行日差一度，这并非岁差，并将《诗》之《七月流火》《定之方中》以及《尚书·尧典》所载的星宿方位，合以秦汉至两宋天学所记日躔、星宿方位的变化，指出岁差现象确然存在，斗建之说绝对不能成立。他更进一步，用《易》"大恒"之理安顿此岁差之象，主张岁差并非如其名称所提示的那样，表明太阳岁行有差，它以约三万年为周期，提示的是较之日、月、岁、世尺度更大的"千万世之大常"，实为"大恒"之理所对应的真正的"周行"大象。

这是以天学为本位的历、《易》一体说。陈普持此说，是因为在他看来，天地至大无外，与道同体：

---

① 〔宋〕陈普：《石堂先生遗集》卷五之"七月流火"条，《续修四库全书》第1321册，第363—364页。

> 凡物各有内外，惟道无外，天地即道体也，不容有外，如佛家一重之外又一重也。物各有外，此天之外，犹别有之，则其尽处之外，又当有环绕之者，其所环绕，又当有外、有尽，所尽又当有外，如此则虽万重、百万重、千万重、万万重，亦不能尽……太极者，道之至、理之极也，有形有性，至此而极，此外若有异形别样，即非理可怪矣……太极、三极之极，初即此意，谓极至而无以加也。若此天地之外更有天地，则此太极只是一偏，而有二、有外、有加矣。①

"天地即道体"之说，将理学至为精微的"道体"观念，与天地之学的发展内在地联系在一起。陈普遵从朱熹极为"至极之义，标准之名"的新训，主张"夫所谓极者，义理度分当然之至极，不可有毫厘损益之谓也"，② 而"大抵古今天下，往往才难。知天之人，千百无一。天道微远，数学纤悉，加以岁差之行，细入毫发，晦朔与闰之不同，皆以此"，③ 岁差现象历时千年方最终确定，可见天道"大恒"之理的幽微，非兼综天学与理学者，难以见其堂奥。

在兼综天学与理学之外，另有一个因素显著降低了陈普提出以上挑战性新说的阻力，作为宋遗民，大体同时由元人刘秉忠等所推动、以邵雍《易》学为基础的神圣化北方与南北向的观念与实践，对他不会有任何吸引力与约束力。而或许并非偶然的是，宋元之际另一位义理化岁差现象的士人，也是宋遗民。赵友钦在《革象新书》中说：

> 正东之方名曰卯位，正西之方名曰酉位，日正南处名曰午位，一日十二时，太阳历过十二位，乃定方也……唐虞之时，冬至日躔子，夏至日躔午，春分日躔卯，秋分日躔酉。至今未及四千年，冬至日已躔寅，

---

① 陈普：《石堂先生遗集》卷八之"问：天地人何以谓之三极，又何以谓之三才？"条，《续修四库全书》第1321册，第396—397页。
② 同上书，第392页。
③ 陈普：《石堂先生遗集》卷八之"答闾问"条，《续修四库全书》第1321册，第391页。

夏至日已躔申，春秋二分已躔巳亥，计其岁差已退四、五十度矣。由是观之，后万余年，冬至日反躔午，夏至日反躔子，春卯秋酉，亦各互易，若周遭而复于旧躔，当在二、三万年间。逆而推之，帝尧以前，亦必如是，此决然之理也。①

在赵友钦看来，作为天地正位的子午卯酉之位，因为岁差现象，其与四时的对应关系也在不断更易之中。因此并不存在永恒不变的四时对应四方的时空体结构。

以上陈普、赵友钦以岁差为天地"大恒"之象的新说，初看起来影响很小。由于这一时期天学与理学总体上的疏离关系，作为天学家的赵友钦，对同一时期理学的影响相当有限；而陈普作为朱熹后学与闽学一脉的重要人物，虽然在理学传统内，但其著作却迟至嘉靖中期才被正式整理刻印，因而在闽地之外，长期少有人知。②其中原因虽已难以考订，但宋遗民这一政治忌讳在元明易代后已彻底解除，则其以天学为本而重思理学义理的倾向，想必也是随后著作仍迟迟不能刻印的原因之一。结果，虽然天文历算学家以及倾向于天学的理学家已开始接受岁差之为"大恒"之象，并以这一新的永恒的"周行"构想天地秩序，但理学主流以及总体上受其影响的数术学，仍维持着四方匹配四时的时空体结构。典型如元明时期，岁差所导致的全天星宿移位已相当明显，数术学对其以秦汉以上天象为基础的占式却完全不加调整，③极星动移现象早已发现，而星占书籍中仍以北辰不动为前提。④可见

---

① 〔宋〕赵友钦：《革象新书》卷一之"日道岁差"条，文渊阁《四库全书》第786册，第231—233页。
② 薛孔洵："所著书藏诸家塾，历胜国至我明晦三百年未有识也。"（薛孔洵：《重刊石堂先生文集叙》，见《石堂先生遗集》，《续修四库全书》第1321册，第282—283页）陈普文集初刻于嘉靖十六年（1537）。
③ 卢央：《中国古代星占学》，第50—51页。
④ 如《星学大成》中仍载有："孔子曰：'北辰居其所而众星拱之。'盖天之星运转不穷，而北辰一星不易其位，北辰所居乃天之北极子位是也。"（〔明〕万民英：《星学大成》卷二三"众星拱北"条，文渊阁《四库全书》第809册，第721页）

尚古主义影响之深。

但反过来,明代后期陈普著作的刻印与流传,也颇具提示性,正是从这一时期开始,自中唐以来分离近千年的天学与儒家义理之学重新接近,而万历中期以利玛窦为代表的耶稣会士东来,将西方天地之学输入华夏世界,则大大加速了这一思想与历史过程。相关内容,将在接下来阐述。

第二节　西方天学视野下的永恒的"周行"

古代中国天地之学的"一大事因缘",无过于明末以降西方新天学与地学的输入。其影响所及,无远弗届,与"天下之极"观念相关者,则有以下几项:一、天球与天地运动学说(特别是以全天恒星东行解释岁差,以及视黄极为全天运动枢纽);二、地圆说;三、五大洲说以及相应的全球陆海与山川图景。以上诸种新学说与观念,与明清理学、经学互动,共同促成了明末以降天下之极观念的转型。

宋元之际,陈普独辟新义,以近三万年的岁差循环,为天运"大恒"之象,这一对秦汉以降以年为周期、四时与四方匹配为背景的永恒运动观念极具挑战性的新说,在元明近三百年中,几乎无人响应甚至注意(陈普著作至明嘉靖时期方正式刊刻),至明末,响应终于到来,西方新天学以全天恒星东行解释岁差,该说为理学与经学所吸纳,进入主流思想界,① 且由于恒星

---

① 王广超指出:"在古代西方天文学框架中,岁差是恒星天球东移的结果,是一个与宇宙论有密切联系的概念。而古代中国天文学家则将岁差仅仅看作一个历算的概念,是一个在换算'恒星年'以及'回归年'时需要用到的常数。大部历算家都不去关注岁差背后的物理意义以及宇宙论解释。"(王广超:《明清之际中国天文学关于岁差理论之争议与解释》,《自然科学史研究》2009 年第 1 期,第 74 页;相近表述,又见王广超:《明清之际中国天文学转型中的宇宙论与计算》,《自然辩证法通讯》2013 年第 2 期,第 62—63 页)他进一步指出,明末以降,在西方天文学影响下,中国天文学中的岁差概念开始具有宇宙论意涵。(见王广超:《明清之际中国天文学转型中的宇宙论与计算》,第 64 页)需要补充的是,在明末以前,中国思想内部也有赋予岁差宇宙论意涵的尝试,如陈普。

岁差周期达近二万六千年，较之日月五星，"周行"远为长久，因此，被当作提示"大恒"之义的最隐微而重要的天行"大象"。① 这也进一步促成了理学与经学中"极"观念的调整。

古代中国天文学用冬至点西退解释岁差现象，即视岁差为天运与日运不齐的结果，恒星随天运动，本身则相对于天静止，相互间位置也固定不变，以成恒星之"恒"象与天道"大恒"之义。魏晋至元明，天学家逐渐发现作为全天枢轴的极星与标示全天方位的二十八宿皆在移动之中，② 星有定位的观念，与实际观测间矛盾日增。至明末，耶稣会士引入同一时期西方天学对岁差的解释，要点在于恒星相对于天并非静止，而是持续东行，导致岁差产生。相较于旧说，该说能较好地解释历代累积的观测数据，因此很快被中国天学家所接受。梅文鼎即说：

> 西法谓恒星东行比于七曜，今考其度，盖即古历岁差之法耳。岁差法昉于虞喜，而畅于何承天、祖冲之、刘焯、唐一行，历代因之，讲求加密，然皆谓恒星不动而黄道西移，故曰天渐差而东，岁渐差而西，所谓天即恒星，所谓岁即黄道分至也。西法则以黄道终古不动，而恒星东行……故仅以冬至言差，则中西之理本同，而合普天之星以求经纬，则恒星之东移有据。③

---

① 梅文鼎："吾尝征之天道矣，日有朝有禺，有中有昃，有夜有晨，此历一日而可知者也。月有朔，有生明，有弦，有望，有生魄，有下弦，有晦，此历一月而可知者也。时有春夏秋冬，昼夜有永短，中星有推移，此历一岁而可知者也。乃若荧惑之周天，则历二年，岁星则十二年，土星则二十九年（解约整数）。夫至于十二年、二十九年而一周，已不若前数者之易见矣。又其每周之间，必有过不及之余分，所差甚微，非历多周，岂能灼见。乃若岁差之行，六七十年始差一度，历二万五千余年而始得一周，虽有期颐上寿，所见之差不过一、二度，亦安从辨之？"（〔清〕梅文鼎：《论历学古疏今密》，韩琦整理：《历学疑问》卷一，《梅文鼎全集》第1册，黄山书社，2019年，第13页）

② 极星动移现象的发现，见本书第三章。又至迟到唐宋时期，古今恒星距度变化已被发现，代表人物为僧一行与姚舜辅。姚舜辅甚至主张，既然恒星距度从古至今不断变化，则今测（宋测）只合乎当下的天道，唐测则只合乎唐代的天道。（见陈遵妫：《中国天文学史》第2册，第818页）

③ 梅文鼎：《论恒星东移有据》，《历学疑问》卷二，《梅文鼎全集》第1册，第46—47页。

这一恒星东行之说，在雍乾时期，进一步上升为官方定说。《明史·天文志》虽开篇即讲"自司马迁述《天官》，而历代作史者皆志天文。惟《辽史》独否，谓天象昭垂，千古如一，日食、天变既著本纪，则天文志近于衍。其说颇当"，但不过是应付天星恒定观念的虚晃之辞，其后详述耶稣会士引入的新天学，其中之一，即恒星东行之说：

> 明神宗时，西洋人利玛窦等入中国，精于天文、历算之学，发微阐奥，运算制器，前此未尝有也……恒星之行，即古岁差之度。古谓恒星千古不移，而黄道之节气每岁西退；彼则谓黄道终古不动，而恒星每岁东行。由今考之，恒星实有动移，其说不谬。①

在古代中国天学与宇宙论中，全天最重要的恒星，自然非极星莫属。虽然最晚至宋代，天学家已明确极星动移现象，并因此在义理上视北极为"动极而如静者"，②但一直未将极星动移与岁差现象联系起来。而用恒星东移来解释岁差，则做到了这一点。③梅文鼎为说明恒星东移可信，即举魏晋以降对极星动移现象的观测为例："古测极星，即不动处；齐梁间测得离不动处一度强（祖暅所测）；至宋熙宁，测得离三度强（沈存中测，详《梦溪笔谈》），至元世祖至元中，测得离三度有半（郭太史候极仪，径七度，终夜见极星循行环内，切边而行是也）。向使恒星不动，则极星何以离次乎？"④而这一对极星动移的新解，也进入了同一时期的理学与经学中，秦蕙田即说："若夫极星所以动移，由于恒星差，言岁差者所当知也。"⑤魏源论"古

---

① 〔清〕张廷玉等撰：《明史》卷二五，中华书局，1974年，第339—340页。
② 孙兰："天地之内，动极而如静者，北极也。"（〔清〕孙兰：《柳庭舆地隅说》卷上，《丛书集成续编》第80册，第175页）
③ 当然，本书并不是要探讨何种岁差解释更为"正确"。确实，因为恒星东移说能同时解释极星动移、二十八宿去极度变化等一系列现象，很快替代了传统的岁差解释，但该说仍假定天动地静，显然亦非确解。
④ 梅文鼎：《论恒星东移有据》，《历学疑问》卷二，《梅文鼎全集》第1册，第47页。
⑤ 秦蕙田：《五礼通考》卷一八一，第8477页。

今岁差之小殊",即举极星动移为例,所谓"唐虞时以上弼、少弼为极星,周以庶子为极星,今以勾陈为极星"。① 而既然极星动移被归为岁差现象的结果,则就不再被视为对北极这一永恒之位的偏离,而是可见的极星围绕不可见的北极的永恒"周行"。

那么,在天学与儒学的交互下,何种构造与理解天下之极的观念得以发生？元明时期的天地之运观念,仍以邵雍的元会运世说最为主流,因此,需要对该说与岁差之说,乃至更一般的象数《易》学与天学的同异,加以进一步比较。

以《易》学为基础的象数主义,探求的是从至小到至大、至微到至显皆一以贯之的"理数",此"理数"与实际观测的偏差,被视为无关天理之常的"余分"。如邵雍以三十为月之理数,三百六十为年之理数,并根据小大相推原则,② 主张"夫古今者,在天地之间犹旦暮也";③ 邵雍之子邵伯温,据此发挥为"一元在大化之中,犹一年也",④ "观一岁之数,则一元之数睹矣。以大运而观一元,则一元,一岁之大者也；以一元而观一岁,则一岁,一元之小者也"。⑤ 而这一小大相推的运数,又可自一日下及于人之一息,邵雍所谓"冬至之后为呼,夏至之后为吸,此天地一岁之呼吸也",张行成注：

> 冬至之后,阳长阴消,舒万物以出,故为呼；夏至之后,阴长阳消,敛万物以入,故为吸。若自日言,则子以后为呼,午以后为吸。天之一年、一日,仅如人之一息。是以一元之数十二万九千六百年,在大

---

① 魏源：《书古微》卷二,《魏源全集》第 2 册,第 11 页。
② 邵雍学派以一年推一元甚至无穷,其逻辑,见朱伯崑：《易学哲学史》第 2 卷,第 152 页。潘雨廷认为这是对《庄子》"小年"与"大年"辩证思想的发挥。(见潘雨廷：《论邵雍与〈皇极经世〉的思想结构》,《易学史发微》,复旦大学出版社,2001 年,第 349 页；《易学史丛论》,上海古籍出版社,2007 年,第 5—6 页) 高怀民则认为邵雍是用十二支(代表一日十二辰)配拟天地一元循环。(见高怀民：《宋元明易学史》,第 59 页)
③ 邵雍：《皇极经世书》第 3 册,第 1156 页。
④ 胡广：《性理大全书》卷八,文渊阁《四库全书》第 710 册,第 189 页。
⑤ 同上书,第 207 页。

化中为一年而已。①

自人之一息,至于一元大化,小大相推,层层嵌套,皆以同一理数为断,②可谓"数"的系统化与观念化,并因此疏离于天学实测。而明末以降西方新天地之学输入引发的一个重大思想后果,即为持衡自中唐以来天学与理学的分离趋势,与儒学内相对边缘但始终不绝如缕的就天学而论理学的一脉相结合,共同促成了天学与理学相即乃至合一思想的兴起。李之藻谓"其(指耶稣会士——作者注)所论天文历数,有中国昔贤所未及者,不徒论其度数,又能明其所以然之理",③钱大昕更明确地说:"自古未有不知数而为儒者。"④则相较于以观念性的数为本位的象数《易》学,以实际天行为依据的天学,日渐成为开显义理与象数合一的更优先参照。

毫不奇怪,随着天学重归儒学的中心,元明时期仍局限于天学领域的对邵雍《易》学"将整齐之数,推不齐之运"(赵友钦语)的批评,从明末以降,在理学与经学中都频繁出现。典型如黄宗羲:

> 推求其(邵雍——作者注)说,多有可疑……一年之日三百五十四,以运准之则少六日;一月之时三百五十四,以世准之则少六时。康节必欲以十二与三十整齐之,其奇零岂可抹杀乎?……康节之为此书,

---

① 张行成:《皇极经世观物外篇衍义》卷八,邵雍:《皇极经世书》第3册,第1406页。
② 《朱子语类》卷二四:"康节元、会、运、世之说,十二万九千六百年为一元,一元有十二会;一万八百年为一会,一会有三十运;三百六十年为一运,一运有十二世。以小推大,以大推小,个个一般,谓岁、月、日、时皆相配合也。"(第596页)又以一年为"观物"的基本单位,是因为较之一日与一元,它不近不远,不小不大。见罗钦顺:"太极阴阳之妙,善观者试求之一岁之内,自当了然。一日之内亦可观,然太近而难详也。一元之内亦可观,然太远而难验也。要之,近而一日,远而一元,其盈虚消息相为循环之理,即一岁而推之,无有不合。"(〔明〕罗钦顺撰,阎韬点校:《困知记》卷上,中华书局,2013年,第25页)
③ 《明史》卷三一《历志》,第529页。
④ 〔清〕钱大昕:《赠谈阶平序》,《潜研堂文集》卷二三,陈文和主编:《嘉定钱大昕全集》第9册,凤凰出版社,2016年,第352页。

其意总括古今之历学尽归于《易》,奈《易》之于历本不相通,硬相牵合,所以其说愈烦,其法愈巧,终成一部鹘历书而不可用也。①

又王夫之:

谓"天开于子",子之前无天;"地辟于丑",丑之前无地;"人生于寅",寅之前无人。吾无此邃古之传闻,不能征其然否也。谓酉而无人,戌而无地,亥而无天,吾无无穷之耳目,不能征其虚实也。吾无以征之,不知为此说者之何以征之如是其确也!②

又李光地:

尝疑元、会、运、世之说,如谓自开辟至尧时已到巳,已历过数万年,此数万年中,人皆昏昧无知识,恐未必然……孔孟程朱只说理,虽似把捉不定,看来倒准。邵子论数,却未必准。③

对比宋元儒者对邵雍《易》学的推崇,即可以看出以上批评的思想意涵。邵雍被两宋儒者视为"精极天之数",④"穷往知来,精极于数",⑤"赜于历数之理者",⑥而历算之学所测度的天行,则被认为不过是万变不齐的"迹",需要《易》学"理数"的提升,方可以开显"所以迹"之天理。而黄宗羲等人的看法则不同。邵雍以三百六十为理数,被认为不合于实际岁实,

---

① 黄宗羲撰,陈敦伟、王永嘉校点:《易学象数论》卷五,《黄宗羲全集》第 9 册,第 156—157 页。
② 王夫之:《思问录·外篇》,《船山全书》第 12 册,第 467 页。
③〔清〕李光地撰,陈祖武点校:《榕村语录》卷一九,中华书局,1995 年,第 331—332 页。
④〔宋〕胡宏:《皇王大纪》卷三,文渊阁《四库全书》第 313 册,第 30 页。
⑤〔宋〕张栻:《〈经世纪年〉序》,杨世文点校:《张栻集》第 3 册,中华书局,2015 年,第 963 页。
⑥ 罗泌:《路史校注》卷二,第 21 页。

以此为基础推衍一元大化，远远超出人目力所及，生命所历，"不能征其虚实"，不过是"无验于天行，无征于人事"的"虚数"。因此，邵雍学派强行以《易》解历，与宋元以上天学家推算上元至于亿万年前，都不过是对超越人知解能力的至神天道的"臆测"（且上元推算虚立历元，不敢明言天地之际，元会运世说则断言天地终始，臆测程度更甚）。①

天学而非象数《易》学的优先性，更见于试图调和岁差新说与邵雍元会运世说者，其始可上溯至陈普，他说："盖自一行以来定差法，八十年九月有奇差一度，推之三万年，当差一周，复如尧时。康节一元之数当四周，如尧时，是亦所谓极而已矣。"② 不再以世、运、会之序推衍一元，而是视其为岁差循环的结果。此说像陈普的著述一样，在元明时期总体上处于埋没状态，直至明末，开始出现应和者。薄钰表示"以子半虚六度积成岁差，每岁差一分五十秒，积六十六年遂退一度，由是而证之邵子元会世，又上证之《汉志》章纪蔀元，无不符者"，③ 指出岁差与元会之数存在联系，但具体未详。清中叶以后，王元启用全天恒星东行解释岁差，并进一步结合以邵雍之说：

---

① 李荣陛："《经世》之书，以三十与十二相乘，盖本于月积之日，年积之月，推而衍之，以为世运会元。予幼时读性理已疑之……夫气朔之有畸零，皆本于实象……其畸零因于月与日之行度，可得而算，若例月之积以为世，例岁之积以为运，皆虚数耳，无畸零可立，则虽欲加数以相乘，亦不可也……以虚谈则例月之日以为世，例岁之月以为运，复转辗相例以为会、为元，虽累至百千万亿，如秦汉以来各家求元者之所测，亦何不可，但均之无验于天行，无征于人事耳。古之知历者谓当顺天以求合，不可为合以验天，非以天道至神，不可臆测欤？……历家苦于立元无根，虽衍其虚年，犹未敢妄言天地之际，《经世》则断其始终为十二万九千六百年，而以禹立八年之甲子为午会第一运，果何所见也？将天谆谆然命之耶？抑犹未免为己之臆测也。"（〔清〕李荣陛：《皇极经世书后》，见〔清〕李祖陶辑：《国朝文录·厚冈文集》卷二，《续修四库全书》第1670册，第649—650页）
② 陈普：《石堂先生遗集》卷八之"问：天地人何以谓之三极，又何以谓之三才？"条，《续修四库全书》第1321册，第396页。
③ 见〔明〕邹漪：《薄文学传》，《启祯野乘一集》卷六，《四库禁毁书丛刊》史部第40册，第478页。

若以邵子元会运世之说推之，历一会五运三世有半加三百二十二日有奇，而鸟火虚昴互易其次；二会十运七世一岁又二百七十八日有奇，而星运一周。统计一元之内，恒星凡五周天，余二千五百四十一年，首尾各一千二百七十年有奇，为混沌初分及闭物后复归混沌之形。①

又万年淳：

故元会运世即年月日时之数，此都是硬数排上去……经星之差，说者不一，大约七十二年而逆差一度，确不可易，历二万五千九百二十年而逆差一周天，五倍之恰得十二万九千六百年，为一元之数。自来无有窥及此者，可见邵子元会运世亦是准天度而言耳。其实逆差一周只是二万五千年，一元亦只是十二万五千年，其余分即闰位也。天地之生数终始于五，以五积之，得二万五千，恰孚乎经星差一周之数。②

以上岁差说与元会运世说的和合，有两个重要特点：第一，是用岁差周期来说明邵雍一元周期的正确性，而不是相反，则天学而非《易》学，在探讨天理时更具优先性；第二，邵雍的一元周期涵括从天地开辟至毁灭的整个过程，则与之对应的岁差周期，所提示的就不仅是永恒的"周行"意义上的"大恒"之义，也是天地成毁这一至大"变易"背后的"不易"之理。

那么，在这一以岁差为"大象"的天地秩序中，极观念将如何调整？首先，两宋以降，以天运"周行"为象的"天行健"之德，强调不断"重复"意义上的"自强不息"，以日或年为尺度，自然维持着方位与季节匹配的时空体结构；邵雍《易》学虽以十二万九千六百年为一元，但其明确的小大相

---

① 王元启：《恒星右移之数》，《祇平居士集》卷二，《续修四库全书》第1430册，第489页。
② 〔清〕万年淳：《易拇》卷六，《四库未收书辑刊》第3辑第3册，北京出版社，2000年，第483页。又今人潘雨廷论证邵雍学说的可靠性，也主张其以一元为十二万九千六百年，并非随意设定，而是对应于岁差循环五周。（见潘雨廷：《论邵雍与〈皇极经世〉的思想结构》，《易学史发微》，第350—353页）

推原则,可谓极致的"重复",也仍在形式上保持着上述时空体结构。但岁差现象则不同,它以"天周"与"岁终"为二事,意味着必须在方位与季节的不齐中,思考"天行健"问题。乔中和即说:

> 凡日躔二十八宿皆可冬,斗指东西南北皆可春,一元之间,必且有日躔星为冬至,日躔虚为夏至,斗指西万物生,斗指东万物成者,奚故哉?天每岁过日一周,而微弱,积久故差耳。①

至清代中叶,岁差循环中四方可能倒置的观点,更成为官方学说,《钦定热河志》中载:

> 以恒星东移岁差五十秒积算之,六千余年之后,南易而东,西易而南;万二千余年之后,南易而北,西易而东。方位更而分野亦易。②

至晚清,岁差循环导致寒暑易位的观点,仍为当时第一流的天文学家所接受。伟烈亚力、李善兰译述《谈天》中载:

> 依岁差之理……最卑点与春分点必在二万九百八十四年相合一次。按此推之,约六千年之前,最卑点必合于春分点;殷祖甲时,最卑点在黄经九十度;同治元年后约四千六百年,必至一百八十度;同治元年后约九千八百年,至二百七十度。至此时,前说诸事悉相反,南半球之酷暑严寒,移至北半球矣。察地家考究地球荒古之来历,知南北两半球天气寒暑之相反,必已有数千次矣。③

---

① 〔明〕乔中和:《说易》卷一二,《续修四库全书》第 16 册,第 379 页。
② 〔清〕和珅、〔清〕梁国治等奉敕撰:《钦定热河志》卷六四,文渊阁《四库全书》第 496 册,第 81 页。
③ [英]侯失勒(J. F. W. Herschel)撰,[英]伟烈亚力(Alexander Wylie)、李善兰译述:《谈天》卷六,商务印书馆,1934 年,第 27—28 页。

如前所述，南北朝隋唐时期，戴法兴与王孝通反对岁差，主张这意味着"寒暑易位"，违背了最根本的天秩天序。但明末以降，在西方新天学的支持下，理学中对"天行健"的理解，不再局限于以年为单位的"周行"，而是开始强调日进极微、横亘万年的"不息"，结果，岁差造成万年尺度上的"寒暑易位"，也逐渐被默认为"天行健"之德的隐微之象，是真正的永恒的"周行"。

但是，就天下之极观念，一个关乎方位与朝向的矛盾显现了出来：宋元以降理学与礼学（以及相应的政治、社会思想）的一大趋势，是南北向的独尊化。以上岁差循环将方位（以及相应的季节）相对化，意味着参照特定星宿位置与季节所定的南北向，本身也在永不间断地"周行"中。

大致可以说，由于岁差，天下之极必须考虑时间尺度问题。既然诸星宿以近二万六千年"周行"全天，则约七十年方偏转一度。三代以后王朝最多不过四百年，偏转刚过五度。又前述唐宋以后南北向的独尊化，以礼学为基础，而礼学以五服划定时间边界，"君子之泽，五世而斩"（《孟子·离娄》），据"上杀、下杀、旁杀，而亲毕矣"（《礼记·丧服小记》）的原则确定亲属范围，自高祖至于玄孙，不过九世，以一世三十年为度，则不过二百余年。因此，不管是就王朝还是礼学的时间尺度，在近似之知的意义上，方位与季节匹配的时空体结构以及作为天下枢轴的南北轴线，仍可以作为大致的定位与定向存在（当然，相较于以近三万年为周期的真正的"大恒"，这只是次一级的"大恒"）。

较之用恒星东行之说解释岁差，西方天学输入的另一观念——恒星有生灭增减，由于古代中国长久的天文观测积累，接受起来要更为容易。《明史·天文志》：

> （恒星——作者补）有古多今少，古有今无者。如紫微垣中六甲六星今止有一，华盖十六星今止有四，传舍九星今五，天厨六星今五，天牢六星今二……天市垣之市楼六星今二。太微垣之常陈七星今三，郎位十五星今十。长垣四星今二。五诸侯五星全无也。角宿中之库楼十星今

八。亢宿中之折威七星今无。氐宿中之亢池六星今四,帝席三星今无……又有古无今有者。策星旁有客星,万历元年新出,先大今小。南极诸星,古所未有,近年浮海之人至赤道以南,往往见之,因测其经纬度。其余增入之星甚多。①

这是官方确认了作为全天参照系的三微垣与二十八宿皆有生灭。那么,以上恒星永恒性的打破以及相应的"永恒运动"与天之正位观念的改变,与同一时期仍居主流的程朱理学关系如何?一方面,不管是来华耶稣会士、同时期的中国理学家,还是当代哲学家,都在亚里士多德哲学与程朱理学间,发现了会通中西的可能性。而亚里士多德与托勒密的宇宙观念,以天上星体无生灭且有正位为前提。至耶稣会士入华之时,这仍是欧洲宇宙论的主流,故耶稣会士仍努力维护天上物体与地上物体的本质区别以及恒星形体的不朽,或质疑望远镜仍属人目力的延伸,有限且易错,而星体不朽当用"超目"识,②或用增加天球层数解释星体的出现与消失,乃至直接用上帝对宇宙的干预来解释超新星等现象。③但另一方面,近代早期,西方天文学观测发现恒星有生灭增减,这动摇了天空秩序的永恒性,被认为是近代世界观兴起的重要推动力。④典型如第谷以自己对恒星生灭增减的观测为基础,修正

---

① 《明史》卷二五,第342—343页。
② 傅汎际:"物之定理,自超目识,盖人目距天甚远,目力所试有限,终未必无差也。"(〔葡〕傅汎际(Francois Furtado)译义,〔明〕李之藻达辞:《寰有诠》卷三,黄兴涛、王国荣编:《明清之际西学文本》第3册,中华书局,2013年,第1274页)相关分析,见韩琦:《傅汎际、李之藻译〈寰有诠〉及其相关问题》,《通天之学:耶稣会士和天文学在中国的传播》,生活·读书·新知三联书店,2018年,第242页;王广超等:《明清之际望远镜的传入对中国天文学的影响》,《自然科学史研究》2008年第3期,第321页。
③ 见韩琦:《傅汎际、李之藻译〈寰有诠〉及其相关问题》,《通天之学:耶稣会士和天文学在中国的传播》,第242—245页。
④ 洛夫乔伊指出:"在十六世纪时,它(指哥白尼的太阳中心说——作者注)对某些人来说仍是惊人的和革命性的。然而对传统观念最严重的打击,不是由哥白尼的推理所给予的,而是由第谷在1572年对仙后座新星发现所给予的。"(〔美〕洛夫乔伊〔Arthur Lovejoy〕:《存在巨链:对一个观念的历史的研究》,张传有、高秉江译,江西教育出版社,2002年,第126页)

亚里士多德-托勒密宇宙模型，削弱其天体永恒的观念。① 这一经第谷修正的宇宙模型由耶稣会士传入中国，大体无障碍地被中国天学家与理学家所接受（见 1634 年编成的《崇祯历书》与 1722 年编成的《历象考成》），除了古代中国发达的天文学观测积累了丰富的恒星生灭与动移的证据，程朱理学某些思想倾向与这一天文新知的亲和性，也不容忽视。

作为理学宇宙论基础的气观念，更侧重氤氲聚散、无有定形的"流行"，即使被认为是永恒不变的恒星，其永恒性，也更多是基于其为气之至精者，故流行不息，而非"形体"不朽。而如前所述，"无极而太极"这一程朱理学根本之理，强调的就是根本之理的无形象性。恒星有生灭增减，且相对于天缓慢动移，则不仅大地万物变易不定，包括北极星与二十八宿在内的诸恒星，也为变易而非恒定。这冲击了"星无进退"、二十八宿有定位的传统认知，尤其是动摇了诸种占星与堪舆学说的基础（特别是二十八宿中觜、参两宿位置可能会颠倒），最初被士大夫极力抵制，但就"无极而太极"这一根本之理，以上天星无定体、无定位之说，挑明了象与数的无恒，却从反面映衬了北极这一无象之位的有定，② 更增强了内蕴反象数倾向（二程尤为明显）的心性理学的说服力。如魏荔彤即说：

> 天地气化时行，物生本自有常，圣人之画卦作易，何以变化不测？不知天地至有常而无常者也。在天成象者，动之常也，而成象之大者日月星辰，自古及今，无一定之度数，即如天与日会、日与月会有定期，而以岁差论，天差而左，岁差而右，何能定乎？在地成形者，静

---

① 1572 年超新星爆发与 1577 年巨型彗星的出现，以及第谷根据以上现象对亚里士多德-托勒密水晶球体系的质疑，见江晓原：《第谷天文学说的历史作用：西方与东方》《天文学史上的水晶球体系》，《天文西学东渐集》，第 298—300、349—350 页。
② 梅文鼎："试以实测征之，自古言北极出地三十六度，而阳城之测至今未改也。《元史》测大都北极之高四十度半，今以西测征之，亦无分寸之移，故言岁差者不及焉。（如黄赤古远今近、日轮毂渐近地心之类，皆有今昔之差，惟北极出地之度不变）使天惟兀然浮空，而又常为动而不息之物，北极高下亦将改易，而何以高度常有定测乎？"（梅文鼎：《论无星之天》，《历学疑问》卷二，《梅文鼎全集》第 1 册，第 52—53 页）

之常也，更无一物有成无败、有生无死矣，亦更无一物死而不生、败而不成矣。是天地动静之间，有由动而静者，有由静而动者。由动而静，静变为动矣，由静而动，动化为静矣。圣人画卦，其变化莫测也，盖见天地之动静有常，而变化不可知也。是卦画变化亦可于天地见之也。①

程朱理学强调理气、理器、理物之别，以天地虽至大，但亦为形而下之器与物，亦有聚散生灭（日月星辰更是如此）。天星无定体与无定位，表明其象无定，不可恃，正体现了"至有常而无常"、"变易"与"不易"为一体两面等辩证之理。换言之，不是可测度的象以及相应明确的义，而是有常、有方、有体与无常、无方、无体的辩证，才提示了"神无方而易无体"的易道与天理。因此，西方天学的输入，一定程度上加强了日月星辰乃至天地本身都不过是形而下之"器"与"物"（虽然是"大物"）的观念，为"无极而太极"之理提供了新的支持。结果，近代早期，新天文学动摇了亚里士多德宇宙观念的权威地位，但在同一时期的中国，情况却截然不同。与西方天学输入与官学化几乎同时，程朱理学在清初复兴，除了程朱、陆王对峙下相应的学术形态演变与学脉传承交替（不管将其机制解释为"王学反动""每转益进"还是"内在理路"），以及加强王权这一政治因素，② 程朱理学与西方天学的亲和性，也是不容忽视的原因。

第三节 天极的可见性

中外科学史家大致都同意，中国与西方天学的一个关键区别，是前者主

---

① 〔清〕魏荔彤：《大易通解》卷一三，文渊阁《四库全书》第44册，第485页。
② 见高翔：《康雍乾三帝统治思想研究》，中国人民大学出版社，1995年，第15—34页；高翔：《清初理学与政治》，《清史论丛》2002年号，中国广播电视出版社，2002年，第185—197页。

要采用以北极为枢轴的赤道坐标系,后者则接续巴比伦、希腊天文学,采用黄道坐标系。① 而既然古代中国的天下之极乃至更一般的"极"观念,至少在形式上都以北极为法象,那么,明末输入的"黄道""黄极"等观念,影响就不限于天文历算学本身,而是及于宇宙论与义理学。

首先,来华耶稣会士,颇为明了中西天学的这一差异。对诸天星宿,西方据黄道而分十二宫,中国则据赤道而分二十八宿。南怀仁解释道:

> 以新法论,十二宫之度数,不在列宿天,实在宗动天。与二十四节气之度数相同。所云宗动者,不依七政恒星,而能为七政恒星之准则。历家谓之天元道、天元极、天元分,终古无变易也。盖春、秋二分,定在黄道于赤道相交之处;冬、夏二至,定在黄道于赤道极南极北之纬度。丑宫,包含冬至、小寒两气。其余宫无不皆然。所以十二宫是永不移动者,乃万世推算之原也……只因列宿东移,故冬至日,但与宗动天元点会,不及与列宿天元宿度会。而宫则犹是宫也,岂可诬天以却退之名而谓日躔更宿并更其宫哉?②

南怀仁根据西方天学的九重天球说,主张赤道二十八宿在次一级的列宿天,此处恒星东行而成岁差,方位与季节随之改易,故无恒定之位;黄道十二宫则在最高的宗动天,有恒定之位,与二十四节气严格对应,成一永恒的时空体结构。这是以"宫定而宿不定"的新说,呼应古代中国解释岁差现象

---

① 古代中国天文学并非纯为赤道坐标系。至两汉时期,为精确观测与计算日月五星运动,已出现雏形的黄道坐标系(见孙小淳:《关于汉代的黄道坐标测量及其天文学意义》),唯相较于赤道坐标系并非主流。且如薮内清指出的,中国的黄道坐标,是用赤极(而非黄极)与黄道来定位天体。(见薮内清:《中国的天文历法》,第 225—227 页)吴守贤、全和钧也承认,中国古代虽有准黄道坐标系,但始终没有发展出黄极概念。(吴守贤、全和钧主编:《中国古代天体测量学及天文仪器》,第 61—63 页)
② [比利时]南怀仁(Ferdinand Verbiest)撰,陈占山校注:《历法不得已辨》(《不得已》附),黄山书社,2000 年,第 156 页。

时"天自为天，岁自为岁"的经典主张，①不再将永恒的"周行"系于北极与二十八宿，而是系于黄极与"十二宫"。而既然以黄极为枢的"十二宫"才是宇宙秩序的永恒参照，则就建极天地而言，西方天学就高于中国天学。

西方天学以黄道为本，不承认北极与赤道的宇宙论地位，耶稣会士将赤道二十八宿体系当作黄道十二宫体系的粗糙版，是天文观测精度不足的结果。②南怀仁的耶儒调和，显然就是以上述西学立场展开的。不过，同一时期中国理学家与经学家对黄道与黄极观念的理解，重点则有明显不同。程朱理学本有经典之说："天地万物之理，无独必有对，皆自然而然，非有安排也。"③清代《易》学则在"易有三义"之外，又加入第四义"交易"，特重此"有对"之象与理。④因此，对清人来说，吸纳黄极观念，并非用它替代北极，而是通过提升黄极为北极之"对"，构造以相偶为特征的新天地枢极。

具体说来，黄百家根据黄极观念，反对张载、朱熹日月五星随天左旋说，复兴天左旋、日月五星右转之说：

> 黄赤斜交，各有其极，其黄极非仅关乎日行黄道而有也。月与五

---

① 王广超认为梅文鼎、徐发也接受了南怀仁这一"宫定而宿不定"说，且指出由于梅文鼎在清代天文历算史上的权威地位，以及"宫定而宿不定"与古代中国"天自为天，岁自为岁"的主张相似，比起地圆说，中国思想界接受该说要更为容易。（见王广超：《明清之际中国天文学关于岁差理论之争议与解释》，第71—73页）
② 见李约瑟：《中国科学技术史》第3卷《数学、天学和地学》，第237页。
③ 《程氏遗书》卷一一，第157页。另见朱熹、吕祖谦：《近思录》卷一《道体》，《朱子全书》第13册，第171页。又朱熹："大抵天下事物之理，亭当均平，无无对者，唯道为无对。然以形而上下论之，则亦未尝不有对也。盖所谓对者，或以左右，或以上下，或以前后，或以多寡，或以类而分，或以反而对，反复推之，天地之间，真无一物兀然无对而孤立者。此程子所以中夜以思，不觉手舞而足蹈也。"（朱熹：《答胡广仲》，《晦庵先生朱文公文集》卷四二，《朱子全书》第22册，第1904页）
④ 李光地："诸儒言易有四义：不易也，交易也，变易也，易简也。故'天尊地卑'一节，言不易者也。'刚柔相摩'（八卦相荡）二句，言交易者也。'鼓以雷霆'至'坤作成物'，言变易者也。'乾以易知'以下，言易简者也。易道之本原尽乎此，故为《系传》之首章焉。"（〔清〕李光地撰，刘大钧整理：《康熙御纂周易折中》卷一三，巴蜀书社，2013年，第489页）

纬，虽出入黄道内外高低不等，而其运行俱宗黄极。不特然也，即岁差东移，亦宗黄极……夫惟其然，赤外西转，黄内东旋，一左一右，不分上下（周地俱以天顶为上，足履为下），而大地得凝居于中耳。若俱一向左旋，则随机旋转，大地亦翻覆无休，将乾坤何由立，而人物何由安乎？①

黄极被视为宇宙中与北极大致对等的另一枢纽，天左旋，以北极为枢；日月五星右转，以黄极为枢。这一相逆运动，被用来解释大地何以能在宇宙中保持静止不动，乃至宇宙何以能保持平衡："且惟天左旋，诸曜右旋，左右势力相抵，而地得浑然中凝。若俱左旋，则地亦随偏颠倒，宇宙亦不得成世界矣。"②

在黄百家的宇宙模型中，黄极与北极完全对等，就理学而论，有滑向"二本"的危险，就中西夷夏，有宾主不分之嫌。因此，清代接续这一思路者，大体皆采取理学吸纳佛教的方式，以中体西用说结题。如江永：

天之有北极也，如磨之脐，如轮之毂，太阳曷不宗之，乃自为极，以成斜出之道，与赤道度龃龉不相当，何也？曰：太阳若宗北极，则恒行赤道，无寒暑进退，何以能生万物？有北极赤道，又有黄极黄道，所以能成变化也。盖北极体也，黄极用也，北极为心，黄极绕之而成圈，则又未尝不宗北极也。③

---

① 黄百家：《黄竹农家耳逆草·天旋篇》，转引自杨小明：《黄百家与日月五星左、右旋之争》，《自然科学史研究》2002年第3期，第228页。
② 见《宋元学案》卷一七《横渠学案上》黄百家案批，《黄宗羲全集》第3册，第773页。黄百家在《正惑诗》（1695年）中主张若取左旋之说，则"成象尽偏趋，大地亦翻倒。一切都非是，乾坤何由造？"。以上文献，均转引自杨小明：《黄百家与日月五星左、右旋之争》，第228—230页。
③〔清〕江永：《论天极》，《数学》卷一，文渊阁《四库全书》第796册，第617—618页。

在江永看来，太阳不宗北极，而行黄道，尊黄极，是因为黄道与赤道斜交，方能阴阳交易，生育万物，若独尊北极，行赤道，则寒暑不能进退，无冬无夏，有乖生生之理。显然，这是将黄道与赤道相错之象，当作"交易"这一清代《易》学新增之义的体现。

进一步的展开，则出自曾从学江永的戴震。① 朱熹主张当将天行差数并入正数，推求真正的"大恒"之理，戴震赞同此说，表示：

> 然则术家所谓差者，皆非差也，自然之行如是也。但数有微而未显，法有久而始精者，初推之而不合则谓之差，及验之久而究其根，则知非差。方其初，未尝积验，虽圣人有所不知，久之而后有定算，又久之而后得其根，既得其根，则至常而不可革。②

> 朱子言天度之差，缘不曾推得历元定。此理固然。至欲推定历元，则亘古无其法……然天有参差之数，数有一定之理，不因数之参差而变法以从之，犹之不因计算之差而改吾度量权衡以从之也。今之治法，不在推历元，而在于求一定之理，以为不变之法，则庶几矣。③

依西方天学新说，合以两宋理学、汉魏经学之说，以推求天地"大恒"之理，立宇宙之极，可谓戴震的抱负所在。关键是以西方黄极观念改造古代经典中的天地之极说。如前所述，东汉以降，学者多认为璇玑为象天、测天之器而非星辰之名，且根据《易》"观象制器"之说，璇玑即圣人所制法象

---

① 戴震与西学的关系，远较明言西学影响的江永为隐晦。王国维即说，戴震"象数之学根于西法，与江氏同；而不肯公言等韵、西法，与江氏异"。（王国维：《聚珍本戴校〈水经注〉跋》，《观堂集林（外二种）》，第 294 页）戴氏这种态度与西学中源说以及乾隆中期学术、政治气氛的关系，见徐道彬：《戴震学术地位的确立与"西学中源"论》，《清史研究》2010 年第 3 期；清代徽州学者整体与西学东渐的关系，见徐道彬：《皖派学术与传承》，黄山书社，2012 年，第 143—201 页。
② 见秦蕙田：《五礼通考》卷一八三，第 8560 页。
③ 同上书，第 8564 页。

之器。① 而《周髀算经》中所载的"北极璇玑",则由于盖天说的衰落,以及该说主张极下之地"不生万物",与理学生生之义存在显见的矛盾,因此一直位置边缘。明末以降,伴随着西方地圆说与天球说的输入,盖天说出现复兴趋势,"璇玑"乃至"北极璇玑"的含义,就有了重新探讨的必要。戴震即说:

> 考诸《周髀》有北极枢(又曰正北极)及北极璇玑之名……所谓北极枢者,今之赤道极也。(亦曰赤极。《隋书·天文志》所云"不动处")即《鲁论》《尔雅》之北辰。所谓北极璇玑者,今之黄道极也。(亦曰黄极。吴太常姚信《昕天论》所云"冬至极低,夏至极起",指此)释《周髀》凡数家,未解北极璇玑何指。盖其名出于古远,世所莫闻……夫在天有赤道极,为左旋之枢。又有黄道极,为右旋之枢。自中土言之,皆在北方,故通曰北极。赤道极不动,黄道极每昼夜左旋环绕之而过一度(古度法)。每一岁而周四游。(冬至夜半,北游所极;春分夜半,东游所极;夏至夜半,南游所极;秋分夜半,西游所极)是赤道极者,又为黄道极之枢也。惟其然,故《周髀》谓赤道极曰"北极枢",枢而黄道极无其名,乃取诸测器之名以命之。用是知唐虞时设璇玑动运于中,以拟夫黄道极者也。②

---

① 清前期官方所定的《书经传说汇纂》仍采此说:"璇玑玉衡乃治历观天之器也,历之理非数无以显,而数非象无以明。璇玑玉衡实具天象……圣人观天地之经纬、七政之运行,而为璇玑以象之,复为玉衡以窥之,以察日之南北,则节气之早晚可辨;以察日之出入,则昼夜之永短可分;以察月之周天与防会,则晦朔弦望之期候可定。至于五星之会日、冲日,而有合伏退望,五星之近日、远日,而有顺逆迟留,与夫日月五星之互相掩映,而为交食凌犯,俱可推步而不爽,是即所谓齐也。盖璇玑之设,象天体之经纬;玉衡之制,窥七政之运行。历家虽有周髀、宣夜、浑天之异名,要皆与玑衡相为表里者也。"(〔清〕王顼龄等奉敕撰,文渊阁《四库全书》第65册,第476页)
② 〔清〕戴震:《经考》卷二,杨应芹、诸伟奇主编:《戴震全书》第2册,黄山书社,2010年,第228页。

戴震以黄极为日月之枢，天然关联于阴阳交易、寒暑进退意义上的生生，故以黄极为北极璇玑，赤极为北极枢，并以黄极绕北极永恒的"周行"，理解"璇玑"之义，则是据西方天学的黄极观念，合以理学生生之义，改动《周髀算经》"极下之地"不生万物的经义，以应合该经为西方新天学之本的"西学中源"式的主张。

戴震以黄极绕北极"周行"为北极璇玑之义，更根据这一"永恒运动"观念，构想新的月建之说：

> 月建之说，由来古矣。汉人据《逸周书》以为斗杓移辰者，失其传也。试以正北极为中，以北极璇玑环绕而成之规，均分十有二宫。冬至夜半璇玑起正北子位，是为建子。昼夜一周，又过一度……大雪过子宫，冬至复正子位（北游所极）。如是终古不变。非若斗杓所指，虞夏迄今已差两次也。①

唐宋以上的"月建"说，指北斗斗柄一年四季顺次指向二十八宿，以定方位，但由于岁差，至宋元以降，斗柄所对应星宿较之秦汉时期已相差约二十度。方位与季节的对应关系有紊乱之虞。故戴震主张用黄极绕北极周行重建月建之说，以超越岁差，构造方位与季节的永恒对应。但问题在于，斗柄指向二十八宿以定四时与四方，这是灼然可见的"大象"；北极是无星之位，但附近尚有极星作为提示；而黄极附近甚至并提示性的动星也不存在。则黄极绕转北极，就是一个无象之位围绕另一个无象之位的不可见运动，只能根据日月星辰的相关运动间接推测，其天之"大象"的直观含义，已经荡然无存。

这可谓自秦汉至于明清，天永恒运动"大象"隐微化的最后一步。秦汉时期的永恒运动观念，指包括北斗、二十八宿在内的诸天星辰绕北辰"周行"，以定方位与四时。魏晋以降，玄学以无象为本，逐渐动摇了两汉时期

---

① 戴震：《经考》卷四，《戴震全书》第2册，第299页。

"星辰象天"的传统。下至唐宋,二十八宿非定位、极星动移以及尤其是岁差的明确化,表明不可能以极星、北斗与二十八宿为参照,建立以年为周期的永恒"周行"之象,结果,至元明时期,开始出现对天道"大恒"之义的新理解,主张约二万六千年的岁差循环,方是真正永恒的"周行",而这一新的永恒运动"大象",大大超过了个体生命尺度,且视运动几微,绝无可能被"直观"。南怀仁所谓"自西而东者,日月五星不难分别,二十八宿之行动甚微,故为难知,非一代一人之可考究",[①] 梅文鼎以"乃若岁差之行,六、七十年始差一度,历二万五千余年而始得一周,虽有期颐上寿,所见之差不过一、二度,亦安从辨之?"[②],王元启以"恒星转运甚微,须至二万余年乃得还其故处。人生久者不过百年,一度之移犹且视而不觉,安能作此旷达无极之观?"[③],都明晓此理。

以岁差循环为永恒运动的"大象",虽不可能被"直观",但该"大象"毕竟确实存在,但戴震以黄极绕北极为永恒运动的"大象",由于两者都是不可见之位,实为"无象之象"。在这里,两种看似相反实则相承的看待无象之物乃至象与理关系的观点,如同在西方天学与哲学演变历程中那样,不可避免地出现了。前者以梅文鼎、江永为代表,主张若理上有据,则纵然绝对无象,也可以确认其存在,如梅文鼎区分象、度与理三个层次,主张宗动天以下有象且可见;宗动天虽无象,而有行度可测;永静天则无象并无行度,但可以理断。[④] 具体言之:

---

① 南怀仁:《历法不得已辨》,第155页。
② 梅文鼎:《论历学古疏今密》,《历学疑问》卷一,《梅文鼎全集》第1册,第13页。不过,梅文鼎言明此点,其义理指向并非岁差作为"大恒"之象难以直观,而是探讨"历学古疏今密"的原因,所谓"追其历年既久,差数愈多,然后共见而差法立焉。此非前人之智不若后人也,前人不能预见后来之差数,而后人则能尽考前代之度分,理愈久而愈明,法愈修而愈密,势则然耳。"(同书同页)
③ 王元启:《恒星右移之数》,《祗平居士集》卷二,《续修四库全书》第1430册,第489页。
④ 梅文鼎:"天一而已,以言其浑沦之体,则虽不动之地,可指为大圜之心,而地以上即天,地之中亦天,不容有二。若由其苍苍之无所至极,以征其体势之高厚,则虽恒星同在一天,而或亦有高下之殊。儒者之言天也,当取其明确可征之辞,而略其荒渺无稽之事。是故有可见之象,则可以知其有附丽之天;有可求之差,则可以知其有高下之等(转下页)

> 凡物之动者，必有不动者以为之根。动而不息者莫如天，则必有常不动者以为之根矣。天之有两极也，亦如砫之有脐、户之有枢也。枢不动，故户能开阖；脐不动，故砫能运旋。若枢与脐动，则开阖运旋之用息矣。然枢能制户，脐能运砫，而此二者又谁制之而能不动哉？则以其所丽者常静也（如户之枢附于屋，而屋仍有基，基即地也。脐植于砫之下半，而砫安于架，架仍在地也。人但知枢之于户、脐之于砫，能以至小为至大之君，而不知此至小者之根又实连于大地之体）。唯天亦然，动天之周，系于两极，而此两极者必有所丽，其所丽者又必常静，故能终古凝然而为动天之枢也。使其不然，极且自动，而何以为动天之所宗乎？

则永静天的存在纯出于理，"天之异于物者，大小也，若以不动为动之根，无异理也"，① "而有常动者以为之运行，知其必有常静者以为之根柢（静天与地相应，故地亦天根）。此则以理断之而不疑者也"②。宗动天掣诸天运动，此动必当有本体之静以为基础，显然，不是任何天学理由，而是静为动根的义理，支持着永静天的存在。③

又江永论亚里士多德-托勒密宇宙体系中拟合天体运行轨道的诸轮（本轮、均轮、岁轮），也认为：

（接上页）（如恒星七政皆有象有差）；有一种之行度，知其有一枢纽（如动天无象可见而有行度）。此皆实测之而有据者也。而有常动者以为之运行，知其必有常静者以为之根柢（静天与地相应，故地亦天根）。此则以理断之而不疑者也。"（梅文鼎：《论天重数》，《历学疑问》卷二，《梅文鼎全集》第1册，第56—57页）

① 梅文鼎：《论无星之天》，《历学疑问》卷二，《梅文鼎全集》第1册，第52页。
② 梅文鼎：《论天重数》，《历学疑问》卷二，《梅文鼎全集》第1册，第57页。
③ 反过来，秦蕙田反对永静天的存在，方式也是纯据义理："天数极于九，恒星、七曜适有八重，并其远而无所至极者为九，乃至健之天也。至健运行，以北辰为之枢纽，以赤道为之中纮，既动而不息，亦静而有常，大《易》所谓天行健，《鲁论》所谓居其所，其动静合一之理乎？"（秦蕙田：《五礼通考》卷一八一，第8467页）即以动静合一之理，反对在宗动天之上有永静天。

第五章 西学输入前后的天极观念

使其只有一本天，一岁轮，则谓因相距之半径随天旋绕而成圆象可也；而本天之上有本轮，本轮之上有均轮，均轮之上乃有岁轮，至太阴则小轮尤多，诸轮又各有其左旋、右转、随动、自动、起点、行度之异……一若实有诸轮相联相贯，相推相荡，又且多其变态者。则在天虽无轮之形质，而有轮之神理，虽谓之实有焉可也。①

这是主张诸轮无象而有理。程朱理学"无极而太极"，表明太极"无形而有理"，则太极超越形象，正是其"极"之一证。以此理看待亚里士多德-托勒密宇宙体系中的诸轮，则天无轮"形"，而有轮"理"，自属当然。

江永乃至戴震，仍深受程朱理学义趣的影响，至戴震同代及其后学，随着理学倾向的淡化与朴学本位的加强，且由于对西方天学的了解日渐深入，注意到托勒密、哥白尼与第谷宇宙体系间存在难以调和的矛盾，从而出现托勒密主义式的对宇宙根本之理的漠然。② 钱大昕即说："本轮、均轮，本是假象，今已置之不用，而别创椭圜之率。椭圜亦假象也，但使躔离交食，推算与测验相准，则言大小轮可，言椭圜亦可。"③ 阮元言之更详：

论曰：古推步家齐七政之运行，于日躔曰盈缩，于月离曰迟疾，于五星曰顺留伏逆，而不言其所以盈缩、迟疾、顺留伏逆之故，良以天道渊微，非人力所能窥测，故但言其所当然，而不复强求其所以然，此古人立言之慎也。自欧逻向化远来，译其步天之术，于是有本轮、均轮、次轮之算，此盖假设形象，以明均数之加减而已。而无识之徒，以其能

---

① 江永：《金水发微》，《数学》卷六，文渊阁《四库全书》第796册，第729页。
② Nathan Sivin 指出，阮元等人怀疑哥白尼学说的可靠性，并建议悬搁天体运动的根本原理，一个重要原因是，耶稣会士将哥白尼与第谷宇宙体系间的差异解释为是连续发展，而他们发现二者存在无法调和的矛盾。相关分析，见 Nathan Sivin, Copernicus in China, *Science in Ancient China: Researches and Reflections*, pp. 46–50.
③ 钱大昕：《与戴东原书》，《潜研堂文集》卷三三，《嘉定钱大昕全集》第9册，第537页。

言盈缩、迟疾、顺留伏逆之所以然，遂误认苍苍者天，果有如是诸轮者，斯真大惑矣……夫如是而曰西人之言天能明其所以然，则何如曰盈缩，曰迟疾，曰顺留伏逆，但言其当然，而不言其所以然者之终古无弊哉？①

在阮元看来，诸轮不过是仅具数学意义的假设，是为了在测算层面追求更好的拟合效果，并不提供对天象、天运"所以然之理"的理解。正如古人以测算明其当然，而不言其所以然，体现了对天运危微之理的敬畏与慎言。因此，江永与戴震兼容汉魏经学、两宋理学与西方天学以新建天地之极的努力，在阮元看来，实为以人定天的危险僭越。

对清代朴学家的以上观点，当代天文史家评价颇低。江晓原虽举出焦循"可知诸轮皆以实测而设之，非天之真有诸轮也"一语，以表明"焦循等人皆已领悟了Ptolemy'几何表示'的思想"，②但在另一处则说："'纯粹假设派'之说与Ptolemy之'几何表示'微有相通之处，但更多的是植根于中国传统天文观念之中的。"③ 这种疏远物理机制与宇宙论内涵的操作主义态度，实肇因于古代中国天文学不同于希腊，以代数而非几何为基础。④ 石云里、

---

① 阮元：《畴人传》卷四六，《畴人传汇编》，第550页。李善兰批评阮元此论是"窃谓议者未尝精心考察，而拘牵经义，妄生议论，甚无谓也"。（《谈天》之《序二》，第1页）不知其所谓"经义"，所指为何。
② 焦循语见其《释轮》一文，转引自江晓原：《天文学史上的水晶球体系》，《天文西学东渐集》，第352页。江晓原根据是否认为本轮、均轮等为实体，以及是否承认西方宇宙模型反映宇宙真实，将清代学者分为三个类型，分别为"纯粹假设派"（阮元、焦循、钱大昕），主张两者均为虚拟；"真实实体派"（王锡阐、梅文鼎），主张两者均为真实；以及"真实非实体派"（江永），主张本轮、均轮等为虚拟，西方宇宙模型整体则为真实。（见江晓原：《明清之际中国学者对西方宇宙模型之研究及态度》，《天文西学东渐集》，第369—372页）
③ 同上书，第371页。他随后说"'纯粹假设'之说虽然在学理上颇近于是，但实际上却是出于对'模型方法'（指"从几何模型出发来研讨天文学课题这一传统的西方方法"——作者注）的排拒情绪"，相较于"已能很自如地构造和使用几何模型""天文学造诣较高"的梅文鼎、王锡阐与江永，是"天文学专业化程度较逊"的表现。（同上书，第372页）
④ 见江晓原：《古代中国人的宇宙》《第谷天文工作在中国的传播及影响》《第谷天文学说的历史作用：西方与东方》，《天文西学东渐集》，第100—102、295、303页。

吕凌峰也认为阮元等人对宇宙结构的不可知倾向，是中国天文学只重视代数测算而不重视物理机制的结果，清中叶汉学兴起，理学衰退，更助长了这一科学性上的倒退。①

就科学史本位，这言之成理。但我们如采取天学、经学与理学的交互视野，则以上乾嘉朴学家对宇宙秩序原理的漠然，可以说是自秦汉至于明清，作为世界秩序基础的永恒的"周行"之象逐渐隐微化的结果。西方天学的传入，并非这一隐微化过程的原初动因，但大大加速了这一过程。戴震主张宇宙的永恒运动，实为一个不可见之位（黄极）围绕另一个不可见之位（北极）的旋转，这就天学或许自成其理，但就古代世界观的天地人相即结构，既然"极者，至极之义、标准之名，常在物之中央，而四外望之以取正焉者也"，②则这一在任何意义上都无法直观的无象之象，若作为天下秩序的枢极，当如何"四外望之以取正"，以成天人相即乃至合一？在我看来，戴震之后朴学家唯究象数之知、回避终极之理的操作主义态度，乃至乾嘉之后对朴学非真正汉学、不能"经世"的批评，都是从不同方向确证了这一难题的存在。

反过来，试图返回所谓真正汉学者，则主张搁置魏晋至于明清天学的种种进展，借助人人可以直观的昭然天象，而非只有极少数天学家方可质测、理学家方可玄思的隐微之象，重建天人法象模式。如赵翼褒扬上古至汉代天人相感的灾异论，理由即是其时"人之视天甚近"，非如后世"人事繁兴，情伪日起，遂与天日远一日"，"但觉天自天，人自人，空虚寥廓，与人无涉"。③根据这种对汉学性质的理解，嘉道之后，孙星衍、魏源等人主张经学当自东汉上溯至西汉，复兴以璇玑玉衡为星名的旧解，孙星衍征引古代文献，主张汉魏以降多不从马融、郑玄璇玑玉衡为浑仪之说，而本西汉经说，

---

① 石云里、吕凌峰：《从"苟求其故"到但求"无弊"：十七、十八世纪中国天文学思想的一条演变轨迹》，《科学技术与辩证法》2005年第22卷1期，第103—105页。
② 朱熹：《皇极辨初稿》，《朱子全书》第26册，第687页。
③〔清〕赵翼《廿二史劄记校证》，中华书局，2013年，第38、40页。

以其为北极星或北斗星，① 魏源也主张璇玑玉衡为浑仪之说出自东汉，西汉以上儒者均以其为极星与斗星。② 为解决北斗因岁差而位置不能恒定，无法精确建月，魏源更主张汉儒所言的斗星，非紫薇垣外北斗诸星，而是紫薇垣内的维斗诸星，并以北极星所建之极为赤极，此维斗诸星所建之极则为黄极，所谓"盖北辰为赤道之枢，而斗极为黄道之枢，北极为左转天行所宗，黄极为日月五星右转所宗，终古无岁差。故北极星为内璇机，而斗极则外璇机也"。③ 这样，在戴震那里黄极绕北极"周行"的"无象之象"，在魏源这里，就被改造为紫薇垣内维斗诸星围绕北极星运动这一可以目视直观的显明大象，理由则是"唐虞敬授民时，故观象必凭仰观"，④ "立此简易之法，使民皆仰观而得之，凭天象不凭仪器"，⑤ 八卦亦以仰观此昭然星象而立，⑥ "今戴氏所谓黄道极者，无象可征，仍同于气之所秉、理自当然之空谈。是以仍不得不托于仪器，仍同马、郑玉饰……则机衡仍非星象，何益民时?"⑦ 而其要，则为不可"易天象之自然为人事之机巧……无与民时，何关敬授"，⑧

---

① 孙星衍：《尚书今古文注疏》卷一，第36—38页。
② 魏源："璇玑、玉衡、齐七政之义，《书大传》及《星经》皆谓：璇玑，北极星；玉衡，斗六星；七政则天文、地理、人事、四时。《史记》《周髀算经》《淮南子·天文训》皆同之，从无仪器之说。至马、郑始创释为浑天仪，以璇饰机，以玉作衡，而七政为日月五行。东汉以前，初无此说。"（魏源：《书古微》卷二，《魏源全集》第2册，第11页）
③ 同上书，第12页。又魏源："北斗之指方，实有岁差；而维斗之指方，则终古无差。"（同上书，第16页）又魏源："维斗为黄道极，旋绕乎赤道之北极，周建乎四时，终古无岁差，故可为外璇玑，亦可为大玉衡。"（魏源：《〈书古微〉序》，《古微堂外集》卷一，《魏源全集》第12册，第110页）
④ 魏源：《书古微》卷二，《魏源全集》第2册，第20页。
⑤ 同上书，第12页。
⑥ 《易·系辞》有八卦法象天地之说，象数易学中有主张八卦以数成象，如天空中诸星连缀而成星象。见魏源："宓羲画卦，仰以观于天，是八卦实出于天象。"（同上书，第22页）
⑦ 同上书，第20页。"气之所秉"为祖冲之语，"理自当然"则为沈括语，都是因岁差而否定"斗建"。魏源认为："夫二家（指祖冲之、沈括——作者注）谓月建不用斗杓是矣，而一则曰气之所秉，一则曰理自当然，无象可征，空谈玄理，何以便人之仰观？岂古者敬授民时之义!"（同上书，第16页）
⑧ 魏源：《书古微》卷二，《魏源全集》第2册，第13页。魏源据此解释为何中国不似西方用岁岁除尽、无须置闰的太阳历，而用必须反复置闰的阴阳合历："节气过宫，人（转下页）

故当从《春秋》今文学"以质救文"之说,以三代以上原初之"质",救正东汉以降过度之"文"。①

儒家以"文质彬彬"为大经,"以质救文"之说,本是应对春秋叔世的权宜。将自东汉至于明清的天学进展,都当作趋于虚文,不顾天学领域对目视可靠性与限度的探索,②以及岁差等新知将以年为周期的永恒运动相对化,用日常层面的目视把握天地之极,则其所立之极,虽就个人生命史(乃至王朝史),仍可能保持"大恒"之象,从而能够"四外望之以取正",但不管就天学还是经学,这终究是看似永恒的可变之象与权宜性的近似之知。③而这一可见性、可知性与永恒性的矛盾,标定了以复西汉以上天学为名建天下之极的限度。总体而言,十九世纪以降,对天下之极的构想日渐疏离于天极法象模式,纯据地极与人极立说,以上岁差与黄极学说对永恒运动观念改造,也是不容忽视的原因。

小结

两汉时期所奠定的永恒运动模式,采取季节与方位匹配的时空体结构,其中就天学与《易》学,尤以冬至对应正北方这一点最为重要。这一深深嵌入古代中国宇宙论的观念模式,让冬至岁差这一"反常"天象,在近千年间

(接上页)所难见,而晦朔弦望,人所易见,如不凭仰观而凭推算,岂圣人前民利用之义!故不得不用其易见之事,不用日而用月,而为之闰以通之。"(魏源:《书古微》卷二,《魏源全集》第2册,第31页)即太阳历节气变化无象可循,而阴阳合历以月的朔望圆缺为象,方符合"敬授民时"之义。

① 魏源:"是则天象昭垂,反赖机械之器,虞夏之质,已同叔季之文。此东汉古文家俗儒臆创之说,西汉前未之有也。"(同上书,第14页)
② 如早在汉代,张衡与束皙即根据太阳视象大小的变化,探讨了"人目之惑"的问题。(见李约瑟:《中国科学技术史》第3卷《数学、天学和地学》,第206—207页)
③ 如王鸣盛征引北辰为星这一西汉以上旧说,但指出《论语》载北辰"居其所而众星拱之",是因为"极星运动甚微,故不见其移",(王鸣盛:《十七史商榷》卷四六"极星运动"条,《嘉定王鸣盛全集》第5册,第523页)暗示这种以目视而定的"不移",不过是假象。

（从魏晋到宋元）始终不脱"诬天背经"的指责。而同一时期天文学与宇宙论逐渐分离，既让这一违背"大恒"之义的天学发现不至于被儒学主流彻底扼杀，但也阻止了进一步探究其宇宙论与义理学含义的努力，结果，至北宋，沈括以无可置疑的精密观测再次确认了冬至岁差的存在，但对其的认识，仍停留在修正历法的操作性常数层面。

不过，唐宋时期制度、文明与自然诸层面的古今之变，引发对气运与文明循环之理的新探索，而在同一时期的儒学中，兼综义理与象数、《易》学与历学的朱熹一脉，也与独尊义理的二程一脉相互持衡。以此为背景，宋元以降，历经近千年的疏离，天学与儒学、象数与义理在局部领域与人群中重新趋近，让致思岁差的"大恒"之义成为可能。结果，作为闽地朱熹后学的陈普，率先提出约二万六千年的岁差循环，才是真正的永恒的"周行"，而相较于以年为周期、斗建为标识的旧永恒运动模式，这一新的"大恒"，以极大拉长的时间尺度，接续了秦汉以来不绝如缕的对宇宙"大年"（如"上元"）的推算与致思，而同时，这也意味着"周行"本身的隐微化：相较于"斗建"，大大超过个人甚至王朝周期的岁差循环，与"高居深藏"的北极一样，只能被间接提示，而不可能被"直观"并"四外望之以取正"。

而明末以降西方天学的输入，则最终实现了这一发端于宋元时期的思想进程。西方天学以全天恒星东行解释岁差，将其与极星动移这两个发现千年以上的"反常"天象，纳入同一个天学理论，大大加强了以岁差循环为新的永恒的"周行"的天学信度。更扩而言之，主要作为象数学被输入的西方天学，在明末清初普遍的耶儒调和氛围下，进一步推动了中国思想和合义理与象数、儒学与天学的进程，清初理学的重兴，也与此有关。因此，虽然在当代学术中，西学的输入，被描述为一场"天崩地裂"式的思想革命（详见下一章），但即使承认这是一场"革命"，其效果，也更多是托克维尔式的：以大革命的方式实现了在旧制度时期即已开始的历史进程。①

---

① ［法］托克维尔（Alexis de Tocqueville）:《旧制度与大革命》，冯棠译，商务印书馆，1997年，第74—110页。

清中叶，汉学兴起，其代表人物戴震，以朱学流行为侥幸，自任为继其后五百年之运者，[1] 虽语近不恭，但已指出清代汉学为朱熹一脉理学的接替者。钱穆主张宋明理学蕴有开出清代汉学的潜力，[2] 余英时借助德性之知与闻见之知的二分，进一步阐扬师说，将汉学考据的直接源头，明确定位于明中后期儒学内部"道问学"趋向的兴起。[3] 以上阐述，大体仍集中于理学与心学所聚讼的心性问题，而从本章来看，理学传统中兼尊德性之知与闻见之知的朱熹一脉，其转型为汉学考据，在宋至清的天学中实至为明显。具体言之，朱熹晚年转向天学，实为其理学格物论的自然延伸，这一天学与儒学、象数与义理合一的传统，在元明虽非主流，但潜势日增。至明末，以其为背景，李之藻、徐光启与杨廷筠等人借助西学中源说，主张西方天学实为两汉学术的后继，故欲恢复汉学，必借径西学。[4] 而至清中叶，这一学术思想路向，终被戴震等人所光大（当然，对西学的态度，已变为"阴用其学而阳斥之"[凌廷堪语]）。因此可以说，清代汉学复兴，实为朱熹一脉理学与西方新学合力的结果。

---

[1] 章学诚记载戴震"且云：'自戴氏出，而朱子侥幸为世所宗，已五百年，其运亦当渐替。'"（〔清〕章学诚：《书朱陆篇后》，叶瑛校注：《文史通义校注》上册，中华书局，2008年，第276页）

[2] 钱穆："清代经学，亦依然沿续宋元以来，而不过切磋琢磨之益精益纯而已。理学本包孕经学为再生，则清代乾嘉经学考据之盛，亦理学进展中应有之一节目。"（钱穆：《〈清儒学案〉序》，《中国学术思想史论丛》第8册，台北东大图书有限公司，1980年，第364—365页）

[3] 余英时主张，汉晋至隋唐的经学文献，为"闻见之知"的直接载体，而作为"德性之知"的危微之理，发展至心学，仍聚讼难决，不得不转向此人人可见的经典文献以求定谳。见余英时：《清代思想史的一个新解释》，《余英时文集》第2卷《中国思想传统及其现代变迁》，广西师范大学出版社，2014年，第230—239页。

[4] 见李天纲：《汉学与西学：清代儒学发展的新路径》，《跨文化的诠释：经学与神学的相遇》，新星出版社，2007年，第115页。

第六章
球形大地与天下之极

第一节 "无适而不为中"

1623年,来华传教士艾儒略所作的《职方外纪》刻印,这是继利玛窦《坤舆万国全图》后,介绍西方地圆说以及相应天地图景影响最大的作品。①明末重要的本土皈依者杨廷筠作序,其中说道:

> 《楚辞》问天地何际,儒者不能对。今欲穷思极索,以求涯际,必至狂惑畔涣丧志而未有得,何居乎西方之人,独出千古,开创一家,谓天地俱有穷也而实无穷,以其形皆大圆,故无起止,无中边……考图证说,历历可据,斯亦奇矣。②

---

① 该书收入《明史》卷九七《艺文志》之"地理类",为仅有的两种西洋地理书(另一种为庞迪我的《海外舆图全说》,今已佚),后又收入《四库全书》("史部·地理类"),即已进入官方文献与知识体系中。又地圆说在元代即自阿拉伯世界传入,但刘迎胜指出该说"长期仅为回回学者所知,没有成为占人口绝大多数的汉人、南人士人阶层的公共知识,也未引起中国地理学界的重视"。(刘迎胜:《中国古代图籍中的亚洲海域》,《元史及民族与边疆研究集刊》第39辑,上海古籍出版社,2020年,第7页)
② 杨廷筠:《〈职方外纪〉序》,见〔明〕李之藻编、黄曙辉点校:《天学初函》第1卷,上海交通大学出版社,2013年,第563页。

地圆说对中国宇宙观与义理学影响极大,① 此为常识,无须赘述,此处想略作探讨的,是该说被纳入中国思想并发挥作用的方式。

明代(尤其是晚明)是古代中国三教合一思想的盛行期。杨廷筠处于这一潮流的中心——江南苏杭之地,② 其思想富于诸教调和倾向,自属当然。此处值得注意的是,杨廷筠用"无中边"这一典型的佛教华严宗术语,来阐述自己对地圆说的理解。

印度与中国孰为天下之中,亦即所谓中边之争,盛行于隋唐佛教界尤其是道宣一系,其借重中国思想中根深蒂固的正统观念而反用之,可谓入室操戈。同一时期的华严宗,思想倾向则不同,更多采取佛教普遍主义立场,在义理上主张"世界无中边,故佛现亦无中边",在修证上主张"远离方处中边相",③ 中边之分,不过是我执与法执的表现,必须相对化,所谓"即边而中,故无有边,二边既无,中云何有",④ "夫言中者,皆约当身正住处为中,以分东西上下,今既不取身心之相,故无中边上下也",⑤ 强调佛地平等,佛法普照,无中边之分,以此淡化佛教作为外来宗教的异质性。而与地圆说直接相关的是,此证得平等性的真如之智,被称为"大圆镜智",即以古代中

---

① 明末以降西方地圆说的传入,见郭永芳:《西方地圆说在中国》,《中国天文学史文集》第4集,科学出版社,1986年,第155—163页;陈美东:《试论中国古代的地圆思想》,以及石云里:《从赵友钦的若干天文学思想看"地圆说"在元代的流传》,均载王渝生主编:《第七届国际中国科学史会议文集》,大象出版社,1999年,第264—268、274—279页;陈美东、陈晖:《明末清初西方地圆说在中国的传播与反响》,《中国科技史料》2000年第21卷1期;江晓原:《明清之际中国学者对西方宇宙模型之研究及态度》,《天文西学东渐集》,第366—367页。目前最翔实而平允的研究,则为祝平一:《跨文化知识传播的个案研究:明末清初关于地圆说的争议(1600—1800)》,《"中央研究院"历史语言研究所集刊》1998年第69本第3分。
② 杨廷筠可能与云栖袾宏有联系,后者为晚明江浙佛教的中心人物以及三教合一的重要倡导者。见〔比利时〕钟鸣旦(Nicolas Standaert):《杨廷筠:明末天主教儒者》,香港圣神研究中心译,社会科学文献出版社,2002年,第41—45、74—80页。
③ 〔唐〕法藏:《华严经探玄记》卷一七,《大正新修大藏经》第35册,第419页。
④ 〔唐〕澄观:《大方广佛华严经疏》卷三四,《大正新修大藏经》第35册,第766页。
⑤ 〔唐〕宗密:《圆觉经略疏之钞》卷二十,《中华大藏经》(汉文部分)第92册,中华书局,1985年,第363页。

国思想中象征天德的大圆之形为象。

宋代之后,佛教已以禅、净二宗为主。但禅宗诸家,对华严义理多有吸纳,尤以明末为甚。① 明中后期,在儒释道三教合一的氛围下,理学家已有"道无中边"之论,② 将道家的"恍惚窈冥",解释为"无中边"意义上的非有非无,③ 则用以上出入儒佛的表述来格义西方新说,实相当符合此时的思想氛围。故杨廷筠说:

> 地有中边,人分夷汉,此各囿方隅,自生畛域之见。上帝视之,同在地球之上,同覆圆盖之中,何东何西,何内何外?天命之性,厥赋惟均,从是性光,摄受敷施,明悟爱欲,安容殊异?④

又耶儒调和乃至中西诸教合一,这一"自多而一"的过程,也被置于上帝遍在观念之下:

> 诸儒(指来华传教士——作者注)之言,皆是性学,原本天命。虽与此中传习间有出入,或此详而彼则略,或此隐而彼则显。要以参伍错综,交视互证,同中异,异中同,正不妨于大同。若全同全异,此中多有明者,敞弆视之,不足贵矣。⑤

---

① 明代佛教对华严宗的吸纳,见〔日〕荒木见悟:《李通玄在明代》,《明末清初的思想与佛教》,廖肇亨译,上海古籍出版社,2010年,第72—91页。
② 魏校:"知道无中边,而不知内为主,则茫无下手处;知内为主,而不知道无中边,则隘。"(见黄宗羲:《明儒学案》卷三,中华书局,2008年,第62页)
③ 焦竑:"不知恍惚无象即象也,恍惚无物即物也,窈冥无精即精也。如释典云'若见诸相非相,即见如来'也。暂为假,常为真,恍惚窈冥,则不以有而存,不以无而亡。夫孰真且信于此?……夫恍惚窈冥,则无中边之谓也,而物奚丽乎?况有居必有去,又何以亘古今而常存乎?"(〔明〕焦竑撰,李剑雄点校:《焦氏笔乘》,中华书局,2008年,第539页)
④ 杨廷筠:《〈绝徼同文纪〉序》,收入谢辉整理:《明清之际西学汉籍序跋目录集》,上海古籍出版社,2021年,第11页。
⑤ 同上书,第11—12页。

用"无中边"理解西方地圆说,乃至进一步用"无中边"的上帝阐述中西文明与宗教合一的愿景,其思想结构,显然与华严宗阐述佛法普遍主义高度类似。而杨廷筠作此论说时,已自奉佛者变为排佛者,①则这一对敌对宗教义理的调用,表明西方观念的输入,在相当程度上借助了本土思想的接引。

当然,仍可以说,自唐宋以降,佛教在中国思想中已日益边缘,故佛教乃至佛化儒学中存在接引地圆说的观念,并不代表中国主流思想也有与地圆说涵化的可能。确实,古代中国的主流宇宙观以天圆地方为象,天地虽相即、相续,但自义理与象数皆有上下尊卑之别,而地圆说则指明天地同为圆形,二者观点截然相反。但不容忽视的是,自秦汉以来,对地方说的质疑即一直不绝如缕,如《大戴礼记·曾子天圆》载"如诚天圆而地方,则是四角之不掩也",②《周髀算经》中载大地"极下者,其地高人所居六万里,滂沱四隤而下",③虞喜亦以天地"当相覆冒,方则俱方,员则俱员,无方员不同之义也"。④若如明末以来的西学中源论者那样,视以上诸说为西方地圆说的真正来源,则颇显附会;但主张当地圆说传入时,其作为本土接引者,通过内外联动,造成古代天地思想的转型,则正合历史本相。

葛兆光在其以西学东渐史为背景的思想史研究中,对地圆说与古代中国天下观的关系,提出了一种颇具代表性的主张。他认为该说打破上下内外之分,瓦解唯一中心,以"万国"模式,彻底推翻了以中边、夏夷之分为基础的古代中国天下观,⑤他用"天崩地裂"来形容这一观念与历史过程,显然

---

① 钟鸣旦认为,杨廷筠从奉佛到反佛,思想结构始终是三教合一式的,只是在这一结构中,用基督教替换了佛教的位置。见钟鸣旦:《杨廷筠:明末天主教儒者》,第265—273页。
② 《大戴礼记补注》卷五,第109页。
③ 《周髀算经》卷下,第53页。
④ 虞喜:《安天论》,《晋书》卷一一《天文志》,第280页。
⑤ 见葛兆光:《中国思想史》第2卷,第291—336页。邱靖嘉通过对宋元以降中国天文分野说终结过程的探讨,进一步加强了葛兆光的以上观点。见邱靖嘉:《天地之间:天文分野的历史学研究》,第227—289页。

认为这是后者的崩解而非转型。①

但实际的观念与历史过程，则与以上斩截的崩解史不能相合。地圆说在中国思想界获得的支持并不算少，且最终成功进入王朝官书，成为正统学说（即使康熙末年发生禁教事件，中西交往几近断绝，也没有影响到该说的地位）。而与地圆说的接受和官学化同时的，则是程朱理学的复兴，虽然二者未必有因果关系，但清初理学家多有支持地圆说者，这至少表明，古代中国天地观念与地圆说并非不能相容，观念上的"天崩地裂"并未发生。

事实上，葛兆光自己也认识到地圆说在清代的影响，与古代世界观的崩解这一大判断颇难相合，他表示：

> 尽管十六世纪末十七世纪初西洋人带来的天文地理知识和世界地图引起传统中国思想世界的"天崩地裂"，面对西洋思想，传统中国的思想资源也在这种新知识的刺激下发生着相当深刻的"主流"与"异端"、"中心"与"边缘"的位置转换，但是，这种变化相当艰难和缓慢，由于种种原因，古代中国的世界图像在相当长时间内，并没有一下子完成彻底的变更。②

"天崩地裂"却"艰难和缓慢"，语近矛盾；"'主流'与'异端'、'中心'与'边缘'的位置互换"等表述，则颇似罗志田对近代思想文化的"权势转移"现象的分析。葛兆光在为罗志田同名著作所撰写的书评中，明确主张"中学不能成体"这一"天崩地裂"式的变化发生于晚清，具体说来：

---

① 梅谦立认为，葛兆光提出的，是一种被提前至明末的"冲击-回应说"，"将传统呈现为某种统一和固定的东西。要么是全部，要么就什么也没有。一个因素被否认，整体就坍塌，就像他的多米诺游戏一样"，"他只强调了破裂，没有看到传统如何保持和转化自身"，并认为这种解释与二十世纪中国知识分子与传统的断裂感有关。（［意］利玛窦（Matteo Ricci）撰，［法］梅谦立（Thierry Meynard）注：《天主实义今注》，商务印书馆，2014年，第56—58页）

② 葛兆光：《中国思想史》第2卷，第335页。

"中国思想、社会与学术这种根本的转折如果有一个象征性的时间界碑的话,并不是鸦片战争,而是从1895年马关条约的签订到1898年的戊戌变法。"①但葛氏对明末地圆说输入的处理方式,却颇似写一部以上正统衰落、异端兴起的"权势转移"过程的前史。故其所列明末以降导致"古代中国的世界图像并未一下子崩溃"的本土因素,包括"邹衍的学说与《山海经》《神异经》的想象""老庄和佛教的思路和想象""陆王之学中的'东海西海,心同理同'",②唯独不及于正统的程朱理学。

与以上"冲击-回应"说看似相反而实则相承的,是李约瑟对古代中国宇宙论先进性的断言。他主张,宣夜说所持的天体飘浮于宇宙中的观念,是包括浑天说、盖天说乃至佛道宇宙观在内的中国各派思想的共同看法,而"这些宇宙论观点的开明进步,同希腊的任何说法相比,的确都毫不逊色。这种对其中稀疏地飘浮着天体的无限空间的想象,要比束缚欧洲思想一千多年的僵硬的亚里士多德-托勒密同心水晶球概念先进得多",③"在宇宙结构问题上,传教士们硬要把一种基本上错误的图式(固体水晶球说)强加给一种基本上正确的图式(这种图式来自古宣夜说,认为星辰浮游于无限的太空)",④因此,"耶稣会士们的到达对于中国的科学来说绝不是纯粹的赐福(尽管过去常常把它描述得好像如此)。"⑤

李约瑟之论,确乎包含某种洞见。耶稣会士相当推崇亚里士多德-托勒

---

① 葛兆光:《重绘近代思想、社会与学术地图:评罗志田著〈权势转移:近代中国的思想、社会与学术〉》,《历史研究》2001年第1期,第149页。
② 葛兆光:《中国思想史》第2卷,目录第8页,正文第332—335页。以《山海经》为地圆说与五大洲说的前身,早发于晚清学者陈学熙。后者主张古代地理学分禹贡派与山海派,后者始于《山海经》,邹衍、东方朔为其继,至明末,又为利玛窦、艾儒略所复兴。(见陈学熙:《中国地理学家派》,《地学杂志》1911年第2卷17期,特别见第4—5页)
③ 李约瑟:《中国科学技术史》第3卷《数学、天学和地学》,第200页。
④ 同上书,第442页。
⑤ 同上书,第440页。李约瑟认为张载、朱熹的气化宇宙论,也有明显的宣夜说色彩,(同上书,第201—204页)并因此反对冯友兰在《中国哲学史》英译本中将张载的"系于"天翻译为attached,认为这是调用固体水晶球体系中的"附属"概念,误解了以气为本的理学宇宙论。(同上书,第203页)

密水晶球体系，他们自负地表示："利玛窦神父是用对中国人来说新奇的欧洲科学知识震惊了整个中国哲学界的，以充分的和逻辑的推理证明了它的新颖的真理。经过了这么多的世纪之后，他们才从他那里第一次知道大地是圆的。从前他们坚信一个古老的格言，即'天圆地方'……他们从来不知道，事实上也从未听说过，天空是由坚固实体构成的，星体是固定的，并不是在无目的地游荡，有十层天轨，一层包着一层，由相反的力量推动运行。"① 水晶球体系与地圆说一道被当作西学远胜于中学的证明。

问题在于，宣夜说虽与无限宇宙观念更为合拍，但在东汉即已"绝无师法"（《晋书·天文志》载蔡邕语），故以其取代浑天说与盖天说，作为古代中国宇宙论的代表，以在古代中国发现"科学"，则所构造的，也是一种更为提前的正统衰落、异端兴起的"权势转移"史。②

本书认为，若暂时搁置十九世纪之后下一拨西学东来以及中西地理与政治平衡的颠覆，就明末至清中叶士大夫的内部视野，则该时期输入中国的西方天地之学，与理学与经学的关系，实为双向涵化而非单向影响。伴随地圆说传入的西方球面天文学，使制历不再依赖大地之上的特定地点，而是"任意立表取景"，③ 相较于古代中国天文学强调测影必在地中，实大为简便，且

---

① ［意］利玛窦（Matteo Ricci）、［比利时］金尼阁（Nicolas Trigault）撰，何高济等译，何兆武校：《利玛窦中国札记》，中华书局，1983年，第347—348页。
② 江晓原不赞同李约瑟高度肯定宣夜说，理由有二：第一，宇宙有限还是无限，在古代中国天文学与哲学中并非关键问题；第二，宣夜说具有纯思辨特征，无法导出任何有效的数理推算体系，与盖天说和浑天说不在同一个层面上。（见江晓原：《古代中国人的宇宙》，《天文西学东渐集》，第86—88页）不过，李约瑟主张宣夜说虽然看起来比较边缘，但"它渗透于中国人的思想之中，所起的作用实在比表面上看来要大一些"，"宣夜说的世界图式和浑天说的天球运动一起构成了中国天文学思想的基础"，要全面理解这一观点，需要考虑他对古代中国儒道释关系的总体看法。他认为虽然自汉代以后，道家在官方领域中逐渐被边缘化，但它对中国人生活与思想的潜影响极大，而宣夜说本质上是道家性的，（见李约瑟：《中国科学技术史》第3卷《数学、天学和地学》，第200页以下），则以上宣夜说的崇高地位，可以看作道家潜在影响力的一部分。
③ 周子愚："惟元太史郭守敬，制造仪象圭表，以测验而定节气、成历法，为得其要。然最精而简者，尤莫若任意立表取景，西国之法为尽善矣。"（周子愚：《〈表度说〉序》，《明清之际西学文本》第3册，第994页）

又隐含"无适而不为中"之义,实自天学与理学都颇有吸引力。江永说地圆说"历家据以为测算之根,而儒家亦借为穷理之要,可不谓厚幸乎?"①。科学史家多重视前者(历家)而忽视后者(儒家),实际上,地圆说与儒学穷理观念,有复杂而微妙的涵化关系,其结果并非古代中国宇宙观的衰落乃至中西思想权势的转移,而是天地之学与理学(以及经学)交互更新意义上的观念转型。

事实上,从明末至十九世纪下半叶,西方天地之学与基督教思想,也以类似的涵化(而非取代)关系为主。来华传教士总体上淡化科学与宗教的张力与矛盾,将科学视为上帝计划的一部分与其超凡力量的体现。②但这不宜仅视为他们的策略性权宜,而是十九世纪下半叶以前西方整体精神气候的体现。具体言之,虽然明清之际正当欧洲科学革命兴起之时,但彼时基督教在西方精神世界中的核心地位并未受到实质挑战,即使是科学界,主导世界观也是承认自然具有内在神性的自然哲学,这与同一时期基督教视自然为上帝计划的自然神学,虽不完全一致,但在相当程度上可呼应或至少调和。③

简言之,不管就中国还是西方,在十九世纪下半叶以前,宗教义理学与天地之学的涵化,都是整体精神世界的主流。因此,超越以科学为中心的辉格史,回到这一双向涵化的历史现场,是思想史研究的应有之义。以下本书将在天地之学与理学(以及经学)的交界面上,探讨天下之极观念的重构过程。

地圆说与理学双向涵化的首要例证,即为二程"无适而不为中"观念在

---

① 江永:《论地圆》,《数学》卷一,文渊阁《四库全书》第796册,第611页。
② 传教士借助科学传教,其历史脉络以及在晚清的应用,参见罗志田:《新的崇拜:西潮冲击下近代中国思想权势的转移》,《权势转移:近代中国的思想、社会与学术》,湖北人民出版社,1999年,第38—44页。
③ 来华传教士所秉持的自然神学,见张洪彬:《祛魅:天人感应、近代科学与晚清宇宙观念的嬗变》,上海古籍出版社,2021年,第233—239页;他们对宗教与科学关系的认识,见胡卫清:《普遍主义的挑战:近代中国基督教教育研究(1877—1927)》,上海人民出版社,2000年,第143—188页。

明末以降的转义。如前所述,二程作此说,是为了"以象遣象",直接见体。南宋以降理学,则从道遍在天下以及圣人随时随地与道同体,阐述"无适而不为中"之理。典型如《孟子》中有"孔子之去鲁,曰迟迟吾行也,去父母国之道也;去齐接淅而行,去他国之道也",张栻为之说:

> 当其可即是道。盖事事物物之间,道无往而不存,极无适而不为中也……虽或迟或速之不同,而其为道则一。苟执一以为道,则有所不能贯通,而非道矣……凡一饮食、一起居之间,莫不有其道焉。贤者随时而循理,在圣人则如影之随形,道固不离乎圣人也。①

"道无往而不存,极无适而不为中",表明圣人始终与天理同体,其作为"活的"天理,不受天地间任何位置的影响与限制。显然,这是以人极即为天极,淡化天地秩序的象数指涉,首先据圣人之德而定道统之传,则"天下之中"之类的特殊位置,就被认为与圣贤复现并无直接关系,即所谓"道统文脉无南北,虽在万里外,皆中州也"。②

如前所述,中唐已降,天学与儒学日渐疏远,以上二程"无适而不为中"观念中明确的超越象数倾向,即体现了这一点。不过,天学与儒学中,又各自存在试图拉近二者距离甚至重新实现合一的思想潜流,这一象数与义理相即甚至重新合一的趋势,在明中期之后影响日增,清初天学与理学的涵化,即以这一思想趋势为背景。

《职方外纪》中有"地既圆形,则无处非中",③ 此"无处非中"一语,在清初以降,被主流理学家明确与"无适而不为中"联系起来。李光地即说:

---

① 〔宋〕张栻:《南轩先生孟子说》卷七,《张栻集》第 2 册,第 632—633 页。
② 家铉翁:《题〈中州诗集〉后》,见《元遗山文集校补》,第 595 页。
③ 〔意〕艾儒略(Giulio Aleni)撰,谢方校释:《职方外纪校释》,中华书局,2000 年,第 27 页。

《程子遗书》"极为天地中"一条，言地是浑体，随人所处，无适非中。若以为有一定之中，则其边际必有所穷。以测景之法推之，去中国一万五千里，应已得地形尽处，何以天地之运彼此无殊？故知地之体势，高下相因，随处为中，无有定在。此条深得周公遗意。①

又李光地借助编辑《御纂性理精义》，将这一对"无适而不为中"的新解，固定化为官说：

案：此章言地是浑圆之体，非有方隅也。盖以地形三万里论之，则应以一万五千里处为中，然如中国至西域已是一万五千里，而在彼处视天地无异于中国，则是地体浑圆，无适而不为中也。若是有方隅之物，则须有前后左右，虽亿万里终有尽边之处，然未闻地有尽处者，可见其浑沦无穷，而非有一定之中，审矣。②

二程是用"以象遣象"之法，表明义理超绝于象数，即使完美如圆，也不例外。因此，"地体浑圆"这一对大地形状的明确提示，实为李光地根据地圆说增字解经。李氏的天地之学，颇有取于其幕客杨文言，后者明确表示根据二程对"中"的辩证看法，"则地之浑圜无端，日之随处朝暮，气候之南朔互易，盖皆以理推而得之……今日天家之言，乃所以为往圣前贤之助也"③，更是直接将天学作为二程义理之学的证据。

此类论述，在清代中并不少见。如方观承：

凡今西人所诧为独得者，昔之圣人固知之，而有宋大儒亦已明言之矣。如以地为浑体，南北东西随处改移者，即程子地形有高下、无适而

---

① 李光地：《榕村语录》卷一八，第 323 页。又李光地："《程子遗书》中，'日之形似轮似饼'一条，言地无适非中，则无适非日所照。"（同上）
② 〔清〕李光地辑：《御纂性理精义》卷十，文渊阁《四库全书》第 719 册，第 764—765 页。
③ 〔清〕杨文言：《历象本要》，《续修四库全书》第 1040 册，第 111 页。

不为中之谓也……是知儒者之学，原无所不包，盖理明则象数自该，特肤学或未之思耳。①

又盛百二：

> 自天顶垂弧，至地平之际，四周无不适均。又自所履之地，望地平之四际，亦无不适均也。然天顶随人而移，地中亦随处而改，不必定在嵩洛。程子所谓无适而不为中也……或曰：既无适非中，乃今方舆图以顺天直对为中线，余皆为偏度，何也？曰：里差之根，以京师为定，既以京师为定，即有偏东、偏西之度，若尧时都平阳，则又以平阳直对者为中线矣。正惟无适而不为中故也。②

又余廷灿：

> 古人但就赤道北之中国言中，其不言者往往隐寓其意，初不必明著其词，故言北极而不言南极，写盖天而不写浑天，古圣人固多阙于所不见，要其所阙者，固无不心知之者，而岂有所疏漏以待后人补阐之乎？昔程子谓地无处而不为中，盖以地体浑沦，至顺极厚，高下相循，四颓旁礴，非有方隅，非有边际，随人所处，无适非中。及明末利玛窦辈入中国，言地原无上下，无正面，四周人著其上，以为不宣之秘，而不知程子已先发明之。③

以上诸人之说，在当时以及近代学术中，都被冠以"西学中源""中体西用"之名，多解释为减低对西学的文化与政治阻抗，而非真以为西方天地

---

① 见秦蕙田：《五礼通考》卷一八一，第8472—8473页。
② 〔清〕盛百二：《尚书释天》卷四，《续修四库全书》第44册，第315页。
③ 〔清〕余廷灿：《书王蕃浑天说》，见〔清〕李祖陶辑：《国朝文录续编·存吾文集录》卷一，《续修四库全书》1672册，198页。

之学与理学以及经学存在一致性。但若循宋元以降理学与经学演变的脉络，则所见不同。以上论述有着明显的共同点，即认为义理与象数为一体，且将西方天地之学当作最新的象数之学。结果，一种根本的观念挪移发生了，在二程那里，"无适而不为中"是超越象数之理，因此，用任何形象来呈现它，都只是暂时与权宜性的，不断超越近似之"象"，"无适而不为中"之理才能真正开显；而以上清儒的论述，则不再遵循二程的这一义理旨趣，而是用一个明确的"大象"——地球，来提示甚至对应这一"无适而不为中"之理，并以这唯一无二的"理象"，表明义理与象数的一体性。

以上天学与理学乃至象数与义理问题上的分歧，表明自宋而清，理学本身已在一定程度上发生转型。概而言之，相较于与天学颇为疏远的两宋理学，清学（不管是清初理学，还是清中叶兴起的朴学）总体上以天学为背景；在这种意义上，它确实是汉学而非宋学。

这当然不是说，"东海西海，心同理同"（理学家与耶稣会士都相当爱调用该表述），西方天地之学与理学存在"前定和谐"，输入前者，只是简单地为后者增加对应性证据。相反，二者间存在相当大的紧张，因此探寻"前定和谐"的过程，本身绝不可能和谐，而是充满张力的双向涵化。以下就地球观念，继续阐述这一问题。

第二节　两半球：有对与相偶

就中国古典世界观，天地虽自理为一，但天上地下，天圆地方，位与象皆不同。而地圆说则主张天地同形，则二者不仅理一，象亦无别。

在这里，需要探讨中西各自涵摄地圆说的特定方式（尤其是对球形大地与可居世界的不同观点），以及背后的宇宙观与人性论分疏。首先，在永恒运动问题上，希腊与两汉思想有颇多相似点。希腊宇宙论视圆形为自足而均衡的完美形体，最适合心灵与理智运动，也自然是宇宙运动的形式。① 日月五星各自绕地球做圆周运动，经过漫长的时间，同时复返于初始位置，这一被认为高达三万六千年的周期，则为宇宙意义上的"大年"（柏拉图年）。② 而以上观念，可以说就是两汉天学中上元观念的西方对应。

但是，双方对待球形大地，则义理态度迥异。在希腊罗马宇宙论与哲学中，圆形（及其三维象——球形）处处均衡对称，是至高德性（指"自足"）与完美秩序的体现，大地为球形，则处处关联为一整体，诸国互相依存的同一天下因此得以可能。③ 而古代中国思想虽承认圆形为天德之象，但其天下秩序观念，则强调中位的重要性，故更倾向于有唯一中心的平面大地，而非"无适而不为中"的球形大地。

以上中西世界观差异，最为鲜明地体现在对跖点问题上。在柏拉图的宇宙论与哲学中，对跖点将上下相对化，是圆形均衡对称性的体现；④ 亚里士多德则将上-下与边缘-中心联系起来，主张远离中心为上，朝向则为下，且既然地球位于宇宙中心，则球形大地就四面皆上，地心则为永恒且唯一的"下"。⑤ 这一学说在近代早期仍有相当的影响力。如但丁深度吸纳基督教化的亚里士多德哲学与天地之学，将中心为下、边缘为上的宇宙结构，具象化为地狱从北半球下至地心，炼狱则出南半球地表（为海中高山），有罪之人在地心这一宇宙最低下之处头足倒转（象征其灵魂转向），然后上经炼狱，

---

① ［希］柏拉图（Plato）撰，宋继杰译：《蒂迈欧篇》33a—34b，云南人民出版社，2023年，第243—244页。
② 柏拉图：《蒂迈欧篇》39a—e，第250—251页。
③ ［德］克尔斯特（J. Kaerst）撰，卢白羽译：《古人的天下观及其政治与文化含义》，《西方古代的天下观》，第120、128页。
④ 柏拉图：《蒂迈欧篇》62d—63e，第285—287页。
⑤ ［希］亚里士多德（Aristotle）撰，徐开来译：《论天》308a10—30，苗力田主编：《亚里士多德全集》第2卷，中国人民大学出版社，1991年，第377—378页。艾儒略在《职方外纪》中，准确地呈现了亚里士多德对"宇宙之中"的这一看法："天体一大圜也，地则圜中一点，定居中心，永不移动。盖惟中心离天最远之处，乃为最下之处，万重所趋。而地体至重就下，故不得不定居于中心，稍有所移，反与天体一边相近，不得为最下处矣。"（《职方外纪校释》，第27页）

终至天堂（在南半球天空中）。① 换言之，希腊哲学中的对跖点概念，被基督教思想视为以灵魂转向为标志的从堕落到拯救过程的形象化。

这里义理上的真正区别，并不在于西方自希腊至于基督教时期，地圆说始终居主流地位，而中国则自明末以前，大体以平面大地说为主。事实上，不管是古典还是基督教地理学，对赤道地区是否可以穿越、南半球是否有大陆存在或有人居住等问题，一直争论不休。② 故其宗教与政治构想，仍大致以北半球亚、欧、非三大洲为范围，③ 而就形象，北半球的半球形地表，与《周髀算经》所载"中高四下"的地形，乃至浑天说主张的西北高而东南下的地势，看起来不过是对同一有所弯曲的平面视点略为不同的描述。

真正的区别有二，首先在对"中"的认识。在西方宇宙论中，"中"是宇宙内最重浊、最卑下之处，而唐宋以上的古代中国世界观，则以"中"为万化生生之源。虽然两宋理学通过极非中之说（见朱熹《皇极辨》），解离了"中"与"生生"的必然关联，但极非中而常在中，仍表明宇宙之"中"在任何意义上都绝非卑下甚至罪恶之地。第二则是对世界秩序中方位与朝向的看法。基督教的原罪与拯救观念，主张人性本然即有堕落趋势，只有上帝恩典才能逆转。基于这种对人性的负面看法，基督教反对只根据生人世界建立任何绝对的上下之分，而以"灵魂转向"为标志的拯救过程，也相当容易接纳对跖点之类将上下相对化的观念。④ 而古代中国宇宙观与人性论则不同，

---

① 《神曲》以地狱在宇宙最中心，同时也是最底层；（［意］但丁［Dante Alighieri］撰，黄文捷译：《神曲·地狱篇》，译林出版社，2005年，第304页）大地在北半球，以耶路撒冷为中心，其南半球的对跖点，即为炼狱所在，二者的北极（或南极）出地度数相等，均为约30度。（同上书，第2、6—8、11、16页）以上内容承刘寅、陈志远两兄提示，谨致谢忱。以中世纪晚期"炼狱"观念诞生为背景解读《神曲·炼狱篇》，见［法］勒高夫（Jacques Le Goff）：《炼狱的诞生》，周莽译，商务印书馆，2021年，第511—549页。

② Rudolf Simek, *Heaven and Earth in the Middle Ages: The Physical World before Columbus*, tran. Angela Hall, The Boydell Press, 1996, pp. 48 – 55.

③ 但丁将尘世之城设于北半球，上帝之城设于南半球上空，从地狱经炼狱至天堂，即由北半球经地心至南半球地表，再上升至天空。这都是暗示南半球不属于生人之域。

④ Rudolf Simek: "What is striking about the discussion of the existence of the Antipodes in the Middle Ages is the way in which the sphericity of the earth and gravity were taken for（转下页）

基于天、地、人三才说，以及"天地之性人为贵"（《孝经·圣治章》）等观念，天、地、人相即且互相"法象"，生人世界则存在唯一、明确且永恒的方位与朝向，因此，上下之别就绝不可能被相对化。

在这种意义上，并非西方古典与基督教仍总体上局限于北半球的可居世界观念，而是近代地理大发现明确南半球存在生人世界，才对理学世界观造成真正的冲击。其一大挑战，为方位与时刻的相对化。利玛窦根据地圆之理以及自己航行南、北两半球的经验，主张：

> 上下四旁皆生齿所居，浑沦一球，原无上下，盖在天之内，何瞻非天？总六合内，凡足所伫即为下，凡首所向即为上。其专以身□所居分上下者，未然也。且予自大西浮海入中国，至昼夜平线，已见南、北二极皆在平地，略无高低。道转而南，过大浪山，已见南极出地三十六度，则大浪山与中国上下相为对待矣。而吾彼时只仰天在上，未视之在下也。故谓地形圆而周围皆生齿者，信然矣。①

根据利玛窦之说，球形大地四周都有人居住，各以所戴之天为上，所履之地为下，故无唯一且绝对的上下之分。上下既非绝对，则参照上下而立的四方（东南西北）也就被相对化。在此，中西观念截然冲突：以平面大地为前提的古代中国宇宙论，形式上承认大地之下有南极存在，实际上则独尊北极。而若上下之分相对化，则北极与南极也就被对等化。这严重挑战了以北极为枢极（朱熹以"屋极"取象）的古代中国宇宙观念。

总体来看，地圆说使上下相对化，是中国士人在感觉与观念上最难接受

（接上页）granted. The question as to whether a people living 'down under' would have difficulty 'holding on' because of being on the other side of the earth is never posed because it never occurred to medieval man." (Rudolf Simek, *Heaven and Earth in the Middle Ages: The Physical World before Columbus*, p. 55.)

① ［意］利玛窦（Matteo Ricci）：《坤舆万国全图》，朱维铮编：《利玛窦中文著译集》，复旦大学出版社，2001年，第174页。

的一点,意存保留乃至坚决拒斥之辞,自明末至晚清不绝。以下仅举两个典型例子。黎遂球批评利玛窦之说:

> 而乃造为奇论,谓无东西南北上下之分,推而究之,若人皆倒悬于世,而《周易》所称天尊地卑以为贵贱之位者,皆无可定……吾盖忧其说之流以祸世,将来无君臣上下之分,皆此之阶矣。①

又宋育仁:

> 天为无物,地与五星,同为地球,俱由吸力相引,则天尊地卑之说为诬,肇造天地之主可信。乾坤不成两大,阴阳无分贵贱,日月星不为三光,五星不配五行,七曜拟于不伦,上祀诬而无理,六经皆虚言,圣人为妄作。据此为本,则人身无上下,推之则家无上下,国无上下,从发源处决去天尊地卑,则一切平等,男女均有自主之权,妇不统于夫,子不制于父,族姓无别,人伦无处立根,举宪天法地、顺阴阳、陈五行诸大义,一扫而空。②

黎遂球与宋育仁,相距近三百年,对地圆说的反应却颇为相似,都是主张其不合乎《易·系辞》"天尊地卑"之理,而天地上下之别的相对化,可能造成以伦常为基础的人间秩序的解体。

反过来,总体上接受地圆说的人士,也往往主张该说并不意味着放弃天地上下之别。乔中和即说:"利玛窦《玄览图》:东海之东即西海,西海之西即东海,上下四旁,生齿附焉。余意北极之北可以见南极,南极之南可以见北极。朱子谓背所背为北,面所向为南,四方盖无定,上下或不可

---

① 黎遂球:《与陈乔生谈天书》,《莲须阁集》卷一三,《四库禁毁书丛刊》集部第183册,第138—139页。
② 〔清〕宋育仁撰,穆易校点:《泰西各国采风记》,岳麓书社,2016年,第86页。

易。"① 接受四方相对化，但仍对上下相对化持保留态度。许桂林也说："地以圆体浮空，以刚风载之，其上半面居人则可，上下四面居人则不可。"② 承认地圆说，但也明确区分球形大地为上下两半：只有上半才是生民所居的"天下"。

事实上，在清代理学与经学中，可以看到一种持续的努力，即试图在球形大地上重建天尊地卑、北上南下的观念秩序，以重新实现义理之学与天地之学的统一。如黎遂球据北极有极星为象，诸宿环拱，周行不已，南天对应位置（南极出地三十六度）则并无提示性的极星，亦无诸星环拱之象，主张北极为理象合一，南极则不过是理不能立、象不能存的空义，因此即使在球形大地上，北南之分，也仍为上下乃至华夷之别。③ 方以智主张磁针指南，是因为北极高而南极下，五金皆为重物，故就下。④ 而一种在中国天地之学中根基更深因而影响也更大的观念，则是将中国西北高东南下、西北多山东南多水的地势，结合以北半球多陆地、南半球多海洋的陆海分布。如李光地即说：

> 语云："百川东注。"某尝疑中国不过居地数十分之一，西边之水西流者甚多，如何据此以论大地？其实地虽似圆球，亦似有上下一般，西

---

① 乔中和：《说易》卷一二，《续修四库全书》第16册，第374—375页。
② 〔清〕许桂林：《宣西通》卷二，《续修四库全书》第1035册，第50页。
③ 黎遂球："不知何以廿八宿以及北斗三台诸星但拱绕北极，不闻其拱绕南极？……北有勾陈、太乙诸象，而南何以无之？乃不几于尊卑之象倒置，人亦何幸而生为近北极之人，何不幸而生为近南极之人？不依然可定华夷中外之别乎？"（黎遂球：《与陈乔生谈天书》，《莲须阁集》卷一三，《四库禁毁书丛刊》集部第183册，第137—138页）
④ 方以智："磁针指南，何也？……滕楫曰：'铁条长而均者，县之亦指南，不独此也。五金皆指南，金重故也……暄曰：'物皆向南指。凡竹木金石条而长者，县空浮水能自转移者，皆得南向，东西动而南北静也。针淬而指南，应南极垂而北极高也。有首向北，尾则向南，重故也。'"（〔明〕方以智：《指南说》，敩堥整理：《物理小识》卷八，《方以智全书》第7册，黄山书社，2019年，第391页）参照现代科学述评方以智之说，见徐振泽：《司南指南车与罗经盘：中国古代有关静磁学知识之发现及发明》，《科技考古论丛》，文物出版社，1989年，第162—163页。

北沙漠之外，无非高山旷野，即西流之水，皆是有岸的，不似东南之海，无有边际。盖东南如血脉所注之处，古人语终不错。①

又郑光祖：

地虽五行皆全，其实不过水、土两物。当其初尚未分山海，其后历年久远，天上之日月星辰定，大地亦稍有变动，大水尽归赤道之下而成海洋，而地下之山川河岳亦渐定。②

又徐继畬：

大地之土，环北冰海而生，披离下垂如肺叶，凹凸参差，不一其形。泰西人分为四土：曰亚细亚，曰欧罗巴，曰阿非利加（一作利未亚）。此三土相连，在地球之东半。别一土曰亚墨利加，在地球之西半……四土皆从北极纷披下垂，南黄道之南仅有岛屿，再南则汪洋一水，直至南极无片土矣。土在上而水在下，亦坤舆自然之理也。③

不同于西方四素说以地（土）最为重浊，故最易就下，"水性就下"是

---

① 李光地：《榕村语录》卷二六，第460页。
② 〔清〕郑光祖：《一斑录》卷一之"天地原始"条，《续修四库全书》第1139册，第647页。
③ 〔清〕徐继畬：《瀛寰志略》卷一，上海书店出版社，2001年，第4—5页。该说在晚清影响极大，如《中西历学源流异同论》："地土皆环绕北冰海披离下垂，故南半球多水，北半球多陆。"（见邵之棠辑：《皇朝经世文统编》卷九六，文海出版社，1980年，第3938页）金希甫："地形虽圆，而不无上下。西洋人谓上下四旁，皆生齿所居，□□原无上下。而何以愈近北极地愈高乎？何以日南与距地远、北至距地近乎？何以地多偏北、水多偏南乎？"（金希甫：《南极新地辨》二，《申报》1889年1月1日，第1版）宋育仁："盖天家言地如覆盂，以海行极处为南极，其理至显。"盖天之说"浮出凸处为地，低陷凹处为水……即以今西洋所制地球为验，近南极一面，亦皆为水"。（宋育仁：《泰西各国采风记》，第66、87页）根据水性就下，以南极为地球最低凹之处。

古代中国自然学不言自明的常识。且西方的土就下，指趋向地心，南北则并无高下，故自古希腊至近代早期，始终有人主张南半球当存在足以与北半球匹敌的连片大陆，以保持地球平衡。① 而近代航海大发现，尤其是十八世纪中后期库克船长的全球航行，确定南方大陆并不存在，方最终确认了北半球多陆、南半球多海的大地形势。相较于西方，中国思想以固有的北高南下、水性就下之说，毫无困难地接受了这一新的全球陆海分布图景，北半球多陆、南半球多水的"大形势"，被视为球形大地北上而南下的"理象"。

更有根据山水海陆之分，而合以《易》学与《易》象者。乔中和即说：

> 西泰以两极出入，谓大浪山与中国足底相反而行。则上下亦无定矣，而可乎？西北艮，多山，东南兑，多水，故《易》曰：山泽通气。山出泉，水附地，远隐而近见，山则罗义，水则光怪，非人类可至，故古今远矣，未有北视南极、南视北极者，意北极为上极，南极为下极乎？仲尼谓北辰居所，而众星共之，由斯以谈，虽南极亦共北极也。②

河洛在北半球，为内陆，大浪山在南半球，为海滨。若以易图对应全球，则河洛在艮位，大浪山在兑位。故就陆海与北南之别，当以河洛为上，大浪山为下。这样，自秦汉至明清礼学中持续的南向独尊化趋势，通过涵化地圆说，扩展为北南两半球的上下之别。

根据象数《易》学而对球形大地方位做出最繁复推衍的，则是廖平：

> 以大一统言之，将来中分天下，必以赤道为界，赤道以北，如《易》之乾、坎、艮、震四阳卦之地，于《春秋》为中国焉；赤道以南，

---

① Rudolf Simek, *Heaven and Earth in the Middle Ages: The Physical World before Columbus*, p. 48.
② 乔中和：《说易》卷一二，《续修四库全书》第 16 册，第 375 页。

如《易》巽、离、坤、兑四阴卦，于《春秋》为夷狄焉。北极为坎，南极为离，仍王者向南而治，开服南服，《诗》首二南之义也。以今实地考之，则北广而南狭，如南美、非与澳州，不过仅得三州之地，而主六州焉。此即所谓三分天下有其二，北六而南三。①

廖平主张，地球陆地北广南狭，以后天八卦为象，自《春秋》学而言，则为华夏在北而夷狄在南。具体言之，《春秋》九州分南北，北五州为夏，南四州为夷，②而"《春秋》收南服"，③孔子作《春秋》，即为行北夏化南夷之道。而根据邹衍"大九州"说，世界虽自明朝即已从方三千里的小统时代进入方三万里的大统时代，④但只是尺度增加，北夏而南夷的格局则不变：

《春秋》千里一州，大一统有万里一州之制，加十倍也。《春秋》二百四十年为终世，《大统春秋》必二千四百年为终世，又加十倍……

---

① 廖平：《八行星绕日说》，《地球新义》（戊戌本），舒大刚、杨世文主编：《廖平全集》第10卷，上海古籍出版社，2015年，第37页。廖平自晦以避祸，《地球新义》中篇目皆署他人之名，实为其自著，以下不再说明。八卦与"大九州"的对应，见廖平："以《易》八卦方位言之，乾、坎、艮、震四阳卦，北美之北为乾，雍；欧亚之北为坎，冀；欧亚之交为地中，为豫；亚东北为艮，兖；亚东南为震。《春秋》中国为五州，引南服四州，以成九州。今赤道以北为中国，开化南服诸州，以成'大九州'。南服诸州为巽、离、兑，与春秋形势相同也。"（廖平：《公羊春秋经传验推补证》卷三，《廖平全集》第7卷，第945页）

② 廖平："《经》只见九州，故以鲁为本国，北方为诸夏，南方为夷狄。就侯、绥中以北南分诸夏、夷狄，《春秋》专说，与别经不同。"（廖平：《公羊春秋经传验推补证》卷一，《廖平全集》第7卷，第858页）又《书尚书弘道编·帝典》"扬侧陋"，廖平释："《春秋》小统九州，青、兖、冀、雍为北，梁、荆、徐、扬为南，三传同以为夷狄。推之大统亦然。"（《廖平全集》第4卷，第72页）

③ 廖平："《春秋》收南服，辟梁、荆、徐、扬之地，如今改土归流之事……吴、楚以夏变夷，故有渐进之道。"（廖平：《公羊春秋经传验推补证》卷一一，《廖平全集》第7卷，第1489页）

④ 廖平："帝道开通，全球分州作贡，考其踪迹，实等《春秋》。邹衍验小推大者，此也。西人自明入中国，迄今约三百年，或拟作《海外春秋》。"（廖平：《公羊春秋经传验推补证》卷一，《廖平全集》第7卷，第826页）

"获麟"《传》:《春秋》拨乱世反诸正,世为世界,三十幅共一毂,《周礼》之土圭三万里。今日瀛海开通,共球毕显,列邦称雄,不为统一,会盟搂伐,亦春秋之时局。考今日进化诸国均在赤道以北,以亚、欧、北美亦《春秋》之青、兖、冀、豫。如以《春秋》列国相比,中国为鲁,亚、欧、北美为诸夏,赤道以南为夷狄,非、澳、南美无国无君。当今之世修《大统春秋》,必先求录北美进化诸国,南服国不见于经,此一定之例。《春秋》疆域不过方三千里,用夏变夷,二百四十年而功乃成。今大地三万里,非迟之又久,不能成功。①

廖平主张,西方列强与中国在北,为华夏,非、澳与南美在南,为夷狄,南北则以赤道为界。又南半球诸洲被殖民,为《春秋》夷狄"以次渐进"意义上的"州举";

  《春秋》荆、徐、梁,如今非、澳、南美州无名君。今之称三州者,但举州名,不能言其国,此《春秋》州举之例。久乃称其国,久乃详其君臣,此又由州而国、由国而君臣,以次渐进之义也。今南方三大州尚无名国可举,必俟数百年后乃能以国见。②

世界史详欧、美而略非、澳,正如《春秋》详华夏而略夷狄,③ 西方列

---

① 廖平:《公羊春秋经传验推补证》卷二,《廖平全集》第7卷,第918页。
② 廖平:《公羊春秋经传验推补证》卷三,《廖平全集》第7卷,第945页。
③ 廖平:"南北中分中国,如天皇、地皇中分地球,北文明,南蛮野,《春秋》亦然,使南北平列,则宾主不明。又南服夷狄,恶事多,不足以立褒贬,故《春秋》详北略南,以北较文明,可设进退之法。亦如《大统春秋》,详欧、美,略非、澳。"(廖平:《公羊春秋经传验推补证》卷八,《廖平全集》第7卷,第1272页)又有详南而略北,廖平:"考《易》'东南得朋',用夏变夷之道,详于南而略于北,此周、召称南,桧、曹皆火,正详南略北之经义也……周、召即羲、和,详于南服,以半球未经开化,故用功独专。"(廖平:《诗经国风五帝分运考》,《廖平全集》第11卷,第822页)但不管南北孰详孰略,都是北高于南。

强的全球殖民,如同由北而南、用夏变夷的"移封",① 通过北半球化济南半球,实现阴阳水火之相济。② 则中国思想北上南下、北尊南卑的观念格式,并未因地圆说对上下四方的相对化而动摇,而是借助全球陆海分布与殖民秩序,在近代世界中也找到了对应物。

相较于方位,地圆说也将时刻相对化,但其引发的义理回应,则有相当重要的不同。确实,"天下"字面就提示了共同且唯一的"天"与"下"的存在,这一以平面大地为背景的绝对的上下观念,又自然引申出生民共戴一天意义上的共时性,亦即"海上升明月,天涯共此时"的"此时"。而球形大地则不同。由于经度差,③ 不存在共同且唯一的"此时",甚者东半球为昼,则西半球为夜,东半球为日,则西半球为月。④ 则天下人共同以目格"天",已不可能。又由于纬度差,共同的四季循环也不存在,具体言之,"斗柄东指,天下皆春。斗柄南指,天下皆夏。斗柄西指,天下皆秋。斗柄北指,天下皆冬",⑤ 这一形象化天的"永恒运动"的"斗建"模式,虽因岁

---

① 廖平:"今欧州多名国,外州多为欧州属地,必移封欧国于外州,以为大州方伯,而后九州成。各方伯归于封国,则大九州之制成矣。"(廖平:《公羊春秋经验推补证》卷六,《廖平全集》第7卷,第1149页) 廖平:"南服迁封州举。○《春秋》鲁、齐皆在青州,即今亚洲也。陈、蔡、卫、郑、许,常见之四方伯一卒正,皆在豫州。欧洲近地中海之昆仑,为大九州之豫,地球六大国皆在欧洲,《春秋》用迁封例,移四国为别州方伯。今仿其例,各国属地散见地球,移封各大国于外洲,为方伯。至于南服初见,与《春秋》同。用州举例,以澳、非、南美无名国贤君称者,但以州目之。"(廖平:《拟大统春秋条例》,《廖平全集》第9卷,第2197页)
② 《书中候弘道编·般庚之诰》"于众",廖平释:"众皆愿居北半球陆地,恐居南半球多水之地。""其犹可扑灭",廖平释:"此水火既济之义,谓当以开化北方之伯牧出治南方,如《典》《谟》尧北舜南。"(《廖平全集》第4卷,第241页)
③ 见孙小淳:《从"里差"看地球、地理经度概念之传入中国》,《自然科学史研究》1998年第4期。
④ 梅文鼎所谓:"假令地为平面,东西一望皆平,则日一出地,而万国皆晓,日一入地,而八表同昏,安得有时刻先后之差,而且有此方日中、彼为夜半者乎?"(见梅文鼎:《论〈周髀〉中即有地圆之理》,《历学疑问补》卷一,《梅文鼎全集》第1册,第115页) 又傅云龙:(地球)"非圆则日一出而四方皆曙,何以此日中彼夜半,又如《周髀》所云乎?"(〔清〕傅云龙:《地椭圆说》,傅训成点校:《傅云龙集》第1册,浙江古籍出版社,2020年,第64页)
⑤ 《鹖冠子·环流》,《鹖冠子校注》卷上,第70页。

差的发现而受到挑战，但之前所怀疑的，仍是斗柄所指能否有定，而非"天下皆春"是否可能。不过，这一"天下皆春"之象，也因球形大地观念的输入，而被彻底瓦解。

有趣的是，对天下共时性的瓦解，明末以降思想界不仅没有类似上下相对化那样的负面反应，甚至有很多赞赏之辞。一种后被归入西学中源说的主流观点，主张全球昼夜寒暑反易，已见载于《周髀算经》盖天说。最有代表性的阐述，见梅文鼎：

> 若盖天之说，具于《周髀》，其说以天象盖笠，地法覆盘，极下地高，滂沲四隤而下，则地非正平而有圆象明矣。故其言昼夜也，曰：日行极北，北方日中，南方夜半；日行极东，东方日中，西方夜半；日行极南，南方日中，北方夜半；日行极西，西方日中，东方夜半。凡此四方者，昼夜易处，加四时相及，此即西历地有经度，以论时刻早晚之法也。其言七衡也，曰：北极之下，不生万物，北极左右，夏有不释之冰，中衡左右，冬有不死之草。五谷一岁再熟，凡北极之左右，物有朝生暮获。**赵君卿注曰："北极之下，从春分至秋分为昼，从秋分至春分为夜。"**即西历以地纬度分寒暖五带，昼夜长短各处不同之法也。使非天地同为浑圆，何以能成此算？①

又：

> 《周髀算经》虽未明言地圆，而其理其算已具其中矣……言："日行极北，北方日中，南方夜半；日行极东，东方日中，西方夜半；日行极南，南方日中，北方夜半；日行极西，西方日中，东方夜半。"盖惟地体浑圆，与天体相似，太阳随天左旋，绕地环行，各以其所到之方，正照而为日中正午，其对冲之方，在地影最深之处，而即为夜半子

---

① 梅文鼎：《论盖天〈周髀〉》，《历学疑问》卷一，《梅文鼎全集》第1册，第31页。

时矣。①

梅文鼎之说，被李光地等当时主流理学家所接受，后经戴震推重，被四库馆臣纳入《周髀算经》提要，而成为官方定论。② 理学家与经学家对上下的相对化意存保留，但对天下共时的取消，却认为其早具于经典（被归为周公所作的《周髀算经》），为圣人所定的"理象"。这两种截然相反的态度，绝非笼统的西学中源说可以解释。

在进一步探讨相关义理与象数问题前，需要先对地圆说输入中国的特定方式略作交代。利玛窦所输入的《坤舆万国全图》与《两仪玄览图》，都在椭圆投影而成的主图外，配以球面投影而成的北、南两半球图，以直接提示地为圆体。③ 此外，尚有单独的东、西两半球图。④ 相较于利玛窦的多样选择，此后传教士（典型如南怀仁与蒋友仁）所绘的世界地图，则只采用东、

---

① 梅文鼎：《论〈周髀〉中即有地圆之理》，《历学疑问补》卷一，《梅文鼎全集》第1册，第115页。
② 相关历史过程，见韩琦：《西学新知与历算传统的再发现：政治文化视域下明清士人对〈周髀算经〉的研究》，《北京大学学报（哲学社会科学版）》2022年第6期，第148—149页。
③ 利玛窦表示自己在绘制椭圆形主图外，之所以还要绘制北、南两半球图，是因为"但地形本圆球，今图为平面，其理难于一览而悟，则又仿敝邑之法，再作半球图者二焉。一载赤道以北，一载赤道以南，其二极则居二圈当中，以肖地之本形，便于互见"。又《两仪玄览图》利玛窦识：两半球图"一载赤道以北，一载赤道以南。以赤道为圆之周匝，以南北地极为圆之心，如两半球焉。观斯，则愈见地形之圆，而与全图合从印证，愈知理无所诬矣"。（以上两条均转引自邹振环：《晚明汉文西学经典：编译、诠释、流传与影响》，复旦大学出版社，2011年，第50页）艾儒略也说："地形既圆，则画图于极圆木球，方能肖像。如画于平面，则不免或直剖之为一图，或横截之为两图。故全图设为二种：一长如卵形，南北极居上下，赤道居中；一圆如盘形，南北极为心，赤道为界。"（《职方外纪校释》，第29页）则已将南北两半球图，从利玛窦所说的"小图"，提升为与"全图"地位平等的另一种"主图"。洪业进一步推论说，利玛窦绘制主图，不用墨卡托经纬平行投影法，而用奥特里乌斯椭圆形投影法，也是为了向中国士人提示地为圆体。（见洪业：《考利玛窦的世界地图》，《洪业论学集》，中华书局，1981年，第168页）
④ 洪业认为，1610年刊印的《方舆胜略》中的《东、西两半球图》，原出自利玛窦。利玛窦所绘制的东、西两半球图与他的其他地图的关系，见上书，第78—183页。

西两半球图，且通过钱大昕、阮元、徐继畬与魏源的传播，成为清中后期士人观看世界的标准图式。①

东、西两半球图的流行，原因是什么？地图学与地理学的理由似已足够充分：相较于拉长为椭圆或长方形的单幅地球图，两半球图单幅内容减少一半，更便于作为书中插图；且地理大发现后欧洲新制图学本来就以划分东、西半球为主，②理由是这更符合世界的陆海分布与人的观看习惯。③不过，我认为，在以上天地学理由外，理学背景也不容忽视，地圆说以"无适而不为中"为义，而半球图将整个世界展示为互相对称的两半，则提示了理学的另一条根本义理："天地万物之理，无独必有对。"④进而言之，球形大地"无适而不为中"，似乎取消了"天下之极"的存在，但既然每一半球各有其"极"，两半球（以及相应的两个"地极"）正反相对，则在球形大地之上，"天下之极"可以对偶的形式回归。

这一程朱理学中"无独必有对"之理，又为清中叶朴学所复兴的一种汉代训诂所加强，即"仁者相人偶"。⑤郑玄引为常语的"人偶"，其含义至两宋已晦暗不清，⑥对此，段玉裁主张"人偶"之"偶"，通于礼学中主宾相为

---

① 魏源："考万历中利马窦所绘《万国地图》及国朝南怀仁之《坤舆图说》，与天启中艾儒略之《职方外纪》图，皆以地为圆体，故分前、后二图。"（魏源：《海国图志》卷七四，《魏源全集》第 7 册，1819 页）
② 东、西两半球图在十六、十七世纪的出现与流行，以及该时期制图学家所创造的多种世界地图投影方式，见〔美〕戴维·伍德沃德（David Woodward）主编：《地图学史》第 3 卷 1 分册上，成一农译，卜宪群译审，中国社会科学出版社，2021 年，第 508—519 页（特别是第 515 页）。
③ 庄廷旉《地图说》："大地同海，本一圆球，以入图分绘两面，阅者联东西为一，反复旋合观之，与得三百六十度全势。"（见《海国图志》卷七六，《魏源全集》第 7 册，第 1863 页）
④ 《程氏遗书》卷一一，第 157 页。
⑤ 《中庸》"仁者，人也"，郑玄笺注："人也，读如相人偶之人，以人意相存问之言。"（《礼记正义》卷五二，第 3535 页）
⑥ 王应麟："'仁者人也'注：'人也，读如相人偶之人，以人意相存问之言。'朱文公问吕成公：'相人偶，此句不知出于何书？疏中亦不说破。'"（〔宋〕王应麟撰，〔清〕翁元圻等注，栾保群等校点：《困学纪闻》上册，上海古籍出版社，2009 年，第 650 页）

"耦"之"耦",[①] 此后阮元在《〈论语〉论仁论》中释仁字,一本段玉裁之说。[①] 而参以宋元以降天地大形势说中以天下为一大礼仪空间的观念,则可以说,以"相耦"("相偶")构造天下之极,方可以实现一而二、二而一的仁治。

不管是理学的"有对",还是汉学的"相偶",都提示了地圆说对中国世界观的真正影响。若仅为提示地圆,则东、西半球图与南、北半球图并无区别,因此,前者的中心地位,实与古代中国理学与礼学中北上南下、北尊南卑的观念有关。南、北半球图对等呈现南、北两极,事实上取消了北上南下的地图呈现方式,以及相应北尊南卑的观念结构;东、西半球图则原封不动地保留了二者,具体言之,东、西两半球严格遵循北上南下、北尊南卑的原则各自立极,又以对偶的形式,建立整个球形大地的"天下

[①]《说文解字》"仁,亲也。从人二",段玉裁注:"会意。《中庸》曰:仁者、人也。注:人也,读如相人偶之人,以人意相存问之言。《大射仪》:揖以耦。注:言'以'者,耦之事成于此,意相人耦也。《聘礼》:每曲揖。注:以相人耦为敬也。《公食大夫礼》:宾入三揖。注:相人耦。《诗·匪风》笺云:人偶能烹鱼者,人偶能辅周道治民者。正义曰:人偶者,谓以人意尊偶之也。《论语》注:人偶同位人偶之辞。《礼》注云:人偶相与为礼仪皆同也。按:人耦犹言尔我亲密之词。独则无耦,耦则相亲。故其字从人二。"(段玉裁:《说文解字注》,第365页)段玉裁在另一处明确指出"偶"为"耦"的俗字,故"相人偶"就其义当作"相人耦"。见《说文解字》"耦,耕广五寸为伐,二伐为耦",段玉裁注:"耕,各本作耒。……古者耤一金,两人并发之……长沮、桀溺耦而耕。此两人并发之证。引伸为凡人耦之称。俗借偶。"(同上书,第184页)《说文解字》"偶,桐人也",段玉裁注:"偶者,寓也。寓于木之人也……按:木偶之偶,与二枱并耕之耦义迥别。凡言人耦、射耦、嘉耦、怨耦,皆取耦耕之意,而无取桐人之意也。今皆作偶,则失古意矣。"(同上书,第383页)《说文解字》"二,地之数也。从耦一",段玉裁注:"《易》曰:天一地二(《系辞》)。惟初大始,道立于一。有一而后有二。元气初分,轻清昜为天。重浊侌为地。""耦,各本作偶。误。今正。偶者,桐人也。凡云偶尔用之。耦者,二人并耕之称。故凡奇耦字用之。古书或不拘,许必从其朔也。"(同上书,第681页)综合以上,"偶"为"耦"之俗字,"耦"又通于"二""两"。孙诒让赞同此说。《周礼·天官·大宰》"以九两系邦国之民",孙诒让正义:"注云'两犹耦也'者,《说文》'网部'云:'网,再也。'两即网之借字。《广雅·释诂》云:'耦、两,二也。'《释名·释亲属》云:'耦,遇也。二人相对遇也。'案:耦即相人偶际会之意。"(〔清〕孙诒让正义,王文锦、陈玉霞点校:《周礼正义》第1册,中华书局,2015年,第134页)

[①]〔清〕阮元:《〈论语〉论仁论》,邓经元点校:《揅经室集》一集卷八,中华书局,1993年,第178—179页。

之极"。

这一而二、二而一的对偶，意味着东、西两半球此昼则彼夜、此日则彼月，皆为阴阳之"大象"，亦为太极之"理象"。周敦颐在《太极图说》中说："无极而太极……太极动而生阳，动极而静，静而生阴，静极复动。一动一静，互为其根。分阴分阳，两仪立焉。"① 对清代理学家，由东、西两半球昼夜阴阳循环，联想到《太极图说》中的太极两仪之理，是相当自然的。

基于这种东西对等而南北有高下的观念，清代地理学虽然接受了地圆说，但排斥将南北与上下也相对化，故不取纬度与经度都相反的两点为对跖点，而遵循自北而南原则，取纬度相同、经度相反的两点为对称与对偶点。陈庚焕即说：

> 西士地球之式，分全地两面为五州，中国处地球正面上半而少偏东，是为亚细亚州；西洋诸国亦处地球正面上半而偏西，是为欧罗巴州；欧罗巴州之下，地势迤前而南下，在赤道之南，是为利未亚州。利未亚州之极南，当地球正面下半而少偏西，有山悬海中，是曰大浪峰。地球背面之上半，当赤道之北者，是为北亚墨州；地球背面之下半，当赤道之南者，是为南亚墨州。②

陈庚焕以东半球为正、西半球为背，按照自北而南的顺序，安排各大洲的对偶关系。而这种方位秩序，实为晚清地理学的共同前提。如《海国图志》中东、西半球图即合称为"地球正、背面全图"③ 或地球"前、后二图"，④ "无独必有对"而又北高南下，故自北而南对偶，亚洲对应于北美洲，

---

① 〔宋〕周敦颐：《太极图说》，陈克明点校：《周敦颐集》，中华书局，1990年，第3—4页。
② 〔清〕陈庚焕：《地球考上》，〔清〕李祖陶辑：《国朝文录·惕园初藁文》卷二，《续修四库全书》第1670册，第747页。
③ 魏源：《海国图志》卷三，《魏源全集》第4册，第91页。
④ 魏源：《海国图志》卷七四，《魏源全集》第7册，第1819页。

中国则对应于美国,① 二者昼夜相反,四季则相同,② 故天时、地气相当,③ 山水相偶,具体言之,落基山脉为西半球的"昆仑",④ 密西西比河则为西半球的黄河。⑤

---

① 庄廷旉《地图说》:"曰亚墨利加者,是中国后面之地,全是海围,亦有数大国。"(见魏源:《海国图志》卷七六,《魏源全集》第7册,第1863页)徐继畲:"米利坚各部在北黄道之北,与中国节候相仿。"(徐继畲:《瀛寰志略》卷九,第269页)又宋小宋:"夫联邦者,新洲中之一国也,处地球之上,与中华背相合,其地土之美,物产之富,亦彼此相等,诚海外仅有之地也。"(宋小宋:《〈大美联邦志略〉序》,转引自邹振环:《晚清西方地理学在中国:以1815至1911年西方地理学译著的传播与影响为中心》,上海古籍出版社,2000年,第85页)又斌椿:"美理驾使臣,言其国地形与中土相对,此正午,彼正子也。"(〔清〕斌椿撰,钟叔河等校点:《乘槎笔记·诗二种》,岳麓书社,1985年,第181页)

② 李圭:"自上海至费城为地球一半,中国为昼,美之东土为夜。由费城回上海亦为地球一半,美之东土为夜,中国仍为昼也……盖地形如球,本无分于东西也。故环球所在,四时皆具,而日出则有迟速。中国纵横万余里,尚有殊,若与美国计之,则有腹背之分,是以迟速尤悬殊也。"(〔清〕李圭撰,陈尚凡校点:《环游地球新录》,岳麓书社,1985年,第313页)

③ 薛福成:"美国虽新造之邦,天时地势与中国略相仿佛。"(〔清〕薛福成撰,张玄浩、张英宇标点:《出使英法义比四国日记》,岳麓书社,1985年,第268页)又薛福成:"美国地博物阜,与中国相颉颃。"(同上书,第578页)

④ 魏源:"本洲落机大山犹亚细亚之昆仑,绵亘极南北,为本洲各山之主,殆无与匹敌者矣。"(魏源:《海国图志》卷五九,《魏源全集》第6册,第1596页)康有为:"昆仑圆而大,落机大而长。"(康有为:《康南海先生讲学记》,《康有为全集》第2集,第109页)又康有为:"落机山者,不依附昆仑而最后起焉,别为火山之祖,蜿蜒九万里,而为昆仑之背焉。今美与巴西之高山大陆,皆因依其火力以成洲者也。"(康有为:《大同书》,《康有为全集》第7集,第17页)又康有为:"地球以祖,正为昆仑,背为落机,美得落机五一,吾得昆仑之全。合大地之国土金产,无有如吾国者也。盖昆仑、落机,为大地初发脉之山,火力最大,故金矿最多。"(康有为:《官制议》,《康有为全集》第7集,第308页)

⑤ 徐继畲:"北亚墨利加之西北境有高山绵亘曰落机,自西北而东南;东偏有山曰押罢拉既俺,由东北而西南,余多平土。有大河曰密士失必,发源西北,由东南入海,浩瀚如中国之黄河。"(徐继畲:《瀛寰志略》卷九,第268页)又魏源:"北墨利加形如飞鱼……有大河曰密士失必,如中国之黄河,回环万余里。"(魏源:《海国图志》卷六四,《魏源全集》第7册,第1707页)又王之春:"此洲山自北而南,以落机为宗,犹亚细亚之昆仑也。水以密士失必(一作米西悉比)为纲,曲折万里,会密苏尔厘河南入海,犹中国之黄河也。"(〔清〕王之春撰,赵春晨等点校:《国朝柔远记》卷五,《王之春集》第1册,岳麓书社,2010年,第257页)

综合来看，西学东西两半球之说，合以《易》学太极两仪之说、理学"无独必有对"之理，以及朴学"仁者相人偶"之义，共同构成了晚清大地观念的基础。而根据以上学术思想背景，在全球层面重建"天下之极"的，仍是廖平。魏彩莹在其对廖平经学结构与脉络的研究中，阐述了廖氏据小统、大统之别，将周公营洛解释为建立东、西两半球并立的二帝（"皇二伯"）之制，以此在球形大地上"建极"，实现大统太平之治。① 廖平主张地球为一太极图，以仁为体，东、西两半球阴阳昼夜相反相承，为一而二、二而一之"耦"，② 则全球二伯-两京之制，不管是视为新、旧大陆"分陕"，③ 或与南北之"纵"相对的东西之"横"，④ 其实质都是全球尺度上的"匹耦"。⑤

这可谓天学与《易》学的一体。具体言之，之所以必就东、西两半球立

---

① 见魏彩莹：《经典秩序的重构：廖平的世界观与经学之路》，联经出版事业公司，2018年，第196—213页。二伯制的经学源流与廖平的创造性发挥，见同书，第370—385页。

② 《书尚书弘道编·帝典》"三百有六旬有六日"，廖平释："纬说周天三百六十五度四分度之一，经举全数，为三百六十六日。按《周礼》土圭测景，千里一寸。《考工记》一毂三十辐以象月，故天之一日为地千里。大九州方二万七千里，为方千里者七百二十九，以东西均分，各得三百六十五日，而少一日，即《诗》所谓'维日不足'，是为再期之数。然全球以昼夜为一日，则一日有两日在内，经举天度以包地，而地则阴阳适均，必以耦计，故班《律历志》曰天数一、地数二也。"（《廖平全集》第4卷，第69—70页）又《书经周礼皇帝疆域图表·成王六篇图》"其作周匹休"，廖平释："西与东相匹耦。"（同上书，第415页）

③ 廖平："《诗》分陕为中分天下，即后世泰皇，二伯为天皇、地皇。"（廖平：《皇帝大同学革弊兴利百目》，《廖平全集》第3卷，第1177页）又廖平："当日以周召分治，周占东南，召占西北，而合徐与荆、扬为一内三外，召独领梁，为三内一外，圣贤劳逸之说所由起。将来分陕，以非、澳属周，美属召，又一定之势也。"（廖平：《八行星绕日说》，《地球新义》[戊戌本]，《廖平全集》第10卷，第37页）

④ 《书经周礼皇帝疆域图表·书经天下一家表》"以横于天下"，廖平释："二帝分司东西为横。"（《廖平全集》第4卷，第488页）

⑤ 《书中候弘道编·雒诰》"其作周匹休"，廖平释："东西两京相匹耦。"（同上书，第229页）又《周礼订本略注》"九两"，廖平释："郑曰：'两犹耦也。'盖东西两半球之九州分而为耦也。"（《廖平全集》第5卷，第482页）这一二伯-两京之制，又可上溯至三代以上：《尚书》载周公营洛，立古今通制，实以尧舜时期皋陶与禹东西分治为前导。《书尚书弘道编·帝谟》"日赞赞襄哉"，廖平释："日以东西分昼夜"，"赞，佐也。皋陶以全球之广，欲与禹东西分治。禹赞于东，皋陶赞于西，如《诗》之周、召分陕，《召诰》《洛诰》之东西二洛通畿，亦《大戴》所谓舜左禹而右皋陶也"。（《廖平全集》第4卷，第98页）

制,是因为二者昼夜相反,① 为全球意义上的"邻",② "两京如日月对望,分建于东、西两半球",③ "《诗》日升月恒,象东西两京、二伯",④ "创作两京,如东西日月之合明",⑤ 又如《易》震之与艮、晋之与明夷,卦名与卦义相对,⑥ 皆为"周道"之"周"义。⑦ 故当并建两京,以实现阴阳、日月、昼夜循环意义上的二伯/二帝之治。⑧ 具体言之,"地球图"为大统世界的河图,⑨

---

① 《书尚书弘道编·鸿范》"曰咎征",廖平释:"如东西两半球,建两京,分二帝,以刚日、柔日划别阴阳、昼夜,所以统括全球。"(《廖平全集》第4卷,第151页)廖平甚至主张《雒诰》中的"夙夜","即东西之代词"。(廖平:《书中候弘道编·雒诰》,同上书,第233页)

② 《书尚书弘道编·帝谟》"邻哉",廖平释:"东西二帝为邻",《易》曰:'富以其邻','东邻杀牛,不如西邻之禴祭'"。(同上书,第102页)《书经周礼皇帝疆域图表·尚书四帝四邻四表均分天下图》"邻哉",廖平释:"东、西二帝合为邻。"(同上书,第351页)

③ 廖平:《书经周礼皇帝疆域图表·书经板诗周礼西东京十五畿之要围图》,同上书,第484页。

④ 廖平:《书尚书弘道编·帝谟》,同上书,第103页。又《书中候弘道编·雒诰》"和恒万邦"之"恒",廖平释:"《诗》'如月之恒',言月恒尚有日升,日月、昼夜划分东、西两畿。"(同上书,第232页)

⑤ 廖平:《书中候弘道编·雒诰》,同上书,第230页。又《书中候弘道编·君奭》"女明勖",廖平释:"地球极大,女勉辟两京,如日月之明。"(同上书,第193页)又《书中候弘道编·召诰》"既望",廖平释:"三五而盈,为地中日月东西对望,两京象之。"(同上书,第206页)

⑥ 廖平:"震为东半球,艮为西半球。艮止于背,所谓足对足也。一为中国,一为鬼方。一为昼,一为夜。故一则笑言,一则无所见闻也。"(廖平:《读易纪闻》,《地球新义》[丙子本],《廖平全集》第10卷,第172页)廖平:"晋:初登于天。明夷:后入于地。按:二卦就春秋时之晋、楚立说。晋在北,楚正南为离方,故云明夷……此就春秋时南北言之。大统则晋为昼,明夷为夜,所谓'日往月来',则东半球与西半球之卦。"(同上书,第174页)

⑦ 廖平:"《丧服篇》:周公践阼理政,与天同志,(天以东西分阴阳昼夜。)展兴周道,(由东而西,以春秋两京之小统推广为大统。)显天度数,(上合周天之度。)万物咸得,(天之气倡始于东,成功于西。)休气充塞。(东西皆治。)"(廖平:《书经周礼皇帝疆域图表·周公七篇图》,《廖平全集》第4卷,第411页)

⑧ 《书中候弘道编·君奭》"宁王之德",廖平释:"东西二德,即二帝,为皇二伯。"(同上书,第191页)

⑨ 《书中候弘道编·顾命》"河图",廖平释:"地球图,水道详而山脉显,与天球对,非宋人所谓河图。"(《廖平全集》第4卷,第277页)又与廖平同在张之洞士人圈中的王仁俊,也有类似说法,《易》"河出图,洛出书,圣人则之","案:此上古地图及地理书也……《书·顾命》'天球河图'。盖即天地球图耳"。([清]王仁俊:《格致古微》卷一,《四库未收书辑刊》第9辑第15册,第58页)

"地球图出"为大统将至之兆，划分两半球，即"地裂"之"裂"，① 而二帝并立，为皇二伯，则是从帝到皇、实现大一统之治的关键一步。②

该如何理解廖平的全球二伯-两京说？魏彩莹指出，廖平以东、西两半球立两京，与《尚书》中镐京与洛邑并立不同，完全省略前者，两半球之京皆为洛邑（名为东洛与西洛），③ 两半球一而二又二而一，提示西方与中国相偶为一之义。④

另外，全球两京之分，据球形大地东西"循环无端"与《易》变易、交易之义，是相对而非绝对的，所谓"地球南北建极，东西圆转无定方"，⑤ 东西半球如日月阴阳昼夜般循环交替，⑥ 而又各以居北面南为定向，成立极之治。具体言之，廖平将古代视为时序先后的三统，调整为球形大地上共在又循环互易的三极：

---

① 《书中候弘道编·大诰》"天降割于我家"，廖平释："割，裂也。划分两半球，建设两京，以成天下一家。"（《廖平全集》第 4 卷，第 251 页）
② 廖平主张皇、帝、王皆有二伯，帝为皇二伯，王为帝二伯。见廖平："王有二伯，皇亦有二伯……尧舜者，皇之二伯也。天下大势有分有合，而分在合先，六经之作皆先分而后合，如《诗·颂》为皇大一统，而先之以《尚书》尧舜、周公之二伯；《尚书》三代为王之小一统，而先之以《春秋》之二伯。由伯而王，由王而帝，由帝而皇，所合愈多，则幅陨（似应为"员"——作者注）愈大，而终以《春秋》为基础。"（廖平：《公羊春秋经传验推补证》卷四，《廖平全集》第 7 卷，第 1004—1005 页）
③ 魏彩莹：《经典秩序的重构：廖平的世界观与经学之路》，第 201—209 页。魏彩莹猜测廖平以东、西两半球安顿其大一统之制，一个原因即是晚清地图学与地理学都以东、西划分地球。（同上书，第 211 页）
④ 魏彩莹指出了这一点，并认为其本土思想背景，是中古时期因佛教传入而兴起的雏形的世界文明多中心论。见上书，第 211—213 页。
⑤ 廖平：《书经周礼皇帝疆域图表·周礼五土五官均分五极图》，《廖平全集》第 4 卷，第 395 页。
⑥ 《书尚书弘道编·禹贡》"厥土"，廖平释："《地形训》：'正东阳州曰申土。'按：申为西方之支，正东言申，即地球运转东西无定之意。"（同上书，第 116 页）又同书"蒙"，廖平释："蒙见西方梁州，因地员，以起东西互易之例。"（第 117 页）又同书"汶嶓既艺"，廖平释："汶水在青州，起地球东西互易之例。"（同上书，第 122 页）又廖平："正东阳州曰申土。（地球圆转，东西无定，故以西方之申为正东。）"（廖平：《春秋图表》卷上，《廖平全集》第 9 卷，第 2403 页）

考地球南北极同为冰海，无昼夜寒暑；东西同在黄道纬度，故东西无极，特南北有之……考五帝分司之法，以地中为都邑，则中国为震旦，西美为西极。青帝建都于中国，则西美为东，地中为西；少昊建都于西，则以地中为东，中国为西。东西左右，由三统京城而定，平时背北向南，一定不易，此东西无极、南北有极之说也……《风》《雅》中平分三统，各言一朝之制，故东西之例详于南北。三统平居向南而治，非彼此相向。巡行□□□皆□。此《诗》南北二极有定，而东西无定之说也。①

东西两半球地中，交替为全球行京，②如《易》既济、未济两卦互反而相偶，文质相变，成一全球文质彬彬之局。相关论述颇多：

二济专言地球全图，东西首尾相衔。既济阳面，未济阴面。诸卦独取此二卦者，以阴阳相间，得位失位，相反相成，文质异教。既济用文，未济用质。文家尊尊，质家亲亲。中国以既济为得位，西国以未济为得位。济言全地球，以错化正。③

又：

以神州为中，则以西为东，以东为西，所谓"颠倒衣裳"；如美为西极月，亚为东极日……四方各有本性，一经颠倒，以东为西，以西为

---

① 廖平：《知圣续篇》，《廖平全集》第1卷，第423—424页。
② 廖平："法太皞以木德王者，留京在东极，行京在中央，东帝为君，中央神后土，合南北西三神为岳。法少皞以金德王者，留京在西极，行京在中央，西帝为君，中央神与东北南之三神为岳，（南北仿此。）《诗》之所谓'颠倒衣裳'、'自西徂东'与'我征徂西'是也。"廖平：《〈尚书大传〉〈淮南・时则训〉五帝司五州》，《地球新义》［丙子本］，《廖平全集》第10卷，第191页）
③ 廖平：《贞悔释例》卷二，《廖平全集》第3卷，第1594页。

东，即仁义合并，水火既济，化德为才之义。①

又：

> 大统东西合并，文质彬彬之事也。《周颂》为继周之王，监于二代即文、武；《鲁颂》主文王，为中国，《商颂》主武王，为海外。即《乐纬》"王者孰谓，谓文王"之义。②

都以天下秩序与世界历史的终局，是东西互反、文质相变而成大一统之治。廖平的这些论述，有着显然的经世之义：在中国不得不接纳甚至融入西方文明的大势下，东西对偶互变，即居即行，既确立二者的对等性，又维持中国与全球之极的关联。③ 不过，本书更关注其义理脉络而非经世意图。廖氏以上穷思竭虑、极尽烦琐的推衍，可以看作宋元以来中国《易》学、理学与天地之学自疏远而接近、自相偶而一体的趋势的极端体现。相较西方哲学与基督教神学，儒学涵化地圆说以重构天下之极观念，在义理与象数上有着自身的特点：第一，天下之极根据二与一的辩证法确立自身，球形大地"无适而不为中"，则不可能有唯一之极，当以东、西两半球"无独必有对"为"理象"，构造相偶的天下之极；第二，这一相偶之极，仍遵循北上南下原则。因此也可说，地圆说对中国世界观的影响，绝非天下之极观念的崩解，而是该观念的转型。

---

① 廖平：《周礼新义凡例》，《廖平全集》第 5 卷，第 597—598 页。
② 廖平：《公羊春秋经传验推补证》卷八，《廖平全集》第 7 卷，第 1366 页。
③ 廖平："考《论语》《左传》《礼记》以君子为文，野人为质。文即中国，质即海邦……由春秋至今，文弊极矣，不能不取资于海外。'同人于野'，所谓胡越一家，凡有血气，莫不尊亲，无中外之分，去畛域之见，文质交易，各得其所，彬彬之盛，其效可睹……考《易》乾为敬，坤为简；乾为居，坤为行……居敬行简者，谓以中国为居，行于鬼方，明朝留都与巡四岳之制。居简行简，则弃中国为东岳，于五大洲之中建都，即居即行，不如以中国为王化之源，由内及外，如周东西通畿之为得也。"（廖平：《读易纪闻》，《地球新义》[丙子本]，《廖平全集》第 10 卷，第 164—165 页）

第三节　南北正向与大地之极

如上所述，地圆说并未动摇中国以南北为正向以及北上南下的观念格式，结合"无独必有对"之理，它又为东西两半球相偶的天下之极观念，提供了可能。当然，以天地之学与理学的双向涵化为背景，在球形大地上建立天下之极，绝非仅限于以上相偶之极这一种可能，另一种深具影响的建极观念，则是结合天地之学中的磁偏角之说与古代中国的天地同形观念，主张球形大地上磁针与极星所定南北向同一之地（即磁偏角为零），方是"天下之中"。

虽然具体年代仍有争议，但科学史家基本确认，至迟至宋代，中国科学家已发现磁偏角，[①] 地磁南北向，与极星或日影所定的南北向存在微小夹角，这在航海与风水堪舆上，落实为罗盘（罗经）上正针、中针之别，相对通行的一种对应方式，是以日影或极星所测的南北向为天之正向，其针名中针；以磁极所测的南北向为地之正向，其针名正针（相对中针为北偏西、南偏东，据二十四山方位，在壬子、丙午之位）。[②] 在地圆说传入前，

[①] 晚清来华传教士伟烈亚力主张僧一行已发现磁偏角，但未提供具体文献出处。民国以后学者也始终未能找到可明确断代的直接文献证据。故徐宗泽怀疑伟烈亚力观点的可靠性，主张根据文献证据，仍当以沈括发现磁偏角说为是。（见徐振泽：《司南指南车与罗经盘：中国古代有关静磁学知识之发现及发明》，《科技考古论丛》，第153—161页）李约瑟则倾向于伟烈亚力之说，但将磁偏角的发现稍推后至晚唐，并指出"这比欧洲人知道磁偏角要早六个世纪"。（李约瑟：《中国科学技术史》第4卷1分册《物理学》，科学出版社、上海古籍出版社，2003年，第317页）他的证据是《管氏地理指蒙》与《九天玄女青囊海角经》等断代存在较大争议的风水堪舆文献。（同上书，第286—290页）

[②] 关于罗盘以及正针、中针的创始，在传统风水堪舆叙述中，大体被归于唐人邱延翰、杨筠松，以及宋人赖文俊。基于现代科学立场的一个简要介绍，见李约瑟：《中国科学技术史》第4卷1分册《物理学》，第284—285页。此外还有缝针。罗盘若以正针子位为中心，则中针子位与缝针子位在两侧对称位置，夹角相同。李约瑟根据对秦汉至宋元地磁极变化的推测，主张缝针是宋代以前的"中针"。（同上书，第277—297页）近来研究者根据对古代磁极变化的新推测，认为磁偏角自偏东至偏西，不是发生在唐宋之交，而是更（转下页）

虽然也有人认为磁针、晷影与极星定向不能合一，是因为测量地并非天下之中，①但以上正针与中针的夹角，仍更多被认定为天地同德而异形的表现。②

地圆说的输入，在相当程度上改变了磁针、晷影与极星定向有差这一现象的义理指向。确实，在球形大地上，任一点都可根据经过自身的子午线正对北极，因此天文观测不必在地中进行，而是可以"任意立表取景"，③但既然地为圆形，则根据天地同形，在风水堪舆乃至天地大形势学说中的地之正向（磁针所指南北向，地磁北极）与天之正向（极星所定南北向，地理北极），二者就应同一而非有差，则磁偏角的存在，在义理上就成为问题。

明末来华传教士熊三拔在论述以西法测量治历时，曾似不经意地谈到，自己来华途经好望角，发现该地磁针指向正南北，所谓：

（接上页）早至魏晋南北朝时期。以上与李约瑟不同的判断，关涉到《管氏地理指蒙》等文献的断代以及伟烈亚力研究的可靠性等问题，见闻人军：《几种磁偏角文献的再探索》，《自然科学史研究》2017年第36卷3期，第352—358页。事实上，在明清时期，对正针、中针、缝针与磁极、晷影、极星测量的对应关系，存在多种异说，（见徐振泽：《司南指南车与罗经盘：中国古代有关静磁学知识之发现及发明》，《科技考古论丛》，第158—159页）又正针、中针与缝针在古代星占学中的区别与联系，见卢央：《中国古代星占学》，第37—38页。

① 曾三异："地螺或有子午正针，或用子午、丙壬间缝针。天地南北之正，当用子午，或谓今江南地偏，难用子午之正，故以丙壬参之。古者测日景于洛阳，以其天地之中也。然有于其外县阳城之地，地少偏，则难正用，亦自有理。"（曾三异：《因话录·子午针》，陶宗仪编：《说郛》卷二三上，文渊阁《四库全书》第877册，第306页）

② 见《罗经指南拨雾集》卷上《罗经正盘总说》："若夫中针者，则赖公设之……紫微帝星正照午位，则天皇在亥乾亥之间，故此盘以亥居乾亥之间，以壬居壬亥之间，以子居壬子之间，悉前半位，上应天星，正对而不偏倚……盖天之子午与浮针之子午差半位而不相对，非此盘无以应之。浮针之子午，曰正针，地盘也；北极之子午，曰中针，天盘也。其名中针者，以此盘之子午正指正针丙午二火之中也。中针一设，而天星之位，各得其正。"（叶九升辑：《地理大成五种》下册，华龄出版社，2021年，第11—12页）又江永："罗针指午曰正针；与正针差半位，指其丙午之间者，曰缝针；与缝针差一位，以丙为午，以午为丁，正针指其午丁之间者，曰中针。正针者，地盘之子午也；中针者，天盘之子午，与北极相对者也。"（〔清〕江永：《罗针三盘说》，《河洛精蕴》卷八，《四库未收书辑刊》第3辑第23册，第370页）

③ 周子愚：《〈表度说〉序》，《天学初函》第3卷，第647页。

> 凡营度，必正方面。正方面之法，今时多用罗经。罗经针锋所止，非子午正线，罗经自有正针处。身尝经历，在大浪山，去中国西南五万里。过此以西，针锋渐向西。过此以东，针锋渐向东。各随道里，具有分数。至中国，则泊于丙午之间矣。①

即在大浪山（好望角），磁针、日晷与极星测向完全一致，可谓天圆地亦圆意义上的天地合一。熊三拔以身经目验为证，更加强了该说的可信度。②需要说明的是，熊三拔并不是第一个论及大浪山在球形大地上位置关键的人。前述利玛窦论述地为圆形，即以大浪山为证，他相当熟稔中国的河洛地中说，河洛之地北极出地三十六度，因此，他将大体南极出地三十六度的大浪山，当作河洛的"对跖点"。③该说将好望角提升为球形大地上足以与河洛对举的另一极，虽挑战了河洛地中的唯一性，但他根据以"适应"为目标的耶儒融合论，对河洛与大浪山无所轩轾，显然无意挑起任何两地孰为球形大地"正位"的争辩。

熊三拔则更进了一步。他提到好望角天地正向合一，虽看似是技术性

---

① 熊三拔、徐光启：《简平仪说》，《天学初函》第 3 卷，第 781 页。
② 江永："针偏、针正之说，西人浮海者所亲见，载在《天学初函》，必非虚言也。"（江永：《罗针三盘说》，《河洛精蕴》卷八，《四库未收书辑刊》第 3 辑第 23 册，第 371 页）明末以来支持西方新天地学者，多据其有身经目验为证。如李光地主张地圆说可信，主要理由即是利玛窦"自彼国至中国，几于绕地一周。此事乃彼所目见，并非浪词"。（李光地：《榕村语录》卷二六，第 470 页）又熊三拔介绍南、北两极半年为昼，半年为夜，首先诉诸身经目验，随后举出另两种证据，则为古书有载以及理当如此。此为义理、古典与目验的三重证据。（见熊三拔、徐光启：《简平仪说》，《天学初函》第 3 卷，第 780—781 页）又熊三拔主张好望角磁针无偏，与他行经该地的历史时刻有关。他 1606 年自意大利来华。我任选该年上半年的几个日子，根据好望角的经纬度查询其磁偏角，都不超过 1 度甚至接近 0 度，可见熊三拔的"亲见"确实"非虚言"。以上结果，查询网址为 https://www.ngdc.noaa.gov/geomag/calculators/magcalc.shtml，2022 年 8 月 24 日。
③ 利玛窦：《坤舆万国全图》，《利玛窦中文著译集》，第 174 页。利玛窦的这一观点是错误的。根据地球方位关系，河洛之地的对跖点在南美洲，而非非洲南端的好望角。见黎遂球："果如所言大浪山与中国上下相为对待，则彼所见出地三十六度之南极，当面东而左视见之，其说可信，今不过面东而右视见之，是依然未尝对待也。"（黎遂球：《与陈乔生谈天书》，《莲须阁集》卷一三，《四库禁毁书丛刊》集部第 183 册，第 137 页）

的：只是要说明在中国用磁针测子午线并不准确，最好采用圭表，①但其思想后果却相当重大。在熊三拔的叙述中，河洛不能实现磁针、日晷与极星定向合一，大浪山却可以，而根据天地同形说，这种明显的天地人合一，正是"天下之中"的典型现象。因此，若接受熊三拔之说，则就在球形大地上建极而言，河洛的地位就远不如大浪山。

稍后，王锡阐试图为这一磁针、日晷与极星定向的合一，提供宇宙论解释。十七世纪上半叶，吉尔伯特与开普勒以磁引力解释行星运动，主张太阳是磁引力之源，它之于行星，如磁石之于磁针。这一学说通过《崇祯历书》进入中国思想界，王锡阐则将磁引力的力源，自太阳改为以北极为枢轴的宗动天。②在天学外，这似有宇宙观层面的考虑，可看作将西方以太阳为中心的宇宙秩序（开普勒赞同日心说），改造为中国以北极为中心的宇宙秩序，故江晓原认为王锡阐"将吸引力归于宗动天而非太阳，纯属思辨猜测"。③而若结合地圆说输入后"天地同形"观念的兴起，似可以说王锡阐的"思辨猜测"，也是通过将磁引力之源归于北极，再根据北极下对地中的传统观念，明确球形大地之上的"天下之极"，必然是磁针与极星定向同一之处。

同时服膺西方天地之学与程朱理学的江永，对球形大地上"天下之中"当在磁针与极星定位合一之处，阐述更为详赡：

> 正针者，地盘之子午也；中针者，天盘之子午，与北极相对者也……地之午与天之午何故差半位？岂地有偏倚、不当天之中乎？曰：非也。此当通大地而言之。地亦是圆形，谓之地球，正当天心……地球

---

① 熊三拔在叙述完大浪山磁针指正南北向后，并没有解释其原因，只是说"其所以然，自有别论"，自己仅要说明"今欲得正子午线，亦有转用之法。但针体微细，难得真确，不如《周礼》土圭及钦天监简仪正方案所得方面为准。"（熊三拔、徐光启：《简平仪说》，《天学初函》第3卷，第781—782页）
② 江晓原：《开普勒天体引力思想在中国》《第谷天文工作在中国的传播及影响》，《天文西学东渐集》，第259—262、293—295页。
③ 江晓原：《第谷天文工作在中国的传播及影响》，《天文西学东渐集》，第293页。

分五大州,极西一州曰欧逻巴,亦谓之大西洋;环中华一州,彼土人呼之曰亚细亚;又欧逻巴之东南、亚细亚之西南一大州曰利未亚,亦谓之小西洋。此三州地脉相连,大海环之……欧逻巴人浮海而来,望东南斜迤而行,历利未亚州,其地有大浪山,见南极出地三十六度者也。既过此山,乃渐迤东北而行,至广东番禺登岸,通计海程约九万里,海舟必借罗针与天星以指路。当其未至大浪山,则针偏于丙;既过大浪山,则针偏于丁;唯当大浪山之处,针正对南极之下,无所偏。此何以故?盖地亦有南北极,其中亦隐有督、任二脉,当南极处,如瓜之蒂,如人顶之百会穴,针指午,指其蒂也,指其百会穴也。大浪山是当督任脉之处,故针无所偏,自西方望之,地极近东,故针偏丙,而天之正午在其西;自东方望之,地极近西,故针偏丁,而天之正午在其东。然则当大浪山之处,天地之中合为一线,正针即是中针。他处则不然矣。①

江永的以上论述,背景颇为丰富,在西方新天地学外,还交织着至少两种唐宋以来日渐成型的思想传统。首先,地球如人身,大浪山在任督二脉交汇的百会穴处,这显然有取于宋元以来的大地气脉观念。再者,也是更重要的,天下之中当东西正位,无过不及,而又至严至密,无分毫之差,实以理学"极"观念为背景:"极者,至极之义,标准之名,常在物之中央,而四外望之以取正焉者也。"②

相较于熊三拔的叙述,江永的一处增补也颇意味深长:熊三拔虽提及大浪山(以及其所在的非洲)在中国西南,但并未明确述及其与欧洲的位置关系;江永则明确指出大浪山在"欧逻巴之东南、亚细亚之西南","自西方望之,地极近东……自东方望之,地极近西",从而"天地之中合为一线",而既然天地中线在欧洲与中国之间,则二者就更可能是对等的存在。

---

① 江永:《罗针三盘说》,《河洛精蕴》卷八,《四库未收书辑刊》第3辑第23册,第370—371页。
② 朱熹:《皇极辨初稿》,《朱子全书》第26册,第687页。

好望角不在古代中国地学视野内，以其为天下之中，显然逸出了中体西用乃至耶儒融合的范围。相对更为平衡的尝试，则是以昆仑对接这一磁针与极星定向合一之地。方以智即说：

> 存中云："此处指南必偏丙位。"舶商言大秦西海偏丁位，则中土在昆仑东，彼海在昆仑西，其气随地势而少变者乎？①

中国之地磁针有偏的旧说，结合以天下之中处磁针与极星定向合一的新论，似默认天下之中不在《禹贡》九州范围内。而相较于大浪山，同样在中国与欧洲间的昆仑，由于其在古代中国世界观中的关键位置，显然更符合耶儒融合乃至中体西用的旨趣。

至清代中期，这一以天地之学为基础的昆仑为球形大地中位的观念，被进一步与《易》学结合。官方编纂的《西域图志》中即载"中华当大地之东北，西域则中华之西北，为大地直北境也"，②"西北地当艮位，扶舆磅礴，其势实居天下之脊，语云：西北多山。有由来矣"。③ 即将《易》学与昆仑地中观念结合，主张昆仑在华夏世界西北，当先天八卦图的艮位。对这一官说，阮元稍变其义与象，而阐发更详：

> 乾坤为天地，宜居正南北矣，曷由乾居西北、坤居西南也？曰：此正太极即北极之实象也。地体正圆，中国界赤道而居，北极斜倚乎其北，南极入地不能见，以浑圆之体论之，则但于赤道纬线之内外，北极高低有分别耳。至于两极经线，如瓜之直痕，则处处皆可谓当极之中，本无偏也。然洪荒既辟，及于中古，中国之地，以黄河横亘为起止，若

---

① 方以智：《指南说》，《物理小识》卷八，《方以智全书》第 7 册，第 391 页。
② 傅恒等编：《钦定皇舆西域图志》卷一，文渊阁《四库全书》第 500 册，第 104 页。
③ 傅恒等编：《钦定皇舆西域图志》卷二十，文渊阁《四库全书》第 500 册，第 446 页。我是从段志强的研究（《王朝疆域背景下的清代山脉学说》，《历史研究》2024 年第 6 期）注意到以上两条材料的。

执洛阳为地之中，谓其所北之天正当北极，则应以洛阳南北地面一线之经为最高之地脊，其水当分东者向东流，西者向西流矣，曷由河与洛皆由西而来复东流也？观于河、洛之由西而东，则中国之地东与海近，古圣人以为大势偏乎东矣。故河源之西，水分东西流处，方许以为当北极经线之中，为地之脊。古圣人居中国而考其仪象，则乾居西北，坤居西南，职此之故，《坤》卦之坤，古文作"巛"。巛，顺也。此象大地流形，由西而东，顺之至也。否则以洛当北极经线，则由洛而西，皆不顺矣。此太极乾坤之实象也。且洛虽居中国之中，然四时之大中则在西南，坤所以位西南也。且乾尊坤卑，乾既在西北，则坤必居西南以应之。《说卦》此节，定八卦方位于西北、正北、东北、正东、东南、正南，皆明言方位，惟于坤、兑不明言西南、正西者，古圣人若谓中国地势偏于东，河、洛以西不尽其地，若非以乾当北极倚于西北，下临西南之坤以定地脊，置坎、艮、震、巽、离五卦于偏东，则太极之实象不显。故曰：北极即太极也。①

阮元主张，河洛在球形大地偏东处，故本当正对南北的乾、坤两卦，只能分别位于西北与西南；只有以昆仑为中心布卦，乾、坤方能居南北正向。则昆仑之处磁针、极星与乾坤卦所定的南北向全部合一，可谓天地之学与《易》学一体意义上的"天下之极"。

第四节　"形之中"与"气之中"：温带与内海

本书已指出，魏晋以降，南方的季节与风土感，在华夏世界秩序观念中的地位越来越重要，典型如传统上仅用于河洛之地的气候"温厚"一语，开始被转用于形容东南，甚至在两宋时期发展出建天下之极于东南之说。不

---

① 阮元：《太极乾坤说》，《揅经室集》一集卷二，第39—40页。

过,由于华夏世界王都在元明时期自河洛向东北移至北京,明代定型的三龙说,将整个《禹贡》九州当作行龙之地,相应地,河洛更偏北的季节与风土,也开始被解释为如河洛般"温厚"。因此可以说,两宋以降,河洛地中观念的衰落,同时即是河洛的扩大化,自北京至江南的广大区域,乃至整个《禹贡》九州,都逐渐被视为如河洛般符合天下之极观念的"温厚"之地。丘濬即说:

> 郑玄曰:"土圭所以致四时日月之景也。"臣按:"《洛诰》所谓自服于土中,盖以洛邑在周时,为中国之中,四方道里适均,故于此宅中图治,以定四海之民也。作《周礼》者,见其中于中国,故为天地所合、四时所交、风雨所会、阴阳所和之说,盖盛称华夏之地居地势之中,得天气之正,时序正而寒暑不过甚,风雨时而收获有定期。非若偏方僻壤,节候不正,而时气之大寒大暑;物生不常,而收获之或早或晚也。中国皆然,而洛邑乃其要会焉,故为此说耳。"①

《周礼》以河洛之地"天地之所合也,四时之所交也,风雨之所会也,阴阳之所和也",丘濬则看似平淡实则关键地加上一句:"中国皆然。"随着明末地圆说输入,温度带理论为中国士人所熟悉,这促发了另一种和合中西的努力:《禹贡》九州均为河洛式"温厚"之地的明代观念,与西方温带出文明之说,②产生了强烈的应和。

对温度带学说的介绍,也始自利玛窦:

> 以天势分山海,自北而南为五带,一在昼长昼短二圈之间,其地甚热,则谓热带,近日轮故也。二在北极圈之内,三在南极圈之内,此二处地俱甚冷,则谓寒带,远日轮故也。四在北极昼长二圈之间,五在南

---

① 丘濬:《大学衍义补》卷八六,《丘濬集》第 3 册,第 1323 页。
② 见[美]克拉伦斯·格拉肯(Clarence Glacken):《罗得岛海岸的痕迹:从古代到十八世纪末西方思想中的自然与文化》,梅小侃译,商务印书馆,2017 年,第 545—555 页。

极昼短二圈之间，此二地皆谓之正带，不甚冷热，不远不近故也。①

利玛窦以温带"不甚冷热，不远不近"，因此名其为"正带"，这些与河洛地中观念颇为相合的表述，很快被与《禹贡》九州均为温厚之地的观念联系起来。通过李之藻而熟悉利玛窦学说的王英明，即表示：

> 盖赤道南北各二十三度半，乃黄道所经冬夏二至之界；其六十六度半，乃极南、极北之界，而冬夏昼夜长短，于此分焉。自赤道以北诸国观之，日行北道，则昼长夜短，至夏至而极，极则返而南；日行南道，则夜长昼短，至冬至而极，极则返而北。其赤道以南诸国反是。故惟黄道与南、北二极之界相距适中之地，冲和之气钟焉。凡此自东周西一带，毓灵孕秀，遂多圣贤豪杰之俦，中国自距赤道十九度至四十二度，正当其处。此外过寒过燠，皆属偏气，虽有人类，蠢顽不灵矣。②

明清易代后，方以智之子方中履，也采纳此说：

> 惟黄道与南北二极之中间，冲和之气钟焉。自距赤道十九度至四十二度，正当其处。此外皆偏气矣。③

又有将西方天地之学的温带观念，和合以"日月所照、霜露所坠"（见《中庸》）一语，根据"西学中源"，视温带观念为《中庸》学说的发展。如周炳中即说：

---

① 明清时期温度带学说的传入，参见张九辰、王蒲生：《中西传统地带性思想及其在近代的交融》，《第七届国际中国科学史会议文集》，第364—368页。
② 〔明〕王英明：《历体略》卷下，文渊阁《四库全书》第789册，第992页。
③ 〔清〕方中履：《古今释疑》卷一三之"寒暑"条，《续修四库全书》第1145册，第328页。

邵子《皇极经世》曰：极南大暑，极北大寒，故南融而北结。今按历书以度分天，即以天度分地，自北而南为带，一带在赤道之下，其地日正对而极热，则可谓之霜露所不坠；二带在北极之下，三带在南极之下，两处日极远而极寒，则可谓之日月所不照。融结者，万物之死地，是以血气之伦不蕃焉。血气所蕃，在黄道与南北二极之中间，自距赤道十九度至二十四度（疑为四十二度之误——作者注），正当其处，谓之正带，冲和之气钟焉。经文下此二语，特有深意，不然，所照、所坠，岂更在覆载外而重叠言之耶？①

至晚清，廖平据《易》学，以五带对应易卦六爻，黄道对应温带，则为居上、下卦之中的二、五两爻，② 其象为"水火既济"，其对应之地，即为中国。③ 他并且主张，太平以全球温带化为象，所谓"今黑道尚为冰海，必天行移、地球长，赤、黑二道寒暑同黄道，全球统一，乃为太平"，④ "盖赤道热，黑道寒，太平水火既济，南北皆如黄道之温带，乃得为平"。⑤ 初看起来，这都是以中国所在的温带，为全球意义上的风雨所会、阴阳所和之地，故甚至有人直接名其为"中和带"，⑥ 明代大陆与主岛的南界（海南岛南端），

---

① 〔清〕周柄中：《四书典故辨正》卷四之"日月所照霜露所坠"条，《续修四库全书》第167册，第445页。
② 廖平："两三爻配全球五带，二五为二黄道，三四为赤道。"（廖平：《皇帝大同学革弊兴利百目》，《廖平全集》第3卷，第1178页）又廖平："二黄道为中，如《易》内外卦之二、五爻。"（廖平：《公羊春秋经传验推补证》卷八，《廖平全集》第7卷，第1301页）
③ 廖平："隐、桓之世初见中国。所谓中国者，禹九州之中州青、豫、雍，比于北半球之黄道。中央之极，昼夜平，寒暑时，不及南北赤、黑。"（廖平：《公羊春秋经传验推补证》卷一，同上书，第830页）廖平："隐、桓只见青、豫、雍，比于地球之北。黄道在南北之中，名曰中国。"（廖平：《公羊春秋经传验推补证》卷九，同上书，第1355页）
④ 廖平：《〈孔经哲学发微〉凡例》，《廖平全集》第3卷，第1064页。
⑤ 廖平：《公羊春秋经传验推补证》卷八，《廖平全集》第7卷，第1301页。他甚至认为太平之时，南北极冰盖将消失。见廖平："皇、帝天下合通，以热济寒，赤道不甚热，黑道不甚寒。化日舒长而天下平。南北交合而记无冰，寒暑平也。"（同上书，第1304页）
⑥ 如汪绂："中国实居赤道之北，为中和带也。"（〔清〕汪绂：《戊笈谈兵》卷一，《丛书集成三编》第22册，新文丰出版公司，1997年，第219页）

已至北回归线以南（约北纬十八度），按照温度带理论已属于热带。且明清人也明了南至广州，已是"日下无影"、四季常夏之地，① 显然，中国为球形大地之中的观念，并不严格遵循温带界限，更多是考虑到包括岭南之地在内，南方已次第华夏化。故天地所合、四时所交、风雨所会、阴阳所和的天下之中气象，是以理学生生之义，天地人相即相感的文明之象。

这表明，以上河洛地中与温带出文明观念的和合，在中西天地之学外，还有着深厚的理学与《易》学背景。理学以天下之极与生生之德存在内在关联，而清代《易》学特重阴阳寒暑往来交错，故阐述此"生生之谓易"，在传统的"易有三义"外，又加入第四义"交易"。② 而其天学对应，则是黄道与赤道斜交，故能阴阳往来循环，而生四季寒暑之变。也正因此，日下无影为地中之说，虽然在魏晋南北朝时期即被佛教徒引入中国，并在明末以降受到西方新天地学的支持，③ 但在中国士大夫中始终接受有限。如李光地虽接受地圆说，但对赤道地中说则不以为然，表示：

> 所谓中国者，谓其礼乐政教，得天地之正理，岂必以形而中乎？譬心之在人中也，不如脐之中也，而卒必以心为人之中，岂以形哉？……西法称赤道之下，二分午表无景，是冬夏数均也……昼夜不均，非所语中，然一岁之内，绝无短永，阴阳消息，其序靡显，揆之于理，亦未为中也。①

又余廷灿：

---

① 方以智："故汝阳县北三里有山曰天中，云测影植圭，莫准于此……或言此地夏至，日中无影，非也。此地距北陆黄道十度，日暑恒在北，广州则无影耳。"（方以智撰，诸伟奇、纪健生、阮东昇整理：《通雅》卷一三，《方以智全书》第4册，第545页）
② 李光地：《康熙御纂周易折中》卷一三，第489页。
③ 南怀仁："天地既圆，则所谓地中者，乃天中也。此惟赤道之下，二分午中日表无影之处为然。"他随后说："怀仁与会士来时，身履其处，此所谓地中矣。"（见〔清〕李光地：《记南怀仁问答》，陈祖武点校：《榕村全书》第8册，福建人民出版社，2013年，第501页）
① 同上书，第501—502页。

今使论中于南极、北极之下,潜见绝判,寒暑绝悬,甚或半年为昼,半年为夜,此则昼夜不均,赢缩互异,诚不可以言中。至论南戴赤道下之国,日之出没于地,上下皆半周天,初无永短之异,《周髀》言冬有不死之草,岁有再熟之禾,岂非得气至平,诚天地之中乎?然使一岁之内,晷影绝无短永,无进退饶乏之渐,无阴阳消息之平,执于拘墟,揆之于理,亦中而非时,究非中之至也。如是则惟九州中国之地,晷刻淹速,寒暑升降,一一与晦朔弦望春夏秋冬相推移乘除,毫无缺欠,而洛邑又其中之中者,《周礼·地官》所谓天地四时之所交合,阴阳风雨之所和会,信乎其为至理而非虚言也。①

球形大地之上,南、北极点与赤道是唯三的特殊位置,但南、北极终年严寒,万物不生,② 不符合生生之理;而赤道虽生物旺盛,但"日下无影",四时常夏,与理学"阴阳一太极"之说,也存在着显见的不一致。因此,李光地等人主张,赤道虽可视为球面大地的几何中线,但天下之中当指气脉而非形体,且赤道之处昼夜等长,无阴阳消息,不合乎"变易""交易"的生生之理,故不可视为天下之中。这可谓《易》学与理学对温度带学说的单向涵摄。而乾隆之后的官方经疏,则以该文类惯有的调停做法,并存南怀仁与李光地之说:

> 所谓地中者有二:有形之中,有气之中。主于形言,天之包地,如卵裹黄,皆圆体也。天地既圆,则所谓地中者,乃天中也。此惟赤道之下二分午中日表无影之处为然。以气而言,必阴阳五行冲和会

---

① 余廷灿:《书王蕃浑天说》,见李祖陶:《国朝文录续编》之《存吾文集录》,《续修四库全书》第1672册,第198页。
② 孙兰:"三大殊方者,谓南极、北极与赤道也。赤道当南北平分之中,南极则南方之极,北极则北方之极也。在天则南极、北极,日月五星之所不行,在地则寒暑昼夜之所绝异。然其所以绝异者,南极之异与北极等。是何也?谓其均远乎日也……北极为天顶,日月皆行天边,半年为昼,半年为夜,一月为黄昏,一月为昧爽矣。其地冰海,四时阳气所绝,万物不生。"(孙兰:《柳庭舆地隅说》卷下,《丛书集成续编》第80册,第190页)

合,乃可谓中。以《周髀》之说推之,二极之下,昼夜极偏,其地大寒。赤道之下,昼夜常均,其地大暑。中国当赤道北,寒燠温凉四序循环无偏胜,而洛邑又其中之中者。以其得天地之中气,故谓之地中。①

《义疏》区分形之中与气之中,以赤道日下无影,为形之中,中国阴阳冲和,则为气之中。② 以形、气二分并存两说,看似对等,但以理学为本位,则仍有表里精粗之别。首先,理学以形上、形下为理器之别,赤道之为中,仍是"形而下者谓之器"层面的;而气至无定形,可蕴万理,故河洛为"气之中",倒可能提示"形而上者谓之道"。其次,唐宋以降的天地大形势说,以万物一气为背景,其"形势"乃至"理势"连言,都以一气流行为形之真主。故其"天下之中",实为动态的"形势之中",而非静态的"几何之中",非就气之往来顺逆,不能明其所在。因此,只论形而不论气的"形之中",名"中"而实非"中"。

以上温度带学说通过两宋以降的天地大形势说,方影响到中国的"天下之极"观念,这并不是说温带这一"大象"不重要。温带文明论本身即有两种取向:一种主张只有欧洲有温带气候,故文明独盛,孟德斯鸠亚洲无温带之说,③ 可为代表;另一种则主张欧洲与亚洲共居温带,同为文明。前者与

---

① 〔清〕鄂尔泰等奉敕撰:《钦定周官义疏》卷九,文渊阁《四库全书》第98册,第271—272页。
② 中国为"气之中"的观念,至晚清仍有相当影响力,张之洞即主张中国"其地得天地中和之气,故昼夜适均,寒燠得中;其人秉性灵淑,风俗和厚,邃古以来称为最尊、最大、最治之国"。(〔清〕张之洞:《劝学篇》,苑书义等主编:《张之洞全集》第12册,河北人民出版社,1998年,第9717页)此外,在赤道为形之中、温带为气之中外,尚有一种更具中国本土色彩的二分:以昆仑居四海中央,为形之中;华夏世界在四海东南,为气之中。见孙兰:"或曰:中土之地,其建形也,偏于一隅,由昆仑而东折,而南向;固不若西域之地,由西海、南海、东海而准之,似乎适当其中也。是曰不然。盖天地之气萃于东南,风融水聚,不高不下,而生质和平……统观山河之内,大地之中,外方之国,概乎未之有也。"(孙兰:《柳庭舆地隅说》卷上,《丛书集成续编》第80册,第178—179页)
③ 孟德斯鸠:《论法的精神》上卷,第286—288页。

古典希腊思想以 occident/oriental 之分为文明/野蛮之别有关,[①] 后者则与基督教思想关系更为密切——基督教起于近东,更趋向于以 east 与 west 共为文明,不管是《圣经》中诺亚三子分别对应亚、欧、非三洲人民,还是主张东方有名为"约翰长老之国"的基督教国度存在,[②] 都以欧洲与亚洲、西方与东方对等为隐含前提。

结果,在温度带学说(以及相应的温带出文明观念)输入中国后,两种思想观念同时出现了:一种主张当据文野之别,独以中国居北温带而为全球之极;另一种则持中西对等观念,认为当立中国与欧洲对偶之极。具体说来,嘉道时期,可能与中国日益感到西方世界的政治与文明压力有关,以上中国与欧洲共为地球文明之极的观念开始出现。陈庚焕即说:

> 中国、西洋之地,皆戴赤道而在其北,稍近北极,而远于南极也。西士地球之式,分全地两面为五州,中国处地球正面上半而少偏东,是为亚细亚州;西洋诸国亦处地球正面上半而偏西,是为欧罗巴州。[③]

陈氏指明中国与欧洲在球形大地之上东西对称,郑光祖则为这种位置上的对称,加上了雏形的文明立极意涵:

[①] 自希腊罗马时期以来,欧洲元地理学即以西方与东方二分为基础,该模式及其现代影响,见［美］马丁·刘易士(Martin Lewis)、［美］卡伦·魏根(Kären Wigen):《大陆的神话:元地理学批判》,杨瑾等译,上海人民出版社,2011 年,第 31—59 页。
[②] 中世纪基督教的世界三分(亚洲、欧洲、非洲)说,见 Rudolf Simek, *Heaven and Earth in the Middle Ages: The Physical World before Columbus*, pp. 39–48;吴莉苇:《欧洲人等级制世界地理观下的中国:兼论地图的思想史意义》,《中国社会科学》2007 年第 2 期,第 189—203 页;宋念申:《制造亚洲:一部地图上的历史》,广西师范大学出版社,2024 年,第 77—87 页。
[③] 陈庚焕:《地球考上》,《国朝文录·惕园初藁文》卷二,《续修四库全书》第 1670 册,第 747 页。

> 大地周环九万里，亦分作三百六十度（每度二百五十里），以上合乎天，北极之下至南极之下一百八十度，其腰两极相去各九十度为赤道之下（东西一线周环），其下北来二十度进中国，又北二十度至边外，此二十度中，自东亘西数万里，为中国与高丽、日本及西藏、回疆、大小西洋等国，物产繁华，人材俊杰，皆因地势居中，寒暑相称也。而中国独生圣人，建中立极，以昭文物声明之盛。①

郑光祖虽仍形式性地指中国为地球文明之极，但承认北温带一周，皆为文明兴盛之地。而引入包括印度、欧洲在内的"大小西洋等国"，已稍有东西对偶立极之意。② 稍后于郑光祖的魏源，对温度带与文明关系的论述，则更为复杂而均衡。他首先注意到，欧洲与中国并非东西正对，而是西北与东南斜对，③ 其关键地理证据，是俄罗斯横跨欧亚，北界北海，而中国则距北海尚远。④ 而根据这一地理方位，西方当北温带者，并非欧洲大陆，而是地中海。⑤ 他进一步说：

> 印度正当热带，地过炎燠，人多裸袒。而震旦则正当温带，四序和

---

① 郑光祖：《一斑录》卷一之"中国"条，《续修四库全书》第 1139 册，第 648 页。
② 当然，中国主体在北纬二十度至四十度间，欧洲纬度偏北，印度则偏南，郑光祖主张印度、欧洲与中国东西正对，自地理方位上略显牵强。
③ 徐继畬："欧罗巴者，亚细亚极西北之一隅……其人性情精密，工于制器，长于用舟，四海之内无所不到，越七万里而通于中国。凡中国之所谓'大西洋'者，皆此土之人也。"（徐继畬：《瀛寰志略》卷一，第 4 页）
④ 魏源："尾东首西，北尽冰溟。近交远攻，陆战之邻。述《北洋俄罗斯国第八》。"（魏源：《〈海国图志〉原叙》，《魏源全集》第 4 册，第 2 页）欧洲诸国当西海，俄国当北海。又魏源在《海国图志》卷三七中，多次确认欧洲在中国西北且北接冰海。（《魏源全集》第 6 册，第 1077 页以下）他因此指出："欧罗巴诸国……迤北者在北黑道之南，积雪至五六尺，坚冰至三四尺。俗传西洋人畏冷，误矣。"（同上书，第 1091 页）
⑤ 魏源："五道……其二曰温道，有二道焉。一在北极圆线之间，一在南极圆线之间，每宽四十三度四分。名之温道者，盖因此段日光照临斜射，非同热道之正直相对，故其地热稍减，渐觉温和。如中国及地中海是也。"（魏源：《海国图志》卷九七，《魏源全集》第 7 册，第 2210 页）

平。故自古以震旦为中国，谓其天时之适中，非谓其地形之正中也。西洋温带之地，则为地中海所占；而欧罗巴亦偏于冷带，利未亚亦偏于热带。故儒、佛、回教、天主教皆主阿细亚洲，天文算法奇器亦皆创自阿细亚，而后流被于欧罗巴洲。①

既然西方温带被海洋占据，则只有亚洲才有温带（与孟德斯鸠观念结构类似而结论相反）。但对西方列强力量与文明性有相当认识的魏源，并非要借此宣扬中国独为文明之极，他在文明起于天气"温厚"之地的观念外，借助"地中海"正当化温带这一西方文明的"大象"，正式引入第二个探讨球形大地文明之极的因素：陆海分布。

如前所述，在古代中国的九州-四海模式中，四方滨海之处阴阳不和，天时地气有偏，不过是夷狄的居所。唐宋以降，随着经济中心南移，滨海的江南之地，成为中国经济最发达、文教最兴盛的地域，但两宋以降士大夫对这一现象的解释，多是主张天地气运盛衰有时，秦汉以上，西北盛而东南衰；秦汉以后，则变为东南盛而西北衰，即江南的兴盛，与滨海无关。明清之际，王夫之根据天地大形势说，以中国为山海围聚而成的神圣之地，似有视海为文明动力之意。进一步的推衍，则来自魏源。他名西方列强为"海国"，又征引典籍中对罗马与地中海的零星正面记述，其中将罗马与中国、地中海与渤海对举，以东西相望，为"自然之理"。② 这虽然形式上是地理考证，但清朝崛起于东北，定都于北京，山东则为孔孟故里，以上诸地，都在渤海之滨，因此，以渤海与地中海对举，可以看作以地理学层面的东西"格

---

① 魏源：《海国图志》卷七四，《魏源全集》第7册，第1822页。
② 魏收："大秦国，一名黎轩，都安都城。从条支西渡海曲一万里，去代三万九千四百里。其海傍出，犹勃海也。而东西与勃海相望，盖自然之理。"（《魏书》卷一〇二《西域列传》，第2275页）地理志多因袭前代记载，但值得注意的是，以上《魏书》对罗马与地中海的正面记述，在晚清以前极少有人征引。又魏源在征引后加以按语："自汉、晋以来，皆误以地中海为大西海，故有赍粮数岁始达大秦之诞说。独《魏书》始知其海傍出，犹渤海，与中国渤海东西相望。自古言地中海者，莫先于此……故言西域莫精于《魏书》。"（魏源：《海国图志》卷三七，《魏源全集》第6册，第1082页）

义",将欧洲与中国置于可堪比较甚至对等的位置。

魏源又调用陆九渊的经典表述"东海有圣人出焉,此心同也,此理同也。西海有圣人出焉,此心同也,此理同也",①主张"圣人之出,必在海滨。扶舆磅礴之气,必至平原、近海,如雍、冀、青、兖,而后刚杀始尽,冲和始钟"。②陆九渊主张圣人德性至高,不受环境所限,故可以兴起于四海;而魏源转化其义,主张海滨气象冲和,圣人因之而生。则海就被正面化为圣人兴起的助力。更不用说他所列举的出圣人诸州,濒临的正是渤海。

这显然是顺应近代时势的经世之论,不过,本书所关注的,是这种以内海为球形大地之极的观点,与唐宋以降天地大形势说的关系。球形大地上"无适而不为中",故若仅就球面几何学,温带与内海,都绝无可能是唯一之极。因此,虽然地圆说以球形大地这一"大象",确实激活了古代中国思想中的天地同形论,但探寻天下之极,毕竟不是球面几何学的分支,两宋以来儒学与数术观念都主张天、地、人气脉聚结之地,方为天下之极,而不管是温带还是内海,都近于"气之中"而非"形之中",也因此,不受球形大地"无适而不为中"的限制。

第五节 东西轴线的兴起

确实,理学与地圆说的双向涵化,让北上南下观念借东西两半球之分而在球形大地上重现,从而再次确认了汉魏以来的南向独尊观念;不过,东西两半球对偶与交易观念,则提示着与以上古代中国思想的内在理路颇相制衡的趋势,即东西轴线在天下秩序观念中的兴起。

---

① 《陆九渊集》卷三三《象山先生行状》,第388页。
② 魏源:《海国图志》卷七四,《魏源全集》第7册,第1822页。

该趋势的重要助力，是较地圆说晚一百余年传入的地动说。① 首先需要指出的是，球形大地之上"无适而不为中"，则亦无适而不为南北东西。而地动说对方位的影响则不同，该说主张地球自转与公转均为自西而东，② 东西向随在为初度（即无绝对的本初子午线），③ 亦随在为日出、日入之地，④

---

① 地动说传入中国，一般认为以清中叶蒋友仁向乾隆进献《坤舆全图》为最早，（见席泽宗等：《日心地动说在中国：纪念哥白尼诞生五百周年》，《中国科学》1973 年第 3 期，第 275 页）杨小明主张黄百家已接触到地动说并做了必要介绍，即该说传入时间当提前至十七世纪末。（见杨小明：《哥白尼日心地动说在中国的最早介绍》，《中国科技史料》1999 年第 20 卷 1 期）不过，探讨学说在文本层面的最早传入时间，与其发生真正的思想影响，是两个层面的问题。席文指出，西方传教士所输入的哥白尼、第谷等人的宇宙体系，内容多变且互相多有矛盾，让中国士人怀疑其可靠性，从而影响了日心说与地动说的接受。山田庆儿则指出，科学研究的内史与科学被一般社会文化所接受并广泛传播的外史，二者时间尺度不同，明清时期主要由耶稣会士主导的西学东渐，遵循的是外史的时间尺度。具体言之，哥白尼的日心地动说（1543 年发表）与牛顿的万有引力说（1687 年发表），虽然相隔近一个半世纪，但都是在十八世纪二三十年代才被西方一般公众所接受。（见山田庆儿：《近代科学的形成与东渐》，《古代东亚哲学与科技文化：山田庆儿论文集》，第 338—349 页）耶稣会士介绍入中国的宇宙论，仍然以地心说为主，对日心地动说的介绍零碎且充满矛盾，故地动说在中国思想界真正发挥作用，要较黄百家的片段输入为晚。
② 庄廷旉《地图说》："南北有两极不动之定位，至东西乃随各方人居处，论天与地，本无东西定位。"（魏源：《海国图志》卷七六，《魏源全集》第 7 册，第 1864 页）又培瑞：地球"其南北极枢纽不离其处，而东西，则每一昼夜一易转"。（魏源：《海国图志》卷一百，同上书，第 2237 页）
③ 艾儒略："至于东西纬度，则天体转环无定，不可据。七政量之，随方可作初度。"（见魏源：《海国图志》卷七五，《魏源全集》第 7 册，第 1844 页）李林松也说："三百六十度周大地而环之，随处可以为初度。然而其中，其初度，皆从北极南下之一线言之。"（李林松：《星土释》卷三，转引自邱靖嘉：《天地之间：天文分野的历史学研究》，第 252 页）这一问题的反面，即本初子午线的设定是纯粹的政治现象，施米特指出，现行本初子午线的唯一基础，是英国在近代世界中首屈一指的霸权。（[德] 卡尔·施米特 [Carl Schmitt]：《大地的法：欧洲公法的国际法中的大地法》，刘毅、张陈果译，上海人民出版社，2017 年，第 57—58 页）
④ 崔国因："尝读《尔雅》，原文云'东至日所出，西至日所入'者，此何地耶？日本不动，安有所出入耶？由中国向东而行，过大东洋，再过大西洋，由欧洲而返中国矣，无日出之地也。由中国向西而行，过欧洲，涉大西洋，逾墨洲，再涉大东洋，由日本而返中国矣，无日入之地也。且中国之日出，即美国之日入；美国之日出，即中国之日入。随地球之向背为隐现，非真有出入之区也。"（[清] 崔国因撰，刘发清、胡贯中点注：《出使美日秘日记》，黄山书社，1988 年，第 237—238 页）

则东西方位本身,也是时时转换,循环无端。而南北极则相对静止,可谓"南北有极,东西无极",① 再次确认了唐宋以来理学与礼学独尊南北向的合理性。②

不过,这只是问题的一个层面。南北两极点终年严寒,万物不生,虽至有定,但毕竟不合太极生生之义。且其处冰雪覆盖,气运凝滞,至十九世纪末仍难以通行。③ 故根据地球自西而东自转这一"大象",气运循环乃至文明

---

① 傅兰雅编《格致汇编》"互相问答"栏问题有:"地球为何只有南北两极,而无东西两极?"(转引自熊月之:《西学东渐与晚清社会》,上海人民出版社,1994年,第427页)又蒋超伯:"地球之体,圆圆如橙,南北有极,东西无极。"(〔清〕蒋超伯:《南漘楛语》卷五,《续修四库全书》第1161册,第325页)又廖平:"惟南北冰海,无昼夜寒暑之可言。《既》《未》反覆,仍为《坎》《离》,故《诗》于南北言极,东西言罔极……皆南北有极,东西无极之说。"(廖平:《知圣续篇》,《廖平全集》第1卷,第419页)又章太炎:"居温带以内者,见众星东出西没。居北极、南极下者,则但见众星盘旋于天顶,而勿见其出没。无他,地球以东西向行,而南北则不动也。故第有两极,无四极之名。"(章太炎:《东方格致》,马勇整理:《章太炎全集·太炎文录补编上》,上海人民出版社,2017年,第151页)当然,这并不是说只有依靠地动说,才能重新将南北向绝对化。东西向的全球航行,最终返回本处,是地圆的一大证据,也在观念与事实上表明了东西方位的相对性。而南北极气候严寒,至十九世纪末仍无人可以到达,南北向的环球航行自然更不可能。中国士人对这一问题的理解,见《孟子尽信章书后》"东西周乎地球,南北极乎冰洋",(《皇朝经世文统编》卷二,第106页)东西曰周,南北则曰极;又章太炎释《庄子·天下篇》"南方无穷而有穷":"地球圆形,虽有椭势,可勿论也。然海舶往来,东西,则如环无端。南北圆线,亦周匝无穷。而不能绝冰海而来往,是无穷而有穷矣。"(章太炎撰,沈延国、汤志钧点校:《章太炎全集·膏兰室札记》,上海人民出版社,2014年,第212页)都是承认东西相通而南北暌隔,故东西无定而南北有定。

② 南北有定而东西无定,是唐宋以降义理学乃至一般文化普遍接受的观念,甚至禅宗也借其阐述自身义理。如禅宗以文字破文字的"活句",有"面南看北斗"(《五灯会元》卷一五),而提示逻辑上无定状态的"活句",则有行路非东非西的"蓦底去"(《祖堂集》卷一八),二者都要打破分别心,但所依托的观念格式,则一为南北有定,一为东西无定。我是在葛兆光《中国思想史》第2卷中注意到以上两例的。葛氏认为两个"活句"意涵相同,都是要打破分别心(见同书,第90—91页)。我想强调的是,当区分禅宗所欲讲出的义理,以及其得以讲出此义理的"观念格式",由于一般文化中存在南北有定而东西无定的格式,借南北或东西讲述打破分别之理,故事情节与叙述逻辑会有相当不同。

③ 叶德辉:"南北极不相通,则论中外,当视东西矣。"(叶德辉:《致皮锡瑞二则》之一,尹飞舟编:《湖南维新运动史料》,岳麓书社,2013年,第865页)又谭嗣同:"地既是圆的,试问何处是中?除非南北二极,可以说中,然南北极又非人所能到之地。"(〔清〕谭嗣同:《南学会讲义》第五《论学者不当骄人》,何执编:《谭嗣同集》,岳麓书社,2012年,第439页)

循环都当以东西向为主。如唐仲冕即说:"北极不动,东西环转,既有南北,则各有东西。"① 他更将以上天地之学中的"南北有极,东西无极"之说,合以象数《易》学:

> 坎离之据南北,天一生水,地二生火是也,东西无定所者也……中国居赤道南(原文如此,疑误——作者注),北极出地三十六度,南极入地三十六度,北极上,南极下也。坎离乾坤之交,中爻何以不居东西而居南北?曰:南北极,贯天地人之中也,故曰极。东西无定,故虚其位,而以山雷泽风实之。②

邵雍区分先后天《易》学,并以先天《易》学为本,但元明时期的天地大形势说,多根据后天应地理之说,以后天卦图而非先天卦图拟象天下。至清代,先天《易》学的根基更受到根本质疑。胡渭考证先天图出于道家,非古代《易》学本有,这是将有《说卦》明文并被两宋《易》学归为演说后天八卦图的"帝出乎震"一段,推尊为《易》图的唯一证据。唐仲冕以"山雷泽风"(艮为山,位东北;震为雷,位正东;泽为兑,位正西;风为巽,为东南)对应东西向,即以《说卦》所设八卦之象为准。地球自西而东自转,又环地皆气且气入地中,全球风气也就沿东西向或顺或逆"周行",山水脉延乃至文明气运循环也是如此。

具体说来:

> (西人——作者补)惟由峡路来东土,风水皆顺,三月可到;若由东土回西国,风水皆逆,必迟至五月乃到。此何以故?盖因大地之面自西旋东,故大西洋来去其顺逆难易如此。若人于千里、百里中东西来

---

① 〔清〕唐仲冕:《陶山文录》卷二,《续修四库全书》第1478册,第313页。
② 同上书,第315页。

去，实亦有顺逆难易之别，特所差较微，人不察耳。①

郑光祖认为地球自转带动全球风气，故船行有顺逆之别，魏源则进一步主张西人东来即为乘此自西而东之运，所谓：

> 沧海之运，随地圜体，其自西而东乎？……红夷东驶之舶遇岸争岸，遇洲据洲，立城埠，设兵防，凡南洋之要津，已尽为西洋之都会。地气天时变，则史例亦随世而变，志南洋实所以志西洋也。②

在无形无象的风气外，更有人根据山水皆气之凝的观念，将全球山川形势与地球自转这一"大运"联系在一起。如刘师培即主张地球自转导致全球山川自西趋东，③康有为的论述则更为复杂，他主张影响全球文明运势的因素有二，分别为山川形势与洋流方向，二者皆以东西向为主，而文明风化即乘此东西之运。具体说来：

> 天之营中国也，自昆仑发脉以来，地势东趋，江河东流……日本、高丽因我孔子之教者，以日本为天山、金山之余气。出既复矣，气既薄矣，不能复生圣人。而江、河二川，长流东驶，有飞渡之势，水流所趋，染荡自致，此日本所以因中学也……昔尝思西藏、印度与我疆域逾隔不远，而佛法能东来，而儒教不能西行者，何哉？盖印度之为国向南，襟带南海，海水东流，故能至中国也。中国之山川，皆奔趋向东，无一向西者，故儒教大行于日本，而无一字飞出于印度，盖亦山川为之

---

① 郑光祖：《一斑录》卷一之"外夷"条，《续修四库全书》第 1139 册，第 648 页。
② 魏源：《海国图志》卷五，《魏源全集》第 4 册，第 342 页。
③ 刘师培："这地轴的极，都是由西东转，有摄动的重力，所以重质共他相附。土到北极的地方，就离拢下垂去了。这个缘故，都是因为土重于水。大地既然带土西转，所以水共土相激，就成了山脉。但地球上的山脉，都是由西趋东的。"（刘师培：《讲地理的大略》，万仕国辑校：《刘申叔遗书补遗》，广陵书社，2008 年，第 310 页）

也。马哈墨何以能立教也？盖昆仑西龙，阿母河水西流，山川随之，为一大都会焉。此所以自有君师，能成一局也……亚非利阿在其南，印度海西流阻于是焉。此泰西之学所由出于印度也。地中海之水，怒而欲出于海，近者，里希勃斯开苏夷士河，地中海水泻而东来，泰西之政教盛行于亚洲必矣。亚墨利加洲山川面向于东，有朝宗欧洲之意，此欧洲之教政所以操柄风行于美洲也。若是者，亦非人为之也，天也。①

康氏以地球自转影响山水脉延，这一全球大形势论，为其弟子所遵循。刘桢麟主张自近代之前，文明气运自东而西，至近代则一转为自西而东。②梁启超则阐述更详：

> 吾闻师之言地运也：大地之运，起于昆仑。最先兴印度，迤西而波斯，而巴比伦，而埃及。渡地中海而兴希腊，沿海股而兴罗马、意大利。循大西洋海岸迤北兴西班牙、葡萄牙，又北而兴法兰西，穿海峡而兴英吉利。此千年以内，地运极于欧土，洋溢全洲。其中原之地，若荷兰，若瑞士，若德意志，则咸随其运之所经，而一一浡起。百年以内，运乃分达，一入波罗的海，迤东以兴俄，一渡大西洋，迤西以兴美。三十年来，西行之运，循地球一转，渡大东洋以兴日本。日本与中国接壤，运率甚速，当渡黄海、渤海兴中国。而北有高丽，南有台湾，以为之过脉，今运将及矣。东行之运，经西伯利亚达中国。十年以后，两运并交，于是中国之盛强，将甲于天下。③

---

① 康有为：《康子内外篇》，《康有为全集》第 1 集，第 110 页。
② 刘桢麟：《地运趋于亚东论》，麦仲华辑：《皇朝经世文新编》卷一下，沈云龙主编：《近代中国史料丛刊》第 78 辑，文海出版社，1972 年，第 223 页。
③ 梁启超：《论中国之将强》，《饮冰室合集》（《文集》之二），第 16 页。梁启超接着说，这一全球终始循环意义上的气运推衍，是超越"目验"的："其几甚微，其理可信。此固非一孔之儒可以持目论而非毁之者也。"（同文同页）

自昆仑而起的地运，百年来自东而西，由欧洲经太平洋至日本，又将至中国；同时，亦将自西而东经西伯利亚至中国，两运相交，自然文明造极。章太炎亦以东西向觇全球文明气运：

> 亚洲之衰，西囊于欧洲；欧洲盈，西溢于美；美洲掫，西被于日本。古者太平洋之盛，由长安而东；今者太平洋之盛，繇英吉利而西。自日本西被，非支那则谁与？故自葱岭以左旋，绕地一匝，而返乎赤县，其流若逆，其势若有机械而不能已……大圜一上一下，一往一复，而凑于东方。①

在章太炎看来，地球自转，环地之气与之相逆，故文明气运自东而西，由亚洲至欧洲，又由欧洲至美国，再经太平洋至日本，最后至中国。而以上康有为、梁启超、章太炎所论，虽对天运、地运与文明之运的顺逆关系看法不同；或主文明之运随顺地运，为自西而东，或主文明之运当与地运相逆，为自东而西，但都视东西向为气运之主向。

而这一以地圆地动说为背景的东西轴线的兴起，又为晚清天学对"春分"进行义理提升提供了基础。与古代中国天文历算学独重南北向与冬至点不同，②埃及与希腊的天文观测活动与天人法象观念，则特重东西向与春分点。古埃及以天狼星东升西落定农时，古希腊历法则以春分而非冬至为基点。随后基督教主张上帝创世、天地开辟，正值一年仲春月春分，③更表明

---

① 章太炎撰，朱维铮点校：《章太炎全集·訄书（初刻本）》，上海古籍出版社，2014年，第58—59页。
② 在古代中国天文学中，日月五星行度皆以冬至为始，故测量冬至点意义重大。古代测冬至之法及其演变，见陈美东：《古历新探》，第50—79页；王荣彬：《关于中国古代至日时刻测算法及其精准度研究》，《清华学报》（台湾）1994年第4期，第309—323页。
③ 汤若望《天文实用》："开辟初时，适当春分。"转引自梅文鼎：《论西法积年》，《历学疑问》卷一，《梅文鼎全集》第1册，第37页。又傅汎际："或问：天地首岁，所有首月首日，准今何日？曰：圣贤释经义者，谓天主造成天地在于仲春。古星家之论亦然。故相传以春分昼夜平日为太阳周运之始也。"（傅汎际：《寰有诠》卷一，《明清之际西学［转下页］

了春分对西方宇宙与文明观念的重要性。

对这一中西历法的不同,清人早有明确认识,梅文鼎即说:"中法节气起冬至,而西法起春分。"① 而以上春分点为历始的新观念,最初是以便于制历的技术理由被介绍入中国天学与思想界的,徐光启论冬至影长不定,即说:"盖定冬至必为最长之景,而最长之景每岁无定率也。是故从古历学,每论求冬至刻分,以取岁实,俱言难定。"② 李天经主张:"以圭表测冬夏二至,非法之善。盖二至前后,太阳南北之行甚微,则表景长短之差亦微……今法独用春、秋二分……较二至为最密。"③ 江永也认为:"太阳因有高卑而生盈缩,近数百年间,春分则平行……故所得岁实为恒率。得其恒乃可以求其定,犹之月必有平朔之策,而后可求定朔也。"④ 都是以冬至自天行而言变动隐微,难以测量,不如春分变化恒定,明白易晓。

当然,就古代天地思想中时间与方位匹配的时空体结构,岁首春分而非冬至,改变了永恒的"周行"的开端,绝非纯粹技术性的局部调整,而是影响及于宇宙与文明观念整体。而初看起来,理学传统中现成有涵化此岁首春分说的思想资源,即邵雍一派象数《易》学,其先天圆图,以冬至子时为正

[接上页] 文本》第 3 册,第 1226 页)又春分之日以以色列为准,见傅汎际:"或曰:天地圜体也,日行诸方远近四时各有不同,宜以何方为定?曰:定于如德亚也。此国乃天主简在之国,自古知奉真主、遵真教,天主宠之,且为天主降诞亲授教之国,亦宜首享太阳之惠也。"(傅汎际:《寰有诠》卷一,《明清之际西学文本》第 3 册,第 1226—1227 页)

① 梅文鼎:《论中西之异》,《历学疑问》卷一,《梅文鼎全集》第 1 册,第 16 页。又梅文鼎:"其法起春分,与中法起冬至不同。"(梅文鼎:《论西法积年》,《历学疑问》第一,《梅文鼎全集》第 1 册,第 36 页)晚清人仍以岁首冬至还是春分,为中西历之一大别。见刘锦藻:"吾国历算自冬至点起,西人历算自春分点起。"(〔清〕刘锦藻:《清续文献通考》卷二九五《象纬考》,《续修四库全书》第 819 册,第 521 页)
② 〔明〕徐光启、〔德〕汤若望(Adam Schall)等编撰:《西洋新法历书》,薄树人主编:《中国科学技术典籍通汇》(天文学卷)第 8 册,大象出版社,1993 年,第 981 页。冬至测影困难,更早即为历家所指出。见《宋史·律历志》:"景之差行,当二至前后,进退在微芒之间。"(《宋史》卷七六,第 1763 页)
③ 徐光启、汤若望等:《西洋新法历书》,《中国科学技术典籍通汇》(天文学卷)第 8 册,第 740 页。
④ 江永:《岁实消长辨》,《数学》卷二,文渊阁《四库全书》第 796 册,第 628 页。

北,而改左右为上下,则变为以春分(居正东)为首的先天交泰图,故冬至与春分之别,就被理解为易道体用之别。①

但清代正是邵雍《易》学的衰落期(见胡渭对先天卦图的批判)。因此,这一以先天《易》学接引西方岁首春分观念的可能历史,并未真正出现。至清中叶,江永虽服膺西方天地之学,但也对岁首春分之说有所保留,只说天地开辟始春分或始冬至,"二者皆有理,不知果孰为确",②且表示"古者以立春、立夏、立秋、立冬、春分、秋分、冬至、夏至为八节,其四立并在四孟月之首,以为四时之节,谓之启闭,二分二至并在四仲月之中,居春夏秋冬各九十一日之半,皆自然之序,不可移易","彼以春分为太阳年之第一月第一日,遂不得复用古人分至启闭之法,及春夏秋冬正名。"③仍是以岁首春分之说不合乎天道自然。

但至晚清,对"春分"的义理态度开始出现重要变化。《春秋繁露·循天之道》以冬、夏二至为二中,春、秋二分为二和,"其动于下者,不得东方之和不能生,中春是也,其养于上者,不得西方之和不能成,中秋是也",苏舆义证"圣人之道以中和为则,故取春秋而不取冬夏",则独以春、秋二分当"中和",似就春分与冬至孰当天地至德这一问题,已明确取春分之说。

---

① 张行成:"此图乾坤交而物开运行时也,故以交泰名之。所以一元之体始于冬至,而元会运世之用起于春分也。"(张行成:《易通变》卷一,文渊阁《四库全书》第804册,第200页)又张行成:"交泰图视先天图,变左右为上下。先天冬至时也,在一元则气生于子之初。此图春分时也,在一元则物开于寅之后。先天之外别出此图者,以示交法,明易之体则元自冬至而起,易之用则元自春分而行。是故观先天可以推夏至,观交泰可以推秋分也。"(张行成:《易通变》卷十,文渊阁《四库全书》第804册,第310页)又张行成:"东附于冬,不为冬声,何也?经世有二元,起于冬至者,天之元也;行于春分者,物之元也。是故四序之冬、五音之宫、六律之黄钟,方皆属北者。冬至之元,体之所起也;声皆附东者,春分之元,用之所行也。故知作韵者亦有所见也。"(张行成:《皇极经世观物外篇衍义》卷八,见邵雍:《皇极经世书》第3册,第1413页)明末中国思想界吸纳西方天学以儒体耶用为格式,颇类似这一先天圆图与先天交泰图的体用之别。
② 江永:《历学补论·论天地开辟》,《数学》卷一,文渊阁《四库全书》第796册,第610页。
③ 江永:《中西合法拟草》,《数学》卷七,文渊阁《四库全书》第796册,第738页。

论述春分与天地之运关系最详尽的，则是康有为。他主张"大同"有可能在不远的将来实现，其托始之时，即为十九、二十世纪之交的春分。① 之所以如此设定，除春分有恒易定、冬至隐微难测这一技术因素，② 更考虑到地圆地动这一"理象"：

> 全地立朔，当在春分为改正……夫论周期之算，地球绕日，本自圆周，则无日不可起元。古者历元多起冬至，今欧美亦同……故以地转论，用二至不如用二分；以经冻论，用秋分不如用春分。③

这一以春分为岁首的大同历，当然从未实现。但是，在西历也已放弃以春分为岁首（改以冬至所在月的下一月为岁首）后，仍有人试图以春分而非冬至为岁首与天地至德之象，可见这一东西轴线地位上升的强韧影响。

当然，东西轴线的兴起，绝非仅由于地圆地动说。事实上，另一因素（欧洲与中国东西向的空间关系）的影响要更为直接而长久。基督教诞生于地中海东岸，以耶路撒冷为圣地，《圣经》所载的伊甸园，也被认为在东方，

---

① 康有为："夫今日大地既通，大同之说必日盛，可断断也……则直于当今，纪用大同，以便人心趋向，以便后日易算，而于通俗无碍，岂不一举而三善备哉？诸国竞争，小国日灭，并于大同，当不远矣。近者万国同盟之事日多矣，可于今预祝之、预期之矣。近年以大同纪元，当以何年托始乎？凡事必有所因，端必有所指，大同因之所托，必于其大地大合之事起之。近年大地万国大合之大事，其莫如俄皇所倡在荷兰之万国同盟矣。是事也，起于己亥，终于庚子。庚者，更也；子者，始也。庚子之冬至为西历一千九百零一年，耶纪以为二十世开幕之一年者，当即以庚子春分为大同元年托始之正月朔日。"（康有为：《大同书》，《康有为全集》第7集，第144页）

② 康有为："春、秋分有定，冬、夏至无定。"（康有为：《万木草堂口说》，《康有为全集》第2集，第136页）康有为："且二至者地当高冲卑冲之极点，地为动质，又为日及诸星所吸，高下本自不等。冲无定位，非巧历所能测算。夫以无定之冲，而欲以有定之算推之，其必不准，不待言也。以不能决定准数之时而妄定之，虽相去不远，而实已大误矣。故用二至无定之冲，不若用二分有定之平也。"（康有为：《大同书》，《康有为全集》第7集，第139—140页）

③ 康有为：《大同书》，《康有为全集》第7集，第139—140页。类似表述又见康有为：《诸天讲》，《康有为全集》第12集，第104—105页。

故其地图以东向为上向。① 与此相对,希腊世界则将东方视为文明低下之地,但不管对东方态度如何,都是将东西向作为文明比较的主向。② 考虑到十九世纪以降,中国最终被卷入以欧洲为中心的世界秩序,先引一段此时黑格尔对东方与西方关系的经典论述作为参照,或许是必要的:

> 亚细亚洲在特性上是地球的东部,是创始的地方。对亚美利加洲来说,它固然是一个西方;但是欧罗巴洲,一般来说,是旧世界的中央和终极,绝对是西方,亚细亚洲却绝对是东方。"精神的光明"从亚细亚洲升起,所以"世界历史"也就从亚细亚洲开始……世界历史从"东方"到"西方",因为欧洲绝对地是历史的终点,亚洲是起点。世界的历史有一个东方("东方"这个名词的本身是一个完全相对的东西),因为地球虽然是圆的,历史并不围绕着它转动,相反地,历史是有一个决定的"东方",就是亚细亚。那个外界的物质的太阳便在这里升起,而在西方沉没。那个自觉的太阳也是在这里升起,散播一种更为高贵的光明。③

黑格尔明确表示"地球虽然是圆的,历史并不围绕着它转动",即不认

---

① Rudolf Simek: "Whereas modern maps always have north at the top, the psychological orientation of the Middle Ages towards the geographic centre of Christianity in the east was reflected in medieval maps. They were almost always orientated towards the east (hence the word orientation) with their centre in Jerusalem. The extreme east of Asia was where Paradise was thought to be." (Rudolf Simek, *Heaven and Earth in the Middle Ages: The Physical World before Columbus*, p. 44.)
② 孙江:《"东洋"的变迁:近代中国语境里的"东洋"概念》,孙江主编:《新史学》第 2 卷《概念·文本·方法》,中华书局,2008 年,第 12 页,李猛指出,在古希腊人的世界观念中,并非没有南北之别,但"南与北,只是地理上冷热的两端,虽有对立,却鲜有交通……东西方文明在政治上的关系,以及构成这一关系的战争,而非南北方自然与习俗的一体性对立,才是《历史》的'宏大而辉煌'的主题"。(李猛:《西学与我们的"西方"》,第 42—43 页)
③ 黑格尔:《历史哲学》,第 102、106 页。

为普遍历史以球形大地为背景，在他看来，亚洲大陆才是普遍历史的舞台，①而以该大陆为本位，就会生成绝对的东西二分：亚洲为东而欧洲为西。这空间上的绝对二分，又提示着从亚洲到欧洲的普遍历史运动，其"大象"，则为太阳东升西落。

中国学术思想界对黑格尔历史与地理学说的专门介绍，要迟至二十世纪初。《历史哲学》的全文翻译，更要迟至民国之后。但黑格尔的历史哲学以及东西地理观念，有着强烈的古典与基督教背景，亚细亚与欧罗巴分别对应日出与日落，这一观念格式自明末即已由耶稣会士传入中国，基督教创世史主张上帝造人于亚洲，②在宗教色彩略淡的一般地理学著作（如艾儒略《职方外纪》）中，表述为"亚细亚者，天下一大州也，人类肇生之地，圣贤首出之乡"。③而以日出为亚洲的"大象"，则与已本土化的佛教地理学产生和合。具体言之，梵语音译华夏世界名"震旦"，隋唐时期佛教徒望文生义，以华夏世界为东方日出之地，并指其义即为《易·说卦》之"帝出乎震"。以上论说，虽有暗示印度方为地中之意，但也可以在中国东而印度西的意义上，④提示东西文明轴线的存在。而明末以降，欧人自称或被他称为"泰西"（其濒临之海为大西洋），明示中国与欧洲为东西关系，且欧洲与印度地理、民族与文明的关联性，也经西史东渐而逐渐为中国思想界所知，这都有助于两者东西轴线观念的和合。

---

① 黑格尔："历史的真正舞台所以便是温带，当然是北温带，因为地球在那儿形成了一个大陆，正如希腊人所说，有着一个广阔的胸膛。"（黑格尔：《历史哲学》，第83页）
② 傅汎际："天主造成天地之春，自属初人受造之方，在亚细亚区中，如德亚之东方。"（傅汎际：《寰有诠》卷一，《明清之际西学文本》第3册，第1227页）傅汎际："人类皆由亚当，实在亚细亚境。"（傅汎际：《寰有诠》卷六，《明清之际西学文本》第3册，第1385页）
③ 《职方外纪校释》卷一，第32页。又南怀仁："亚细亚，天下一大州，人类肇生，圣贤首出。"（［比利时］南怀仁（Ferdinand Verbiest）：《坤舆图说》卷下，《明清之际西学文本》第4册，第1749页）又蒋友仁："亚西亚，天下一大州。乃人类肇生之地，圣贤迭出之乡。"（［法］蒋友仁（Michel Benoist）：《地球图说》，《明清之际西学文本》第4册，第1796页）
④ 如志磐："赡部一洲，在西为五印度……东则震旦。"（志磐：《佛祖统纪》卷三二，《大正新修大藏经》第49册，第316页）

需要指出的是，欧洲文明以东西轴线为主向，有互相关联的两义：一为自外部而言，亚洲与欧洲东西相对；另一则为欧洲地理与文明内部，也以东西关系为主。① 对后一点，康有为表述得颇为生动：

> 吾地有江河，故势分南北，故正统自中原败后，则退处于南；欧洲地东西为多，故败于西而退处于东……（日耳曼——作者补）自阿图以后迁都罗马，如魏文帝、金太宗、元世祖之入主中国也，真南北朝之比矣，可称为欧洲东西朝矣。然则谓日耳曼为欧洲西朝，而以佛兰克萨逊为晋、宋、齐、梁、陈之比可也。②

欧洲文明以东西为轴线，正相当于华夏文明以南北为轴线。而西学东渐与西人东来，则潜移默化地改变了近代中国天下观念的基础方位感。如前所述，中国西北高而东南下，西北多山而东南多海，根据这一"大形势"，古代中国天下观念特重西北与东南之分。明末以降，中国居大地东南，又被欧洲在西北这一相对方位加强，西北与东南二分，被扩展至整个亚欧大陆。如熊月之所说，晚清士人中，颇有以后天八卦解释欧洲与中国气运消长者：

> 熟悉《易》学的魏源、徐继畲等人，都从运会变化的角度理解新变局的到来。在后天八卦中，西北方向为乾卦，主刚主动，东南方向为巽卦，主顺主谦，谦逊受益。时人认为，欧洲地在西北，处于刚强主动地位。欧洲崛起，中西交往，预示着新的运会的开始。魏源说，读世界地图，将西方与中国作为一个整体来看，欧洲处于西北，中国处于东南，"岂天地气运自西北而东南，将中外一家欤？"徐继畲说："欧罗巴一土，以罗经视之，在乾戌方，独得金气。"李鸿章说，西方人"特其制造之

---

① 这两层含义并非全无关联，如在罗马时期的非正式场合中，有以亚洲与欧洲分别指帝国的东、西两半部分。见马丁·刘易士、卡伦·魏根：《大陆的神话：元地理学批判》，第5页。
② 康有为：《日耳曼沿革考》，《康有为全集》第8集，第244页。

巧，得于西方金行之性，又专精推算，发为新奇，遂几于不可及"。这些都是将八卦说运用到全球地理的典型。古人创八卦说，正是窥测天心的具体表现。①

又朱一新用礼家温厚之气盛于东南、严凝之气盛于西北之说，解释中西风俗绝异：

> 天地温厚之气，始于东北而盛于东南，故东方之国生齿最繁，神灵首出。其为教也，主仁而尚礼，文物之盛，甲乎五洲，宽柔以教，不报无道，南方之强也。天地严凝之气，始于西南而盛于西北，故北虏自昔鸱张，西俗嚣陵特甚。其为教也，主义而尚智，喜夸诈，急功利，衽金革，死而不厌，北方之强也。西俗以"兼爱"为"仁"，非吾所谓"仁"；以"为我"为"义"，非吾所谓"义"；以"尊女"为"礼"，非吾所谓"礼"；以"牟利"为"智"，非吾所谓"智"。其文字则华文左行，洋文右行；其语言则实字居先，虚字居后，人名在上，人姓在下。若斯之类，大抵与中国相反……《汉书·西域传》："自宛以西至安息国，贵女子，女子所言，丈夫乃决。"安息，今之波斯，已近大秦，尊女之风，自昔而然。盖葱岭为天下之脊，葱岭以西水皆西流，故其俗之反乎中国者类如此。今英国处极西，而尊女亦惟英人最甚。②

以上诸人，以《易传》中的卦象、卦气说以及《礼记》中的仁义方位论解释十九世纪世界秩序，其中欧洲都对应西北。不过，这一新的西北-东南图景，与南宋以来一种颇具影响的普遍历史叙述关系微妙。彼时，由于南北经济与文明地位的逆转，南方士大夫根据华夏世界大形势观念，主张自尧舜

---

① 熊月之：《略论同光时期士大夫的"天心"说》，《史学月刊》2018年第1期，第47页。
② 〔清〕朱一新撰，吕鸿儒、张长法点校：《无邪堂答问》卷四，中华书局，2000年，第168页。

三代至于后世，华夏地运自西北移向东南，西北日衰，而东南日盛，故当建极于此。此说在近代仍有相当影响，徐继畬即说：

> 亚细亚者，北尽北冰海，东尽大洋海，南尽印度海，西括诸回部，西南抵黑海，在四土中为最大。中国在其东南，卦兼震、巽，壤尽膏腴，秀淑之气、精微之产，毕萃于斯，故自剖判以来，为伦物之宗祖，万方仰之如辰极。①

建文明之极于华夏世界东南，扩展为中国在亚洲东南，故为全球文明之极。但问题是，天下范围的扩大，伴随的却是居于中国西北的欧洲的全球性大扩张，这一西北盛而东南衰的局面，与以上南宋以降中国思想内部的气运转移观念完全相反。对此，王韬承认"天时人事，皆由西北以至东南"，② 并进而认为：

> 今就地球大势观之，而知东南之不及西北也，西北之人久至东南，而东南之人不能一至西北，试观盈地球中，皆欧洲人也。③
>
> 强弱之势已形见者，何哉？则时为之也。有心人旷观往古，静验来今，而知天道与时消息，人事与时变通。居东南者，每由东南而之西北；居西北者，每由西北而之东南。而西北恒强，东南恒弱，东南柔而静，西北刚而动。静则善守，动则善变，故西北至东南独先，东南通西北独后。柔能持己，刚能制人，故西北每足为东南患，东南不足为西北病。④

---

① 徐继畬：《瀛寰志略》卷一，第4页。
② 〔清〕王韬：《变法自强下》，王韬撰，楚流等选注：《弢园文录外编》卷二，辽宁人民出版社，1994年，第60页。
③ 王韬：《亚洲半属欧人》，《弢园文录外编》卷五，第199页。
④ 王韬：《答强弱论》，《弢园文录外编》卷七，第290—291页。王韬还说："英国僻在海外，屹然三岛，峙于欧洲西北，形势之雄为欧洲诸国冠。"（王韬：《纪英国政治》，《弢园文录外编》卷四，第156页）似将英国为西方列强之首，与其居于欧洲西北这一"形势"联系起来。

王韬籍贯苏州，居东南核心之地。但他又是晚清少数曾亲履欧洲的士人，乘西人东来之运，而亲自从亚欧大陆东南至于西北，显然影响到了他对西北与东南关系的看法。西北与东南如持衡的理学观念，乃至以气运推迁为基础的东南建极说，由于近代时期，诸文明的政治平衡趋于瓦解，欧洲文明一家独大，一变为西北恒强于东南之说：这实为反用理学与《易》学中的象数观念，主张建极于欧洲之说。

不过，若考虑到近代夷夏观念的转变，则以亚欧大陆为背景的西北-东南说，又可以视为对唐宋以降建极于东南说的某种创造性转化。关键在于，两宋士人以三代以后西北衰而东南盛，西北缩而东南展，标准则为华夷消长，西北衰落，实因夷狄正兴盛于此。而在晚清，欧洲被引申为西北夷狄的当代光大者，郭嵩焘即说：

> 秦汉以来二千年，夷狄为患中国……综其大势言之，匈奴、蒙古二者实相为始终。其余忽盛忽衰，忽分忽合，中国失其御而乘之以逞，非果能为害中国者也。匈奴之强，蚕食东胡、月氏，臣属西域，拓地逾万里。蒙古起北方，跨有西域，以达印度，然后卷甲东趋，荏中国而大一统。自匈奴时，已几有亚细亚全土之半，而极于西陲。蒙古乃尽抚而有之，绵延至于今日……匈奴灭而蒙古兴，蒙古衰而欧洲各国日新月盛以昌于中土。秦汉以后之中国，失其道久矣。天固旁皇审顾，求所以奠定之。苟得其道，则固天心之所属也。茫茫四海，含识之人民，此心此理，所以上契天心者，岂有异哉？而猥曰："东方一隅为中国，余皆夷狄也。"吾所弗敢知矣。①

郭嵩焘综论中国历代边患，以匈奴与蒙古为代表，且自气运推移，将欧洲诸国放在西北诸族的延长线上。而由于欧洲这一"远西"的加入，南北向

---

① 〔清〕郭嵩焘撰，钟叔河、杨坚整理：《伦敦与巴黎日记》，岳麓书社，1984年，第960—961页。

的主导地位也被削弱。具体言之，近代以前论及西北-东南关系，虽以东南展而西北缩为言，但着重之点，在南展而北缩，而非东展而西缩（东已至海，无可展）。故西北夷狄-东南华夏的结构，经常被简化为北夷而南夏。但郭嵩焘的方位感则不同，他特别强调匈奴、蒙古全盛之业与西方的关联，并将中国定位于"东方一隅"，则在以欧洲为参照的西北-东南关系中，更注重东西而非南北轴线。又章太炎调用秦汉以降东南展而西北缩之说，表示"舜、禹皆兴蜀、汉，与项、訾同地，即上世封略，舒于西方，蹙于东南，审矣"。①"舒于西北"之旧语，也被自然地替换为"舒于西方"，则文明演变的主导方向，已自南北而变为东西。

这一东西轴线的兴起，更延及对上古文明的理解。东西向成为世界图式主向，显然有利于产生上古文明与民族沿东西向传播或迁移的观念，明末以降西学中源说的流行，以及中国文明与民族西来说的出现（明末）与兴盛（晚清），都与此有关。②

东西轴线观念对近代中国世界图式的另一种潜移默化的影响，则同时与陆海观念的变化有关。以《禹贡》为范围的华夏世界观，主张九州居中，外周环以四海（后者在天下秩序中位置边缘）。明末以降东西轴线观念的兴起，则有利于海洋地位的提升：东洋-西洋对举的新天下构造说的出现，即体现了这一点。③

---

① 章太炎撰，朱维铮点校：《章太炎全集·訄书（重订本）》，上海人民出版社，2014年，第174页。
② 即使对西来说持否定或不置可否态度者，也多倾向于从东西关系探讨上古华夏文明与民族的演变，如傅斯年在《周东封与殷遗民》与《夷夏东西说》中，主张上古史以东西关系为主，并以东、西两系民族重构三代历史。
③ 并提四海变为独举东、西二海，一个典型例子，见陆九渊："宇宙内事乃己分内事，己分内事乃宇宙内事"，"东海有圣人出焉，此心同也，此理同也。西海有圣人出焉，此心同也，此理同也。南海北海有圣人出焉，此心同也，此理同也。千百世之上有圣人出焉，此心同也，此理同也。千百世之下有圣人出焉，此心同也，此理同也"。（《陆九渊集》卷三三《象山先生行状》，第388页）并提东南西北四海。而明末以降中国士人征引上说，则多用截取法，如李之藻即说："东海西海，心同理同，于兹不信然乎。"（李之藻：《题〈坤舆万国全图〉》，《李之藻集》卷四，中华书局，2018年，第62页）米嘉穗也说：（转下页）

当然，正如亚洲为日出之地，通过佛教地理学的"震旦"观念而转义，东洋-西洋二分的天下图式，也有本土观念作为中介。古代中国本有东洋与西洋之分，根据近代学者的研究，其有以下两个重要特征：首先，东洋与西洋，是华夏世界南方海域（即四海中的南海）内的划分，可看作南北轴线下的次一级区分；① 其次，东、西洋的分界线，当在福建、广东一带，向南对应加里曼丹岛，② 则两洋相对于中国为对称分布，仍在华夏地中说的范围内。

　　近代的东、西洋观念，则摆脱了以上对南北轴线与华夏地中观念的依赖。具体言之，第一，东、西洋二分，范围不再是华夏世界南方海域，而是整个地球，而这意味着调整中国与南方世界的关系。唐宋以后士大夫述及粤地以南地脉，多据九州-四海模式，视为《禹贡》九州向南的余脉，③ 而至近

（接上页）"学者每称象山先生东海西海、心同理同之说。"（米嘉穗：《〈西方答问〉序》，《明清之际西学文本》第 2 册，第 763 页）都省去南、北二海，变为圣人出于东海与西海。因此，东洋与西洋的对举，就有两重意涵：首先，东西而非南北抑或中央-四方，才是天下秩序的根本朝向；其次，海洋而非陆地才是天下秩序的基础"质料"。

① 王尔敏明确指出，古代中国的东、西洋观念基于北上南下的世界图式。他说："洋而分东西南北方向，为航海动向及技术运用之必然结果。中国认识方向，自古最重南北，以北斗紫微星辰定向为准。如孔子论政所谓：'譬如北辰，居其所而众星共之。'以北为上方，中国久成习惯。然自宋用罗盘针航海，分外洋为东西，实依磁针分位。其出发起程之点多在福建。当于宋代形成，相沿以迄明清。亦足见宋代航海外洋所造成之影响。由福建起点定向，于是航向乃分东西。元明以来前后所记海国之书者，无不使用针路计程定向，直迄近代。"（王尔敏：《近代史上的东西南北洋》，《"中央研究院"近代史研究所集刊》1986 年第 15 期，第 113 页）另外，根据北夏南夷、陆夏海夷观念，南海分为东、西洋，这更多是对夷狄之域的划分。见孙江：《"东洋"的变迁：近代中国语境里的"东洋"概念》，《新史学》第 2 卷，第 5—11 页。

② 划分东、西洋的依据，主要有风向、罗盘针路与子午线三说，而以宫崎市定提出的子午线说最具说服力。他主张自宋元至明初，以自泉州向南的子午线为东、西洋分界，自明代后期，则以广州向南的子午线为东、西洋分界。相关研究述评，见孙江：《"东洋"的变迁：近代中国语境里的"东洋"概念》，《新史学》第 2 卷，第 9—10 页。

③ 《朱子语类》卷二："问：'周公定豫州为天地之中，东西南北各五千里。今北边无极，而南方交趾便际海，道里长复殊，何以云各五千里？'曰：'此但以中国地段四方相去言之，未说到极边与际海处。南边虽近海，然地形则未尽。如海外有岛夷诸国，则地犹连属。'"（第 27 页）

代,魏源述及南洋诸地,承认其已为西方列强所殖民,故气运已非自北而南,而是自西而东。① 第二,东、西两洋,逐渐被对应于亚洲东侧的太平洋(大东洋)与欧洲西侧的大西洋,两洋之分,就对应于中国(乃至亚洲)与欧洲的二分,两洋的分界线(可视为东西向的天下之中),也不可能局限于《禹贡》九州范围,而是至少移动到华夏世界西侧的葱岭一线,从而呼应了至明末又获得转型契机的昆仑地中说(详后)。第三,虽然中国士人调用东洋-西洋二分,强调的是中国居东亚大部,故中国史可与西洋史对举,② 但东、西洋之分,毕竟基于海洋而非陆地,而十九世纪世界秩序以本土为大西洋岛屿的英国为枢轴,则这一划分,更切合居于大东洋(太平洋)中的岛国日本的世界历史意识。③ 因此,东、西洋二分观念虽流行于晚清,但入民国后,其势渐衰,更凸显陆地而非海洋因素的东方与西方(抑或中国与西方),逐渐取代了东西两洋说,成为中国人理解世界的东西轴线的主导性方式。

小结

明末以降地圆说的输入,可谓中国天下观念演变的"一大事因缘",当代学术多认为该说彻底瓦解了主张天圆地方的古代中国宇宙论,且由于球面

---

① 魏源:《海国图志》卷五,《魏源全集》第4卷,第342页。较魏源晚一代的郭嵩焘,虽主张"冀州之岛夷,则渤海以外诸岛也;扬州之岛夷,则南洋诸岛是也。禹奠九州,而海外诸岛尽收而列之版图使效贡赋,是谓圣人不勤远略,尽海外膏腴之地而蠲弃之,恐非事实"(〔清〕郭嵩焘:《史记札记》,商务印书馆,1957年,第15页),且发现"南洋自槟榔屿以东,闽广人率居十之七八"(郭嵩焘:《伦敦与巴黎日记》,第51页),但也承认南洋(以及南洋华人华侨)此时皆已托庇于西方列强。
② 如学部审定《中学中国历史教科书》,其中载中国"其疆域奄有东方亚细亚之什九,其兴衰隆替,足以牵动亚细亚列国之大势,故中国史之范围,实占东洋史全体之太半,而隐与西洋史为对待。"(转引自章清:《晚清中国阐述"亚洲"所延续的"历史记忆"》,复旦大学亚洲研究中心编:《亚洲:文化交流与价值阐释》,复旦大学出版社,2010年,第15页)
③ 见孙江:《"东洋"的变迁:近代中国语境里的"东洋"概念》,《新史学》第2卷,第16—20、25—26页。

大地上"无适而不为中","天下之中"观念也被彻底相对化,名虽存而实已亡。

以上观点并不合乎明末以降思想演变的实景。事实上,恰恰是在西方天地之学进一步输入与受容的清前期,程朱理学复兴,相应天下秩序与其观念表达,也仍相当稳固。因此可以说,这一以宇宙论与大地观念更革为背景的天下观念的崩解史,既高估了地圆说与古代中国世界观的对抗性,又低估了儒学涵摄地圆说的思想潜能。

若回溯以观,自两汉以来,儒学本有天地同德之说,而理学虽形成于"四夷交侵"的两宋时期,但也正是在这一时期,王朝与天下的二分明确化,士人致思天下,不再受现实中王朝疆域收缩的影响。又南宋至晚明儒学的一大潜势,为义理与象数自疏离趋于合一,结果,地圆说的输入,反而促成了心性理学的重新象数化。典型如明清人反用二程"无适而不为中"之说,悬置其"得意忘象"式的理学思辨,主张其即指球形大地这一新的"大象"。而这一去中心化的新大地观,又被另一象数化义理所有效平衡:清中后期,理学"无独必有对"之说,结合汉学"仁者相人偶"义,指地球图为太极图,并主张昼夜相反相成,即为"阴阳一太极"之理的全球"大象",故当据东、西两半球,立对偶之极,以对应比"理象"。

当然,这是中西义理与象数之学的双向涵化,而非程朱理学对地圆说的单向涵摄。西方义理与象数之学,不以上下相对化为意,反以对跖点的存在,表明圆形(以及其三维象:球形)确实为处处平衡对称的完美形。而中国义理与象数之学,则特重上下之别,故以对跖点的存在,为球形大地说最难接受之点。又西方天地之学与文明论,均特重东西轴线,这与中国自秦汉以降南北轴线渐趋独尊的思想趋势,实截然相反。

那么,双向涵化的结果如何?综合来看,经纬度皆相反的"对跖",被调整为经度相反而纬度相同的"对偶",以东、西分半球,呼应西方重东西轴线的思想倾向,但每一半球内,仍以南北为主轴,北上南下为主向,又仍保持着中国世界观的基本样式。结果,温带文明论被与河洛地中说结合起来,既然河洛四时交、阴阳和,故为天下之中,则北温带就是全球气运意上的"河洛"。

以上新说,需衡以中国思想演变大势,方可确定其真正影响。唐宋以降,随着"极"与"中"在观念上分离,"中"在天下秩序中的地位,本已趋于下降。故不管是西方宇宙论以"中位"为最低下重浊之所,还是地圆说将"中位"彻底相对化,都仍可视为以极端方式推进了"中"的降格这一中国思想本有之势。而立地圆之象,乃至以对偶之极取代独一之极,在汉学与理学中也皆有其伏流,故仍是内外呼应,而非单纯外铄。又以温带为河洛,可谓泛化之至,但这一泛化趋势,早见于唐宋以降(如以《禹贡》九州整体为河洛),实为中原地区经济、政治与文化衰落的替代性反应;而海洋地位的上升,甚至以陆、海二元关系理解全球秩序,也与唐宋以降以山海相逆立天下之极的气脉论,不乏可和合之处。

真正前无所因的观念转向,见于天下秩序的轴线与朝向领域。自两汉以来,虽遭遇冬至点动移(即岁差)这一有待"拯救"的现象的干扰,但礼仪、政治与文明空间中南北轴线的独尊趋势,始终无改;而西方天地之学与文明论重东西轴线,其文明东来,亦如乘自西而东之大运,理势交乘之下,中国自秦汉以来南北轴线独尊的趋势被逆转,东西与南北两轴线持衡的新局得以出现。

第二次世界大战后,卡尔·施米特面对中欧文明的崩坏,回溯大航海时代以来全球秩序的形成,指出以"陆地-海洋"对立为原则的欧洲国际法,通过两半球划界,将位于西半球的整个新世界划为无主之地,在此空间内,欧洲文明(尤其是中欧天主教文明)的伦理与政治原则不再有效,自由占取成为唯一原则。而这种帕斯卡所叹言的"一条经线决定了真理"的做法,"将自由而无法无天的自然状态和有秩序的文明世界彻底隔离",从根本上颠覆了古代与基督教中世纪传承下来的所有规则和前提,实为现代世界秩序危机的根源所在。[①]

施米特这一以欧洲文明为本位的反思,为以华夏文明为本位理解世界秩

---

① 卡尔·施米特:《大地的法:欧洲公法的国际法中的大地法》,第55—71页。

序的古今之变，提供了重要参照。确实，随着十八世纪后期以来美国乃至拉丁美洲先后取得独立，西半球不再是欧洲列强的"自由空间"，但一个思想前提（以东、西两半球划分新、旧世界，并以新世界为例外区域）仍保留了下来，典型如门罗主义以"例外"为名，反对来自东半球与旧大陆的任何干涉，①而这一拒止性的空间观念所强调的，则是两半球的疏离与断裂，而非连接与一体。

以和平方式登上中国海岸的谦恭的耶稣会士，与以战争与瘟疫开路的蛮横的美洲殖民者，给人的观感自然很不同。不过，纵然卷入全球空间秩序的时点与方式不同，但华夏世界与新大陆，却有一个重要的共同点，后者是欧洲文明在全球尺度上的例外区域，而前者则是欧洲文明在旧大陆内的例外区域：葱岭以东的华夏世界，与自大西洋至印度河的整个西方世界，自古代以来即总体上平行发展。

基于这种以新大陆为投射对象的"例外"感，如廖平这样的晚清士大夫，在根据地圆说提出全球文明与政治构想时，就更多倾向于中国与新大陆（尤其是美国）对偶，以立全球之极。但是，美国实为殖民现代性的产物，与总体上以抵抗达成现代转型的中国，与现代世界秩序的关系截然不同。故廖平以中、美并列，立全球对偶之极，在晚清民国时期被认为不切"理势"，也是并不难理解的事情。

---

① 当然，如章永乐所指出的，即使在拉丁美洲独立战争后，欧洲列强（尤其是英国）在美洲仍有大片殖民地，故在二战爆发前，美国政府多在含糊的意义上使用美洲、西半球等概念。另外，门罗主义面对欧洲是防御性的，但在美洲内部，则是扩张性的。见章永乐：《此疆尔界："门罗主义"与近代空间政治》，生活·读书·新知三联书店，2021年，第22—25、65—76页。

第七章
明末以降的陆海观念与昆仑说

第一节 昆仑观念的兴盛与泛化

明清时期西学东来尤其是地圆说的输入,加速了河洛为天下之极观念自唐宋以来的衰落趋势,但它对昆仑为天下之极观念的影响,则要微妙得多。一方面,球形大地就几何学确乎是"无适而不为中",且相较于两极(地球自转中唯二的不动点)或赤道(正当南、北极之中),大体认为在亚欧大陆内部的昆仑,不过是球形大地上的普通处所。而同样自西方输入的温带地中说,主要指北温带气候温和、风雨适中的平原与滨海地区,即使与古代中国地中观念和合,更可能的对象,也是经典中"天地之所合""四时之所交""风雨之所会""阴阳之所和"的河洛之地,地势险峻、气候高寒的昆仑,并非其选。

但恰是在明末以降,昆仑之为地中,不仅发展出多种新的形态,且摆脱了自汉魏以来始终在中国世界图式中居次一级位置的处境,上升为主导性的天下之极观念。那么,这一转型得以发生的背景与脉络是什么?

一个看似直接的解释,是明末以降,盖天说借助地圆说复兴。盖天说以"天地各中高外下,北极之下为天地之中,其地最高,而滂沲四隤,三光隐映,以为昼夜",[①] 而此极下之地,在魏晋以降逐渐被认为就是昆仑。但昆仑

---

① 《晋书》卷一一《天文志》,第278页。

之为天下之极，与盖天说中作为大地至高之处的"极下之地"，自文献、形象至于义理，都有着相当的歧异。作为盖天说的代表文献，《周髀算经》通篇没有提及昆仑，且其中所载的盖天说，具有与希腊天文学颇为类似的纯粹几何学特征，甚至被推崇为"中国古代唯一的公理化尝试"；① 而昆仑以天下山水总汇为主导性形象，更多与自秦汉发轫、唐宋以降大兴的大地气脉论相合。二者虽并非完全不能调和，但显然并不存在此兴则彼兴的联动关系。

另外，虽然在利玛窦时代，北极仍不可抵达（对极圈内地理的认知也相对有限），南极则甚至不知其处，但近极地区终年严寒，万物罕生，乃至半年为昼，半年为夜，这些现象已为探险家与地理学者所探明。这虽然颇为合乎《周髀算经》中所载"夏有不释之冰""物有朝生暮获"的北极之地，② 被当作该经所载盖天说即为地圆说的重要证据，但通过地理探险与勘测逐渐被明确为冰洋的北极地区，与总体上以巨山为象的昆仑，显然并非一物。则西方天地学的输入，虽然促成了盖天说的复兴，但也同时促发了盖天说与昆仑为天下之极观念自魏晋以来不稳定结合的松动乃至解体。

真正有助于昆仑为天下之极观念在中国世界图式中抬格的，并非地圆说本身，而是伴随该说输入的五大洲地理（尤其是亚欧大陆诸文明的相对尺度与位置）。总体来看，坤舆万国全图所呈现的地圆说与全球地理，虽明确提示地球形状与大体的陆海分布，但所载大洲内部的地理信息仍相对模糊（近代早期地理学更多以航海与近岸殖民为基础：越接近海岸，地理信息越丰富与准确；越深入内陆，了解越有限，想象性成分也越多），对传统上认为是昆仑所在的亚欧大陆中部的高原与山地，其总体认知水准，并不比同一时期中国地理学更高。③ 但需要指出的是，有利于昆仑之为天下之极观念的，并

---

① 见江晓原：《〈周髀算经〉：中国古代唯一的公理化尝试》，《自然辩证法通讯》1996年第3期。
② 《周髀算经》卷下："凡北极之左右，物有朝生暮获。"赵爽注："北极之下，从春分至秋分为昼，从秋分至春分为夜。"（第57页）
③ 至晚清，魏源仍主张西方地理学详于近岸地理："惟是诸志多出洋商，或详于岛岸土产之繁，埠市货船之数，天时寒暑之节。而各国沿革之始末、建置之永促，能以各国史书志富媪山川纵横九万里、上下数千年者，惜乎未之闻焉！"（魏源：《〈海国图志〉后叙》，《魏源全集》第4册，第7页）

非何种对亚洲大陆中部的具体地理知识,而是以世界地图的形式,通过相对恰当的尺度与比例,明确呈现了中国与欧洲东西相对,波斯、阿拉伯与印度在二者间不同位置的地理与文明结构。葱岭以西诸文明世界的存在,确认了华夏世界居于亚欧大陆东半部,从而在一定程度上加强了昆仑为大地之中(故位于华夏世界西北)的有效性。

具体说来,从北宋至明末的六百余年间,由于经济与文教中心移向东南,王都则移向东北,加之陆上丝绸之路衰落,佛教东来传法结束,除元朝至明初的一百余年,其他时期中国对包括西域在内的亚洲中部地区,了解的兴趣减弱,了解的可能也减少。一方面,这并未影响(在某种程度上甚至有利于)昆仑观念的抬格:这一时期关于亚洲中部的旅行记、传法记、山脉水道记等广义地学文献相对不足,反而为昆仑的纯粹观念化提供了更大的可能,故其在两宋以降天地大形势说中的枢纽地位以及系统化程度,都较前代为高;但另一方面,汉唐时期具有明确文明与政治意涵的昆仑为亚洲大陆"诸天下"(印度、波斯、阿拉伯乃至罗马)的交汇地的观念,以及出自佛教的可居世界"四天子"说,由于中唐以后上述"诸天下"大体均陷入持久的分裂与内乱,在两宋以降(尤以两宋与明中后期为甚)主体的天下观念中,只作为潜流存在,故这一时期,天下大形势说中的昆仑,虽仍形式性接续汉唐以上观念与知识传统,延续昆仑居中、四方对称分布的大地结构,① 但就其人文指向,多只提及昆仑与华夏世界,而基本忽略包括印度在内的其他文明世界。② 典型如象数《易》学以后天八卦图拟象可居世界,以乾在西北应昆仑,更取"天水违行"之说,以(西北)昆仑与(东南)大

---

① 典型如《朱子语类》卷八六:"佛经所说阿耨山,即昆仑也,云山顶有阿耨大池,池水分流四面去,为四大水,入中国者为黄河,入东海;其三面各入南、西、北海,如弱水、黑水之类。大抵地之形如馒头,其捻尖处则昆仑也。"(第2212页)
② 宋僧志磐编撰的《佛祖统纪》记载了一种印度、西域、华夏世界三分说,并配有地图。简要阐述,见郑锡煌:《关于〈佛祖统记〉中三幅地图刍议》,曹婉如等编:《中国古代地图集(战国—元)》,文物出版社,1990年。不过,以目前材料来看,这一世界图景局限于佛教内,并未对两宋以降主流的天下观念产生何种影响。

海相逆,而成华夏世界;① 又如根据大地气脉论,以昆仑为华夏世界祖山以及龙脉之首。结果,昆仑在西北、华夏世界在东南,而非昆仑居中、诸文明世界分列四方,就以山水形势与文明化成的意义上,被默认为天下图式的基本结构,而昆仑之为天下之极,就更多被理解为昆仑在西北而为天下之首。

而伴随地圆说输入的大洲地理,尤其是欧洲与中国东西相对的地理与文明结构,则为昆仑为诸文明世界之极这一观念的复归,提供了基本的可能。如上章所述,传教士主张,球形大地的中心,当在磁极正指南北之地,并据此指认好望角正当其处;方以智等中国士人,则根据古代中国以昆仑为东西分流之地,主张此磁极正指南北之地,即为昆仑。结果,印度当西海与中国间的佛教观念,也借助西方地理学的输入而被激活,宋应星所谓:"以中国为天下中,实未然也。就日之出与没而拆之,中国迤东二万里,而印度当东西之中,此其大略。"② 自唐代之后罕见于汉文文献中的"四天子说"(仅见于少数辟佛著作中,如胡寅《崇正辩》③),自明后期又以中性"知识"的形式,出现于博物志④、韵书⑤、字书⑥、与诗笺⑦中,星土分野观念也发生重要变化,万斯同论述古代"分野只系中国"观念之不可信,主要理由即为分

---

① 该说在西方地理学与气候学传入后仍有影响。如裴景福:"昆仑祖也。葱岭为父,天山为母,五岳为宗子。天山无雪,则中原万山枯焦,故必厚积冰雪以培护灌溉之。万山皆起昆仑,以达于海,其不达于海者,生物不繁。春夏四时之气,胎于中星,昆仑先受之,传至万山,以讫于海,而寒暑分焉。昼夜之间,山气先达于海,海气复还于山,往来伸缩,皆有定候,如人呼吸然。山色早暮浓淡不同,凡晴岚万状者,海气至也。山海同气故同色,山气一呼则海水涨,一吸则海水落,皆昆仑之气为之。"(〔清〕裴景福撰,杨晓蔼点校:《河海昆仑录》,甘肃人民出版社,2000年,第301—302页)
② 宋应星:《日说六》,《野议·论气·谈天·思怜诗》,上海人民出版社,1976年,第112页。
③ 〔宋〕胡寅撰,容肇祖点校:《崇正辩》卷一,中华书局,1993年,第13—14页。
④ 〔明〕董斯张、〔明〕杨鹤辑:《广博物志》卷五,文渊阁《四库全书》第980册,第122页。
⑤ 〔清〕张玉书、〔清〕陈廷敬等奉敕撰:《佩文韵府》卷三七下,文渊阁《四库全书》第1018册,第687页。
⑥ 〔清〕吴士玉、沈宗敬等奉敕撰:《骈字类编》卷二一一,文渊阁《四库全书》第1003册,第451页。
⑦ 〔清〕钱谦益笺注:《钱注杜诗》卷一五,上海古籍出版社,2009年,第535—536页。

野不能对应葱岭以外自有其山川河流的其他文明世界,① 而他提出的替代方案,则为西方的黄道十二宫分野。具体言之:

> 明译西法,别有分野,天下从西至北,宫分白羊、狮子、人马,属大西洋回回;从西至南,宫分巨蟹、天蝎、双鱼,属黑人国;从东至北,宫分天秤、宝瓶、阴阳,属鞑靼、日本、中华;从东至南,宫分金牛、双女、磨蝎,属小西洋佛国。凡灾变在其宫所分之地,乃有占,其说甚秘,是又古今来分野之说一大变矣。②

天文分野四分,对应于西方(包括伊斯兰世界)、印度、华夏世界与非洲诸文明,可谓古代中国天下图式中"诸天下"观念的回归。具体说来,明末以降,中古时期印度与中国并立的地理与文明观念,乃至须弥与昆仑的和合地理学,逐渐摆脱唐宋以来相对边缘化的处境,重新进入中国士人世界图式的中心。其表现之一,则为昆仑说与儒家天下观中的五岳与四渎和合,如晚明士人沈尧中即说:

> 今之所谓五岳者,嵩为中,华为西,岱为东,恒为北,衡为南。此亦自中土言之,所谓境内之名山也。若论天下之大,则当以昆仑为中,昆仑外四面为四岳。道书东岳广桑山,在东海,南岳长离山,在南海,西岳丽农山,在西海,北岳广野山,在北海,中岳昆仑山,在四海之

---

① 万斯同:"唐疆域全盛时,东至海,西包葱岭,广九千五百余里;南尽林邑,北抵大漠,纵万六千九百余里。外焉者舟车所未至,声名文物所未讫,不见前史,而后世渐通,不知凡几,乃举天国宿度尽屡之版图所已及,而所未及者遂不得有分星焉,此不可信者二也。云汉起井鬼,终尾箕斗牛,自人观之,夏见斗箕,冬见井鬼,若有二耳。自天观之,云汉环绕一周,固未尝有二也。云汉一而强配江、河之二,可乎?况江河东下,中国之地势然耳,昆仑已西,水皆西流,其北与南,皆南北流,若江河者不知凡几,而悉屏不与云汉配,此不可信者三也。"(〔明〕万斯同:《明史》卷三三《天文志》,《续修四库全书》第324册,第444页)
② 同上书,第445页。

中,此天地间之大五岳也。

渎者,独也,《禹贡》江、淮、河、济,各自独流以至于海,故为四渎。然此亦自中土言之耳,若论天下之大,则当以昆仑山顶阿耨池四面分流为大四渎,一自东北转而东南入海,今中国黄河是也,一自东南转而西南入海,一自西南转而西北入海,一自西北转而东北入海,不在中国境内。①

昆仑为天下山川枢纽,自汉魏以降言之者颇多,但多是将昆仑与须弥山和合,晚明士人主张小五岳以嵩山为中岳,大五岳则以昆仑为中岳,小四渎为江河淮济,均在昆仑东南,"大四渎"对称分布于昆仑四方,则是将更具儒家色彩的五岳与四渎观念,与道、佛世界图式和合,实为明代三教调和乃至合一论在地学领域的体现。

进而言之,晚明输入的基督教,也是一种有待也必将和合的新"教",而从长远来看,其与华夏旧教的"和合",对晚明以来昆仑观念的中心化,起了更重要的推动作用。典型如根据"诸天下"围绕昆仑这一大象,南北朝时期《易》象只适用于葱岭以东的旧说得以复兴。前述阮元根据后天八卦乾居西北、坤居西南,主张天的正向与地的正脊都在中国西方,他随后说:

《魏书》游雅曰(见《陈奇传》):"《易·讼卦》'天与水违行',自葱岭以西,水皆西流,推此而言,《易》之所及,自葱岭以东耳。"游雅此言,暗合河洛之旨,足发天水之义。②

后续,章太炎进一步主张:

八卦成列由观象于天、观法于地而来,其方位见于《说卦传》(即

---

① 〔明〕沈尧中:《沈氏学弢》卷二,《四库全书存目丛书》子部第131册,第430页。
② 阮元:《太极乾坤说》,《揅经室集》一集卷二,第40页。

陈希夷辈所谓后天八卦）。当时所观之天，为全世界共见之天，所观之地，则中国之地也。今以全地球言之，中国位东半球之东部，八卦方位，就中国所见而定。乾在西北者，中国之西北也；坤在西南者，中国之西南也。古人以北极标天，以昆仑标地。就中国之地而观之，北极在中国西北，故乾位西北。昆仑在中国西南，故坤位西南。正南之离为火，即赤道，正北之坎为水，即翰海。观象观法，以中国之地为本，故八卦方位如此。①

即后天八卦拟象天下，以华夏世界风土为参照，因此就只是华夏世界的"理象"。稍做引申，则以昆仑为极的其他文明世界，亦当各有其易图以为"理象"，而此诸"理象"，亦正以昆仑为分界。

相较于西方地理学的输入，有利于昆仑为天下之极观念抬格的第二个因素，则出自中国思想内部，即两宋理学格物向清代汉学考据的转化。前已述及这一转化在天学领域的表现，而在同一时期的地学中，其演变过程则略有不同。考虑到本书主题，让我们聚焦于昆仑观念与理学格物论的关系。首先，理学正统默认昆仑并非可能的"格物"对象，两宋各种天地大形势说对昆仑在义理上尊崇备至，对其具体形态与位置却语焉不详甚至毫不措意，就体现了这种态度。

但元朝则不同。蒙古帝国横跨亚欧大陆，令葱岭以外一度成为可以身经目验的"格物"对象，可能正是这种较两宋远为广阔的地理视野，让探索河源并进而确定昆仑位置的活动，在中断六百余年（上一次官方河源探察在唐初）后，又重新恢复。至元十七年（1280），元世祖命都实探寻河源，一行

---

① 《周礼》郑注以北极与昆仑分对天、地，章太炎据此主张宋元以降所称"后天八卦"，方是上古易图正传："后之先天八卦，乾在南而坤在北，与天文地理全不相应……《周礼》'圜丘祭天，方泽祭地'，郑玄《注》：祭天谓祭北极，祭地谓祭昆仑。（郑注原文作'天神则主北辰，地祇则主昆仑'——作者注）人以北极、昆仑分标天地，于此可见先天八卦为无知妄作矣。"（章太炎：《经学略说》（上），章念驰编订：《章太炎全集·演讲集（下）》，上海人民出版社，2015年，第889页）

人从甘青之地溯河而上，历时四个月，定河源在土蕃朵甘思西鄙。《元史·地理志》中载其见解：

> 河源古无所见。《禹贡》导河，止自积石。汉使张骞持节，道西域，度玉门，见二水交流，发葱岭，趋于阗，汇盐泽，伏流千里，至积石而再出。唐薛元鼎使吐蕃，访河源，得之于冈磨黎山。然皆历岁月，涉艰难，而其所得不过如此。世之论河源者，又皆推本二家，其说怪迂，总其实，皆非本真。意者汉、唐之时，外夷未尽臣服，而道未尽通，故其所往，每迂回艰阻，不能直抵其处而究其极也。①

都实主张，汉唐两朝虽疆域堪称广阔，仍属"道未尽通"，只有到元朝，以身抵昆仑、直接目验为前提的"格物"，才真正实现。即汉唐时期记载昆仑位置的文献，并未达到"格物"的标准。但这一观点，在明初以后被逆转。由于西部疆域退缩至嘉峪关内，格昆仑这一天下"大物"的可能性与必要性，都大大降低。② 且这一时期，夷夏之辨复兴，元朝的正统地位被否定，③ 连带元人所定河源的可靠性，也受到质疑。王鏊即说：

> 古书所纪，先后一辙，岂皆不可信，而元使独可信乎？曰：为其得之亲见也。曰：古之至人，夫独非亲见凿空以欺后世乎？……然则河源恶乎定？曰：《水经》云，昆仑在西北，河水出其东北陬，东南流入渤海，其一源出于阗之南山，北流与葱岭合，东注蒲昌海。郭璞云：河出昆仑，潜行地下，至于阗国，复分流歧出，合而东注盐泽，复行积石，

---

① 《元史》卷六三，第1563页。
② 马子木即指出，明初"是时虽去元未远，但元朝横贯欧亚的地理学知识却未被完整继承，在明初士人的知识世界中，撒马尔罕已是极边"。（马子木：《清朝西进与十七、十八世纪士人的地理知识世界》，《中华文史论丛》2018年第3期，第206页）
③ 见刘浦江：《元明革命的民族主义想象》，《正统与华夷：中国传统政治文化研究》，第148—164页。

为中国河。此定论也。予见近世之论河源者,每以一夫之目废千古之论,故为之辩。①

虽然唐宋以降,由于黄河改道,济水消失,"山川之形千古不易"的观念,似已有所动摇,但宋元以降对山川陆海变易性的探讨,仍集中于《禹贡》九州范围(尤其是太行山以东山海相逆、人文繁阜的广阔平原地区),昆仑的永恒性并未受到冲击,甚至可以说,既然天下山川皆自昆仑而出,则其变异之形,就更昭示了昆仑不变之体。因此,昆仑这一"大象"乃至其与河源的对应关系,就被认为超越山川陆海的古今之变。而在这一意义上,古代文献对昆仑的记载,就具有特殊价值:古代"闻见"前后相续且基本一致,可谓"千古之论",较之当下个人的目验("一夫之目"),自然更为可靠。故考订古代文献,据闻见之知以穷究义理,其就居于绝不可被替代的关键位置。

另外,由于制度的古今之变,两宋经学明确以汉魏以上为"古"、隋唐以降为今,明清时期以经史之学为背景的地理、博物之学,也大体接续了这一划分。其"尚古"之义,为以汉魏以上文献所载"闻见之知"为基准,准定后代的"闻见之知",而非相反。这一倾向,具见于万斯同所作的《昆仑河源考》,其中极力推崇两汉正史所载昆仑为于阗南山说,而反对唐、元定昆仑于青海:

> 迨四郡既开,自燉煌列亭障直至盐泽,而轮台、渠犁皆置田卒,设官吏,后又命都护尽护南北道诸国,则于阗亦在节制中,其去河源不远矣。汉使岁时往来,皆所目击,其说岂尽诬?乃自都实之说出,而人皆厌旧喜新,群然起而附和之,反诋汉人语为妄,何其谬也!况东汉时,

---

① 〔明〕王鏊:《河源辩》,《震泽集》卷三四,文渊阁《四库全书》第1256册,第499页。胡渭评论道:"文恪(王鏊谥号——作者注)以都实所谓昆仑,未必真昆仑,所谓星宿海,未必真河源,不可以一夫之目,废千古之论。此言是也。"(〔清〕胡渭撰,邹逸麟整理:《禹贡锥指》卷一三上,上海古籍出版社,2013年,第438页)

> 班超父子镇西域，历数十年，彼于万里之外如条支、安息诸国，犹使命往返不绝，岂于阗在三千里之内者，反不经涉其地乎？观《汉书》所载河源，视《史记》为详，此必孟坚得之于仲升，故能了如指掌。厥后班勇代父撰《西域记》以献，范晔即用为《西域传》，所言河源，与前二书无异，则其言益可信，岂有司马、班、范三氏之史皆不足据，独都实一人之言为足据乎？①

又同书载俞安期《昆仑、积石二山辩》：

> 夫汉自燉煌西至盐泽，列起亭障，戊己校尉屯于车师，都护之府置于乌垒，介西域之中，督察动静。是葱岭、于阗之流入于蒲昌，汉之官卒目所经见，班固记之，谅非绵邈计度之辞。《水经》所载十三国，郦道元亦引固书入证，往往吻合，是非诞妄。②

都是强调汉代西域经营规模宏大，使者往来频繁，且汉魏史家著作精审，故其闻见必多，记载必核。万斯同甚至根据华夏本位立场，主张昆仑不仅体永恒不变，甚至名亦千古不易：

> 山名终古不易，中国之称昆仑，自汉至今无异也，则番语亦应然。况元鼎所使者吐蕃，都实所探者亦吐蕃，何以唐曰紫山，而元曰大雪山？唐之番语曰穆穆哩，而元之番语曰伊拉玛博啰乎？知其不一处明矣。③

这是以汉文名为万物永恒不变的正名，则名实一体观念，就被与万斯同作为明遗民的夷夏之辨，结合在了一起。

---

① 万斯同：《昆仑河源考》，《万斯同全集》第1册，宁波出版社，2013年，第266页。
② 俞安期：《昆仑、积石二山辩》，收入上书，第278页。此文又收入顾炎武：《天下郡国利病书》，《顾炎武全集》第15册，第2136—2140页。
③ 万斯同：《昆仑河源考》，《万斯同全集》第1册，第270页。

这显示了清初考证学与清朝官方意识形态间的可能张力，并引出了促成昆仑为天下之极观念抬格的第三个因素：清朝疆域向西域扩展，以及乾隆时期大一统意识形态的建立。① 万斯同在康熙之初以汉代记载为基准，定昆仑在于阗南山，此时，清朝疆域尚不出陇右，并不可能至西域以身经目验"格物"。② 近一个世纪后，清朝继汉、唐后再次一统西域，并接续元、明，统一西藏，以帕米尔高原（葱岭）为西界，喜马拉雅山脉为南界。而清朝官方对昆仑位置的看法，伴随着疆域向西扩展的次序，自星宿海（指鄂陵湖、扎陵湖及附近诸小湖）附近，③ 西移至冈底斯山，④ 再西移至葱岭⑤。四库馆臣以乾隆定昆仑为葱岭为正说，且自视超越汉朝人，理由即清人对西域目验的广度与深度，都较汉人远甚：

---

① 清朝疆域向西扩展对当时地理之学影响颇大，见马子木：《清朝西进与十七、十八世纪士人的地理知识世界》，第210—235页。又清代西北史地之学在乾隆朝后的发展脉络，见郭丽萍：《绝域与绝学：清代中叶西北史地学研究》，生活·读书·新知三联书店，2007年。
② 《〈昆仑河源考〉提要》即说："斯同此书，作于康熙之初，核以今所目验，亦尚不尽吻合。然时西域未通，尚未得其实据，而斯同穿穴古书，参稽同异，即能灼知张骞所说之不诬，而极论潘昂霄等之背驰骛乱。凡所指陈，俱不甚相远。亦可谓工于考证，不汩没于旧说者矣。"（〔清〕纪昀等：《四库全书总目提要》卷六九，河北人民出版社，2000年，第1866页）
③ 康熙四十三年，康熙遣侍卫拉锡西探河源至鄂陵湖、扎陵湖一带，官方结果为："星宿海之源，小泉万亿不可胜数。周围群山，蒙古名为库尔滚，即昆仑也。"（《圣祖仁皇帝实录》卷二一七，康熙四十九年九月丁卯，中华书局影印，1985年，第196页）又康熙五十九年谕众臣："黄河之源，出西宁外枯尔坤山之东，众泉涣散，不可胜数，望之灿如列星，蒙古谓之敖敦他拉，西番谓之梭罗木，中华谓之星宿海，是为河源。"（《圣祖仁皇帝实录》卷二九〇，康熙五十九年十一月辛巳，第820页）
④ 昆仑为冈底斯山之说，出自康熙平定西藏后。康熙五十九年谕众臣："梵书言四大水出于阿耨达山，下有阿耨达池。以今考之，即冈底斯。是唐古特称冈底斯者，犹云众山水之根，与释典之言相合。冈底斯之前，有二湖连接，土人相传为西王母瑶池，意即阿耨达池。"（《圣祖仁皇帝实录》卷二九〇，康熙五十九年十一月辛巳，第821页）似要将藏传佛教的冈底斯圣山信仰与华夏世界自古以来的昆仑信仰联系起来。
⑤ 至乾隆四十七年，随着新疆平定，乾隆遣阿弥达再探河源，撰成《黄河源图》《钦定河源纪略》，通过"伏流重源"说，将黄河源头追溯至葱岭。该说后通过《大清一统志》与《大清会典》，成为官方定论。相关过程梳理，见刘惠：《乾隆朝重构黄河河源的实践与国家认同》，《清华大学学报（哲学社会科学版）》2018年第2期。刘惠比对满汉各种文献，接续傅乐焕、黄盛璋等学者的观点，主张阿弥达在报告中伪造了部分地形地势，以迎合乾隆所认定的"伏流重源"说。（见该文第147、150—151页）

考自古谈河源者，或以为在西域，或以为在吐蕃。各持一说，纷如聚讼，莫能得所折衷。推索其由，大抵所记之真妄，由其地之能至不能至；所考之疏密，由其时之求详不求详……汉通西域，张骞仅得其梗概，以三十六国不入版图故也。元世祖时，尝遣笃什穷探，乃仅至星宿海而止，不知有阿勒坦郭勒之黄水，又不知有盐泽之伏流。岂非以开国之初，倥偬草创，不能事事责其实，故虽能至其地，而考之终未审欤！我国家重熙累洽，荒憬咸归……星轺虎节，络绎往来，如在户闼之内。与张骞之转徙绝域，潜行窃眺，略得仿佛者，其势迥殊……是以能沿溯真源，祛除谬说，亲加厘定，勒为一帙，以昭示无穷。①

不过，以上分别出自康熙与乾隆的三种昆仑方位说，除王朝的阶段性政治意图，又各有其历史与文献渊源。康熙四十三年（1704）以星宿海附近为昆仑，大体接续了唐与元两次河源考察的结果；康熙四十九年（1710）以冈底斯山为佛教地理学所述阿耨达山所在地与山水分流之结，则可谓以须弥为昆仑的印、中和合地理学的清代版；而乾隆后期以河源出葱岭，则是两汉"伏流重源"说的复兴。又乾隆朝虽多有创制，但其官方政治文化，一以祖述康熙为标志，基于这一"圣圣相承"的官方意识形态，故虽然在以上三说中，葱岭为昆仑说最先出，但自官方立场，并不用自近而远层层复古之说（由元至唐，再至魏晋，最终至两汉），而是倾向于对昆仑作泛化解释，如《河源纪略》即说：

考《大宛传》云：河源出于阗南山下，其山多玉石，天子按古图书，名河所出山曰昆仑。盖指于阗之山言之也。《西域图志》以皮什雅南诸山当之。惟是昆仑者，浑沦磅礴之名，不得专指一山以概其全体，谓葱岭、和阗皆昆仑之蟠根结体延亘之处可也，而欲举一山以尽之，则

---

① 《〈钦定河源纪略〉提要》，《四库全书总目提要》卷六九，第1865—1866页。

第七章　明末以降的陆海观念与昆仑说

未免挂漏之虑。①

这尚是以"昆仑所在，洵不得偏指以一山"，②将汉代于阗南山与葱岭两说融合，形式上仍在汉学范围内。但清朝官方以五族一家、中外无别为基调，主张语言文字大一统（"同文"），故其多语文政治，强调"文异理一"，③如乾隆即以"天"为例：

> 然尝思之，天高地下，人位乎其中，是所谓实也。至于文，盖其名耳。实无不同，文则或有殊矣。今以汉语指天则曰天，以国语指天则曰阿卜喀，以蒙古语、准语指天则曰腾格里，以西番语指天则曰那木喀，以回语指天则曰阿思满。令回人指天以告汉人曰此阿思满，汉人必以为非；汉人指天以告回人曰此天，则回人亦必以为非。此亦一非也，彼亦一非也，庸讵知孰之为是乎？然仰首以望，昭昭之在上者，汉人以为天而敬之，回人以为阿思满而敬之，是即其大同也。实既同，名亦无不同焉。达者契渊源于一是，昧者滞名象于纷殊。④

天以北极为枢，地以昆仑为轴。而根据文异理一，蒙语、藏语乃至梵语中相应山名，即是昆仑的对译语，⑤则昆仑为汉满蒙回藏诸族所共戴的圣山。这可谓昆仑观念的泛化，与前述万斯同以夷夏之辨为基调的复兴汉学论迥然不同。

---

① 〔清〕纪昀、〔清〕陆锡熊等奉敕撰：《河源纪略》卷一六，文渊阁《四库全书》第579册，第126页。
② 同上。
③ 古代经史传注与元以来政治、文化实践双重背景下的清代"同文之治"，见马子木、乌云毕力格：《"同文之治"：清朝多语文政治文化的构拟与实践》，《民族研究》2017年第4期。
④ 〔清〕乾隆：《〈西域同文志〉序》，《御制文初集》卷一二，《清高宗（乾隆）御制诗文全集》第10册，中国人民大学出版社，2013年，第416—417页。
⑤ 如康熙四十九年官方调查："周围群山，蒙古名为库尔滚，即昆仑也。"（《圣祖仁皇帝实录》卷二一七，康熙四十九年九月丁卯，第196页）

但值得注意的是，正是在清代汉学的代表人物戴震等这里，泛化的昆仑观念与经史考证之学得以充分结合。《汉书》载："葱岭，其南山，东出金城，与汉南山属焉。"① 葱岭至秦岭的广大山系，被视为大地上气脉相通的"南山"。② 而戴震等人，则最终完成了以上汉学观念与清朝官方论述的和合。戴震即说："中国山川，维首起于西，尾终于东。河水所出，其地曰昆仑之虚，其山曰紫山。"并进一步解释道：

> 《禹贡》："织皮昆仑、析支、渠搜，西戎即叙。"昆仑，今西番名枯尔坤，译言昆仑也。有三山：曰阿克塔沁，曰巴尔布哈，最西而大曰巴颜哈喇……考之《禹贡》，于西戎举其大者三国，昆仑属国名，则所赅固不一山，而中国河源所出之山最显著耳。《尔雅》"河出昆仑虚"，亦不曰山。察其地势山脉，自紫山西连辈石山……又南迤西，连接恒水所出山，今番语呼冈底斯者……绵亘二千里，皆古昆仑之虚也……用是知由冈底斯延绵而西北抵葱岭，实群山之大脊。《山海经》："西海之南，流沙之滨，赤水之后，黑水之前，有大山名昆仑之丘。"……据是言之，河源已南，唐、吐蕃，今西藏之境，古昆仑国在焉。积石已东北，今青海之境，古析支在焉。而汉通大宛、西域，逾葱岭而西，古渠搜在焉。三地大小诸国通称西戎，系于雍州，形势盖可得而详也。③

又洪亮吉：

---

① 颜师古注："属，联也。"见《汉书》卷九六上《西域传》，第3871—3872页。又《史记·大宛列传》"留岁余，还，并南山"，张守节正义："并，白浪反。南山即连终南山，从京南东至华山过河，东北连延至海，即中条山也。从京南连接至葱岭万余里，故云'并南山'也。《西域传》云'其南山东出金城，与汉南山属焉'。"（《史记》卷一二三，第3159页）

② 宋人对这一"南山"观念也有所关注。见程大昌："《西域传》曰：'于阗南山，东出金城，与汉南山属焉。'则自于阗南山以至长安之南山，数千里相属，未尝间断，此其所以俱名南山也……而夫南山之行乎金城间者，可以见其果与关中南山相接也，是有迹状，不可诬也。"（〔宋〕程大昌撰，黄永年点校：《雍录》卷五，中华书局，2002年，第107页）

③ 戴震：《水地记》卷一，《戴震全书》第4册，第423、425—426页。

昆仑山即天山也。其首在西域。《山海经》："昆仑墟在西北，河水出其东北隅。"释氏《西域记》，谓之阿耨达山。《尔雅·释水》云："河出昆仑墟。"《史记》"太史公曰：《禹本纪》言河出昆仑墟，其高二千五百余里"之类是也。其尾在今肃州及西宁府……可知自贺诺木尔至叶尔羌，以及青海之枯尔坤，绵延东北千五百里，至嘉峪关，以迄西宁，皆昆仑山也。华言或名敦薨之山，或名葱岭山，或名于阗南山，或名紫山，或名天山，或名大雪山，或名酒泉南山，又有大昆仑、小昆仑、昆仑邱、昆仑墟诸异名，译言则名阿耨达山，又云冈摩黎山，又名腾七里塔，又名麻琫剌山，又名枯尔坤，其实皆一山也……总之，昆仑者，人之首；昆仑山者，山之首，亦地之首，故以为名。《河图括地象》云："昆仑山为地首"是也。今考南山自西域至酒泉、金城，实皆南条诸山之首，故可总名为昆仑。此山逦迤至雍州境，即为太乙、终南诸山，山名终南，明塞外之南山至此已终也。①

以上戴震与洪亮吉所论，颇为详尽，其要义，用段玉裁简洁的话来说就是："塞外之山至高大者皆可谓之昆仑。"② 则自葱岭至秦岭，横亘于中国西部的几乎所有巨山，在气脉相连的意义上，都可视为巨大的昆仑之体的一部分。近代经学史家对清代汉学与东汉许郑之学的不同，已有深入分析；③ 政

---

① 洪亮吉：《昆仑山释》，《洪亮吉集》第3册，中华书局，2001年，第963—965页。
② 段玉裁：《说文解字注》，第516页。《山海经·海外南经》"昆仑虚在其东，虚四方"，毕沅注："《尔雅》云'三成为昆仑丘'，是昆仑者，高山皆得名之。"（《山海经笺疏》卷六，第176页）又近代学者岑仲勉综合清人考证与近代比较历史语言学，主张："昆仑即于阗文'南方'，昆仑山犹云'南山'……唯其自帕米尔迄长安，凡在南边之山，皆曰'南山'，则从广义言之，无不可曰'昆仑山'。"（岑仲勉：《昆仑一元说》，《中外史地考证》上册，第42、46页）
③ 章太炎、周予同至朱维铮一系已指出清代汉学并非两汉学术的原样重现。一个简要说明，见朱维铮：《十八世纪的汉学与西学》，《走出中世纪》，上海人民出版社，1987年，第157—158、167—169页。近二十年来，乔秀岩以其对郑玄经注思路与结构的细密重ума，强调汉代经学以章句学为基础而"结构取义"，与抽取单字词进行贯通研究的清代考证学有根本不同。集中阐述，见乔秀岩：《郑学第一原理》，收入《学术史读书记》。对乔（转下页）

治思想史家对清代汉学与王朝政治文化的复杂纠葛，也已有相当程度的探讨。① 以上泛化昆仑说，借助汉人"南山"说以和合清朝政治文化，也再次确认了清代汉学与两汉经史之学的同中之异。不过，这一较之汉代更显泛化的"南山"观念，其与宋学的关系也不容忽视。根据唐宋以降的天地大形势说，以及理学"阴阳一太极"式流行与一体观念，天下诸山为一气脉连通的整体，而以昆仑为其总汇，为太极在大地之上的"大象"，则正如太极为天地万物本体，昆仑则为天下诸山本体，故天下巨山皆以昆仑为名，自理学也有其可取之义。

另一体现清代汉学与理学的内在关联性的，是其对"伏流重源"说的接受与改造。《河源纪略》载："昆仑一山，史册所纪，地各不同，欲定昆仑之所在，必先审河源之所出。"② "然河源有定，而昆仑靡定。盖载籍极博，考据难凭，故从河源之所出以定昆仑，而昆仑得矣；不从河源之所出以定昆仑，而昆仑失矣。"③ 主张唯据河源方可定昆仑。乾隆中后期的泛化昆仑说，以葱岭为昆仑首山，因此，在河源问题上，清代官方与汉学家，大体都接受汉魏河源与昆仑说中主导性的"伏流重源"观念，主张黄河发源于葱岭，上游为塔里木河，自盐泽（罗布泊）伏流入地，自星宿海出地。但王鸣盛承认：

> 其（黄河——作者注）潜流至积石处，古来无人目验其状，故终于湮晦。然盐泽受西域数大川之水，隐沦之脉，岂无所发越而遂止，此理之可信者。凡言河源，当以此为正……《史记》《汉书》《水经》确有可据，特隐沦之脉，罕能目验……后人所以不笃信也。④

（接上页）秀岩以上观点的后续阐发，见华喆：《礼是郑学：汉唐间经典诠释变迁史稿》（生活·读书·新知三联书店，2018年），特别是终章"经学的棱镜：郑玄与经学史"。
① 杨念群：《何处是"江南"？：清朝正统观的确立与士林精神世界的变异》，第413—416页。
②《河源纪略》卷二十，文渊阁《四库全书》第579册，第159页。
③《河源纪略》卷二四，同上书，第186页。
④ 王鸣盛：《说地三·河源》，《蛾术编》卷三九，《嘉定王鸣盛全集》第8册，第786—787页。

即"伏流重源"之说,理可信而目难验,实为"理证"。这表明,虽然清代的昆仑河源说,是以经史考据与地理实证的名义,反对唐宋以降过度数术化的昆仑枢轴观念,但其考据与实证,终极之处仍归之以理(理一元论与气一元论)。①

最后需要指出的是,清中叶向西域的扩展,以及相为表里的清代汉学对昆仑的考索与解释,在近代西方东来的大背景下,在天下秩序外,又逐渐被赋予现代民族与主权国家确认自身存在边界的意涵。②汪晖通过对清中叶以降今文学与大一统实践关系的考察,指出现代中国民族国家的构造,与清朝自身的帝国构造存在复杂的互构关系。③考虑到"帝国"概念与中国古代政治与文明的隔膜性,对清中叶朝廷与士人的昆仑论,可以根据汪晖之说略作修正,即它体现了现代中国构造中民族国家、华夏文明与世界秩序诸层面的互构。

黄兴涛指出,尼布楚条约的签订,已可见威斯特伐利亚体系主权对等与互相承认原则的影响,而"中国"作为对包括汉满蒙诸族的清朝国家的稳定指称,则体现了现代中国民族与国家认同的清代纵深。④我想补充的是,威斯特伐利亚体系下政治体的互认,既确认主权,也确认文明性。具体说来,

---

① 可见闻见之知有其限度,清代汉学与理学存在内在联系。对此,钱穆所论最为精当:"汉学诸家之高下浅深,亦往往视其所得于宋学之高下浅深以为判。"(钱穆:《中国近三百年学术史》上册,第1页)
② 例证颇多,典型如康有为:"若日本、暹逻及南洋诸国,则不过禀气于昆仑,绝非中国山川之支属,但以中国为东地之宗主,故来相朝宗、时奉其教而已。"(康有为:《康子内外篇·地势篇》,《康有为全集》第1集,第110页)
③ 见汪晖:《现代中国思想的兴起》上卷第1部之"导论",第88—101页。具体阐述,见同书上卷第2部《帝国与国家》。郭成康主张,清朝一统华夷,为对"中国"的现代理解奠定了基础。(见郭成康:《清朝皇帝的中国观》,《清代政治论稿》,生活·读书·新知三联书店,2021年,第477—509页)邹逸麟主张在内外因素的共同作用下,清朝已形成雏形的一元化领土国家。(见邹逸麟:《论清一代关于疆土版图观念的嬗变》,《历史地理》第24辑,上海人民出版社,2010年,第41—53页)张永江则主张清朝各藩部政治发展的一般趋势是内地化与一体化。(见张永江:《清代藩部研究:以政治变迁为中心》,黑龙江教育出版社,2014年,第261—317页)
④ 黄兴涛:《重塑中华:近代中国"中华民族"观念研究》,第9—46页。

该体系虽最初是基督教文明的内部法,但基督教国家与非基督教国家定约,其互相确认为对等(虽然未必绝对平等)文明体的意涵,要较在基督教文明内更为明显:清朝与俄罗斯帝国自然也是如此。

这构成了清朝中叶昆仑观念复兴的世界背景。具体说来,乾隆时期,清朝疆域达至葱岭一线,汉代葱岭为昆仑说随之复兴。乾隆在该地立纪功碑,被解释为"勒石昆仑之巅",① 而葱岭被视为亚欧大陆中心,以及四向山水分捩点,则被乾隆理解为是对等承认俄罗斯与印度的文明性,故他直截了当地说:"佛经此欲界内以须弥山为中,须弥山四面有四大部洲,居南面者为阎浮提,即华言南赡部洲者。是此阎浮提内有三大国,各所属及弗相属之小国弗与焉。而阎浮提又以昆仑为中,居昆仑之东及东南、东北者即我中国,为一大国;居昆仑之南及西南者为天竺一大国(即今西藏所称厄讷特珂克地),居昆仑之西北及北者为洪豁尔一大国。"② 乾隆中后期,清人已知晓印度被英国殖民,俞正燮后又补充道"洪豁尔亡,其地入俄罗斯",③ 则乾隆所述围绕昆仑的三大国,逐渐更新为英国、俄罗斯与清朝。结果,清中叶向西域的扩展,复兴了汉代的葱岭为昆仑说,并让昆仑在天下山水总汇这一地理与文明意涵外,又有了界分疆域的政治意涵,而对晚清人来说,这一介于"所闻"与"所传闻"间的"新古典",则为昆仑作为世界政治中心观念的兴起(详后),提供了前提条件。

---

① 见魏源:《圣武记》卷四,《魏源全集》第3册,第165页。就政治地理学,这被认为是占据了大地至高之处。见裴景福:"据大葱岭,当赡部洲中,五洲之水无高于此者。乾隆二十四年闰六月二十五日,将军兆惠追大小和卓木驻师于此,遂归中国。"(裴景福:《河海昆仑录》,第310页)甚至晚清的反满革命者也调用这一"勒石昆仑"意象,见刘师培:"记功勒石昆仑巅,神明遗胄亿万年。"(刘师培:《昆仑吟》,《刘申叔遗书补遗》,第100页)
② 乾隆:《天竺五印度考讹》,《御制文二集》卷二一,《清高宗(乾隆)御制诗文全集》第10册,第717页。
③〔清〕俞正燮:《俄罗斯长编稿跋》,于石等点校:《癸巳存稿》卷六,《俞正燮全集》第2册,黄山书社,2005年,第223页。

第二节　诸宗教与诸天下的和合

西人东来与西学大洲观念的输入，清朝疆域向西域扩展与汉学考据的兴起，再加上明中叶以来三教合一思潮的兴盛，共同促成了最少可上溯至秦汉的昆仑为天下之极观念以及魏晋南北朝时期昆仑与须弥的和合地理学在清代的复兴与抬格。而对此做出最系统表述的，则是魏源。

乾隆以后，清朝君主以"中才之主"自命，① 乾隆中后期形成的帝王道治合一、圣圣相承观念逐渐式微，调和康熙与乾隆异说的泛化昆仑观念，对士人的约束力也显著下降。加之此时西北史地之学兴起，康熙晚年定论式的冈底斯山为昆仑说，以及乾隆开拓西域后提倡的葱岭为昆仑说，开始有人论其孰是孰非。徐松以冈底斯山为昆仑，亦为阿耨达山，② 张穆则列举历代所述昆仑的五处所在，而以冈底斯为正。③ 陶澍也主张冈底斯为昆仑祖山，亦为中国山水所自出。④ 与以上诸人不同，魏源则明确支持葱岭

---

① 嘉庆：《御制勤政爱民论》，《仁宗睿皇帝实录》卷三〇七，嘉庆二十年六月戊辰，中华书局影印，1985 年，第 78 页。
② 徐松："是以今地理证之，西藏部阿里属之达克喇城东北三百十里有冈底斯里，即古昆仑，释氏谓之阿耨达。"（〔清〕徐松：《〈汉书·西域传〉补注》卷上，《续修四库全书》第 270 册，第 476 页）徐松："释氏《西域记》《水经注》《括地志》咸言阿耨达即昆仑。盖阿耨达之与昆仑，为儒释之异名；而昆仑之与冈底斯，又古今之易号矣。"（徐松：《西域水道记》卷一，《续修四库全书》第 728 册，第 73 页）
③ 张穆："古今之说昆仑者五，于阗也，肃州也，大荒也，青海也，西藏冈底斯也……综而论之，汉武名于阗山为昆仑，已确知昆仑之在西南；吐蕃自言昆仑在其国西南，已确知昆仑之在今卫藏。而藏地自古不隶版图，汉、唐命使，无至其域者，故沈霾湮郁，以至今耳。康熙间，戡定西藏，圣祖仁皇帝谕谓冈底斯为众山水之根，于是地志家转相钩考，昆仑真山始轩露于世。太史公讥张骞等乌睹所谓昆仑，洵哉其未之睹也。"（〔清〕张穆：《昆仑虚异同考》，《月斋诗文集》卷一，《清代诗文集汇编》第 616 册，上海古籍出版社，第 321—323 页）
④ 陶澍："金沙江源出西藏卫地之巴萨通拉木山，为冈底斯东麓。冈底斯，昆仑祖山也……中国之山，皆祖冈底斯：一支由于阗、羌南，起巴颜哈喇，至积石以逮西羌，而为终南，此中干也。一支由诸莫浑、乌巴什，起卓尔长山，至塔城关以逮云岭，而入黔粤，此南干也。"（陶澍：《〈禹贡〉三黑水说》，《陶澍全集》第 6 册，岳麓书社，2016 年，第 386 页）

为昆仑说。他列举历代关于昆仑地点的学说,首先置辨的,即冈底斯为昆仑之说:

> 昆仑即葱岭,葱岭即河源之阿耨达池,非弱水条支西海之地,(《淮南子》《十洲记》等)非金城临羌之石室,(《汉书·地理志》,金城即临羌县。西北有王母石室,及弱水昆仑山祠。临羌在今西宁府。《汉志》特言望祭于此耳,未尝言昆仑山在其地)非青海之大积石,(元都实说)非吐番之闷摩黎山,(唐人刘元鼎说)亦非后藏阿里之冈底斯山也。(康熙中,理藩院主事胜住,偕刺麻绘西藏、青海地图归奏如此)盖前之一说,由误混昆仑于须弥,次三说,由误执青海及吐番河为河源,最后一说,由误指阿耨达山在西藏。今不暇言弱水、条支之荒诞,(辨详于后)与金城、积石、闷摩黎之浅近,请先辨冈底斯山。①

他共举出五条理由,分别为:一、冈底斯山接近南海,不在大地之中;二、冈底斯山与于阗河等黄河的"伏流重源"距离遥远,不符合"河出昆仑"的观念;三、冈底斯山四麓无四水流出;四、冈底斯山顶无大池,与佛教阿耨达池为四海分流之处不符;五、较之葱岭,冈底斯山不够广袤高峻,不符合天下之中在至高至广之山的观念。②魏源进一步"十征之儒籍,一征之释典,一征之西洋图说,一征之本朝纪载",主张葱岭满足以上五点,且它与华夏世界为西北东南向,符合山(昆仑)北人(华夏世界)南的格局,③故"众山之祖乃葱岭,而非冈底斯山"。④

---

① 魏源:《海国图志》卷七四,《魏源全集》第7册,第1826页。
② 同上书,第1826—1827页。
③ 魏源:"《说文》:丘,土之高也,从北从一。一,地也,人居丘南,故从北。中邦之居在昆仑东南,是则昆仑丘为地之主名。故《说文》以丘属昆仑。若冈底斯山,则在中国之西南,而中国在其东北,与《说文》中邦在昆仑丘南不合矣。"(魏源:《海国图志》卷七四,《魏源全集》第7册,第1829页)
④ 同上书,第1827页。后者是昆仑向华夏世界延伸的北、中、南三干"南干之大宗"。见魏源:"昆仑,众山太祖,故《十洲记》云:昆仑有四角大山为其支辅。冈底斯山(转下页)

魏源的昆仑说，首先根据明代定型的三大干龙说，主张清朝疆域合乎天地理势。他参照《大清一统志》所载清朝全盛时期版图，主张僧一行的山河两戒说：

> 此但据《禹贡》九州言之，故以中干为北干。其实昆仑大干，北包朔漠、瀚海之外……前代度漠之军所至，如狼居胥山、置颜山、浚稽山、涿邪山、燕然山，皆北干山名，距代郡、定襄、朔方二三千里，今并不得其遗迹。迨本朝臣服漠北蒙古，凡阿尔泰山、杭爱山、兴安岭尽隶版舆，于是《一统志》始详北干之支脉。①

即北龙从葱岭经阿尔泰山、杭爱山至兴安岭，② 自然亦为华夏世界的北界。又：

> 冈底斯山特葱岭南干之主峰，而葱岭北干，则循塞垣趋朝鲜濊，与鄂罗斯分界；南干则包乌斯藏、滇、粤，尽于缅甸、暹罗，与五印度分界。故《汉书》西域三十六国，惟在葱岭东者，皆属都护，而葱岭以西无之。我朝声教所讫，亦以葱岭为断。虽元代初年，尽吞葱岭以西各国，分建藩封，辛皆尾大鞭长，不受控制。岂独兵力不逮，亦天地大气之自为界限欤？③

昆仑在华夏世界西北，故葱岭为昆仑，又为华夏世界西界。根据魏源之说略加引申，则可以说清朝全据以上葱岭为枢极、冈底斯山为南干、阿尔泰

（接上页）乃其南干之大宗。"（魏源：《海国图志》卷七四，《魏源全集》第 7 册，第 1829 页）他还认为："康熙时，回疆未入版图，奉使剌麻，惟知自侈蕃地山水，遂以后藏阿里之高山，当昆仑、当阿耨达。"（同上书，第 1826 页）
① 魏源：《圣武记》附录卷一二，《魏源全集》第 3 册，第 520 页。
② 魏源撰：《葱岭三干考》，中国西北文献丛书编辑委员会编：《西北稀见丛书文献》第 3 卷，兰州古籍书店，1990 年，第 543 页。
③ 魏源：《海国图志》卷七四，《魏源全集》第 7 册，第 1829 页。

山至外兴安岭为北干的神圣区域,故止于其处,不再继续扩张,实为体认并遵从这一天地理势。①

当然,魏源昆仑说的真正重要处,并不在解释华夏世界的范围,而是综合秦汉时期昆仑观念、佛教须弥山与四大洲学说、唐宋以降大地气脉论、西方大洲地理学以及清代当朝论述,发展出以葱岭为中心、亚欧大陆四向山川走势为脉络的世界图式。魏源已明了印度、欧洲、阿拉伯、波斯、中国各有其天下之中观念:

> 释典言佛降生,必于大地之中;故印度据南洋、小西洋之间,释氏皆以印度为中国,他方为边地。西印度为天主所生之如德亚,及回教主所生之天方国,皆居阿细亚洲之西,利未亚洲之东,夹南海、地中海之际。故天主教则以如德亚为中国,而回教以天方国为中国。②

以上诸文明对天下之中的不同认识,又可以借葱岭这一枢纽联系起来。具体说来,魏源借助《山海经》所载并为魏晋以降佛教徒大为发挥的昆仑四水(或五水)分流说,主张亚欧大陆四方,都有巨川出自葱岭山巅(阿耨达池或大龙池),③ 以唐宋以上佛经与地志对黄河外其他三河(或四河)的歧异

---

① 何秋涛对三龙说北干的看法,则与魏源不同。他说:"然大地之北,寥廓无垠,必极诸北极之下、北海之滨,而后北干之支条脉络始可详辨,此北徼俄罗斯之山脉诚不可略而弗论者也。"(〔清〕何秋涛:《朔方备乘》卷二三,《续修四库全书》第741册,第316页)即主张南干及于南海,则北干当延伸至北海与北极。
② 魏源:《海国图志》卷七四,《魏源全集》第7册,第1821页。
③ 魏源:"所谓河源出阿耨达者,乃葱岭脊上之大龙池,回语谓之哈喇淖尔,果为四大源所出之昆仑也。"(魏源:《海国图志》卷七四,《魏源全集》第7册,第1827页)魏源:"葱岭脊上之大龙池为阿耨达池,即唐玄奘取经归途溺象之地。"(同上书,第1830页)又魏源:"知阿耨池,则知河源;知河源,则知昆仑据大地之中,当万国孔道,且汇水浸于万仞峰巅,分注四大海,宇内断无其匹。"(同上书,第1831页)又魏源:"葱岭大龙池即阿耨达池,出四大水,分注四海。"(魏源:《海国图志》卷二九,《魏源全集》第5册,第879页)

解释为背景，魏源进一步参照近代地理学，判定此四河中包括向南的印度河、恒河，以及向西的阿姆河。① 更具意味的是，与东、南两面不同，葱岭以北地表，并没有明显的出地之水，最近的北流巨河，则是发源于上千公里外阿尔泰山地区的鄂毕河。为此，魏源将解释葱岭与黄河关系的"伏流重源"说，移用来解释葱岭与鄂毕河：

> 入北海之阿被河，虽出葱岭北干，而不出龙池，故《淮南子》有黄水三周复所之说。盖重源潜发，犹罗布淖尔之发为星宿海。②
>
> 问……释典言四水分注四海，而今考玄奘《西域记》与徐氏《西域水道记图》，则龙池所出，实止三水。东为中国河源，南为恒河、印度河同源，西为缚刍河源……其一则伏流潜发，犹《水经》述蒲昌海洄湍电转为隐沦之脉者，其为阿被河之潜脉无疑……其北注者，惟葱岭东北这阿被河，潜源重发，一发于乌拉岭，一发于宰桑泊，皆汇归厄尔齐斯河，即阿被河也。③

又西向的阿姆河注入咸海，为内陆湖，仍未连通于真正的"西海"——地中海。对此，魏源也用"伏流重源"说解释：

> 凡葱岭东之水皆潴蒲昌海（即罗布淖尔——原注），葱岭以西之水皆潴咸海。蒲昌海之水，伏流潜发于星宿海，为黄河以入东溟，则里海之浩荡渊停，断无永储而不发之理。故尝谓里海以西之大乃河（今第聂伯河——作者注），长二千四百里，分三道入墨阿的湖，以达地中海者，

---

① 魏源："葱岭以西之水，莫大于佛经之缚刍河。《元史》谓之阿母河，乃出龙池入里海之正干，即怀（南怀仁——作者注）图中之阿书河也。阿母、阿书，皆缚刍之音转。"（魏源：《海国图志》卷七六，《魏源全集》第7册，第1856页）
② 魏源：《海国图志》卷七四，《魏源全集》第7册，第1830页。
③ 同上书，第1834—1835页。

当为里海潜源重出之河。①

咸海被当作西方罗布泊，汇流葱岭以西诸水，并通过"伏流重源"，最终联通至西海（地中海）。这可谓"伏流重源"说的世界化。该说更被魏源与龙脉说结合，解释以葱岭为枢极的四向山脉走势：

> 夫中华在葱岭之东，则山脉自西来，愈西愈高，高至葱岭而止。西洋在葱岭西，则山脉自东往，愈东愈高，亦高自葱岭而始。山居东西正中，虽译名不同，而宇内高山独推亚细亚洲，为欧罗巴洲各山所不及，谓非葱岭而何？以万山之祖当万国之中，谓非昆仑而何？②

但葱岭西、北两向，山川颇有断续，故魏源以葱岭为太祖，天山为少祖，即以天山为中介，解释葱岭与阿尔泰山为何自形象略有断续，③ 而被西方地理学视为欧亚分界的高加索山与乌拉尔山，也被用类似的昆仑祖山观念，解释为葱岭的西方大干④与北方大干⑤，结果，"伏流重源"说自水扩展

---

① 魏源：《海国图志》卷七四，《魏源全集》第 7 册，第 1836 页。魏源将咸海与里海，当作同一巨湖的不同名字。
② 同上书，第 1832 页。
③ 魏源："阿尔泰山之西为额尔齐斯河，其水径俄罗斯入北海，故或疑北干与葱岭不相属，而谓四大干皆原葱岭者何？……曰……夫北干阿尔泰山之脉，正从天山而来，由伊犁博罗塔河之西，绕额尔齐斯河、宰桑泊之东北，而起阿尔泰山，是葱岭者天山之太祖，天山者北干之少祖。天山以阿尔泰为正干，而其东趋巴里坤、哈密者，特其分干。"（魏源：《圣武记·附录》卷一二，《魏源全集》第 3 册，第 522 页）
④ 魏源："亚细亚洲高架所山，高一百二十一里二百零四丈。案各山自西而东以渐高，高至此山为最，盖葱岭也。"（魏源：《海国图志》卷七六，《魏源全集》第 7 册，第 1854 页）
⑤ 魏源："欧罗巴之大界限，自地中海以外，一为州中海……一为乌拉岭，即葱岭之北干，起白尔摩，北抵冰海，长四千余里，分亚细亚、欧罗巴二洲之界，俄罗斯跨此岭东西焉。其岭所连诸山，皆葱岭西北之干，蜿蜒回环，千曲百折，以抵海滨。信乎！葱岭之大雪山为古昆仑，巍为群山之祖也。"（魏源：《海国图志》卷三七，《魏源全集》第 6 册，第 1091—1092 页）又魏源："其疆域东北际海，东西二万余里，南北六千里。其东西之中，以乌拉岭分界。即葱岭北干，亦名大里布山，横抵冰海。乌拉岭以东，水皆入北海，乌（转下页）

至于山，立葱岭为亚欧大陆诸山水之共极。

"伏流重源"与以葱岭为昆仑，皆为汉魏旧说，但将"伏流重源"扩展及于葱岭外山水，则是魏源参照近代地理学的观念性构造。对这一超出地理考据的做法，晚清时期即有不同意见，如徐继畬在《瀛寰志略》中论葱岭为东西分水之处，第一不谈葱岭与昆仑的关系，第二不以"伏流重源"说构造葱岭北向与西向诸水，以填充"四水分流"这一观念图式，第三则辨明咸海与里海为两湖而非一湖。① 故刘鸿翱为该书作序，即以魏源为标靶，表示"上世《山海经》之奇怪，全属空撰；近时《海国图志》，大半臆说"。②

以上借"伏流重源"对亚欧大陆山水的观念构造，即属于刘鸿翱所指责的"臆说"，但在魏源看来，"伏流重源"本为汉学旧说，表明汉学考据具有"理证"的一面，故可通于宋学的"格物穷理"。③ 至晚清，根据较汉代远为翔实与充分的西亚、北亚地理知识，将"伏流重源"说转用于西方与北方，以彻底建立昆仑为天下之极这一义理所对应的"大象"，当然就是新时代的"格物穷理"。

总体来说，魏源以葱岭为天下之极而构造四向山川体系，可以看作近代新形势下对中国思想内始终不绝的"诸天下"共极而并立观念的系统表达。故魏源的另一新解，对象即是唐宋以降寂寂无闻的佛教"四天子"说。他主张"梵典言赡部洲中有四主，东人主，即震旦；南象主，即印度；北马主，即蒙古、哈萨克；西宝主，即大、小西洋"，④ 将之前多含混地对应于"胡国"的西方"宝主"，明确指为西洋诸国，并用西方贸易兴盛，乃至西方列

（接上页）拉以西，水皆西南入里海、地中海。"（魏源：《海国图志》卷五六，《魏源全集》第 6 册，第 1525 页）
① 徐继畬：《瀛寰志略》卷三，第 105 页。
② 刘鸿翱：《〈瀛寰志略〉序》，徐继畬：《瀛寰志略》，第 2 页。
③ 汉人以"伏流重源"解释黄河与昆仑的关系，可以看作以开拓西域过程中身经目验所得的新地理知识，验证昆仑为华夏世界山水之极这一"义理"，是"格物穷理"的体现。
④ 魏源：《海国图志》卷七四，《魏源全集》第 7 册，第 1820—1821 页。

强于美洲殖民地掠得巨量金银,解释这一"宝主"的意涵。①

在佛教外,魏源对伊斯兰教在明末以降通过"以儒诠经"发展出的和合地理学,也有所关注。他在《海国图志》中引用刘智所作的《天方典礼》:

> 天方居昆仑之阳,处二洲之极中,为圣贤首出之地。《天方舆地经》曰:地为圜体,乃水土相合而成,土居水面四分之一。地之半面分为三:东土、西土、中土。自东至西作一直线,自南至北作一横线,两线相交为十字形。天方当其十字交处,为天地之枢纽,故万方环向焉。②

魏源的这一引用,就《海国图志》的问题视野与全书结构,都并不特别重要,但可谓十九世纪下半叶汉语思想界以《圣经》和合中国古地理文献以构造昆仑为天下宗教、文明乃至政治之极的先声。上溯至刘智,更体现了明末以来儒、耶、回、佛诸教的纠缠互塑。

刘智主要活动于康熙时期,为中国伊斯兰教"以儒诠经"运动的集大成者。其最重要思想,在和合伊斯兰教的安拉创世说与程朱理学的太极阴阳论,以安拉为"太极"之先的"真宰",太极阴阳,皆为此"真宰"的自然

---

① 魏源:"然则天下贸易之商,莫盛于欧罗巴;金银之产,莫盛于墨利加。一为西方宝主,一为西牛货洲,何疑焉?"(魏源:《海国图志》卷七四,《魏源全集》第7册,第1823页)
② 魏源:《海国图志》卷二五,《魏源全集》第5册,第783页。《天方典礼》于乾隆四十七年(1782)由两江总督进呈,收入《四库全书》子部杂家类存目,为魏源所本。刘智原文为:"中极,天方之地也。天方处六合之极中,故命曰中极,乃圣贤丛会之地,人民首出之乡。考证:《天方舆地经》曰:地为圆体如球,乃水土相合而成,其土之现于水面而为地者,盖球面四分之一也。地之平面,自东至西,分为三大土,在东曰东土,在西曰西土,东西之间则中土也。又自东至西作一直线,距南北两极等,为地经中线;自北极至南极作一横线,距东西海岸等,为地纬中线。两线相交为十字形,天方当其十字交处,西谚曰:大地如磨盘,天方盘之脐也。其形四面皆下,因其地为天地之枢纽,故万方引向焉。《河图括地象》曰:地之位,起形于昆仑,昆仑者,地之中也。《一统志》曰:天方当昆仑之阳,于诸方为得风气之正。《职方外纪》曰:亚西亚者,天下之第一大洲也。亚西亚即天方之总名也。合数说观之,其为中极无疑矣。"(〔清〕刘智:《天方典礼择要解》卷一,《四库全书存目丛书》子部第95册,第527页)

展开。稍早，和合上帝创世论与儒家世界生成观念的努力，也在来华耶稣会士中出现，大体思路有二：其一以亚里士多德哲学为中介，在上帝与天理、太极观念间建立联系；① 其二则要超越甚至否定程朱理学，直接和合先秦儒学乃至孔子之前的中国思想。理由是古代经典所载人格化的"帝"，而非程朱理学非人格化的"太极"，方是中国思想的本源。②

刘智显然接近以上耶儒调和的第一种思路。但正如乾嘉朴学家忌讳言及其所受西方影响，③ 刘智乃至明末以来整个"以儒诠经"运动，与同一时期耶稣会士耶儒调和的努力，二者的竞争与借鉴关系仍颇为隐晦，不易厘清。④ 不过，有一点是明确的，虽然《圣经》年代记与中国古史年表存在相当大的矛盾，⑤ 促使西方传教士与学者以犹希迈洛斯主义（索隐主义）为基础，发展

---

① 见吴莉苇：《天理与上帝：诠释学视角下的中西文化交流》，宗教文化出版社，2014年，第122—123页。
② 耶稣会士强调宋明理学与先秦儒学存在根本断裂，并用后者否定前者的权威。见张翔：《大同立教：康有为政教思想研究》，社会科学文献出版社，2023年，第82—85页。
③ 清代汉学与西学的相关性，见朱维铮：《十八世纪的汉学与西学》，《走出中世纪》，第170—176页；清代学人讳言西学，"阴用其学而阳斥之"（凌廷堪语），见李天纲：《汉学与西学：清代儒学发展的新路径》，《跨文化的诠释：经学与神学的相遇》，第98—117页。
④ 对明末以降在华基督教与伊斯兰教相互影响的初步分析，见 Zvi Ben-Dor Benite, *The Dao of Muhammad: A Cultural History of Muslims in Late Imperial China*, Harvard University Asia Center, 2005, pp. 115 - 118, 163 - 171；更深入分析，见 Zvi Ben-Dor Benite, "'Western Gods Meet in the East': Shapes and Contexts of the Muslim-Jesuit Dialogue in Early Modern China," *Journal of the Economic and Social History of the Orient*, Vol. 55 (2012), pp. 517 - 546。感谢田耕教授提示我以上文献。
⑤ 中国编年史长度逼近甚至超过《圣经》所载创世至今约六千年的时间尺度，且从未间断，表明在诺亚甚至亚当之前，此地即有高度文明且世代相传，这直接挑战了以创世与大洪水为基轴的基督教神圣历史，对来华传教士以及欧洲宗教界与思想界造成重大困扰，促使其调适、修正甚至突破《圣经》义理与神圣历史。相关研究很多，典型见［法］维吉尔·毕诺（Virgile Pinot）:《中国对法国哲学思想形成的影响》，耿昇译，商务印书馆，2013年；［法］安田朴（René Etiemble）:《中国文化西传欧洲史》，耿昇译，商务印书馆，2000年；Edwin J. Kley, "Europe's 'Discovery of China and the Writing of World History,'" *American Historical Review*, No. 76 (1971)；吴莉苇：《当诺亚方舟遭遇伏羲神农：启蒙时代欧洲的中国上古史论争》，中国人民大学出版社，2006年；李天纲：《跨文化的诠释：经学与神学的相遇》。

出复杂多样的兼容二者的和合史,①但早期入华耶稣会士仍深受寓意解经法影响,对伊甸园、耶路撒冷、亚拉腊山等《圣经》世界的神圣场所多作寓意解释,无意深究其具体位置,对华夏世界的神圣场所(如昆仑)也甚少提及,更不用说发展二者的和合地理。另外,这一时期西方对亚洲大陆内部地理的了解,仍较为有限,欧洲又离葱岭相当遥远,且耶路撒冷等基督教神圣场所,无一例外在伊斯兰世界中,这也增加了构造中西和合地理的难度,故其发展要显著晚于《圣经》与异教文明的和合史。②

作为刘智精神家乡的伊斯兰世界,则大体隔葱岭与华夏世界相望,且如上所述,《圣经》《古兰经》所载诸神圣场所,皆在其文明世界内,而中国伊斯兰教徒多将先祖追溯至中亚或新疆,因此,以上刘智构造的"天方"与"昆仑"的和合地理学,更多出自元明以来在华伊斯兰教徒基于其信仰、地域背景与在地处境,对中国典籍的格义式解释。明末以降"以儒诠经"运动的开创者王岱舆,引用唐顺之回教徒擅长制历之说(该说另见于多种明代文献):

> 《汉·律历志》曰:"三代既没,五伯之末,史官丧纪,畴人子弟分散。"然东北南蛮诸夷皆不闻有历,而西域独有之。盖西域诸国,当昆仑之阳,于诸方为得风气之正,故异人皆西域出也。自隋唐以来,见于

---

① 传教士以《圣经》为本位,容纳大航海时代扩大的地理世界与各异文明史,在中国的应用,是通过对其上古文献乃至汉字的索隐式解释,视圣王为《圣经》中人物的模糊与歪曲呈现。欧洲近代思想中的索隐主义及其在宗教领域中的应用,见维吉尔·毕诺:《中国对法国哲学思想形成的影响》,第401—424页。以毕诺研究为先导,阐述该主义的基督教、犹太教源流,以及在中国的演变、解释中国经典的特点及其与利玛窦适应政策的关系,见吴莉苇:《当诺亚方舟遭遇伏羲神农:启蒙时代欧洲的中国上古史论争》,第247—258页。索隐主义和合形式复杂多样(见吴莉苇:《当诺亚方舟遭遇伏羲神农:启蒙时代欧洲的中国上古史论争》,第382—387、432—471页),具体而言,将中国上古人物比附为《圣经》人物即有四种方式。(同上书,第466—467页)
② 且由于康熙末年大礼仪之争爆发,天主教被禁教,这些欧洲宗教界与思想界的新发展,在很长时间内都缺乏输入中国的机会。

中国，今世所谓"回回历"者，相传于西域圣人之所作也。①

以上西域当昆仑之阳，为王岱舆所列西方出圣人的诸多论述中的一条，大体接续宋明理学固有的东海、西海皆有圣人出的套语而加以发挥，但改称唐顺之呼为"异人"的穆罕默德为"西域圣人"，②并将多数中国伊斯兰教徒祖籍所在的狭义西域（葱岭以东），替换为葱岭以西至地中海的广义西域：传统的西域当昆仑之阳，也就被转义为天方当昆仑之阳。

以刘智为代表的调和伊、儒的思想运动，在十八世纪中叶后，对关注西域的清朝政治精英似仍有一定影响。如平定准噶尔后被派往喀什噶尔戍守的蒙古正白旗人苏宁阿，即用其自述得自回教经师的和合地理学，主张"回经云：西方大极之山名默克，环以弱水，不能渡越，是以高广莫能测焉"，"回部西域之山，皆来自默克，即番经梵语须弥山，儒书地经昆仑山也"。③但总体来看，自康熙末期，随着中国伊斯兰教门宦运动的兴起，调和伊、儒的努力逐渐被边缘化。同时，从康熙末期基督教被禁教，到嘉道以降新教传教士东来这一百多年间，欧洲列强逐渐控制阿拉伯、波斯与印度诸国，相应地，欧洲学术界与宗教界对《圣经》所载的近东之地乃至远及葱岭的内亚地区的了解，也大大增加，加之新教革命促成基督教释经学的"字面主义"转向，对《圣经》所载神圣场所的现实地理位置的兴趣大增，而以浪漫主义为背

---

① 〔明〕王岱舆撰，余振贵点校：《正教真诠》，宁夏人民出版社，1987年，第14页。
② 唐顺之："《汉·律历志》曰：三代既没，五伯之末，史官丧纪，畴人子弟分散。或在夷狄。夷狄之有历，亦自中国而流者也。然东夷、北狄、南蛮皆不闻有历，而西域独有之，盖西域诸国当昆仑之阳，于夷狄中为得风气之正，故多异人。若天竺梵学、婆罗门伎术，皆西域出也，自隋唐以来，已见于中国，今世所谓回回历者，相传为西域马可之地年号阿喇必时异人玛哈穆特之所作也。"（〔明〕唐顺之：《论回回历》，《稗编》卷五四，文渊阁《四库全书》第954册，第257页）
③ 苏宁阿：《山川影》，转引自孔令伟：《苏宁阿〈万里回疆图〉与十八世纪后期清朝的新疆地理知识》，《"中央研究院"历史语言研究所集刊》2023年第94本第3分，第594—595页。伊斯兰世界地理知识对清中叶西域地理观的影响，见同文第593—597页。我是从段志强的研究（《王朝疆域背景下的清代山脉学说》，《历史研究》2024年第6期）中注意到以上文献的。

景,十八世纪欧陆比较语言学、民族学、考古学进展巨大,发展出印欧语系、雅利安人等对理解上古文明具有整体影响的观念与范式,以上种种政治、宗教、文化与学术潮流,都或多或少促成了《圣经》与中国文明的和合史与和合地理的进一步发展。以下分述之。

哈里森指出,对伊甸园具体位置的探讨,与新教的兴起有关。十六世纪以降,新教的《圣经》诠释,以字面主义取代天主教的寓意与道德主义,伊甸园不再被理解为承载某种神圣寓意或道德价值的符号,而是在圣史中实际存在过的场所,这激发了对其地理位置的探索,主导性观点认为当在两河流域附近,① 邻近《圣经》中提及的高加索山。以此为背景,最初的《圣经》与昆仑传说的和合地理开始出现。

另一构造以上和合地理的努力,则以大洪水事件为中心。如前所述,近代以来,为应对中国文明对基督教普遍历史的挑战,大洪水后诺亚后裔东西流散,即被传教士解释为中国与西方文明同源。具体说来,《旧约·创世纪》载上帝第一日创造天地,起初大地被水所覆盖,至第三日水聚集,旱地方显露出来。② 后至诺亚时期,上帝以大洪水淹没大地,最高的山岭也没在水下,诺亚方舟停在亚拉腊山处,待水退,山顶出现。③ 既然在创世与大洪水时期大地均被水覆盖,则最先露出水面的,自然即是大地之巅(即所谓"地顶")。此地在《圣经》经注中,多指向两河流域以北的高加索山系,④ 而这

---

① 见〔澳〕彼得·哈里森(Peter Harrison):《圣经、新教与自然科学的兴起》,张卜天译,商务印书馆,2019年,第173—175页。
② 《旧约·创世纪》:"起初,神创造天地。地是空虚混沌,渊面黑暗;神的灵运行在水面上……这是头一日……神说,'天下的水要聚在一处,使旱地露出来。'事就这样成了。神称旱地为地,称水的聚处为海。神看着是好的……是第三日。"(《新旧约全书》,中国基督教协会,1989年,第1页)
③ 《旧约·创世纪》:"洪水泛滥在地上四十天,水往上长,把方舟从地上漂起。水势浩大,在地上大大地往上长,方舟在水面上漂来漂去。水势在地上极其浩大,天下的高山都淹没了。水势比山高过十五肘,山岭都淹没了……水从地上渐退。过了一百五十天,水就渐消。七月十七日,方舟停在亚拉腊山上。水又渐消,到十月初一日,山顶都现出来了。"(《新旧约全书》,第6页)
④ 相关注释的一个简要汇总,见邝炳钊:《创世纪注释》卷一,上海三联书店,2010年,第450—452页。

构成了和合中西神圣地理的前提。典型如约翰·韦伯（John Webb）主张高加索山与出自华夏世界西境的巨山相连，诺亚方舟停驻于这一连续山体中某处。① 再稍加引申，较之高加索山，海拔更高的葱岭一带，自然更可能是方舟停驻处。②

这一出于《圣经》的"大洪水"与"地顶"观念，经过近代早期自然神学与自然哲学的中介，对近代地质学仍有重要影响。十八世纪下半叶，水成顿变说极大拉长了地球演化时间，严重威胁基督教创世至今约六千年的主张，但该说论陆地形成，观念图式仍近于《圣经·创世纪》中大地最初为大水覆盖，后次第出水。基于这种观念，被视为大地上最高处的昆仑，自然也就是最先出水处。亦即经新教传教士传入中国的近代地质学，颇可以容纳"地顶""昆仑"等观念。

另外，兴盛于德、英两国的浪漫主义以及受其深刻影响的近代比较语言学与比较民族学，也与以上"地顶"观念有密切关联。浪漫主义者主张人类（尤其是白人）的诞生地并非大河谷，而是亚欧大陆上名为东山（Eastern Mountains）的巨山（不少人主张其即为高加索山）。③ 又近代德、英等国的比较语言学，以语言发展分孤立、粘连与屈折三阶段，印欧语为进化层级最高的屈折语，梵语则为其祖语，而根据语言为民族与文明之根这一浪漫主义的核心观念，早期文明阶段操印欧语人群起源于亚洲中部巨山，名为雅利安人。④

---

① 吴莉苇：《当诺亚方舟遭遇伏羲神农：启蒙时代欧洲的中国上古史论争》，第 452—456、470—471 页。
② 可堪对比的是，魏源将高加索山视为葱岭西向余脉，方向相反，思想结构则颇有相通之处。
③ 一个简要介绍，见［美］马丁·贝尔纳（Martin Bernal）：《黑色雅典娜：古典文明的亚非之根》第 1 卷，郝田虎、程英译，吉林出版集团有限责任公司，2011 年，第 196—197 页。布鲁门巴赫将白人归为"高加索人种"，则其自然起源于高加索山。布鲁门巴赫的人种分类学及其对康有为的影响，见梁展：《政治地理学、人种学与大同世界的构想》，《外国文学评论》2014 年第 4 期。
④ 近代西方印度学与比较语言学中的"印欧语系"与"雅利安人"范式，以及其对印度文明与西方文明关系的阐述，见马丁·贝尔纳：《黑色雅典娜：古典文明的亚非之根》第 1 卷，第 201—213 页；该范式与基督教传统关系复杂。如印欧语系特别是梵语的古老性，被认为严重挑战了希伯来语为上帝赐予人类的最古老语言的基督教观念。见安德鲁·怀特：《科学-神学论战史》第 2 卷，第 924—937 页。

而雅利安人与白人一体,其地理表现,自然是从葱岭至高加索山脉络相连。

嘉道以降,随着禁教令的松弛(最终于第二次鸦片战争后废止),十八世纪以来西方宗教与学术思想界发展出的各种中西和合史与和合地理,渐次输入中文世界。邹振环、章清都指出,晚清普遍历史叙述最初采取《圣经》史与中国上古史的和合模式,① 如麦都思(Walter Henry Medhurst)作《东西史记和合》,开首即并列亚当与盘古。② 稍后,中西和合地理输入,至十九世纪七十年代,新教传教士所办刊物中影响最大的《万国公报》,刊载了一篇全面论述《圣经》与中国关联性的文章,其中论及伊甸园与昆仑的关系:

> 《圣经》说埃田之河分四派,印度传说密路之河分四派,《山海经》之第二说昆仑出四河,虽所说河名小异,而可知诸传皆出于一原。印度人所说密路必是北路之别音,密路中之巴敕和吗,即昆仑也。波斯人称圣山为勃拉打喀,即今之勃路山,在喀什噶儿与西域之交界,乃古园之西界。故西方之波斯人用此为天山、勃路、昆仑一圈山之总名。《圣经》用埃田之名总指园及园以上出水之地,考中国之俗,乃总谓之西天。③

该文主张,河出昆仑,即属伊甸园四水分流:"其一叫疴比,北流入冰海,其二乃中国之黄河,其三即印度之恒河,其四即西域之阿母河也。"④"盖大江之源亦在昆仑,与上所说三大河相近,且彼三河有亚母(即百辣)往西流,有印度河向西南,恒河向东南,则当一派往正东方,为整齐全备。

---

① 晚清时期中西和合史与普遍历史的关系,见章清:《"普遍历史"与中国历史的书写》,收入杨念群等编:《新史学:跨学科对话的图景》上册,中国人民大学出版社,2002年;章清:《晚清"天下万国"与"普遍历史"理念的浮现及其意义》,《二十一世纪》2006年4月号;邹振环:《西方传教士与晚清西史东渐:以1815至1900年西方历史译著的传播与影响为中心》,上海古籍出版社,2007年,第61—65页。
② 见邹振环:《西方传教士与晚清西史东渐:以1815至1900年西方历史译著的传播与影响为中心》,第56—58页。
③ 济南府牧师来稿:《续盘古氏论》,《万国公报》第341期(1875年6月19日),第570—571页。
④ 济南府牧师来稿:《续盘古氏论》,《万国公报》第340期(1875年6月12日),第556页。

中古之西国人少识远方地势，不然，岂得忘此埃田之所在。"① 而这种以"四水分流"为象的伊甸园与昆仑的和合地理，几乎就是清朝中后期主流的昆仑即葱岭说的基督教版：

> 《地理问答》论亚西亚之地势云：其中央高而四下低也。此中央有高山围绕，乃干瘦地土，人民少而贫，全洲之大河从此中央高地发源，而四下流入洋海……（喀什噶尔——作者补）其天气水土，为遍地球之最能保育人生者，此地又有来往商易之益，因其在中西之大通路也。此地势可观，因为主有美意，愿所造之人遍地之大，中央为住处，乃便以往下散至诸洲。今说彼方之地土干瘦，必是因洪水将肥壤尽冲去，乃移之至四下低地，使其皆为肥盛，若问从埃田出来浇园之河，岂今之塔里木河乎？②

伊甸园在葱岭附近，与传统《圣经》释经学定其在里海以西、两河流域上游一带，二者似必有一误。为化解这一矛盾，作者不从山川"千古不易"的古代观念，而采用近代地质学的变易观念：

> 盖今之地势未必与当日之地势同，一来当洪水时，难保地面没有改变；二来吾中华古籍云当女娲时，共工头触西天之柱，致有不周之山，振滔洪水，以薄空桑，岂真是一凶人所为，必须有大地振，致改易西方地势；三来西国有渺冥传闻云：今之里海系因彼处之地陷而有者，波斯国古经（即身都亚非斯大）名此海为罚恶之大水，但百辣河之源在里海之正西，在里海东有阿母河，原是自昆仑之西隅向西流注之水，今归于咸海，但西国地理书皆言此河原来注于里海，且那古河道尚有明迹，如此看之，在里海未陷之先，此河或者一直西流，即从百辣河之道转归于

---

① 济南府牧师来稿：《续盘古氏论》，《万国公报》第341期（1875年6月19日），第570页。
② 同上书，第571页。

西南之波斯海。①

作者的努力尚不止于此，他甚至用谐音法，主张印度、中亚与中国新疆的诸多地名、国名，都出自《圣经》中含的长子古氏后裔部落，②"可知圣书所说乐园与国语所传者都可合一",③乃至道教传统中关于昆仑的神异记载，也被当作其合乎基督教之证。④

这驳杂的铺陈与无节制的比附，是不能或不愿以本名示人的地方牧师的个人意见吗？并非如此。同年末，《万国公报》又登载来稿，将伊甸园与昆仑的和合，义理化为上帝与先天易的和合：

> 夫天字原指埃田，即亚西亚中央之高地，今所谓西天也。依西国之地学考究诸洲初时出水之次序，惟此亚西亚之中央是最先者，是故初造之人自然必住在彼方。今中国之古传不称彼前世为先天地，而只称先天，与圣书及地学之训恰合……总看此诸传所言，则足证亚当原住在埃田之地……惟昆仑一带，地称西藏，更有可观……不知此字是否古人所特造，以形容彼地上古之情景也。再者，我看古传，乃见黄帝有归藏氏之名，且伊所编之《易》，称《归藏易》，此《易》以坤为首卦，以阴为主，而俗说归藏二字，指万物归藏于坤之意也……我亦疑此归藏之名，原指黄帝之归于西藏而已。⑤

---

① 济南府牧师来稿：《续盘古氏论》，《万国公报》第341期（1875年6月19日），第569页。
② 济南府牧师来稿：《盘古氏论》，《万国公报》第339期（1875年6月5日），第543—544页。
③ 济南府牧师来稿：《续盘古氏论》，《万国公报》第341期（1875年6月19日），第570页。
④ 《续盘古氏论》："素来中国人以为必考外国书以得《圣经》之证，依以上所论，见证《创世记》之书籍，没有强似此地所存者。一来指出埃田园之所在较他书尤详细……四：中国最古之教门，原从黄帝之游昆仑发源，或说他得了长生之丹，或说只得了经卷，但足见道教之本意出于元圃之生命树耳。"（《万国公报》第341期［1875年6月19日］，第571页）
⑤ 文璧：《参史考》第二《论先天》，《万国公报》第361期（1875年11月6日），第153—154页。又伊甸园中多果实，也被对应于昆仑山多仙果。（同上）

次年，韦廉臣在《万国公报》发表《古初纪略》一文，论述伊甸园的位置，也说：

> 埃田在印度西北，地经度约六十至七十度，地纬度约三十四至三十六度。中多高山，山之间有平原大野，地气不寒不热，其土膏沃，中出四河。……（大洪水后诺亚方舟——作者注）舟止于亚喇腊山，水复渐退，逮十月朔，山巅始见。按：此亚喇腊山在印度之北，今名印度古实山。①

据韦廉臣所列经纬度，伊甸园在今帕米尔高原西南，印度西北，而亚喇腊山则在印度正北，据其相对位置，似即指葱岭。这一《圣经》与中国的和合地理，是为了引出世界诸文明共源论，韦廉臣随后即说，上古埃及与华夏民族，出自大洪水后诺亚后裔自"地顶"向西、向东迁移，故二者文字相近；又巴比伦、印度、希伯来上古民族亦皆为诺亚之后，同出于这一"地顶"。② 这是将初人所在的伊甸园与大洪水后人类重新繁衍的亚拉腊山，都系于中国、印度与波斯交界的葱岭一带，高度呼应清中叶以降中国自身昆仑观念的演变。③

《万国公报》对晚清士大夫知识视野与精神倾向的影响，是相当深刻的。作为其资深读者和颇为刻意的模仿者，康有为在维新时期创办了一份同名刊物。也就在这一时期，以西学中源为话头的中西格义发展到顶峰。明末以来

---

① 韦廉臣：《古初纪略》，《万国公报》第 404 期（1876 年 9 月 9 日），第 54—55 页。
② 同上书，第 55 页。
③ 以上以中文发表的伊甸园、亚拉腊山与昆仑的和合地理，并非传教士向中国人宣教的权宜产品。1885 年，艾约瑟面对西方学界，发表其中国早期神话学研究，以《圣经》记载为本位，比较语文学为工具，主张各文明与神话同出一元，古代中国神话中的昆仑，即巴比伦人推崇的东方圣山，以及佛教记述的北方圣山。（见陈喆：《从东方学到汉学：十九世纪的比较语言学与艾约瑟的汉语研究》，中华书局，2021 年，第 242 页）杨代春将以上中西地理和合，称为"中学西源说"（见杨代春：《〈万国公报〉与晚清中西文化交流》，湖南人民出版社，2002 年，第 214—217 页），似有偏于一边之嫌。

和合基督教神学与程朱理学者，曾以上帝与太极相对应，至维新时期，这一上帝创世与太极生生的和合，在象数上已极度繁复化，张自牧即铺陈道：

> 西人言器，莫精于十字架。盖奇偶相交之形，用之成规，折之成矩，甗之成角，剖之成弧，制器之用备矣。先儒相承《河图》《洛书》中宫五岁数，皆作十字线，特未阐其义耳。惟其具天地之全体，兼水火之大用，故能劾治谲觚奇邪之有害于世者。《周官·壶涿氏》掌攻水虫，若欲杀其神，则牡橭午贯象齿而沉之。午贯者，十字也。《汉书·方术传》谓之禁架，古之巫医，皆有是器。耶稣殆得其遗法，尝操十字以行其术耳。①

张自牧主张河图、洛书中宫十字线，《周官》"午贯"，即十字架的"理象"，虽有奇思，但大体仍在基督教神学与程朱理学和合范式内，与张自牧同一时期的叶德辉，铺陈更广：

> 溯其初，十字之义，亦如中文之一画开天已耳。一者数之始，十者数之终。《说文解字》曰："十，数之具也。一为东西，丨为南北，则中央四方备矣。"造字之圣人岂预为彼教说法哉？盖地之全体，古人亦已前知，地球之交线即十字之理。《大戴礼·易本命》所谓"凡地东西为纬，南北为经"是也。神农十言之教曰：乾、坤、震、巽、坎、离、兑、艮、消、息，八卦之位居四方，消息所以立体，则中央也。黄帝之臣大挠造甲子，先造十干：甲乙位东方，丙丁位南方，庚辛位西方，壬癸位北方，戊己位中宫。孔子之说士也，曰推十合一；《元命苞》之释土也，曰立十

---

① 张自牧：《瀛海论》。转引自王尔敏：《晚清政治思想史论》，广西师范大学出版社，2007年，第7页。又阙名："十字架原周官午贯之法，彼中以十字为天方交线，景教碑言判十字以定四方。"（《史学第二：论最古各国政学兴衰之理》，《湘学新报》1897年第2期，第6页）需要指出的是，张自牧这一观点争议很大，甚至为主张西学中源者所反对，如王仁俊即说："若张自牧《瀛海论》谓中宫之数皆作十字线，西人十字架用以制器，则近附会矣。"（王仁俊：《格致古微》卷一，《四库未收书辑刊》第9辑第15册，第58页）

加一。中国立教造字之先,无不因四方中央起义,亦无不准十字起义。《牟子理惑论》云:"老子手握十文,足蹈二五。"释氏袭其文以为宝相,《大宝积经》言佛身有卍字文。慧琳《一切经音义》云:"梵云'室哩未瑳'二合,唐云吉祥相也。有云万字者。谬说也。"《华严经·花藏世界品之一》慧琳《音义》दशसहस्र下云:"梵书万字。"卍下云:"室利靺瑳,此云吉祥海云。"夫所谓室利靺瑳,即前经之室哩未瑳,梵之本音也。所谓吉祥海云,唐之译义也。景教碑额之十字,旁绕五云,即卍字之变体,以中文画之,则成十矣。西教窃释氏之单文,释氏又窃中土之单文,乃彼于其义则日变日非,徒托于鬼神以行其术。①

叶德辉主张,十字之象,遍见于古代中国典籍,② 佛教的卍符,基督教的十字架,顺次袭取其象而泯其本义,故西学中源,并非西学推阐与光大中国旧说,而是"日变日非"式的衰落。罗志田指出,这种中西对立观念,一个重要源头是传教士基于非此即彼的一神教信仰,试图通过"文化竞争"在精神上征服中国,③ 在这种意义上,以上叶德辉对基督教乃至西学的贬低态度,其精神底色,除了古代中国固有的夷夏意识,也未尝没有在晚清"教争"最为激烈的湖南现场所感受到的基督教"文化竞争"意识。

不过,在以上"文化竞争"思路外,利玛窦的宣教路线(在谨慎而耐心地"适应"中国文明的前提下展开"调和")在晚清仍有着相当的影响力。《万国公报》所载的和合地理,以葱岭一带为世界文明中心,其取义与取象,乃至对中国思想中相承不绝的昆仑观念的态度,皆与非此即彼的"文化竞争"思路不同。事实上,西学中源说本身即是与利玛窦"适应"路线相匹配

---

① 叶德辉:《明教》,苏舆编:《翼教丛编》,上海书店出版社,2002年,第68页。
② 列文森主张,晚清时期,中国文明面临西方前所未有的挑战,这让内部各派的思想分歧变得不重要,调和论(儒学内部汉宋调和,儒学与诸子学调和,乃至儒释道调和)兴起,以构造中"体"。(列文森:《儒家中国及其现代命运》,第79—88页)此处叶德辉的主张可为一证。
③ 罗志田:《传教士与近代中西文化竞争》,《历史研究》1996年第6期。

的历史哲学，不仅张自牧，即使反基督教立场相当鲜明的叶德辉，也仍借该说展开论述。而其虽主张西方在义理与象数上都低于中国（故为派生性而非本源性文明），但毕竟承认中国与西方在义理与历史上共源，用其形式，而稍变其态度，就可以变为以西学为主、中学为辅，构想作为世界文教与政治秩序基础的十字"大象"。在晚清，这一思想努力的代表人物，则是被叶德辉指斥为"貌孔心夷"的康有为，① 以及被张之洞批评以"风疾马良，去道愈远"的廖平。②

第三节　近代的阐发：康有为与廖平

康有为的世界观念，基于清中叶以降流行的葱岭为昆仑说，并受到《万国公报》一系和合地理的深刻影响。茅海建发现，康有为维新前十余年著述与教授弟子，反复主张葱岭即为昆仑，为全球地顶与人类起源地，③ 亦为大洪水时期人类文明的可能保存地，其后文明从该处向四方扩散，各地兴盛早晚，与其距葱岭远近成正比。具体言之：

> 以地球论之，政教、文物之盛，殆莫先于印度矣。印度枕昆仑，中引一脉，敷散平原，周阔万里。欧洲及亚非利加为左翼，中国及南洋诸岛为右翼。印度居中，于昆仑为最近，得地气为最先，宜其先盛也。至

---

① 叶德辉："康有为隐以改复原教之路得自命，欲删定六经，而先作《伪经考》，欲搅乱朝政，而又作《改制考》，其貌则孔也，其心则夷也。"（叶德辉：《叶吏部与刘先端、黄郁文两生书》，《翼教丛编》，第165页）
② 章太炎：《清故龙安府学教授廖君墓志铭》，见廖幼平编：《廖季平年谱》，巴蜀书社，1985年，第95页。
③ 康有为相关论述散见于《万木草堂口说》，见茅海建：《戊戌时期康有为的"洪水说""地顶说""地运说"：兼论〈康子内外篇〉的写作与完成时间》，《清史研究》2020年第1期，第2—4页。茅海建根据当代自然地理与文明观念，认为康有为之说"奇特""荒诞"。（同上书，第1、4—5、11页）

于佛,盖其末法矣。中国在昆仑山为东龙,先聚气于中原,自汉以后,然后跨江以至闽、粤,跨海以至日本。盖地球之运,固如是也。波斯、犹太于昆仑为西龙,故其文物次于中国。欧洲最远,故最迟,至罗马而乃盛也。印度政教最先,无疑也。①

康有为主张,印度距昆仑最近,为东西文明共祖,中国离昆仑稍远,文明随后发,波斯、犹太更远,文明更后至,欧洲距昆仑最远,故文明最后至。他更将这一葱岭为昆仑与印度中心说,与两宋以降颇为流行的大地气脉论(尤其是龙脉说)结合起来,离葱岭最近且地居欧洲与中国间的印度,被认为正当"昆仑中龙"。②

值得注意的是,魏源曾阐述以葱岭为中心的全球气脉格局,但仍不能(或不愿)将专属于华夏世界的"龙脉"一词,公开运用于印度、伊斯兰与西方世界,而至康有为,这种出于大一统皇权观念的忌讳,已经被放弃:他明确主张中国为昆仑东龙,波斯、犹太则当昆仑西龙,穆罕默德立教建国,亦本于此。③

康有为的以上论说,频繁见于其弟子。如徐勤即说:"洪水以前,鸟兽相迫,昆仑地顶,人类自出。黄帝之子孙散居于中土,亚当之种族漫衍于欧东。"④刘桢麟也说:"圜球之肇辟也,昆仑地顶,大域所祖,洪水陆沉,人类以孳。故上古之世,地正赤线,印度为造国之初桄。"⑤都遵奉师说,以《圣经》与中国古史所载大洪水传说为背景,构造以昆仑为中心的世界地理与文明图式。更具创造力的推阐,则来自梁启超,他主张:"泰西字母导源于拉丁,拉丁导源于希腊、叙利亚,希腊、叙利亚又导源于印度,故梵文为

---

① 康有为:《康子内外篇·肇域篇》,《康有为全集》第1集,第112页。
② 康有为:"若印度则为昆仑中龙,故能自出圣人,造为文学、政教。"(康有为:《康子内外篇·地势篇》,《康有为全集》第1集,第110页)
③ 康有为:"马哈墨何以能立教也?盖昆仑西龙,阿母河水西流,山川随之,为一大都会焉。此所以自有君、师,能成一局也。"(同上)
④ 徐勤:《〈地球大势公论〉总序》,《知新报》1897年第2期,第3页。
⑤ 刘桢麟:《地运趋于亚东论》,《知新报》1897年第7期,第1页。

各国字母之所溢出。叙、希、拉之后,变为今英、法、德、俄之方言,此其一派也。又由梵文变为唐古忒文,又变为蒙古文、满洲文,此又一变也。近日本僧空海所造之和文,亦本梵文,又一派也。"① 则基于全球气脉的印度中心观念,其近代内容为出自西方比较语言学的印欧语系说。

维新运动失败后,梁启超流亡日本,渐与其师"新学伪经""孔子改制"等恢诡之说拉开距离,② 但对清中叶以来中国大地观念与近代西学共同加持的葱岭地极说,仍颇表赞同,明确承认"世界最初之人类,实发育于其(指亚洲——作者注)大陆之中部",③ 且后虽趋向于人类多元起源说,但仍表示人类若有单一起源地,只能在作为全球地脊的葱岭。故他对晚清时期影响颇大的中国文明与人种西来说,即提出修正:

> 窃以为欲论此事,则人种一元多元之辩,是所宜先。谓一元耶?则凡今含生之俦,宜皆同祖,宁独中国与巴比伦?果尔,则葱岭西帕米尔高原实为大地脊,或为全界人类共同之祖国。其裔姓随环岭河流所向,或东宅我华,或南开印度,或西辟西亚,或西南趋埃及。果尔,亦不过同源分布,断无中国文明为巴比伦再传之理。④

---

① 《湖南时务学堂初集》第 1 册,转引自茅海建:《戊戌时期康有为的"洪水说""地顶说""地运说":兼论〈康子内外篇〉的写作与完成时间》,第 13 页。茅海建据此解释说:"黎祖健录《万木草堂口说》称:'罗马之政教,出于波斯,波斯出自印度,印度语言文字,皆本天竺,音用支歌麻韵。'……通过梁启超的此番解读,方可明白,康有为将各类表音文字归为一个来源,即从印度发生,经过中东(波斯、叙利亚)传到欧洲。梁启超再继续说明,不仅欧洲表音文字来源于印度,蒙古文、满文、日本的假名体系之类的表音文字也都来源于印度。各类文字以 a 作为最主要的原音,又说明属于同类同源。这种文字即文明的传播方式,与'地顶说'相关联。"(同上)
② 梁启超:"启超自三十以后,已绝口不谈'伪经',亦不甚谈'改制'。"(梁启超:《清代学术概论》,《饮冰室合集》[《专集》之三十四],第 63 页)
③ 梁启超:《亚洲地理大势论》,《饮冰室合集》(《文集》之十),第 69 页。
④ 梁启超:《太古及三代载记》,《饮冰室合集》(《专集》之四十三),第 13 页。夏曾佑也主张:"其居此五洲之种族……此诸种人,在上古时,大约聚居亚细亚西北之高原,其后散之四方,因水土不同,生事各异,久之遂有形貌之殊,文化之别。然其语言文字之中,犹有同者,会而通之,以观其分合之迹,此今日之新科学也。"(夏曾佑:《中国古代史》,江西教育出版社,2018 年,第 3 页)

扩而言之，基于清中叶以降中国与近代西方双重思想脉络，葱岭为大地之极、印度为诸文明共祖的观念，在晚清士大夫中具有跨派别的影响力。陈炽将喜马拉雅山直接指为康熙朝定为昆仑所在的冈底斯山，① 更结合中、西、印世界观，主张：

> 佛经须弥山居天地之中，日月所自出入，山顶有池，曰阿耨达，东西南北四水出焉，是为四海。泰西《旧约》亚当之子孙淫泆无度，天降洪水，荡潴人民，有挪亚者好善，而天帝预示其期，乃方舟挈眷，避于希马拉雅山巅，故万国九州得留遗种。山在印度之北，天下群山未有高于此者。然则昆仑也，须弥也，希马拉雅也，皆葱岭之异名，而四海会同之灵枢秘纽也。自美、澳二洲外，天下群山之脉络，由此而分，万水之源流，由兹而导。②

陈炽又以人身拟全球，葱岭为心，印度则为心包络（距离心脏最近），③ 而与康梁一派经学与政治立场迥异的章太炎，主张根据文字音韵，西方与中国的"天神"观念，乃至昆仑及其所负载的世界观，均出自印度，论旨虽是救世"天神"观为外来，与华夏世界"依自不依他"的思想截然相反，④ 但

---

① 陈炽："北印度希马拉亚一山，比邻藏卫，出地二千余丈，英人谓即古之昆仑，以地望准之，实后藏所称冈底斯山者也。"（〔清〕陈炽：《庸书·内篇·西藏》，赵树贵、曾丽雅编：《陈炽集》，中华书局，1997年，第56页）
② 陈炽：《庸书·外篇·葱岭》，《陈炽集》，第133页。
③ 陈炽："葱岭者，天下之心也。盖地球形势，略如人身，亚墨利加洲居坤舆之背，落机山穿贯南北如脊骨，然东西两洋则腰膂也，中国如肝，欧洲如肺，印度如心包络，澳洲、非洲如两足，南洋万岛则肠胃膀胱也。"（同上书，第132—133页）
④ 章太炎："言天神者，则语或本于印度……其言丘者，更可证明。《说文》：'北，土之高也，非人所为也。从北从一。一，地也。人居在北南，故从北，中邦之居在昆命东南。'按：昆仑发脉于叶尔羌，自南方视之，虽在西北，自燕代视之，反作西南。周、秦以上，诸华疆域，北方偏赢，何有昆仑在北之说？若谓溯原于迦勒底，则昆仑反在其东，说皆不合。夫正直昆仑之南者，惟印度耳。然则丘在人北，必自印度传之……中国得孔子汎神之说，至公孟而拨除……然所以维持道德者，纯在依自，不在依他，则已焘然可见。"（章太炎：《答铁铮》，徐复点校：《章太炎全集·太炎文录初编》，上海古籍出版社，2014年，第391—392页）

也隐持印度为世界诸文明共祖之说。

甲午之后,华夏世界的既有文明与政治秩序被彻底颠覆,而不管是以中、印命运连带为前提的"文明古国"观念,① 抑或以中、印文明同体为底色的佛教复兴运动,都可以看作对这一危机的回应。结果,通过印度这一中介,距离遥远、历史迥异的中国与西方被联系在了一起,而近代比较语言学与民族学中印度的关键位置,则为这种中西连带的世界图式,提供了必要的"科学性",以葱岭为地理中心、印度为文明中心的世界图式的吸引力,也随之提升。

这一危机时代的昆仑说,当然既是文明论也是政治论。在亡国焦虑下,梁启超主张中国当摆脱天下秩序的重负,以建立新式的民族国家。结果,以上昆仑说,虽有着涵括诸文明的世界性,但转化为政治论,则往往收缩到以昆仑为民族与国家的象征。晚清时期充斥着以昆仑为华夏民族所出、精神所系以及现实边界所在的政治论,典型如华夏民族源出昆仑,② 以黄帝为共祖,③ 中国则以大洋与昆仑为东西界,④ 都具有明确的国族政治指向。而世界政治的昆仑说,从当时至当下,都只作为伏流存在。详人所略,这一"伏流",也正是本书最后探讨的一个主题。

---

① 晚清的"文明古国"说,见向鸿波:《"文明古国"说在晚清的缘起与演变》,《人文杂志》2020 年第 4 期。近代中国知识分子对印度认识与情感的演变,见章可:《透镜:十九世纪中国人印度游记中的二重观照》,收入《新史学》第 11 卷《近代中国的旅行写作》,中华书局,2019 年。
② 相关论述很多,可以刘师培为代表,他主张汉族兴起于昆仑山,华夏之名,也得自于此。见刘师培:《中国民族志》《攘书·华夏篇》,《刘申叔遗书》上册,第 603、631 页。
③ 见沈松侨:《我以我血荐轩辕:黄帝神话与晚清的国族建构》,《台湾社会研究季刊》1997 年第 28 期;孙隆基:《清季民族主义与黄帝崇拜之发明》,《历史研究》2000 年第 3 期;罗志田:《包容儒学、诸子与黄帝的国学:清季士人寻求民族认同象征的努力》,《台大历史学报》第 29 期(2002 年 6 月)。
④ 晚清报刊书籍中相关表述很多,仅举两例。王宗炎:"亚洲之土,中国为大。昆仑之东,大海之西,其山川物产不可胜纪也。"(王宗炎:《〈篱盦东游日记〉序》,见凌文渊撰,张晶萍校点:《篱盦东游日记》,岳麓书社,2016 年,第 65 页)又观云:中国"人民之众,号四百兆。土地之大,东际海,西抵昆仑"。(观云:《联俄篇》,《选报》1901 年第 1 期,第 4 页)

回到康有为。他对未来世界政治的构想,具见于《大同书》手稿本,其中论及去除人世间诸般界限以达至大同极乐,首先指向"有国之害","今欲至大同,先自弭兵会倡之,次以联盟国缔之,继以公议会导之,次第以赴,盖有必至大同之一日焉",① 政体渐次而进,又当设公议政府,"有大地公议政府乎,则大地大同之时期至矣!大地太平之运会开矣!诸国之争渐弭矣!人生之安乐渐可无憾矣!"② 即其为达至大同的最后一步。而对公议政府首都,康有为则表示:

> 公议政府之都会,当择全地各国水陆适中之地,当以昆仑之顶葱岭为宜。盖全地人民、土地以东半球为多,东半球又以北半球为多,东半球适中之地,莫如昆仑之葱岭及西藏矣。昆仑为大地发脉最先,占地最高,虽大雪盈山而终年气候实非极冷,允宜为全地公政府之地也。③

康有为借助今文学三世(据乱、升平、太平)说④与《礼运》"大同"思想,主张当下世界在升平世(小康)向太平世(大同)的进化过程中,⑤ 当他写作《大同书》时,估计大同实现仍需百年以上,⑥故仿《春秋》托始于

---

① 康有为:《大同书》,《康有为全集》第 7 集,第 129 页。
② 同上书,第 133 页。
③ 康有为接着又提供了几个次选:"若以欧洲为众强所聚,去美不远,而地中海又为地之特质,则意大利罗马故都,襟海而居,地当温带,气候和平,水陆易通,或亦可也。然此为意大利之都,不能割为公地,则择地中海温带之一大岛为之。先或东西两球之中择地为之,如古巴、檀香山之大岛,地当温带,气候平和,亦可也,割为公政府之都会,如美之华盛顿府之例。"(同上书,第 133—134 页)
④ 康有为:"《春秋》要旨分三科:据乱世,升平世,太平世,以为进化,《公羊》最明。"(康有为:《孟子微》卷一,《康有为全集》第 5 集,第 421 页)
⑤ 康有为:"自据乱进为升平,升平进为太平,进化有渐,因革有由,验之万国,莫不同风……今者大地既通,欧美大变,盖进至升平之世矣。"(康有为:《论语注》卷二,《康有为全集》第 6 集,第 393 页)
⑥ 康有为:"著《大同书》,以为待之百年,而不意卅五载(指 1919 年)而国际联盟成,身亲见大同之行也。"(康有为:《大同书》,上海书店出版社,1989 年,书前题辞,第 9—10 页)康氏此处言"卅五载",是因为他在自述中表示《大同书》作于 1884 年。不(转下页)

隐公元年（距今文学所述定、哀时期太平世，尚有约二百年），以1901年万国联盟荷兰会议为大同托始之岁。①

康有为将理想社会系于未来且加以系统构想，让萧公权认定他"足可称为中国第一个乌托邦作者"，②在中国的乌托邦著述中，《大同书》"可能是最有系统、最有想象力的著作"，③王东杰进一步指出，《大同书》所提供的方案，与古代中国以"桃花源"为原型的理想社会，思维风格与价值取向迥然不同。④

较之认定康有为是西式乌托邦主义者，以上仅见于《大同书》手稿本的关于葱岭的段落，则提示出更为微妙的信息。一方面，葱岭为天下之极，是可上溯至汉魏时期的经典之说，而清中叶以降该说复兴，进而与佛教、基督教神圣地理和合，都表明其不管就"古典"还是"今典"，都与《大同书》中敉平一切地理与文明差异、彻底非历史化的几何式构想有本质区别。但另一方面，康有为在民国建立后刊发《大同书》部分章节，以及五四新文化时期以单行本出版全书时，又都确乎删掉了这一段落，似提示其思想存在着晚

（接上页）过，汤志钧根据该手稿本的内容、形制、版本关系以及相应人物经历与交往，考证其当作于康有为1901至1902年在印度之时。（见汤志钧：《康有为的大同思想与〈大同书〉》，上海人民出版社，2016年，第63—93页）即1884年说，是康有为倒填年月的张大之辞。

① 康有为："近年以大同纪元，当以何年托始乎？凡事必有所因，端必有所指，大同因之所托，必于其大地大合之事起之。近年大地万国大合之大事，其莫如俄皇所倡在荷兰喀京之万国同盟矣。是事也，起于己亥，终于庚子。庚者，更也；子者，始也。庚子之冬至为西历一千九百零一年，耶纪以为二十世开幕之一年者，当即以庚子春分为大同元年托始之正月朔日。"（康有为：《大同书》，《康有为全集》第7集，第144页）

② 萧公权：《近代中国与新世界：康有为变法与大同思想研究》，汪荣祖译，江苏人民出版社，1997年，第387页。

③ 同上书，第438页。

④ 王东杰认为，康有为根据经纬度将地球表面划分为方格，直以大同社会为球面几何学与大地统计学在人间的应用，与中国传统思想重"天然"有着质的差异。（见王东杰：《从"桃花源"到"乌托邦"：〈大同书〉关于理想社会的构想》，《近代史研究》2022年第2期）王东杰注意到，冯友兰主张康有为所接受的西汉今文经学，原本就具有"好系统，喜整齐"的特征，不过他认为："这种思维风格在汉以后的思想史上已经基本淡出，不占主流了，因此似也不必过于高估它对康有为的影响。"（同上书，第59页）

清阶段与民国阶段的区别。可以说，他在晚清流亡海外时通过世界旅行获得的比较文明视野，尚足以平衡几何化、非历史化的理性构造冲动，葱岭在他世界政治构想中的中心位置，就体现了这一点。

本书并非康有为思想研究，故就此打住，仅就他以葱岭为公议政府建都地这一点，再略作探讨。需要指出的是，虽然自汉魏以来，葱岭为天下之极观念即传承不绝，但相较于河洛，它只可能是自然与文明之"极"，而绝不可能是政治之"极"（在晚清以前，没有任何一种昆仑说主张天下都会当在葱岭附近）。在这种意义上，康有为的上述主张，在继承古代旧说的同时，又是相当现代的，是十九世纪以降全球地理与政治形势、技术条件以及中国的处境，让这种以葱岭为中心的世界政治构想得以出现。

事实上，必须结合晚清人对世界秩序中陆海关系的认识，才能恰当理解康有为据葱岭以建立公议政府的主张。前述十八世纪中叶形成的中（清朝）、英与俄三大国围绕葱岭的大地图式，在晚清被进一步赋予了世界政治意涵。陈炽即说：

> 以今日大势论之，葱岭之南属英，西属俄，东北属中国。此三国者，皆地球最大、最强之国，关天下全局之安危者也。中国古籍所传，昆仑有黄帝之宫，当日朝会万国诸侯之所也……佛经须弥山居天地之中，日月所自出入，山顶有池，曰阿耨达，东西南北四水出焉，是为四海……葱岭之东北，则新疆南北各城也，其东则青海及旄牛、徼外诸番也，其东南则前后藏及哲孟雄、白布诸国也，皆中国屡朝不惮险远以兵力得之者也。其南则五印度，西南则阿富汗，皆属于英。其西则克什弥尔，西北则塔什干、敖罕基发诸回部，皆属于俄。并峙连衡，如鼎三足……惟念葱岭居高临下，可以自守，可以攻人，失之毫厘，谬以千里，方寸之地，譬诸一身，天君泰然，百体从令，捷足先得，害亦从之，他日必有控扼昆仑、鞭棰四海、长驾远驭、继黄帝而开王会之图者。①

---

① 陈炽：《庸书·外篇·葱岭》，《陈炽集》，第133—134页。

昆仑就全球地势最居高临下，因此是建立全球大一统之治的关键，这可谓根据宋元以降以地理形势为象的"理势"观念，构想全球政治。陈炽之后，又有裴景福，他根据秦汉时期即已出现的政治地理学观念（关中居西北，为天下上游，定都于此可以控扼天下），主张至近代，这一天下"上游"，当根据地脉说进一步上延至新疆乃至葱岭，所谓："凡建国宜审形势，据上游"，"即如新疆，我得之不过西北藩篱耳，万一为人所有，则长驱直入，高屋建瓴，足以扪中原之背，而扼其吭"。① 这尚是仅就中国立论，更重要的是，裴景福基于对大地秩序的礼仪化理解，视昆仑为"五大洲之冠冕"，② 又根据大地气脉论，以葱岭为"五洲王气"所钟，③ 再参以海权与陆权对抗为基调的近代政治地理学，主张"古今事变不同，而山川形势未之或易，推之长驾远驭，经营五大洲，亦当于山海隔阂限制之处，求其联络贯通而已"，④ 具体言之：

  苏彝斯（即苏伊士——作者注）河开为世界交通第一关键，西伯里亚铁路成为世界交通第二关键，英俄雄矣，然犹未也。泰西之来中国也，德、法、英、美，以次渐远，而南、北美为尤远，西方之西亦东方之东也。乘汽船绕南大洋，经锡兰岛则偏于南，乘汽车绕北大陆，至东三省，又偏于北，当大地南北之冲，而握东西绾毂者，其惟西域乎？新疆今日晦蒙鄙僿，獉狉荒落，咸视之与蒙古、西藏等，予独谓五十年后，商贾辐辏，万国会同，当过于今日之上海。此言验否，视铁轨成否以为候。欧亚大局系于地中海，而新疆形势与之争雄，我国欲提挈全球之纲，唯开阖中西之门户，当撮合国力，急成伊犁、迪化、喀什噶尔、吐鲁番南北两路，以与俄安集延路接，而以哈密为之总汇，即英人之苏彝斯河也。从此五大洲商务、战事、路政，惟我新疆能执

---

① 裴景福：《河海昆仑录》，第300、307页。
② 同上书，第305页。
③ 同上书，第311页。
④ 同上书，第307页。

牛耳,而俄西伯里亚轨道利权可安坐而夺之。世有胸罗全球者,当不以鄙言为妄。①

英、法开凿苏伊士运河,俄国建造西伯利亚大铁路,各据海陆形势,但新疆尤其是葱岭,介于南北东西之中,看似为"山海隔阂限制之处",实则为海陆枢纽。故当以铁路贯通此全球山水之极,成陆上苏伊士运河。这也就是说,铁路的出现,让昆仑为四水分流之地这一"大象",在地学外,第一次可能具有人学意涵。如前所述,唐宋时期,居天下之中以均四方之政的观念,发展为以开封为象的以水运通漕四方,则以葱岭为铁路枢纽,其世界秩序含义,就是天下之极当借助铁路这一新"运河"以"通漕"四方。②

参照以上陈炽、裴景福乃至孙中山、章太炎等人的论说,康有为以葱岭为未来公议政府所在地的主张,实可谓晚清人以葱岭为中心构想世界政治的方案之一,且像康有为的其他方案一样,同时参照古代经史之学与近代世界形势,而又夹杂着相当程度的乌托邦式想象。

当然,在康有为之外,基于经史之学与世界形势,对葱岭(以及昆仑)的世界政治地位进行了至为复杂而丰富的构想的,仍是廖平。他赞同薛福成据"山水自然之势",将亚、欧、非、美、澳五洲拆分为九,③ 主张这就是邹衍所说的"大九州"。他并据《说文解字》中"十"字的取象与训义,主张其所指示,即为"大九州"世界的中州王畿,④ 范围则从太平洋至帕米尔高

---

① 裴景福:《河海昆仑录》,第310页。
② 孙中山主张中国建都,"谋本部则武昌,谋藩服则西安,谋大洲则伊犁"。章太炎赞同此说,主张民国要"至伊犁止,自武昌始"。(见章太炎撰,朱维铮点校:《章太炎全集·检论》,上海人民出版社,2014年,第578页)都以这一围绕新疆与葱岭展开的世界政治地理学为背景。
③ 廖平:《薛京卿〈出使四国日记〉一则》,《地球新义》(戊戌本),《廖平全集》第10卷,第14—15页。廖平分五大洲为"大九州",亦见《书经周礼皇帝疆域图表》之《禹贡九州推广为八十一州图》与《禹贡导山为天九野图》,《廖平全集》第4卷,第335—337、361—365页。
④ 廖平:"十即东西南北。"(廖平:《群经总义讲义》,《廖平全集》第2卷,第792页)又《书经周礼皇帝疆域图表·书经天下一家表》"其康乂",廖平释:"乂,古五字,(转下页)

原。而晚清当孔子后近三千年，则表明他百世之后当有大九州一统之治的预言行将实现。① 以下具体分疏。

上章探讨了廖平根据东、西两半球昼夜循环无端，以及新旧大陆两分，立东、西半球二伯-两京之制，以为"阴阳一太极"的"大象"，这一世界图式，以中国与美国为中心，但在上世纪之交，中国衰弱不堪，美国则偏居新大陆，以中、美分居两半球的二伯模式，显得过于超前而缺乏现实感；与此相对，廖平的另一种二伯-两京构想，基于十九世纪世界的霸权国英国及其所主导的殖民秩序，因此具有明确甚至过度的现实感：

> 古者两京，一留京，一行京。留京为天子常居，各就发祥之地而立。孔子曰"为政以德，辟如北辰"，指留京也。其地于卦为乾，于色为玄，于六合为天。天尊地卑，留则象天，行即当象地。留为乾，为玄，行即为坤，为黄。地宜居中，为朝会之所。所言"中天下而立"者，以此。昔周公会诸侯于东都，东都即行京也。王者大会诸侯于中都，取四方道里均，无苦乐之分，亦舞八佾、八风平之义也。且譬之天，北极居中不动，居也；斗柄四指，行也。圣人法天，天然，圣人何独不然？盖周都雍岐，而营洛邑为东周，以朝诸侯，是居本在西，行本在东，《诗》所谓"自西徂东"者也。自周公居东，所谓东周，宋主商地，亦在东，《诗》鲁、商二《颂》地亦在东。《易》以震为帝，为高宗，为帝乙，以龙为君。是东为居，西为行，古有明训，《诗》所

（接上页）十之变体，一为东西，一为南北，其交会处为地中。"（《廖平全集》第4卷，第486页）又《书尚书弘道编·帝谟》"载采采"，廖平释："《周礼》九畿，采在第五。'采采'者，一为东西，｜为南北，合为万里，以为皇九州之中州，故重言之。"（同上书，第94页）

① 廖平："尝论秦废封建之制，以为大一统已伏其渐。盖王圻不封建，中国无封建，是中国亦一王圻。天意所趋，无其形而已寓其理……秦汉至今已近百世，孔子曰'其或继周者，百世可知'，谓此小一统小康之时也。今则海禁大开，外忧迭起，虽殷忧启圣，天将大一统之时。"（廖平：《地球两京四岳八伯十二牧说》，《地球新义》[戊戌本]，《廖平全集》第10卷，第75页）

言"我征徂西"者也……将来地球混一,当师周东西通畿之法,用经"我征徂西"意之,以亚洲分两京,中国《禹贡》九州为居,为天,为乾,为玄,阿富汗为行,为地,为坤,为黄……圣人复起,以中国为留,必无疑也。阿富汗为行地,东连英属,西接波斯,北控西域、回部,南北相距千四百四十余里,东西千五百里。他日金轮铁轨遍于寰区,朝会诸侯,莫便于此。仿东西通畿之法,合两京共一州之地,王畿内不建诸侯,但作王臣采邑,天子、三公如周时周、召、毕,周、召之为二伯,中分天下,周主东南,召主西北。平时在帝左右,会诸侯于行京,则二伯皆从,而司徒留守……此地球两京之说也。①

廖平主张,以周公居东为界,之前以在西的镐京为居京,在东的雒邑为行京,并为地中;之后则东西反易,东为居,西为行。具体言之,大九州时代,居京为中国,行京则为大致正当葱岭之阳的阿富汗。在这一全球大地尺度的二伯-两京制中,阿富汗为雒邑,居各大洲之中,为朝觐会同之所。

当廖平以阿富汗为大九州时代的天下之极时,英国通过两次英、阿战争,已经控制了该地。因此,主张中国与阿富汗为当代两京,潜在地就是在主张中、英为二伯。具体言之,唐宋以来《禹贡》学重冀、雍两州,主张《禹贡》以冀州为首,雍州为终,有终始循环之义,廖平据此义,并结合《春秋》今文学,主张郑、秦东西相对为二伯,分领冀州与雍州,② 隐桓之世以郑为天下之中,至定哀之世,随着天下扩大为大九州,太平世来临,则以

---

① 廖平:《地球两京四岳八伯十二牧说》,《地球新义》(戊戌本),《廖平全集》第10卷,第73—74页。
② 《春秋谷梁传·宣公四年》"秦伯稻卒",廖平疏:"秦称伯者,与郑相起也。秦在西京,雍州伯;郑在东京,冀州伯。刘子云:周东西通王畿,故二国称伯。"(廖平:《谷梁春秋经传古义疏》卷六,《廖平全集》第6卷,第391页)又廖平:"今考《贡》之九州,始冀终雍。冀以大原、大陆总括寰区,雍以原隰、昆仑居中布化,皇大一统,证往古以俟来今,立标倒影,前后唐虞……冀、雍二州,如斗魁杓,画分两京,用建昏旦。"(廖平:《书尚书弘道编·禹贡》,《廖平全集》第4卷,第125页)

秦为天下之中，①故《说卦》乾居西北，正当雍州，②而随着清朝版图的扩大，观念中雍州所领范围已西逾葱岭。③

廖平认为，晚清即为大九州时代，当以方三万里（约为地球直径）为尺度，立《大统春秋》，中、英两国东、西相对为二伯，立鲁、商二统，居、行两京，④而由于接近"中外一家、无分夷夏"的太平之世，二伯与两京中，

---

① 廖平："秦，雍州，居中；齐、楚、晋、吴居四岳；鲁、宋居上下。所谓太平之世，天下远近大小若一。隐、桓言六合如东京，郑居东统二公四侯，皆中国；定、哀如素，统西皇，以秦统二公二侯二子，公侯伯子男，中外一家，无分夷夏……秦与郑东西相对。"（廖平：《公羊春秋经传验推补证》卷九，《廖平全集》第 7 卷，第 1420 页）廖平："称伯大国二，曰秦，曰郑。隐、桓之世托于东方，所谓东周，郑居中国之中，统二公四侯。七国皆在中州，不及南北。以隐、桓为始基，一中以统上下前后左右，初治六官，正京师之法也。定、哀之世托于西周，秦封在梁，为正西，素统。以秦居中，统二公，齐晋二侯，吴楚二子居甸服，晋在北，楚在南，中国夷狄一视同仁，二侯二子南北交相见。中外一家，所谓远近若一。七国居内，亦如隐桓。"（廖平：《公羊春秋经传验推补证》卷十，《廖平全集》第 7 卷，第 1436—1437 页）廖平之论看似恢诡，实以咸同以降士大夫世界观念的某些共识为前提，如以晚清时期为新的春秋或战国时代。又推崇英国，并以中、英对举理解世界政治与文明，也并非廖平的个人见解，而在一定程度上是光绪时期张之洞士人圈的共识。（见高波：《"中体西用"还是"中西同体"：儒学现代转型中的普遍历史叙述》，《探索与争鸣》2021 年第 2 期）
② 廖平："《易》有《说卦》，以乾居西北，专就中都雍州东西通畿而言。"（廖平：《〈易说〉序》，《地球新义》[戊戌本]，《廖平全集》第 10 卷，第 50 页）
③ 廖平："《禹贡》九州所举四至、山水地名，往往有出其区域之外且甚远者……雍言弱水既西，必逾葱岭；扬谓岛夷卉服，远在海疆。"（廖平：《书经周礼皇帝疆域图表·〈禹贡〉九州推广为八十一州图》，《廖平全集》第 4 卷，第 336 页）又《书尚书弘道编·禹贡》"弱水"，廖平释："雍州'弱水既西'，乃昆仑以西之水。昆仑为地中，全球山水由之分派。九州惟雍州极大，雍为皇州，《贡》以之终，所以集其成。道水以之始，所以张其统。"（《廖平全集》第 4 卷，第 127 页）
④ 廖平释"张三统为三皇"："三统，一皇二后，天地人。《春秋》三月有王，旧说以为通三统；《公羊》又有新周、故宋、王鲁、绌杞，说本三颂：天为泰皇，《周颂》；中国昊天，《鲁颂》；英昊天，《商颂》。中外交通皆始互市。外洋以商立国……商即商贾，性情嗜好、阴阳寒暑变易，亦如通商。殷商不啻如外国之商，皇天为人统，中、英为鲁、商二统。中国居东北，为鲁为齐，英居西与南，为商。"（廖平：《拟大统春秋条例》，《廖平全集》第 9 卷，第 2196 页）廖平："中、英为二伯。《春秋》始终以郑、秦统六官，郑为东伯，秦为西伯（今泰西所谓大秦），中国为东周皇极，如郑，特变为居守，英地中，如洛阳，反为从行。""今以中与英为二伯，俄、法、德、美、奥、荷兰欧洲六大国，加美、日，为八伯。中晋，英楚。"（同上书，第 2188—2189 页）

又当以在西的英国（为当代"大秦"）为天下之中，这除了应对中国相对于欧洲"居东"的地理与文明处境，① 显然也是对上世纪之交英国表面上仍颇为稳固的全球霸权直接而无保留的认可。

最后，仍以廖平为例，探讨一个在古代昆仑观念中相当边缘的问题，即海洋、昆仑与天下之极的关系。首先，在古代观念中，海洋多被视为难以逾越的屏障与界限。至明清时期，《易》之"大川"，开始被认为即指瀛海，②风水堪舆学亦出现海为"过峡"之说。③ 至晚清，由于西方新地理学的全球图景以及跨洋殖民对中国士人的冲击，以上"海为大川"之说，含义进一步扩展。《易·涣卦》象传"利涉大川，乘木有功也"，俞樾释：

> 西人航海者言五州，乃亚细亚、欧罗巴、利未亚、南北莫利加、莫瓦兰尼加。洋泊之大者，必过大浪山，方保无虞，亦必过大浪山，乃见南极三十六度内丑宫之波斯、未宫之南弧诸星，而北极反入地下，东西南朔，无远勿届，乘木之功，孰大于是。④

自欧洲至中国的海洋，为必须"乘木"跨越的"大川"。至廖平，此说阐述更明：

> 《易》《诗》全例，以车马为小统，舟楫为大统。《禹贡》九州，迄

---

① 李纪祥认为廖平一生的思想努力都是为了应对中国"居东"这一新地理与文明现实。见李纪祥：《再现"大九州"："春秋邹氏学"与"中国居中"之经学前景图像建构》，《文史哲》2020年第5期。
② 丘濬："予惟天下之至险者川也，而川之大者尤险，然则天下之川之大，孰有过于海乎？是故圣人作《易》，示人以趋避之方，往往曰涉大川。川之大者，盖言海也。"（丘濬：《〈海航诗卷〉序》，《丘濬集》第8册，第4072页）
③ 典型如康熙主张泰山地脉自东北跨越渤海这一"过峡"而来。该说的内容与用意，见蒋铁生、吕继祥：《康熙〈泰山山脉自长白山来〉一文的历史学解读》，《社会科学战线》2008年第6期；杜家骥：《清代满族皇帝对长白山的高度神化及其祭祀之礼》，《满族研究》2010年第3期。
④ 俞樾：《易学管窥》卷一一，《续修四库全书》第29册，第619—620页。

于四海，故以四牡言之。至于大九州有海环之，故须用桴舟取济涉。《易》之大川，指瀛海而言。①

《易》之"大川"为瀛海，"涉大川"为以舟楫渡瀛海，而从车马到舟楫，表明世界秩序与历史从小统迈入大统，则陆地与海洋之分，即为小统世界与大统世界之别。廖平更将这一"海为大川"说，结合以中西文质观念，主张旧大陆为文，新大陆为质，昆仑自西向东发脉，直抵黄河，美洲诸山则跨越太平洋这一全球"大川"东来，新、旧大陆气脉，交汇于齐鲁岱宗之地，表明孔子兼中西文质，儒教为文质彬彬，②而齐鲁当陆海之交，则可谓这一全球文教之极的地理"大象"。

相较于古代的"四海"观念，海洋在天下秩序中的位置，显然得到了巨大提升。而更进一步的理解，则是通过海中昆仑观念，直接将海洋与天下之极联系在一起。

魏晋以降，在昆仑居西北的主流观点外，另有海中昆仑之说，③又有海

---

① 廖平：《读易纪闻》，《地球新义》（丙子本），《廖平全集》第10卷，第170页；廖平："大川之为瀛洋。"（廖平：《〈翻译名义〉叙》，同上书，第96页）
② 廖平："少昊，西帝也……予则以泰山从海底过脉，当从美洲而来。美在昆仑之西，应属少昊，从西潜行到东，中土江河夹其左右，东西合并，乃笃生至圣。"（廖平：《地学答问》，《廖平全集》第15卷，第224页）又廖平："行到背脊（枯瘠，非要害吉所）忽起峰（此指西龙，由海而来者），兖州（山东）东岳（中国之东，乃少昊之墟，为全球之西）插天雄（泰为孔林祖山，相去数百里）。分枝劈脉钟灵气（龙由西球度海而东，故曲阜为少昊之墟），圣贤多（孔圣之门多贤）在鲁邦中（东西合并，乃笃生至圣。此为全球有一无二之地，帝王京都不如也）。"（廖平：《撼龙经传订本注》，《廖平全集》第15卷，第288页）又廖平："东（当作'西'）出青齐（曲阜为少昊之墟，以由西至东也）为东岳（为美洲西来之脉，与东龙相反。东西至此而合并），过尽太洋（太平洋）大江堑（由朝鲜结泰山来脉，接烟台）。地脉连延随势生（曲阜地脉数万里，由西而来，与黄河水界相终始……），界水止龙君莫错（昆仑东龙至曹州一带而止，以黄河之水为界）。"（同上书，第311—312页）
③ 魏晋以降有昆仑出于南海说，其相关文献与简要分析，见［法］费琅（Gabriel Ferrand）：《昆仑及南海古代航行考》，冯承钧译，上海古籍出版社，2014年；岑仲勉：《南海昆仑与昆仑山之最初译名及其附近诸国》，《中外史地考证》上册。又在南海昆仑外，古代典籍中亦有东海昆仑、西海昆仑之说，被认为较昆仑在西北之说为后起，是秦汉时期人（转下页）

内昆仑与海外昆仑之别。① 以上诸说，在近代以前一直位置边缘，清初经史地理学家，参考西方地理学整理汉魏典籍，重新激活了这一昆仑说，典型如胡渭：

> 传记言昆仑凡四处……一在海外。《大荒经》云："西海之南，流沙之滨，有大山，名曰昆仑，其下有弱水之渊环之。"此山与条支、大秦国相近，《禹本纪》云"去嵩高五万里"者是也。②

> （《山海经》——作者注）西海之南，流沙之滨，赤水之后，黑水之前，有大山，名曰昆仑之丘……《汉书·西域传》云：条支国西有弱水、流沙，近西王母所居处。据此则海外昆仑当在条支国西海之南，故经有弱水、西王母之说。范晔《〈西域传〉论》云：甘英临西海以望大秦，距玉门、阳关四万余里。而昆仑更在西海之南，远斯极矣。《禹本纪》所云"去嵩高五万里"者，当指此山。③

胡渭综合魏晋以上典籍，主张海外昆仑当在地中海（即西海）附近，但并未进一步点明地中海之于西方文明的重要性。至晚清，深植于西方文明本根处的地中海为世界之极说正式输入中国。廖平将清代汉学所复兴的海中昆仑说，与地中海为世界之极的观念结合起来，直指其为大统世界中昆仑之所在，④

（接上页）思慕与寻找西北昆仑不得，转将其移于海中诸山。见刘师培：《思祖国篇》，《刘申叔遗书补遗》，第291—294页；方诗铭：《火浣布之传入与昆仑地望之南徙》，《东方杂志》1945年第15期，第44页。该说虽证据不足，但也表明较之昆仑在西北的主流观念，海中昆仑说为后起。

① 《山海经·海内西经》"海内昆仑之虚"，郭璞注："言海内者，明海外复有昆仑山。"（《山海经笺疏》卷一一，第211页）又《博物志·水》："汉使张骞渡西海，至大秦。西海之滨，有小昆仑，高万仞，方八百里。"（〔晋〕张华撰，〔晋〕范宁校证：《博物志校证》卷一，中华书局，2014年，第11页）
② 胡渭：《禹贡锥指》卷十，第334页。
③ 胡渭：《禹贡锥指》卷一三上，第426页。
④ 廖平释"中国为皇极"："经传中有二例。以地形言，昆仑为中（今之地中海）。以教化言，则中国为中。"（廖平：《拟大统春秋条例》，《廖平全集》第9卷，第2187—2188页）

而就《禹贡》九州与大九州的对应，这一地中海昆仑，即相当于豫州：

> 陈、卫、蔡、郑皆在豫州，何一州见方伯之国四？居中国之中也。今地中海间居亚欧之中，亦多名国，《大统春秋》亦当迁封之，列于各国，以主澳、非也。①
>
> 《春秋》鲁、齐皆在青州，即今亚洲也；陈、蔡、卫、郑、许，常见之四方伯一卒正，皆在豫州。欧洲近地中海之昆仑，为大九州之豫，地球六大国皆在欧洲。《春秋》用迁封例，移四国为别州方伯。今仿其例，因各国属地散见地球，移封各大国于外洲，为方伯。至于南服初见，与《春秋》同。用州举例，以澳、非、南美无名国贤君称者，但以州目之。②

在廖平看来，西方列强殖民非洲、澳洲，即是这一以地中海为"极"的世界中的跨海"迁封"。则海洋被纳入天下之极的构造，其观念结果却是对近代西方世界秩序的全面顺应。这实非正欲以革命推翻该秩序的精英知识分子所能赞同。而此时华夏世界正陷于前所未有的危机，建立主权-民族国家以自存，具有压倒一切的优先性，廖平对昆仑为天下之极说的以上转义，自然被视为不切世情的迂远之思，其在所处时代不能发生实际影响，也是可以想见的。

不过，若衡之以天下之极观念的古今之变，则康有为与廖平的以上思考，意义就颇有不同。近代以来，随着无限宇宙说与地动观念的传入，以北极为标志的天极观念最终衰落了；与此相对，虽然自明末至民初，以五（或七）大洲、四大洋为象的全球陆海分布逐渐被普遍接受，但作为观念的昆仑，通过不断的转义与转型，仍在一定程度上保持住了"天下之极"的地位。康有为与廖平构想未来世界秩序，不约而同地以昆仑为中心，即体现了

---

① 廖平：《公羊春秋经传验推补证》卷五，《廖平全集》第7卷，第1121页。
② 廖平：《拟大统春秋条例》，《廖平全集》第9卷，第2197页。

它跨越古今的影响力。

小结

　　明末以降的思想与政治形势，为昆仑观念的复兴提供了新的契机。首先，西方天地学（尤其是地圆观念）的输入，带动了盖天说的复兴，而在该说的引申版本中，正当北极并"滂沱四隤"的昆仑，不像在浑天说中那样多置于大地西北边界处，而是被明确定位于大地中心。

　　清中叶，自汉、唐之后，西域再次被纳入版图。自朝代间效仿与比赛的逻辑，[①] 这被解释为恢复"汉唐故土"并光大之。由此，理学格物论与实际地理探索再次接近，汉唐时期以葱岭为中心的诸天下观念也得以复兴。

　　当然，复兴不是原样重现。从两汉至清中叶近两千年，亚欧大陆文明与政治形势以及相应的学术思想形态都变化巨大，复兴的昆仑地中说，必当随之调整。相较于"且战且学仙"[②] 因而更多视昆仑为登天解脱之地的汉武帝，乾隆虽也以勒石葱岭的形式，调用这一昆仑为天下之巅的观念，但他对此的解释，已更多基于现实政治因素（嘉道以降士人更是如此）。十六世纪以降伴随地理大发现而来的全球大测量，虽并未深入亚洲内陆，但至十八世纪后期，俄、英两国的殖民扩张，已经从西北、西南两个方向逼近了葱岭。因此，相较于两汉与葱岭之外其他文明世界若断若续的交往，俄国与英国日益逼近且逐渐增强的政治压力，让清人明确主张葱岭为大地之中的含义，是其为中、俄、英三大国环绕。显然，相较于迂远的天地与文明观念，是直接而

---

① 以复古、法先代为名的王朝间的效仿，最常见的自然是"复三代"，其次则是"复汉"（或"复汉唐"）。这一"格套"性表述，见于古代各种公私文献，不赘述。"效仿"之外是"比赛"（见杨联陞：《朝代间的比赛》，《国史探微》，新星出版社，2005年），当然，二者并非对立关系。

② 《史记》卷一二《孝武本纪》，第468页。

迫切的政治地理现实,更多主导了这一构想。①

晚清种种围绕葱岭的世界政治构想,不管是其居高临下,为控扼天下之地(陈炽),还是其当大洲之中,为以铁路这一新时代的"运河"通漕四方之所(裴景福),抑或其为全球两京制中西京之所在(廖平),再或通向大同之治的世界公议政府建都之处(康有为),虽然从纯粹的实力政治原则到完全的乌托邦主义,思想基调差异巨大,但实为甲午后同一思想运动的不同表现。晚清今文学复兴,其三世说,以周制瓦解、天下将陷入"积骨流血之虐"②的春秋战国之际(定、哀之世),为太平实现之时。与此相对,十九世纪末的世界,被视为春秋战国复现并张大之世(所谓"大统春秋"),则围绕葱岭的霸权对抗,与太平之治的实现,就"世愈乱而《春秋》之文益治"的清中后期今文家义,③也确实是一体两面。

相较于以上围绕昆仑的政治构想,近代文明论视野下的昆仑观念,其表现形式则不同。如前所述,魏晋以降,中国即发展出兼容中、印文明视野的昆仑与须弥的和合地理学,而至近代,由于西学的输入,又有两种互相颇多冲突的学术思想传统被引入:其一为近代早期《圣经》学的和合地理与文明史,以创世与大洪水为枢纽事件,发展出诺亚后裔自中央巨山四散至全球的共同史;另一则为十八世纪以降更具古典学背景且受到浪漫主义深刻影响的比较语言学、民族学与宗教学,主张亚洲中部为雅利安人起源地,其四向征服各土著并与之融合,形成各地互异的诸古代文明。而从魏源到康有为,在

---

① 因为古代中国历史经验以及准噶尔汗国的现实威胁,相较于西南,清朝长期更重视西北。且由于东北与蒙古划界谈判(1689年《尼布楚条约》,1727年《恰克图条约》),清朝对俄国殖民西伯利亚与中亚的了解,也要较英国殖民印度充分。不过,乾隆中叶后,英国在印度的殖民进程,大大改变了葱岭至喜马拉雅山一线清朝的边疆形势,西南尤其是印度的重要性日益提升,对相关地理、文明与政治知识的吸纳、甄别与整合,以及在此基础上整体地缘图景的构造,也随之展开。相关历史过程,见〔美〕马世嘉(Matthew Mosca):《破译边疆·破解帝国:印度问题与清代中国地缘政治的转型》,罗盛吉译,台湾商务印书馆,2019年。
② 何休语。见《春秋公羊传注疏》卷二八,第5114页。
③〔清〕刘逢禄撰,吴人整理,朱维铮审阅:《春秋公羊经何氏释例》卷一,上海书店出版社,2012年,第352页。

约半个世纪内,以上诸种围绕"中央巨山"的地理、宗教、文明与民族构想,被不加甄别地直接聚拢在一起,在一种无所不包、悬置一切矛盾的和合视野中,昆仑被同时视为中国古史中黄帝会合万邦之所,印度神话与佛教中的须弥圣山,以及《圣经》所载大洪水时期方舟停驻的亚拉腊山,其附近,则有基督教伊甸园,伊斯兰教圣地天方,而征服亚欧大陆各土著文明的雅利安人,也孕育于此。又与之相对,"十"字,则被同时指为中宫(见于河图、洛书)、"午贯"(见于《周官》)、卍字符(见于佛教),以及十字架(见于基督教)。

任何受过基本的现代学术训练的人,对这样不加节制的"和合",都很难有理解的耐心。事实上,以"裱糊"维持表面和谐,只是中国全面接受西学的第一代人的暂时方案,本身无力自存,很快就被激烈的文明与政治冲突推入往昔。但这一危机时刻的思想症候,不管表面上看起来多么不合情理,其纷纭之"象"背后,仍有总体的势与理在。显然,不管做以上和合的人,其思想基调是中体西用(如晚清士大夫),还是西体中用(如来华传教士),他们都相信世界虽表面矛盾重重,但自始至终是一个整体。典型如魏源猜测近代"海国"东来,是"天地气运,自西北而东南"的"中外一家"之象,①故述大陆地理,以葱岭为中心,借"伏流重源"说,将亚、欧、非三洲诸山水连为一体。如此则西方与华夏在海洋上的对抗,仍以双方就大陆气脉为共源文明为背景,而此"共源"葱岭之说,虽形式上不脱宋元以降龙脉说的象数地理模式,但已填充以近代文明、宗教与民族内容,具有向近代"世界史"转化的学术与思想潜能。

另外,以上围绕昆仑看似超越一切地理、宗教、文明与民族界限的和合,反而再次提示了世界空间秩序构造中的"例外"问题。如这一以华夏文明为本位、欧洲文明为对照的世界构想,却处处可见印度文明的身影。自汉魏以降,印度文明即通过佛教中介,与华夏文明既对等又一体。而至近代,这种世界观意义上的中、印文明共情甚至同体,由于欧洲文明视野的引入,

---

① 魏源:《〈海国图志〉后叙》,《魏源全集》第 4 册,第 8 页。

具有了新的意涵。古代希腊、罗马的"可居世界"观念，以大西洋至印度河为界，这意味着印度文明的一大部分，仍在其界线之外。但十八世纪以降，在印欧语系与雅利安人范式中，印度文明又被视为西方世界中最古老的部分。界外之地（同时也在一定程度上是例外之地）被纳入界内，并被视为本源之地，而与这一学术思想范式相先后的，则是自视为雅利安人后裔的西方列强对印度的征服。将"例外"本源化，以彻底融入自身，西方文明的这一做法（同时也是说法），对正紧张观察、全力猜测世界走向与中国命运的晚清士大夫来说，显然是高度提示性的。① 华夏世界，自古代即隔葱岭与广义的西方世界相对，二者文明平行发展，政治互相持衡，实为两个天下与两种共同史。但对严复、康有为、梁启超、廖平与章太炎这一代人来说，世界貌似正走向一个天下与一种共同史。在这一新的世界中，中国作为"例外"能否以及如何持存，自然是既绝对紧迫又相当根本的问题，而昆仑观念的现代转型，即是回应这一问题的一个初步尝试。

---

① 如梁启超接受与转译"文明古国"说，主张中国是四大（或五大）文明古国中唯一在现代仍保持文明与政治独立性的，其最直接对照，就是被英国彻底殖民的印度。

结　语

　　三个在汉代定型的与天地之极相关的神圣处所，北极、河洛与昆仑，在之后两千年思想中的位置以及近代命运，有同有异。作为以"周行"为象的永恒运动枢极，极星被汉代人认为正当北极点且静止不动。魏晋以降，随着极星动移的发现，这一浑朴理解最终被放弃。但两宋理学对动与静的思辨，以极星之动正提示北极本体之静，元明天学将约二万六千年一周的岁差循环，视为宇宙真正的"周行"，至明末，西方天学用全天恒星东移解释岁差，极星动移与冬至岁差这两个古代中国天学中一直分立的天行"大象"，在理与象上最终合一，岁差成为刻画永恒运动唯一"大象"。则自两汉以来，以北极为枢的永恒的"周行"，参照天学进展不断调适自身，仍维持着天道"大象"的地位。

　　但这只是问题的一个方面。相较于以周年为期的二十八宿绕北极"周行"，以约二万六千年为周期的岁差循环，在任何意义上都非人目可以直观。这意味着永恒运动的"大象"日渐隐微化，其天、地、人法象意涵，也因此不再自明。而至近代，随着无限宇宙说与地动说的传入，北极为天枢的观念，更受到根本冲击。

　　具体言之，宇宙若无限，则地的尺度就远小于天，在任何意义上都不是与天对等之极，[①] 且星体距离遥远，中间是广大的虚空，这与古代天学以天

[①] 康有为：《诸天讲》，《康有为全集》第12集，第19页；章太炎：《东方格致》，《章太炎全集·太炎文录补编上》，第146页。

球"周行"表征北极之为天枢,抑或以充实而规整的建筑拟象"天极",存在着一望可知的矛盾,① 则该说对"天极""北极"乃至其所负载的天地秩序观念的冲击,就颇难化解。②

另外,地动说打破了天地动静模式,也从根本上冲击着"天极"与"北极"观念。虽然明末输入的地圆说,主张天地同为圆象,③ 已促成天地同德论兴起,乃至"周行"这一圆象普遍化,④ 但天地同德,本理学可通甚至当然之义,⑤ 且只要仍持天动地静,《易》学天地乾坤之分就仍能维持。而地动说的影响则相当不同。薮内清指出,古代中国天文学"从天动说到地动说,应该说这是革命性的事件。这也不仅仅局限于天文学领域内部,它同时也是使人们的思想精神产生一百八十度大转变的事件",⑥ 其要者在于古代天学以大地静止不动为参照,确定运动不息的天空中唯一的不动点——北极,而既然北极为天枢,与地静说实相呼应,⑦ 则地动说的传入,就从根本上冲击

---

① 宣夜说在近代复兴,并被视作最符合现代宇宙观念的古说,(李约瑟:《中国科学技术史》第3卷《数学、天学和地学》,第441—442页)但该说主张星体漂浮于虚空之中,明显否认"天极"与"北极"存在,如王文禄即说:"海沂子曰:南北之极,历家缪谈也。天垂而覆,旋转无停,苍苍太虚,无牵列星,星有动否,匪曰极纽于北辰。"(〔明〕王文禄:《海沂子》卷四,《续修四库全书》第1125册,第311页)
② 宋育仁极言西方宇宙论消解天地上下之分:"天为无物,地与五星,同为地球,俱由吸力相引,则天尊地卑之说为诬,肇造天地之主可信。乾坤不成两大,阴阳无分贵贱……据此为本,则人身无上下,推之则家无上下,国无上下,从发源处抉去天尊地卑……举宪天法地、顺阴阳、陈五行诸大义,一扫而空。"(宋育仁:《泰西各国采风记》,第86页)
③ 天圆地亦圆之说被追溯至《大戴礼记》,见王鸣盛:《十七史商榷》卷四六"天地俱圆"条,《嘉定王鸣盛全集》第5册,第522页;阮元:《太极乾坤说》,《揅经室集》一集卷二,第39页。
④ 康有为:"凡物摩之则圆,故天地间一切形质皆圆。"(康有为:《万木草堂口说》,《康有为全集》第2集,第149页)
⑤ 理学传统中的气一元论,本身就蕴含天地混一乃至同德之义,该观念在近代仍有相当影响,如谭嗣同:"夫地在天中,天亦即在地中,阳中有阴,阴中有阳。就其虚而无形者言之曰天,就其实而有形者言之曰地。天,阳也,未尝无阴;地,阴也,未尝无阳。阴阳一气也,天地可离而二乎?"(谭嗣同:《石菊影庐笔识·思篇》,《谭嗣同集》,第137—138页)故天地同德论的兴起,是本土思想与外来观念合力的结果。
⑥ 薮内清:《中国的天文历法》,第126页。
⑦ 魏源介绍哥白尼地动说,而结以:"此即西人地动太阳静之创说。但地球既运转不(转下页)

了北极为天枢的观念。

当然,对廖平、康有为、章太炎等晚清一代来说,这不一定是"天极"与"北极"观念的衰亡甚至崩解,而仍在一定程度上是它的转型。事实上,在现代无限宇宙论输入前,道、佛两家已各以其无限宇宙与多世界说,冲击过中国天学主流的"天极"与"北极"观念,而相应的调和乃至涵摄,也一直不绝。典型如黎遂球主张北极为此世界枢纽,其外为虚空,再其外又有其他世界,① 实为以理学正统的"理一分殊"观念,调和佛教多世界论,主张既然万事万物各有一太极,整体又为一太极,则诸世界亦各有其极(北极为人所在世界的枢极)。又如秦蕙田主张"太虚无穷",九重天最外一重的"宗动天","远而无所至极",无限向外延伸,② 亦似用"无极而太极"之理,调和无限宇宙说与北极为天枢观念。

晚清人接续这一思想传统,仍试图在尺度剧增的宇宙中,维持有极世界的存在。如章太炎主张太阳系并非绕北极星运动,其绕转之极,当在银河深处。③ 康有为在稍后完成的《论语注》中,则如此笺注《论语·为政》"譬如北辰"章:

(接上页)停,则人视北极亦当变动而不能止其所矣。姑存备一说。"(魏源:《海国图志》卷九六,《魏源全集》第7册,第2197页)以北极不动怀疑地动说是否可信,正点明了地静与北极为天枢观念的连带性。

① 黎遂球:"今通天形如倚盖之说,与内典空风水轮之旨,则廿八宿之外必为空虚,空虚之尽必另一世界。地以下皆水,水之尽,必空风二轮持之。是故北极之北,以为如北极之南则可。"(黎遂球:《与陈乔生谈天书》,《莲须阁集》卷一三,《四库禁毁书丛刊》集部第183册,第138页)

② 秦蕙田:"欧逻巴十二重天之说,恒星、七曜而外,曰东西岁差,曰南北岁差,曰宗动,曰常静。岁差二重,步算家不用,梅勿庵亦尝疑其不足据,而信宗动、常静为近理。北极赤道,系之宗动天者也,虽去岁差二重,而显然可指。数犹十重,何以古人但言九天?盖太虚无穷,十与十二,皆不足以尽之。天数极于九,恒星、七曜适有八重,并其远而无所至极者为九,乃至健之天也。至健运行,以北辰为之枢纽,以赤道为之中纮,既动而不息,亦静而有常,《大易》所谓'天行健',《鲁论》所谓'居其所',其动静合一之理乎?"(秦蕙田:《五礼通考》卷一八一,第8467页)

③ 章太炎:《视天论》,《章太炎全集·太炎文录补编上》,第99页。

> 德，元也，为至极。北辰，北极也，所不动处……盖地生于日而拱日，日与诸恒星，凡一切星云、星团、星气皆拱北极而环之，是为一天。此天之外，又有诸天，无量数天而拱一元。《易》曰"大哉乾元，乃统天"是也。以元统天，则万物资始，品物流形；以元德为政，则保合太和，各正性命。所谓乾元用九，见群龙无首，而天下治。行太平大同之政，人人在宥，万物熙熙，自立自由，各自正其性命。群龙共成之，而潜龙可勿用，故不待。如众星日行，而北极可不动也，德无为也……人人共之以成大同，故端拱而致太平，如北极不动，而众星共绕而自团行也。无他，惟天下为公，故无为而治也。①

康有为将天球学说与无限观念结合，主张天不止九重或十二重，而是有层层嵌套的无数重，故要区分北极与至极，北极为地球所在世界的枢轴，而无限宇宙的枢轴，则是完全无法"象"化的"元"与"至极"。②

廖平更据其天地之学与经学一体的视野，③ 以及小大嵌套的世界观，主张不仅人间秩序从井田开始，以九数层层嵌套，天上秩序亦是如此，如太阳系以太阳为中，八行星为八州，可谓天界的井田与九州；④ 又如人间有皇帝王伯，"天学亦必相同……若以人学之皇帝王霸言之，北极为皇，四宫分居四方，为四帝，四宿昴星之一为王，日会所统为霸……以地制合天象，天球星宿或且千百倍于地球。惟是世界虽多，五宫九野之大纲则天人合一，故

---

① 康有为并主张这是秦汉以来今文家所传的"孔门密藏微言"。（均见康有为：《论语注》卷二，《康有为全集》第6集，第387页）
② 他晚年仍持此说，并主张北极只为二十八宿星团所拱，相较银河诸星为小，以北辰为全天之极，是误将省会作国都。（见康有为：《长安讲演录》，《康有为全集》第11集，第272—273页；康有为：《诸天讲》，《康有为全集》第12集，第59、74页）林庆元认为这是"宇宙无限阶梯式的结构模型"。（见林庆元：《康有为与〈诸天讲〉》，《史学月刊》1997年第5期，第101页）
③ 廖平以经学吸纳西方天学的努力，见魏彩莹：《经典秩序的重构：廖平的世界观与经学之路》，第289—367页。
④ 廖平：《读易纪闻》，《地球新义》（丙子本），《廖平全集》第10卷，第174—175页。

《春秋》之王如昴星，霸如日会"。① 宇宙也按照伯、王、帝、皇之序层层外推，且仍以北极为中心，② 人类视界外诸星，则如同天下秩序中来去无常、天子所不治的夷狄。③ 综合来看，岁差的发现，否定了以二十八宿年运动为象的永恒的"周行"，但通过曲折的观念与历史过程，提示了约二万六千年一周的岁差循环这一更为恢宏的永恒的"周行"，则康有为、廖平、章太炎等人，可以说是要在无限宇宙中寻找较岁差循环尺度更大的"周行"。但问题在于，这更为幽远、更不可能直观的"大恒"之象，在什么意义上仍可以理学"无极而太极"之理安顿？

让我们回到朱熹。他主张"无极而太极"，是说太极"其具天地万物之理，而无器与形"，④"无方所、无形状"而又"通贯全体，无乎不在"，⑤ 但不仅天理"无形"，无限宇宙，亦无形象可言，朱熹既以"极"为不得不止之处，则"无极"即可理解为无可止之处，因而能够蕴含无限的时空意涵。故朱熹虽然在绝大多数场合都根据理物二分，将"无极而太极"的"无极"解释为提示无方所、无形状之理，但有时也指"无极"为提示无限宇宙这一至大之物。⑥

---

① 廖平：《四益馆杂著·天人论》，《廖平全集》第 11 卷，第 545—546 页。类似表述，见廖平：《群经总义讲义》，《廖平全集》第 2 卷，第 798 页；廖平：《孔经哲学发微》，《廖平全集》第 3 卷，第 1085 页。魏彩莹指出，廖平主张天、人两世界存在比例关系："一个太阳系（伯）在整个三垣世界（皇）中所占的疆域比例，也大约如同地面上方千里一州（伯）之于整个地球（皇）的比例。"（魏彩莹：《经典秩序的重构：廖平的世界观与经学之路》，第 332 页）
② 廖平：《四益馆杂著·人天学内外不同说》，《廖平全集》第 11 卷，第 512 页。
③ 廖平：《四益馆杂著·人天学说具于佛经说》，同上书，第 514 页。当然，这意味着夷狄在数量与范围上都将大大超出华夏。
④ 朱熹：《隆兴府学濂溪先生祠记》，《晦庵先生朱文公文集》卷七八，《朱子全书》第 24 册，第 3748 页。
⑤ 朱熹：《答陆子静》，《晦庵先生朱文公文集》卷三六，《朱子全书》第 21 册，第 1568 页。
⑥ 见《朱子语类》卷九四："问：'无极而太极'……因曰：'这个太极，是个大底物事。四方上下曰宇，古往今来曰宙。无一个物似宇样大：四方去无极，上下去无极，是多少大？无一个物似宙样长远：亘古亘今，往来不穷！自家心下须常认得这意思。'"（第 2370 页）秦家懿因此主张朱熹的太极观念，可对应西方观念中 infinite 或 immeasurable。（见秦家懿：《朱熹的宗教思想》，第 53 页）

不过，以"无极而太极"之理涵化无限宇宙观念，根本困难不在于如何容纳"无限"，而在于如何内蕴"生生"。理学以太极与无极为一体，以"无极而太极"为宇宙万化根本，则无极观念所内蕴的"无限"意涵，就被理解为太极为宇宙根枢，因而生生无穷（即"无限"指宇宙化生无限丰富与丰盈，而非距离无限延展或数量不可穷诘）。而这一与太极一体的无极观念，在近代受到西方数学、物理学无限（数量与距离上的无限大与无限小）观念的极大影响。韩应陛主张太极（大极）为不可加，"无极"则为无限大与无限小，[①] 杜亚泉主张无极指时空与物质的无限，而太极则指在此无限之中就人类立一有限秩序，故无极与太极，为不可知与可知之别，而太极范围的扩大，则为人类文明的进步。[②] 理学万化生生意义上无极与太极的一体性，开始被区分为以太极为义的生生之界，与之外广大至于无穷、不能知见因而亦不能明确其生生与否的虚无之界。则在无限宇宙中主张天、地、人一体，其观念前提即"宇宙生生"之义，仍处于未定状态。

从历史演变来看，"宇宙生生"是否存在以及如何可能，在廖平、康有为与章太炎等人的下一代，被视为不能也不必探讨的"玄学"。经学与天学不再呼应，意味着对"天极"的探讨，不再是致思永恒的天地秩序，而只是重建已成过往的观念世界。由此，经学不可避免地史学化了。

相较于北极为天枢观念在一代人的时间内急遽消隐，近代时期，河洛为天下之中观念，以全球为尺度的转型，则在一定程度上延缓了它自唐宋以来在华夏世界观念体系中漫长的"衰亡"。经郑玄笺注而在经学中完备化的河洛地中观念，虽与浑天说深度绑定，但它在中国思想世界中的衰落，要更早于浑天说。河洛为"天地之所合""四时之所交""风雨之所会""阴阳之所和"之地，指根据天、地、人相即观念，天下之中，当在风土最适合人居之所。唐宋以上，华夏世界人口、经济与文教中心都在黄河中下游，河洛居四

---

① 〔清〕韩应陛：《极说》，〔清〕葛士濬辑：《皇朝经世文续编》卷八，文海出版社，1972年，第244—245页。
② 杜亚泉：《无极太极论》，许纪霖、田建业编：《杜亚泉文存》，上海教育出版社，2003年，第4页。

方之中，物阜民丰，文教鼎盛，在"四方入贡道里均"的意义上，是最合适的王都所在，故可立人极以应天地之极。魏晋以降，华夏世界的人口、经济与文教，持续从北方向南方（尤其是东南）移动，但至北宋时期，河洛地中说始终保持着主流地位。而同时期的宇宙论，也仍主张天地相倾，以解释为何河洛之地北极并非正当天顶，而是偏北约三十六度。显然，不是任何天学理论与观测理由，而是天极必与地极、人极相应的观念，在主导着这一持续千年以上的宇宙论构想。

但既然立人极以应天地之极，则就长期来看，河洛地中说的兴衰，毕竟取决于人极的转移。宋元以降，华夏世界的经济与文教中心最终移至东南，政治中心移至东北，河洛之地则由于长期的战乱与南北对峙，以及日益加剧的河患，变为榛莽斥卤之地。这一风水之变，自南宋以降，日益被解释为天运转移之象。天下之极的观念内涵，也随之调整。其要有二：第一，华夏世界经济、文教、政治中心与地理中心分离，故必须重新思考天下之中与天下之极的关系；第二，经济与文教中心在东南，政治中心则在东北，不仅意味着天下之极不再单一化，且提升了连接东北与东南的南北轴线的天道重要性。

南宋时期，朱熹在著名的《皇极辨》中，反对《尚书》伪孔传以"皇极"为"大中"，主张极当为"至极之义，标准之名"，不必在中央。这决定性地松动了中与极在训诂与义理上的勾连。两宋以降，出现了多种构想天下之极的新方案。或绝对化据人极以应天地之极原则，主张既然华夏世界经济与文教中心已在东南，则就可以建极于这一大地偏方；而更均衡的解释，则是根据自秦汉时期即有雏形的西北与东南二分说，主张天下之极并非确定地点，而是西北与东南的动态权衡，而南宋以降理学的普遍历史论，根据"理势"观念与地运、地气说，将天理与历史合一，主张秦汉以上天下形势在西北，秦汉以降则转向东南，故天下之极亦自河洛向东南移动。

与朱熹对"极"的新解相呼应的，是两宋时期邵雍一系象数《易》学的兴起。其与深具风水堪舆色彩的天地大形势观念结合，并经朱熹中介，被容摄入理学正统。根据该说，先、后天卦图（尤其是后天）可匹配华夏世界诸方,而无论主张天下之极当在东北(艮位)、东南(震巽之位)还是西北(乾位),都是在"终始"而非"中"的意义上理解何为"极"。象数《易》学"与天地准""弥纶天地"的观念基调,也在相当程度上平衡了根据当下经济或政治中心定天下之极所可能的"独立人极"倾向。

当然,不管是河洛地中说还是其后续变体,都以华夏是整个天下唯一的高等文明为前提,因此,华夏世界内部文明之运的转移,就天、地、人相即,即标志着天地之运的转移。这种文明自我中心意识,相当程度上加强了河洛地中说的影响力,也规定了该说回应西方天地之学的方式。地圆说与二程"无适而不为中"观念结合,全球陆海地理则提示了诸文明并立的现实,这都在一定程度上将华夏文明乃至天下之极相对化了。为回应这一挑战,河洛地中说固有的立人极倾向,被加强为以《禹贡》九州整体为新世界的"河洛",而更进一步的泛化,则是将西方文明乃至地理上的温带,都理解为"风雨之所会""阴阳之所和"的天下之中。

当其他文明也被纳入河洛地中说,该说固有的文明唯一或至上意识显然被削弱了。而另一种自两宋以降伴随该说衰落而发生的天下之极观念的转义,也由于西方天地之学的输入,提升了其重要性。两宋以降,与地理、经济、政治、文教诸中心分离趋势相先后,诸中心合一独一之极观念外,对偶之极观念逐渐兴起。宋元以降,强调西北-东南兴替与持衡的天下大形势说,已初具以对偶立极之意。明末以降,地圆说输入,球面大地之上"无适而不为中",且东、西半球昼夜相反,作为单一天下前提的"同天",也不能维持。面对这一挑战,以对偶构造天下之极的思路,经廖平而得以充分展开。他根据理学"无独必有对"之义,汉学"仁者相人偶"之说,以象数《易》学和合天地之学,主张地球图可视为太极图,东、西两半球昼夜相反,为全球阴阳循环,故立二伯与两京之制,以对偶之人极,对应天地之极。

不过,廖平构造全球尺度上的"洛邑",逆转了河洛地中说自唐宋以来漫长的"衰亡"吗?既是又不是。东、西两半球立对偶之极,而两个"洛邑",分别对应于严复认为"地大气厚"因而较地遍五洲的英国更有未来的中、美两国，[1]可谓河洛地中说在全球尺度上的预言性展开。但是，支持该说的宇宙论——浑天说，在明末以降，已伴随西方天球说的传入而被动摇，至晚清，更由于无限宇宙观念的输入而彻底瓦解。则这一全球尺度的河洛之极，已无天极可以上应，天、地、人相即的观念结构，已被截断为仅是地与人相即：天的无限化，以及星体距离远超人类活动能力，表明人类在辽远而空漠的宇宙中处境孤独，而这一天人断裂甚至隔绝的局面，也让人类与地球别无选择地绑定在了一起。

这意味着，从观念上来说，地相对于天最终独立。宇宙的尺度远远超过地球，人类所能亲历甚至探知的范围，不过是其极微小的一部分；而地球虽然在宇宙中渺小而边缘，却几乎就是人类能以亲历探知的全部世界。两相对照，则以天地尺度对等，据天地之极以立人极，就转型为彻底悬置无限之天，独据地极以立人极。而这，也在一定程度上解释了昆仑为天下之极说在近代的影响力。

相较于北极与河洛，两汉以降昆仑为天下之极观念的演变，自有其特点。虽然具体位置众说纷纭，但历代昆仑说大体都主张其为华夏世界西北方的巨山，天下之中在西北，自然引入了诸文明世界共存乃至共极的视野。又华夏世界西北高而东南低，文明核心区远离西北，则昆仑为天下之极，就更多是据地极而上应天极（只有在距诸文明世界核心区都同等遥远的意义上，可以说是遥应人极）。

据地极而遥应人极，且作为诸文明共极而非华夏文明独一之极，以上姿态与朝向，决定了在两汉思想中，昆仑相较于河洛仍处于相对边缘的位置。但是，与华夏世界人极距离遥远，意味着昆仑为天下之极，不太受华夏世界内部人口、经济与政治变迁的影响。相较于汉魏以降周期性成毁、唐宋以降持续性衰落的洛阳，看起来"千古不易"的巨山，似乎更合乎天下之极的"大恒"之义。在这里，一种布罗代尔式的短时段、中时段的人事因素与长

---

[1] 严复按语："二十稘以往，将地大气厚者为文明富庶所钟焉。然则雄宇内者，非震旦，即美利坚也。"（见严复译：《原富》，《严复全集》卷二，第425页）

时段的地理因素的对比凸显了出来，自秦汉至唐宋再至明清，时代越后，这一对比也就越强烈，昆仑为天下之极的吸引力也就越高。

另外，昆仑与诸文明各自人极的地理距离，意味着其天地人相即之义，必以地与人的连通（诸山总汇、诸水分流）为"大象"。以山水成人文世界，则昆仑既为诸山水共源与分脉、分水之所，则为诸文明世界共源，连通天下为一气脉流行的整体。唐宋以降的天下大形势说，不管具体内容有多少不同，都将天下山水追溯于昆仑，并根据山（昆仑）海（大洋）相逆的《易》学与数术学观念，发展出探讨人居世界氤氲化成的种种学说，这表明，昆仑为天下之极观念，有自地理论发展为文明论的深厚潜力。

进而言之，也是更重要的，昆仑为天下诸山水共源，则诸文明世界自本根处气脉相连，这为种种地理与文明和合论提供了基本的世界图式。魏晋以降佛教输入，中国与印度各自的世界图式，即以昆仑为基点展开和合。而至明末，随着西方天地之学的输入，以及中国内部诸教和合潮流的兴起，昆仑又或是与基督教神圣地理中的伊甸园与亚拉腊山联系起来，或是被指为伊斯兰世界中"天方"之所在。而这种以世界诸宗教一元多流或多元一体为指向的和合地理学，在以比较语言学、宗教学与民族学为基础的近代文明论兴起后，又被和合以雅利安人起源于中亚巨山而征服各文明世界之说。

以上种种围绕亚洲中央巨山的和合地理学与文明论，体现了亚欧大陆在人类文明史上的中心地位；而近代西方所主导的地理大发现，也并未动摇以昆仑为极的世界秩序构想。唐宋以降，中国思想界由于自身文明与政治"理势"的演变，逐渐发展出以"对偶"释极的新说；而至近代，该说被魏源、康有为与廖平等人借用，发展为东西半球、新旧大陆有对偶之两昆仑的全球立极说。

以昆仑立天下之极的持久影响力，似表明相对于幽远难知的天极与变动不居的人极，以大地之上的巨山为地极，既足够显明切近，又足够恒久不迁，更能对抗时间之流的侵蚀与人类认识的有限。当然，与河洛地中说类似，一个根本的挑战也不容回避：北极下对昆仑的法象模式，随着无限宇宙说与地动说的传入，必须加以调整。虽然象数《易》学以先、后天卦图配拟天下,将昆仑形式上纳入天地一体的结构中,但宋元以降的种种昆仑"大象",不管是拟为植物(昆仑为根,诸山为枝叶)、人体(昆仑为大地之首)还是宗族(昆仑为万山之祖),都是更强调大地为一整体,而非天地互相法象。而近代地质学的输入,则从根本上挑战了昆仑为天下之极的观念基础——大地气脉说。该说以大地为一气脉贯通整体,实可谓"生生""万物一体之仁"的具象化,而近代地质学将山脉的形成与结构,乃至古今山海之变,理解为纯粹物质性的演变("造山运动")的结果。这不仅动摇了昆仑作为巨山"千古不易"的"大恒"之象,更重要的是,以昆仑为全球山水总汇的天下"生生",也失去了基础。

由此,天下之极观念,在以北极的消隐为征候的"宇宙生生"问题外,又面对着以昆仑物化为征候、更为切近的"大地生生"问题。不过,也就是在晚清时期,近代地质学将一条从帕米尔高原延伸到黄河与长江源头处的高大山系,最终确定为昆仑山。这在形式上将两汉以来华夏世界图式中与昆仑最为相关的几个地点(葱岭、于阗南山、星宿海附近诸山)都纳入进来,可谓清中叶以降泛化昆仑观念的近代应用。① 而李希霍芬等西方地理学者视昆仑为地球(尤其是东半球)之脊,并以其对称位置的北美巨山为西半球之脊,② 也与晚清东、西半球对偶为大地之极的观念,颇可见呼应之处。

因此,虽然以大地气脉为象的生生观念,在近代受到根本挑战,但以高下远近为象的形势观念,仍维持着一定的影响力。结果,昆仑为全球山水之极,强调的不再是就生生大地为一气脉整体,而是就形势大地以昆仑为要

---

① 直至十九世纪上半叶,西方对中国西部山脉地理的了解仍相当有限,故而相应山脉命名,所依据的主要是清朝测绘地图以及相关资料的译本。翁文灏即指出,洪堡作为现代地理学奠基者,系统命名了中国西部至中亚诸山系,而其所命名"与中国所谓昆仑三龙、葱岭三干诸说亦多暗合。实则洪堡所亲历者仅及阿尔泰山之一隅,此外对于天山、昆仑之地理,其所根据原多出于克拉伯劳脱(Klaproth)氏等所译前清康、乾二朝之图籍;惟对于喜马拉耶山,当时欧人所知略详。然则此大山系之发明,固犹大半为我中国地理学之成绩也"。(翁文灏:《中国山脉考》,《锥指集》,地质图书馆,1930年,第240页)
② [俄]尼·费·杜勃罗文(Николáй Фёдорович Дубрóвин):《普尔热瓦尔斯基传》,吉林大学外语系俄语专业翻译组译,商务印书馆,1978年,第431—432页。

害。在这种意义上，不管廖平在何种程度上援引"无独必有对""仁者相人偶"的儒学生生之义，并以诸山总汇、诸水分流为象的古代昆仑观念，结合地球东西对偶之说，主张两半球各有一昆仑，两昆仑相偶为全球之极，这也更多只能是政治地理学意义上的形势之极，而非万物一体的生生之极。

因此，天下之极观念的现代转型，与无限宇宙、球形大地的生生之义，就内在地联系在一起。就问题内核，这又可以说是天一本论的最终实现。既然根据无限宇宙说与地动观念，地为游星，与天上诸星同在宇宙间游荡，则地即是天，天地之别本不存在。用康有为亢奋的话说就是：

> 吾人生而终身居之、践之、立之者，岂非地耶！岂可终身不知地所自耶！地者何耶？乃日所生，而与水、金、火、木、土、天王、海王同绕日之游星也。吾人在吾地，昔昔矫首引镜仰望土、木、火诸星，非光华炯炯、行于天上耶？若夫或昏见启明，熠耀宵行于天上，尤人人举目所共睹。然自金、水、火、木、土诸星中夜望吾地，其光华烂烂，运行于天上，亦一星也。夫星必在天上者也，吾人既生于星中，即生于天上。然则吾地上人皆天上人也，吾人真天上人也。人不知天，故不自知为天人。故人人皆当知天，然后能为天人；人人皆当知地为天上一星，然后知吾为天上人。庄子曰：人之生也，与忧俱来。吾则以为，人之生也，与乐俱来。生而为天人，诸天之物咸备于我，天下之乐，孰大于是！[①]

这种对无限宇宙的乐观，透露出我们相当熟悉的现代气息。其背面，即为对无限宇宙的帕斯卡式恐惧。东西相对，在康有为完成《诸天讲》数年后，柯瓦雷正式开始其科学思想史研究。"无独必有对"之理，"仁者相人偶"之义，衡之以人类在可见宇宙中貌似"无对""无偶"的状况，其间矛盾，令人苦思难解；天地之分的打破，也意味着"天下"这一中国世界观念

[①] 康有为：《〈诸天讲〉自序》，《康有为全集》第12集，第11页。

的"大象",必须加以调整。而最后,近乎被锁定在地球上的人类,在悬置无限宇宙、纯据球面大地立极外,是否仍存在其他构想甚至建立天下之极的可能性,进而言之,其生活的延续,是否以立"极"为前提,构成中国世界观基础的天、地、人三才(三极)说,是否仍有某种未来,也都尚属未定之天。

参考文献*

一、典籍与史料

[意] 艾儒略（Giulio Aleni）撰，谢方校释：《职方外纪校释》，中华书局，2000年。
〔汉〕班固撰：《汉书》，中华书局，1962年。
〔汉〕班固撰集，陈立疏证，吴则虞点校：《白虎通疏证》，中华书局，1994年。
[希] 柏拉图（Plato）撰，宋继杰译：《蒂迈欧篇》，云南人民出版社，2023年。
〔宋〕蔡发撰：《地理发微》，蔡有鹍编：《蔡氏九儒书》，《宋集珍本丛刊》第106册，线装书局，2004年。
〔宋〕蔡沈撰，朱熹授旨：《书集传》，华东师范大学出版社，2010年。
〔清〕陈炽撰：《庸书》，赵树贵、曾丽雅编：《陈炽集》，中华书局，1997年。
〔清〕陈寿祺疏证，王丰先整理：《五经异义疏证》，中华书局，2014年。
〔晋〕陈寿撰：《三国志》，中华书局，1982年。
〔宋〕程颢、〔宋〕程颐撰，〔宋〕李籲、〔宋〕吕大临等辑录：《程氏遗书》，华东师范大学出版社，2010年。
〔宋〕程颢、〔宋〕程颐撰，王孝鱼点校：《二程集》，中华书局，2004年。
《春秋命历序》、《河图括地象》、《礼含文嘉》、《尚书考灵曜》、《易纬乾凿度》，均见[日] 安居香山、[日] 中村璋八辑：《纬书集成》，河北人民出版社，1994年。
《丛书集成续编》第20、80册，新文丰出版公司，1989年。
〔清〕戴震，杨应芹、诸伟奇主编：《戴震全书》第2、4册，黄山书社，2010年。
[意] 但丁（Dante Alighieri）撰，黄文捷译：《神曲》，译林出版社，2005年。
〔唐〕杜佑撰，王文锦等点校：《通典》，中华书局，2007年。
〔南朝宋〕范晔撰：《后汉书》，中华书局，1965年。
〔明〕方以智撰，诸伟奇、纪健生、阮东昇、敖堃整理：《方以智全书》第4、7册，

---

* 指本书至少征引两次的文献，以方便读者核检。

黄山书社，2019年。

〔唐〕房玄龄等撰：《晋书》，中华书局，1974年。

〔汉〕伏生撰，〔清〕皮锡瑞疏证：《尚书大传疏证》，中华书局，2015年。

〔宋〕傅寅撰，赵晓斌点校，张涌泉整理：《杏溪傅氏禹贡集解》，中华书局，2021年。

〔日〕高楠顺次郎等编：《大正新修大藏经》第1、3、4、25、29、35、45、49、50、51、52册，台湾佛陀教育基金会出版部，1990年。

〔明〕顾炎武撰，黄珅、顾宏义校点：《天下郡国利病书》，《顾炎武全集》第12、15册，上海古籍出版社，2012年。

〔明〕顾炎武撰，陈垣校注：《日知录校注》，安徽大学出版社，2007年。

〔清〕郭庆藩集释，王孝鱼点校：《庄子集释》，中华书局，1961年。

〔清〕郭嵩焘撰，钟叔河、杨坚整理：《伦敦与巴黎日记》，岳麓书社，1984年。

〔汉〕韩婴撰，许维遹校释：《韩诗外传集释》，中华书局，1980年。

〔清〕郝懿行笺疏，栾保群点校：《山海经笺疏》，中华书局，2021年。

〔汉〕何休解诂，吴迎龙整理：《春秋公羊经传解诂》，商务印书馆，2023年。

〔德〕黑格尔（G. W. F. Hegel）撰，王造时译：《历史哲学》，上海书店出版社，2001年。

〔宋〕洪兴祖补注，白化文等点校：《楚辞补注》，中华书局，1983年。

〔英〕侯失勒（J. F. W. Herschel）撰，〔英〕伟烈亚力（Alexander Wylie）、李善兰译述：《谈天》，商务印书馆，1934年。

〔清〕胡渭撰，邹逸麟整理：《禹贡锥指》，上海古籍出版社，2013年。

〔汉〕桓谭撰，朱谦之校辑：《新辑本桓谭新论》，中华书局，2009年。

〔梁〕皇侃义疏，高尚榘点校：《论语义疏》，中华书局，2013年。

黄怀信校注：《鹖冠子校注》，中华书局，2014年。

黄曙辉注解：《尸子》，华东师范大学出版社，2009年。

黄兴涛、王国荣编：《明清之际西学文本》第2、3、4册，中华书局，2013年。

〔明〕黄宗羲撰，沈善洪主编：《黄宗羲全集》第3、9册，浙江古籍出版社，2012年。

〔梁〕慧皎撰，汤用彤校注：《高僧传》，中华书局，1992年。

〔清〕纪昀等撰：《四库全书总目提要》第2册，河北人民出版社，2000年。

〔清〕纪昀、〔清〕永瑢等编：文渊阁《四库全书》第20、44、55、65、98、313、429、496、500、575、579、649、710、719、786、789、796、797、804、809、850、859、866、936、938、942、954、980、1003、1018、1115、1186、1256、1267、1430册，台湾商务印书馆，1986年。

〔宋〕金履祥撰，鲍有为整理：《尚书注·尚书表注》，上海古籍出版社，2022年。

康有为撰，姜义华、张荣华编校：《康有为全集》第1、2、5、6、7、8、11、12集，中国人民大学出版社，2007年。
〔清〕孔广森补注，王树枬校正，王丰先点校：《大戴礼记补注》，中华书局，2013年。
〔宋〕黎靖德编，王星贤点校：《朱子语类》，中华书局，1986年。
黎翔凤校注，梁运华整理：《管子校注》，中华书局，2004年。
〔唐〕李鼎祚集解，王丰先点校：《周易集解》，中华书局，2016年。
〔宋〕李昉等编：《太平御览》第1、3册，中华书局，1960年。
〔清〕李光地撰，陈祖武点校：《榕村全书》第8册，福建人民出版社，2013年。
〔清〕李光地撰，陈祖武点校：《榕村语录》，中华书局，1995年。
〔清〕李光地撰，刘大钧整理：《康熙御纂周易折中》，巴蜀书社，2013年。
〔宋〕李焘撰，上海师范大学古籍整理研究所、华东师范大学古籍整理研究所点校：《续资治通鉴长编》，中华书局，2004年。
李修生主编：《全元文》卷五五一、六六三，江苏古籍出版社，1998年。
〔明〕李之藻编、黄曙辉点校：《天学初函》第1、3卷，上海交通大学出版社，2013年。
〔意〕利玛窦（Matteo Ricci）撰，朱维铮编：《利玛窦中文著译集》，复旦大学出版社，2001年。
〔北魏〕郦道元撰，陈桥驿校证：《水经注校证》，中华书局，2007年。
梁启超撰：《饮冰室合集》（《文集》之二、五、九、十，《专集》之四、三十四、四十三），中华书局，2015年。
廖平撰，舒大刚、杨世文主编：《廖平全集》第1、2、3、4、5、6、7、9、10、11、15卷，上海古籍出版社，2015年。
〔清〕凌廷堪撰，纪健生校点：《礼经释例》，《凌廷堪全集》第1册，黄山书社，2009年。
刘文典集解，冯逸、乔华点校：《淮南鸿烈集解》，中华书局，2013年。
刘师培撰：《刘申叔遗书》，江苏古籍出版社，1997年。
刘师培撰，万仕国辑校：《刘申叔遗书补遗》，广陵书社，2008年。
〔汉〕刘熙撰，〔清〕毕沅疏证，〔清〕王先谦补，祝敏彻、孙玉文点校：《释名疏证补》，中华书局，2008年。
〔后晋〕刘昫等撰：《旧唐书》，中华书局，1975年。
〔宋〕陆九渊撰，钟哲点校：《陆九渊集》，中华书局，1980年。
〔宋〕罗大经撰，刘友智校注：《鹤林玉露》，齐鲁书社，2017年。
〔宋〕罗泌撰，王彦坤校注：《路史校注》，中华书局，2023年。
〔清〕梅文鼎撰，韩琦整理：《历学疑问》《历学疑问补》，《梅文鼎全集》第1册，黄山书社，2019年。
〔法〕孟德斯鸠（Baron de Montesquicu）撰，许明龙译：《论法的精神》，商务印书馆，2010年。

［比利时］南怀仁（Ferdinand Verbiest）撰，陈占山校注：《历法不得已辨》（《不得已》附），黄山书社，2000年。

［宋］欧阳修、宋祁撰：《新唐书》，中华书局，1975年。

［宋］欧阳修撰，李之亮笺注：《欧阳修集编年笺注》第2、3、4册，巴蜀书社，2007年。

［宋］欧阳修撰：《新五代史》，中华书局，1974年。

［清］裴景福撰，杨晓霭点校：《河海昆仑录》，甘肃人民出版社，2000年。

钱宝琮点校：《周髀算经》，中华书局，2021年。

［清］钱大昕撰：《潜研堂文集》，陈文和主编：《嘉定钱大昕全集》第9册，凤凰出版社，2016年。

［清］乾隆撰：《清高宗（乾隆）御制诗文全集》第10册，中国人民大学出版社，2013年。

《清实录》第6、30册（《圣祖仁皇帝实录》第3册、《仁宗睿皇帝实录》第3册），中华书局影印，1985年。

［清］秦蕙田撰，方向东、王锷点校：《五礼通考》第13册，中华书局，2020年。

［明］丘濬撰，周伟民、王瑞明等点校：《大学衍义补》，《丘濬集》第1、3册，海南出版社，2006年。

［清］阮元撰，邓经元点校：《揅经室集》，中华书局，1993年。

［清］阮元撰，彭卫国、王原华点校：《畴人传汇编》，广陵书社，2009年。

［宋］邵雍撰，郭彧整理：《邵雍集》，中华书局，2010年。

［宋］沈括撰，诸雨辰译注：《梦溪笔谈》，中华书局，2016年。

［南朝宋］沈约撰：《宋书》，中华书局，1974年。

《十三经注疏》（影印阮元校刻本），中华书局，2009年。

［汉］司马迁撰：《史记》，中华书局，1982年。

《四库禁毁书丛刊》史部第40册，集部第183册，北京出版社，1997年。

《四库全书存目丛书》子部第95、131册，齐鲁书社，1995年。

《四库未收书辑刊》第3辑第3、23册，第9辑第15册，北京出版社，2000年。

［明］宋濂等撰：《元史》，中华书局，1976年。

［清］宋育仁撰，穆易校点：《泰西各国采风记》，岳麓书社，2016年。

［清］苏舆义证，钟哲点校：《春秋繁露义证》，中华书局，1992年。

［清］孙星衍编撰，陈抗、盛冬铃点校：《尚书今古文注疏》，中华书局，2004年。

［清］谭嗣同撰：《石菊影庐笔识》、《南学会讲义》，何执编：《谭嗣同集》，岳麓书社，2012年。

［元］脱脱等撰，中华书局编辑部点校：《宋史》，中华书局，1985年。

［明］万斯同撰：《昆仑河源考》，方祖猷整理：《万斯同全集》第1册，宁波出版社，

2013 年。
〔三国魏〕王弼注，楼宇烈校释：《老子道德经注校释》，中华书局，2008 年。
〔汉〕王充撰，黄晖校释：《论衡校释》，中华书局，1990 年。
〔明〕王夫之：《船山全书》第 2、6、10、12 册，岳麓书社，2011 年。
王明编：《太平经合校》，中华书局，1960 年。
〔清〕王鸣盛撰，陈文和编：《嘉定王鸣盛全集》第 4、5、8 册，中华书局，2010 年。
〔清〕王韬撰，楚流等选注：《弢园文录外编》，辽宁人民出版社，1994 年。
〔隋〕王通撰，张沛校注：《中说校注》，中华书局，2013 年。
〔宋〕王应麟撰，郑振峰等点校：《六经天文编》，中华书局，2012 年。
〔北齐〕魏收撰：《魏书》，中华书局，1974 年。
〔清〕魏源撰：《魏源全集》第 2、3、4、5、6、7、12 册，岳麓书社，2004 年。
〔唐〕魏徵等撰：《隋书》，中华书局，1973 年。
〔梁〕萧统编，〔唐〕李善注，高步瀛义疏，曹道衡、沈玉成点校：《文选李注义疏》，中华书局，1985 年。
〔梁〕萧统编，〔唐〕李善注：《文选》第 2 册，上海古籍出版社，1986 年。
谢辉整理：《明清之际西学汉籍序跋目录集》，上海古籍出版社，2021 年。
《新旧约全书》，中国基督教协会，1989 年。
〔明〕徐光启、〔德〕汤若望（Adam Schall）等编撰：《西洋新法历书》，薄树人主编：《中国科学技术典籍通汇》（天文学卷）第 8 册，大象出版社，1993 年。
〔清〕徐继畬撰：《瀛寰志略》，上海书店出版社，2001 年。
〔明〕徐善继、〔明〕徐善述撰：《重刊人子须知资孝地理心学统宗》，故宫博物院编：《故宫珍本丛刊》第 411 册，海南出版社，2000 年。
〔汉〕许慎撰，〔清〕段玉裁：《说文解字注》，上海古籍出版社，2011 年。
〔汉〕许慎撰，〔宋〕徐铉校定：《说文解字》，中华书局，2005 年。
许维遹集释，梁运华整理：《吕氏春秋集释》，中华书局，2009 年。
《续修四库全书》第 1、16、23、44、93、110、167、171、324、728、741、819、945、1035、1040、1049、1053、1060、1061、1125、1139、1145、1161、1321、1430、1478、1670、1672 册，上海古籍出版社，2002 年。
〔唐〕玄奘、〔唐〕辩机撰，季羡林等校注：《大唐西域记校注》，中华书局，1985 年。
〔清〕薛福成撰，张玄浩、张英宇标点：《出使英法义比四国日记》，岳麓书社，1985 年。
〔宋〕薛居正撰：《旧五代史》，中华书局，1976 年。
严复撰：《严复全集》卷二、七，福建人民出版社，2014 年。
〔清〕严可均编：《全上古三代秦汉三国六朝文》，中华书局，1958 年。
〔北齐〕颜之推撰，王利器集解：《颜氏家训集解》，中华书局，1993 年。
杨伯峻集释：《列子集释》，中华书局，2012 年。

〔北魏〕杨衒之撰，杨勇校笺：《洛阳伽蓝记校笺》，中华书局，2006年。
姚春鹏译：《黄帝内经》，中华书局，2010年。
〔唐〕姚思廉撰：《梁书》，中华书局，1973年。
〔金〕元好问撰，周烈孙、王斌校注：《元遗山文集校补》，巴蜀书社，2013年。
曾枣庄、刘琳主编：《全宋文》第287、288、310、345、351册，上海辞书出版社，2006年。
〔宋〕张栻撰，杨世文点校：《张栻集》第2、3册，中华书局，2015年。
〔清〕张廷玉等撰：《明史》，中华书局，1974年。
〔宋〕张行成撰：《皇极经世观物外篇衍义》，收入〔宋〕邵雍撰，郭彧、于天宝点校：《皇极经世书》第3册，上海古籍出版社，2017年。
章太炎撰：《章太炎全集》，上海人民出版社，2014、2015、2017年。
〔宋〕郑樵撰，王树民点校：《通志二十略》，中华书局，1995年。
〔宋〕郑思肖撰，陈福康校点：《郑思肖集》，上海古籍出版社，1991年。
〔宋〕朱熹撰，朱杰人、严佐之、刘永翔主编：《朱子全书》第1、6、13、19、20、21、22、24、25册，上海古籍出版社、安徽教育出版社，2010年。
〔宋〕朱熹撰，廖名春点校：《周易本义》，中华书局，2009年。
〔宋〕朱熹撰，中华书局编辑部点校：《四书章句集注》，中华书局，1983年。

＊＊＊＊＊＊

《万国公报》，《知新报》。

二、近人著述

(一) 中文专著、译著、论文集

〔美〕安德鲁·怀特（Andrew White）：《科学-神学论战史》第1、2卷，商务印书馆，2012年。
岑仲勉：《黄河变迁史》，人民出版社，1957年。
岑仲勉：《中外史地考证》，中华书局，1962年。
陈侃理：《儒学、数术与政治：灾异的政治文化史》，北京大学出版社，2015年。
陈美东：《古历新探》，辽宁教育出版社，1995年。
陈美东：《中国古代天文学思想》，中国科学技术出版社，2012年。
陈美东：《中国科学技术史（天文学卷）》，科学出版社，2003年。
陈荣捷：《朱子门人》，台湾学生书局，1982年。
陈苏镇：《〈春秋〉与"汉道"：两汉政治与政治文化研究》，中华书局，2011年。
陈寅恪：《陈寅恪集·金明馆丛稿初编》，生活·读书·新知三联书店，2001年。
陈遵妫：《中国天文学史》，上海人民出版社，1980、1982、1984年。
丁耘：《道体学引论》，华东师范大学出版社，2019年。

[日] 渡边信一郎：《中国古代的王权与天下秩序》，徐冲译，中华书局，2008 年。
冯时：《文明以止：上古的天文、思想与制度》，中国社会科学出版社，2018 年。
冯时：《中国古代的天文与人文》，中国社会科学出版社，2006 年。
冯时：《中国天文考古学》，中国社会科学出版社，2010 年。
冯友兰：《三松堂全集》第 3、8 卷，河南人民出版社，2000 年。
傅斯年撰，欧阳哲生编：《傅斯年全集》第 1、3 卷，湖南教育出版社，2000 年。
葛兆光：《宅兹中国：重建关于"中国"的历史论述》，中华书局，2011 年。
葛兆光：《中国思想史》第 2 卷，复旦大学出版社，2013 年。
[日] 沟口雄三、[日] 小岛毅编：《中国的思维世界》，孙歌等译，江苏人民出版社，2006 年。
顾颉刚：《古史辨自序》，商务印书馆，2017 年。
韩琦：《通天之学：耶稣会士和天文学在中国的传播》，生活·读书·新知三联书店，2018 年。
洪业：《洪业论学集》，中华书局，1981 年。
胡宝国：《将无同：中古史研究论文集》，中华书局，2020 年。
胡鸿：《能夏则大与渐慕华风：政治体视角下的华夏与华夏化》，北京师范大学出版社，2017 年。
黄兴涛：《重塑中华：近代中国"中华民族"观念研究》，北京师范大学出版社，2017 年。
[日] 吉川忠夫：《六朝精神史研究》，王启发译，江苏人民出版社，2014 年。
贾晋华、曹峰编：《早期中国宇宙论研究新视野》，上海人民出版社，2021 年。
江晓原：《天文西学东渐集》，上海书店出版社，2001 年。
[德] 卡尔·施米特（Carl Schmitt）：《大地的法：欧洲公法的国际法中的大地法》，刘毅、张陈果译，上海人民出版社，2017 年。
康乐：《从西郊到南郊：国家祭典与北魏政治》，稻乡出版社，1995 年。
乐爱国：《朱子格物致知论研究》，岳麓书社，2010 年。
雷海宗：《雷海宗文集》，天津人民出版社，2016 年。
李零：《中国方术考》，东方出版社，2001 年。
李天纲：《跨文化的诠释：经学与神学的相遇》，新星出版社，2007 年。
[英] 李约瑟（Joseph Needham）：《中国科学技术史》第 2、3、4 卷，科学出版社、上海古籍出版社，1990、2003、2018 年。
[美] 列文森（Joseph Levenson）：《儒家中国及其现代命运》，刘文楠译，香港中文大学出版社，2023 年。
刘俊文主编：《日本学者研究中国史论著选译》第 1 卷《通论》，黄约瑟译，中华书局，1993 年。
刘浦江：《正统与华夷：中国传统政治文化研究》，中华书局，2017 年。

刘小枫编：《西方古代的天下观》，杨志城等译，华夏出版社，2018 年。

刘迎胜：《西北民族史与察合台汗国史研究》，南京大学出版社，1994 年。

卢国龙：《宋儒微言：多元政治哲学的批判与重建》，华夏出版社，2001 年。

卢央：《易学与天文学》，中国书店，2003 年。

卢央：《中国古代星占学》，中国科学技术出版社，2008 年。

[法] 马伯乐（Henri Maspero）：《马伯乐汉学论著选译》，佘晓笛、盛丰等译，中华书局，2014 年。

[美] 马丁·贝尔纳（Martin Bernal）：《黑色雅典娜：古典文明的亚非之根》第 1 卷，郝田虎、程英译，吉林出版集团有限责任公司，2011 年。

[美] 马丁·刘易士（Martin Lewis）、[美] 卡伦·魏根（Kären Wigen）：《大陆的神话：元地理学批判》，杨瑾等译，上海人民出版社，2011 年。

蒙文通撰，蒙默编：《蒙文通全集》第 1、2、4、6 卷，巴蜀书社，2015 年。

钮卫星：《西望梵天：汉译佛经中的天文学源流》，上海交通大学出版社，2004 年。

潘晟：《宋代地理学的观念、体系与知识兴趣》，商务印书馆，2014 年。

潘雨廷：《易学史发微》，复旦大学出版社，2001 年。

钱宝琮：《钱宝琮科学史论文选集》，科学出版社，1983 年。

钱穆：《中国近三百年学术史》，商务印书馆，1997 年。

钱穆：《朱子新学案》第 1、2、4 册，《钱宾四先生全集》第 11、12、14 册，联经出版事业股份有限公司，1998 年。

钱婉约：《内藤湖南研究》，中华书局，2004 年。

钱锺书：《管锥编》第 1、4 册，中华书局，1979 年。

[日] 乔秀岩、叶纯芳：《学术史读书记》，生活·读书·新知三联书店，2019 年。

[加] 秦家懿：《朱熹的宗教思想》，曹剑波译，厦门大学出版社，2010 年。

邱靖嘉：《天地之间：天文分野的历史学研究》，中华书局，2020 年。

[日] 山田庆儿：《古代东亚哲学与科技文化：山田庆儿论文集》，廖育群译，辽宁教育出版社，1996 年。

[德] 斯宾格勒（Oswald Spengler）：《西方的没落》第 1、2 卷，吴琼译，上海三联书店，2006 年。

[日] 薮内清：《中国的天文历法》，杜石然译，北京大学出版社，2017 年。

苏雪林：《苏雪林文集》第 4 卷《昆仑之谜》，安徽文艺出版社，1996 年。

唐文明：《极高明与道中庸：补正沃格林对中国文明的秩序哲学分析》，生活·读书·新知三联书店，2023 年。

[英] 汤因比（Arnold Toynbee）：《历史研究》，曹未风等译，上海人民出版社，1986 年。

汤用彤：《汉魏两晋南北朝佛教史》，北京大学出版社，1998 年。

汤用彤：《魏晋玄学论稿》，上海古籍出版社，2001 年。

唐晓峰：《从混沌到秩序：中国上古地理思想史述论》，中华书局，2010年。
［日］土田健次郎：《道学之形成》，朱刚译，上海古籍出版社，2010年。
汪晖：《现代中国思想的兴起》，生活·读书·新知三联书店，2008年。
王爱和：《中国古代宇宙观与政治文化》，金蕾、徐峰译，上海古籍出版社，2011年。
王国维：《观堂集林（外二种）》，河北教育出版社，2003年。
王渝生主编：《第七届国际中国科学史会议文集》，大象出版社，1999年。
［法］维吉尔·毕诺（Virgile Pinot）：《中国对法国哲学思想形成的影响》，耿昇译，商务印书馆，2013年。
魏彩莹：《经典秩序的重构：廖平的世界观与经学之路》，联经出版事业股份有限公司，2018年。
［美］沃格林（Eric Voegelin）：《秩序与历史》卷四《天下时代》，叶颖译，译林出版社，2018年。
巫鸿：《废墟的故事：中国美术和视觉文化中的"在场"与"缺席"》，肖铁译，上海人民出版社，2012年。
巫鸿：《中国古代艺术与建筑中的"纪念碑性"》，李清泉、郑岩等译，上海人民出版社，2017年。
吴莉苇：《当诺亚方舟遭遇伏羲神农：启蒙时代欧洲的中国上古史论争》，中国人民大学出版社，2006年。
吴莉苇：《天理与上帝：诠释学视角下的中西文化交流》，宗教文化出版社，2014年。
吴守贤、全和钧主编：《中国古代天体测量学及天文仪器》，中国科学技术出版社，2008年。
［日］吾妻重二：《朱子学的新研究：近世士大夫思想的展开》，傅锡洪等译，商务印书馆，2017年。
萧公权：《近代中国与新世界：康有为变法与大同思想研究》，汪荣祖译，江苏人民出版社，1997年。
徐振泽：《科技考古论丛》，文物出版社，1989年。
［德］雅斯贝尔斯（Karl Jaspers）：《论历史的起源与目标》，李雪涛译，华东师范大学出版社，2016年。
杨宽：《中国古代都城制度研究》，上海古籍出版社，1993年。
余英时：《朱熹的历史世界：宋代士大夫政治文化的研究》，生活·读书·新知三联书店，2011年。
赵汀阳：《天下体系：世界制度哲学导论》，江苏教育出版社，2005年。
赵园：《明清之际士大夫研究》，北京大学出版社，1999年。
郑家栋：《本体与方法：从熊十力到牟宗三》，辽宁大学出版社，1992年。
郑文光：《中国天文学源流》，科学出版社，1979年。
《中国天文学史文集》第3、4集，科学出版社，1984、1986年。

中国自然科学史研究所编:《科技史文集》第1、3辑,上海科学技术出版社,1978、1980年。

[比利时]钟鸣旦(Nicolas Standaert):《杨廷筠:明末天主教儒者》,香港圣神研究中心译,社会科学文献出版社,2002年。

朱伯崑:《易学哲学史》第1、2卷,华夏出版社,1995年。

朱维铮:《走出中世纪》,上海人民出版社,1987年。

邹振环:《西方传教士与晚清西史东渐:以1815至1900年西方历史译著的传播与影响为中心》,上海古籍出版社,2007年。

(二)中文期刊论文

[美]班大卫(David Pankenier):《北极的发现与应用》,《自然科学史研究》2008年第3期。

薄树人:《再谈〈周髀算经〉中的盖天说》,《自然科学史研究》1989年第4期。

陈波:《西方"中华帝国"概念的起源(1516-1688)》,《四川大学学报(哲学社会科学版)》2017年第5期。

陈来:《"一破千古之惑":朱子对〈洪范〉皇极说的解释》,《北京大学学报(哲学社会科学版)》2013年第2期。

陈槃:《论早期谶纬及其与邹衍书说之关系》,《"中央研究院"历史语言研究所集刊》1948年第20本上册。

陈赟:《郑玄的"六天"说与禘礼的类型及其天道论依据》,《陕西师范大学学报(哲学社会科学版)》2016年第2期。

段志强:《经学、政治与堪舆:中国龙脉理论的形成》,《历史研究》2021年第2期。

高建文:《邹衍"大九州"神话宇宙观生成考》,《民俗研究》2016年第6期。

葛兆光:《众妙之门:北极与太一、道、太极》,《中国文化》第3期。

关增建:《中国天文学史上的地中概念》,《自然科学史研究》2000年第3期。

李猛:《西学与我们的"西方"》,《北京大学学报(哲学社会科学版)》2017年第4期。

连劭名:《论太极与大恒》,《周易研究》1995年第3期。

马子木:《清朝西进与十七、十八世纪士人的地理知识世界》,《中华文史论丛》2018年第3期。

茅海建:《戊戌时期康有为的"洪水说""地顶说""地运说":兼论〈康子内外篇〉的写作与完成时间》,《清史研究》2020年第1期。

饶宗颐:《帛书〈系辞传〉"大恒"说》,陈鼓应主编:《道家文化研究》第3辑(马王堆帛书专号),上海古籍出版社,1993年。

沈婉婷、刘宗迪:《须弥与昆仑:佛教神话宇宙观的中国化》,《广西民族大学学报(哲学社会科学版)》2022年第6期。

孙江:《"东洋"的变迁:近代中国语境里的"东洋"概念》,孙江主编:《新史学》第

2 卷《概念·文本·方法》,中华书局,2008 年。

孙小淳:《关于汉代的黄道坐标测量及其天文学意义》,《自然科学史研究》2000 年第 19 卷第 2 期。

孙英刚:《洛阳测影与"洛州无影":中古知识世界与政治中心观》,《复旦学报(社会科学版)》2014 年第 1 期。

孙英刚:《转轮王与皇帝:佛教对中古君主概念的影响》,《社会科学战线》2013 年第 11 期。

田余庆:《论〈轮台诏〉》,《历史研究》1984 年第 2 期。

汪小虎:《"日影千里差一寸"学说的历史演变》,《上海交通大学学报(哲学社会科学版)》2008 年第 4 期。

王广超:《明清之际中国天文学关于岁差理论之争议与解释》,《自然科学史研究》2009 年第 28 卷第 1 期。

王广超:《明清之际中国天文学转型中的宇宙论与计算》,《自然辩证法通讯》2013 年第 35 卷第 2 期。

吴飞:《董仲舒的五行说与中和论》,《中国哲学史》2020 年第 4 期。

吴震:《宋代政治思想史上的"皇极"解释:以朱熹〈皇极辨〉为中心》,《复旦学报(社会科学版)》2012 年第 6 期。

杨小明:《黄百家与日月五星左、右旋之争》,《自然科学史研究》2002 年第 22 卷第 3 期。

于省吾:《岁、时起源初考》,《历史研究》1961 年第 4 期。

张强:《天下之中与周公测影辨疑》,《自然辩证法研究》2013 年第 7 期。

张政烺:《马王堆帛书〈周易·系辞〉校读》,陈鼓应主编:《道家文化研究》第 3 辑 (马王堆帛书专号),上海古籍出版社,1993 年。

郑诚、江晓原:《何承天问佛国历术故事的源流及影响》,《中国文化》第 25、26 期。

(三)日文与英文著述

[日]海野一隆:《崑崙四水説の地理思想史的考察:仏典及び旧約聖書の四河説との関連において》,《史林》第 41 卷第 5 号。

[日]山田慶兒:《朱子の自然学》,岩波書店,1978 年。

Nathan Sivin: "Copernicus in China", *Science in Ancient China: Researches and Reflections*, Aldershot: Variorum, 1995.

Rudolf Simek: *Heaven and Earth in the Middle Ages: The Physical World before Columbus*, tran. Angela Hall, The Boydell Press, 1996.

后　记

本书初稿草成于2022年末。三年疫情的最后一年，大部分时候除了宅家无处可去，心绪最为不宁，这倒催生了尽快完成书稿的急迫心情。毕竟，在一个只有不确定感是确定的历史时刻，这是我就职业来说最可做甚至唯一可做的事情。

本书和我之前的研究，形式上有相当大的距离，这倒不在计划内。我博士论文研究张东荪早年的思想与活动，侧重政治思想，论文写作后期，注意到同光时期对理解现代中国的重要性。2014年初，基本清理了上一阶段的研究工作，又初步体验了当代大学高度绩效化的生活（虽然至今仍谈不上适应），正式开始构思未来的研究。最初的想法比较简单，既然博士论文是借一个典型人物透视时代，实为小题大作，接着就大题大作，以中西之变为背景，向前延伸，整体描绘同光时代的思想。方法似乎也是现成的：梁启超二十世纪二十年代着力推荐的群传法。

真正开始着手，意外随之出现。按照圈定的重点人物名单，逐次开始阅读，但读到郭嵩焘、沈曾植、康有为特别是廖平，无论如何难以深入。名物制度上的困难虽也不小，但尚可克服，真正的问题，是既无法在学界的现有框架中定位其言行，也无法将其与近代的古今中西之变真正有机地关联起来。为求脱困，我转而梳理近代之前的学术思想脉络，以寻找位置感。但不管是今古文之争、汉宋之争、理学与心学的升降，都仍不足以安顿以上诸人所思所行，以及我真正关心的问题。结果，这一背景阅读的时段，不得不一再拉长：最初估计，为定位同光时代，需提前六十年至一百年(即大致到乾嘉汉学时期),了解其历史纵深,但真正着手,就发现必须继续上溯,明清之际,南宋中期(朱熹),中唐,乃至两汉,顺次进入视野。

几年时光就这样过去了,虽多有一枝一节的收获,也勉强写了几篇论文,但正题仍遥遥无期。至2019年初,再次进退维谷,索性调换正题与背景,放弃描绘同光时代,转而深入近代之前的学术思想世界,直接探讨古今问题。从整体描绘一个时代的思想,到贯通古今,主题自然要收缩。此后两年多,先后尝试了五、六个自忖较有希望的题目,但要么离心力太强,不能聚合;要么太过收拢,不能展开。结果,虽积累了一大堆冗杂散乱的草稿,但专著写作的可能性并未真正出现。直到2021年末,当这项工作进行到接近自我怀疑的时候,本书的主题"天下之极"终于出现——两宋以降,文明中心移向东南,这个一开始并未寄予多大希望的现象,却显现出贯通古今、兼涉中外的学术与思想潜力。

这当然也不纯粹是个人的选择。人只会写他/她愿写又能写的东西,这"愿"与"能"的背后,都有时代的身影。当下的中国,民族国家问题已是第二义,更根本而迫切的,是世界秩序问题。近十多年来哲学、政治学、法学、社会学、历史学等领域对天下观念的热烈探讨,就是这种历史大势下时代心情的表现。其中颇有主张古代天下秩序自义理即高于西方世界秩序,更良善,也更可欲。这种中西判教意义上的价值翻转,在近代不乏先例,但我对这种论调有些保留。我总觉得,在当下中国,西学已是整体生活方式与思想传统的有机组成部分,离析为他者,既无必要,又无可能,更应机与切身的,并非中西判教,而是在瘟疫已经到来、战争若隐若现的当下,探讨诸文明共存的可能性,以及天下观念实存化的分际与限度。

这或可称之为低调的天下观念,与我得自时代的现实感不无关系。作为在内地县城中长大的八〇后,我的天下感是从大学开始的。2001年,刚入学一礼拜,"九一一"事件发生,年末,中国加入世贸,自居普世的诸文明间的极端对抗,与全球贸易促成普遍和平的愿景,明暗交叠于前。这种矛盾感,又在后来修读一门中国经济转型课程时重新浮现:授课老师是二十世纪八十年代末转学文科的工科生，有一种那个年代常见的文艺情怀，在每一节课 PPT 的末尾，都附上一两句格言或诗歌。今天还有印象的，是用《安娜·卡列宁娜》开头著名的话，解说经济发展的一般规律：所有"幸福的"国家（发达）都是相似的，"不幸的"国家（发展中）则各有各的不幸。而整个课的最后寄语，则是马修·阿诺德的诗句："Wandering between two worlds, one dead, the other powerless to be born."

那时我也还是理科生，不过已准备转学文科。出于兴趣，也为了自证，我囫囵吞枣读了不少近代世界观形成、自然学与人文学关系的书，其中以柯瓦雷的《从封闭世界到无限宇宙》印象最深。那时虽已粗略了解柯瓦雷主张"无限宇宙"观念是现代精神危机的根源之一，"封闭世界"（The Closed World）方是存在者的意义之域，但中文"封闭世界"含有贬义（考虑到"极"兼有边界的含义，或许可意译为"有极世界"），潜意识中就武断地反用其义，仿佛自己正从拘于一隅的自然学的封闭世界，奔赴象征着自由与解放的人文学的无限宇宙。

不过，二十年后回看，心情与认识都已不同。今天，我不再有二元对立的幻觉。危机是总体性的，人文学与自然学，都深陷其中，如果有解的话，也必定是一起解决，并不存在一个对现代危机的单独的人文解决。

当然，个人思想中自然与人文关系的重新安顿，终究是有限的。本书尝试以天地之学为背景探讨天下观念，但写作期间，足不出京甚至不出户，则所述广大的天下，更多是纸上江山。又蜗居巨型城市之中，人造光源如此明亮，令星辰黯淡，抬头望天，只感寂寥疏远。不过，本书写作的动力之一，也正是这一天人、古今的疏离感。

本书除个别段落，均未发表过，闭门造车，出门自然未必合辙，好处是思路一贯，没有隔断。实际写作时间不算长，但前史不短，在长期的思考与探索中，得到了诸多师友的指点和帮助，感念于心，此处不再一一致谢。书稿初成后，请田耕、孙明两兄看过，在完善内容外，也为下一步研究提供了重要的启示。

本书不遵循学科逻辑，也不是常规的跨学科研究，就其立意与性格，若能由三联书店出版,自然是最为理想的。感谢本书责任编辑王婧娅女士的信任与努力,让我和三联的缘分得以继续。

年过四十,难言不惑,唯稍知取舍,最后,感谢所有教我者。

高波
2024 年 6 月于京南亦庄寓所